ମ୍ୟାନେଜମେଣ୍ଟ ଗୁରୁ

ନରେନ୍ଦ୍ର ମୋଦି

ହିମାଂଶୁ ଶେଖର

ଡାଇମଣ୍ଡ ବୁକ୍ସ

www.diamondbook.in

ପ୍ରକାଶକ : ଡାଇମଣ୍ଡ ପକେଟ୍ ବୁକ୍ସ (ପ୍ରା.) ଲି.
X-30, ଓଖଲା ଇଣ୍ଡଷ୍ଟ୍ରିଆଲ ଏରିଆ, ଫେଜ୍-II
ନୂଆଦିଲ୍ଲୀ-୧୧୦୦୨୦
ଫୋନ : ୦୧୧-୪୦୭୧୨୧୦୦
ଇ-ମେଲ : sales@dpb.in
ୱେବସାଇଟ : www.diamondbook.in
ସଂସ୍କରଣ : 2018
ମୁଦ୍ରକ : ଆଦର୍ଶ ପ୍ରିଣ୍ଟର୍ସ, ଶାହଦରା, ଦିଲ୍ଲୀ-୩୨

Management Guru Narendra Modi
by: Himanshu Shekhar

ଡ. ମହେଶ ଶର୍ମା
Dr. Mahesh Sharma

ସତ୍यमेव जयते

ପର୍ଯ୍ୟଟନ ଏବଂ ସଂସ୍କୃତି ରାଜ୍ୟ ମନ୍ତ୍ରୀ (ସ୍ୱତନ୍ତ୍ର ପ୍ରଭାର)
ଓ
ନଗର ବିମାନନ ରାଜ୍ୟମନ୍ତ୍ରୀ
ଭାରତ ସରକାର, ନୂଆଦିଲ୍ଲୀ

MINISTER OF STATE (INDEPENDENT CHARGE)
OF TOURISM & CULTURE AND
MINISTER OF STATE OF CIVIL AVIATION
GOVERNMENT OF INDIA
NEW DELHI

ବାର୍ତ୍ତା

'ମ୍ୟାନେଜମେଣ୍ଟ ଗୁରୁ ନରେନ୍ଦ୍ର ମୋଦି' ପୁସ୍ତକର ପ୍ରକାଶନ ପାଇଁ ମୁଁ ଡାଇମଣ୍ଡ ବୁକ୍ସର ଚେୟାରମ୍ୟାନ୍ ଶ୍ରୀ ନରେନ୍ଦ୍ର କୁମାର ବର୍ମା ଓ ଏହି ପୁସ୍ତକର ଲେଖକ ଶ୍ରୀ ହିମାଂଶୁ ଶେଖରଙ୍କୁ ଅଭିନନ୍ଦନ ଦେଉଛି । ମତେ ଏହା ଜାଣି ପ୍ରସନ୍ନତା ହେଲା ଯେ ଏହି ପୁସ୍ତକର ବିମୋଚନ ଭାରତୀୟ ଜନତା ପାର୍ଟିର ରାଷ୍ଟ୍ରୀୟ ଅଧ୍ୟକ୍ଷ ଶ୍ରୀ ଅମିତ ଶାହା କରିଛନ୍ତି ।

ଏହି ପୁସ୍ତକ, ଭାରତର ପ୍ରଧାନମନ୍ତ୍ରୀ ଶ୍ରୀ ନରେନ୍ଦ୍ର ମୋଦିଙ୍କ ବର୍ତ୍ତମାନ ପର୍ଯ୍ୟନ୍ତର ଯାତ୍ରାକୁ ବୁଝିବାର ଏକ ନୂଆ ଦୃଷ୍ଟିକୋଣ ଦେଇଛି । ଏଥିରେ ମୋଦିଙ୍କର ପରିଚାଳନା କୌଶଳ ବାବଦରେ ବିସ୍ତାର ଭାବେ ଲେଖାଯାଇଛି । ଏଥି ସହ ଏହି ପୁସ୍ତକରେ ସେହି ବିଷୟଗୁଡ଼ିକ ମଧ୍ୟ ସମାବେଶ କରାଯାଇଛି ଯେଉଁଗୁଡ଼ିକ ମୋଦିଙ୍କଠାରୁ ଶିକ୍ଷା କରାଯାଇପାରିବ । ଏହି ଦୃଷ୍ଟିରୁ କୁହାଯାଇପାରେ ଏହି ପୁସ୍ତକ ଅସାଧାରଣ ଅଟେ । ଏହି ପୁସ୍ତକର ଆଉ ଗୋଟିଏ ବିଶେଷତ୍ୱ ଏହା ମଧ୍ୟ ଅଟେ ଯେ, ଏଥିରେ ମୋଦିଜୀଙ୍କ ଦ୍ୱାରା ପ୍ରଧାନମନ୍ତ୍ରୀ ରୂପେ କରାଯାଉଥିବା କାର୍ଯ୍ୟଗୁଡ଼ିକର ମଧ୍ୟ ବିସ୍ତାର ଭାବେ ଉଲ୍ଲେଖ ରହିଛି ।

ଶ୍ରୀ ନରେନ୍ଦ୍ର ମୋଦିଙ୍କ ନେତୃତ୍ୱରେ ଆମେ ସମସ୍ତେ ଭାରତକୁ ଦୁନିଆରେ ବିଶ୍ୱ ଗୁରୁ ରୂପେ ପୁଣି ଥରେ ସ୍ଥାପିତ କରିବା ଦିଗରେ ଦୃଢ଼ତାର ସହ ଆଗଉଛୁ । ଏହି ଯାତ୍ରାରେ ଏହି ପ୍ରକାରର ପୁସ୍ତକ ପ୍ରକାଶିତ ହେବା ମନୋରମ ଅଟେ ।

ଆଉ ଥରେ ପୁଣି ଲେଖକ ଓ ପ୍ରକାଶକଙ୍କୁ ଅନେକ ଶୁଭକାମନା ।

–ଡ. ମହେଶ ଶର୍ମା

ନଭେମ୍ବର, ୨୦୧୪
ନୂଆଦିଲ୍ଲୀ ।

ଡ. ରମେଶ ପୋଖରିୟାଲ 'ନିଶଙ୍କ'
Dr. RAMESH POKHRIYAL 'NISHANK'
ସଂସଦ ସଦସ୍ୟ (ଲୋକ ସଭା)
Member of Parliament (Lok Sabha)
ସଭାପତି, ସରକାରୀ ଆଶ୍ୱାସନା ସମ୍ବନ୍ଧୀୟ ସମିତି
Chairman, Committee on Government Assurances

सत्यमेव जयते

ପୂର୍ବ ମୁଖ୍ୟମନ୍ତ୍ରୀ, ଉତ୍ତରାଖଣ୍ଡ
Former Chief Minister, Uttarakhand

କାର୍ଯ୍ୟାଳୟ : ୧୩୩, ସଂସଦୀୟ ସୌଧ, ନୂଆଦିଲ୍ଲୀ-୧୧୦୦୦୧
Office : 133, Parliament House Annexe, New Delhi-110001
Phone : 011-23034278
Telefax : 0111-230199945

ନିଶ୍ଚୟ କଲେ ସବୁ ସମ୍ଭବ

କଂଗ୍ରେସର କୁନୀତି ବିରୋଧରେ କେବେ ସମଗ୍ର ଦେଶ ଜାଗ୍ରତ, ସଜ୍ଜିତ ଓ ଏକଜୁଟ୍ ହୋଇପାରିବ ଓ ଏକ ପ୍ରଚଣ୍ଡ, ଅଭୂତପୂର୍ବ ତଥା ଐତିହାସିକ ଲୋକତାନ୍ତ୍ରିକ କ୍ରାନ୍ତିର ସୂତ୍ରପାତ ଭାରତରେ ହୋଇପାରିବ, ଏହାର କଳ୍ପନା କିଛି ଦିନ ପୂର୍ବରୁ ବୋଧହୁଏ କେହି କେବେ କରିଥିବେ । ଏହାର ଅନେକ କାରଣ ଥିଲା; ପ୍ରଥମତଃ ଏହା ଯେ ଅନେକ ଦଶନ୍ଧିରୁ ଚାଲି ଆସୁଥିବା ପ୍ରଚାର ଯୋଗୁଁ ଭାରତରେ ସାଂସ୍କୃତିକ ରାଷ୍ଟ୍ରବାଦକୁ ପ୍ରାଥମିକ ରୂପେ ଏକ ଧର୍ମ-ନିରପେକ୍ଷତା ବିରୋଧୀ ବିଚାର ମାନି ନିଆଯାଇଥିଲା, ଦ୍ୱିତୀୟଟି ପ୍ରତ୍ୟେକ ରାଜ୍ୟରେ ଆଞ୍ଚଳିକ ଦଳମାନଙ୍କ ସଫଳତା ଯୋଗୁଁ ସ୍ୱାର୍ଥବାଦ, ସୁବିଧାବାଦ, ଖାମଖିଆଲବାଦ କାରଣରୁ ରାଷ୍ଟ୍ରୀୟ ଅହଂଜ୍ଞାନ, ରାଷ୍ଟ୍ରୀୟ ଆବଶ୍ୟକତା ଓ ରାଷ୍ଟ୍ରବାଦର ଚିନ୍ତା କେଉଁଠି ନେପଥ୍ୟରେ ହଜି ଯାଇଥିଲା ଓ ଜନସାଧାରଣ ମଧ୍ୟ ଭାବି ନେଇଥିଲେ ଯେ ଏହି ପରିସ୍ଥିତିରୁ ତାଙ୍କୁ ମୁକ୍ତି ମିଳିପାରିବ ନାହିଁ ।

ଏହି ନିରାଶାପୂର୍ଣ୍ଣ ସ୍ଥିତି ଯୋଗୁଁ ଜନସାଧାରଣ ପୂର୍ବ ନିର୍ବାଚନରେ ମେଣ୍ଟର ଅନେକ ଖରାପ ସମୟ ଦେଖିଲେ ଓ ସେମାନଙ୍କ ଦଂଶନକୁ ସେହି ପ୍ରକାରେ ସହିଲେ, ଯେମିତି ପାଖାପାଖି ୧୫୦୦ ବର୍ଷର ପରାଧିନତାରେ ଛୋଟ-ଛୋଟ ରାଜ୍ୟରେ ଭାଗ ହୋଇଥିବା, କେବେ ବିରାଟ ଓ ଅଖଣ୍ଡ ଥିବା ଭାରତ ସହିଥିଲା । ଏହା ମଧ୍ୟରେ ଅନେକ ଥର ପରିବର୍ତ୍ତନର ଦଲକାଏ ପବନ ଆସିଲା, କିନ୍ତୁ ସ୍ଥାୟୀ ହୋଇ ରହିପାରିଲା ନାହିଁ ।

ଯେଉଁ ପ୍ରକାରେ ରାଷ୍ଟ୍ରପିତା ମହାତ୍ମା ଗାନ୍ଧି ଓ ତମାମ ଦେଶଭକ୍ତ ଦେଶକୁ ଇଂରେଜଙ୍କ କବଳରୁ ସ୍ୱାଧୀନ କରାଇଲେ, ସେହିପରି ଏଇଥର ମଧ୍ୟ ଦେଶକୁ ସୁଯୋଗବାଦୀତାର କ୍ଷୁଦ୍ର ରାଜନୀତିର ପଙ୍କରୁ ବାହାର କରି ଅନ୍ତଃରାଷ୍ଟ୍ରୀୟ ସମ୍ମାନର ସେହି ଦିଗ୍‌ବଳୟରେ ସ୍ଥାପିତ କରିବା କାମ ମଧ୍ୟ ଆଉ ଥରେ ପୁଣି ବାପୁଙ୍କ ଗୁଜରାଟର ସମଗ୍ର ବିଶ୍ୱରେ ଜଣେ ଚର୍ଚ୍ଚିତ ବ୍ୟକ୍ତିତ୍ୱ ଶ୍ରୀ ନରେନ୍ଦ୍ର ଦାମୋଦରଦାସ ମୋଦି ଜୀ ଏମିତି ଅକଳ୍ପନୀୟ ସଫଳତାର ସହ କରିଛନ୍ତି, ଯାହାର ଅନ୍ୟ କୌଣସି ଦୃଷ୍ଟାନ୍ତ ବର୍ତ୍ତମାନର ଇତିହାସରେ ମିଳିବା ଦୁର୍ଲଭ ।

ସମଗ୍ର ଦେଶରେ ଭାରତୀୟ ଜନତା ପାର୍ଟିକୁ ଦେଶର ସବୁଠୁ ବଡ଼ ରାଜନୈତିକ ଶକ୍ତି କରିବାର ଚମତ୍କାର କରି ଦେଖାଇଥିବା ଶ୍ରୀ ମୋଦି, ଆଜି ଦେଶର ପ୍ରଧାନମନ୍ତ୍ରୀ ପଦବୀ ପର୍ଯ୍ୟନ୍ତ ଯଦି ପହଞ୍ଚି ପାରିଛନ୍ତି ତେବେ ଏହା କୌଣସି ସଂଯୋଗ, ଭାଗ୍ୟ ଅଥବା ମେଣ୍ଟର ସିଦ୍ଧାନ୍ତହୀନ ରାଜନୀତିର ଚାତୁର୍ଯ୍ୟ ନୁହେଁ । ସର୍ବୋପରି କାରଣ କ'ଣ ଯେ ଦିନେ ଚା' ବିକୁଥିବା ଗୁଜରାଟର ଏକ ବାଳକ ଆଜି ସମଗ୍ର ସଂସାରରେ ସର୍ବସ୍ୱୀକୃତ ମହାନାୟକ ହୋଇଯାଇଛି ? କାରଣ କ'ଣ ଯେ ସଂସାରର ସବୁଠାରୁ ଶକ୍ତିବାନ୍ ଦେଶ ଆମେରିକା ମଧ୍ୟ ତାଙ୍କ ଉପରେ ମୁଗ୍ଧ ଅଛି ? କିଛି ତ' କାରଣ ଥିବ, ଅନ୍ୟଥା କ'ଣ କେହି ଜଣେ

ଅତ୍ୟନ୍ତ ସାଧାରଣ ବାଳକ ବିବଶତା, ପର-ନିର୍ଭରତା ଓ ସଂସାଧନବିହୀନତା ସୀମାର ଅପାର ମହାସାଗରକୁ ଲଂଘନ କରି ସଫଳତାର ସୂର୍ଯ୍ୟ ହୋଇ ଚମକି ପାରିବ ? ସଂସାରର ପ୍ରତ୍ୟେକ ବ୍ୟକ୍ତି ଏହି ରହସ୍ୟକୁ ଜାଣିବାକୁ ଚାହୁଁଛି ।

ମେନେଜମେଣ୍ଟ ଗୁରୁ ନରେନ୍ଦ୍ର ମୋଦି ପୁସ୍ତକରେ ବିଖ୍ୟାତ ତଥା ଅନୁଭବୀ ଲେଖକ ହିମାଂଶୁ ଶେଖର ସାଧାରଣ ଜନତା, ବୁଦ୍ଧିଜୀବୀ ଓ ଜନପ୍ରତିନିଧିଙ୍କ ଏହି ଜିଜ୍ଞାସାର ନିଜ ଶୈଳୀରେ ବିବେଚନା କରିବାକୁ ତାଙ୍କ ଶୈଳୀରେ ଏକ ପ୍ରଶଂସନୀୟ ଓ ମୌଳିକ ଚେଷ୍ଟା କରିଛନ୍ତି । ମୁଁ ଏହା କହୁନାହିଁ ଯେ ଏହି ପୁସ୍ତକରେ ସେ ଶ୍ରୀ ନରେନ୍ଦ୍ର ମୋଦିଙ୍କ ମହାନ ତଥା ପରାକାଷ୍ଠା ବ୍ୟକ୍ତିତ୍ୱର ସମସ୍ତ ଜ୍ଞାତ ଓ ଅଜ୍ଞାତ ଗୁଣର ବିଶ୍ଲେଷଣ କରିବାରେ ସଫଳତା ପାଇଛନ୍ତି, କିନ୍ତୁ ତାଙ୍କର ଏହି ପୁସ୍ତକ ନିଃସନ୍ଦେହ ତାଙ୍କ ଭଳି ହେବାର ଆକାଂକ୍ଷା ରଖୁଥିବା ଲୋକଙ୍କୁ ଜୀବନରେ ଆଗେଇ ଚାଲିବାର କିଛି ବ୍ୟବହାର୍ଯ୍ୟ ମନ୍ତ୍ରର ପରିଚୟ ଅବଶ୍ୟ ଦେଉଛି ।

ଏହି ପୁସ୍ତକରେ ହିମାଂଶୁ ଶେଖର ନାଟକୀୟ ଭାଷା ବଦଳରେ, ସହଜ-ସ୍ୱାଭାବିକ ଓ ପ୍ରବାହମୟ ଢଙ୍ଗରେ ମୋଦିଜୀଙ୍କ ମହାନ ପରିଚାଳନା ଶୈଳୀକୁ ପ୍ରସ୍ତୁତ କରିବାର ସଦ୍‌ଭାବୀ ପ୍ରୟାସ କରିଛନ୍ତି ଓ ତାଙ୍କ କଥା ସହଜରେ ମଧ୍ୟ ବୁଝିହୁଏ । ଜନସାଧାରଣଙ୍କ ସହ ସମ୍ପର୍କ ବାନ୍ଧିବା, ଲୋକଙ୍କ କାମରେ ଲାଗିବା ଭାବନା ରଖିବା, ଲୋକଭୁଲାଣିଆ ନିଷ୍ପତ୍ତିର ଆଶାବାଡ଼ି ପ୍ରୟୋଗ ବିନା ହିଁ ଲୋକଙ୍କ ହିତରେ ଆବଶ୍ୟକ ହେବାରୁ ଦଂଶନର ଆଘାତରେ କଟୁ ନିର୍ଣ୍ଣୟ ନେବା, ଭାଜପା ପାଇଁ ଅଭେଦ୍ୟ କୁହାଯାଉଥିବା ଗଡ଼ ଉପରେ ବିଜୟ ପ୍ରାପ୍ତ କରିବା, ପରିବାରବାଦର ସଂକୀର୍ଣ୍ଣ ଚିନ୍ତାଧାରାରୁ ଉପରକୁ ଉଠି ସର୍ବଜନହୀତକୁ ଦେଶର ରାଜନୈତିକ ଚିନ୍ତାଧାରା କରିଦେବା ଓ ଅନ୍ତଃରାଷ୍ଟ୍ରୀୟ ସ୍ତରରେ ମଧ୍ୟ ମାନ-ସମ୍ମାନ ପ୍ରତିଷ୍ଠା କରାଇବା, ତାଙ୍କର ଚିନ୍ତାଧାରାର କିଛି ମହତ୍ତ୍ୱପୂର୍ଣ୍ଣ ସ୍ତମ୍ଭ ଅଟେ ।

ଏହି ପୁସ୍ତକରେ ତାଙ୍କ ଜୀବନ ପରିଚୟ, ନେତୃତ୍ୱ କ୍ଷମତା, ସୁଶାସନ ଶୈଳୀ, ବିଭିନ୍ନ ପ୍ରସଙ୍ଗ ଯେମିତି ଜନକଲ୍ୟାଣ, ଜନ ଭାଗିଦାରୀ, ଶିଳ୍ପ କୌଶଳ ଓ ପ୍ରୋଦ୍ୟୋଗିକିୟ କ୍ଷମତାକୁ ପ୍ରୋତ୍ସାହନ, ସ୍ୱଚ୍ଛ ଭାରତ ଅଭିଯାନ ସହ ତାଙ୍କ ଆର୍ଥିକ ପରିଚାଳନା, ନିର୍ବାଚନ ପରିଚାଳନା, ଦକ୍ଷତା ଓ ଜ୍ଞାନ, ମୈତ୍ରୀ ଶୈଳୀ, କଠୋର ପରିଶ୍ରମ, କାର୍ଯ୍ୟଦକ୍ଷତା ଏବଂ ପରିଚାଳନା ପ୍ରଣାଳୀ ଉପରେ ବହୁତ ରୋଚକ ଢଙ୍ଗରେ ଆଲୋକପାତ କରାଯାଇଛି । ନିଶ୍ଚିତ ରୂପେ ପ୍ରତ୍ୟେକ ଦୃଷ୍ଟିରେ ଏହା ଏକ ପଠନୀୟ, ସଂଗ୍ରହଣୀୟ ଓ ସନ୍ଦର୍ଭ ଯୋଗ୍ୟ ପୁସ୍ତକ ଅଟେ, ଯାହା ଯୁବକମାନଙ୍କୁ ଜୀବନ ଲକ୍ଷ୍ୟରେ ନିର୍ଦ୍ଧାରଣ ସହିତ ସେସବୁକୁ ପ୍ରାପ୍ତ କରିବାର ମଧ୍ୟ ପ୍ରେରଣା ଦେବ ।

ଯେ କୌଣସି ଦୃଷ୍ଟିରେ ଦେଖାଯାଉ, ନିଜର ପବିତ୍ରତା, ଦୃଢ଼ତା, ନିରପେକ୍ଷତାପୂର୍ଣ୍ଣ ଛବି କାରଣରୁ ଶ୍ରୀ ନରେନ୍ଦ୍ର ମୋଦି ଆମ ଭଳି ସାର୍ବଜନିକ ଜୀବନ ଜିଉଁଥିବା ଅନେକାନେକ ଜନପ୍ରତିନିଧିଙ୍କ ମଧ୍ୟ ଆଦର୍ଶ ଓ ପ୍ରକାଶ ସ୍ତମ୍ଭ ଅଟନ୍ତି । ମୋର ସମ୍ପୂର୍ଣ୍ଣ ବିଶ୍ୱାସ ଅଛି ଯେ ଏହି ପୁସ୍ତକର ଆଗାମୀ ସଂସ୍କରଣରେ ତାଙ୍କ ବ୍ୟକ୍ତିତ୍ୱର ଅନ୍ୟ ଦିଗଗୁଡ଼ିକୁ ମଧ୍ୟ ପ୍ରକାଶିତ କରାଯିବ । ମୁଁ ଏହି ପୁସ୍ତକ ଓ ଏହାର ପାଠକଙ୍କ ଜୀବନରେ ଅନନ୍ତ ସଫଳତା କାମନା କରୁଛି ।

-ଡ. ରମେଶ ପୋଖରିୟାଲ 'ନିଶଙ୍କ'
କବି, ସାହିତ୍ୟକାର ଏବଂ ସାଂସଦ, ହରିଦ୍ୱାର ।

ଭୂମିକା

ଆପଣ ନରେନ୍ଦ୍ର ମୋଦିଙ୍କ ସହ ଏକମତ ହୋଇପାରନ୍ତି ଅଥବା ତାଙ୍କ ସହ ଆପଣଙ୍କର ଅସମ୍ମତି ହୋଇପାରେ, କିନ୍ତୁ ବର୍ତ୍ତମାନର ପରିସ୍ଥିତିରେ ଆପଣ ତାଙ୍କ ମହାନତାକୁ ବର୍ଜିତ କରିପାରିବେ ନାହିଁ । ଏମିତି ଖାଲି ଏଇଥି ପାଇଁ ନୁହେଁ କି ନରେନ୍ଦ୍ର ମୋଦି ଭାରତର ପ୍ରଧାନମନ୍ତ୍ରୀ । ଏମିତି ବହୁ ଲୋକ ମଧ ଦେଶର ପ୍ରଧାନମନ୍ତ୍ରୀ ହୋଇଛନ୍ତି, ଯାହାଙ୍କ ସହ ଜନତାଙ୍କ କୌଣସି ସମ୍ପର୍କ ନଥିଲା । ଏହାର ସବୁଠୁ ସଦ୍ୟ ଉଦାହରଣ ମନମୋହନ ସିଂହ ଅଟନ୍ତି । ମନମୋହନ ସିଂହ ଦଶବର୍ଷ ପର୍ଯ୍ୟନ୍ତ ଭାରତର ପ୍ରଧାନମନ୍ତ୍ରୀ ଥିଲେ ହେଲେ ତାଙ୍କ ବାବଦରେ ଏହା କହିବା ଭୁଲ୍ ହେବନାହିଁ କି ଏହି ଦଶ ବର୍ଷରେ କେବେ ମଧ ଏମିତି ଲାଗିନାହିଁ ଯେ ତାଙ୍କର ଦେଶର ଜନସାଧାରଣଙ୍କ ସହ କୌଣସି ସମ୍ପର୍କ ଅଛି ।

ନରେନ୍ଦ୍ର ମୋଦି ଏଥିରୁ ବହୁ ପାଦ ଆଗରେ ଥିବା ଦେଖାଯାଉଛନ୍ତି । ସେ ଜଣେ ଏମିତି ରାଜନେତା କିମ୍ବା ଏପରି କୁହାଯାଇପାରେ କି ଜନନେତା ଭାବରେ ନିଜକୁ ସ୍ଥାପିତ କରିବାର ଚେଷ୍ଟା କରୁଥିବା ଦେଖା ଯାଉଛନ୍ତି, ଯେଉଁଥିରୁ ସେ ଖାଲି ପ୍ରଧାନମନ୍ତ୍ରୀ ରୂପେ ଦେଖା ନଯାଉ, ବରଂ ତାଙ୍କ ପରିଚୟ ଜନତାଙ୍କ ନିଜ ନେତା ହେଉ । ଆଜି ଯେଉଁଭଳି ଭାବେ ଗାଁ-ଗାଁରେ ନରେନ୍ଦ୍ର ମୋଦିଙ୍କୁ ନେଇ ଲୋକଙ୍କ ମଧରେ ଏକ ପ୍ରକାର ସମ୍ବନ୍ଧ ଦେଖାଯାଉଛି, ତାହା ବହୁ ଦିନ ପରେ ହୋଇଛି । ବୟସ୍କ-ଗୁରୁଜନମାନେ କହନ୍ତି ଯେ ଜବାହରଲାଲ ନେହରୁଙ୍କ ବାବଦରେ ମଧ ଦେଶର ଜନତା ଏହିପରି କିଛି ଭାବୁଥିଲେ । ମୋଦିଙ୍କୁ ନେଇ ଯେଭଳି ଉତ୍ସାହ ସାଧାରଣ ଲୋକଙ୍କ ମଧରେ ଦେଖାଯାଉଛି, ତାକୁ ଦେଖି ଏହା କୁହାଯାଇ ପାରେ ଯେ ଲୋକେ ତାଙ୍କୁ ନିଜ ନେତା ମାନୁଛନ୍ତି ।

କିନ୍ତୁ ଏହାର ଅର୍ଥ ମଧ ଏହା ବାହାର କରିବା ଉଚିତ ନୁହେଁ ଯେ ତାଙ୍କ ନେତୃତ୍ୱରେ କେନ୍ଦ୍ରରେ ଯେଉଁ ସରକାର ହୋଇଛି, ସେ ଏଯାବତ୍ ସମସ୍ତ କାମ ଭଲ ହିଁ କରିଛନ୍ତି । ନିଶ୍ଚିତ ରୂପେ ଏ ପର୍ଯ୍ୟନ୍ତ ତାଙ୍କ ଛୋଟ କାର୍ଯ୍ୟକାଳରେ ନରେନ୍ଦ୍ର ମୋଦିଙ୍କ ନେତୃତ୍ୱାଧିନ ସରକାର ଅନେକ ଭଲ କାମ କରିଛନ୍ତି । ଏଥିରୁ ଏହି ଆଶା ଜାଗ୍ରତ ହେଉଛି ଯେ ଆଗାମୀ ଦିନମାନଙ୍କରେ ଏହି ସରକାର ଆହୁରି ମଧ ଭଲ କାମ କରିବ । ଅନ୍ୟ ପକ୍ଷରେ ଏକ ସତ୍ୟ ଏହା ଯେ ନିର୍ବାଚନ ପ୍ରଚାର ସମୟରେ ଦରଦାମ୍ ବୃଦ୍ଧି ରୋକିବା କଥା କହୁଥିବା ନରେନ୍ଦ୍ର ମୋଦିଙ୍କ ସରକାର ମଧ ଏହି ଅଭିଯାନରେ ଏ ପର୍ଯ୍ୟନ୍ତ ନିଜ ପ୍ରଭାବ ଦେଖାଇବାରେ ଅସଫଳ ରହିଛନ୍ତି । ମୋଦି ସରକାରଙ୍କ କାର୍ଯ୍ୟକାଳରେ ହିଁ ରେଳ ଭଡ଼ାରେ ବୃଦ୍ଧି ହୋଇଛି । ଅନେକ ଗମ୍ଭୀର ରୋଗ ପ୍ରସଙ୍ଗରୁ ଆବଶ୍ୟକ ଔଷଧକୁ ମୂଲ୍ୟ ନିୟନ୍ତ୍ରଣ ପରିଧିରୁ ବାହାରକୁ ନେବା କାମ ମଧ ଏହି ସରକାର କରିଛନ୍ତି । ନରେନ୍ଦ୍ର ମୋଦିଙ୍କ ସରକାର ବିଶେଷତଃ ତାଙ୍କ ଆର୍ଥିକ ନୀତିଗୁଡ଼ିକ ବିଷୟରେ ମନମୋହନ ସିଂହ ସରକାରଙ୍କ ବାଟରେ ହିଁ ଯଥେଷ୍ଟ ସୀମା ପର୍ଯ୍ୟନ୍ତ ଚାଲୁଥିବା ଦେଖାଯାଉଛି, କିନ୍ତୁ ଏହା ସତ୍ତ୍ୱେ ନରେନ୍ଦ୍ର ମୋଦି ବହୁ ଏଭଳି ନୀତି ଆଣିଛନ୍ତି, ଯେଉଁଥିରୁ ଲୋକଙ୍କ ମଧରେ ବିଶ୍ୱାସ ଜାଗ୍ରତ ହୋଇଛି ।

ମୋଟାମୋଟି ଭାବେ କୁହାଯାଇପାରେ ଯେ ପ୍ରଧାନମନ୍ତ୍ରୀ ହିସାବରେ ନରେନ୍ଦ୍ର ମୋଦି ବହୁ ଏମିତି ନିଷ୍ପତ୍ତି ନେଇଛନ୍ତି, ଯାହା ବାବଦରେ କୁହାଯାଇପାରେ ଯେ ସେ ଜନକଲ୍ୟାଣକାରୀ ଅଟନ୍ତି, କିନ୍ତୁ ଅନ୍ୟ ପକ୍ଷରେ କିଛି ନିଷ୍ପତ୍ତି ଏମିତି ମଧ୍ୟ ଅଛି ଯେଉଁଥି ପାଇଁ ସାଧାରଣ ଲୋକଙ୍କୁ ଜଟିଳତାର ସମ୍ମୁଖୀନ ହେବାକୁ ପଡୁଛି । କିନ୍ତୁ ଏହା ସତ୍ତ୍ୱେ ସାଧାରଣ ଲୋକଙ୍କ ଉପରେ ନରେନ୍ଦ୍ର ମୋଦିଙ୍କ ଯାଦୁ କାମ କରୁଛି । ଏହା ପୁଣି ଆଉ ଥରେ ମହାରାଷ୍ଟ୍ର ଏବଂ ହରିୟାଣାର ବିଧାନସଭା ନିର୍ବାଚନରେ ପ୍ରମାଣିତ ହୋଇଗଲା । ଏହି ଦିନମାନଙ୍କରେ ରାଜ୍ୟଗୁଡ଼ିକରେ ଭାରତୀୟ ଜନତା ପାର୍ଟିର କେହି ମୁଖ୍ୟମନ୍ତ୍ରୀ ଏପର୍ଯ୍ୟନ୍ତ ହୋଇନଥିଲେ । କିନ୍ତୁ ଏହା ନରେନ୍ଦ୍ର ମୋଦିଙ୍କ ହିଁ ପ୍ରଭାବ ଥିଲା କି ଏବେ ରାଜ୍ୟଗୁଡ଼ିକରେ ମଧ୍ୟ ଭାଜପା ନିଜ ମୁଖ୍ୟମନ୍ତ୍ରୀ କରିବାରେ ସଫଳତା ହାସଲ କରି ପାରିଛି ।

ନରେନ୍ଦ୍ର ମୋଦିଙ୍କ ଏହି ଯାଦୁ ତାଙ୍କୁ ଜଣେ ମେନେଜମେଣ୍ଟ ଗୁରୁ ରୂପେ ଭାବିବାକୁ ପ୍ରେରିତ କରେ । ପ୍ରକୃତରେ ନରେନ୍ଦ୍ର ମୋଦିଙ୍କ କାର୍ଯ୍ୟଶୈଳୀର ବିଶେଷତାଗୁଡ଼ିକ କ'ଣ, ଯାହା ତାଙ୍କୁ ଅନ୍ୟ ନେତାଙ୍କ ଠାରୁ ଅଲଗା କରେ ଏବଂ ତାଙ୍କୁ ଲଗାତର୍ ସଫଳତାର ବାଟରେ ନେଇ ଯାଉଛି । ନରେନ୍ଦ୍ର ମୋଦିଙ୍କ ପ୍ରବନ୍ଧକୀୟ କୌଶଳ ଏବଂ ଏହି ଦୃଷ୍ଟିକୋଣ ଦ୍ୱାରା ତାଙ୍କ ସଫଳତାକୁ ବୁଝିବା ଚେଷ୍ଟା ଦିଗରେ ଏହି ପୁସ୍ତକ ରଚିତ ।

ନରେନ୍ଦ୍ର ମୋଦିଙ୍କ ଉପରେ ଅନେକ ପୁସ୍ତକ ବଜାରରେ ମିଳୁଛି । ଏଠାରେ ପ୍ରଶ୍ନ ଉଠେ କି ପୁଣି ଆଉ ଏକ ନୂଆ ପୁସ୍ତକ କାହିଁକି ? ଏ ପର୍ଯ୍ୟନ୍ତ ନରେନ୍ଦ୍ର ମୋଦିଙ୍କ ଉପରେ ଯେତେ ବହି ବାହାରିଛି, ସେଗୁଡ଼ିକ ମଧ୍ୟରୁ ଅଧିକାଂଶ ତାଙ୍କ ଜୀବନ ଯାତ୍ରା ସମ୍ବନ୍ଧୀୟ ଅଟେ । କିଛି ବହିରେ ତାଙ୍କ ଗୁଜରାଟର ମୁଖ୍ୟମନ୍ତ୍ରୀ ଭାବେ କରାଯାଇଥିବା କାର୍ଯ୍ୟ ମଧ୍ୟ ଆବୃତ ହୋଇଛି । କିନ୍ତୁ ଏହା ଏକ ଏମିତି ପୁସ୍ତକ ଯେଉଁଥିରେ ତାଙ୍କ ମୁଖ୍ୟମନ୍ତ୍ରୀ କାର୍ଯ୍ୟକାଳ ବ୍ୟତୀତ ପ୍ରଧାନମନ୍ତ୍ରୀ ଭାବେ ତାଙ୍କ କାର୍ଯ୍ୟକାଳରେ ସେ କରିଥିବା କାର୍ଯ୍ୟର ବିସ୍ତାର ଭାବେ ଉଲ୍ଲେଖ କରାଯାଇଛି । ଏ ସବୁକୁ ତାଙ୍କ ପ୍ରବନ୍ଧକୀୟ ଦକ୍ଷତା ଦୃଷ୍ଟିକୋଣରୁ ବୁଝିବାକୁ ଚେଷ୍ଟା କରାଯାଇଛି । ଏହି ପୁସ୍ତକର ଅନ୍ୟ ଏକ ଉଦ୍ଦେଶ୍ୟ ହେଲା ଯେ ଲୋକଙ୍କ ସମ୍ମୁଖକୁ ସେହି ବିଷୟଗୁଡ଼ିକୁ ଅଣାଯାଉ, ଯାହା ନରେନ୍ଦ୍ର ମୋଦିଙ୍କ ଠାରୁ ଶିଖାଯାଇ ପାରିବ । ଗୋଟିଏ ଅତି ସାଧାରଣ ପରିବାର, ଯାହାର କୌଣସି ରାଜନୀତି ପୃଷ୍ଠଭୂମୀ ନାହିଁ, ସେହିଠାରୁ ବାହାରି ଦେଶର ପ୍ରଧାନମନ୍ତ୍ରୀ ହେବା ପର୍ଯ୍ୟନ୍ତର ଯାତ୍ରା ଯେ କୌଣସି ବ୍ୟକ୍ତି ପାଇଁ ପ୍ରେରକ ହୋଇପାରିବ । ମୋଦିଙ୍କ ଏହି ଯାତ୍ରା ମଧ୍ୟ ସାଧାରଣ ନୁହେଁ । ତାଙ୍କ ଉପରେ ବହୁ ପ୍ରକାରର ଅଭିଯୋଗ କରାଯାଇ ପାରିବ, କିନ୍ତୁ ତଥ୍ୟ ଏହା ଯେ ସେ ରାଜନୀତିରେ ଲଗାତର୍ ଆଗକୁ ବଢ଼ିଛନ୍ତି ଏବଂ ପ୍ରଧାନମନ୍ତ୍ରୀ ପଦବୀ ପର୍ଯ୍ୟନ୍ତ ପହଞ୍ଚିଛନ୍ତି, ତାହା ପୁଣି ଧଇଁସଇଁ ହୋଇ ନୁହେଁ ବରଂ ବୀର ଦର୍ପରେ । ଏହା ନରେନ୍ଦ୍ର ମୋଦି ହିଁ ଥିଲେ, ଯିଏ ତିରିଶ ବର୍ଷ ପରେ କୌଣସି ଦଳକୁ ନିଜ ଦମ୍‌ରେ ବହୁମତରେ ଜିତାଇବାର କାରନାମା କରି ଦେଖେଇଲେ ।

ନରେନ୍ଦ୍ର ମୋଦିଙ୍କୁ ନେଇ ଅଥବା ତାଙ୍କ କାର୍ଯ୍ୟଶୈଳୀକୁ ନେଇ କାହାର ବ୍ୟକ୍ତିଗତ ପସନ୍ଦ-ନାପସନ୍ଦ ହୋଇପାରେ, କିନ୍ତୁ ସେ ଏ ପର୍ଯ୍ୟନ୍ତ ଯାହା କରିଛନ୍ତି, ତାହାର ତଥ୍ୟଭିତ୍ତିକ ବିଶ୍ଳେଷଣ

ଆବଶ୍ୟକ ଅଟେ । ତାଙ୍କ ପ୍ରବନ୍ଧକୀୟ ଦକ୍ଷତା ପ୍ରସଙ୍ଗରେ ନରେନ୍ଦ୍ର ମୋଦିଙ୍କ ଏ ପର୍ଯ୍ୟନ୍ତ ଯାତ୍ରାର ତଥ୍ୟଭିତ୍ତିକ ବିଶ୍ଳେଷଣ କରିବାର ଚେଷ୍ଟା ଏହି ପୁସ୍ତକରେ କରାଯାଇଛି । ନରେନ୍ଦ୍ର ମୋଦିଙ୍କୁ ବୁଝିବାକୁ ଚେଷ୍ଟା କରିବା, କୌଣସି କଠିନ ବିଷମ ସମସ୍ୟାକୁ ବୁଝିବା ସଦୃଶ । ଗୋଟିଏ ପଟେ ସେ ଗରୀବଙ୍କ ହକ୍ ଏବଂ ହିତର କଥା କୁହନ୍ତି । ଅନ୍ତୋଦୟର ଓକିଲାତି କରନ୍ତି । ଗାନ୍ଧିଜୀଙ୍କ ଅନ୍ତିମ ଇଚ୍ଛାକୁ ମନେ ପକାନ୍ତି । ସେଇଠି ଅନ୍ୟ ପଟେ ସେ ଦେଶର ବଡ଼ କର୍ପୋରେଟ୍ ସଂସ୍ଥା ସହ ହାତ ମିଳାଉଥିବା ମଧ୍ୟ ଦେଖାଯାନ୍ତି । ଅମ୍ବାନି ଏବଂ ଅଡାଣିଙ୍କ ସହ ତାଙ୍କର ନିକଟତର ହେବାକୁ ନେଇ ତାଙ୍କ ଉପରେ ପ୍ରଶ୍ନ ଉଠି ଚାଲିଥିଲା । ଗୋଟିଏ ପଟେ ସେ ମୂଲିଆ ଏବଂ ଶ୍ରମିକଙ୍କ ମଙ୍ଗଳର କଥା କହି ଶ୍ରମେବ ଜୟତେ ଯୋଜନା ଆଣନ୍ତି ତେବେ ଅନ୍ୟ ପକ୍ଷରେ ଶ୍ରମ ଆଇନରେ ସୁଧାର ନାଁ ରେ ଏମିତି ପରିବର୍ତ୍ତନ କରନ୍ତି ଯାହାକୁ ଦେଶର ଗୋଟିଏ ବଡ଼ ଦିନମଜୁରିଆ ସମୁଦାୟ ବିରୋଧ କରନ୍ତି । ନରେନ୍ଦ୍ର ମୋଦିଙ୍କ ଏହି ବିରୋଧାଭାଷକୁ ମଧ୍ୟ ଏହି ପୁସ୍ତକରେ ଯଥା ସମ୍ଭବ ବୁଝିବାର ପ୍ରୟାସ କରାଯାଇଛି ।

ମୋଟାମୋଟି ଏହା କହିବା ଭୁଲ୍ ହେବନାହିଁ ଯେ ନରେନ୍ଦ୍ର ମୋଦିଙ୍କ ମଧ୍ୟରେ କେତେ ମଧ୍ୟ ବିରୋଧାଭାଷ ଥାଉ ହେଲେ ଅତି କମ୍‌ରେ ୨୦୧୯ ମସିହା ପର୍ଯ୍ୟନ୍ତ ଦେଶକୁ ଏହି ବିରୋଧାଭାଷ ସହ ଚାଲିବାକୁ ହେବ ଏବଂ ଏଥିରେ ଭାରତକୁ ନିଜ ଭବିଷ୍ୟତର ପଥ ପ୍ରସ୍ତୁତ କରିବାକୁ ହେବ । ଏହି ବିରୋଧାଭାଷ ଆଧାରରେ ଏହା କହିବା ମଧ୍ୟ ଭୁଲ୍ ହେବନାହିଁ ଯେ ନରେନ୍ଦ୍ର ମୋଦି ଏମିତି ଜଣେ ନେତା ନୁହଁନ୍ତି, ଯିଏ ପୂର୍ବରୁ ତିଆରି ହୋଇଥିବା କୌଣସି ମାର୍ଗରେ ଚାଲିବାର ଚେଷ୍ଟା କରୁଥିବେ ବରଂ ସେ ନିଜ ମାର୍ଗ ନିଜେ ଗଢ଼ିବାର ଚେଷ୍ଟା କରୁଛନ୍ତି । ଏଥିପାଇଁ ସେ ଅନେକ ଏମିତି ବିଷୟକୁ ମଧ୍ୟ ଉତ୍‌ଥାପନ କରୁଛନ୍ତି ଯାହାକୁ ଏପର୍ଯ୍ୟନ୍ତର ରାଜନୈତିକ ବର୍ଗ ବହୁତ ଛୋଟ ମାନୁଥିଲେ କିନ୍ତୁ ଅନ୍ୟ ପକ୍ଷରେ ଅନେକ ସେମିତି ବଡ଼ ପ୍ରସଙ୍ଗ ମଧ୍ୟ ଅଛି, ଯାହା ଉପରେ ନରେନ୍ଦ୍ର ମୋଦିଙ୍କ ଦୃଷ୍ଟିକୋଣ ପୂର୍ବ ସରକାରଙ୍କ ଭଳି ଅଟେ । ଏହି ପୁସ୍ତକରେ ନରେନ୍ଦ୍ର ମୋଦିଙ୍କ ଏ ପର୍ଯ୍ୟନ୍ତର କାର୍ଯ୍ୟର ଆଧାରରେ ତାଙ୍କ ପ୍ରବନ୍ଧକୀୟ କୌଶଳକୁ ବୁଝିବା ଏବଂ ଏହି ବାହାନାରେ ତାଙ୍କ ବ୍ୟକ୍ତିତ୍ୱର ସେହି ସକାରାତ୍ମକ ଦିଗଗୁଡ଼ିକୁ ଉଠାଇବାର ପ୍ରୟାସ ମଧ୍ୟ କରାଯାଇଛି, ଯାହା ସାଧାରଣ ଲୋକଙ୍କ ପାଇଁ ପ୍ରେରକ ହୋଇ ପାରିବ । ଏହି ପ୍ରୟାସରେ ମୁଁ କେତେ ସଫଳ ହୋଇଛି, ଏହାର ନିଷ୍ପତ୍ତି ତ' ଆପଣ ହିଁ କରିବେ । ଯଦି ଆପଣ ନିଜ ବିଚାର ଦ୍ୱାରା ମତେ ଅବଗତ କରାଇ ପାରିବେ ତେବେ ମୁଁ ପ୍ରସନ୍ନ ହେବି ଏବଂ ଏହାର ଆଧାରରେ ଏହି ପୁସ୍ତକର ଆଗାମୀ ସଂସ୍କରଣରେ ଏହାକୁ ଆହୁରି ଉନ୍ନତ କରାଯାଇ ପାରିବ ।

ଏହି ପୁସ୍ତକ ନରେନ୍ଦ୍ର ନାମକ ଦୁଇଜଣ ଲୋକଙ୍କ ଯୋଗୁଁ ସମ୍ଭବ ହୋଇ ପାରିଲା । ପ୍ରଥମ ନରେନ୍ଦ୍ର ତ ସେ, ଯାହାଙ୍କ ଉପରେ ଏହି ପୁସ୍ତକ ଲେଖାଯାଇଛି । ଦ୍ୱିତୀୟ ନରେନ୍ଦ୍ର ହେଲେ ଡାଇମଣ୍ଡ ବୁକ୍ସର କର୍ତ୍ତାଧର୍ତ୍ତା ଶ୍ରୀ ନରେନ୍ଦ୍ର ବର୍ମା । ଏହି ପୁସ୍ତକର ପ୍ରକାଶନ ପାଇଁ ତାଙ୍କୁ ବହୁତ-ବହୁତ ଧନ୍ୟବାଦ ।

-ହିମାଂଶୁ ଶେଖର

mail@himanshushekhar.in

www.himanshushekhar.in

(ପ୍ରକାଶକୀୟ)

ଦୁଇ ପାଦ ସାଥିହୋଇ ଚାଲିବା...

ପାଖାପାଖି ଛଅ ବର୍ଷ ପୂର୍ବ 'ଦୂରଦ୍ରଷ୍ଟା ନରେନ୍ଦ୍ର ମୋଦି' ପୁସ୍ତକ ଛାପିବା ସମୟରେ ମୋ ମନରେ ଏହି ବିଚାର ଆସିଥିଲା ଯେ ନରେନ୍ଦ୍ର ମୋଦିଙ୍କ ଭିତରେ ଦେଶରେ ଆବଶ୍ୟକ ପରିବର୍ତ୍ତନ ଆଣିବାର କ୍ଷମତା ଅଛି । ଏଥି ସହ ମୁଁ ତାଙ୍କ କାର୍ଯ୍ୟଶୈଳୀ, ଭାଷଣ ଓ ବିଚାରଗୁଡ଼ିକୁ ପଢ଼ିବା-ଶୁଣିବାରେ ଲାଗିଗଲି । ଏହି ବିଚ ର ଉତ୍ସାହିତ କରୁଥିଲା ଯେ ଏହି ବ୍ୟକ୍ତିତ୍ୱର ସୂଚନା ସମ୍ପୂର୍ଣ୍ଣ ଭାରତବାସୀଙ୍କୁ ଦେବାରେ ମତେ ଚେଷ୍ଟା କରିବା ଉଚିତ । ମୋର ପ୍ରକାଶନ ସଂସ୍ଥା ମାଧ୍ୟମରେ ଏମିତି କରିବାର ନିଷ୍ପତ୍ତି କରି ଅଧିକ ଧିକ ଭାଷାରେ ପୁସ୍ତକକୁ ପ୍ରକାଶିତ କରି ଜନମାନସ ପର୍ଯ୍ୟନ୍ତ ତାଙ୍କୁ ପହଞ୍ଚାଇବାର ଚେଷ୍ଟା କଲି ।

ମୋର ଏହି କାର୍ଯ୍ୟଶୈଳୀର ପୃଷ୍ଠଭୂମୀରେ ରାଷ୍ଟ୍ରୀୟ ସ୍ୱୟଂ ସେବକ ସଂଘର ଶାଖା ରହିଛି । ୭୦ ଦଶକରେ, ମୁଁ ଏହି ଶାଖାମାନଙ୍କରେ ନିୟମିତ ରୂପେ ଭାଗ ନେଉଥିଲି । କଲେଜ ପଢ଼ିବା ସମୟରୁ ମନରେ ସର୍ବଦା ଏହି ବିଚାର ଆସୁଥିଲା ଯେ ଜଣେ ଏମିତି ବ୍ୟକ୍ତିତ୍ୱ ବାହାରିବା ଉଚିତ, ଯିଏ ସମଗ୍ର ବିଶ୍ୱକୁ ଭାରତୀୟତାର ପରିଚୟ କରାଇବ । ଆମର ମହାନ ସଂସ୍କୃତି, ସଭ୍ୟତା ଓ ପରମ୍ପରା ଆମ ବିକାଶର ମାଧ୍ୟମ ହେଉ । ଭାରତ ଏକ ଆଦର୍ଶ ରାଷ୍ଟ୍ର ହେଉ, ଯିଏ ଦୁନିଆର ମାର୍ଗଦର୍ଶନ କରିବ । ଲୋକତନ୍ତ୍ରକୁ ଜୀବନ୍ତ ରଖିବା ପାଇଁ ଯେଉଁ ରାଜନୀତି ଦେଖା ଯାଉଥିଲା, ତାହା ରାଜିନାମାର ରାଜନୀତି ଥିଲା, ଯେଉଁଥିରୁ ଦେଶ ଦୁର୍ବଳ ହୋଇ ଯାଉଥିଲା । ଏହି ଚିନ୍ତାଧାରାରେ ମୋ ଆତ୍ମା ଆଲୋଡ଼ିତ ହେଉଥିଲା; କୌଣସି ସମୁଦାୟ ବିଶେଷର ତୁଷ୍ଟିକରଣର ରାଜନୀତିରେ କୁଣ୍ଠା ହେଉଥିଲା, କିନ୍ତୁ ବୁଝି ହେଉ ନଥିଲା ଯେ କିଏ ଭାରତୀୟ ସଂସ୍କୃତିର ରକ୍ଷା କରିବ ଓ କିଏ ରାଷ୍ଟ୍ରର ନିର୍ମାଣ କରି ତାକୁ ଉଚିତ୍ ମାର୍ଗରେ ଆଗକୁ ନେଇଯିବ । ମନରେ କୌତୁହଳ ଥିଲା ଓ ଦେଶର ବିକୃତ ସ୍ଥିତି ଓ ଅର୍ଥବ୍ୟବସ୍ଥାକୁ ଦେଖି ପୀଡ଼ା ହେଉଥିଲା ।

ପୂର୍ବର ପାଖାପାଖି ଏକ ଦଶନ୍ଧିରୁ ଦେଶର ସ୍ଥିତି ଖରାପ ଭାବେ ପ୍ରଭାବିତ ହେଉଥିଲା । ସାଧାରଣ ଲୋକ ଲଗାତର୍ ଆଲୋଡ଼ିତ ଦେଖାଯାଉଥିଲେ । ଦର ବୃଦ୍ଧି ଯୋଗୁଁ ସାମାନ୍ୟ ସାଧାରଣ ଲୋକଙ୍କ ସହ ବ୍ୟବସାୟୀ ମଧ୍ୟ ଚିନ୍ତିତ ଥିଲେ । ବିଭିନ୍ନ ରାଜ୍ୟ, ତାଙ୍କ ସରକାର ତଥା କ୍ଷେତ୍ରୀୟ ନେତାଙ୍କ ଭୂମିକା ଉତ୍ସାହବର୍ଦ୍ଧକ ନଥିଲା । ଏହି ସ୍ଥିତିରେ ଗୁଜରାଟର ମୁଖ୍ୟମନ୍ତ୍ରୀ ଥିବା ନରେନ୍ଦ୍ର ମୋଦି ଯେତେବେଳେ ଦେଶର ରାଷ୍ଟ୍ରୀୟ ରାଜନୀତି ଆଡ଼କୁ ମୁହଁ ବୁଲାଇ ଦେଖିଲେ ଓ ତାକୁ ଖୁବ୍‌ଭଲ କରିବାକୁ ନିଜର ବିଚାର ବ୍ୟକ୍ତ କଲେ ତେବେ ଲାଗିଲା ଯେ ମଳୟର ଦଲକାଏ ତାଜା ପବନ ଆସିଛି । ଏଥିରେ ରାଷ୍ଟ୍ରର ନବନିର୍ମାଣ କରିବାର କ୍ଷମତା ଅଛି । ଏହା ହିଁ କାରଣ ଯେ ମୁଁ ତାଙ୍କୁ ଦେଶରେ

ଲୋକତନ୍ତ୍ରକୁ ରାଜିନାମାର ରାଜନୀତିରୁ ପୃଥକ ଭାବେ ସମନ୍ୱୟ ଦିଗରେ, ପ୍ରଗତି ପଥରେ ନେଇଯାଉଥିବା ନେତା ରୂପେ ଦେଖିବାକୁ ଲାଗିଲି ।

ଆମେ ତାଙ୍କ ଚିନ୍ତାଧାରାରେ ପ୍ରଭାବିତ ହୋଇ ତାଙ୍କ ଜୀବନୀ 'ନରେନ୍ଦ୍ର ମୋଦିଙ୍କ ନମୋ ମନ୍ତ', 'ଏକ ଭାରତ ଶ୍ରେଷ୍ଠ ଭାରତ', 'ମହାନାୟକ ନରେନ୍ଦ୍ର ମୋଦି', 'ପ୍ରେରଣାପୂର୍ତ୍ତି ନରେନ୍ଦ୍ର ମୋଦି' ଓ 'ଭାରତର ଆଶା ନରେନ୍ଦ୍ର ମୋଦି' ଭଳି ପୁସ୍ତକମାନ ହିନ୍ଦି, ଇଂରାଜୀ, ମରାଠୀ, ଗୁଜରାଟୀ ଓ ବଙ୍ଗଳା ଭାଷାରେ ପ୍ରକାଶିତ କଲୁ ଓ ତାହାର ପ୍ରଚାର ଯୁଦ୍ଧକାଳୀନ ଭିତ୍ତିରେ କଲୁ ଅତଏବ ଏକ ସୁବିଚାର ଜନମତ ପର୍ଯ୍ୟନ୍ତ ପହଞ୍ଚ୍ଲା ।

ମତେ ଏହା ଜାଣି ସନ୍ତୋଷ ମିଳିଲା ଯେ ଏହି ପୁସ୍ତକ କାଶ୍ମୀରରୁ କନ୍ୟାକୁମାରୀ ପର୍ଯ୍ୟନ୍ତ ପଢ଼ା ଯାଉଛି । ମୋର ହୃଦୟଙ୍ଗମ ହେଲା ସମ୍ଭବତଃ ବହୁ ଦିନରୁ ମୁଁ ଏହା କରିବାକୁ ଚାହୁଁଥିଲି । ମେ' ମାସ, ୨୦୧୪ ରେ ଯେତେବେଳେ ସେ ପ୍ରଧାନମନ୍ତ୍ରୀ ହେଲେ ତେବେ ସେହି ଦିନରୁ ମନରେ ଏହି ବିଚାର ଆସିଲା ଯେ ନରେନ୍ଦ୍ର ମୋଦିଙ୍କ ପ୍ରଥମ ଛଅ ମାସର ପ୍ରଗତିକୁ ଏକ ପୁସ୍ତକ ରୂପେ ପ୍ରକାଶିତ କରିବି ଓ ତାକୁ ଭାରତର ସମସ୍ତ ପ୍ରମୁଖ ଭାଷାରେ ମଧ୍ୟ ପ୍ରକାଶିତ କରିବି । ଏହି କାମ ସହଜ ନଥିଲା, କିନ୍ତୁ ଆଜି ଯେତେବେଳେ ଏହି ପ୍ରକାଶକୀୟ ଲେଖୁଛି ତେବେ ମୋର ସ୍ୱପ୍ନ ପୂରଣ ହେଉଥିବା ଲାଗୁଛି ।

ଏହି ପୁସ୍ତକ ଦେଶର ଯୁବବର୍ଗଙ୍କୁ ସମର୍ପିତ, ଯେଉଁମାନେ ଭାରତକୁ ବିଶ୍ୱର ଶ୍ରେଷ୍ଠ ଦେଶ ରୂପେ ଦେଖିବାକୁ ଚାହୁଁଛନ୍ତି । ଭାରତରେ ଅନେକ ସମ୍ଭାବନା ରହିଛି । ୧୨୫ କୋଟି ଭାରତବାସୀଙ୍କୁ ମିଳିତ ହୋଇ ଆମ ରାଷ୍ଟ୍ରକୁ ସର୍ବଶ୍ରେଷ୍ଠ କରିବାକୁ ହେବ, ଦେଶର ମହାନାୟକଙ୍କ ହାତ ଦୃଢ଼ କରିବାକୁ ହେବ, ତାଙ୍କ ଉପରେ ଆମର ବିଶ୍ୱାସ ଦେଖେଇବାକୁ ହେବ ଓ ଦେଶ ପାଇଁ ବଞ୍ଚିବାକୁ ହେବ, ସେତେବେଳେ ଆମ ଦେଶ ଶ୍ରେଷ୍ଠ ହେବ । 'ସବ୍‌କା ସାଥ, ସବ୍‌କା ବିକାଶ' ଏବଂ 'ଏକ ଭାରତ ଶ୍ରେଷ୍ଠ ଭାରତ' ଏହା ଆମ ପ୍ରଧାନମନ୍ତ୍ରୀଙ୍କ ସ୍ୱପ୍ନ ଅଟେ, ଯାହାକୁ ଆମକୁ ସାକାର କରିବାକୁ ହେବ । ଏହି ସ୍ୱପ୍ନ ସେତେବେଳେ ସାକାର ହେବ, ଯେତେବେଳେ ଆପଣ ସମସ୍ତେ ଏଥିରେ ଭାଗିଦାର ହେବେ । ଆଶା ଅଛି ଯେ ଆପଣ ମଧ୍ୟ ଆପଣଙ୍କ ରାଷ୍ଟ୍ରର ନବ ନିର୍ମାଣରେ ଓ ବିକାଶରେ ଦୁଇ ପାଦ ସାଥିହୋଇ ଚାଲିବେ ।

– ନରେନ୍ଦ୍ର କୁମାର ବର୍ମା
nk@dpb.in

ବିଷୟ ସୂଚୀ

ଏହି ପୁସ୍ତକ ମାତା ଉର୍ମିଳା ସିଂହ
ଓ ପିତା ରଞ୍ଜିତ ସିଂହଙ୍କୁ ସମର୍ପିତ ।

ନରେନ୍ଦ୍ର ମୋଦି: ଏକ ସଂକ୍ଷିପ୍ତ ପରିଚୟ

ଭାରତର ପ୍ରଧାନମନ୍ତ୍ରୀ ନରେନ୍ଦ୍ର ଦାମୋଦରଦାସ ମୋଦିଙ୍କ ଜନ୍ମ ୧୭ ସେପ୍ଟେମ୍ବର, ୧୯୫୦ ମସିହାରେ ହୋଇଥିଲା । ଉତ୍ତର ଗୁଜରାଟର ମେହସାଣା ଜିଲ୍ଲାର ବଡନଗରରେ ସେ ଜନ୍ମଗ୍ରହଣ କରିଥିଲେ । ବଡନଗର ଗୋଟିଏ ଛୋଟ ସହର ଥିଲା । ନରେନ୍ଦ୍ର ମୋଦିଙ୍କ ମାତାଙ୍କ ନାମ ହିରାବେନ ମୋଦି । ତାଙ୍କ ପିତାଙ୍କ ନାମ ଦାମୋଦରଦାସ ମୁଲଚନ୍ଦ ମୋଦି । ନରେନ୍ଦ୍ର ମୋଦି ପାଞ୍ଚ ଭାଇ-ଭଉଣୀଙ୍କ ମଧ୍ୟରେ ଦ୍ୱିତୀୟ ସନ୍ତାନ ଅଟନ୍ତି । ତାଙ୍କୁ ଛୋଟବେଳେ ନରିଯା ବୋଲି ଡକାଯାଉଥିଲା । ରେଳ ଷ୍ଟେସନରେ ମୋଦିଙ୍କ ପିତାଙ୍କ ଚା' ଦୋକାନ ଥିଲା ।

ନରେନ୍ଦ୍ର ମୋଦିଙ୍କ ବାବଦରେ ଯେଉଁ ସୂଚନା ବିଗତ ଦିନରେ ସାମ୍ନାକୁ ଆସିଛି, ସେଥିରେ ତାଙ୍କ ଶୈଶବର ବହୁ ଘଟଣାର ଉଲ୍ଲେଖ ମିଳେ । ଷାଠିଏ ଦଶକରେ ଯେତେବେଳେ ଭାରତ ଏବଂ ପାକିସ୍ତାନ ମଧ୍ୟରେ ଯୁଦ୍ଧ ହୋଇଥିଲା ସେତେବେଳେ ସେହି ଲଢ଼େଇରେ ସାମିଲ ସୈନିକଙ୍କୁ ସାହାଯ୍ୟ କରିବା ପାଇଁ ସେ ରେଳ ଷ୍ଟେସନକୁ ଯାଉଥିଲେ । ୧୯୬୫ରେ ଭାରତ-ପାକିସ୍ତାନ ଯୁଦ୍ଧ ସମୟରେ ସେ ଷ୍ଟେସନ ଦେଇ ଯାଉଥିବା ସୈନିକଙ୍କୁ ଚା' ପିଆଇଥିଲେ । ଏଥିରୁ ସ୍ପଷ୍ଟ ଯେ ସେତେବେଳେ ନରେନ୍ଦ୍ର ମୋଦିଙ୍କ ବୟସ ବହୁତ କମ୍ ଥିଲା । ୧୯୬୭ ମସିହାରେ ଯେତେବେଳେ ଗୁଜରାଟରେ ବନ୍ୟା ଆସିଲା ତେବେ ସେ ବନ୍ୟା ପ୍ରଭାବିତ ଅଞ୍ଚଳକୁ ଯାଇ ଆଗଭର ହୋଇ ଉଦ୍ଧାର କାର୍ଯ୍ୟ କରିଥିଲେ ।

ନରେନ୍ଦ୍ର ମୋଦି ଛୋଟବେଳେ ସାଧାରଣ ଶିଶୁଙ୍କ ଠାରୁ ଅଲଗା ଥିଲେ । ନରେନ୍ଦ୍ର ମୋଦି ବଡନଗରର ଭଗବତାଚାର୍ଯ୍ୟ ନାରାୟଣାଚାର୍ଯ୍ୟ ସ୍କୁଲରେ ପଢୁଥିଲେ । ମୋଦି ସ୍କୁଲରେ ସାଧାରଣ ଛାତ୍ର ଥିଲେ । କିଛି ଲୋକ କହନ୍ତି କି ନରେନ୍ଦ୍ର ମୋଦିଙ୍କୁ ଛୋଟବେଳେ ଅଭିନୟର ରୁଚି ଥିଲା । ସେ ଛୋଟବେଳେ ସ୍କୁଲରେ ଅଭିନୟ, ତର୍କବିତର୍କ, ନାଟକ ଆଦିରେ ଭାଗ ନିଅନ୍ତି ଏବଂ ପୁରସ୍କାର ପାଆନ୍ତି । ନରେନ୍ଦ୍ର ମୋଦି ଏନ୍‌ସିସିରେ ମଧ୍ୟ ସାମିଲ ହୋଇଥିଲେ । ମୋଦି ଛୋଟବେଳେ ସାଧୁ-ସନ୍ଥଙ୍କ ଦ୍ୱାରା ପ୍ରଭାବିତ ହେଲେ । ତାଙ୍କ ଜୀବନରେ ଗୋଟିଏ ସମୟ ଏମିତି ଆସିଲା ଯେତେବେଳେ ସେ ସନ୍ୟାସୀ ହେବାକୁ ଚାହୁଁଥିଲେ । ମୋଦି ସ୍କୁଲରୁ ପାଠପଢ଼ା ଶେଷ କଲାପରେ ସନ୍ୟାସୀ ହେବାପାଇଁ ଘରୁ ପଳାଇଥିଲେ । ଏହି ସମୟରେ ମୋଦି ପଶ୍ଚିମ ବଙ୍ଗଳାର ରାମକୃଷ୍ଣ ଆଶ୍ରମ ସହିତ ବହୁ ଜାଗା ଭ୍ରମଣ କରିଥିଲେ । ଏହା ସେହି ସମୟ ଥିଲା ଯେବେ ସେ ସ୍ୱାମୀ ବିବେକାନନ୍ଦଙ୍କ ବିଚାରଗୁଡ଼ିକର ଗଭୀର ଅଧ୍ୟୟନ କଲେ ଏବଂ ତାଙ୍କ ବିଚାରରେ ନିଜକୁ ଗଠନ କରିବାର ଚେଷ୍ଟା କଲେ । ପ୍ରଧାନମନ୍ତ୍ରୀ ହେବା ପରେ ମଧ୍ୟ ନରେନ୍ଦ୍ର ମୋଦି ବିବେକାନନ୍ଦଙ୍କ ବିଚାରର କଥା ସବୁବେଳେ କରନ୍ତି । ହିମାଳୟରେ ବହୁ ମାସ ପର୍ଯ୍ୟନ୍ତ ସାଧୁଙ୍କ ସହିତ ରହିଛନ୍ତି । ଦୁଇବର୍ଷ ପରେ ଯେତେବେଳେ ସେ ହିମାଳୟରୁ ଫେରିଲେ ସେତେବେଳେ ସେ ସନ୍ୟାସ ଜୀବନ ତ୍ୟାଗ କରିବାକୁ ନିଷ୍ପତ୍ତି ନେଲେ । ହିମାଳୟରୁ ଫେରିବା ପରେ ମୋଦି ନିଜ ଭାଇଙ୍କ ସହ ମିଶି ଅହମଦାବାଦର ବହୁ ସ୍ଥାନରେ ଚା' ଦୋକାନ ମଧ୍ୟ କରିଥିଲେ ।

ନରେନ୍ଦ୍ର ମୋଦି ଛୋଟବେଳୁ ହିଁ ଆର୍‌ଏସ୍‌ଏସ୍‌ରେ ଯୋଗ ଦେଇଥିଲେ । ୧୯୫୮ରେ ଦୀପାବଳି ଦିନ ଗୁଜରାଟ ଆର୍‌ଏସ୍‌ଏସ୍‌ର ପ୍ରଥମ ପ୍ରାନ୍ତ ପ୍ରଚାରକ ଲକ୍ଷ୍ମଣ ରାଓ ଇନାମଦାର ଓରଫ୍ ଓକିଲ ସାହାବ

ନରେନ୍ଦ୍ର ମୋଦିଙ୍କୁ ବାଳ ସ୍ୱୟଂସେବକ ରୂପେ ଶପଥ ପାଠ କରାଇଥିଲେ । ତାଙ୍କୁ ଜାଣିଥିବା ଲୋକେ କହନ୍ତି କି ସେ ବହୁତ ଉଦ୍ୟୋଗୀ କାର୍ଯ୍ୟକର୍ତ୍ତା ଥିଲେ । ସେ ଆର୍‌ଏସ୍‌ଏସ୍‌ର ବଡ଼ ଶିବିରଗୁଡ଼ିକର ଆୟୋଜନରେ ପରିଚାଳନାର ସାମର୍ଥ୍ୟ ଦେଖାଉଥିଲେ । ଆର୍‌ଏସ୍‌ଏସ୍ ନେତାମାନଙ୍କ ପାଇଁ ଟ୍ରେନ୍ ଏବଂ ବସ୍ ମଧ୍ୟରେ ସ୍ଥାନ ସଂରକ୍ଷଣ ଦାୟିତ୍ୱ ତାଙ୍କ ପାଖରେ ଥିଲା ।

ଅଠର ବର୍ଷ ବୟସରେ ନରେନ୍ଦ୍ର ମୋଦିଙ୍କ ବିବାହ ବାଂସକାଠା ଜିଲ୍ଲାର ରାଜୋସାନା ଗାଁରେ ରହୁଥିବା ଜସୋଦା ବେନ୍‌ଙ୍କ ସହ ତାଙ୍କ ମା' କରାଇଥିଲେ । କିନ୍ତୁ ନରେନ୍ଦ୍ର ମୋଦି ବୈବାହିକ ଜୀବନରେ ରହିଲେ ନାହିଁ । କିଛି ଦିନ ପରେ ନରେନ୍ଦ୍ର ମୋଦି ଘର ଛାଡ଼ି ସଂଘର ପ୍ରଚାରକ ହୋଇଗଲେ । ମୋଦି ଅହମଦାବାଦ ସଂଘ ମୁଖ୍ୟାଳୟରେ ରହୁଥିବା ବେଳେ ସମସ୍ତ ଛୋଟ କାମ କରୁଥିଲେ, ଯେମିତି ସଫେଇ କରିବା, ଚା' ତିଆରି କରିବା ଏବଂ ବରିଷ୍ଠ ନେତାଙ୍କ ଲୁଗାପଟା ସଫା କରିବା ଇତ୍ୟାଦି ।

ନରେନ୍ଦ୍ର ମୋଦି କୌଣସି ନୂଆ କାମ ଆରମ୍ଭ କରିବା ପୂର୍ବରୁ ତାଙ୍କ ମା'ଙ୍କ ଆଶୀର୍ବାଦ ନିଶ୍ଚୟ ନେଉଥିଲେ । ୨୦୧୪ ର ଲୋକସଭା ନିର୍ବାଚନରେ ମିଳିଥିବା ବିଜୟ ପରେ ସେ ତାଙ୍କ ମା'ଙ୍କ ପାଖକୁ ଯାଇ ଆଶୀର୍ବାଦ ନେଇଥିଲେ । ଯେତେବେଳେ ମୋଦି ପ୍ରଚାରକ ଥିଲେ ସେତେବେଳେ ତାଙ୍କୁ ସ୍କୁଟର ଚଳାଇବା ଜଣା ନଥିଲା । ଗୁଜରାଟର ପୂର୍ବତନ ମୁଖ୍ୟମନ୍ତ୍ରୀ ଶଙ୍କର ସିଂହ ବାଘେଲା ତାଙ୍କୁ ନିଜ ସ୍କୁଟରରେ ବସାଇ ବୁଲାଉଥିଲେ । ମୋଦି ସଂଘରେ ସାର୍ଟର ହାତ ଛୋଟ କରିଥିଲେ, ଯେପରି ସେ ମସିଆ ହେବନାହିଁ, ଯାହା ବର୍ତ୍ତମାନ ମୋଦି ବ୍ରାଣ୍ଡ୍‌ର ସାର୍ଟ ହୋଇଯାଇଛି ଏବଂ ସାରା ଦେଶରେ ପ୍ରସିଦ୍ଧ । ମୋଦି ଅନ୍ୟ ପ୍ରଚାରକଙ୍କ ବୀପରିତ ଦାଢ଼ି ରଖିଲେ ଏବଂ ତାକୁ ଛୋଟ ଛୋଟ କରି କାଟୁଥିଲେ । ନରେନ୍ଦ୍ର ମୋଦି କାହାଣୀ ଓ କବିତା ମଧ୍ୟ ଲେଖିଛନ୍ତି । ସେ ଗୁଜରାଟୀ ଭାଷାରେ ହିନ୍ଦୁତ୍ୱ ସମ୍ବନ୍ଧିତ ବହୁ ଲେଖା ଲେଖିଛନ୍ତି । ମୋଦି ମହାନ ବିଚାରକ ଏବଂ ଯୁବ ଦାର୍ଶନିକ ସନ୍ଥ ସ୍ୱାମୀ ବିବେକାନନ୍ଦଙ୍କ ଦ୍ୱାରା ଅଧିକ ପ୍ରଭାବିତ ହୋଇଛନ୍ତି । ସେ ଗୁଜରାଟରେ 'ବିବେକାନନ୍ଦ ଯୁବ ବିକାଶ ଯାତ୍ରା' ଆରମ୍ଭ କରିଥିଲେ । ନରେନ୍ଦ୍ର ମୋଦି ଶାକାହାରୀ ଅଟନ୍ତି । ସେ ସିଗାରେଟ୍, ମଦକୁ କେବେ ଛୁଇଁ ନାହାନ୍ତି । ମୋଦି ସବୁ ଛୋଟ-ଛୋଟ କଥାକୁ ମଧ୍ୟ ନଜର ଦିଅନ୍ତି । ଯେମିତି ଭାଷଣ ପୂର୍ବରୁ ପ୍ରସ୍ତୁତି କରିବା ଓ କେଶ ଓ ପୋଷାକର ଷ୍ଟାଇଲ୍ ଉପରେ ସମ୍ପୂର୍ଣ୍ଣ ନଜର ରଖିବା ।

ନରେନ୍ଦ୍ର ମୋଦି ରାଜନୀତି ବିଜ୍ଞାନ ପଢ଼ିଛନ୍ତି । ରାଷ୍ଟ୍ରୀୟ ସ୍ୱୟଂସେବକ ସଂଘରେ ସେ ବହୁ ଦାୟିତ୍ୱ ନିର୍ବାହ କରିଛନ୍ତି । ସେ ସଂଘର ସହଯୋଗୀ ଛାତ୍ର ସଂଗଠନ 'ଅଖିଳ ଭାରତୀୟ ବିଦ୍ୟାର୍ଥୀ ପରିଷଦ'ରେ ମଧ୍ୟ ଥିଲେ । ଏହି ସଂଗଠନଗୁଡ଼ିକରେ ଥିବାବେଳେ ନରେନ୍ଦ୍ର ମୋଦିଙ୍କୁ ଯେଉଁ ଦାୟିତ୍ୱ ଦିଆଯାଇଛି, ତାକୁ ସେ ଦକ୍ଷତାର ସହ ସମ୍ପୂର୍ଣ୍ଣ କରିଛନ୍ତି । ୧୯୭୫ରେ ୧୯ ମାସ ପର୍ଯ୍ୟନ୍ତ ଚାଲିଥିବା ଆପାତକାଳୀନ ପରିସ୍ଥିତିରେ ମଧ୍ୟ ନରେନ୍ଦ୍ର ମୋଦିଙ୍କୁ ଯେଉଁ ଦାୟିତ୍ୱ ସଂଗଠନ ତରଫରୁ ଦିଆଯାଇଥିଲା, ତାକୁ ସେ ସମ୍ପୂର୍ଣ୍ଣ କରିଥିଲେ । ସେ ୧୯୭୫ରେ ଜରୁରୀକାଳୀନ ପରିସ୍ଥିତିରେ ସରଦାର ବେଶ ଧାରଣ କରି ଅଢ଼େଇ ବର୍ଷ ପର୍ଯ୍ୟନ୍ତ ପୁଲିସକୁ ଧରାଛୁଆଁ ଦେଇ ନଥିଲେ ।

ସଂଘ କାର୍ଯ୍ୟକର୍ତ୍ତା ଭାବେ ଯଥେଷ୍ଟ ଛୋଟ ବୟସରୁ ସଂଘର ଯେଉଁ ପଦାଧିକାରୀଙ୍କ ଘରକୁ ନରେନ୍ଦ୍ର ମୋଦିଙ୍କ ଯିବା-ଆସିବା ଥିଲା, ସେମାନେ କହନ୍ତି, 'ସଂଘରେ ମୋଦିଙ୍କ ଆବିର୍ଭାବ ବହୁତ ତଳିଆ ସ୍ତରରୁ ହୋଇଛି । ପିଲାବେଳୁ ବାଳ ସ୍ୱୟଂସେବକ ଭାବେ ସଂଘ ସହ ଯୋଡ଼ି ହୋଇଥିବା ମୋଦି ବହୁ ବର୍ଷ ପରେ ଅହମଦାବାଦରେ ସଂଘ କାର୍ଯ୍ୟାଳୟ ସମ୍ମୁଖରେ ଚା' ବିକିବା ଆରମ୍ଭ କରିଥିଲେ । ସଂଘରେ ନିଜ ପୃଷ୍ଠଭୂମୀ ଏବଂ ଚା' ବିକିବା କ୍ରମରେ ସଂଘର କିଛି ପଦାଧିକାରୀଙ୍କ ସହ ହୋଇଥିବା ସମ୍ପର୍କ ଆଧାରରେ ମୋଦି ସଂଘ କାର୍ଯ୍ୟାଳୟରେ କାମ କରିବାକୁ ଲାଗିଲେ । ଏଠାରେ ମୋଦି ରୋଷେଇ

କରିବା ଠାରୁ ନେଇ ଘର ପୋଛିବା ପର୍ଯ୍ୟନ୍ତ ସମସ୍ତ କାମ କରିଥିଲେ । ପରେ ସେ ସଂଘର ପ୍ରଶିକ୍ଷଣ କାର୍ଯ୍ୟକ୍ରମରେ ଭାଗ ନେଲେ ଏବଂ ସଂଘରେ ଉନ୍ନତି କରି ଚାଲିଲେ । ୧୯୮୭ରେ ସଂଘ ତାଙ୍କୁ ସିଧାସଳଖ ଭାବେ ରାଜନୈତିକ କାର୍ଯ୍ୟରେ ଲଗାଇଲା । ତାଙ୍କୁ ଗୁଜରାଟରେ ସଂଗଠନ ମନ୍ତ୍ରୀ କରାଗଲା । ମାନେ ଗୁଜରାଟରେ ସଂଘ ଏବଂ ଭାଜପା ମଧ୍ୟରେ ସାମଞ୍ଜସ୍ୟର ଦାୟିତ୍ୱ ମୋଦିଙ୍କୁ ଦିଆଗଲା । ୧୯୯୧ ରେ ଭାଜପାର ରାଷ୍ଟ୍ରୀୟ ଅଧ୍ୟକ୍ଷ ମୁରଲୀ ମନୋହର ଜୋଶୀଙ୍କ ଏକତା ଯାତ୍ରା ସଂଯୋଜନାର ଦାୟିତ୍ୱ ନରେନ୍ଦ୍ର ମୋଦିଙ୍କୁ ଦିଆଗଲା । ଏହା ଭାରତୀୟ ଜନତା ପାର୍ଟିରେ ରାଷ୍ଟ୍ରୀୟ ସ୍ତରରେ ମୋଦିଙ୍କ ପ୍ରଥମ ଦାୟିତ୍ୱ ଥିଲା । ପରେ ତାଙ୍କୁ ପଞ୍ଜାବ, ହରିୟାଣା, ଚଣ୍ଡିଗଡ଼, ହିମାଚଳ ପ୍ରଦେଶ ଏବଂ ଜମ୍ମୁ-କାଶ୍ମୀରର ପ୍ରଭାରୀ କରାଗଲା । ଏହି ରାଜ୍ୟଗୁଡ଼ିକରେ କାମ କରି ନରେନ୍ଦ୍ର ମୋଦି ଦଳର ରାଜନୀତିରେ ରାଷ୍ଟ୍ରୀୟ ସ୍ତରରେ ନିଜ ପରିଚୟ କାଏମ୍ ରଖିଲେ । ୨୦୦୧ ରେ ଯେତେବେଳେ ଭାଜପା ଦୁଇଟି ଉପ-ନିର୍ବାଚନ ଏବଂ ସ୍ଥାନୀୟ ସଂକଳନର ନିର୍ବାଚନ ହାରିଗଲା ତେବେ ଏଥିପାଇଁ କେଶୁଭାଇ ପଟେଲଙ୍କୁ ଦାୟୀ କରାଯାଇ ନରେନ୍ଦ୍ର ମୋଦିଙ୍କୁ ୭ ଅକ୍ଟୋବର, ୨୦୦୧ରେ ଗୁଜରାଟର ମୁଖ୍ୟମନ୍ତ୍ରୀ କରାଗଲା ।

ଗୁଜରାଟର ମୁଖ୍ୟମନ୍ତ୍ରୀ ହେବା ପୂର୍ବରୁ ହିଁ ସେ ଭାଜପାରେ ଜଣେ ଦକ୍ଷ ସଂଗଠନକର୍ତ୍ତାର ପରିଚୟ ଦୃଢ଼ କରି ସାରିଥିଲେ । ଦଳରେ ତାଙ୍କ ପରିଚୟ ରଣନୀତିକାର ରୂପେ ମଧ୍ୟ ଗଢ଼ି ଉଠୁଥିଲା । ୧୯୯୫ ରେ ନରେନ୍ଦ୍ର ମୋଦିଙ୍କୁ ଦଳରେ ରାଷ୍ଟ୍ରୀୟ ସଚିବ କରାଗଲା ଏବଂ ପାଞ୍ଚଟି ରାଜ୍ୟର ପ୍ରଭାରୀ କରାଗଲା । ୧୯୯୮ ରେ ତାଙ୍କୁ ଭାରତୀୟ ଜନତା ପାର୍ଟିର ସଂଗଠନ ମହାମନ୍ତ୍ରୀ କରାଗଲା । ମୁଖ୍ୟମନ୍ତ୍ରୀ ହେବା ପୂର୍ବ ପର୍ଯ୍ୟନ୍ତ ମୋଦି ଦଳରେ ଏହିସବୁ ଦାୟିତ୍ୱ ନିର୍ବାହ କରୁଥିଲେ । ଦଳର କାର୍ଯ୍ୟକର୍ତ୍ତା ବହୁ ରାଜ୍ୟରେ ଭାଜପାର ସଂଗଠନକୁ ମଜବୁତ୍ କରିବାର ଶ୍ରେୟ ନରେନ୍ଦ୍ର ମୋଦିଙ୍କୁ ଦିଅନ୍ତି । ମୁଖ୍ୟମନ୍ତ୍ରୀ ହେବା ପୂର୍ବରୁ ମୋଦି ଯେତେବେଳେ ସଂଗଠନରେ କାମ କରୁଥିଲେ, ସେହି ସମୟରେ ସେ ଅନେକ ଦେଶକୁ ଯାତ୍ରା କରିଛନ୍ତି ।

୨୦୦୧ ରେ ଯେତେବେଳେ ନରେନ୍ଦ୍ର ମୋଦିଙ୍କୁ ଗୁଜରାଟର ମୁଖ୍ୟମନ୍ତ୍ରୀ ଭାବେ ଦଳ ଦିଲ୍ଲୀରୁ ଗାନ୍ଧିନଗର ପଠାଇଲା ତେବେ ସେ ସେଠାରେ ଏମିତି ଆସ୍ଥାନ ଜମାଇଦେଲେ ଯେ ପୁଣି ସେଠାରୁ ହଲିବାର ନାଁ ନେଲେନି । ନରେନ୍ଦ୍ର ମୋଦିଙ୍କ ନେତୃତ୍ୱରେ ଗୁଜରାଟରେ ଭାଜପା ୨୦୦୨, ୨୦୦୭ ଏବଂ ୨୦୧୨ ର ନିର୍ବାଚନ ଜିତିଲା । ଏହି ସମୟରେ ଗୁଜରାଟ ବିକାଶ କ୍ଷେତ୍ରରେ ଦେଶରେ ଦୃଷ୍ଟାନ୍ତ ଆଣିଦେଲା । ନରେନ୍ଦ୍ର ମୋଦି ଯେତେବେଳେ ଗୁଜରାଟ ସରକାରର ନେତୃତ୍ୱ ସମ୍ଭାଳୁଥିଲେ ସେତେବେଳେ ତାଙ୍କ ପାଇଁ ପ୍ରାରମ୍ଭିକ ଦିନଗୁଡ଼ିକ ଠିକ୍ ନଥିଲା । ଗୁଜରାଟକୁ ପ୍ରାକୃତିକ ବିପଦର ସାମ୍ନା କରିବାକୁ ପଡ଼ିଥିଲା ଏବଂ ଏଥିରୁ ଉଠିବା ପାଇବା ପାଇଁ ଅନେକ ସ୍ତରରେ ପରିଶ୍ରମ କରିବା ଆବଶ୍ୟକ ଥିଲା । ନରେନ୍ଦ୍ର ମୋଦି ଏହି ଆହ୍ୱାନକୁ ଉଚିତ୍ ଢଙ୍ଗରେ ସାମ୍ନା କଲେ ଓ ସେ ନା କେବଳ ଗୁଜରାଟକୁ ପ୍ରାକୃତିକ ବିପଦ ଯୋଗୁଁ ହେଉଥିବା କ୍ଷତିରୁ ବଞ୍ଚାଇ ନାହାନ୍ତି ବରଂ ଆର୍ଥିକ ବିକାଶ କ୍ଷେତ୍ରରେ ସାରା ଦେଶରେ ଦୃଷ୍ଟାନ୍ତ କରିଛନ୍ତି । ପରନ୍ତୁ, ତାଙ୍କ ବିକାଶ ମଣ୍ଡଳର ଆଲୋଚନା ମଧ୍ୟ କରାଯାଏ । କିଛି ଲୋକ ଏହା ମଧ୍ୟ କହନ୍ତି ଯେ ମୋଦିଙ୍କ କାର୍ଯ୍ୟକାଳରେ ଆର୍ଥିକ ବିକାଶ ତ' ହେଲା କିନ୍ତୁ ସେତେଟା ସାମାଜିକ ବିକାଶ ହୋଇପାରିଲା ନାହିଁ, ଯେତିକି ହେବା ଉଚିତ୍ ଥିଲା ।

ଯେଉଁ ଦିନମାନଙ୍କରେ ନରେନ୍ଦ୍ର ମୋଦି ସରକାର ଗୁଜରାଟର ଭୁଜରେ ଆସିଥିବା ଭୟାବହ ଭୂକମ୍ପନ ପରେ ପୁନଃନିର୍ମାଣ ଏବଂ ପୁନର୍ବାସର କାମ କରୁଥିଲା, ସେତେବେଳେ ସେ ଗୁଜରାଟରେ 'ପଞ୍ଚାମୃତ ଯୋଜନା'ର ଶୁଭାରମ୍ଭ କଲେ । ଏହି ଯୋଜନା ଅନୁସାରେ ସେ ରାଜ୍ୟର ସବୁ ସ୍ତରରେ ବିକାଶ କରିବାକୁ ଚେଷ୍ଟା କଲେ । ଏହାର ପରିଣାମ ସ୍ୱରୂପ ଆଜି ଗୁଜରାଟ ଅନେକ କ୍ଷେତ୍ରରେ ବିକାଶ ପାଇଁ ଦେଶକୁ

ରାସ୍ତା ଦେଖାଉଛି । ଏଥି ମଧ୍ୟରୁ କିଛି ପ୍ରମୁଖ କ୍ଷେତ୍ର ହେଲା- ଇ-ଶାସନ, ନିବେଶ, ଦାରିଦ୍ର୍ୟ ମୂଳୋତ୍ପାଟନ, ଶକ୍ତି, ବିଶେଷ ଆର୍ଥିକ କ୍ଷେତ୍ର, ସଡ଼କ ବିକାଶ, ବିତ୍ତିୟ ଅନୁଶାସନ ଇତ୍ୟାଦି । ଗୁଜରାଟର ବିକାଶ ମଣ୍ଡଳର ଅଧ୍ୟୟନ କରିଥିବା ଲୋକଙ୍କ ମତ ଯେ ଗୁଜରାଟରେ କୌଣସି ଗୋଟିଏ କ୍ଷେତ୍ରର ବିକାଶ ହୋଇନାହିଁ ବରଂ ନରେନ୍ଦ୍ର ମୋଦି ତିନୋଟି କ୍ଷେତ୍ର ଯଥା- କୃଷି, ଉଦ୍ୟୋଗ ଓ ସେବାକୁ ସାଙ୍ଗରେ ନେଇ ଗୁଜରାଟର ବିକାଶ କରିବା କାମ କରିଛନ୍ତି । ନରେନ୍ଦ୍ର ମୋଦିଙ୍କ କାମଧନ୍ଦା ମୂଳରେ 'ସବକା ସାଥ୍, ସବକା ବିକାଶ' ର ମନ୍ତ୍ର ରହିଛି । ସେ ଗୁଜରାଟର ପାଣି ସମସ୍ୟାକୁ ଦୂର କରିବା ପାଇଁ ଅନେକ କାର୍ଯ୍ୟ କରିଛନ୍ତି । ଏଥିରେ ନର୍ମଦା ବନ୍ଧର ଉଚ୍ଚତା ବଢ଼ାଇବା ଠାରୁ 'ସୁଜଲମ୍ ସୁଫଲମ୍ ଯୋଜନା' ପର୍ଯ୍ୟନ୍ତ ଅନେକ ଚେଷ୍ଟା ସାମିଲ ଅଛି । ସେ କୃଷକଙ୍କ କ୍ଷେତ ଅବସ୍ଥା ଯେମିତି ଭଲ ରହିବ, ତାହା ସୁନିଶ୍ଚିତ କରିବା ପାଇଁ 'ମୃଦା ହେଲ୍‌ଥ କାର୍ଡ' ଜାରୀ କରାଇବା କାମ କଲେ । ସେ ରୋମିଙ୍ଗ ରାଶନ କାର୍ଡ ଏବଂ ରୋମିଙ୍ଗ ସ୍କୁଲ କାର୍ଡ ଭଳି ସଫଳ ପ୍ରୟୋଗ କରିଛନ୍ତି ।

ମୁଖ୍ୟମନ୍ତ୍ରୀ ରୂପେ ନରେନ୍ଦ୍ର ମୋଦିଙ୍କ କାର୍ଯ୍ୟକାଳରେ ଯେଉଁ କାମ ଗୁଜରାଟରେ ହୋଇଛି, ସେଥିପାଇଁ ଏହି ରାଜ୍ୟକୁ ଅନ୍ତଃରାଷ୍ଟ୍ରୀୟ ସ୍ତରରେ ଅନେକ ପୁରସ୍କାର ମଧ୍ୟ ମିଳିଛି । ତାଙ୍କ କାର୍ଯ୍ୟକାଳରେ ଗୁଜରାଟ ନିବେଶକଙ୍କ ପାଇଁ ଅତି ପସନ୍ଦର ଜାଗା ହୋଇଗଲା । ନିବେଶକମାନେ ବହୁତ ପଇସା ଗୁଜରାଟରେ ଲଗାଇଛନ୍ତି । ନିବେଶକମାନଙ୍କୁ ଗୁଜରାଟକୁ ଆକର୍ଷିତ କରିବା ପାଇଁ ନରେନ୍ଦ୍ର ମୋଦି 'ଵାଇବ୍ରେଣ୍ଟ ଗୁଜରାଟ' ଭଳି ଆୟୋଜନ ଆରମ୍ଭ କରିଥିଲେ, କିନ୍ତୁ ଏହା ପୂର୍ବରୁ ସେ ଗୁଜରାଟରେ ବ୍ୟବସାୟ ପାଇଁ ଆବଶ୍ୟକ ପ୍ରାଥମିକ ଆକାରକୁ ଆହୁରି ଦୃଢ଼ କଲେ । ସେ ରାଜ୍ୟରେ ଆଇନ-ବ୍ୟବସ୍ଥାର ସ୍ଥିତିକୁ ସୁଧାର କରିଥିଲେ । ବ୍ୟବସାୟ ପାଇଁ ଆବଶ୍ୟକ ପ୍ରାଥମିକ ଆକାରକୁ ମାର୍ଜିତ କରିଥିଲେ ।

ଗୁଜରାଟରେ ନିବେଶର ବାତାବରଣ ତିଆରି କରିବା ଅଭିପ୍ରାୟରେ ନରେନ୍ଦ୍ର ମୋଦିଙ୍କ ଚେଷ୍ଟା ବାବଦରେ ତାଙ୍କ ଆଧିକାରିକ ୱେବସାଇଟ ସୂଚନା ଦିଏ, 'ନରେନ୍ଦ୍ର ମୋଦିଙ୍କ ବ୍ୟବସାୟ ପାଇଁ ଅନୁକୂଳ ଦୃଷ୍ଟିକୋଣ, ଅର୍ଥବ୍ୟବସ୍ଥା ପାଇଁ ବରଦାନ ସାବ୍ୟସ୍ତ ହୋଇଛି । ଜନକଲ୍ୟାଣ ପାଇଁ ଘରୋଇ କ୍ଷେତ୍ରକୁ ସାମିଲ କରିବା ପାଇଁ ନରେନ୍ଦ୍ର ମୋଦିଙ୍କ ପଦକ୍ଷେପ ଏକ ଅଦ୍ଭୁତ ପ୍ରାରମ୍ଭ । ନରେନ୍ଦ୍ର ମୋଦି ଯେଉଁଠି ଗୋଟିଏ ପଟେ ନୂଆ ଦିଗ୍‌ବଳୟକୁ ଖୋଜିଲେ ଓ ନିବେଶକଙ୍କ ସ୍ୱାଗତ କଲେ, ଅନ୍ୟ ପଟେ ଭ୍ରଷ୍ଟାଚାର ଏବଂ ଅନାବଶ୍ୟକ ଅବରୋଧର ଅବକାଶ ଶେଷ କରିଦେଲେ । ଟାଟା ନାନୋ ପ୍ରକରଣ ଇତିହାସରେ ନିଜ ଜାଗା ତିଆରି କରିଛି । ନରେନ୍ଦ୍ର ମୋଦି ଏକ ଅଦ୍ୱିତୀୟ ପ୍ରାରମ୍ଭ କରି ମାତ୍ର ଗୋଟିଏ ଏସ୍‌ଏମ୍‌ଏସ୍ ମାଧ୍ୟମରେ ଟାଟା ସମୂହକୁ ତାଙ୍କ କାରଖାନା ଗୁଜରାଟରେ ସ୍ଥାନାନ୍ତରିତ କରିବା ପାଇଁ ଆମନ୍ତ୍ରିତ କଲେ, ଯାହା ପଶ୍ଚିମ ବଙ୍ଗଳାରେ କାରଖାନା ସ୍ଥାପନା ପାଇଁ ସଂଘର୍ଷ କରୁଥିଲା । ଏହା ପରେ ସେ କାରଖାନା ପାଇଁ ଅଳ୍ପ ସମୟ ମଧ୍ୟରେ ସମସ୍ତ ଅନୁମତି ଏବଂ ମଞ୍ଜୁରୀ ଦେଲେ ।'

ଏଥି ମୁତାବକ, 'ନରେନ୍ଦ୍ର ମୋଦିଙ୍କ ନୀତିର ପରିଣାମ ୨୦୧୦ ମସିହା ଶେଷ ପର୍ଯ୍ୟନ୍ତ ସ୍ପଷ୍ଟ ରୂପେ ଗୋଚରକୁ ଆସିଲା, କିନ୍ତୁ ୨୦୦୧ରେ ଗୁଜରାଟର ମୁଖ୍ୟମନ୍ତ୍ରୀ ହେବା କ୍ଷଣି ସେ ନିବେଶ ଆଣିବା ଏବଂ ସୁଦୃଢ଼ ନୀତି ଧାର୍ଯ୍ୟ କରିବାର ଚେଷ୍ଟା ଆରମ୍ଭ କରି ଦେଇଥିଲେ । ଭୟଙ୍କର ଭୂମିକମ୍ପ ଏବଂ ୨୦୦୨ର ଦଙ୍ଗା ପରେ ନରେନ୍ଦ୍ର ମୋଦି ରାଜ୍ୟର ବିକାଶ ଯାତ୍ରାରେ ଘରୋଇ କ୍ଷେତ୍ରକୁ ସହଭାଗୀ କରିବା ପାଇଁ ବିଶେଷ ପ୍ରୟାସ କଲେ । ତାଙ୍କ ସରକାର ଵାଇବ୍ରେଣ୍ଟ ଗୁଜରାଟ ଅର୍ଥ ବିନିଯୋଗ ସମିତି ଆୟୋଜିତ କଲା, ଯାହାକୁ ପରେ ବିଭିନ୍ନ ସରକାରଙ୍କ ଦ୍ୱାରା ବିଭିନ୍ନ ସ୍ୱରୂପରେ ଗ୍ରହଣ କରାଗଲା । ଗୁଜରାଟକୁ ଭଲ ନିବେଶ ଗନ୍ତବ୍ୟ ଭାବେ ପ୍ରଚାର ପ୍ରସାର କରିବା ପାଇଁ ଵାଇବ୍ରେଣ୍ଟ ଗୁଜରାଟ ଗ୍ଲୋବାଲ ଇନ୍‌ଭେଷ୍ଟର୍ସ ସମିତିର ଆରମ୍ଭ ୨୦୦୩ ରେ ଅତି ଛୋଟ ସ୍ତରରେ ହୋଇଥିଲା । ସମ୍ପୂର୍ଣ୍ଣ ରାଜ୍ୟ, ଦେଶ

ଏବଂ ବିଶ୍ୱର ନିବେଶକ, ଉଦ୍ୟୋଗପତି, ଟେକ୍ନୋଲଜି, ପ୍ରଫେସନାଲ୍ସ ଏବଂ ଏକ୍ସପର୍ଟଙ୍କୁ ଏକା ସଙ୍ଗେ ଆଣିବା ପାଇଁ ଏହି ଦ୍ୱିବର୍ଷୀୟ ଆୟୋଜନର ପରିକଳ୍ପନା କରାଗଲା । ଏହି ସମିତିରେ ଦେଶଗୁଡ଼ିକ ସହ ରାଜ୍ୟର ସହଯୋଗ ବଢ଼ିଲା ଏବଂ ଏହି କାର୍ଯ୍ୟକ୍ରମରେ ଭାରତର ଗ୍ରୋଥ୍ଇଞ୍ଜିନ ରୂପେ ଗୁଜରାଟ ଉପରକୁ ଆସିଲା । ଏହି ବ୍ୟବସାୟ ସମିତି ସେହି ଅନ୍ୟ ରାଜ୍ୟ ଏବଂ ଦେଶମାନଙ୍କ ପାଇଁ ମଧ୍ୟ ଏକ ମଞ୍ଚ ହେଲା, ଯିଏ ଜଣେ-ଜଣକ ସହ ବ୍ୟବସାୟ କରିବାକୁ ଚାହୁଁଥିଲେ, ଯେଉଁଥିରେ ଗୁଜରାଟକୁ ଭୂମିକା ନିର୍ବାହ କରିବାକୁ ହେବ । ଅନ୍ତତଃ ଏହି କାର୍ଯ୍ୟକ୍ରମ ଏକ ବ୍ୟବସାୟରୁ ଆଗକୁ ଯାଇ ନଲେଜ-ସେୟରିଙ୍ଗ (ଜ୍ଞାନର ଆଦାନ-ପ୍ରଦାନ କାର୍ଯ୍ୟକ୍ରମ) ହୋଇଗଲା । ଏହା କହିବା ଆବଶ୍ୟକ ନୁହେଁ ଯେ ଏମିତି ପ୍ରୟାସ ଗୁଜରାଟକୁ ସାରା ଦେଶର ମନ ପସନ୍ଦିଆ ଗନ୍ତବ୍ୟ କରିଦେଲା ଏବଂ ବଡ଼ ନିବେଶକଙ୍କୁ ଆକର୍ଷିତ କଲା । ଏହ ଦ୍ୱାରା ଯୁବକଙ୍କ ପାଇଁ ରୋଜଗାରର ସମ୍ଭାବନା ବଢ଼ିଲା ଏବଂ ଉତ୍ପାଦନରେ ମଧ୍ୟ କ୍ଷୀପ୍ର ଗତି ଆସିଲା ।

ନରେନ୍ଦ୍ର ମୋଦି ଘରୋଇ ନିବେଶ ତଥା ସାର୍ବଜନିକ କ୍ଷେତ୍ରର କମ୍ପାନୀମାନଙ୍କ ମଧ୍ୟରେ ଲାଲ ଫିତାଶାହିକୁ ମୂଳପୋଛ କଲେ । ଯେତେବେଳେ ସେ ଗୁଜରାଟର ଦାୟିତ୍ୱ ନେଇଥିଲେ, ସେତେବେଳେ ସାର୍ବଜନିକ କ୍ଷେତ୍ରର କମ୍ପାନୀମାନଙ୍କ ଅବସ୍ଥା ଖରାପ ଥିଲା । କିନ୍ତୁ ଗୋଟିଏ ଦଶନ୍ଧିରେ ଏହି କମ୍ପାନୀମାନଙ୍କ ବିରାଟ ପରିବର୍ତ୍ତନ ହୋଇଗଲା ଏବଂ ଆଜି କିଛି କମ୍ପାନୀ ଲାଭ ମଧ୍ୟ ପାଉଛନ୍ତି ।'

କର୍ପୋରେଟ ଜଗତକୁ ତମାମ୍ ସୁବିଧା ଦେବାର ପରିଣାମ ଏହା ଯେ ରତନ ଟାଟାଙ୍କ ଠାରୁ ନେଇ ଅମ୍ବାନୀ ପରିବାର ପର୍ଯ୍ୟନ୍ତ ଦେଶର ସମସ୍ତ ପ୍ରମୁଖ ଉଦ୍ୟୋଗପତି ମୋଦିଙ୍କ ପ୍ରଶଂସା କରୁଥିବା ଦେଖାଯାନ୍ତି । କର୍ପୋରେଟ ଜଗତର ପ୍ରାଣପ୍ରିୟ ହୋଇଥିବା ମୋଦି ଦିନେ ଦେଶର ପ୍ରମୁଖ ଉଦ୍ୟୋଗପତିଙ୍କ ଟାର୍ଗେଟ୍‌ରେ ଥିଲେ । କିନ୍ତୁ ସେ ଯେଉଁ ଶୈଳୀରେ ରାଜନୀତି କରିଛନ୍ତି ସେହି ଶୈଳୀରେ ମଧ୍ୟ ଉଦ୍ୟୋଗ ଜଗତର ଲୋକଙ୍କୁ ଆକୃଷ୍ଟ କଲେ । ୨୦୦୩ ଫେବୃଆରୀରେ ସିଆଇଆଇ ନୂଆଦିଲ୍ଲୀରେ ନରେନ୍ଦ୍ର ମୋଦିଙ୍କ ଅନୁରୋଧରେ ତାଙ୍କର ଏକ କାର୍ଯ୍ୟକ୍ରମ ରଖିଥିଲେ । ଏଥିରେ କର୍ପୋରେଟ ଜଗତର ପ୍ରମୁଖ ବିଶିଷ୍ଟ ବ୍ୟକ୍ତିମାନେ ସାମିଲ ହୋଇଥିଲେ । ୨୦୦୨ ର ଦଙ୍ଗା ପରେ ଏଚ୍‌ଡିଏଫ୍‌ସିର ଦିପକ ପାରେଖ, ଇନ୍‌ଫୋସିସ୍‌ର ନାରାୟଣମୂର୍ତ୍ତି, ୱିପ୍ରୋର ଅଜିମ ପ୍ରେମଜୀ ଭଳି ଲୋକ ମୋଦିଙ୍କୁ କଡ଼ା ସମାଲୋଚନା କରିଥିଲେ । ୨୦୦୩ ର ଆୟୋଜନରେ ମୋଦିଙ୍କ ସହ ମଞ୍ଚରେ ଜମସେଦ ଗୋଦରେଜ ଏବଂ ରାହୁଲ ବଜାଜ ଥିଲେ । ସିଆଇଆଇର ପ୍ରମୁଖ ତରୁଣ ଦାସ ସଂଚାଳନ କରୁଥିଲେ । ଗୋଦରେଜ ତ' ସାଧାରଣ ଶବ୍ଦରେ ମୋଦିଙ୍କ ଆଲୋଚନା କଲେ । ହେଲେ ରାହୁଲ ବଜାଜ ମୋଦିଙ୍କ ଉପରେ ଶବ୍ଦବାଣ ପ୍ରୟୋଗ କଲେ ଏବଂ ୨୦୦୨ ମସିହା ଗୁଜରାଟର ଏକ ଦାଗ ବୋଲି କହିଲେ । ଯେବେ ମୋଦିଙ୍କ ପାଳି ଆସିଲା ତେବେ ସେ ବଜାଜଙ୍କୁ ପାଲଟା ଜବାବ ଦେଇ କହିଲେ ଯଦି ଆପଣ ସତ ଜାଣିବାକୁ ଚାହୁଁଛନ୍ତି ତେବେ ଆପଣ ଏବଂ ଆପଣଙ୍କ ଛଦ୍ମ ଧର୍ମନିରପେକ୍ଷ ବନ୍ଧୁ ଗୁଜରାଟ ଆସନ୍ତୁ ଏବଂ ସେଠାକାର ଜନସାଧାରଣ ଏହାର ଜବାବ ଦେବେ । ସେ ସେତିକିରେ ରହିଲେ ନାହିଁ ବରଂ ଗୋଦରେଜ ଏବଂ ବଜାଜଙ୍କୁ ମଧ୍ୟ ଏହା ପଚାରିଲେ କି ଯେଉଁ ଲୋକ ଗୁଜରାଟର ଛବି ଖରାପ କରନ୍ତି, ସେମାନଙ୍କ ନୀହିତ ସ୍ୱାର୍ଥ ଥାଏ କିନ୍ତୁ ଆପଣଙ୍କର କ'ଣ ସ୍ୱାର୍ଥ ଅଛି ?

ମୋଦି ଏହି ପ୍ରସଙ୍ଗକୁ ଏହିଠାରେ ଶେଷ ହେବାକୁ ଦେଲେନାହିଁ ବରଂ ସିଆଇଆଇରେ ସାମିଲ ଗୁଜରାଟର ବ୍ୟବସାୟୀଙ୍କୁ ଏହା ବୁଝାଇଲେ କି ଗୋଦରେଜ, ବଜାଜ ଏବଂ ସିଆଇଆଇ ମୋଦିଙ୍କ ଅପମାନ କରିନାହାନ୍ତି ବରଂ ଏହା ଗୁଜରାଟର ଅପମାନ ଅଟେ । ଏହା ପରେ ଅଡାଣୀ, କେଡିଲା, ନୀରମା ସମେତ ଗୁଜରାଟର ପ୍ରମୁଖ ୧୦୦ ଔଦ୍ୟୋଗିକ ସଂସ୍ଥା ନା କେବଳ ସିଆଇଆଇ ଠାରୁ ଅଲଗା ହେବାର ଧମକ ଦେଲେ ବରଂ ନିଜର ଏକ ଅଲଗା ସଂଗଠନ ରିସର୍ଜେଣ୍ଟ ଗ୍ରୁପ ଅଫ୍ ଗୁଜରାଟ ମଧ୍ୟ

ଗଡ଼ିଲେ । ବର୍ତ୍ତମାନ ସିଆଇଆଇ ସାମ୍ନାରେ ସଂକଟ ଉତ୍ପନ୍ନ ହେଲା । ଗୁଜରାଟର ବ୍ୟବସାୟୀଙ୍କ ଅଲଗା ହେବାର ଅର୍ଥ ଥିଲା ଯେ ପଶ୍ଚିମ ଭାରତରେ ସିଆଇଆଇର ବିନାଶ । ଏପଟେ ଦିଲ୍ଲୀରେ ମୋଦି ଏହା ସୁନିଶ୍ଚିତ କଲେ ଯେ ବାଜପେୟୀ ସରକାରଙ୍କ ମନ୍ତ୍ରୀମାନଙ୍କ ପର୍ଯ୍ୟନ୍ତ ସିଆଇଆଇ ସଦସ୍ୟଙ୍କ ପହଞ୍ଚିବା କଷ୍ଟକର ହୋଇପଡୁ । ବାଧ୍ୟ ହୋଇ ସିଆଇଆଇକୁ ମୋଦିଙ୍କ ନିକଟରେ ଲିଖିତ କ୍ଷମା ମାଗିବାକୁ ପଡ଼ିଲା । ଏହାର ତିନି ମାସ ପରେ ସିଆଇଆଇ ଜ୍ୟୁରିଖରେ ବିଶ୍ୱ ଆର୍ଥିକ ମଞ୍ଚର ଆୟୋଜନ ଅବସରରେ ମୋଦିଙ୍କ କହିବା ଯୋଗୁଁ ଗୁଜରାଟର ନିବେଶକଙ୍କ ଏକ ବୈଠକ ଆୟୋଜିତ କଲେ । ଯେତେବେଳେ ଗୋଦରେଜ ଏବଂ ବଜାଜ ମୋଦିଙ୍କ ଉପରେ ଆକ୍ରମଣ କଲେ ତେବେ ବୁଝାଗଲା କି ପାରସୀ ବ୍ୟବସାୟୀ ମୋଦିଙ୍କ ବିରୋଧରେ ଅଛନ୍ତି । ଯେହେତୁ ପାରସୀ ଅଳ୍ପସଂଖ୍ୟକଙ୍କ ମଧ୍ୟରେ ସାମିଲ ଅଛନ୍ତି ଏବଂ ଏହି ଗୋଷ୍ଠୀ ମୋଦିଙ୍କ ସହ ସହଜ ନୁହନ୍ତି । ଅନ୍ୟ ପାରସୀ ବ୍ୟବସାୟୀ ଏବଂ ଅଳ୍ପସଂଖ୍ୟକ ଗୋଷ୍ଠୀର ବ୍ୟବସାୟୀଙ୍କୁ ଆକୃଷ୍ଟ କରିବା ପାଇଁ ମୋଦି ରତନ ଟାଟାଙ୍କ ସହ ନିଜ ସମ୍ପର୍କ ଠିକ୍ କଲେ । ଭାଇବ୍ରେଣ୍ଟ ଗୁଜରାଟ ସମ୍ମେଳନରେ ତାଙ୍କୁ ସେହି ସମୟର ପ୍ରଧାନମନ୍ତ୍ରୀ ଅଟଳ ବିହାରୀ ବାଜପେୟୀଙ୍କ ଦ୍ୱାରା ସମ୍ମାନିତ କରାଇଲେ । ଗୁଜରାଟର ଜଣେ ବ୍ୟବସାୟୀ ଯିଏ ରାଜନୀତିକ ଭାବେ କଂଗ୍ରେସରେ ସକ୍ରିୟ ଅଟନ୍ତି, ସେ କହନ୍ତି, 'ମୋଦିଙ୍କୁ ଏକଛତ୍ରବାଦୀ କୁହାଯାଇ ପାରେ ହେଲେ ଲୋକଙ୍କ ମଧ୍ୟରେ ତାଙ୍କର ଅପିଲ ରହିଛି । ସେ ଲୋକଙ୍କୁ ପ୍ରେରିତ କରନ୍ତି । ସେ ସିଇଓ ଭଳି କାମ କରନ୍ତି । ଏହି କାରଣରୁ ବ୍ୟବସାୟୀ ବର୍ଗ ତାଙ୍କୁ ପସନ୍ଦ କରନ୍ତି । ସେ ଏହା ସୁନିଶ୍ଚିତ କରନ୍ତି ଯେ ବ୍ୟବସାୟୀଙ୍କୁ କୌଣସି ଅସୁବିଧା ନ ହେଉ ।'

ନରେନ୍ଦ୍ର ମୋଦିଙ୍କ ଆଧୁନିକ ଶିଳ୍ପ କୌଶଳ ସହ ଅଧିକ ସମ୍ବନ୍ଧ ରହିଛି । ସେ ନିଜ କାମଧନ୍ଦାରେ ଶିଳ୍ପ କୌଶଳର ବ୍ୟବହାର କରିବାରେ କେବେ ହେଲା କରି ନାହାନ୍ତି । ନରେନ୍ଦ୍ର ମୋଦି ଶିଳ୍ପ କୌଶଳର ବ୍ୟବହାର କରି ଗୁଜରାଟରେ ଭଲ ଶାସନ ଦେଇଛନ୍ତି । ସେ ସୋସିଆଲ ମିଡିଆର ମଧ୍ୟ ଭରପୁର ବ୍ୟବହାର କରନ୍ତି । ଏହା ଜରିଆରେ ସେ ଲୋକଙ୍କ ସହ ସିଧା ସଳଖ ଯୋଡ଼ି ହୁଅନ୍ତି । ସୋସିଆଲ ମିଡିଆରେ ତାଙ୍କ ଅସଂଖ୍ୟ ପ୍ରଶଂସକ ଥିବା ଏହା ସୂଚନା ଦିଏ ଯେ ନରେନ୍ଦ୍ର ମୋଦି ସୋସିଆଲ ମିଡିଆର ବ୍ୟବହାର କେତେ ଦକ୍ଷତାର ସହ କରିଛନ୍ତି ।

ନରେନ୍ଦ୍ର ମୋଦିଙ୍କ ବର୍ତ୍ତମାନ ପର୍ଯ୍ୟନ୍ତର ରାଜନୈତିକ ଯାତ୍ରାରେ ୨୦୦୨ ର ଦଙ୍ଗା ଏକ କଳଙ୍କ ଭଳି । ତାଙ୍କ ଉପରେ ଏହି ଅଭିଯୋଗ ଆସେ ଯେ ଯେତେବେଳେ ଗୁଜରାଟରେ ବିଦ୍ରୋହ ହେଲା ତେବେ ସେ ମୁଖ୍ୟମନ୍ତ୍ରୀ ଭାବେ ଭୂମିକା ନିର୍ବାହ କରିନାହାନ୍ତି, ଯାହା ତାଙ୍କୁ ନିର୍ବାହ କରିବା ଉଚିତ ଥିଲା । ଏହି ପ୍ରସଙ୍ଗରେ ସତ କ'ଣ, ଏହା କାହାକୁ ଜଣାନାହିଁ । କିନ୍ତୁ ଏହି ବାବଦରେ ତଥ୍ୟ ଏହା ଯେ ଗୁଜରାଟ ବିଦ୍ରୋହ ସମ୍ବନ୍ଧିତ ପ୍ରସଙ୍ଗରେ ନରେନ୍ଦ୍ର ମୋଦିଙ୍କୁ ବିଭିନ୍ନ ନ୍ୟାୟାଳୟରୁ କ୍ଲିନ୍‌ଚିଟ୍ ମିଳି ଚାଲିଲା । ଗୋଟିଏ ତଥ୍ୟ ଏହା ମଧ୍ୟ ଅଟେ ଯେ ୨୦୦୨ ପରେ ତାଙ୍କ କାର୍ଯ୍ୟକାଳରେ ଗୁଜରାଟରେ କେବେ ବିଦ୍ରୋହର କୌଣସି ବଡ଼ ଘଟଣା ଘଟିନାହିଁ ଏବଂ ସେ ରାଜ୍ୟରେ ଆଇନ-ବ୍ୟବସ୍ଥାର ଶାସନ ଭଲରୂପେ ସ୍ଥାପିତ କରିଛନ୍ତି ।

ନରେନ୍ଦ୍ର ମୋଦିଙ୍କୁ ଯେତେବେଳେ ଭାଜପା ୨୦୧୩ରେ ତା'ର ପ୍ରଧାନମନ୍ତ୍ରୀ ପ୍ରାର୍ଥୀ ଘୋଷଣା କଲା ତେବେ ସେହି ସମୟରେ ମଧ୍ୟ ଦଳ ମଧ୍ୟରେ କିଛି ନେତା ଏମିତି ଥିଲେ, ଯିଏ ଏହି ନିଷ୍ପତ୍ତିରେ ଅସମ୍ମତ ଥିଲେ । ତାଙ୍କୁ ଲାଗୁଥିଲା ଯେ ଏହି ଦେଶ ବର୍ତ୍ତମାନ ମେଣ୍ଟ ରାଜନୀତି କାଳରେ ଅଛି ଓ ଏଭଳି ପରିସ୍ଥିତିରେ ନରେନ୍ଦ୍ର ମୋଦି ପରି ନେତାଙ୍କୁ ଆଗକୁ କରି ନିର୍ବାଚନ ରଣାଙ୍ଗନରେ ଓହ୍ଲାଇବା ଠିକ୍ ହେବନାହିଁ । କିନ୍ତୁ ଏହି ବିରୋଧ ସତ୍ତ୍ୱେ ଦଳ ନରେନ୍ଦ୍ର ମୋଦିଙ୍କ ସହ ଠିଆ ହେଲା । ଯେହେତୁ ଦଳ ୨୦୦୯ରେ ନିଜର ସବୁଠୁ ବରିଷ୍ଠ ନେତା ଲାଲକୃଷ୍ଣ ଆଡବାନୀଙ୍କୁ ପ୍ରଧାନମନ୍ତ୍ରୀ ପ୍ରାର୍ଥୀ କରି ଦେଖି ସାରିଥିଲା । ସେହି ନିର୍ବାଚନରେ

ଦଳର ପ୍ରଦର୍ଶନ ଅତି ନିରାଶାଜନକ ଥିଲା । ଏଭଳି ସ୍ଥିତିରେ ଦଳକୁ ଲାଗୁଥିଲା ଯେ ଯଦି ନରେନ୍ଦ୍ର ମୋଦି ଭାଜପା ଦ୍ୱାରା ପ୍ରଧାନମନ୍ତ୍ରୀ ପଦବୀର ପ୍ରାର୍ଥୀ ହୁଅନ୍ତି, ତେବେ ହିଁ ତାକୁ ନିର୍ବାଚନୀ ଲାଭ ମିଳି ପାରିବ ଏବଂ କେନ୍ଦ୍ରର ଶାସନରେ ସେ ଦଶବର୍ଷ ପରେ ଫେରି ପାରିବ ।

ଏମିତି ମଧ୍ୟ ହେଲା । ନରେନ୍ଦ୍ର ମୋଦି କେନ୍ଦ୍ରରେ ଭାଜପାକୁ ନିଜ ବଳରେ ବହୁମତରେ ଆଣିଲେ । ଦଳକୁ ଲୋକସଭା ନିର୍ବାଚନରେ ବିଜୟର ସ୍ୱାଦ ଚଖାଇବା ପାଇଁ ନରେନ୍ଦ୍ର ମୋଦି ଆମୂଳ-ଚୂଳ ଜୋର୍ ଲଗାଇଦେଲେ । ସେ ଗୋଟିଏ ଦିନରେ ପାଞ୍ଚ-ପାଞ୍ଚଟି ରାଲି କରୁଥିଲେ । ତାହା ପୁଣି ବିନା ଗୋଟିଏ ଦିନ ଅବକାଶରେ । ନିର୍ବାଚନ ପ୍ରଚାର ସମୟରେ ସେ ପାଖାପାଖି ୪୦୦ ରାଲିରେ ସମ୍ବୋଧିତ କରିଥିଲେ । ୨୦୧୪ ର ନିର୍ବାଚନରେ ଭାଜପା ଏପର୍ଯ୍ୟନ୍ତର ନିଜର ସର୍ବଶ୍ରେଷ୍ଠ ପ୍ରଦର୍ଶନ କଲା । ଦଳ ଏହାର ସମ୍ପୂର୍ଣ୍ଣ ଶ୍ରେୟ ନରେନ୍ଦ୍ର ମୋଦିଙ୍କୁ ଦେଲା । ମେ' ମାସ ୨୬ ତାରିଖ, ୨୦୧୪ ମସିହାରେ ନରେନ୍ଦ୍ର ମୋଦି ଭାରତର ୧୫ତମ ପ୍ରଧାନମନ୍ତ୍ରୀ ଭାବେ ଦେଶର ଭାର ସମ୍ଭାଳିଲେ ।

ପ୍ରଧାନମନ୍ତ୍ରୀ ହେବା ପରେ ମଧ୍ୟ ନରେନ୍ଦ୍ର ମୋଦି ଲଗାତର୍ ନିଜର ଛାପ ଛାଡୁଥିଲେ । ଗୋଟିଏ ପଟେ ସେ ସାଧାରଣ ଲୋକଙ୍କ ପାଖରେ ଆର୍ଥିକ ଲାଭ ସିଧା ପହଞ୍ଚୁ, ଏଥିପାଇଁ ପ୍ରଧାନମନ୍ତ୍ରୀ ଜନ ଧନ ଯୋଜନାର ଶୁଭାରମ୍ଭ କଲେ ତେବେ ଅନ୍ୟ ପଟେ ନିବେଶକଙ୍କୁ ଭାରତ ପ୍ରତି ଆକର୍ଷିତ କରିବା ପାଇଁ 'ମେକ ଇନ ଇଣ୍ଡିଆ' ଯୋଜନା ତିଆରି କଲେ । ବିଦେଶ ନୀତି ପ୍ରସଙ୍ଗରେ ମଧ୍ୟ ନରେନ୍ଦ୍ର ମୋଦି ଚୀନ ଏବଂ ଆମେରିକା ଭଳି ବଡ଼ ଦେଶ ସହ ସମ୍ପର୍କ ଭଲ ରଖିବା ବ୍ୟତୀତ ପଡ଼ୋଶୀ ନେପାଳ ଏବଂ ଭୁଟାନ ଭଳି ଛୋଟ ଦେଶ ସହ ମଧ୍ୟ ଭାରତର ସମ୍ପର୍କ ମଜବୁତ୍ କରିବା ଦିଗରେ ଆଗେଇଛନ୍ତି । ସ୍ୱଚ୍ଛ ଭାରତ ଅଭିଯାନକୁ ଯେଉଁଭଳି ସେ ନିଜସ୍ୱ ଆଗ୍ରହ ନେଇ ପ୍ରୋତ୍ସାହିତ କରିଛନ୍ତି, ତାହା ନିଜକୁ ନିଜେ ଗୋଟିଏ ଦୃଷ୍ଟାନ୍ତ ।

ନେତୃତ୍ୱ କ୍ଷମତା

ଯେକୌଣସି କ୍ଷେତ୍ରରେ ବଡ଼ ଦାୟିତ୍ୱ ସେ ନିର୍ବାହ କରିପାରେ ଯାହା ମଧ୍ୟରେ ନେତୃତ୍ୱ କ୍ଷମତା ଥାଏ । ସେ କୌଣସି କର୍ପୋରେଟ୍ ସେକ୍ଟରରେ କାମ କରୁଥାଉ କିମ୍ବା ସରକାରୀ ଚାକିରି କରୁଥାଉ । ରାଜନୀତିରେ କାମ କରୁଥାଉ କିମ୍ବା ଅନ୍ୟ କୌଣସି ସାମାଜିକ କ୍ଷେତ୍ରରେ କାମ କରୁଥାଉ । ସବୁ ଜାଗାରେ ନେତୃତ୍ୱ କ୍ଷମତାର ମହତ୍ୱ ରହିଛି । ସତ କଥା ହେଲା ବିନା ନେତୃତ୍ୱରେ କୌଣସି କ୍ଷେତ୍ରରେ ମଧ୍ୟ ଲମ୍ବା ପାଳି ଖେଳାଯାଇ ପାରିବ ନାହିଁ । କେଉଁଥିରେ ମଧ୍ୟ ସଫଳ ହେବା ପାଇଁ ନିଜ ଭିତରେ ଏହି କ୍ଷମତାକୁ ବିକଶିତ କରିବା ଏକ ଅନିବାର୍ଯ୍ୟ ସର୍ତ୍ତ ଅଟେ ।

ନରେନ୍ଦ୍ର ମୋଦି ଜଣେ ଅତି ସାଧାରଣ ପରିବାରରୁ ଆଜି ଯେଉଁ ଉଚ୍ଚତାରେ ପହଞ୍ଚିଛନ୍ତି, ସେ ପର୍ଯ୍ୟନ୍ତ ତାଙ୍କୁ ପହଞ୍ଚିବାକୁ ତାଙ୍କର ଏହି କ୍ଷମତାର ବଡ଼ ଭୂମିକା ରହିଛି । ଯେବେଠାରୁ ସେ ସାମାଜିକ ଏବଂ ରାଜନୈତିକ ଜୀବନରେ ସକ୍ରିୟ ହେଲେ, ସେବେଠାରୁ ହିଁ ତାଙ୍କୁ ଯେଉଁ ଦାୟିତ୍ୱ ମିଳିଛି, ସେଠାରେ ସେ ନେତୃତ୍ୱ କ୍ଷମତାର ପ୍ରଦର୍ଶନ କରିଛନ୍ତି । ନେତୃତ୍ୱ କ୍ଷମତା ଏବଂ ପ୍ରବନ୍ଧନ କିମ୍ବା ଏମିତି କହିପାରିବା ଯେ ମେନେଜମେଣ୍ଟର ବଡ଼ ଗଭୀର ସମ୍ପର୍କ ଅଛି ଏବଂ ନରେନ୍ଦ୍ର ମୋଦି ଏହି ଦୁଇଟିକୁ ସାଧନା କରି କାମ କରିବାରେ ଧୁରନ୍ଧର ।

ନରେନ୍ଦ୍ର ମୋଦି ନିଜେ ଆଗକୁ ଆସି ନେତୃତ୍ୱ ନେବାରେ ଜଣାଶୁଣା । ସେ ନିଜ ତରଫରୁ ପ୍ରାରମ୍ଭ କରନ୍ତି । ସେ ଟାଟା ନାନୋ ପରିଯୋଜନା ବଙ୍ଗଳାରୁ ଗୁଜରାଟ ଆଣିବା ବିଷୟ ହେଉ ଅଥବା ଅମିତାଭ ବଚ୍ଚନଙ୍କୁ ଗୁଜରାଟର ବ୍ରାଣ୍ଡ ଆମ୍ବାସଡର କରିବା । ଏକ ଏମିତି ସମୟରେ ଯେତେବେଳେ ଟାଟା ପଶ୍ଚିମ ବଙ୍ଗଳାରେ ନିଜ କାରଖାନା ବସାଇବା ନେଇ ଲଗାତର୍ ସଂଘର୍ଷ କରୁଥିଲା ସେତେବେଳେ ନରେନ୍ଦ୍ର ମୋଦି ରତନ ଟାଟାଙ୍କୁ ଗୁଜରାଟ ଆସିବାର ପ୍ରସ୍ତାବ ଦେଇ ଏକ ଏସ୍‌ଏମ୍‌ଏସ୍ ପଠାଇଲେ ଏବଂ ଟାଟା ନାନୋ ଭଳି ପରିଯୋଜନା ଏକା ଥରକେ ଗୁଜରାଟ ଆସିଗଲା । କିଛି ଏମିତି ଅନ୍ଦାଜରେ ସେ ଶତାବ୍ଦିର ମହାନାୟକ ଅମିତାଭ ବଚ୍ଚନଙ୍କୁ ମଧ୍ୟ ଗୁଜରାଟ ସହ ଏକୀଭୂତ କରିଥିଲେ । ସେ ଅମିତାଭ ବଚ୍ଚନଙ୍କୁ ରାଜନୀତିରେ ବ୍ୟବହାର କରିନାହାନ୍ତି । ବରଂ ଗୁଜରାଟର ପର୍ଯ୍ୟଟନର ପ୍ରଚାର-ପ୍ରସାର ପାଇଁ ମୋଦି ଅମିତାଭ ବଚ୍ଚନଙ୍କ ଭଳି ସୁପର ଷ୍ଟାରଙ୍କ ବ୍ୟବହାର କରିଛନ୍ତି । ଏହି ଦୁଇଟି ଘଟଣା ମୋଦିଙ୍କ ନେତୃତ୍ୱ କ୍ଷମତାକୁ ଦର୍ଶାଉଛି । ଏହା ଜଣାଉଛି କି ନିଜେ ଆଗକୁ ଯାଇ ପ୍ରାରମ୍ଭ କରିବାରୁ ଅନେକ ବାର ଅସମ୍ଭବ ଜଣାଯାଉଥିବା କାମ ମଧ୍ୟ ସହଜରେ ହୋଇଯାଇଥାଏ ।

ଏଠାରେ ଆଉ ଗୋଟିଏ କଥା ବୁଝିବାକୁ ହେବ କି ବହୁବାର ଶୀର୍ଷ ସ୍ଥାନରେ ବସିଥିବା ଲୋକ ପ୍ରତ୍ୟେକ କାମ ଅନ୍ୟ ଦ୍ୱାରା କରାଇବାରେ ଅଭ୍ୟସ୍ତ ହୋଇଯାନ୍ତି । ହେଲେ ଜଣେ ଉଚିତ୍ ନେତୃତ୍ୱକର୍ତ୍ତା ତାକୁ କୁହାଯାଏ ଯିଏ ଅନେକ ସେହିଭଳି କାମ ନିଜେ କରେ ଯାହା ଅନ୍ୟକୁ ତ' ଦିଆଯାଇ ପାରିବ ହେଲେ ନିଜେ କଲା ପରେ ତାହାର ପରିଣାମ ଶୀଘ୍ର ଆସିଥାଏ । ଯେଉଁ ଦୁଇଟି ଘଟଣାର ଉଲ୍ଲେଖ ଉପରେ କରାଯାଇଛି, ଯଦି ସେଥିରେ ନରେନ୍ଦ୍ର ମୋଦି ନିଜେ ନିଜ ସ୍ତରରେ ପ୍ରାରମ୍ଭ ନ କରିଥାନ୍ତେ ତେବେ କାମ ହେବାରେ ଡେରି ହୋଇଥାନ୍ତା । ହେଲେ ମୋଦି ନିଜେ ନିଜ ସ୍ତରରେ ଏହି ଦୁଇଟି କାମକୁ ଗୋଟିଏ ଏମିତି ସ୍ତରରେ ଆଣି ଛିଡ଼ା କରିଦେଲେ କି ଏହା ପରେ ତାଙ୍କ ସହଯୋଗୀ ଏହି କାମଗୁଡ଼ିକୁ

ସହଜରେ ଆଗକୁ ନେଇ ପାରିବେ । ମେନେଜମେଣ୍ଟ ଗୁରୁ ଭାବେ ନରେନ୍ଦ୍ର ମୋଦିଙ୍କ ଏହି ମନ୍ତ୍ର ପ୍ରବନ୍ଧନ କ୍ଷେତ୍ରରେ କାମ କରୁଥିବା ଲୋକଙ୍କୁ ଭଲଭାବେ ବୁଝିବା ଉଚିତ ଏବଂ ଏହାକୁ ନିଜ କାର୍ଯ୍ୟଶୈଳୀର ଅଂଶ କରିନେବା ଉଚିତ ।

ନେତୃତ୍ୱ କ୍ଷମତାର ପରୀକ୍ଷା ସେହି ସମୟରେ ମଧ୍ୟ ବହୁତ ହୋଇଥାଏ ଯେତେବେଳେ ନେତୃତ୍ୱକର୍ତ୍ତାଙ୍କ ସମାଲୋଚନା ହେଉଥାଏ । ଏହି ବିଷୟରେ ମଧ୍ୟ ମୋଦି ଏକ ଦୃଷ୍ଟାନ୍ତ । ୨୦୦୨ ର ଦଙ୍ଗାରେ ତାଙ୍କର ଭୂମିକା କ'ଣ ଥିଲା, ଏହାକୁ ନେଇ ଅନେକ ପ୍ରକାରର କଥା ରହିଛି । ହେଲେ ଏଠାରେ ବୁଝିବାର କଥା ହେଲା ଏହାକୁ ନେଇ ତାଙ୍କର ଯେତେ ମଧ୍ୟ ସମାଲୋଚନା ହୋଇଛି ହେଲେ ସେ ଗୁଜରାଟରେ ମୁଖ୍ୟମନ୍ତ୍ରୀ ଭାବେ ଯେଉଁ କାମ ତାଙ୍କୁ କରିବାର ଥିଲା, ତା ଉପରେ ଏହାର ପ୍ରଭାବ ପଡ଼ିବାକୁ ଦେଇନାହାନ୍ତି । କୁହାଯାଇପାରେ କି ସେ ସମାଲୋଚନାକୁ ପ୍ରେରଣାର ଜରିଆ କରିଦେଲେ । କେଉଁଠି ନା କେଉଁଠି ତାଙ୍କ ମନରେ ଏହି କଥା ମଧ୍ୟ ଥାଇପାରେ କି ଯଦି ସମାଲୋଚକଙ୍କ ମୁହଁ ବନ୍ଦ କରିବାର ଅଛି ତେବେ ଏତେ ଭଲ କାମ କରାଯାଉ କି ସେମାନେ କିଛି କହି ହିଁ ନ ପାରନ୍ତୁ । ଜୀବନର ପ୍ରତ୍ୟେକ କ୍ଷେତ୍ରରେ ମୋଦିଙ୍କ ଏହି ଗୁଣ ଖାସ୍ ଉପଯୋଗୀ ଅଟେ

ନରେନ୍ଦ୍ର ମୋଦିଙ୍କ ନେତୃତ୍ୱ କ୍ଷମତା ବାବଦରେ ଅନେକ କଥା ରହିଛି, ଯାହାକୁ ସମସ୍ତେ ଜାଣନ୍ତି । ପ୍ରଥମ କଥା ତ ଏହା କି ତାଙ୍କ ନେତୃତ୍ୱରେ ଭାରତୀୟ ଜନତା ପାର୍ଟି ଲଗାତର୍ ଗୁଜରାଟରେ ତିନୋଟି ବିଧାନସଭା ନିର୍ବାଚନ ଜିତିଛି । ନରେନ୍ଦ୍ର ମୋଦି ଗୁଜରାଟର ମୁଖ୍ୟମନ୍ତ୍ରୀ ହେବା ପୂର୍ବରୁ ମଧ୍ୟ ଭାଜପା ସେଠାରେ ନିର୍ବାଚନ ଜିତି ସାରିଥିଲା । ହେଲେ ମୋଦି ନିଜ ନେତୃତ୍ୱ କ୍ଷମତା ଜରିଆରେ ଏଭଳି ଭାବେ ଗୁଜରାଟରେ ଭାଜପାର ପତାକା ପୋତିଲେ କି ଯାହାକୁ ଏପର୍ଯ୍ୟନ୍ତ କେହି ହଲାଇ ପାରିନାହାନ୍ତି । କିଛି ଲୋକ ଏହା ମଧ୍ୟ କହୁଥିଲେ କି ନରେନ୍ଦ୍ର ମୋଦିଙ୍କ ନେତୃତ୍ୱ କ୍ଷମତା ଖାଲି ଗୁଜରାଟରେ ସୀମିତ ରହିଛି ଏବଂ ସେ ରାଷ୍ଟ୍ରୀୟ ସ୍ତରରେ କିଛି କରିପାରିବେ ନାହିଁ ।

କିନ୍ତୁ ବାସ୍ତବରେ ଏହାର ଓଲଟା ହେଲା । ନରେନ୍ଦ୍ର ମୋଦିଙ୍କୁ ଯେତେବେଳେ ଭାରତୀୟ ଜନତା ପାର୍ଟି ନିଜର ପ୍ରଚାର ଅଭିଯାନ ସମିତିର ଅଧ୍ୟକ୍ଷ ବାଛିଲା ତେବେ ସେହି ସମୟରେ ମଧ୍ୟ ଏହାର ବିରୋଧ ଦଳ ମଧ୍ୟରେ ହୋଇଥିଲା । ଦଳର ବରିଷ୍ଠ ନେତା ଲାଲକୃଷ୍ଣ ଆଡବାନୀ ଦଳର ତିନୋଟି ଦାୟିତ୍ୱରୁ ମୁକ୍ତ ହେବାପାଇଁ ଇସ୍ତଫା ଦେଇଦେଲେ । ପରନ୍ତୁ, ପରେ ଆଡବାନୀ ଏହି ଇସ୍ତଫା ଫେରାଇ ନେଲେ । ସେଇଠି ଅନ୍ୟ ପକ୍ଷରେ ଭାଜପାର ପୁରୁଣା ସହଯୋଗୀ ଜନତା ଦଳ ୟୁନାଇଟେଡ୍ ଭାଜପା ନେତୃତ୍ୱାଧିନ ରାଷ୍ଟ୍ରୀୟ ଜନତାନ୍ତ୍ରୀକ ମୋର୍ଚ୍ଚାରୁ ଅଲଗା ହେବାର ଶେଷ ନିଷ୍ପତ୍ତି ନେଲା । ଏଭଳି ପରିସ୍ଥିତିରେ ଅନୁମାନ କରାଯାଇପାରେ ଯେ ଦଳ ଉପରେ ଏବଂ ନରେନ୍ଦ୍ର ମୋଦିଙ୍କ ଉପରେ କେତେ ଅଧିକ ଚାପ ରହିଥିବ । ହେଲେ କୌଣସି କ୍ଷେତ୍ରରେ ସଂଫଳ ନେତୃତ୍ୱକର୍ତ୍ତା ସେ ଅଟେ, ଯିଏ କଠିନ ପରିସ୍ଥିତିର ସାମ୍ନା ବାହାଦୂରୀ ଓ ବୁଝି-ବିଚାରି କରିଥାଏ ।

ନରେନ୍ଦ୍ର ମୋଦିଙ୍କୁ ନିର୍ବାଚନ ଅଭିଯାନ ସମିତିର ପ୍ରମୁଖ କରାଗଲା ପରେ ଯେଉଁ ଦୁଇଟି ଘଟଣାର ଉଲ୍ଲେଖ ଉପରେ କରାଗଲା, ଏହା ପରେ ପୁଣି ଥରେ ସେହିପରି ବାତାବରଣ ଦଳ ମଧ୍ୟରେ ହେବାରେ ଲାଗିଥିଲା କି ନରେନ୍ଦ୍ର ମୋଦିଙ୍କୁ ଦଳ ତରଫରୁ ପ୍ରଧାନମନ୍ତ୍ରୀ ପଦବୀର ପ୍ରାର୍ଥୀ ଘୋଷଣା କରିବା ନେଇ କିଛିଟା ସାବଧାନତା ଅବଲମ୍ବନ କରାଯାଉ । ହେଲେ ନରେନ୍ଦ୍ର ମୋଦି ଏମିତି ପରିସ୍ଥିତିରେ ନିଜର ପ୍ରବନ୍ଧନ ଦକ୍ଷତାର ପ୍ରଦର୍ଶନ କଲେ ଏବଂ ଭାଜପାର କାମଧନ୍ଦା ଉପରେ ପ୍ରଭାବ ରଖୁଥିବା ରାଷ୍ଟ୍ରୀୟ ସ୍ୱୟଂସେବକ ସଂଘର ପ୍ରମୁଖ ଲୋକଙ୍କ ଭରସା ନିଜ ମଧ୍ୟରେ ଜାଗ୍ରତ କଲେ । ଫଳ ସ୍ୱରୂପ ନରେନ୍ଦ୍ର ମୋଦିଙ୍କୁ ଭାରତୀୟ ଜନତା ପାର୍ଟି ପ୍ରଧାନମନ୍ତ୍ରୀ ପ୍ରାର୍ଥୀ ଘୋଷିତ କଲା ।

ଏହିଠାରୁ ନରେନ୍ଦ୍ର ମୋଦିଙ୍କ ଯାତ୍ରାକୁ ଦେଖାଗଲେ ଜଣାଯାଏ କି ସେ କେତେ ବଡ଼ ମେନେଜମେଣ୍ଟ ଗୁରୁ ଅଟନ୍ତି । ସେ ପ୍ରଧାନମନ୍ତ୍ରୀ ପଦବୀ ପାଇଁ ପ୍ରାର୍ଥୀ ହୋଇଥିଲେ, ପ୍ରଧାନମନ୍ତ୍ରୀ ନୁହେଁ । ତାଙ୍କ ସହ ବହୁତ ପ୍ରଶଂସକ ଥିଲେ ତେବେ ତାଙ୍କ ସମାଲୋଚକଙ୍କ ସଂଖ୍ୟା ମଧ୍ୟ କମ୍ ନଥିଲା । ତାଙ୍କୁ ହଇରାଣ କରିବା ପାଇଁ ବିଭିନ୍ନ ଉପାୟ କରାଯାଉଥିଲା । ହେଲେ ସେ ଜଣେ ଦକ୍ଷ ନେତୃତ୍ୱକର୍ତ୍ତା ଭାବେ ସମସ୍ତଙ୍କ ଆଗରେ ଠିଆ ହେଲେ ଏବଂ ନିଜ ହାତରେ ଲଗାମ ଧରି ନିଜ ଦଳର ନେତୃତ୍ୱ କଲେ ।

ନରେନ୍ଦ୍ର ମୋଦି ନିର୍ବାଚନ ପ୍ରଚାର ସମୟରେ ଆମୂଳ-ଚୂଳ ଶକ୍ତି ଲଗାଇଦେଲେ । ଏହାର ପରିଣାମ ସ୍ୱରୂପ ୨୦୧୪ ଲୋକସଭା ନିର୍ବାଚନର ନିର୍ବାଚନୀ ପ୍ରଚାର ପୂର୍ଣ୍ଣ ଭାବେ ଭାଜପାର ପ୍ରଧାନମନ୍ତ୍ରୀ ପ୍ରାର୍ଥୀ ନରେନ୍ଦ୍ର ମୋଦିଙ୍କ ନାଁରେ ରହିଲା । ଦେଶ ଏହା ପୂର୍ବରୁ ବୋଧହୁଏ କେବେ ଏମିତି ବ୍ୟାପକ ଏବଂ ଶୀଘ୍ର ନିର୍ବାଚନ ପ୍ରଚାର ଦେଖିଥିବ । ପ୍ରଧାନମନ୍ତ୍ରୀ ପ୍ରାର୍ଥୀ ଘୋଷିତ ହେବା ପର ଠାରୁ ନିର୍ବାଚନର ମଧ୍ୟବର୍ତ୍ତୀ ଆଠ ମାସରେ ମୋଦି ଏକୁଟିଆ ଯେତିକି ଭ୍ରମଣ କଲେ ଏବଂ ସଭାରେ ଯୋଗ ଦେଲେ, ତାହା ବୋଧହୁଏ ବିଶ୍ୱ ରେକର୍ଡ ହିଁ ଅଟେ । ତାଙ୍କ ତୁଳନାରେ କଂଗ୍ରେସ ଉପାଧ୍ୟକ୍ଷ ରାହୁଲ ଗାନ୍ଧି, ସୋନିଆ ଗାନ୍ଧି, ମୁଲାୟମ ସିଂହ ଯାଦବ, ଲାଲୁ ପ୍ରସାଦ ଯାଦବ, ଅରବିନ୍ଦ କେଜରିୱାଲ ଆଦି ଠିଆ ହୋଇ ପାରିନଥିଲେ ।

ସେପ୍ଟେମ୍ବର ୧୩ ତାରିଖ, ୨୦୧୩ ରେ ପ୍ରଧାନମନ୍ତ୍ରୀ ପ୍ରାର୍ଥୀ ଘୋଷିତ କରାଯିବା ପରେ ନରେନ୍ଦ୍ର ମୋଦି ସାରା ଭାରତ ଭ୍ରମଣ କଲେ । ଏହି ସମୟରେ ସେ ରାଲି, ୩ଡି ସଭା, ଚାଏ ପେ ଚର୍ଚ୍ଚା ଆଦିକୁ ମିଶାଇ ୫୮୨୭ଟି କାର୍ଯ୍ୟକ୍ରମ କଲେ । ତିନି ଲକ୍ଷ କିଲୋମିଟର ଯାତ୍ରା କରି ସାରା ଦେଶରେ ନରେନ୍ଦ୍ର ମୋଦି ୪୩୭ ବଡ଼ ରାଲିକୁ ସମ୍ବୋଧିତ କଲେ । ଏଥିରେ ଭାରତ ବିଜୟ ରାଲି ମଧ୍ୟ ସାମିଲ ଅଛି, ଯାହାର ଶୁଭାରମ୍ଭ ସେ ମାର୍ଚ୍ଚ ୨୬ ତାରିଖ, ୨୦୧୪ ରେ ମା' ବୈଷ୍ଣୋ ଦେବୀଙ୍କ ଆଶିର୍ବାଦ ନେଇ ଜମ୍ମୁରୁ କରିଥିଲେ ଏବଂ ଉତ୍ତର ପ୍ରଦେଶର ବଲିୟାରେ ଶେଷ କଲେ । ମୋଦି ନିଜେ ବ୍ଲଗ୍ ଲେଖି ଏହି ସମ୍ପୂର୍ଣ୍ଣ ଅନୁଭବକୁ ବ୍ୟାପକ, ଅଭିନବ ଏବଂ ସନ୍ତୋଷଜନକ ବୋଲି କହିଛନ୍ତି ।

ନରେନ୍ଦ୍ର ମୋଦିଙ୍କ ନେତୃତ୍ୱରେ ହୋଇଥିବା ଏହି ପ୍ରଚାର ଅଭିନବ ପ୍ରୟୋଗ ପାଇଁ ମଧ୍ୟ ମନେ ରଖାଯିବ । ରାଜନୀତିରେ ସାମାନ୍ୟତମ ପ୍ରଚାର କେବଳ ଏକତରଫା ସନ୍ଦେଶ ହେଉଥିଲା, କିନ୍ତୁ ଚା' ଉପରେ ଚର୍ଚ୍ଚା ଏହି ପ୍ରସଙ୍ଗରେ ନିୟମରୁ ବାହାରି ଏକ ଅଭିନବ ପ୍ରୟୋଗ ଥିଲା । ଏଥିରେ ମଧ୍ୟ ନରେନ୍ଦ୍ର ମୋଦି ଏକ ମେନେଜମେଣ୍ଟ ଗୁରୁ ଭାବେ ନିଜର ନେତୃତ୍ୱ କ୍ଷମତାର ପ୍ରଦର୍ଶନ କରନ୍ତି । 'ଚାଏ ପର୍ ଚର୍ଚ୍ଚା' ସାରା ଦେଶରେ ୪୦୦୦ରୁ ଅଧିକ ଜାଗାରେ ଅନୁଷ୍ଠିତ ହୋଇଥିଲା । ଏହି ଚର୍ଚ୍ଚା ସମୟରେ ମୋଦି ଘଣ୍ଟା ଘଣ୍ଟା ବସିଲେ ଏବଂ ଲୋକଙ୍କ ସୁବିଚାର ଶୁଣିଲେ ତଥା ବିଭିନ୍ନ ପ୍ରସଙ୍ଗ ଉପରେ ସେମାନଙ୍କ ପ୍ରଶ୍ନର ଉତ୍ତର ଦେଲେ । ନରେନ୍ଦ୍ର ମୋଦିଙ୍କୁ ଏହି କଥାର ଅନୁମାନ ଥିଲା କି ଏହି ଦେଶ ବହୁତ ବଡ଼ ଏବଂ ସବୁ ଜାଗାକୁ ସେ ନିଜେ ପହଞ୍ଚି ପାରିବେ ନାହିଁ । ଏଥିପାଇଁ ସେ ଏଠାରେ ମଧ୍ୟ ଏହି ସମସ୍ୟାର ପରିଚାଳନା ପାଇଁ ବାଟ ବାହାର କଲେ । ସେ ଲୋକଙ୍କ ସହ କଥୋପକଥନ ସ୍ଥାପିତ କରିବା ପାଇଁ କୌଶଳର ଆଶ୍ରୟ ନେଲେ । ଗୋଟିଏ ମାସ ମଧ୍ୟରେ ମୋଦି ୧୨ ଥରରେ ୧୩୫୦ଟି ଜାଗାରେ ୩ଡି ରାଲିକୁ ସମ୍ବୋଧିତ କଲେ । ୩ଡି ରାଲି ପ୍ରତି ଲୋକଙ୍କ ଅଦ୍ଭୁତ ଉତ୍ସାହ ଥିଲା । ବହୁ ଯୁବକ ତ' ସୋସିଆଲ ମିଡିଆ ଏବଂ ଇ-ମେଲ୍ ମାଧ୍ୟମରେ ତାଙ୍କ ଗାଁକୁ ଆସିଥିବାରୁ ମୋଦିଙ୍କୁ ଧନ୍ୟବାଦ ଦେଲେ ।

ନରେନ୍ଦ୍ର ମୋଦିଙ୍କ ନେତୃତ୍ୱର ଏକ ମୁଖ୍ୟ କଥା ହେଲା ସେ ଏମିତି କୌଣସି ପ୍ରୟୋଗ କରିବାରେ ମିତାଚାର କରନ୍ତି ନାହିଁ ଯେଉଁଥିରେ ତାଙ୍କୁ ନିଜ କାମ ହେଉଥିବା ଦେଖାଯାଏ । କୌଶଳର ବ୍ୟବହାର ସେ ଭଲଭାବେ କରନ୍ତି । ଭାରତର ନିର୍ବାଚନୀ ଇତିହାସରେ ପ୍ରଥମ ଥର ଭାଜପା ଏକ ବିଶେଷ ୱେବ୍‌ସାଇଟ ମିଶନ ୨୭୨+ କୁ ନେଇ ଇଣ୍ଡିଆ ୨୭୨ ଡଟ୍ କମ୍ ରୂପେ ସ୍ଥାପିତ କଲେ । ଏଥିରେ ଯୋଡ଼ି ହୋଇଥିବା

ଲକ୍ଷ୍ୟ ଲକ୍ଷ୍ୟ ଲୋକ ଅନ୍‌ଲାଇନ୍ ଏବଂ ସ୍ଥଳ ବିଶେଷ ଦୁଇଟି ଯାକ ବହୁତ ମହତ୍ୱପୂର୍ଣ୍ଣ ଯୋଗଦାନ ଦେଲେ । ପ୍ରଚାର ସମୟରେ ଅଦ୍ଭୁତ ଉପାୟରେ ସୋସିଆଲ ମିଡିଆର ବ୍ୟବହାର କରାଗଲା । ମୋଦିଙ୍କ ବହୁ ସାଙ୍ଗ ତାଙ୍କୁ ହ୍ୱାଟ୍‌ସଅପ୍‌ରେ ରଚନାତ୍ମକ ସନ୍ଦେଶ, ସ୍ଲୋଗାନ ଏବଂ ଇନ୍‌ଫୋ-ଗ୍ରାଫିକ୍ ଦେଖାଇଲେ ଯାହା ଅସୀମ ଲୋକପ୍ରିୟ ଥିଲା । ମୋଦି ନିଜ ଭୋଟ୍ ଦେବା ପରେ ନିଜର ଫଟୋ (ସେଲ୍ଫି) ନେଲେ ଓ ସମସ୍ତଙ୍କୁ ସେଲ୍ଫି ପଠାଇବା ପାଇଁ ଆହ୍ୱାନ ଦେଲେ ।

ନରେନ୍ଦ୍ର ମୋଦି ପ୍ରିଣ୍ଟ ଏବଂ ଇଲେକ୍‌ଟ୍ରୋନିକ୍ ମିଡିଆକୁ ଖୋଲାଖୋଲି ସାକ୍ଷାତକାର ମଧ ଦେଲେ । ଏଭଳି କୁହାଯାଉଥିଲା କି ମୋଦି ମିଡିଆ ସହ ବେଶି କଥାବାର୍ତ୍ତା କରନ୍ତି ନାହିଁ । କିନ୍ତୁ ଏଥର ସେ ମିଡିଆ ଫ୍ରେଣ୍ଡ୍‌ଲି ଜଣାଗଲେ । ଏ ବିଷୟରେ ମଧ ମୋଦି ନିଜ ନେତୃତ୍ୱ କ୍ଷମତାର ପ୍ରଦର୍ଶନ କଲେ । ଏକ ଏଭଳି ସମୟରେ ଯେତେବେଳେ ସବୁଆଡ଼େ ପରିବେଶ ମୋଦିଙ୍କ ପକ୍ଷରେ ଦେଖାଯାଉଥିଲା ତେବେ ସେ ଏହାକୁ ଆହୁରି ମଜବୁତ୍ କରିବା ପାଇଁ ମିଡିଆର ବ୍ୟବହାର କଲେ । ନରେନ୍ଦ୍ର ମୋଦିଙ୍କୁ ଜଣାଥିଲା କି ସବୁ ଜାଗାରେ ସେ ରାଲି କରିପାରିବେ ନାହିଁ ଓ ସବୁ ଜାଗାକୁ ତାଙ୍କ ଦଳର ଶିକ୍ଷ କୌଶନ ଢାଞ୍ଚା ମଧ ତାଙ୍କ ବାର୍ତ୍ତା ପହଞ୍ଚାଇ ପାରିବ ନାହିଁ । ଏଥିପାଇଁ ସେ ମିଡିଆକୁ ଅନେକ ସାକ୍ଷାତକାର ଦେଲେ । ଅତଏବ ଯଦି ଦେଶର କୌଣସି କୋଣରେ କିମ୍ବା ଦେଶର କୌଣସି ସମ୍ପ୍ରଦାୟର ଲୋକଙ୍କ ପର୍ଯ୍ୟନ୍ତ ତାଙ୍କ ଢାଞ୍ଚା ଖବର ସ୍ଥାପିତ କରି ପାରୁନାହିଁ ତେବେ ସେଠାକୁ ସେମାନେ ମିଡିଆ ଜରିଆରେ ପହଞ୍ଚି ପାରିବେ ।

ପରିଚାଳନାରେ ଭଲ ନେତୃତ୍ୱ କ୍ଷମତାକୁ ସଫଳତାର ମୌଳିକ ସର୍ତ୍ତ ଭାବେ ଗ୍ରହଣ କରାଯାଏ । ଯେତେବେଳେ କୌଣସି ସଂଗଠନକୁ ଉଚିତ ନେତୃତ୍ୱ ମିଳେ ତେବେ ସେ ମଧ ଚମତ୍କାର ପ୍ରଦର୍ଶନ କରେ । ଗୁଜରାଟର ବିଧାନସଭା ନିର୍ବାଚନରେ ନରେନ୍ଦ୍ର ମୋଦି ଏହି କଥା ବାରମ୍ବାର ପ୍ରମାଣିତ କରିଚିଲେ କି ତାଙ୍କ ପାଖରେ ନେତୃତ୍ୱ କ୍ଷମତା ଅଛି ଓ ତାଙ୍କ ନେତୃତ୍ୱରେ ଦଳ ସେଠାରେ ଲଗାତର ଜିତୁଥିଲା । ଏହା ନରେନ୍ଦ୍ର ମୋଦିଙ୍କ ନେତୃତ୍ୱ କ୍ଷମତା ହିଁ ଥିଲା ଯାହା ସେଠାକାର ମୁଖ୍ୟ ବିରୋଧୀ ଦଳ କଂଗ୍ରେସକୁ ଏଭଳି ସ୍ଥିତିରେ ପହଞ୍ଚାଇଥିଲା କି ସେ ସେଠାରେ ଶାସନକୁ ଆସିବା ପାଇଁ ନିର୍ବାଚନ ଲଢୁ ନଥିଲା ବରଂ ନିଜର ପଛ ପ୍ରଦର୍ଶନକୁ ସୁଧାରିବା ପାଇଁ ଲଢୁଥିଲା । ଗୁଜରାଟରେ ମୋଦି ପ୍ରତ୍ୟେକ ନିର୍ବାଚନରେ ଭାଜପାକୁ ଆହୁରି ଅଧିକ ଦୃଢ଼ କରିବାକୁ କାର୍ଯ୍ୟ କଲେ ।

ଯେ ପ୍ରକାରରେ ହେଉ, ଯେଉଁ ପ୍ରକାରର ନେତୃତ୍ୱ କ୍ଷମତାର ପ୍ରଦର୍ଶନ ନରେନ୍ଦ୍ର ମୋଦି ଲୋକସଭା ନିର୍ବାଚନ ପ୍ରଚାର ସମୟରେ କଲେ ସେଥିରେ ଜନତା ମଧ ସ୍ୱୀକାର କଲେ ଏବଂ ନରେନ୍ଦ୍ର ମୋଦିଙ୍କ ନେତୃତ୍ୱାଧିନ ଭାରତୀୟ ଜନତା ପାର୍ଟିକୁ ସ୍ପଷ୍ଟ ଜନାଦେଶ ଦେଲେ । ନରେନ୍ଦ୍ର ମୋଦିଙ୍କ ନେତୃତ୍ୱରେ ରାଷ୍ଟ୍ରୀୟ ଜନତାନ୍ତ୍ରିକ ମେଣ୍ଟ ୧୬ତମ ଲୋକସଭା ପାଇଁ ହୋଇଥିବା ନିର୍ବାଚନରେ ୩୩୫ ସିଟ୍‌ରେ ବିଜୟ ହାସଲ କଲା । କଂଗ୍ରେସକୁ ଏ ପର୍ଯ୍ୟନ୍ତର ସବୁଠାରୁ ଖରାପ ପରାଜୟର ମୁହଁ ଦେଖିବାକୁ ପଡ଼ିଲା । କଂଗ୍ରେସ ବିରୋଧୀ ଲହରୀର ବିରୋଧରେ 'ମୋଦି ଲହର'ର ବିଜୟ ରଥରେ ବସି ୬୩ ବର୍ଷୀୟ ନରେନ୍ଦ୍ର ମୋଦି ଭାଜପାକୁ ସ୍ପଷ୍ଟ ବହୁମତ ଦେବା ସହ ସାରା ଭାରତରେ ନିଜର ଉପସ୍ଥିତିର ଅନୁଭବ କରାଇଲେ । ଏହା ପୂର୍ବରୁ ରାଷ୍ଟ୍ରୀୟ ସ୍ତରରେ ମୋଦିଙ୍କ ପ୍ରଭାବକୁ ନେଇ ଅନେକ ପ୍ରକାରର କଥା ହେଉଥିଲା । ଏମିତି ଲୋକ ମଧ ଥିଲେ ଯିଏ ଏହା ଭାବୁଥିଲେ କି ମୋଦିଙ୍କ ଜାଦୁ କେବଳ ଗୁଜରାଟରେ ଚାଲେ ଏବଂ ସେଠାରୁ ବାହାରକୁ ଗଲେ ମୋଦି ଲହରୀ କାମ କରିବ ନାହିଁ ।

ରାଜ୍ୟରେ ଭାଜପା ବ୍ୟତୀତ ଅନ୍ୟ ୨୪ଟି ଛୋଟ ଆଞ୍ଚଳିକ ଦଳ ରହିଛନ୍ତି । ୫୪୩ ସଂସଦୀୟ ଲୋକସଭାରେ ନିଜ ବଳରେ ନରେନ୍ଦ୍ର ମୋଦିଙ୍କ ନେତୃତ୍ୱରେ ଭାଜପା ୨୮୨ ସିଟ୍‌ରେ ଜିତିବରେ ସଫଳତା ଅର୍ଜନ କଲା । ୧୯୮୪ ପରର ୩୦ ବର୍ଷରେ ଭାଜପା ଏମିତି ପ୍ରଥମ ଦଳ ହୋଇଯାଇଛି, ଯିଏ

ନିଜ ଦମ୍ଭରେ ବହୁମତ ହାସଲ କରିଛି । ୧୯୮୪ରେ ରାଜିବ ଗାନ୍ଧିଙ୍କ ନେତୃତ୍ୱରେ କଂଗ୍ରେସ ୪୦୦ ରୁ ଅଧିକ ସିଟ୍ ଜିତିଥିଲା । ହେଲେ ଏଥିପାଇଁ ଶ୍ରେୟ ରାଜିବ ଗାନ୍ଧିଙ୍କ ନେତୃତ୍ୱ କ୍ଷମତାକୁ ଦିଆଯାଏ ନାହିଁ । ୧୯୮୪ ରେ ରାଜିବ ଗାନ୍ଧିଙ୍କ ନେତୃତ୍ୱରେ କଂଗ୍ରେସକୁ ମିଳିଥିବା ଅବିଶ୍ୱସନୀୟ ସଫଳତା ପାଇଁ ଇନ୍ଦିରା ଗାନ୍ଧିଙ୍କ ହତ୍ୟା ଏବଂ ଏଥିରେ ଜନତାଙ୍କ ମଧ୍ୟରେ ଉପୁଜିଥିବା ସହାନୁଭୂତିକୁ କାରଣ ବୋଲି ମନେ କରାଯାଏ ।

ମୋଦିଙ୍କ ନେତୃତ୍ୱ କ୍ଷମତାର ପ୍ରଭାବ ହିନ୍ଦି ଭାଷୀ ରାଜ୍ୟଗୁଡ଼ିକରେ ଯଥେଷ୍ଟ ଦୃଢ଼ ଥିବା ଦେଖାଗଲା । ଉତ୍ତର ପ୍ରଦେଶ, ବିହାର, ରାଜସ୍ଥାନ, ମଧ୍ୟପ୍ରଦେଶ, ଛତିଶଗଡ଼, ହରିୟାନା, ଦିଲ୍ଲୀ, ଝାରଖଣ୍ଡ, ହିମାଚଳ ପ୍ରଦେଶ ଏବଂ ଉତ୍ତରାଖଣ୍ଡର ସମୁଦାୟ ୨୨୫ ସିଟ୍‌ରୁ ୧୯୦ ସିଟ୍‌ରେ ଭାଜପା କବ୍‌ଜା କରି ଏହି ରାଜ୍ୟଗୁଡ଼ିକରୁ କେବଳ କଂଗ୍ରେସ ନୁହେଁ ବରଂ ସପା, ବସପା, ଜଦୟୁ ଏବଂ ରାଜଦ ଭଳି ଆଞ୍ଚଳିକ ଦଳଗୁଡ଼ିକୁ ଯେମିତି ମୂଳପୋଛ କରିଦେଲା । ମୋଦି ଲହରୀ ଗୁଜରାଟ ବ୍ୟତୀତ ମହାରାଷ୍ଟ୍ର, କର୍ଣ୍ଣାଟକ ଏବଂ ଆସାମ ଭଳି ମହତ୍ୱପୂର୍ଣ୍ଣ ରାଜ୍ୟଗୁଡ଼ିକରେ ମଧ୍ୟ ପ୍ରଭାବ ଦେଖାଇଲା । ଗତ ଲୋକସଭାରେ ଭାଜପାର ୧୧୬ ସଦସ୍ୟ ଥିଲେ ଏବଂ ତା'ର ଭୋଟ୍ ଭାଗ ୧୮.୮ ପ୍ରତିଶତ ଥିଲା । କଂଗ୍ରେସ ୨୮.୫୫ ପ୍ରତିଶତ ଭୋଟ୍ ଭାଗିଦାରୀ ସହ ୨୦୬ ସଦସ୍ୟଙ୍କ ସହ ସବୁଠାରୁ ବଡ଼ ଦଳ ଥିଲା । ଏଥର ନରେନ୍ଦ୍ର ମୋଦିଙ୍କ ନେତୃତ୍ୱ କ୍ଷମତା ଯୋଗୁଁ ଭାଜପାକୁ ୩୧.୪ ପ୍ରତିଶତ ଭୋଟ୍ ମିଳିଲା । ସେହିଠାରେ କଂଗ୍ରେସକୁ ୧୯.୫ ପ୍ରତିଶତ ଭୋଟ୍ ମିଳିଲା ।

ମୋଦି ଲହରୀ ୩୦ ବର୍ଷ ପରେ ଭାଜପା ରୂପରେ କୌଣସି ଗୋଟିଏ ଦଳକୁ ସ୍ପଷ୍ଟ ବହୁମତ ଦେଲା ଏବଂ ସ୍ୱାଧୀନତା ପରେ ସବୁଠାରୁ ଅଧିକ ସମୟ ଦେଶରେ ଶାସନ କରିଥିବା କଂଗ୍ରେସକୁ ଏ ପର୍ଯ୍ୟନ୍ତର ସବୁଠାରୁ ଖରାପ ପରାଜୟର ସାମ୍ନା କରିବାକୁ ପଡ଼ିଲା । କଂଗ୍ରେସ ନେତୃତ୍ୱରେ ସଂପ୍ରଗକୁ ପାଖାପାଖି ୬୧ ସିଟ୍ ମିଳିଲା । କଂଗ୍ରେସକୁ ନିଜ ସାମର୍ଥ୍ୟରେ ସେତିକି ସିଟ୍ ମଧ୍ୟ ମିଳି ପାରିଲାନାହିଁ ଯେ ଏହାର ନେତାଙ୍କୁ ଲୋକସଭାରେ ନେତା ପ୍ରତିପକ୍ଷର ସୋପାନ ମିଳିପାରିବ । କଂଗ୍ରେସକୁ କେବଳ ୪୩ ସିଟ୍ ମିଳିଛି । ଉତ୍ତରପ୍ରଦେଶରେ ମୋଦି ଲହରୀ ଏଭଳି ଛାଇଗଲା ଯେ ଭାଜପାକୁ ୮୦ ରୁ ୭୧ ସିଟ୍ ମିଳିଲା ଏବଂ ଭାଜପାର ସହଯୋଗୀ ଦଳକୁ ଦୁଇଟି ସିଟ୍ ମିଳିଲା । ଦେଖିବାକୁ ଗଲେ ଉତ୍ତରପ୍ରଦେଶରେ ନରେନ୍ଦ୍ର ମୋଦିଙ୍କ ନେତୃତ୍ୱରେ ରା.ଜ.ଗ. ୮୦ ରୁ ୭୩ ସିଟ୍ ଉପରେ କବ୍‌ଜା କଲା ।

ଏହା ନରେନ୍ଦ୍ର ମୋଦିଙ୍କ ନେତୃତ୍ୱର ହିଁ ପ୍ରଭାବ ଥିଲା ଯେ ଉତ୍ତରପ୍ରଦେଶରେ ବିପକ୍ଷ ଦଳଗୁଡ଼ିକ ମୁଳପୋଛ ଗଲେ । ମାୟାବତିଙ୍କ ନେତୃତ୍ୱାଧିନ ବହୁଜନ ସମାଜ ପାର୍ଟିର ଖାତା ଖୋଲି ପାରିଲା ନାହିଁ । ସେଇଠି କଂଗ୍ରେସ ଏବଂ ମୁଲାୟମ ସିଂହ ଯାଦବଙ୍କ ସମାଜବାଦି ପାର୍ଟି କେବଳ ନିଜ ପରିବାରର ସିଟ୍ ବଞ୍ଚାଇବାରେ ସଫଳ ହେଲେ । ଆମେଠି ଏବଂ ରାୟବରେଲିରୁ କ୍ରମଶଃ ରାହୁଲ ଗାନ୍ଧି ଏବଂ ସୋନିଆ ଗାନ୍ଧି ନିର୍ବାଚନ ଜିତିଲେ । ସପା ପ୍ରମୁଖ ମୁଲାୟମ ସିଂହ ଯାଦବ ଆଜମଗଡ଼ ଏବଂ ମୈନପୁରୀରୁ ନିର୍ବାଚନ ଜିତିଲେ । ପରେ ସେ ମୈନପୁରୀ ସିଟ୍ ଛାଡ଼ିଦେଲେ ଏବଂ ସେଠାରୁ ତାଙ୍କ ପରିବାରର ତେଜ ପ୍ରତାପ ସିଂହ ଯାଦବ ଜିତିଲେ । ମୁଲାୟମ ସିଂହ ଯାଦବଙ୍କ ବୋହୂ ଡିମ୍ପଲ ଯାଦବ କନୌଜରୁ ଏବଂ ପୁତୁରା ଧର୍ମେନ୍ଦ୍ର ଯାଦବ ବଦାୟୁରୁ ନିର୍ବାଚନ ଜିତିଲେ । ଏହା ନରେନ୍ଦ୍ର ମୋଦିଙ୍କ ନେତୃତ୍ୱର ପ୍ରଭାବ ଥିଲା କି ସାଧାରଣ ଭାବେ ଭାଜପାର ବିସ୍ତାର ନାହିଁ ବୋଲି କୁହାଯାଉଥିବା କ୍ଷେତ୍ର ପଶ୍ଚିମ ବଙ୍ଗଳା ଏବଂ ତାମିଲନାଡୁରେ ଭାଜପା ଏଥର ଭଲ ପ୍ରଦର୍ଶନ କଲା । ରାଜସ୍ଥାନ, ଗୁଜରାଟ, ଗୋଆ, ହିମାଚଳ ପ୍ରଦେଶ, ଉତ୍ତରାଖଣ୍ଡ ଭଳି ରାଜ୍ୟଗୁଡ଼ିକରେ ଭାଜପା ସମସ୍ତ ସିଟ୍ ଜିତିଛି ।

ବଡୋଦରା ଏବଂ ବାରାଣସି ସିଟ୍‌ରେ ନିର୍ବାଚନ ଜିତିବା ଏବଂ ନିଜ ଦଳକୁ ନିଜ ସାମର୍ଥ୍ୟରେ ବହୁମତ ଦେବାର କିଛି ସମୟ ପରେ ନରେନ୍ଦ୍ର ମୋଦି ଥରେ ପୁଣି ନେତୃତ୍ୱ କ୍ଷମତାର ପ୍ରଦର୍ଶନ କଲେ ।

ନିର୍ବାଚନ ଫଳାଫଳ ଆସିବା ପରେ ମୋଦି ବଡୋଦରାରେ ଏକ ଜନସଭାକୁ ସମ୍ବୋଧିତ କରି ଦେଶ ଚଳାଇବାରେ ସବୁ ଦଳଙ୍କ ଠାରୁ ସହଯୋଗ ମାଗିଲେ । ସେ କହିଲେ କି ଏ ସରକାର କୌଣସି ଗୋଟିଏ ଦଳ ବିଶେଷର ନୁହେଁ ବରଂ ଦେଶର ଜନତାଙ୍କର ଅଟେ । ପ୍ରବନ୍ଧନ କିମ୍ବା ଏମିତି କହିପାରିବା କି ଜୀବନରେ କୌଣସି କ୍ଷେତ୍ରରେ ସଫଳତା ପାଇବା ପାଇଁ ଏଥିରେ ଏକ ମୂଳମନ୍ତ୍ର ଲୁଚି ରହିଛି । ସାଧାରଣ ଭାବେ ଏମିତି ହୁଏ ଯେ ଲୋକଙ୍କୁ ଛୋଟ-ମୋଟ ସଫଳତା ମଧ୍ୟ ମିଳିଗଲେ ସେମାନଙ୍କ ଭିତରେ ଗର୍ବ ଆସିଯାଏ ଏବଂ ସେମାନେ ସାମାନ୍ୟ ଭାବେ ବ୍ୟବହାର କରିବା ବନ୍ଦ କରିଦିଅନ୍ତି । ସେମାନେ ସେହି ଛୋଟ ସଫଳତାକୁ ନିଜର ଅନ୍ତିମ ଲକ୍ଷ୍ୟ ମାନି ନିଅନ୍ତି । ଏଥିରୁ ଆଗକୁ ଭାବନ୍ତି ନାହିଁ । ହେଲେ ଏହିଠାରେ ନରେନ୍ଦ୍ର ମୋଦି ଅନ୍ୟମାନଙ୍କୁ ନିଜ ଠାରୁ ବହୁତ କିଛି ଶିଖିବାକୁ ପ୍ରେରିତ କରନ୍ତି ।

ସେ ପ୍ରଥମ ଥର ଲୋକସଭା ନିର୍ବାଚନ ଲଢ଼ିଲେ ଏବଂ ଦୁଇ ରାଜ୍ୟର ଦୁଇଟି ସିଟ୍ ଉପରେ ବିଜୟ ହାସଲ କଲେ । ତାଙ୍କ ନେତୃତ୍ୱରେ ତାଙ୍କ ଦଳକୁ ସ୍ପଷ୍ଟ ବହୁମତ ମିଳିଲା । ସେ କିଛି ଦିନରେ ପ୍ରଧାନମନ୍ତ୍ରୀ ହେବେ । ହେଲେ ସେ ବଡୋଦରା ଯାଆନ୍ତି । ମତଦାତାଙ୍କୁ ଧନ୍ୟବାଦ ଦିଅନ୍ତି । ନିର୍ବାଚନ ପ୍ରଚାର ଆବର୍ତ୍ତନରେ ତାଙ୍କ ବିରୋଧୀମାନଙ୍କୁ ଭଲ-ମନ୍ଦ କହୁଥିବା ମୋଦି ଓ ନିର୍ବାଚନରେ ବିରୋଧୀଙ୍କୁ ଅସହାୟ କରି ଦେଉଥିବା ମୋଦି ସେମାନଙ୍କ ପ୍ରତି କୌଣସି ଦୁର୍ଭାବନା ରଖନ୍ତି ନାହିଁ ବରଂ ଦେଶକୁ ଚଳାଇବାରେ ସେମାନଙ୍କୁ ସହଯୋଗର ଅନୁରୋଧ କରନ୍ତି । ଏଥିରୁ ଆମେ ସବୁ ଯଥେଷ୍ଟ କିଛି ଶିଖି ପାରିବା । ସଫଳତାର ସାର୍ଥକତା ଏଥିରେ ଥାଏ ଯେ ତାକୁ ଅଲଗା ସ୍ତରକୁ ନେଇଯିବା ପାଇଁ ଲଗାତର୍ ପ୍ରୟାସ କରାଯାଉ । ସେହି ଭାବନା ମନରେ ରଖି ବିକାଶକୁ ବାଧିତ କରା ନଯାଉ ।

ମୋଦି ନିର୍ବାଚନ ଜିତିବାର କିଛି କ୍ଷଣ ପରେ ବଡୋଦରାରେ ଯାହା କହିଥିଲେ ସେଥିରେ ତାଙ୍କର ନେତୃତ୍ୱ କ୍ଷମତା ଏବଂ ସଫଳ ହେବାର କାରଣ ପରିଷ୍କାର ଦେଖାଯାଏ । ବଡୋଦରାରେ ୫.୭୦ ଲକ୍ଷ ଭୋଟ୍‌ରେ ଜିତାଇବା ପାଇଁ ସେ ମତଦାତାଙ୍କୁ ଧନ୍ୟବାଦ ଦେଲେ । ମୋଦି ଏହି କଥାରେ ଗର୍ବ କଲେ କି କଂଗ୍ରେସ ପରେ ଭାଜପା ଦେଶର ଏମିତି ଦ୍ୱିତୀୟ ଦଳ ହୋଇଯାଇଛି, ଯିଏ ନିଜ ସାମର୍ଥ୍ୟରେ ସ୍ପଷ୍ଟ ବହୁମତ ହାସଲ କଲା । ସରକାରକୁ ସମ୍ବିଧାନର ଭାବନା ଅନୁରୂପ ଚାଲିବାର ପ୍ରତିବଦ୍ଧତା ବ୍ୟକ୍ତ କରି ମୋଦି କହିଛନ୍ତି ଯେ ସରକାରଙ୍କ ପାଇଁ ନା କେହି ମନ ପସନ୍ଦିଆ ଅଟେ ଏବଂ ନା କେହି ପୃଥକ୍ । ସେ କହିଲେ, ମୋ ଦାୟିତ୍ୱ ହେଲା ଦେଶକୁ ଚଳାଇବାରେ ସମସ୍ତଙ୍କୁ ସାଙ୍ଗରେ ନେଇ ଚାଲିବା । ଲୋକତନ୍ତ୍ରରେ କେହି ଶତ୍ରୁ ନୁହଁନ୍ତି ବରଂ ପ୍ରତିଯୋଗିତା ଥାଏ । ନିର୍ବାଚନ ସହ ହିଁ ସେହି ପ୍ରତିଯୋଗିତା ସମାପ୍ତ ହୋଇଯାଏ ।

ଏହା ସେହି ମନ୍ତ୍ର ଅଟେ ଯାହା ସହାୟତାରେ ପ୍ରତ୍ୟେକେ ନିଜ ଜୀବନରେ ସଫଳତାର ରାସ୍ତାରେ ଆଗେଇ ପାରିବେ । ପ୍ରକୃତ ପକ୍ଷେ, କୌଣସି ଖାସ୍ କ୍ଷେତ୍ରରେ ଆମେ ସବୁ କୌଣସି ନା କୌଣସି ବ୍ୟକ୍ତି ସହ ପ୍ରତିଯୋଗିତା କରିଥାଉ । ହେଲେ ଆମେ ସେହି ପ୍ରତିଯୋଗିତାକୁ ଶତ୍ରୁତା ମାନି ନିଅନ୍ତି । ଏହି କାରଣରୁ ଆମେ ଆମ ସମ୍ପର୍କ ଖରାପ କରିଥାଉ । ଥରେ ଯେତେବେଳେ କେହି ପ୍ରତିଯୋଗିତାକୁ ଶତ୍ରୁତା ମାନିନିଏ ତେବେ ସେ ତା' ସହ ଲଢ଼ିବାରେ ହିଁ ନିଜର ପୂର୍ଣ୍ଣ ଶକ୍ତି ଲଗାଇ ଦିଏ । ଏମିତିରେ ବଡ଼ କାମ ତା'ର ହାତଛଡ଼ା ହୋଇଚାଲେ । ତା' ଲକ୍ଷ୍ୟ ପଛରେ ରହିଯାଏ । ନରେନ୍ଦ୍ର ମୋଦିଙ୍କ ନେତୃତ୍ୱ କ୍ଷମତାକୁ ଯଦି ଆମେ ଧ୍ୟାନର ସହ ଦେଖିବା ତେବେ ଜଣାପଡ଼େ କି କେମିତି ଏହି କଥାଗୁଡ଼ିକରୁ ଉପରକୁ ଯାଇ ସଫଳତାର ରାସ୍ତାରେ ଚଲାଯାଇ ପାରିବ ।

ଶାସନ

ନରେନ୍ଦ୍ର ମୋଦି ଗୁଜରାଟର ମୁଖ୍ୟମନ୍ତ୍ରୀ ଭାବେ ତାଙ୍କ ୧୩ ବର୍ଷର କାର୍ଯ୍ୟକାଳରେ ନିଜର ପରିଚୟ ଜଣେ ଏମିତି ବ୍ୟକ୍ତି ଭାବେ ତିଆରି କଲେ ଯିଏ ଖୁବ୍‌ଭଲ ଶାସନ ସୁନିଶ୍ଚିତ କରେ । ଶାସନକୁ ନେଇ ସେ ଯେଉଁ କାମ କରିଛନ୍ତି, ତାହାର ଚର୍ଚ୍ଚା ନା କେବଳ ଗୁଜରାଟ ଓ ସାରା ଦେଶରେ ହୋଇଛି ବରଂ ଭାରତ ବାହାରେ ମଧ୍ୟ ଏହାର ଚର୍ଚ୍ଚା କେବେ କେବେ ବିଭିନ୍ନ ମଞ୍ଚରେ ହୋଇଚାଲିଛି । ଯେବେଠାରୁ ସେ ପ୍ରଧାନମନ୍ତ୍ରୀ ହୋଇଛନ୍ତି ସେବେଠାରୁ ସେ ରାଷ୍ଟ୍ରୀୟ ସ୍ତରରେ ମଧ୍ୟ ଭଲ ଶାସନ ଦେବା ଦିଗରେ ପ୍ରୟାସ କରୁଛନ୍ତି । ପ୍ରଧାନମନ୍ତ୍ରୀ ଭାବେ ସେ ଏଥିପାଇଁ କ'ଣ କରିଛନ୍ତି, ଏହା ବୁଝିବା ପୂର୍ବରୁ ଶାସନକୁ ନେଇ ତାଙ୍କର ପୂର୍ବର ଚେଷ୍ଟାକୁ ଦେଖିବା ଏବଂ ବୁଝିବା ଜରୁରୀ ଅଟେ । ଏଠାରେ ଏହା ମଧ୍ୟ ବୁଝିବା ଆବଶ୍ୟକ ଯେ ଶାସନ ଏକ ଏମିତି ପରିଚାଳନା ଦକ୍ଷତା ଯାହାର ଆବଶ୍ୟକତା ପ୍ରତ୍ୟେକ କ୍ଷେତ୍ରରେ କୌଣସି ନା କୌଣସି ରୂପେ ରହିଥାଏ ।

କହିବା ଭୁଲ୍ ହେବନାହିଁ ଯେ ଭାରତୀୟ ରାଜନୀତି ଉପରେ ଏହା ନରେନ୍ଦ୍ର ମୋଦିଙ୍କ ପ୍ରଭାବ ଅଟେ ଯେ ବର୍ତ୍ତମାନ ଏଠାରେ ବିଭାଜନ କରୁଥିବା ପ୍ରସଙ୍ଗ ସ୍ଥାନରେ ସୁଶାସନ ଏବଂ ବିକାଶ ଚର୍ଚ୍ଚାର ବିଷୟ ହୋଇଯାଇଛି । ନରେନ୍ଦ୍ର ମୋଦି ଯେତେବେଳେ ମଧ୍ୟ ନିଜ କଥା ରଖନ୍ତି ତେବେ ତଥ୍ୟ ସହ ରଖିଛନ୍ତି । ପରନ୍ତୁ, ଅନେକ ଅବସରରେ ତାଙ୍କ ତଥ୍ୟ ଉପରେ ମଧ୍ୟ ପ୍ରଶ୍ନ ଉଠିଛି । ହେଲେ ଏହା ସତ୍ତ୍ୱେ ସେ ନିଜ ପରିଚୟ ଜଣେ ଏମିତି ନେତାର ଗଢ଼ିଛନ୍ତି ଯିଏ ସେହି ଚିରା-ଚରିତ କଥା କୁହେନାହିଁ ବରଂ ତଥ୍ୟ ସହ ନିଜର କଥା କୁହେ । ଯିଏ କେବଳ ଅନ୍ୟ ଉପରେ ଅଭିଯୋଗ କରେ ନାହିଁ ବରଂ ଯଦି ଅନ୍ୟ ବାବଦରେ କିଛି କହେ ତେବେ ତାଙ୍କ ପାଖରେ ତାଙ୍କ କଥାକୁ ଦୃଢ଼ କରୁଥିବା ତଥ୍ୟ ଥାଏ ।

ଏହା ନରେନ୍ଦ୍ର ମୋଦିଙ୍କ ପ୍ରଭାବ ଯେ ଆଜି ସାରା ଦେଶରେ ସୁଶାସନର କଥା ଚାଲୁଛି । ପ୍ରତ୍ୟେକ ରାଜ୍ୟ ସରକାର ଏହା ଦାବି କରୁଥିବା ଦେଖାଯାନ୍ତି କି ସେ ସବୁଠାରୁ ଭଲ ଶାସନ ଦେଉଛନ୍ତି । ସୁଶାସନର କଥା ଅନ୍ତଃରାଷ୍ଟ୍ରୀୟ ସ୍ତରରେ ତ' ଥିଲା ହେଲେ ଭାରତରେ ଏହାକୁ ସାଧାରଣ ଲୋକଙ୍କ ପାଖରେ ପହଞ୍ଚାଇବାରେ ନରେନ୍ଦ୍ର ମୋଦିଙ୍କ ଯୋଗଦାନ ବେଶୀ । ନରେନ୍ଦ୍ର ମୋଦି ମାନନ୍ତି କି ଭଲ ଶାସକ ସିଏ ଅଟେ ଯିଏ ଲୋକଙ୍କ ଜୀବନରେ ସକାରାତ୍ମକ ପରିବର୍ତ୍ତନ ଆଣେ । ସେ ମାନନ୍ତି କି ସୁଶାସନର ଅର୍ଥ ଏହା ଯେ ଲୋକଙ୍କ ଜୀବନ ଶୈଳୀରେ ସୁଧାର ହେଉ । ଗୁଜରାଟରେ ପର୍ଯ୍ୟାପ୍ତ ମାତ୍ରାରେ ସେ ଏହି ପ୍ରୟୋଗ ମଧ୍ୟ ସଫଳତାପୂର୍ବକ କରିଛନ୍ତି ।

ଗୁଜରାଟରେ ନରେନ୍ଦ୍ର ମୋଦି ଶାସନ ଦିଗରେ ଅନେକ ପ୍ରୟୋଗ କରିଛନ୍ତି । ଏଥି ମଧ୍ୟରେ ଗୋଟିଏ ହେଲା 'ୱାନ୍ ଡେ ଗଭର୍ନାନ୍ସ' ମଣ୍ଡଳ । ଏହି ମଣ୍ଡଳରେ ଇ-ଶାସନର ମୌଳିକ ସୁବିଧାଗୁଡ଼ିକ ଉପଲବ୍ଧ କରାଇ ନାଗରିକଙ୍କୁ ସମୟବଦ୍ଧ ସେବା ଯୋଗାଇ ଦେବା ଉପରେ ବିଶେଷ ଧ୍ୟାନ ଦିଆଯାଏ । ଏହାର ମୁଖ୍ୟ ଉଦ୍ଦେଶ୍ୟ ଥିଲା ସିଟିଜେନ୍ସ ଚାର୍ଟରରେ ସାମିଲ ସମସ୍ତ ସରକାରୀ ସେବା ନାଗରିକଙ୍କୁ ଉପଲବ୍ଧ କରାଇବା । ଏଥିରେ ମୁଖ୍ୟ ରୂପେ ନାଗରିକ କୈନ୍ଦ୍ରିକ ସେବା ସାମିଲ ଅଛି । ଯେମିତି କି ରାଜସ୍ୱ, ପଞ୍ଚାୟତ, ସ୍ୱାସ୍ଥ୍ୟ, ଶିକ୍ଷା ଏବଂ କୃଷି ସହ ରେକର୍ଡର ରକ୍ଷଣାବେକ୍ଷଣ । ଏହି ମଣ୍ଡଳ ମାଧ୍ୟମରେ ଆବଶ୍ୟକ ପ୍ରମାଣ

ପତ୍ର, ଶପଥ ପତ୍ର, ଭୂମୀ, ନାଗରିକ ଯୋଗାଣ ଭଳି ୧୭୩ ରୁ ଅଧିକ ପ୍ରକାରର ସେବା ପ୍ରଦାନ କରାଯାଏ । ଏହି ସେବାଗୁଡ଼ିକୁ ତିନୋଟି ବିଭାଗରେ ବିଭକ୍ତ କରାଯାଇଛି:

୧. ତତ୍କାଳ: ଏଥିରେ ୨୦ ପ୍ରତିଶତ ଆବେଦନ ସାମିଲ କରାଯାଇଛି, ଯାହାର ପ୍ରୋସେସିଙ୍ଗରେ ୨୦ ମିନିଟ୍‌ରୁ ଦୁଇ ଘଣ୍ଟା ପର୍ଯ୍ୟନ୍ତ ସମୟ ଲାଗେ ।

୨. ଏକ ଦିବସୀୟ ଶାସନ: ଯେଉଁ ସେବାଗୁଡ଼ିକୁ ପ୍ରକ୍ରିୟାକରଣ ପାଇଁ ଗୋଟିଏ ଦିନ ଲାଗେ, ସେଗୁଡ଼ିକୁ ଏହି ଶ୍ରେଣୀରେ ରଖାଯାଇଛି । ୧୨ ଘଣ୍ଟାର ଅବଧିରେ ଜନ୍ମ, ମୃତ୍ୟୁ ଏବଂ ଜାତି ପ୍ରମାଣପତ୍ର ଭଳି ଚୁକ୍ତିପତ୍ର ପ୍ରଦାନ କରାଯାଇଥାଏ । ୪୦ ପ୍ରତିଶତ ଆବେଦନ ଏହି ଶ୍ରେଣୀରେ ଆସିଥାଏ ।

୩. ଅଣ-ଏକ ଦିବସୀୟ ଶାସନ: ଏହି ଶ୍ରେଣୀରେ ଆବେଦନ ଏକ ନିର୍ଦ୍ଧାରିତ ସମୟ ମଧ୍ୟରେ ପ୍ରସ୍ତୁତ କରାଯାଏ, ଯେମିତି ସଡ଼କ ଏବଂ ଗୃହ ପାଇଁ ପୁଲିସ ଠାରୁ ଅନାପତ୍ତି ପ୍ରମାଣପତ୍ର (ଏନ୍‌ଓସି), ହୋଟେଲ ଲାଇସେନ୍ସ, ଅଣକୃଷି ଉଦ୍ଦେଶ୍ୟ ହେତୁ ଜମି ଆବଣ୍ଟନ ଇତ୍ୟାଦି ।

ସମସ୍ତ ଜିଲ୍ଲାରେ ଏହି କେନ୍ଦ୍ର ପିପିପି ମଣ୍ଡଳରେ କାର୍ଯ୍ୟରତ ଅଛି ଓ ତୁରନ୍ତ, ସୁବିଧାଜନକ, ପାରଦର୍ଶୀ ଏବଂ ନିପୁଣ କାର୍ଯ୍ୟପ୍ରଣାଳୀ ଜରିଆରେ ଉଲ୍ଲେଖନୀୟ ପରିଣାମ ଦେଉଛି ।

ନରେନ୍ଦ୍ର ମୋଦି ମାନନ୍ତି ଯେ ସୁଶାସନର ବାସ୍ତବିକ ମାନଦଣ୍ଡ ଏହାର ଅଭିଯୋଗ ନିବାରଣ ପ୍ରଣାଳୀ ଅଟେ । ଏକ ସୁସ୍ଥ ଲୋକତନ୍ତ୍ରର ଚିହ୍ନ ଏହା ଅଟେ ଯେ ସେଠାକାର ଲୋକେ ସ୍ୱତନ୍ତ୍ର ରୂପେ ସେମାନଙ୍କ ସମସ୍ୟା ଜଣାଇ ପାରିବେ ଏବଂ ତାହାର ତତ୍କାଳ ସମାଧାନ ହାସଲ କରିପାରିବେ । ଏହି ପ୍ରକାରେ ନରେନ୍ଦ୍ର ମୋଦିଙ୍କ ଆଉ ଗୋଟିଏ ପ୍ରୟୋଗର ନାଁ ହେଲା 'ସ୍ୱାଗତ' । ଏଥିରେ ପ୍ରୋଦ୍ୟୋଗିକିର ବ୍ୟବହାର କରି ଜନ-ଅଭିଯୋଗ ଉପରେ ସାରା ରାଜ୍ୟରେ ନଜର ରଖାଯାଏ । ଗୁଜରାଟରେ ଏହାର ଶୁଭାରମ୍ଭ ୨୦୦୩ରେ ହୋଇଥିଲା । ଏହି ଯୋଜନା ଅନୁସାରେ ପ୍ରୋଦ୍ୟୋଗିକି ମାଧ୍ୟମରେ ରାଜ୍ୟର ନାଗରିକ ତଥା ମୁଖ୍ୟମନ୍ତ୍ରୀଙ୍କ ମଧ୍ୟରେ ସିଧା ବାର୍ତ୍ତାଳାପ ହୋଇଥାଏ । ଏହି ଅନ୍‌ଲାଇନ୍ ଅଭିଯୋଗ ନିବାରଣ ପ୍ରଣାଳୀ ସାଧାରଣ ଜନତାଙ୍କୁ ମାସକୁ ଥରେ ତାଙ୍କର ଲମ୍ବା ଅଭିଯୋଗ ଜଣାଇବାର ସୁଯୋଗ ଦିଏ । ଗୁଜରାଟରେ ତ୍ରି-ସ୍ତରୀୟ ଅଭିଯୋଗ ନିବାରଣ ପ୍ରଣାଳୀ ଅଛି: ତାଲୁକ, ଜିଲ୍ଲା ଏବଂ ରାଜ୍ୟ ସ୍ତରରେ । ସମସ୍ତ ଅଭିଯୋଗର ସମୀକ୍ଷା ମୁଖ୍ୟମନ୍ତ୍ରୀ ନିଜେ କରନ୍ତି । ସମୀକ୍ଷା, ସମାଧାନ କରାଯାଇଥିବା ସମସ୍ୟା ଉପରେ ଆଧାରିତ ଥାଏ, ସମାଧାନ କରାଯାଇଥିବା ନିବେଦନ ଉପରେ ନୁହେଁ । ଏହି ପ୍ରାରମ୍ଭ ସଂଯୁକ୍ତ ରାଷ୍ଟ୍ର ଲୋକ ସେବା ପୁରସ୍କାର ମଧ୍ୟ ଜିତିଛି ।

ମହାତ୍ମା ଗାନ୍ଧି ଶାସନ ତନ୍ତ୍ରରେ ବିକେନ୍ଦ୍ରୀକରଣର କଥା କହୁଥିଲେ । ପରନ୍ତୁ, ନରେନ୍ଦ୍ର ମୋଦିଙ୍କ ଉପରେ ଏହି ଅଭିଯୋଗ ଆସିଛି କି ସେ ଶାସନ ତନ୍ତ୍ରକୁ ନିଜ ମଧ୍ୟରେ କେନ୍ଦ୍ରିତ କରି ଦିଅନ୍ତି ହେଲେ ଏହା ସତ୍ତ୍ୱେ ଗୁଜରାଟରେ ସେ ଶାସନ ତନ୍ତ୍ରର ବିକେନ୍ଦ୍ରୀକରଣ ପାଇଁ କିଛି ପ୍ରାରମ୍ଭ କରିଛନ୍ତି, ଯାହାର ଉଲ୍ଲେଖ ଆବଶ୍ୟକ ଅଟେ । ସେ ବାସ୍ମୋ ମାନେ ଜଳ ଓ ସ୍ୱଚ୍ଛତା ପରିଚାଳନା ସଂଗଠନ, ଆଟଣୋ ତାଲୁକ, ବାଇବ୍ରେଣ୍ଟ ତାଲୁକ ଓ ସମରସ ଗ୍ରାମ ଭଳି ଯୋଜନା ଆରମ୍ଭ କରିଛନ୍ତି ଯାହା ଶାସନ ତନ୍ତ୍ର ବିକେନ୍ଦ୍ରିକରଣ କରି ଜନଭାଗିଦାରୀ ବଢ଼ାଏ । ସମରସଗ୍ରାମ ଯୋଜନା ବାବଦରେ ନରେନ୍ଦ୍ର ମୋଦିଙ୍କ ଆଧିକାରୀକ ୱେବସାଇଟ ସୂଚନା ଦିଏ, 'ନରେନ୍ଦ୍ର ମୋଦି ଆପଣାଇଥିବା ସମରସ ଗ୍ରାମର ଅବଧାରଣା ଗୋଟିଏ ପଟେ ଆକର୍ଷକ ଅଭିନବ ପ୍ରାରମ୍ଭ ଥିଲା । ଅନେକ ଥର ପଞ୍ଚାୟତ ନିର୍ବାଚନ ବିବାଦୀୟ ହୋଇପାରେ ଏବଂ କଟୁତା ଯୋଗୁଁ ବିକାଶ କାର୍ଯ୍ୟରେ ବାଧା ଆସିପାରେ । ଏମିତି ବାଧାଗୁଡ଼ିକୁ ଦୂର କରିବା ପାଇଁ ସେ ବିକାଶକୁ ନଜରରେ ରଖି ସମ୍ମତି ତିଆରି କରିବାକୁ ଆବଶ୍ୟକତା ଅନୁଭବ କଲେ । ଏହି ପ୍ରାରମ୍ଭ ଅନୁସାରେ ସର୍ବସମ୍ମତି ସହ ସରପଞ୍ଚ ବାଛୁଥିବା ଗାଁକୁ ଆର୍ଥିକ ଲାଭ ଓ ପ୍ରୋତ୍ସାହନ ପ୍ରଦାନ କରାଯାଏ । ଗ୍ରାମୀଣ ବିକାଶ ପାଇଁ ସମରସ ଗାଁ ମଧ୍ୟ ବରଦାନ ହେଲା । ଯେହେତୁ ସର୍ବସମ୍ମତିରେ ବଛାଯାଇଥିବା ପଞ୍ଚାୟତ

ସମ୍ପୂର୍ଣ୍ଣ ଗାଁର ବିଶ୍ୱାସ ଜିତେ ଓ ଅଧିକ ବିଶ୍ୱାସୀ ତଥା ଅଧିକ ଉତ୍ସାହରେ କାମ କରେ । ଯେତେବେଳେ ଜଣେ ସ୍ଥାନୀୟ ସଂକଳନ ଏମିତି ସର୍ବସମ୍ମତିରେ ନିର୍ବାଚିତ ହୁଅନ୍ତି ତେବେ ସୁଶାସନ ପ୍ରଦାନ କରିବାର ଦାୟିତ୍ୱରେ ଅଭିବୃଦ୍ଧି ହୁଏ ।'

ନରେନ୍ଦ୍ର ମୋଦି ଥରେ ଶାସନର ମୂଳମନ୍ତ୍ର ଦେଇ କହିଥିଲେ, 'କେବଳ ସୁଶାସନ ପର୍ଯ୍ୟାପ୍ତ ନୁହେଁ, ଏହାକୁ ଜନତାଙ୍କ ହିତରେ (ପ୍ରୋ-ପିପୁଲ) ଏବଂ ସକ୍ରିୟ (ପ୍ରୋଆକ୍ଟିଭ) ମଧ୍ୟ ହେବା ଉଚିତ । ସୁଶାସନର ଅର୍ଥ ଲୋକଙ୍କୁ ବିକାଶ ପ୍ରକ୍ରିୟାର କେନ୍ଦ୍ରରେ ରଖିବା ।' ନରେନ୍ଦ୍ର ମୋଦି ସୁଶାସନକୁ ନେଇ ଗୁଜରାଟରେ ଯେଉଁ ପ୍ରୟାସ କଲେ, ତାଙ୍କୁ ବୁଝିବା ପାଇଁ କେତୋଟି ବିଷୟରେ ନଜର ଦେବା ଆବଶ୍ୟକ । ସେ ଗୁଜରାଟରେ ଯେଉଁଠି ଗୋଟିଏ ପଟେ ବ୍ୟୁରୋକ୍ରାସିକୁ ସମ୍ବେଦନଶୀଳ ଏବଂ କର୍ମଠ କରିବାରେ ଜୋର୍ ଦେଲେ ତେବେ ଅନ୍ୟ ପକ୍ଷରେ ରାଜ୍ୟରେ ତାଙ୍କ ଶାସନ ତନ୍ତ୍ର ଜରିଆରେ ସୁରକ୍ଷାର ବାତାବରଣ ଆଣିଲେ, ଅତଏବ ନିବେଶକ ଆସିବେ । ଏହାର ପ୍ରଭାବ ଏହା ହେଲା କି ଗୋଟିଏ ପଟେ ଯେଉଁଠି ଅଧିକାରୀମାନେ ସାଧାରଣ ଲୋକଙ୍କ ସମସ୍ୟାର ତ୍ୱରିତ ସମାଧାନ ଆରମ୍ଭ କଲେ ସେଇଠି ଅନ୍ୟ ପଟେ ରାଜ୍ୟ ପାଇଁ ନିବେଶର ଯେଉଁ ପ୍ରସ୍ତାବ ଆସୁଥିଲା, ସେଗୁଡ଼ିକୁ ଜରୁରୀ ମଞ୍ଜୁରୀ ମଧ୍ୟ କମ୍ ସମୟ ମଧ୍ୟରେ ମିଳିବାକୁ ଲାଗିଲା । ରାଜ୍ୟର ଅଫିସରମାନଙ୍କ ପାଖରେ ଫାଇଲ ଅଟକାଇ ରଖିବାର ସଂସ୍କୃତି ଉପରେ ଯଥେଷ୍ଟ ମାତ୍ରାରେ ଅଙ୍କୁଶ ଲାଗିଲା । ସେ କହନ୍ତି, 'ଲାଲ ଫିତାଶାହୀ ଶେଷ କଲେ ହିଁ ଦେଶ ଆଗେଇ ପାରିବ । କୌଣସି ଲାଲ ଫିତାସାହି ନୁହେଁ, କେବଳ ରେଡ କାର୍ପେଟ୍ ହିଁ ନିବେଶକଙ୍କ ପ୍ରତି ମୋର ନୀତି ଅଟେ ।' ଏଥିରୁ ପରିଷ୍କାର ହେଲା କି ସେ ପୁଞ୍ଜିପତିଙ୍କୁ ସାଙ୍ଗରେ ନେଇ ଜନକଲ୍ୟାଣ ଦିଗରେ କାମ କରିବାକୁ ଚାହୁଁଛନ୍ତି । ଶାସନକୁ ପ୍ରଭାବୀ କରିବା ଉଦ୍ଦେଶ୍ୟରେ ନରେନ୍ଦ୍ର ମୋଦି ମୁଖ୍ୟମନ୍ତ୍ରୀ ଭାବେ ତାଙ୍କ କାର୍ଯ୍ୟକାଳରେ ଏହା ସୁନିଶ୍ଚିତ କଲେ କି ବିଭିନ୍ନ ନିଯୁକ୍ତି ପ୍ରକ୍ରିୟାରେ ଶିଷ୍ଟ କୌଶଳର ଗଭୀର ବ୍ୟବହାର ହେଉ । ଏହାଦ୍ୱାରା ଭ୍ରଷ୍ଟାଚାରର ଆଶଙ୍କା ଅନେକ ମାତ୍ରାରେ କମ୍ ହୋଇଯାଏ ।

ଶାସନକୁ ନେଇ ନରେନ୍ଦ୍ର ମୋଦି ସବୁବେଳେ ଗୋଟିଏ କଥା କହନ୍ତି- ମିନିମମ୍ ଗବର୍ନମେଣ୍ଟ, ମେକ୍ସିମମ୍ ଗବର୍ନାନ୍ସ । ଏହାର ଅର୍ଥ ସ୍ପଷ୍ଟ କରି ସେ ଥରେ କହିଥିଲେ, 'ମୋର ମାନିବାର ହେଲା କି ସରକାର ବେପାର କରିବା ଉଚିତ ନୁହେଁ । 'ମିନିମମ୍ ଗବର୍ନମେଣ୍ଟ ଏବଂ ମେକ୍ସିମମ୍ ଗବର୍ନାନ୍ସ' ଉପରେ ଧ୍ୟାନ କେନ୍ଦ୍ରିତ କରିବା ଉଚିତ ।' ନରେନ୍ଦ୍ର ମୋଦିଙ୍କ ଏହି ଅବଧାରଣ ବାବଦରେ ତାଙ୍କ ଆଧିକାରିକ ୱେବସାଇଟ୍ ବିସ୍ତୃତ ଭାବେ ସୂଚନା ଦିଏ । ଏ ବାବଦରେ ଲେଖାଯାଇଛି, 'ବହୁ ଦଶନ୍ଧି ଧରି ଆମ ପାଖରେ ଅସାଧାରଣ ରୂପେ ବିଶାଳ ସରକାରମାନେ ରହିଛନ୍ତି, ପରନ୍ତୁ ବିଡମ୍ବନା ଏହା ଯେ ଶାସନର ଉତ୍କର୍ଷତା ବହୁତ ଖରାପ ଥିଲା । ସରକାରଙ୍କ ଆକାର ଉପରେ ତ' ବହୁତ ଧ୍ୟାନ ଦିଆଗଲା, ହେଲେ ଉତ୍କର୍ଷତା ଉପରେ ଏତେ ନୁହେଁ । ଏଥିପାଇଁ ଛୋଟ କିନ୍ତୁ ପ୍ରଭାବଶାଳୀ ସରକାରର ନରେନ୍ଦ୍ର ମୋଦିଙ୍କ ମଣ୍ଡଳ ଅନନ୍ୟ ଥିଲା । ନରେନ୍ଦ୍ର ମୋଦି ମାନୁଥିଲେ କି ବ୍ୟାବସାୟୀକ କ୍ଷେତ୍ରରେ ସରକାରଙ୍କ ଭୂମିକା ସୁବିଧା ପ୍ରଦାନ କରିବା ପର୍ଯ୍ୟନ୍ତ ହିଁ ସିମୀତ ରହିବା ଉଚିତ । ନରେନ୍ଦ୍ର ମୋଦି ନିଜର ଏହି ମାନ୍ୟତାକୁ ବାସ୍ତବତାରେ ପରିଣତ କରିଛନ୍ତି, ପରିଣାମ ସ୍ୱରୂପ ଗୁଜରାଟ ଆର୍ଥିକ ସ୍ୱାଧୀନତା ବିଷୟରେ ଭାରତର ସବୁଠାରୁ ଆଗୁଆ ରାଜ୍ୟ । ଆର୍ଥିକ ସ୍ୱାଧୀନତା ସୂଚକାଙ୍କ ଦର୍ଶାଏ ଯେ ନରେନ୍ଦ୍ର ମୋଦିଙ୍କ ନେତୃତ୍ୱରେ ଗୁଜରାଟ ରାଜ୍ୟରେ ବହୁତ ଛୋଟ ସରକାରୀ କଳ ଥିଲା, ଏବଂ ଏହି କଳ ମାନବ ଜୀବନ ତଥା ସମ୍ପତ୍ତି ସହ ହିଁ ନ୍ୟାୟ ପ୍ରଣାଳୀର ଗୁଣବତ୍ତା, ଯେଉଁଥିରେ ନ୍ୟାୟାଧିଶଙ୍କ ଉପଲବ୍ଧତା ଏବଂ ନ୍ୟାୟାଳୟମାନଙ୍କରେ ମୋକଦ୍ଦମାର ସୀମାବଦ୍ଧ ସଂଖ୍ୟା ସାମିଲ ଅଛି, ଏହି ଆଧାରରେ ବହୁତ ପ୍ରଭାବଶାଳୀ ଥିଲା । ଏହା ବ୍ୟତୀତ ତାଙ୍କ ନେତୃତ୍ୱରେ ରାଜ୍ୟରେ ଶ୍ରମିକଙ୍କ ସ୍ଥିତି ଅଗ୍ରଗଣ୍ୟ ଥିଲା । ଏହି ପ୍ରକାରେ ନରେନ୍ଦ୍ର ମୋଦି ଦେଖାଇ ଦେଇଛନ୍ତି କି ଛୋଟ ଏବଂ କମ୍ ହସ୍ତକ୍ଷେପ କରୁଥିବା ସରକାର ସହ ମଧ୍ୟ ଗୋଟିଏ ଭଲ ନ୍ୟାୟ ପ୍ରଣାଳୀ ଏବଂ ଉଦ୍ୟମୀଙ୍କ ପାଇଁ ଏକ ଅନୁକୂଳ ବାତାବରଣ ପ୍ରସ୍ତୁତ କରିବା ସମ୍ଭବ ଅଟେ ।'

ନରେନ୍ଦ୍ର ମୋଦି ତାଙ୍କ ଗବର୍ନେସ୍ ବଳରେ ଅନେକ କ୍ଷେତ୍ରରେ ଗୁଜରାଟର ପ୍ରଦର୍ଶନ ସୁଧାରିଛନ୍ତି । ଶିକ୍ଷା ମଧ୍ୟ ଏଥି ମଧ୍ୟରୁ ଗୋଟିଏ । ଶିକ୍ଷା କ୍ଷେତ୍ରରେ ଗୁଜରାଟ ମଧ୍ୟ ସେହି ସମସ୍ୟାଗୁଡ଼ିକୁ ସହ୍ୟ କରୁଥିଲା, ଯାହା ସହ ତଥାକଥିତ ପଛୁଆ ରାଜ୍ୟ ସଂଘର୍ଷ କରୁଥିଲେ । ନରେନ୍ଦ୍ର ମୋଦି ଏହି ସମସ୍ୟାଗୁଡ଼ିକର ସମାଧାନ ପାଇଁ 'ଶାଳା ପ୍ରବେଶୋତ୍ସବ' ନାମରେ ଏକ ଯୋଜନା ଚଳାଇଲେ । ଏହି ଆଧାରରେ ସମସ୍ତ ସରକାରୀ କଳ ସ୍କୁଲ ଖୋଲିବା ପୂର୍ବରୁ ଗାଁକୁ ଯାଇ ଛୁଆମାନଙ୍କ ନାମାଙ୍କନକୁ ଗତି ଦେବା ପାଇଁ କାମ କରୁଥିଲା । ନରେନ୍ଦ୍ର ମୋଦିଙ୍କ ଆଧିକାରୀକ ୱେବ୍‌ସାଇଟ ଅନୁସାରେ, 'ମୁଣ୍ଡଫଟା ଖରା ସତ୍ତ୍ୱେ ସମସ୍ତ ସରକାରୀ କଳ ଦୂରଦୂରାନ୍ତର ଗାଁକୁ ଯାଇ ଶାଳା ପ୍ରବେଶୋତ୍ସବରେ ଭାଗ ନେଇ ସୁନିଶ୍ଚିତ କଲା ଯେ ଉତ୍ସବୀ ବାତାବରଣରେ ଛୁଆମାନେ ସ୍କୁଲ ଯିବା ଆରମ୍ଭ କରନ୍ତୁ । ସ୍କୁଲଗୁଡ଼ିକରେ ବାଳିକାଙ୍କ ଡ୍ରପ୍‌ଆଉଟ ମାତ୍ରା ଅଧିକ ଥିବା କଥା ବିଶ୍ଳେଷଣ କରିବାରୁ ଜଣାଗଲା କି ସ୍କୁଲମାନଙ୍କରେ ଶୌଚାଳୟର ଅଭାବ ଏହାର ମୁଖ୍ୟ କାରଣ । ତେଣୁ ସାରା ଗୁଜରାଟରେ ସ୍କୁଲମାନଙ୍କରେ ବାଳିକାଙ୍କ ପାଇଁ ଶୌଚାଳୟ ତିଆରି କରାଗଲା । ନରେନ୍ଦ୍ର ମୋଦି ସ୍କୁଲମାନଙ୍କରେ ଗୁଣବତ୍ତା ମୂଲ୍ୟାଙ୍କନର ଅଭିନବ ପଦକ୍ଷେପ ନେଲେ । ଆମ ଦେଶରେ ଏକ ନିୟମ ହୋଇଯାଇଛି ଯେ ସ୍କୁଲଗୁଡ଼ିକୁ କେବଳ ମୌଳିକ ସୁବିଧା, ଯେମିତି ଶ୍ରେଣୀଗୃହ, ଶୌଚାଳୟ ଏବଂ ପାନୀୟ ଜଳ ସୁବିଧା ଅନୁସାରେ ବିଶ୍ଳେଷଣ କରାଯାଉ । ନରେନ୍ଦ୍ର ମୋଦି ଗୋଟିଏ ପାଦ ଆଗକୁ ଯାଇ ବିଦ୍ୟାଳୟ ଗୁଣବତ୍ତା ମୂଲ୍ୟାଙ୍କନ କାର୍ଯ୍ୟକ୍ରମ ଆରମ୍ଭ କଲେ, ଯାହାକୁ ଗୁଜରାଟରେ ଗୁଣୋତ୍ସବ କୁହାଯାଏ । ପୂର୍ବରୁ ଏମିତି ମୂଲ୍ୟାଙ୍କନ ଆମ ଦେଶରେ କେବଳ ବ୍ୟବସାୟ ସ୍କୁଲରେ ହିଁ ହେଉଥିଲା ।'

ନରେନ୍ଦ୍ର ମୋଦି ମୁଖ୍ୟମନ୍ତ୍ରୀ ଥିବାବେଳେ ଏଭଳି ପ୍ରୟୋଗ କୃଷି କ୍ଷେତ୍ରରେ ମଧ୍ୟ କଲେ । ସେ ଚାଷକୁ ଶିଳ୍ପ କୌଶଳ ସହ ଯୋଡ଼ିବା ଦିଗରେ ବହୁତ କାର୍ଯ୍ୟ କଲେ । ଶକ୍ତି କ୍ଷେତ୍ରରେ ନରେନ୍ଦ୍ର ମୋଦି ଯେଉଁ କାର୍ଯ୍ୟ କଲେ, ତାହା ଉତ୍କୃଷ୍ଟ ଶାସନର ବଡ଼ ଉଦାହରଣ । ତାଙ୍କ ପ୍ରୟୋଗରୁ ଏହା ସୁନିଶ୍ଚିତ ହେଲା କି ଗୁଜରାଟର ଲୋକଙ୍କୁ ବିଜୁଳି କାଟ୍‌ର ସମସ୍ୟାକୁ ସମ୍ମୁଖୀନ ହେବାକୁ ପଡ଼ିବ ନାହିଁ । ଏ ବାବଦରେ ନରେନ୍ଦ୍ର ମୋଦିଙ୍କ ୱେବ୍‌ସାଇଟ କହେ, 'ଯେତେବେଳେ ସେ ଗୁଜରାଟର ମୁଖ୍ୟମନ୍ତ୍ରୀ ରୂପେ ତାଙ୍କ କାର୍ଯ୍ୟଭାର ସମ୍ଭାଳିଲେ ସେତେବେଳେ ଗୁଜରାଟ ଇଲେକ୍‌ଟ୍ରିସିଟି ବୋର୍ଡ ବହୁତ କ୍ଷତିରେ ଚାଲୁଥିଲା ଏବଂ ଲୋକ ବିଦ୍ୟୁତ୍ କାଟ୍‌ରେ ବହୁତ ଆଲୋଡ଼ିତ ହେଉଥିଲେ । ଅଲଗା ଢ଼ଙ୍ଗରେ ଚିନ୍ତା କରିବା ପଦକ୍ଷେପ ଶ୍ରେୟ ନରେନ୍ଦ୍ର ମୋଦିଙ୍କୁ ଯାଏ । ନରେନ୍ଦ୍ର ମୋଦି ବିଦ୍ୟୁତ୍ ବୋର୍ଡକୁ ବୃତ୍ତିଗତ କରିବା ଦିଗରେ କାମ କଲେ । ସେ ଏହାକୁ ଅନେକ ୟୁନିଟ୍‌ରେ ବିଭକ୍ତ କଲେ ଏବଂ ଟିଏଣ୍ଡଡି ମାନେ ବିଦ୍ୟୁତ୍ ସଂଚରଣ ଏବଂ ବିତରଣ କ୍ଷତିକୁ କମ୍ କରିବା ପାଇଁ ବିଶେଷ ଧ୍ୟାନ ଦେଲେ । ବିଦ୍ୟୁତ୍ ଚୋରୀ ଉପରେ କଡ଼ା ଜରିମାନା ଲାଗୁ ହେଲା ଏବଂ ସବୁ ଗ୍ରାମୀଣ ଅଞ୍ଚଳରେ ମିଟର ଲଗାଗଲା । ଆଜି ଏହି କମ୍ପାନୀ ନା କେବଳ ଅଧିକ ଲାଭ ପାଉଛି, ବରଂ ଅନେକ ବର୍ଷ ହେଲା ଗୁଜରାଟରେ ଜନସାଧାରଣ ବିଦ୍ୟୁତ୍ କାଟ୍‌ର ସମ୍ମୁଖୀନ ହୋଇନାହାନ୍ତି । ଏହିଭଳି, ଏହା ଦେଖାଯାଇଛି ରାଜ୍ୟର ଚାଷୀଙ୍କୁ ଦେଶର ଅନ୍ୟ ଅଞ୍ଚଳ ପରି ରହିରହି ବିଜୁଳି ମିଳୁଥିଲା । ଏଭଳି ସ୍ଥିତିରେ ନରେନ୍ଦ୍ର ମୋଦିଙ୍କ ସରକାର ଜ୍ୟୋତି ଗ୍ରାମ ପ୍ରୋଜେକ୍ଟ ଆଣିଲେ । ଯାହା କୃଷି ତଥା ଘରୋଇ ବ୍ୟବହାର ପାଇଁ ଫିଡରକୁ ଅଲଗା କଲା । ଫଳ ସ୍ୱରୂପ ଚାଷୀଙ୍କୁ ନିଜ ଘରେ ୨୪ ଘଣ୍ଟା ଏବଂ ଚାଷ ଜମିରେ ନିୟମିତ ୮ ଘଣ୍ଟା ବିଦ୍ୟୁତ୍ ଯୋଗାଣ ହେଲା ।'

ନରେନ୍ଦ୍ର ମୋଦିଙ୍କ ଶାସନ ମଣ୍ଡଳର ଏହି ସଫଳ ପ୍ରୟୋଗ ଜଣାଏ ଯେ କେମିତି ଉପସ୍ଥିତ ଢାଞ୍ଚା ଓ ଉପସ୍ଥିତ ବ୍ୟବସ୍ଥାରେ ମଧ୍ୟ ଲୋକଙ୍କ ଜୀବନ ଖୁବ୍‌ଭଲ କରାଯାଇ ପାରିବ ଏବଂ କେମିତି ସେମାନଙ୍କୁ ସୁଶାସନ ଦିଆଯାଇ ପାରିବ । ଏହି କଥା ସତ ଯେ ଉପସ୍ଥିତ ବ୍ୟବସ୍ଥାର ଅନେକ ବହୁତ ବଡ଼ ଦୋଷ ରହିଛି । ଆଦର୍ଶ ସ୍ଥିତି ଏହା ଯେ ଏହି ଦୋଷଗୁଡ଼ିକୁ ସବୁଦିନ ପାଇଁ ଦୂର କରାଯାଉ । ହେଲେ ଯେତେବେଳ

ଯାଏଁ ଏହି ଦୋଷଗୁଡ଼ିକ ଦୂର ହୋଇନାହିଁ ଏବଂ ବ୍ୟବସ୍ଥାରେ ଆମୂଳ-ଚୂଳ ପରିବର୍ତ୍ତନ ହୋଇନାହିଁ ସେତେବେଳ ପର୍ଯ୍ୟନ୍ତ ଏହି ବ୍ୟବସ୍ଥା ସହ କାମ ଚଳାଇବାକୁ ହେବ ଏବଂ ବ୍ୟବସ୍ଥାକୁ ଗାଳି ଦେଇ ହାତରେ ହାତ ଛନ୍ଦି ବସି ରହିଲେ ମଧ୍ୟ କିଛି ହେବ ନାହିଁ । ଏପରି ସ୍ଥିତିରେ ଶାସନକୁ ନେଇ ନରେନ୍ଦ୍ର ମୋଦିଙ୍କ କାର୍ଯ୍ୟଶୈଳୀର ମହତ୍ୱ ଆହୁରି ବଢ଼ିଯାଏ ।

ମୋଦିଙ୍କ ୱେବ୍‌ସାଇଟ ସୂଚନା ଦିଏ, 'ନରେନ୍ଦ୍ର ମୋଦିଙ୍କ ସଫଳତାର ମୂଳରେ ତାଙ୍କ ପଞ୍ଚାମୃତ ଦର୍ଶନ ରହିଛି । ଏହି ଦର୍ଶନର କେନ୍ଦ୍ରରେ ସର୍ବାଙ୍ଗୀନ ବିକାଶ ପାଇଁ ଏକ ଦୂରଦୃଷ୍ଟି ଅଛି । ପଞ୍ଚାମୃତ ପାଞ୍ଚଟି ବିଭିନ୍ନ ଧାରାର ସମନ୍ୱୟ ଅଟେ, ଯାହା ବିକାଶକୁ ଶକ୍ତି ଦିଏ । ଗୁଜରାଟର ମୁଖ୍ୟମନ୍ତ୍ରୀ ଭାବେ ତାଙ୍କ କାର୍ଯ୍ୟକାଳରେ ସମଗ୍ର ଏବଂ ଦୀର୍ଘକାଳୀନ ବିକାଶ ପାଇଁ ଆବଶ୍ୟକ ଜ୍ଞାନ, ଜଳ, ଶକ୍ତି, ସୁରକ୍ଷା ଓ ମାନବ ସଂସାଧନ ଭଳି ପଞ୍ଚ ଶକ୍ତିର ଏହି ସଂଗମ ଅତୁଳନୀୟ ବିକାଶ ଏବଂ ଜୀବନର ଗୁଣବତ୍ତାରେ ସୁଧାର ଆଣିବାରେ ବହୁତ କାର୍ଯ୍ୟକାରୀ ହୋଇଛି । ସବକା ସାଥ, ସବକା ବିକାଶ ର ମନ୍ତ୍ର ଏବଂ ପଞ୍ଚାମୃତ ଦର୍ଶନର ମିଳନ ହିଁ ନରେନ୍ଦ୍ର ମୋଦିଙ୍କ ସୁଶାସନ ମଣ୍ଡଳର ମୂଳଦୁଆର ପଥର ଅଟେ । ନରେନ୍ଦ୍ର ମୋଦିଙ୍କ ବିକାଶର ମଣ୍ଡଳ ଅଦ୍ଭୁତ ଅଟେ, ଯେହେତୁ ତାହା ଅସମାନତା କିମ୍ବା ବିରୋଧାଭାଷୀ ଆବଶ୍ୟକତା ମଧ୍ୟରେ ବିବାଦ ସୃଷ୍ଟି କରେନାହିଁ । ଯେଉଁଠି ତାଙ୍କ ମଣ୍ଡଳ ସହରୀକରଣକୁ ବିପଦ ବଦଳରେ ସୁଯୋଗ ମାନେ, ସେଇଠି ସହରୀ କ୍ଷେତ୍ରରେ ଜୀବନର ଆଧୁନୀକିକରଣ ଏବଂ ସୁଧାର ପାଇଁ ବ୍ୟବସ୍ଥା ମଧ୍ୟ କରେ । ଏହିପରି, ଗୁଜରାଟ ଯେଉଁଠି ଗୋଟିଏ ପଟେ ଔଦ୍ୟୋଗିକ ବିକାଶ ଓ ନିବେଶ ଉପରେ ଧ୍ୟାନ କେନ୍ଦ୍ରିତ କଲା ସେଇଠି କୃଷି ତଥା କୃଷକଙ୍କ ଉପରେ ମଧ୍ୟ ବିଶେଷ ଧ୍ୟାନ ଦେଲା । ଯେଉଁଠି ଛୋଟ ଓ ବଡ଼ ଘରୋଇ ଉଦ୍ୟୋଗ ବ୍ୟବସାୟ-ଅନୁକୂଳ ପରିବେଶରେ ସଫଳ ହେଲେ, ସେଇଠି ସାର୍ବଜନିକ କ୍ଷେତ୍ରର କମ୍ପାନୀମାନଙ୍କର ମଧ୍ୟ ବିରାଟ ପରିବର୍ତ୍ତନ ହେଲା । ନରେନ୍ଦ୍ର ମୋଦିଙ୍କ କାର୍ଯ୍ୟକାଳରେ ଗୁଜରାଟର ଜିଡିପି ବିକାଶ ଯଥେଷ୍ଟ ବଢ଼ିଲା, ସେଇଠି ସାମାଜିକ ସୁଚକାଙ୍କରେ ମଧ୍ୟ ଖୁବ୍‌ଭଲ ସୁଧାର ଦେଖିବାକୁ ମିଳିଲା । ପ୍ରଦ୍ୟୋଗିକୀକୁ ମହତ୍ୱ ଦିଆଯିବା ସହିତ ଜନୋନ୍ମୁଖୀ ଦକ୍ଷତା ବିକାଶ ଉପରେ ମଧ୍ୟ ବହୁତ ଜୋର୍ ଦିଆଗଲା ।'

ପ୍ରଧାନମନ୍ତ୍ରୀ ହେବା ପରେ ମଧ୍ୟ ନରେନ୍ଦ୍ର ମୋଦି ଦେଶକୁ ଭଲ ଶାସନ ଦେବା ଦିଗରେ ପ୍ରୟାସରତ ଦେଖାଯାନ୍ତି । ସେ ଏହି ଦିଗରେ କିଛି ଚେଷ୍ଟା ଏମିତି କରିଛନ୍ତି, ଯାହାର ଉଲ୍ଲେଖ କରିବା ଏଠାରେ ପ୍ରାସଙ୍ଗିକ ହେବ । ପ୍ରଧାନମନ୍ତ୍ରୀ ହେବାର ଦୁଇମାସ ପରେ ନରେନ୍ଦ୍ର ମୋଦି 'ମାଇ ଗବର୍ନମେଣ୍ଟ' ନାମରେ ୱେବ୍‌ସାଇଟର ଶୁଭାରମ୍ଭ କରିଛନ୍ତି । ଏହି ଅବସରରେ ପ୍ରଧାନମନ୍ତ୍ରୀ କାର୍ଯ୍ୟାଳୟରୁ ଯେଉଁ ବୟାନ ଆସିଲା ତା' ଅନୁସାରେ ଏହା ଏକ ଏମିତି ମଞ୍ଚ ଯାହା ଭାରତର ନାଗରୀକଙ୍କୁ ସୁଶାସନ ଦିଗରେ ଯୋଗଦାନ ଦେବା ପାଇଁ ଅଧିକାର ସମ୍ପନ୍ନ କରିଥାଏ । ଏହି ୱେବ୍‌ସାଇଟର ଶୁଭାରମ୍ଭ ଅବସରରେ ପ୍ରଧାନମନ୍ତ୍ରୀ କହିଲେ କି ଲୋକତନ୍ତ୍ରର ସଫଳତା ଲୋକଙ୍କ ଭାଗିଦାରୀ ବିନା ଅସମ୍ଭବ ଅଟେ । ଅତୀତରେ ଲୋକ ତଥା ସରକାରଙ୍କ ପ୍ରକ୍ରିୟା ମଧ୍ୟରେ ପାର୍ଥକ୍ୟର ଚର୍ଚ୍ଚା କରି ପ୍ରଧାନମନ୍ତ୍ରୀ କହିଲେ ଯେ ପୂର୍ବ ୬୦ ଦିନ ମଧ୍ୟରେ ସରକାରଙ୍କ ଏହି ଅନୁଭବ ରହିଛି କି ଅନେକ ଲୋକ ରାଷ୍ଟ୍ର ନିର୍ମାଣରେ ଯୋଗ ଦେବାକୁ ଚାହୁଛନ୍ତି ଓ ନିଜ ସମୟ ଏବଂ ଶକ୍ତି ଲଗାଇବାକୁ ଚାହୁଛନ୍ତି । ତାଙ୍କୁ କେବଳ ସୁଯୋଗ ଦେବା ଏବଂ ତାଙ୍କ ଯୋଗଦାନକୁ ଦେଖାଇବା ଆବଶ୍ୟକ ଅଛି । ପ୍ରଧାନମନ୍ତ୍ରୀ କହିଲେ ଯେ ମାଇ ଗବର୍ନମେଣ୍ଟ ମଞ୍ଚ ଶିଳ୍ପ କୌଶଳ ପ୍ରେରିତ ମାଧ୍ୟମ ଅଟେ ଯାହା ସୁଶାସନରେ ଯୋଗଦାନ କରିବାର ସୁଯୋଗ ଦେବ । ପ୍ରଧାନମନ୍ତ୍ରୀ ବିଶ୍ୱାସ ବ୍ୟକ୍ତ କରିଛନ୍ତି ଯେ ଲୋକେ ଏହି ପ୍ରୟାସକୁ ସ୍ୱାଗତ କରିବେ । ସେ ଏହି ମଞ୍ଚକୁ ଦୃଢ଼ କରିବା ଏବଂ ସୁଧାରିବା ପାଇଁ ପରାମର୍ଶ ମଧ୍ୟ ମାଗିଛନ୍ତି । ସେ ଆଶା ବ୍ୟକ୍ତ କରିଛନ୍ତି ଯେ ଦେଶକୁ ଆଗକୁ ନେଇଯିବା ଏବଂ ଅତି ଗରିବ ଲୋକଙ୍କ ଆକାଂକ୍ଷାକୁ ପୂର୍ଣ୍ଣ କରିବା ପାଇଁ ପ୍ରତ୍ୟେକ ବ୍ୟକ୍ତି ଏହି ମଞ୍ଚ ସହ

ଏକୀଭୂତ ହେବ । ସେ କହିଛନ୍ତି କି ଏହି ମିଶନର ସଫଳତା ପ୍ରତି ସେମାନେ ଆଶ୍ୱସ୍ତ ଅଛନ୍ତି କାହିଁକିନା ତାଙ୍କୁ ୧୨୫ କୋଟି ଭାରତୀୟଙ୍କ ଶକ୍ତି ଏବଂ କ୍ଷମତା ଉପରେ ଭରସା ରହିଛି । ପ୍ରଧାନମନ୍ତ୍ରୀ କହିଲେ ଯେ ସେ ଲୋକଙ୍କ ପ୍ରସ୍ତାବ, ସେମାନଙ୍କ ମତ ତଥା ବିଚାର ପ୍ରତି ଆଶାନ୍ୱିତ ଅଛନ୍ତି । ମାଇ ଗଭର୍ନମେଣ୍ଟ ମଞ୍ଚ ଲୋକଙ୍କୁ ବିଚାର ଦେବା ତଥା କାମ କରିବାର ସୁଯୋଗ ଦିଏ । ମାଇ ଗଭର୍ନମେଣ୍ଟ ବିଷୟ ଉପରେ ଆଧାରିତ ଅନେକ ଚର୍ଚ୍ଚା ହେବ ଯେଉଁଠି ଲୋକେ ସେମାନଙ୍କ ବିଚାର ଦେଇ ପାରିବେ । କୌଣସି ବିଷୟ ଉପରେ ବିଚାର ଦେଉଥିବା ଲୋକର ମତ ଉପରେ ବ୍ୟାପକ ବିଚାର-ବିମର୍ଶ ହେବ ଏବଂ ଏଥିରୁ ରଚନାତ୍ମକ ମତାମତ ମିଳିବ । ଯେଉଁ ଲୋକ ବିଚାର-ବିମର୍ଶ ଠାରୁ ଆଗକୁ ଯାଇ ମୌଳିକ ଭାବେ ଯୋଗ ଦେବାକୁ ଚାହୁଁଛନ୍ତି ସେମାନଙ୍କ ପାଇଁ ମାଇ ଗଭର୍ନମେଣ୍ଟ ପୋର୍ଟାଲ୍ ଅନେକ ସୁଯୋଗ ଦେଉଛି । ନାଗରିକ ବିଭିନ୍ନ କାର୍ଯ୍ୟ ପାଇଁ ନିଜେ ଆଗକୁ ଯାଇପାରିବେ ଏବଂ ସେମାନଙ୍କ ଆବେଦନ ଦେଇପାରିବେ । ପୁଣି ଏହି କାର୍ଯ୍ୟର ସମୀକ୍ଷା ଅନ୍ୟ ସଦସ୍ୟ ତଥା ବିଶେଷଜ୍ଞ କରିବେ । ମଞ୍ଜୁରୀ ମିଳିବା ପରେ ଏହି କାର୍ଯ୍ୟଗୁଡ଼ିକୁ ପୂର୍ଣ୍ଣ କରୁଥିବା ଲୋକେ ତଥା ମାଇ ଗଭର୍ନମେଣ୍ଟର ଅନ୍ୟ ସଦସ୍ୟଙ୍କ ମଧ୍ୟରେ ବଣ୍ଟାଯିବ । ମଞ୍ଜୁରୀ ହୋଇଥିବା ପ୍ରତ୍ୟେକ କାର୍ଯ୍ୟକୁ ପୂର୍ଣ୍ଣ କରିବା ପାଇଁ ପ୍ରୋତ୍ସାହନ ଅଙ୍କ ମିଳିବ । ନ୍ୟାସନାଲ ଇନ୍‌ଫର୍‌ମେଟିକ୍ସ ସେଣ୍ଟର (ଏନ୍‌ଆଇସି) ତଥା ଇଲେକ୍‌ଟ୍ରୋନିକ୍ସ ଏବଂ ସୂଚନା ପ୍ରୋଦ୍ୟୋଗିକି ବିଭାଗ ମୋ ସରକାର ମଞ୍ଚର କ୍ରିୟାନ୍ୱୟନ ଏବଂ ପରିଚାଳନା କରିବେ ଏବଂ ଏଥିରୁ ସୁଶାସନରେ ନାଗରିକଙ୍କ ଭାଗିଦାରୀରେ ସାହାଯ୍ୟ ମିଳିବ । ସମୂହ ଏବଂ କର୍ନର ମାଇ ଗଭର୍ନମେଣ୍ଟର ପ୍ରମୁଖ ଭାଗ ଅଟେ । ଏହି ମଞ୍ଚକୁ ସ୍ୱଚ୍ଛ ଗଙ୍ଗା, ବାଳିକା ଶିକ୍ଷା, ସ୍ୱଚ୍ଛ ଭାରତ, କୌଶଳପୂର୍ଣ୍ଣ ଭାରତ, ଡିଜିଟାଲ ଭାରତ ଏବଂ ରୋଜଗାର ସୃଜନ ଭଳି ବିଭିନ୍ନ ସମୂହରେ ବଣ୍ଟାଯାଇଛି । ପ୍ରତ୍ୟେକ ସମୂହକୁ ଅନ୍‌ଲାଇନ ତଥା ମୌଳିକ କାର୍ଯ୍ୟ ଦିଆଯାଇଛି ଯାହାକୁ ଯୋଗଦାନକର୍ତ୍ତା ନିଜ ହାତକୁ ନେବେ । ଏହାର ଉଦ୍ଦେଶ୍ୟ ଲୋକଙ୍କ ଭାଗିଦାରୀ ଜରିଆରେ ଗୁଣାତ୍ମକ ପରିବର୍ତ୍ତନ ଆଣିବା ।

ସୁଶାସନ ସୁନିଶ୍ଚିତ କରିବା ଅଭିପ୍ରାୟ ସହ ନରେନ୍ଦ୍ର ମୋଦି ଆଉ ଏକ ବଡ଼ ପଦକ୍ଷେପ ନେଇଛନ୍ତି । ସେ ଚାହାନ୍ତି ଯେ ସେଭଳି ଆଇନକୁ ଶେଷ କରାଯାଉ ଯାହା ଅତି ପୁରୁଣା ଅଟେ ଏବଂ କୌଣସି କାର୍ଯ୍ୟକୁ ଆସୁନାହିଁ । ଏମିତି ଆଇନର ଚିହ୍ନଟ କରିବା କାମ ଚାଲିଛି । ଏହି ଦିଗରେ ନରେନ୍ଦ୍ର ମୋଦି ସରକାର ଏକ ସମିତିର ଗଠନ ମଧ୍ୟ କରିଛନ୍ତି । ନବ ଗଠିତ ସମିତି ୧୯୯୮ରେ ଅଟଳ ବିହାରି ବାଜପେୟୀ ସରକାର ଦ୍ୱାରା ଗଢ଼ାଯାଇଥିବା ପ୍ରଶାସନିକ ଆଇନ ସମୀକ୍ଷା ସମିତିର ପୁରୁଣା ଆଇନକୁ ସମାପ୍ତ କରିବା ସୁପାରିଶର ସମୀକ୍ଷା କରିବ । ପ୍ରଧାନମନ୍ତ୍ରୀ ନରେନ୍ଦ୍ର ମୋଦି ଏହି କଥାରେ ଚିନ୍ତା ବ୍ୟକ୍ତ କରିଛନ୍ତି ଯେ ୧୯୯୮ ର ସମୀକ୍ଷା ସମିତି ୧୩୮୨ ବେକାର ଆଇନକୁ ସମାପ୍ତ କରିବାକୁ ସୁପାରିଶ କରିଥିଲା କିନ୍ତୁ ଏ ପର୍ଯ୍ୟନ୍ତ କେବଳ ୪୧୫ ପୁରୁଣା ବେକାର ଆଇନ ହିଁ ସମାପ୍ତ କରାଯାଇଛି । ନରେନ୍ଦ୍ର ମୋଦିଙ୍କ ମାନିବାର ହେଲା ପ୍ରଣାଳୀବଦ୍ଧ ଉପାୟରେ ପୁରୁଣା ଆଇନ ଏବଂ ନିୟମକୁ ସମାପ୍ତ କରିବା କାମ ଧ୍ୟାନର ସହ କରାଯିବା ଉଚିତ ଏବଂ ଏହାର ପରିଣାମ ବାହାରିବା ଉଚିତ । ସମିତି ସେହି ଆଇନ ଏବଂ ନିୟମଗୁଡ଼ିକର ମଧ୍ୟ ପରୀକ୍ଷା କରିବ ଯେଉଁଗୁଡ଼ିକ ପୂର୍ବ ୧୦-୧୫ ବର୍ଷରୁ ବେକାର ହୋଇଯାଇଛନ୍ତି । ପ୍ରଧାନମନ୍ତ୍ରୀ କାର୍ଯ୍ୟାଳୟରେ ସଚିବ ଆର୍. ରାମାନୁଜନ ଏହି ସମିତିର ଅଧ୍ୟକ୍ଷ ହେବେ । ବିଧାୟୀ ବିଭାଗର ପୂର୍ବ ସଚିବ ବିକେ ଭସିନ ସମିତିର ଅନ୍ୟ ସଦସ୍ୟ ହେବେ । ଏହି ସମିତି ତିନିମାସ ମଧ୍ୟରେ ତା' ରିପୋର୍ଟ ଦେବ ଅତଏବ ଏହାର ସୁପାରିଶଗୁଡ଼ିକର ଆଧାରରେ ସଂସଦରେ ବ୍ୟାପକ ବିଧେୟକ ଅଣାଯାଇପାରିବ ଏବଂ ବେକାର ପଡ଼ିଥିବା ଆଇନଗୁଡ଼ିକ ଠାରୁ ଦେଶକୁ ମୁକ୍ତି ଦିଆଯାଇ ପାରିବ ।

ଜନକଲ୍ୟାଣ

ନରେନ୍ଦ୍ର ମୋଦିଙ୍କ ପରିଚୟ ଏକ ଏମିତି ନେତା ଭାବେ ରହିଛି ଯାହାଙ୍କ ବିକାଶ ମଣ୍ଡଳରେ କର୍ପୋରେଟ୍ ମଧ୍ୟ ଅଛି ଏବଂ କୃଷକ ମଧ୍ୟ । ଯେଉଁଠି ମଧ୍ୟ ବର୍ଗଙ୍କ ଚିନ୍ତା ମଧ୍ୟ ଅଛି ଏବଂ ସବୁଠାରୁ ପଛୁଆ ବ୍ୟକ୍ତିଙ୍କର ମଧ୍ୟ । ଏମିତିରେ କୁହାଯାଇପାରେ କି ମୋଦିଙ୍କ ବିକାଶ ମଣ୍ଡଳ ଜନକଲ୍ୟାଣର ଲକ୍ଷ୍ୟ ସହ କାମ କରୁଛି । ଗୁଜରାଟରେ ମଧ୍ୟ ସେ ତାଙ୍କ ୧୩ ବର୍ଷର କାର୍ଯ୍ୟକାଳ ମଧ୍ୟରେ କିଛି ଏହିଭଳି ଶୈଳୀରେ କାମ କରିଛନ୍ତି ଏବଂ କେନ୍ଦ୍ରରେ ମଧ୍ୟ ଏହି ଦିଗରେ ସେ ପ୍ରୟାସ କରୁଛନ୍ତି । କୌଣସି ସରକାର କିମ୍ବା ଏପରିକି ବେସରକାରୀ ସଂସ୍ଥାର ମଧ୍ୟ ମୁଖ୍ୟ ଉଦ୍ଦେଶ୍ୟ ଜନକଲ୍ୟାଣ ହିଁ ହେବା ଉଚିତ । ଯଦି କେହି ଘରୋଇ କମ୍ପାନୀ ମଧ୍ୟ ଚଳାଉଛି ଏବଂ ତା'ର ଏକମାତ୍ର ଲକ୍ଷ୍ୟ ଅଧିକରୁ ଅଧିକ ଲାଭ ପାଇବା ଥାଏ ତେବେ ଏମିତି କମ୍ପାନୀ କିଛି ସମୟ ପାଇଁ ସଫଳ ତ' ହୋଇଥାନ୍ତି ହେଲେ ଦୀର୍ଘ ସମୟ ପର୍ଯ୍ୟନ୍ତ ଏହି କମ୍ପାନୀଗୁଡ଼ିକ ସଫଳ ହୋଇ ପାରନ୍ତି ନାହିଁ । ପୁଣି ଜନତାଙ୍କ ମଧ୍ୟରେ ଏହାର ଶାଖା ମଧ୍ୟ ସ୍ଥାୟୀ ହୋଇପାରନ୍ତି ନାହିଁ । ଏଥିପାଇଁ କୁହାଯାଇପାରେ କି ସବୁ ସ୍ତରରେ କାମ କରୁଥିବା ବ୍ୟକ୍ତିର ଅନ୍ତିମ ଲକ୍ଷ୍ୟ ଜନକଲ୍ୟାଣ ହିଁ ହେବା ଉଚିତ । ଯଦି କେବଳ ସରକାର ଏହି ଲକ୍ଷ୍ୟ ସହ କାମ କରିବେ ତେବେ କିଛି ହୋଇପାରିବ ନାହିଁ । ଯଦି ପ୍ରତ୍ୟେକେ ଏହି ଲକ୍ଷ୍ୟ ସହ କାମ କରିବେ ତେବେ କିଛି ଦିନରେ ଦେଶର ଛବି ବଦଳିଯିବ ।

ଯେ ପ୍ରକାରରେ ହେଉ, ଏଠାରେ ଆମେ ନରେନ୍ଦ୍ର ମୋଦି ସରକାରର ସମସ୍ତ ଜନକଲ୍ୟାଣକାରୀ ଯୋଜନାଗୁଡ଼ିକର କଥା ତ' କହିବୁ ନାହିଁ ହେଲେ କିଛି ଏମିତି ଯୋଜନାର ଚର୍ଚ୍ଚା ନିଶ୍ଚୟ କରିବୁ ଯାହାର ଗଭୀର ପ୍ରଭାବ ରହିଛି । ଏହି ଯୋଜନାଗୁଡ଼ିକ ଯଦି ଠିକ୍ ଢଙ୍ଗରେ ଲାଗୁ ହୁଏ ତେବେ ଆଗାମୀ ଦିନରେ ଭାରତର ଛବି ବଦଳିଯିବ । ସେମିତି ତ' ଜନକଲ୍ୟାଣ ସହ ଯୋଡ଼ି ହୋଇଥିବା ପାଖାପାଖି ସବୁ ପ୍ରସଙ୍ଗ କୌଣସି ନା କୌଣସି ରୂପରେ ପ୍ରଧାନମନ୍ତ୍ରୀଙ୍କ ସହ ଯୋଡ଼ି ହୋଇଛି । ହେଲେ କିଛି ଏମିତି ଜନକଲ୍ୟାଣକାରୀ ଯୋଜନା ମଧ୍ୟ ଅଛି ଯାହା ପ୍ରଧାନମନ୍ତ୍ରୀଙ୍କ ନାମରେ ହିଁ ଅଛି ଏବଂ ତାଙ୍କ ସହ ସିଧା ସଳଖ ଯୋଡ଼ି ହୋଇଛି । ଏଥିରୁ ଗୋଟିଏ ପ୍ରମୁଖ ଯୋଜନା ହେଲା ପ୍ରଧାନମନ୍ତ୍ରୀ ରାଷ୍ଟ୍ରୀୟ ସହାୟତା ପାଣ୍ଠି । ନରେନ୍ଦ୍ର ମୋଦି ପ୍ରଧାନମନ୍ତ୍ରୀ ପଦବୀ ସମ୍ଭାଳିବାର କିଛି ଦିନ ମଧ୍ୟରେ ଏହି ଯୋଜନାର କାର୍ଯ୍ୟକ୍ରମର ସମୀକ୍ଷା କଲେ ଏବଂ ପାଣ୍ଠିର ପରିଚାଳନାକୁ ନେଇ ଅନେକ ମହତ୍ୱପୂର୍ଣ୍ଣ ପରିବର୍ତ୍ତନର ପରାମର୍ଶ ଦେଲେ । ଗୁଜରାଟ ମଣ୍ଡଳର ଚର୍ଚ୍ଚା କରି ସେ କହିଲେ ଯେ ଲାଭ ପାଉଥିବା ଲୋକଙ୍କ ଚୟନ ବ୍ୟାପକ, ବୈଜ୍ଞାନିକ ଏବଂ ମାନବୀୟ ଆଧାରରେ କରାଯିବା ଉଚିତ । ଛୁଆ, ଗରିବ ଓ ସରକାରୀ ଡାକ୍ତରଖାନା ବିଷୟକୁ ପ୍ରାଥମିକତା ଦିଆଯିବା ଉଚିତ । ପ୍ରଧାନମନ୍ତ୍ରୀ କହିଲେ କି ମାରାତ୍ମକ ରୋଗଗୁଡ଼ିକୁ ପ୍ରାଥମିକତା ଦେଇ ଏମିତି ବିଷୟଗୁଡ଼ିକୁ ସମାପନ କରିବା ସେମାନଙ୍କ ମହତ୍ୱ ଏବଂ ଆବଶ୍ୟକ ମୁତାବକ କରାଯିବା ଉଚିତ ।

ନରେନ୍ଦ୍ର ମୋଦି ସହାୟତା ପାଇଁ ଆସିଥିବା ଅପିଲଗୁଡ଼ିକର ଶୁଣାଣିରେ ଲାଗୁଥିବା ସମୟକୁ କମ୍ କରିବାକୁ ନିର୍ଦ୍ଦେଶ ମଧ୍ୟ ଦେଇଛନ୍ତି । ସେ କହିଲେ ଯେ ଏଭଳି ବିଷୟଗୁଡ଼ିକୁ ବାଛିବା ପାଇଁ ହେଉଥିବା ତ୍ର ଏମିତି ହେବା ଉଚିତ ଯେଉଁଥିରେ କି ସହାୟତା ପାଇବାର ଉଚିତ ହକ୍‌ଦାରଙ୍କ ବିଷୟ ହାତଛଡ଼ା ନ ହେଉ । ଏହି ବୈଠକରେ ଏହା ସ୍ଥିର କରାଗଲା କି ସାହାଯ୍ୟ ପାଣ୍ଠିରୁ ସହାୟତା କିମ୍ବା ଲାଭ ପାଇବାକୁ ଥିବା ଏଭଳି ସମସ୍ତ ଲୋକଙ୍କୁ ପ୍ରଧାନମନ୍ତ୍ରୀଙ୍କ ତରଫରୁ ଏକ ପତ୍ର ପଠାଯାଉ । ଯେଉଁ ଲୋକଙ୍କ ସହାୟତା

ପାଇବାର ଅପିଲକୁ ମଞ୍ଜୁରୀ ମିଳିଯାଇଛି, ସେମାନଙ୍କୁ ବର୍ତ୍ତମାନ ଏସ୍‌ଏମ୍‌ଏସ ଜରିଆରେ ସୂଚନା ଦିଆଯିବ । ଏହି ବୈଠକରେ ନରେନ୍ଦ୍ର ମୋଦି ପ୍ରଧାନମନ୍ତ୍ରୀ ବିବେକାଧୀନ ପାଣ୍ଠି, ପ୍ରଧାନମନ୍ତ୍ରୀ ରାଷ୍ଟ୍ରୀୟ ରକ୍ଷା ପାଣ୍ଠି, ପ୍ରଧାନମନ୍ତ୍ରୀ ଛାତ୍ର ସହାୟତା ପାଣ୍ଠି ଏବଂ ପ୍ରଧାନମନ୍ତ୍ରୀ ଲୋକକଳା ପାଣ୍ଠି ଭଳି ପ୍ରଧାନମନ୍ତ୍ରୀଙ୍କ ଅନ୍ୟ ପାଣ୍ଠିଗୁଡ଼ିକର କାର୍ଯ୍ୟକ୍ରମର ସମୀକ୍ଷା ମଧ୍ୟ କଲେ ।

ନରେନ୍ଦ୍ର ମୋଦିଙ୍କ କାର୍ଯ୍ୟକ୍ରମ ମୂଳରେ ଜନକଲ୍ୟାଣ ଲକ୍ଷ୍ୟର ଏକ ନମୂନା ଏହା ମଧ୍ୟ ଅଟେ ଯେ ସେ ଶପଥ ପତ୍ରର ବ୍ୟବହାରକୁ କମ୍ କରି ଏହା ସ୍ଥାନରେ ସ୍ୱପ୍ରମାଣନକୁ ଗ୍ରହଣ କରିବାରେ ଜୋର୍ ଦିଅନ୍ତି ଅତଏବ ସାଧାରଣ ନାଗରିକଙ୍କୁ ଲାଭ ମିଳି ପାରିବ । ଏହି ଦିଗରେ ତାଙ୍କ ସରକାର ପ୍ରାରମ୍ଭ ମଧ୍ୟ କରିଛି । ନାଗରିକଙ୍କ ଲାଭକୁ ଦୃଷ୍ଟିରେ ରଖି କେନ୍ଦ୍ର ସରକାରଙ୍କ ସମସ୍ତ ମନ୍ତ୍ରଣାଳୟ ଓ ବିଭାଗ ଏବଂ ରାଜ୍ୟ ସରକାରଙ୍କ ପାଖରେ ଅତିରିକ୍ତ ପ୍ରାର୍ଥନା କରାଗଲା ଯେ ସେମାନେ ଶପଥପତ୍ର ସ୍ଥାନରେ ଚୁକ୍ତିପତ୍ର ସ୍ୱପ୍ରମାଣନର ବ୍ୟବସ୍ଥା କରନ୍ତୁ । ଖାସ୍ ଭାବେ ସେହି ବିଷୟଗୁଡ଼ିକରେ ଯେଉଁଠି ଆଇନ ବାଧ୍ୟତାମୂଳକ ନ ଥିବ ।

ଚୁକ୍ତିପତ୍ରଗୁଡ଼ିକୁ ରାଜପତ୍ରିତ ଅଧିକାରୀଙ୍କ ଦ୍ୱାରା ଅନୁପ୍ରାଣିତ କରିବା ସ୍ଥାନରେ ନାଗରିକଙ୍କ ଦ୍ୱାରା ସ୍ୱପ୍ରମାଣନକୁ ପ୍ରୋତ୍ସାହିତ କରିବା ଆବଶ୍ୟକତା ଉପରେ ନରେନ୍ଦ୍ର ମୋଦିଙ୍କ ସରକାରରେ ଜୋର୍ ଦିଆଯାଉଛି । ସ୍ୱପ୍ରମାଣନ ପ୍ରକ୍ରିୟା ଆଧାରରେ ମିଶାଇବା ପାଇଁ ମୂଳ ଚୁକ୍ତିପତ୍ର ପ୍ରସ୍ତୁତ କରିବାକୁ ହେବ । ଏଠାରେ ଉଲ୍ଲେଖନୀୟ ଯେ ନକଲି ସ୍ୱପ୍ରମାଣନ ମାମଲାରେ ଭାରତୀୟ ଦଣ୍ଡ ସଂହିତାର ପ୍ରାବଧାନ ଲାଗୁ ହେବ । ପ୍ରଧାନମନ୍ତ୍ରୀ ପ୍ରାରମ୍ଭ କରିଥିବା ଏହି ଚେଷ୍ଟା ଦ୍ୱାରା ସାଧାରଣ ଲୋକଙ୍କୁ ବହୁତ ସାହାଯ୍ୟ ମିଳିବ ।

ଏହା ବ୍ୟତୀତ ନରେନ୍ଦ୍ର ମୋଦିଙ୍କ ସରକାର ସାଧାରଣ ଲୋକଙ୍କ ହିତକୁ ନଜରରେ ରଖି ଆଉ ଏକ ମହତ୍ୱପୂର୍ଣ୍ଣ କାମ କରିଛି । ଏହା ହେଲା ପ୍ରଧାନମନ୍ତ୍ରୀ ଜନ ଧନ ଯୋଜନା । ଏହାର ଘୋଷଣା ନରେନ୍ଦ୍ର ମୋଦି ଲାଲ୍ କିଲାରୁ ସ୍ୱାଧୀନତା ଦିବସ ଅବସରରେ ତାଙ୍କ ଭାଷଣରେ କରିଥିଲେ । ଏହ ଭାରତରେ ବିତ୍ତିୟ ସମାବେଶନର ରାଷ୍ଟ୍ରୀୟ ଲକ୍ଷ୍ୟ ଅଟେ ଏବଂ ଯାହାର ଉଦ୍ଦେଶ୍ୟ ସାରା ଦେଶରେ ସମସ୍ତ ପରିବାରକୁ ବ୍ୟାଙ୍କିଙ୍ଗ୍ ସୁବିଧା ଯୋଗାଇବା ଏବଂ ପ୍ରତ୍ୟେକ ପରିବାରର ବ୍ୟାଙ୍କ ଖାତା ଖୋଲିବା । ଏହି ଯୋଜନାର ଘୋଷଣା ଅଗଷ୍ଟ ୧୫ ତାରିଖ, ୨୦୧୪ ରେ ଏବଂ ଏହାର ଶୁଭାରମ୍ଭ ଅଗଷ୍ଟ ୨୮ ତାରିଖ, ୨୦୧୪ ରେ ପ୍ରଧାନମନ୍ତ୍ରୀ ନରେନ୍ଦ୍ର ମୋଦି କରିଥିଲେ । ଏହି ପରିଯୋଜନାର ଔପଚାରିକ ଆରମ୍ଭ ପୂର୍ବରୁ ପ୍ରଧାନମନ୍ତ୍ରୀ ସମସ୍ତ ବ୍ୟାଙ୍କକୁ ଇ-ମେଲ୍ ପଠାଇଲେ ଯେଉଁଥିରେ ସେ ପ୍ରତ୍ୟେକ ପରିବାର ପାଇଁ ବ୍ୟାଙ୍କ ଖାତାକୁ ଏକ 'ରାଷ୍ଟ୍ରୀୟ ପ୍ରାଥମିକତା' ଘୋଷିତ କଲେ ଏବଂ ସାତ କୋଟିରୁ ଅଧିକ ପରିବାରକୁ ଏହି ଯୋଜନ ରେ ପ୍ରବେଶ କରାଇବା ଏବଂ ସେମାନଙ୍କ ଖାତା ଖୋଲିବା ପାଇଁ ସମସ୍ତ ବ୍ୟାଙ୍କକୁ ଅଣ୍ଟା ଭିଡ଼ିବାକୁ କହିଲେ । ଯେଉଁ ଦିନ ଯୋଜନାର ଆରମ୍ଭ ହେଲା ସେହି ଦିନ ସାରା ଦେଶରେ ୧.୫ କୋଟି ବ୍ୟାଙ୍କ ଖାତା ଖୋଲାଗଲା ।

ଏହି ଯୋଜନାର ପ୍ରଥମ ଚରଣ ଅଗଷ୍ଟ ୧୫ ତାରିଖ, ୨୦୧୪ ରୁ ଅଗଷ୍ଟ ୧୪ ତାରିଖ, ୨୦୧୫ ପର୍ଯ୍ୟନ୍ତ ଚାଲିବ । ଏହି ସୋପାନରେ ବ୍ୟାଙ୍କିଙ୍ଗ୍ ସୁବିଧା ପର୍ଯ୍ୟନ୍ତ ସମସ୍ତଙ୍କ ପହଞ୍ଚ ସୁନିଶ୍ଚିତ କରାଯିବ । ଯୋଜନା ଆରମ୍ଭ ହେବାର ଛଅମାସ ପରେ ୫୦୦୦ ଟଙ୍କାର ଓଭରଡ୍ରାଫ୍ଟ ସୁବିଧା ସହ ମୌଳିକ ବ୍ୟାଙ୍କ ଖାତା ଏବଂ ଲକ୍ଷେ ଟଙ୍କାର ଅନ୍ତର୍ନିହିତ ଦୁର୍ଘଟଣା ବୀମା ସୁରକ୍ଷା ସହ ରୁପେ (Rupay) ଡେବିଟ୍ କାର୍ଡ ଏବଂ ରୁପେ (Rupay) କିସାନ କାର୍ଡ ସୁବିଧା ପ୍ରଦାନ କରାଯିବା । ପ୍ରଥମ ଚରଣରେ ହିଁ ବିତ୍ତିୟ ସାକ୍ଷରତା କାର୍ଯ୍ୟକ୍ରମ ମଧ୍ୟ ଚଳାଯାଉଛି ।

ଏହି ଯୋଜନାର ଅନ୍ୟ ଚରଣ ଅଗଷ୍ଟ ୧୫ ତାରିଖ, ୨୦୧୫ ରୁ ଅଗଷ୍ଟ ୧୫ ତାରିଖ, ୨୦୧୮ ପର୍ଯ୍ୟନ୍ତ ଚାଲିବ । ଏହି ସମୟରେ ଓଭର ଡ୍ରାଫ୍ଟ ଖାତାଗୁଡ଼ିକରେ ତ୍ରୁଟି ଆବୃତ୍ତ କରିବା ପାଇଁ କ୍ରେଡିଟ୍ ଗ୍ୟାରେଣ୍ଟି ଫଣ୍ଡର ସ୍ଥାପନା କରାଯିବ । ସ୍ୱାବଲମ୍ବନ ଭଳି ଅସଂଗଠିତ କ୍ଷେତ୍ର ବୀମା ଯୋଜନା ଆରମ୍ଭ ହେବ । ଏଥିରୁ ଅତିରିକ୍ତ ଏହି ଚରଣରେ ପର୍ବତୀୟ, ଜନଜାତୀୟ ଏବଂ ଦୁର୍ଗମ କ୍ଷେତ୍ରରେ ରହୁଥିବା

ପରିବାରକୁ ସାମିଲ କରାଯିବ । ଏତିକି ନୁହେଁ, ଏହି ଚରଣରେ ପରିବାରର ପ୍ରାପ୍ତ ବୟସ୍କ ସଦସ୍ୟ ଏବଂ ବିଦ୍ୟାର୍ଥୀଙ୍କ ଉପରେ ମଧ୍ୟ ଧ୍ୟାନ କେନ୍ଦ୍ରିତ କରାଯିବ ।

ଏହି ଯୋଜନା ଆଧାରରେ ହାରାହାରି ତିନି-ଚାରି ଗାଁର ୧୦୦୦-୧୫୦୦ ପରିବାର ଥିବା ଦେଶର ସମସ୍ତ ଗ୍ରାମୀଣ ଏବଂ ଅର୍ଦ୍ଧ ସହରୀ କ୍ଷେତ୍ରଗୁଡ଼ିକୁ ସବ୍-ସର୍ଭିସ୍ ପରିସରରେ ସାମିଲ କରିବାର ଲକ୍ଷ୍ୟ ଅଛି । ଏଥିରେ ପୂର୍ବୋତ୍ତର/ପର୍ବତୀୟ ରାଜ୍ୟଗୁଡ଼ିକୁ ରିହାତି ଦିଆଯିବ । ଏହି ଯୋଜନା ତିଆରି କରାଯାଇଛି କି ଆସନ୍ତା ତିନି ବର୍ଷରେ ପ୍ରତ୍ୟେକ କେନ୍ଦ୍ରର ବ୍ୟବହାର୍ଯ୍ୟତାକୁ ଦେଖି ୨୦୦୦ ରୁ ଅଧିକ ଜନସଂଖ୍ୟା ବିଶିଷ୍ଟ ୭୪୦୦୦ ଗାଁକୁ ସ୍ୱାବଲମ୍ବନ ଅଭିଯାନ ଅନ୍ତର୍ଗତ ବ୍ୟବସାୟ ପ୍ରତିନିଧିଙ୍କ ଦ୍ୱାରା ବ୍ୟାପ୍ତ କରାଯିବ ଏବଂ ଏମିତି କେନ୍ଦ୍ରଗୁଡ଼ିକୁ ପୂର୍ଣ୍ଣ ଶାଖା ରୂପେ ପରିବର୍ତ୍ତିତ କରିବା ଉପରେ ବିଚାର କରାଯିବ ଯେଉଁଠି ୧+୧ / ୧+୨ କର୍ମଚାରୀ କାମ କରୁଛନ୍ତି । ସମ୍ପୂର୍ଣ୍ଣ ଦେଶରେ ସମସ୍ତ ଛଅ ଲକ୍ଷ ଗାଁକୁ ସର୍ଭିସ୍ ପରିସର ସହ ସଂଯୁକ୍ତ କରାଯିବ, ଯେଉଁଠି ପ୍ରତ୍ୟେକ ବ୍ୟାଙ୍କ ସବ୍-ସର୍ଭିସ୍ ପରିସର ଥିବା ୧୦୦୦ ରୁ ୧୫୦୦ ପରିବାରର ଆବଶ୍ୟକତା ଏକ ନିଶ୍ଚିତ ବ୍ୟାଙ୍କିଙ୍ଗ୍ ସ୍ଥାନରୁ ପୂରଣ କରାଯିବ । ଏହି ପ୍ରସ୍ତାବ ଅଛି ଯେ ସବ୍-ସର୍ଭିସ୍ କ୍ଷେତ୍ରଗୁଡ଼ିକୁ ବ୍ୟାଙ୍କିଙ୍ଗ୍ କେନ୍ଦ୍ର ଅର୍ଥାତ୍ ଶାଖା ବ୍ୟାଙ୍କିଙ୍ଗ୍ ଓ ଅଣ ଶାଖା ବ୍ୟାଙ୍କିଙ୍ଗ୍ ଜରିଆରେ କଭର୍ କରାଯିବ । ଶାଖା ବ୍ୟାଙ୍କିଙ୍ଗ୍‌ର ଅର୍ଥ ପରମ୍ପରାଗତ ଶାଖା । ଅଣ ଶାଖା ବ୍ୟାଙ୍କିଙ୍ଗ୍ ଅନ୍ତର୍ଗତ ଗୋଟିଏ ସୀମାବଦ୍ଧ ସ୍ଥାନରେ ବ୍ୟବସାୟ ପ୍ରତିନିଧି ଏଜେଣ୍ଟଙ୍କ ସେବା ସାମିଲ ଅଛି ଯାହା ମୌଳିକ ବ୍ୟାଙ୍କିଙ୍ଗ୍ ସେବା ପ୍ରଦାନ କରିବା ପାଇଁ ବ୍ୟାଙ୍କର ପ୍ରତିନିଧି ରୂପେ କାମ କରିବ ।

ପ୍ରଧାନମନ୍ତ୍ରୀ ଜନ ଧନ ଯୋଜନାର କ୍ରିୟାନ୍ୱୟନ ନୀତି ଏହା କି ବର୍ତ୍ତମାନ ବ୍ୟାଙ୍କିଙ୍ଗ୍ ଢାଞ୍ଚାର ଉପଯୋଗ କରାଯାଉ ଏବଂ ସମସ୍ତ ପରିବାରକୁ କଭର୍ କରିବା ପାଇଁ ତାହାର ବିସ୍ତାର ମଧ୍ୟ କରାଯାଉ । ଗ୍ରାମୀଣ ଏବଂ ସହରୀ କ୍ଷେତ୍ରରେ ଏ ପର୍ଯ୍ୟନ୍ତ କଭର୍ ହୋଇ ନଥିବା ପରିବାରର ବ୍ୟାଙ୍କ ଖାତା ଖୋଲିବା ପାଇଁ ବର୍ତ୍ତମାନର ବ୍ୟାଙ୍କିଙ୍ଗ୍ ନେଟୱର୍କକୁ ଭଲଭାବେ ପ୍ରସ୍ତୁତ କରାଯିବ । ବିସ୍ତାର କାର୍ଯ୍ୟ ଅନ୍ତର୍ଗତ ୫୦,୦୦୦ ଅତିରିକ୍ତ ବ୍ୟବସାୟ ପ୍ରତିନିଧିଙ୍କ ବ୍ୟବସ୍ଥା, ୭୦୦୦ ରୁ ଅଧିକ ଶାଖା ଏବଂ ୨୦,୦୦୦ ରୁ ଅଧିକ ନୂଆ ଏଟିଏମ୍ ମଧ୍ୟ ପ୍ରଥମ ଚରଣ ସମୟରେ ସ୍ଥାପିତ କରିବାର ପ୍ରସ୍ତାବ ଅଛି । ଏହା ଦେଖାଯାଇଥିଲା ଯେ ସୁପ୍ତ ଶାଖା ଉପରେ ବ୍ୟାଙ୍କର ଖର୍ଚ୍ଚ ଅଧିକ ଆସେ ଏବଂ ଲାଭାର୍ଥୀଙ୍କୁ କୌଣସି ଲାଭ ମିଳେନାହିଁ । ଏହିପରି ଅଧିକ ସଂଖ୍ୟାରେ ଖୋଲାଯାଇଥିବା ଖାତାର ସୁପ୍ତ ପଡ଼ି ରହିବାର ପିଛିଲା ଅନୁଭବରୁ ଶିକ୍ଷା ନେଇ ବ୍ୟାପକ ଯୋଜନା ଅନିର୍ବାର୍ଯ୍ୟ ଅଟେ । ସୁତରାଂ ନୂଆ କାର୍ଯ୍ୟକ୍ରମରେ ସମସ୍ତ ସରକାରୀ ଲାଭ (କେନ୍ଦ୍ର/ରାଜ୍ୟ/ସ୍ଥାନୀୟ ସଂକଳନ) ରୁ ବ୍ୟାଙ୍କ ଜରିଆରେ ପ୍ରତ୍ୟକ୍ଷ ଲାଭ ଅନ୍ତରଣ ପ୍ରଣାଳୀ ଆଧାରରେ ଆଣିବାର ପ୍ରସ୍ତାବ ଅଛି । ଏହାର ଅନ୍ତର୍ଗତ ଏଲ୍‌ପିଜି ଯୋଜନାରେ ଡିବିଟି ପୁଣି ସାମିଲ କରାଯିବ । ଗ୍ରାମୀଣ ବିକାଶ ମନ୍ତ୍ରାଳୟ ଦ୍ୱାରା ପ୍ରାୟୋଜିତ ମହାତ୍ମା ଗାନ୍ଧି ନରେଗା କାର୍ଯ୍ୟକ୍ରମକୁ ମଧ୍ୟ ପ୍ରତ୍ୟକ୍ଷ ଲାଭ ଅନ୍ତରଣ ଯୋଜନାରେ ସାମିଲ କରାଯିବାର ସମ୍ଭାବନା ଅଛି ।

ପ୍ରଧାନମନ୍ତ୍ରୀ ଜନ ଧନ ଯୋଜନାର କ୍ରିୟାନ୍ୱୟନରେ ବିଭାଗର ସହାୟତା ପାଇଁ ଏକ ପରିଯୋଜନା ପରିଚାଳନା ପରାମର୍ଶଦାତା/ସମୂହର ସେବା ଗ୍ରହଣ କରାଯିବ । ଏହି ପ୍ରସ୍ତାବ ମଧ୍ୟ ଅଛି କି କାର୍ଯ୍ୟକ୍ରମକୁ ଦିଲ୍ଲୀରେ ରାଷ୍ଟ୍ରୀୟ ସ୍ତରରେ ଏବଂ ପ୍ରତ୍ୟେକ ରାଜ୍ୟର ରାଜଧାନୀ ଏବଂ ସମସ୍ତ ଜିଲ୍ଲା ମୁଖ୍ୟାଳୟରେ ଏକା ସଙ୍ଗେ ଆରମ୍ଭ କରାଯାଉ । କାର୍ଯ୍ୟକ୍ରମର ପ୍ରଗତିର ରିପୋର୍ଟିଂ/ତଦାରଖ ପାଇଁ ଏକ ୱେବ୍‌ପୋର୍ଟାଲ ମଧ୍ୟ ସ୍ଥାପିତ କରାଯିବ । ବିଭିନ୍ନ ପକ୍ଷ ଯେମିତି କେନ୍ଦ୍ର ସରକାର, ରାଜ୍ୟ ସରକାରର ବିଭାଗ, ରିଜର୍ଭ ବ୍ୟାଙ୍କ, ନାବାର୍ଡ, ଏନ୍‌ପିସିଆଇ ଓ ଅନ୍ୟର ଭୂମିକାକୁ ପରିଭାଷିତ କରାଯାଇଛି । ଗ୍ରାମୀଣ କ୍ଷେତ୍ରରେ ବ୍ୟାଙ୍କର ବ୍ୟବସାୟ ପ୍ରତିନିଧି ରୂପେ ଗ୍ରାମ ଦଳ ସେବକର ନିଯୁକ୍ତିର ପ୍ରସ୍ତାବ ଅଛି । ଦୂରସଂଚାର ବିଭାଗକୁ ଅନୁରୋଧ କରାଯାଇଛି କି ସେ କନେକ୍ଟିଭିଟି କମ୍ ହେବା କିମ୍ବା ନ ହେବାର ସମସ୍ୟାଗୁଡ଼ିକର ସମାଧାନ ସୁନିଶ୍ଚିତ କରୁ । ଦୂରସଂଚାର ବିଭାଗ ସୂଚିତ କରିଛି କି ୨୦୧୧ର ଜନଗଣନା ଅନୁସାରେ

ଦେଶର ୫.୯୩ ଲକ୍ଷ ଗାଁ ମଧ୍ୟରୁ ପାଖାପାଖି ୫୦,୦୦୦ ଦୂରସଂଚାର ସମ୍ପର୍କର ଅନ୍ତର୍ଗତ କଭର୍ କରାଯାଇ ନାହିଁ ।

ଅଗଷ୍ଟ ୨୮ ତାରିଖ, ୨୦୧୪ ରେ ଯୋଜନାର ଉଦ୍‌ଘାଟନ ଦିନ ସାରା ଭାରତରେ ସମସ୍ତ ବ୍ୟାଙ୍କ ଦ୍ୱାରା ଏକସଙ୍ଗେ ପାଖାପାଖି ୬୦,୦୦୦ ଶିବିର ଲଗାଗଲା । ଏହାର ପରିଣାମ ସ୍ୱରୂପ ଯୋଜନାର ପ୍ରଥମ ଦିନରେ ହିଁ ୧.୫ କୋଟି ବ୍ୟାଙ୍କ ଖାତା ଖୋଲାଗଲା । ପ୍ରଧାନମନ୍ତ୍ରୀ ନରେନ୍ଦ୍ର ମୋଦି ଏହି ଅଭୂତପୂର୍ବ ଅବସରକୁ ଭାରତ ପାଇଁ 'ବିତ୍ତିୟ ସ୍ୱତନ୍ତ୍ରତା ଦିବସ' କହିଲେ । ଏହି ଯୋଜନାକୁ ଲାଗୁ କରିବାରୁ ୫୦,୦୦୦ ଲୋକଙ୍କୁ ରୋଜଗାର ମିଳିବ । ଏହି ଯୋଜନା ଆଧାରରେ ଖାତା ଖୋଲାଇବା ପାଇଁ ଆଧାର କାର୍ଡ କିମ୍ବା ତା ନମ୍ବର, ମନରେଗା ଜବ୍ କାର୍ଡ, ଭୋଟର୍ ଆଇଡି କାର୍ଡ, ରାଶନ କାର୍ଡ, ଡ୍ରାଇଭିଙ୍ଗ ଲାଇସେନ୍ସ, ବିଦ୍ୟୁତ୍ କିମ୍ବା ଟେଲିଫୋନ ବିଲ୍, ଜନ୍ମ କିମ୍ବା ବିବାହ ପ୍ରମାଣପତ୍ର, ସରପଞ୍ଚଙ୍କ ଦ୍ୱାରା ପରିଚୟ ପତ୍ର ଏବଂ କୌଣସି ମାନ୍ୟତା ପ୍ରାପ୍ତ ସଂସ୍ଥାର ପରିଚୟ ପତ୍ର ଜରୁରୀ ଅଟେ । ସରକାର ଖାତା ଖୋଲାଇବା ପରେ ନିର୍ଦ୍ଦିଷ୍ଟ ଲୋକଙ୍କୁ ହିଁ ସବ୍‌ସିଡି ଦେବାକୁ ବିଚାର କରି ପାରିବେ । ଏଥିରେ ସାଧାରଣ ଲୋକକୁ ଆର୍ଥିକ ସୁରକ୍ଷା ମଧ୍ୟ ମିଳିବ ଏବଂ ସେ ସଞ୍ଚୟ ମଧ୍ୟ କରିବ, ଯେଉଁଥିରୁ ସରକାରଙ୍କୁ ଫାଇଦା ମିଳିବ ।

ଏହି ଯୋଜନାକୁ ସଫଳ କରିବା ପାଇଁ ବ୍ୟାଙ୍କ ଅଧିକାରୀଙ୍କୁ ପ୍ରେରିତ କରିବା ଉଦ୍ଦେଶ୍ୟରେ ନରେନ୍ଦ୍ର ମୋଦି ସେମାନଙ୍କୁ ଇ-ମେଲ୍ ପଠାଇଲେ । ଏହା ମଧ୍ୟ ନରେନ୍ଦ୍ର ମୋଦିଙ୍କ ବିଶିଷ୍ଟ କାର୍ଯ୍ୟଶୈଳୀ ଅଟେ । ଏହି ଶୈଳୀ ତାଙ୍କୁ ମେନେଜମେଣ୍ଟ ଗୁରୁ ରୂପେ ସ୍ଥାପିତ କରେ । ନରେନ୍ଦ୍ର ମୋଦି ତାଙ୍କ ଇ-ମେଲ୍‌ରେ ଲେଖିଲେ, 'ନିଜ ତରଫରୁ ଅକ୍ଳାନ୍ତ ପ୍ରୟାସ କରନ୍ତୁ ଅତଏବ କୌଣସି ପରିବାର ବିନା ବ୍ୟାଙ୍କ ଖାତାରେ ନ ରହିଯାଉ ।' ପ୍ରଧାନମନ୍ତ୍ରୀ ଏହାକୁ ଅତ୍ୟନ୍ତ ବଡ଼ ଦାୟିତ୍ୱ ଆଖ୍ୟା ଦେଇ କହିଛନ୍ତି, 'ଆମକୁ ସାତ କୋଟିରୁ ମଧ୍ୟ ଅଧିକ ପରିବାରକୁ ପ୍ରବେଶ ଦେବା ଏବଂ ସେମାନଙ୍କ ଖାତା ଖୋଲିବା ଆବଶ୍ୟକ ରହିଛି । ଏହା ରାଷ୍ଟ୍ରୀୟ ପ୍ରାଥମିକତା ଅଟେ ଏବଂ ଆମକୁ ଏହି ଆହ୍ୱାନର ମୁକାବିଲା କରିବା ପାଇଁ ନିଶ୍ଚିତ ରୂପେ ପ୍ରସ୍ତୁତ ହୋଇଯିବା ଉଚିତ । ଏହି ପ୍ରକ୍ରିୟାର ମହତ୍ୱକୁ ବୁଝିବା ଆବଶ୍ୟକ ଅଟେ ଯେହେତୁ ବିଶୁଦ୍ଧ ଏହି ଗୋଟିଏ ଅଭାବ ଯୋଗୁଁ ଅନ୍ୟ ସମସ୍ତ ବିକାଶ ଗତିବିଧି ଅଟକି ଯାଉଛି । ମୋର ଭରସା ଅଛି ଯେ ଆମେ ସମସ୍ତେ ମିଶି ଏହି ସ୍ଥିତିକୁ ସମାଧାନ କରିଦେବା ।'

ପ୍ରଧାନମନ୍ତ୍ରୀ ବ୍ୟାଙ୍କ ଅଧିକାରୀଙ୍କୁ ଆଗ୍ରହର ସହ କହିଛନ୍ତି, 'ଆପଣ ଚକ୍ରକୁ ନିଜ କାନ୍ଧର ସାହାରା ଦିଅନ୍ତୁ ଓ ନିଜ ତରଫରୁ ଅକ୍ଳାନ୍ତ ଚେଷ୍ଟା କରନ୍ତୁ ଅତଏବ ଏମିତି କୌଣସି ପରିବାର ରହି ନଯାଉ ଯାହା ପାଖରେ କୌଣସି ବ୍ୟାଙ୍କ ଖାନା ନଥିବ । ଏହା ନିଜକୁ ନିଜେ ଆପଣଙ୍କୁ ଏବଂ ଆପଣଙ୍କ ଟିମ୍ ପାଇଁ ଅତ୍ୟନ୍ତ ସନ୍ତୁଷ୍ଟିର ଏକ ମହତ୍ ସ୍ରୋତ ପ୍ରମାଣିତ ହେବ । ମୁଁ ନିଜେ ସର୍ବଶ୍ରେଷ୍ଠ ପ୍ରଦର୍ଶନ କରୁଥିବା ଶାଖାର ଉପଲବ୍ଧିକୁ ଧ୍ୟାନରେ ରଖିବି ।'

ନିଜର ଏହି ଇମେଲ୍‌ରେ ନରେନ୍ଦ୍ର ମୋଦି ଆଗକୁ ଲେଖିଛନ୍ତି, 'ପ୍ରଧାନମନ୍ତ୍ରୀ ଜନ ଧନ ଯୋଜନା ସବକା ସାଥ, ସବକା ବିକାଶର ଆମ ବିକାଶ ଅବଧାରଣାର ମହତ୍ ଅଂଶ ଅଟେ । ଯେଉଁଭଳି ଆମେ ଆଧୁନିକ ବ୍ୟାଙ୍କିଙ୍ଗ୍ ଏବଂ ବିତ୍ତିୟ ପ୍ରଣାଳୀ ଥିବା ଏହି ଜ୍ଞାନ ଯୁଗରେ ଆଗକୁ ଆଗଉଛୁ, ସେଭଳି ସ୍ଥିତିରେ ଏହି କଥା ଅସହନୀୟ ଅଟେ କି ଆମ ଜନସଂଖ୍ୟାର ଏକ ବଡ଼ ଭାଗ ମୌଳିକ ବ୍ୟାଙ୍କିଙ୍ଗ୍ ସୁବିଧାରୁ ବଞ୍ଚିତ ରହିଯିବ । ମତେ ବେଳେ ବେଳେ ଏହା ଚିନ୍ତାକରି ଆଶ୍ଚର୍ଯ୍ୟ ଲାଗେ ଯେ କ'ଣ ଆମେ ସ୍ଥିତିଗୁଡ଼ିକୁ ଏତେ ଜଟିଳ କରି ଦେଇଛୁ ଯେଉଁଥିରେ କି ଗରିବ ଏବଂ ପ୍ରାନ୍ତରେ ଛିଡ଼ା ହୋଇଥିବା ଲୋକଙ୍କୁ ସୁବିଧାରୁ ବଞ୍ଚିତ ରହିବାକୁ ପଡୁଛି । ଆମକୁ ଏହି କୁଚକ୍ରକୁ ଭାଙ୍ଗିବା ଆବଶ୍ୟକ ଅଟେ ଏବଂ ଜନ ଧନ ଯୋଜନା ଏହି ଦେଶରେ ପ୍ରଥମ ପଦକ୍ଷେପ ପ୍ରମାଣିତ ହେବ । ଗୋଟିଏ ବ୍ୟାଙ୍କ ଖାତା ଖୋଲିଯିବା ପରେ ପ୍ରତ୍ୟେକ ପରିବାରକୁ ବ୍ୟାଙ୍କିଙ୍ଗ୍ ଏବଂ କରଜର ସୁବିଧା ସୁଲଭ ହୋଇଯିବ । ଏଥିରୁ ସେମାନଙ୍କୁ ସାହୁକାରଙ୍କ କବଳରୁ

ବାହାରକୁ ବାହାରିବା, ଆପାତକାଳୀନ ଆବଶ୍ୟକତାରୁ ସୃଷ୍ଟି ହେବାକୁ ଥିବା ବିତ୍ତିୟ ସଂକଟରୁ ନିଜକୁ ଦୂରେଇ ରଖିବା ଏବଂ ଭିନ୍ନ-ଭିନ୍ନ ପ୍ରକାରର ବିତ୍ତିୟ ଉତ୍ପାଦରୁ ଲାଭାନ୍ୱିତ ହେବାର ସୁଯୋଗ ମିଳିବ ।'

ପ୍ରଧାନମନ୍ତ୍ରୀ ତାଙ୍କ ଇମେଲ୍‌ରେ କହିଛନ୍ତି, 'ପ୍ରଥମ ପଦକ୍ଷେପ ରୂପେ ପ୍ରଧାନମନ୍ତ୍ରୀ ଜନ ଧନ ଯୋଜନା ଆଧାରରେ ପ୍ରତ୍ୟେକ ଖାତା ଧାରକଙ୍କୁ ଏକ ରୂପେ (Rupay) ଡେବିଟ୍ କାର୍ଡ ଏବଂ ଏକଲକ୍ଷ ଟଙ୍କାର ଦୁର୍ଘଟଣା ବୀମା ଦିଆଯିବ । ଆଗକୁ ଯାଇ ଏହି ଲୋକଙ୍କୁ ବୀମା ଏବଂ ପେନ୍‌ସନ ଉତ୍ପାଦର ସୀମା ମଧ୍ୟକୁ ଅଣାଯିବ । ମୋର ଭରସା ଅଛି କି ଆପଣ ଏହି ଆହ୍ୱାନର ମୁକାବିଲା କରି ଏହି ରାଷ୍ଟ୍ରୀୟ ପ୍ରୟାସରେ ନିଜର ମହତ୍ତ୍ୱପୂର୍ଣ୍ଣ ଯୋଗଦାନ କରିବେ । ମୁଁ ଆପଣଙ୍କ ସାହାଯ୍ୟ ପାଇଁ ଉପସ୍ଥିତ ଅଛି ।'

ନରେନ୍ଦ୍ର ମୋଦିଙ୍କ ଏହି ଇମେଲ କୁହୁକ ଭଳି ପ୍ରଭାବ ପକାଇଲା । ଅଗଷ୍ଟ ୨୮ ତାରିଖ, ୨୦୧୪ ରେ ଯୋଜନାର ଉଦ୍‌ଘାଟନ ଦିନ ସାରା ଭାରତରେ ସମସ୍ତ ବ୍ୟାଙ୍କ ଦ୍ୱାରା ଏକସଙ୍ଗେ ପାଖାପାଖି ୬୦,୦୦୦ ଶିବିର ବସାଗଲା । ଏହାର ପରିଣାମ ଏହା ହେଲା ଯେ ଯୋଜନାର ପୂର୍ବ ଦିନ ହିଁ ୧.୫ କୋଟି ବ୍ୟାଙ୍କ ଖାତା ଖୋଲାଗଲା । ଏଥିରେ ନରେନ୍ଦ୍ର ମୋଦିଙ୍କ ପ୍ରବନ୍ଧନ କୌଶଳର ଅନୁମାନ ସହଜରେ ଲଗାଯାଇ ପାରିବ । କୌଣସି ଯୋଜନାକୁ ସଫଳ କରିବା ପାଇଁ ପ୍ରଧାନମନ୍ତ୍ରୀଙ୍କ ସ୍ତରରେ ଏମିତି ଚେଷ୍ଟା ସମ୍ଭବତଃ ପୂର୍ବରୁ ହୋଇଥିବ ।

ପ୍ରଧାନମନ୍ତ୍ରୀ ନରେନ୍ଦ୍ର ମୋଦି ଯେଉଁ ନୂଆ ଭାରତର ସ୍ୱପ୍ନ ଦେଖୁଛନ୍ତି ଏବଂ ଯାହାକୁ ପୂର୍ଣ୍ଣ କରିବା ପାଇଁ ନିଜ ପ୍ରବନ୍ଧନ ଦକ୍ଷତାର ବ୍ୟବହାର କରୁଛନ୍ତି, ସେହି ଅଧ୍ୟାୟରେ ତାଙ୍କର ଆଉ ଗୋଟିଏ ମହତ୍ତ୍ୱପୂର୍ଣ୍ଣ ପରିଯୋଜନାର ଉଲ୍ଲେଖ କରିବା ଜରୁରୀ । ଏହା ବୁଲେଟ ଟ୍ରେନ ପରିଯୋଜନା ଅଟେ । ନରେନ୍ଦ୍ର ମୋଦି ଯେବେ ଠାରୁ ପ୍ରଧାନମନ୍ତ୍ରୀ ହେଲେ ସେତେବେଳ ଠାରୁ ସେ ନୂଆ ପ୍ରକାରର ଭାରତର ନିର୍ମାଣ ପାଇଁ ପ୍ରୟାସରତ ଅଛନ୍ତି । ସେ ଯେଉଁ ପ୍ରକାରର ଭାରତ ଚାହାନ୍ତି, ସେଥିରେ ଟ୍ରେନ୍‌ର ଭୂମିକା ମହତ୍ତ୍ୱପୂର୍ଣ୍ଣ ଅଟେ । ଯେତେବେଳେ ସେ ପ୍ରଧାନମନ୍ତ୍ରୀ ପଦବୀକୁ ନେଇ ତାଙ୍କ ଦାବି ରଖୁଥିଲେ, ସେତେବେଳେ ମଧ୍ୟ ସେ ରେଲ୍‌ୱେ ମଧ୍ୟରେ ସୁଧାର ଆଣିବା କଥା କହୁଥିଲେ । ସେ ବୁଲେଟ ଟ୍ରେନ ବିଷୟରେ ମଧ୍ୟ କହୁଥିଲେ । ମୋଦି ତାଙ୍କ ରାଲିଗୁଡ଼ିକରେ ଭାରତୀୟ ରେଳକୁ ଜାପାନୀ ରେଳର ସ୍ତରକୁ ବିକଶିତ କରିବାର କଥା କହୁଥିଲେ । ଯେତେବେଳେ ତାଙ୍କ ସରକାର ନିଜର ପ୍ରଥମ ରେଳ ବଜେଟ ଉପସ୍ଥାପନ କଲା ତେବେ ଏଥିରେ ବୁଲେଟ ଟ୍ରେନ ଚଳାଇବା ଯୋଜନାର ଔପଚାରିକ ଘୋଷଣା ହୋଇଛି । ସେହି ସମୟରୁ ନେଇ ଏ ପର୍ଯ୍ୟନ୍ତ, ସବୁଆଡ଼େ ବୁଲେଟ ଟ୍ରେନର ଚର୍ଚ୍ଚା ହେଉଛି । ଏଥିରେ ହେବାକୁ ଥିବା ଲାଭ-କ୍ଷତି ଉପରେ ଚର୍ଚ୍ଚା ଚାଲିଛି । ମୋଦି ସରକାରଙ୍କ ଏହି ମହତ୍ତ୍ୱାକାଂକ୍ଷୀ ପରିଯୋଜନାର ଅନେକ ବିସ୍ତାର ରହିଛି । ଭାରତ ଭଳି ଦେଶରେ ଏହି ପରିଯୋଜନାର ପ୍ରାସଙ୍ଗିକତାକୁ ନେଇ ମଧ୍ୟ ଅନେକ ପ୍ରକାରର ଚର୍ଚ୍ଚା ହେଉଛି । ଏହା ବ୍ୟତୀତ ବୁଲେଟ ଟ୍ରେନ ପରିଯୋଜନାର ନିଜସ୍ୱ ଗୋଟିଏ ମୌଳିକ ରାଜନୀତି ମଧ୍ୟ ଅଛି । ଏହି ରାଜନୀତିର ମଧ୍ୟ ଅନେକ ବିସ୍ତାର ଅଛି । କିନ୍ତୁ ଏହି ବିଷୟଗୁଡ଼ିକୁ ବୁଝିବାକୁ ହେଲେ ପ୍ରଥମେ ଭାରତର ବୁଲେଟ ଟ୍ରେନ ପରିଯୋଜନା ସମ୍ବନ୍ଧିତ ମୌଳିକ ବିଷୟଗୁଡ଼ିକୁ ଜାଣିବା ଆବଶ୍ୟକ ।

ଜୁଲାଇ ୨୦୧୪ ରେ ନୂଆ ସରକାରର ପ୍ରଥମ ରେଳ ବଜେଟ ଉପସ୍ଥାପନ କରି ରେଳ ମନ୍ତ୍ରୀ ଡି.ବି. ସଦାନନ୍ଦ ଗୌଡ଼ା ଔପଚାରିକ ଭାବେ ବୁଲେଟ ଟ୍ରେନ ପରିଯୋଜନାର ଘୋଷଣା କଲେ । ଦେଶର ପ୍ରଥମ ବୁଲେଟ ଟ୍ରେନ ମୁମ୍ବାଇ-ଅହମଦାବାଦ ରେଳ ଖଣ୍ଡ ଉପରେ ଦଉଡ଼ିବ । ଗୌଡ଼ାଙ୍କ ଅନୁସାରେ ଯେଉଁ ଅନ୍ୟ ରେଳ ଖଣ୍ଡରେ ଭବିଷ୍ୟତରେ ବୁଲେଟ ଟ୍ରେନ୍ ଚାଲିବାର ଯୋଜନା ଅଛି, ସେମାନଙ୍କ ମଧ୍ୟରେ ଦିଲ୍ଲୀ-ଆଗ୍ରା, ଦିଲ୍ଲୀ-ଚଣ୍ଡିଗଡ଼, ମୈସୁର-ବାଙ୍ଗାଲୋର-ଚେନ୍ନାଇ ଏବଂ ମୁମ୍ବାଇ-ଗୋଆ ପ୍ରମୁଖ ଅଟେ । ମୁମ୍ବାଇ ଏବଂ ଅହମଦାବାଦ ଭିତରେ ବର୍ତ୍ତମାନ ଟ୍ରେନରେ ଯାତ୍ରା ପୂର୍ଣ୍ଣ କରିବାକୁ ଅତି କମ୍‌ରେ ଆଠ ଘଣ୍ଟା ଲାଗୁଛି । ହେଲେ ଯେତେବେଳେ ବୁଲେଟ ଟ୍ରେନ ଚାଲିବ ସେତେବେଳେ ଏହି ଦୂରତା ଚାରି ଘଣ୍ଟାରୁ ମଧ୍ୟ କମ୍ ସମୟରେ ପୂର୍ଣ୍ଣ କରାଯାଇ ପାରିବ ।

ବୁଲେଟ ଟ୍ରେନ ପରିଯୋଜନାର ଯେଉଁ ପ୍ରସ୍ତାବିତ ରୂପରେଖ ରହିଛି ସେହି ମୁତାବକ ମୁମ୍ବାଇ-ଅହମଦାବାଦ ରେଳଖଣ୍ଡରେ ଚାଲିବାକୁ ଥିବା ଦେଶର ପ୍ରଥମ ବୁଲେଟ ଟ୍ରେନ ବାନ୍ଦ୍ରା କୁର୍ଲା କମ୍ପ୍ଲେକ୍ସ ଠାରୁ ଖୋଲିବ । ପରନ୍ତୁ, ଏ ପର୍ଯ୍ୟନ୍ତ ଏହି ପ୍ରସ୍ତାବିତ ବୁଲେଟ ଟ୍ରେନ ଦିଗର ରୂପରେଖକୁ ଅନ୍ତିମ ରୂପ ଦିଆଯାଇ ନାହିଁ କିନ୍ତୁ ଯେଉଁ ଚର୍ଚ୍ଚା ରେଳ ମନ୍ତ୍ରାଳୟରେ ଚାଲୁଛି ସେହି ମୁତାବକ ବାନ୍ଦ୍ରା କୁର୍ଲା କମ୍ପ୍ଲେକ୍ସ ଠାରୁ ଖୋଲିବା ପରେ ବୁଲେଟ ଟ୍ରେନ ଥାନେରେ ଅଟକିବ । ଏହା ପରେ ବିରାରରେ ଏକ ଷ୍ଟେସନ ତିଆରି କରିବା କଥା ଚାଲିଛି । ଏହା ପରେ ପାଲଘରରେ ଏକ ଷ୍ଟେସନ ତିଆରି କରିବାର ଯୋଜନା ଅଛି । ଏହା ପରେ ବୁଲେଟ ଟ୍ରେନ ବାପିରେ ଅଟକିବ । ଏହା ଏକ ଔଦ୍ୟୋଗିକ କେନ୍ଦ୍ର ଏବଂ ଏହାକୁ ନଜରରେ ରଖି ହିଁ ଏଠାରେ ବୁଲେଟ ଟ୍ରେନର ଷ୍ଟେସନ୍ ତିଆରି କରିବା କଥା ଚାଲିଛି । ବାପିରୁ ବାହାରିଲା ପରେ ବୁଲେଟ ଟ୍ରେନ ବଲସାଡରେ ଅଟକିବ । ଏହାର ଅନ୍ତିମ ଷ୍ଟେସନ୍ ହେବ ଅହମଦାବାଦ । ମୁମ୍ବାଇରୁ ଅହମଦାବାଦର ଦୂରତା ୫୨୦ କିଲୋମିଟର । ଏହି ଦୂରତାକୁ ତିନି ରୁ ଚାରିଘଣ୍ଟା ମଧ୍ୟରେ ବୁଲେଟ ଟ୍ରେନ ପାରି କରିବ । ରେଳ ମନ୍ତ୍ରାଳୟ ମୁତାବକ ଏହି ଯାତ୍ରାରେ ଭାରତର ପ୍ରଥମ ବୁଲେଟ ଟ୍ରେନ ୩୫୦ କିଲୋମିଟର ପ୍ରତି ଘଣ୍ଟାର ଗତି ପର୍ଯ୍ୟନ୍ତ ପହଞ୍ଚିବ ।

ଏମିତି ସମ୍ଭବ ଯେ ଦେଶର ପ୍ରଥମ ବୁଲେଟ ଟ୍ରେନ ପରିଯୋଜନାର କିଛି ଭାଗ ଭୂମି ତଳେ ଯିବ ଏବଂ କିଛି ଭାଗ ସମୁଦ୍ର ଭିତରେ । ଏ ବାବଦରେ ରେଲୱେ ବୋର୍ଡର ଚେୟାରମ୍ୟାନ ଅରୁଣେନ୍ଦ୍ର କୁମାର କହନ୍ତି, 'ଆମକୁ ତୁରନ୍ତ ଏବଂ ମୁମ୍ବାଇ ଭଳି ଘଞ୍ଚ ସହର ଦେଇ ଏହାକୁ ନେଇ ଯିବାକୁ ପଡ଼ିବ । ଅସଲରେ ଆମ ପାଖରେ ଏମିତି କୌଣସି ଜାଗା ନାହିଁ ଯେଉଁଠି ଆମେ ରେଳ ଲାଇନ ବିଛାଇ ପାରିବୁ । ଏଥିପାଇଁ ସମ୍ଭବତଃ ଏଠାରେ ଆମକୁ ଭୂମିଗତ ରେଳ ଲାଇନ ବିଛାଇବାକୁ ପଡ଼ିପାରେ । ସେଇଠି ମୁମ୍ବାଇର କିଛି ଇଲାକାରେ ଏମିତି ସମ୍ଭବ କି ଆମକୁ ବୁଲେଟ ଟ୍ରେନ ପାଇଁ ରେଳ ଲାଇନ ସମୁଦ୍ର ଭିତରେ ବିଛାଇବାକୁ ପଡ଼ିପାରେ ।' ଏହି ପ୍ରସ୍ତାବିତ ନେଟୱର୍କର ଅଧିକାଂଶ ଭାଗ ଏଲିବେଟେଡ ରହିବାର କଥା ଚାଲିଛି ।

ନରେନ୍ଦ୍ର ମୋଦି ସରକାରର ଏହି ମହତ୍ତ୍ୱାକାଂକ୍ଷୀ ଯୋଜନା ଉପରେ ପାଖାପାଖି ୬୦,୦୦୦ କୋଟି ଟଙ୍କା ଖର୍ଚ୍ଚ ହେବାର ଅନୁମାନ ରହିଛି । ଏଥରର ରେଳ ବଜେଟରେ ଏହି ପରିଯୋଜନା ପାଇଁ ୧୦୦ କୋଟି ଟଙ୍କା ଆବଣ୍ଟିତ କରାଯାଇଛି । ଏହି ଟଙ୍କାରେ ବୁଲେଟ ଟ୍ରେନ ପରିଯୋଜନା ସମ୍ବନ୍ଧିତ ଖୁବ୍‌ବେଶୀ ପ୍ରାରମ୍ଭିକ କାର୍ଯ୍ୟ କରାଯିବ । ବର୍ତ୍ତମାନ ଗୋଟିଏ କିଲୋମିଟର ରେଳ ଲାଇନ ବିଛାଇବରେ ଭାରତ ସରକାର ପାଖାପାଖି ୧୫ କୋଟି ଟଙ୍କା ଖର୍ଚ୍ଚ କରନ୍ତି । ହେଲେ ଯେଉଁ ରେଳ ଲାଇନ୍ ଉପରେ ବୁଲେଟ ଟ୍ରେନ ଚାଲିବ ତାକୁ ବିଛାଇବାରେ ପ୍ରତି କିଲୋମିଟର ୧୨୫ କୋଟି ଟଙ୍କା ଖର୍ଚ୍ଚ ହେବାର ଅନୁମାନ ରହିଛି । ଏହି ପରିଯୋଜନା ପାଇଁ ଯେଉଁ ଅଜସ୍ର ଅର୍ଥର ଆବଶ୍ୟକତା ରହିଛି, ସେଥିପାଇଁ ଜାପାନୀ ଅନ୍ତଃରାଷ୍ଟ୍ରୀୟ ସହଯୋଗ ଏଜେନ୍ସି (ଜେଆଇସିଏ) ସାହାଯ୍ୟ କରିବ । ଏହି ଏଜେନ୍ସି ବର୍ତ୍ତମାନ ଏହି ପରିଯୋଜନାକୁ ନେଇ ଏକ ରିପୋର୍ଟ ପ୍ରସ୍ତୁତ କରୁଛି । ଏହି ରିପୋର୍ଟ ଶୀଘ୍ର ଭାରତ ସରକାରଙ୍କ ସମ୍ମୁଖରେ ଉପସ୍ଥିତ ହେବ । ଭାରତରେ ପ୍ରସ୍ତାବିତ ବୁଲେଟ ଟ୍ରେନରେ ଯିବା ପାଇଁ ଯାତ୍ରୀଙ୍କୁ ନିଜ ପକେଟରୁ କେତେ ଖର୍ଚ୍ଚ କରିବାକୁ ପଡ଼ିବ, ଏ ବାବଦରେ ବର୍ତ୍ତମାନ କୌଣସି ସ୍ପଷ୍ଟତା ହୋଇନାହିଁ । ହେଲେ ଶୁଣାଯାଉଛି ଯେ ବୁଲେଟ ଟ୍ରେନର ଭଡ଼ା ବର୍ତ୍ତମାନର ପ୍ରଥମ ଶ୍ରେଣୀ ଟ୍ରେନ୍ ଭଡ଼ାର ପାଖାପାଖି ହେବ ।

ନରେନ୍ଦ୍ର ମୋଦି ସରକାର ଦ୍ୱାରା ପ୍ରଥମ ବୁଲେଟ ଟ୍ରେନ ମୁମ୍ବାଇ ଏବଂ ଅହମଦାବାଦ ମଧ୍ୟରେ ଚାଲିବାର ନିଷ୍ପତ୍ତିକୁ ନେଇ ତାଙ୍କର ଅନେକ ସମାଲୋଚକ ତାଙ୍କୁ ବିରୋଧ ମଧ୍ୟ କରୁଛନ୍ତି । ଏହି ଲୋକଙ୍କ ଅଭିଯୋଗ ହେଲା ନରେନ୍ଦ୍ର ମୋଦି ଭାରତର ପ୍ରଧାନମନ୍ତ୍ରୀ ତ' ଅଟନ୍ତି ହେଲେ ବର୍ତ୍ତମାନ ମଧ୍ୟ ସେ ଗୁଜରାଟ ବିଷୟରେ ହିଁ ଭାବୁଛନ୍ତି । ହେଲେ ଯଦି ତଥ୍ୟଗୁଡ଼ିକୁ ଦେଖାଯାଏ ତେବେ ଛବିର ଅନ୍ୟ ଦିଗ ମଧ୍ୟ ଦେଖାଯାଏ । ମୁମ୍ବାଇ ଏବଂ ଅହମଦାବାଦ ମଧ୍ୟରେ ବର୍ତ୍ତମାନ ୨୫ ଟ୍ରେନ୍ ଚାଲୁଛି ଏବଂ ଏହି ରୁଟ୍‌ରେ ପ୍ରତ୍ୟେକ ଦିନ ୧୫,୦୦୦ ଲୋକ ଯାତ୍ରା କରନ୍ତି । ଯଦି ଏହି ପ୍ରସଙ୍ଗରେ ଦେଖାଯାଏ ତେବେ

ପ୍ରଥମ ବୁଲେଟ ଟ୍ରେନ ଚାଲିବା ପାଇଁ ମୁମ୍ବାଇ-ଅହମଦାବାଦ ରେଳ ଖଣ୍ଡର ଚୟନ ପୂର୍ଣ୍ଣ ଭାବେ ରାଜନୀତି ପ୍ରେରିତ ଦେଖାଯାଏ ନାହିଁ ।

କୁହାଯାଉଛି ଭାରତର ପ୍ରଥମ ବୁଲେଟ ଟ୍ରେନ ପାଇଁ ଜର୍ମାନୀରୁ କୋଚ୍ ମଗାଇବାର ଯୋଜନା ହେଉଛି । ଏଥିପାଇଁ ଜର୍ମାନୀର ଲିଙ୍କ ହାଫମ୍ୟାନ ବୁଶ ନାମକ କମ୍ପାନୀର ନାମ ଶୁଣାଯାଉଛି । ଏହି କମ୍ପାନୀର କୋଚଗୁଡ଼ିକୁ ଅସୀମ ସ୍ୱାଚ୍ଛନ୍ଦ୍ୟପୂର୍ଣ୍ଣ ମନେ କରାଯାଏ । ଭାରତ ସରକାର ଚାହୁଁଛନ୍ତି କି ବୁଲେଟ ଟ୍ରେନର ଯାତ୍ରା ଅସୀମ ସ୍ୱାଚ୍ଛନ୍ଦ୍ୟପୂର୍ଣ୍ଣ ହେଉ ଏଥିପାଇଁ ଏହି କମ୍ପାନୀର କୋଚ ଉପରେ ବିଚାର କରାଯାଉଛି । ମନେ କରାଯାଉଛି କି ଦେଶର ପ୍ରଥମ ବୁଲେଟ ଟ୍ରେନରେ ୧୨ଟି କୋଚ ରହିବ । ଏଥି ମଧ୍ୟରେ ଏକା ଥରରେ ପାଖାପଖି ୮୦୦ ଲୋକ ଯାତ୍ରା କରି ପାରିବେ । ସମସ୍ତ କୋଚ୍‌ରେ ଚଉକି ରହିବ, ଅତଏବ ଏଥିରେ ଅଧିକ ଯାତ୍ରୀ ଯାତ୍ରା କରି ପାରିବେ ।

ଏହି ଟ୍ରେନ ସମ୍ପୂର୍ଣ୍ଣ ଭାବେ ୱାଇ-ଫାଇ ହେବ । ଏହାର ଅର୍ଥ ହେଲା ଯେ ଏହି ଟ୍ରେନରେ ଯାତ୍ରା କରୁଥିବା ଲୋକ ଯାତ୍ରା ସମୟରେ ଇଣ୍ଟରନେଟ ସେବାର ବ୍ୟବହାର କରି ପାରିବେ । ଏହା ବ୍ୟତୀତ ଟ୍ରେନରେ ହିଁ ଲୋକଙ୍କ ପାଇଁ ଖାଇବା-ପିଇବା ସୁବିଧା ମଧ୍ୟ ଉପଲବ୍ଧ ହେବ । ଏହି ଟ୍ରେନରେ ରୋଷେଇ ଯାନ ରହିବ ନା ନାହିଁ, ଏ ବାବଦରେ ବର୍ତ୍ତମାନ କୌଣସି ସ୍ପଷ୍ଟତା ନାହିଁ ହେଲେ ଯେଉଁ ସୂଚନା ସାମ୍ନାକୁ ଆସୁଛି, ସେହି ମୁତାବକ ଏହା ନିଶ୍ଚିତ ଯେ ଯଦି ରୋଷେଇ ଯାନ ନ ରହେ ତେବେ ମଧ୍ୟ ଯାତ୍ରୀଙ୍କୁ ଖାଦ୍ୟ-ପେୟର ସୁବିଧା ଉପଲବ୍ଧ କରାଯିବ ଏବଂ ଏଥିପାଇଁ ରେଲୱେ ଖାଦ୍ୟ-ପେୟ ସେବା ଦେଉଥିବା କମ୍ପାନୀଙ୍କ ସହ ତାଳମେଳ ରଖିବ ।

ଦେଶର ପ୍ରଥମ ବୁଲେଟ ଟ୍ରେନ ପରିଯୋଜନାର କ୍ରିୟାନ୍ୱୟନର କାମ ହାଇ ସ୍ପିଡ୍ ରେଲ କର୍ପୋରେସନ ଅଫ୍ ଇଣ୍ଡିଆକୁ ଦିଆଯାଇଛି । ଏହି ସଂସ୍ଥାର ଗଠନ ୨୦୧୨ ମସିହାର ଜୁନ୍ ମାସରେ କରାଯାଇଥିଲା । ଉଦ୍ଦେଶ୍ୟ ଏହା ଥିଲା କି ଭାରତରେ ତୀବ୍ରଗତିର ରେଳଗାଡ଼ି ଚଳାଇବା ଦିଗରେ ପ୍ରଗତି ହେଉ । ବୁଲେଟ ଟ୍ରେନ ପରିଯୋଜନାକୁ ବ୍ୟବହାର୍ଯ୍ୟର ପୋଷାକ ପିନ୍ଧାଇବା ପାଇଁ ଏହି ସଂସ୍ଥାକୁ ସରକାର କେବଳ ସ୍ୱାୟତ୍ତ ଦେଇ ନାହାନ୍ତି ବରଂ ଏହାକୁ ନିଜ ଆବଶ୍ୟକତା ଅନୁସାରେ କର୍ପୋରେଟ୍ ଢାଞ୍ଚା ପ୍ରସ୍ତୁତ କରିବାକୁ ମଧ୍ୟ ସ୍ୱାଧୀନତା ଦେଇଛନ୍ତି । ଏହା ପଛରେ ଏହି ଚିନ୍ତାଧାରା ରହିଛି ଯେ ଯଦି ଏହି ସଂସ୍ଥାର ଆକାର କର୍ପୋରେଟ ହେବ ତେବେ ଏହି ପରିଯୋଜନା ପାଇଁ ଘରୋଇ କ୍ଷେତ୍ରରୁ ପୁଞ୍ଜି ଜୁଟାଇବାରେ ସାହାଯ୍ୟ ମିଳିବ । ଏହି ପରିଯୋଜନାକୁ ବିକଶିତ କରିବା ପାଇଁ ଖାସ୍ ପ୍ରକାରର ଦକ୍ଷତାର ଆବଶ୍ୟକତା ରହିଛି, ସେମିତି ଦକ୍ଷତା ବର୍ତ୍ତମାନ ଭାରତୀୟ ରେଳ ଇଞ୍ଜିନୟରଙ୍କ ପାଖରେ ନାହିଁ । ବୁଲେଟ ଟ୍ରେନ ପରିଯୋଜନା ବିକଶିତ କରିବା ପାଇଁ ଜରୁରୀ ଦକ୍ଷତା ହାସଲ କରିବା ଉଦ୍ଦେଶ୍ୟରେ ଭାରତୀୟ ରେଲୱେ ତା'ର ୩୦୦ ଇଞ୍ଜିନିୟରଙ୍କୁ ଦେଶ ବାହାରେ ପ୍ରଶିକ୍ଷଣ ଦେବାକୁ ଯାଉଛି ।

ଦେଶରେ ବୁଲେଟ ଟ୍ରେନ ଚଳାଇବା କଥା ପ୍ରଥମ ଥର ଲାଲୁ ପ୍ରସାଦ ଯାଦବ ସେତେବେଳେ କରିଥିଲେ ଯେତେବେଳେ ସେ ରେଳ ମନ୍ତ୍ରୀ ଥିଲେ । ଏହା ପରେ ରେଳ ମନ୍ତ୍ରାଳୟ ୧୨ଟି ରାଜ୍ୟକୁ ବ୍ୟାବହାର୍ଯ୍ୟତା ଅଧ୍ୟୟନରେ ସାମିଲ ହେବାକୁ ଅନୁରୋଧ କରିଥିଲା । ଏଥି ମଧ୍ୟରୁ ୯ଟି ରାଜ୍ୟ ରେଳ ମନ୍ତ୍ରାଳୟକୁ ସିଦ୍ଧାନ୍ତ ସମ୍ମତି ଦେଇଥିଲେ । କିନ୍ତୁ ଲାଲୁ ପ୍ରସାଦ ଯାଦବଙ୍କ ସେହି ଯୋଜନା ଆରମ୍ଭ ହୋଇପାରିଲା ନାହିଁ ଏବଂ କଥା ଏପଟ-ସେପଟ ହୋଇଗଲା । ପରନ୍ତୁ, ୨୦୦୯ ରେ ରେଳ ମନ୍ତ୍ରାଳୟ ୨୦୨୦ ପାଇଁ ଯେଉଁ ଦୃଷ୍ଟିପତ୍ର ଜାରୀ କରିଥିଲା ସେଥିରେ ମଧ୍ୟ ୨୫୦ ରୁ ୩୫୦ କିଲୋମିଟର ପ୍ରତି ଘଣ୍ଟାର ଗତିରେ ଚାଲୁଥିବା ଟ୍ରେନର ଉଲ୍ଲେଖ ଥିଲା । ହେଲେ ଏହି ଦିଗରେ କୌଣସି ଠୋସ୍ ପ୍ରଚେଷ୍ଟା ସେହି ସମୟରେ ହୋଇ ନଥିଲା । ହେଲେ ଏଥର ପ୍ରଧାନମନ୍ତ୍ରୀ ନରେନ୍ଦ୍ର ମୋଦିଙ୍କ ନିଜସ୍ୱ ଆଗ୍ରହ ଯୋଗୁଁ ଏମିତି ଲାଗୁଛି କି ଭାରତରେ ବୁଲେଟ ଟ୍ରେନର ସ୍ୱପ୍ନ ସାକାର ହୋଇପାରିବ । ରେଳ ମନ୍ତ୍ରାଳୟର ପ୍ରାରମ୍ଭିକ ଅନୁମାନ ସୂଚନା ଦିଏ କି ମୁମ୍ବାଇ ଏବଂ ଅହମଦାବାଦ ମଧ୍ୟରେ ବୁଲେଟ ଟ୍ରେନ ଚାଲିବାର ସ୍ୱପ୍ନ ଆଠ ବର୍ଷରେ ସମ୍ପୂର୍ଣ୍ଣ କରି ଦିଆଯିବ ।

ଦେଶରେ ଏକ ଶ୍ରେଣୀ ଏମିତି ମଧ୍ୟ ଅଛନ୍ତି ଯେଉଁମାନେ ବୁଲେଟ ଟ୍ରେନର ଆବଶ୍ୟକତା ଉପରେ ହିଁ ପ୍ରଶ୍ନବାଚୀ ଉଠାଉଛନ୍ତି । ଏହାର ଯୁକ୍ତି ହେଲା କି ଯେତେବେଳେ ଉପସ୍ଥିତ ରେଳ ନେଟ୍‌ୱର୍କ ଠିକ୍ ଢ଼ଙ୍ଗରେ କାମ କରି ପାରୁନାହିଁ ତେବେ ଏହାକୁ ଠିକ୍ କରିବା ବଦଳରେ ଅତ୍ୟଧିକ ଜିବେଶର କୌଣସି ଅନ୍ୟ ରେଳ ପରିଯୋଜନାରେ ହାତ ଦେବାର ଅର୍ଥ କ'ଣ । ଏମିତି ଲୋକ ଏହା ମଧ୍ୟ କହନ୍ତି ଯେ ଭାରତ ସରକାର ଯଦି ଉଚିତ୍ ଅର୍ଥରେ ରେଲୱେରେ କିଛି ସୁଧାର କରିବାକୁ ଚାହୁଁଛନ୍ତି ତେବେ ତାଙ୍କୁ ସର୍ବପ୍ରଥମେ ଏହି ବିଷୟ ଉପରେ ଧ୍ୟାନ ଦେବା ଉଚିତ ଯେ ଦେଶର ଉପସ୍ଥିତ ରେଳ ଢାଞ୍ଚା ଠିକ୍ ଢ଼ଙ୍ଗରେ କାମ କରୁ । ରେଳଗାଡ଼ିଗୁଡ଼ିକ ଠିକ୍ ସମୟରେ ଚାଲୁ । ଟ୍ରେନ ଏବଂ ଷ୍ଟେସନରେ ମିଳୁଥିବା ଯାତ୍ରୀ ସୁବିଧାଗୁଡ଼ିକୁ ଠିକ୍ କରାଯାଉ । ରେଲ୍‌ୱେରେ କର୍ମଚାରୀଙ୍କ ଅଭାବ ରହିଛି, ତାକୁ ଦୂର କରାଯାଉ । ଦେଶର ଅନେକ ଏମିତି ଅଞ୍ଚଳ ରହିଛି ଯେଉଁଠି ରେଳ ନେଟ୍‌ୱର୍କ ପହଞ୍ଚି ପାରିନାହିଁ, ପ୍ରଥମେ ସେ ଜାଗାକୁ ରେଳ ପହଞ୍ଚାଯାଉ । ରେଳ ଦୁର୍ଘଟଣାଗୁଡ଼ିକୁ ବନ୍ଦ କରିବା ପାଇଁ ଆବଶ୍ୟକ ବନ୍ଦୋବସ୍ତ କରାଯାଉ । ଏହା ବ୍ୟତୀତ ଆହୁରି ମଧ୍ୟ ଅନେକ ସମସ୍ୟା ରହିଛି ଯେଉଁଗୁଡ଼ିକର ସମାଧାନ ଜରୁରୀ ଅଟେ ।

କହିବା ଭୁଲ୍ ହେବନାହିଁ କି ଏହିସବୁ କଥା ଉଚିତ ଅଟେ । ଏହି ସମସ୍ୟାଗୁଡ଼ିକ ସହ ଭାରତୀୟ ରେଳ ସଂଘର୍ଷ କରୁଛି । ଏହି ସମସ୍ୟାଗୁଡ଼ିକର ସମାଧାନ ମଧ୍ୟ ଜରୁରୀ ଅଟେ । ହେଲେ ଏଥିପାଇଁ ଆଗାମୀ ପିଢ଼ିର ରେଳ ଶିଳ୍ପ କୌଶଳକୁ ମଧ୍ୟ ଅଲକ୍ଷିତ କରାଯାଇ ପାରିବ ନାହିଁ । ନରେନ୍ଦ୍ର ମୋଦିଙ୍କ ଭଳି ଦକ୍ଷ ପ୍ରଶାସକ ଏବଂ ପ୍ରବନ୍ଧନ କ୍ଷମତାରେ ଦକ୍ଷ ବ୍ୟକ୍ତି ତ' ଖାସ୍ ରୂପେ ଏହାକୁ ଅଲକ୍ଷିତ କରିପାରିବେ ନାହିଁ । ନରେନ୍ଦ୍ର ମୋଦିଙ୍କୁ ଏହା ଜଣା ଅଛି ଯେ ବୁଲେଟ ଟ୍ରେନ ଭାରତ ପ୍ରସଙ୍ଗରେ ଭବିଷ୍ୟତର କୌଶଳ ଅଟେ । ଯାହା ଯଦି ଉଚିତ ଢ଼ଙ୍ଗରେ ଚାଲି ପାରିଲା ତେବେ ଏଥିରୁ ଲୋକଙ୍କ ଜୀବନ ବହୁତ ସହଜ ହେବ । ଯେମିତି ଦିଲ୍ଲୀ ମେଟ୍ରୋ ରାଷ୍ଟ୍ରୀୟ ରାଜଧାନୀ ଏବଂ ଏହାର ଆଖପାଖର ଲୋକଙ୍କ ଜୀବନ ସହଜ କରିଛି, ସେହିପରି ବୁଲେଟ ଟ୍ରେନ ମଧ୍ୟ ଦେଶବାସୀଙ୍କ ଜୀବନ ସହଜ କରି ପାରିବ, ଅତି କମ୍‌ରେ ଯାତ୍ରା ପ୍ରସଙ୍ଗରେ । ନରେନ୍ଦ୍ର ମୋଦି ବୁଲେଟ ଟ୍ରେନ ପରିଯୋଜନା ବିଷୟରେ ମଧ୍ୟ ଜନକଲ୍ୟାଣର ଲକ୍ଷ୍ୟ ସହ ହିଁ କାମ କରୁଛନ୍ତି । ତାଙ୍କୁ ଜଣା ଅଛି କି ଯଦି ସେ ଏହି ପରିଯୋଜନା ଉପରେ ଆଗେଇବେ ତେବେ କିଛି ଲୋକ ତାଙ୍କୁ ସମାଲୋଚନା ମଧ୍ୟ କରିବେ ହେଲେ ଅନ୍ତତଃ ଯେତେବେଳେ ଏହି ପରିଯୋଜନା ଠିକ୍ ଢ଼ଙ୍ଗରେ ପୂର୍ଣ୍ଣ ହୋଇଯିବ ସେତେବେଳେ ଯେଉଁ ଲୋକ ସମାଲୋଚନା କରୁଥିଲେ, ସେମାନେ ପ୍ରଶଂସା ମଧ୍ୟ କରିବେ ।

ବୁଲେଟ ଟ୍ରେନର ସମର୍ଥନ ଏବଂ ବିରୋଧ ମଧ୍ୟରେ ପ୍ରଶ୍ନ ଉଠେ ଯେ ଶେଷ ପ୍ରଣାଳୀ ରାସ୍ତା କ'ଣ ହେବ ? ଦୁନିଆରେ ରେଳର ବିକାଶ ଏବଂ ଏଥି ସମ୍ବନ୍ଧିତ କୌଶଳର ବିକାଶ ଏବଂ ରେଳ ସହ ଯୋଡ଼ି ହୋଇଥିବା ଅନୁଭବ ଆଧାରରେ ଯେଉଁ ରାସ୍ତା ଦେଖାଯାଏ, ତାହା ମୁତାବକ ଉପସ୍ଥିତ ରେଳ ଢାଞ୍ଚାରେ ସୁଧାର ଓ ବୁଲେଟ ଟ୍ରେନ ପରିଯୋଜନାର ବିକାଶ ଏକସଙ୍ଗେ ଚାଲିବା ଉଚିତ । ଯେହେତୁ ଏହା ତ' ନିଶ୍ଚିତ ଅଟେ ଯେ ଦେଶରେ ସବୁ ଜାଗାରେ ବୁଲେଟ ଟ୍ରେନ ଚଲାଯାଇ ପାରିବ ନାହିଁ । ଯେଉଁ ଦେଶମାନଙ୍କରେ ବହୁ ପୂର୍ବରୁ ବୁଲେଟ ଟ୍ରେନର ପରିଚାଳନା ହେଉଛି, ସେଠାରେ ମଧ୍ୟ ସମ୍ପୂର୍ଣ୍ଣ ଦେଶରେ ଏହି ଟ୍ରେନ ଚଳା ଯାଉନାହିଁ । ଏହା ବ୍ୟତୀତ ଆଉ ଏକ ତଥ୍ୟ ହେଲା ଯଦି ପୂର୍ଣ୍ଣ କ୍ଷମତାର ସହ ମଧ୍ୟ କାମ ହେଲା ତେବେ ମଧ୍ୟ ଭାରତରେ ପ୍ରଥମ ବୁଲେଟ ଟ୍ରେନ ଚଳାଇବାରେ ଆଠ ବର୍ଷର ସମୟ ଲାଗିବ । ଏଥିପାଇଁ ମଧ୍ୟ କେବଳ ଏହାର ଭରସାରେ ରେଲୱେରେ ହେଉଥିବା ସୁଧାରକୁ ଅଟକାଇ ରଖାଯାଇ ପାରିବ ନାହିଁ । ଏମିତିରେ ଠିକ୍ ରାସ୍ତା ହେଲା କି ଉପସ୍ଥିତ ରେଳ ନେଟ୍‌ୱର୍କର ଦୁର୍ବଳତାକୁ ଦୂର କରାଯାଉ ଏବଂ ଏକସଙ୍ଗେ ପ୍ରତିଷ୍ଠିତ ରେଳଖଣ୍ଡ ଉପରେ ବୁଲେଟ ଟ୍ରେନ ପରିଯୋଜନା ବିକଶିତ କରିବା ଦିଗରେ ଆଗକୁ ବଢ଼ାଯାଉ ।

ଦେଶରେ ବୁଲେଟ ଟ୍ରେନର ଆବଶ୍ୟକତା ଏଥିପାଇଁ ମଧ୍ୟ ରହିଛି କାହିଁକିନା ଅନେକ ଏମିତି ପଥ ଅଛି, ଯେଉଁଠି ଲୋକଙ୍କ ଯିବା-ଆସିବା ଖୁବ୍ ବେଶୀ ଓ ଏହା ଲଗାତର୍ ବଢ଼ିଚାଲିଛି । ଯେଉଁ ମୁମ୍ବାଇ-ଅହମଦାବାଦ ପଥରେ ଦେଶର ପ୍ରଥମ ବୁଲେଟ ଟ୍ରେନ ପରିଯୋଜନା ପ୍ରସ୍ତାବିତ ଅଛି, ତା ଉପରେ ଏହି ଦୁଇ ସହର ମଧ୍ୟରେ ୨୫ଟି ଟ୍ରେନ ଅଛି ହେଲେ ମଧ୍ୟ ଲୋକଙ୍କ ଆବଶ୍ୟକତା ପୂରଣ ହୋଇ ପାରୁନାହିଁ । ଏମିତିରେ କ୍ଷିପ୍ର ଗତି ଟ୍ରେନ ପରିଚାଳନା ହିଁ ଆବଶ୍ୟକ ରହିଛି । ଏହା ବ୍ୟତୀତ ଯେଉଁ ପ୍ରକାରରେ ଲୋକଙ୍କ ପାଖରେ ସମୟର ଅଭାବ ରହିଛି ଏବଂ ଯେତେ କମ୍ ସମୟରେ ଅଧିକରୁ ଅଧିକ କାମ କରିବାର ଚାପ ରହିଛି, ସେମାନଙ୍କ ମଧ୍ୟରୁ ଯାହାଙ୍କ ପାଖରେ ଅର୍ଥ ଅଛି, ସେମାନେ ଜାହାଜରେ ଯାତ୍ରା କରିବାକୁ ଲାଗିଲେଣି । ଏପରି ଲୋକଙ୍କ ସଂଖ୍ୟା ଦିନକୁ ଦିନ ବଢୁଛି । ଏମିତିରେ ଯଦି ଏହି ଯାତ୍ରୀଙ୍କୁ ରେଲୱେ ନିଜ ସାଥୀ କରିବାର ଅଛି ତେବେ ତାକୁ ମଧ୍ୟ କମ୍ ସମୟ ମଧ୍ୟରେ ଲମ୍ବା ଦୂରତାର ଯାତ୍ରା କରିବାକୁ ପଡ଼ିବ । ସୁସ୍ପଷ୍ଟ ଯେ ଏହି କାମ ବୁଲେଟ ଟ୍ରେନ କୌଶଳ ବ୍ୟତୀତ ଅନ୍ୟ କୌଣସି ଉପାୟରେ ହୋଇପାରିବ ନାହିଁ ।

ମୁମ୍ବାଇରୁ ଅହମଦାବାଦ ମଧ୍ୟରେ ପ୍ରସ୍ତାବିତ ଭାରତର ପ୍ରଥମ ବୁଲେଟ ଟ୍ରେନ ପରିଯୋଜନାକୁ ବ୍ୟବହାର୍ଯ୍ୟର ପରିଚ୍ଛଦ ପିନ୍ଧାଇବା ପାଇଁ ଜାପାନ ସଂଯୁକ୍ତ ଉପକ୍ରମ ତିଆରି କରିବା ପ୍ରସ୍ତାବ ଦେଇଛି । କିଛି-କିଛି ସେହି ସ୍ତରର ଯେଉଁ ସ୍ତରରେ ଦିଲ୍ଲୀ ମେଟ୍ରୋ ଟ୍ରେନ କର୍ପୋରେସନର ଗଠନ ହୋଇଛି । ଭାରତରେ ବିକଶିତ କରାଯିବାକୁ ଥିବା ବୁଲେଟ ଟ୍ରେନ ପରିଯୋଜନାର ବିଶ୍ୱବ୍ୟାପୀ ରାଜନୀତି ମଧ୍ୟ ଅଛି । ଏବେ ଯେତେବେଳେ ନରେନ୍ଦ୍ର ମୋଦିଙ୍କ ସରକାର ଏହି ଉଦ୍ଦେଶ୍ୟ ସ୍ପଷ୍ଟ ରୂପେ ଜଣାଇ ଦେଇଛି କି ଭାରତ ବୁଲେଟ ଟ୍ରେନର ସ୍ୱପ୍ନ ପୂରଣ କରିବ ତ' ଜାପାନ ବ୍ୟତୀତ ଚୀନ ମଧ୍ୟ ଏହି ବ୍ୟବସାୟିକ ସୁଯୋଗକୁ ହରାଇବାକୁ ଚାହୁନାହିଁ । ପରନ୍ତୁ, ଭାରତର ପସନ୍ଦ ଜାପାନୀ ଶିଳ୍ପ କୌଶଳ ଆଡ଼କୁ ରହିଛି ।.

କିଛିଦିନ ତଳେ ଯେତେବେଳେ ନରେନ୍ଦ୍ର ମୋଦି ଜାପାନ ଗସ୍ତରେ ଯାଇଥିଲେ ସେତେବେଳେ ସେଠାରେ ମଧ୍ୟ ସେ ଏହି ସଙ୍କେତ ଦେଲେ କି ବୁଲେଟ ଟ୍ରେନ ଶିଳ୍ପ କୌଶଳରେ ଜାପାନୀ ଦକ୍ଷତାର ଫାଇଦା ଭାରତ ଉଠାଇବ । ଯେତେବେଳେ ନରେନ୍ଦ୍ର ମୋଦି ଜାପାନ ଗସ୍ତରେ ଥିଲେ ତେବେ ସେହି ସମୟରେ ଆୟୋଜିତ ସଂଯୁକ୍ତ ପ୍ରେସ୍ କନ୍‌ଫରେନ୍ସରେ ଜାପାନୀ ପ୍ରଧାନମନ୍ତ୍ରୀ ଶିଞ୍ଜୋ ଅବେ ମଧ୍ୟ ଏହି ଆଶା ପ୍ରକାଟ କଲେ ଯେ ଜାପାନକୁ ନିଜ ବୁଲେଟ ଟ୍ରେନ କୌଶଳର ବ୍ୟବହାର ଭାରତରେ କରିବାକୁ ସୁଯୋଗ ମିଳିବ । ସୂଚନା ମୁତାବକ ଜାପାନକୁ ଏହି ପରିଯୋଜନା ସହ ସଂଶ୍ଳିଷ୍ଟ ହେବାରେ ଆର୍ଥିକ ଏବଂ ରାଜନୈତିକ କାରଣ ରହିଛି । ପ୍ରଥମ କଥା ହେଲା ଜାପାନ ସରକାର ଏହି ପରିଯୋଜନା ପାଇଁ କମ୍ ସୁଧ ହାରରେ କରଜ ଦେବାକୁ ପ୍ରସ୍ତୁତ ଅଛି । ଏହି କଥା ଭାରତ ପକ୍ଷରେ ଯାଉଛି । କାହିଁକିନା ରେଳ ମନ୍ତ୍ରାଳୟ କିମ୍ବା ଏମିତି କୁହାଯାଇପାରେ କି ଭାରତ ସରକାରଙ୍କ ପାଖରେ ମଧ୍ୟ ଏତିକି ଆର୍ଥିକ ସଂସାଧନ ନାହିଁ ଯେ ସେ କେବଳ ଏହି ପରିଯୋଜନା ଉପରେ ଏତେ ଅଜସ୍ର ଅର୍ଥ ଖର୍ଚ୍ଚ କରିପାରିବ । ଆଉ ଗୋଟିଏ କଥା ହେଲା ଯେ ଜାପାନୀ କୌଶଳକୁ ଚୀନ ଶିଳ୍ପ କୌଶଳ ତୁଳନାରେ ଅଧିକ ସୁରକ୍ଷିତ ମନେ କରାଯାଏ । ଚୀନର ହାଇସ୍ପିଡ୍ ରେଳ ନେଟୱର୍କରେ ଥରେ ବଡ଼ ରେଳ ଦୁର୍ଘଟଣା ହୋଇଛି ଯେଉଁଥିରେ ସହସ୍ର ଲୋକଙ୍କ ଜୀବନ ଯାଇଥିଲା । ଏ ପର୍ଯ୍ୟନ୍ତ ଜାପାନରେ ଏମିତି କୌଣସି ଦୁର୍ଘଟଣା ହୋଇନାହିଁ । ଜାପାନର ବୁଲେଟ ଟ୍ରେନ୍‌କୁ ଆତ୍ମହତ୍ୟା କରୁଥିବା ଲୋକେ ବ୍ୟବହାର କରିଛନ୍ତି ହେଲେ ଏ ପର୍ଯ୍ୟନ୍ତ ଏହି ରେଳ ନେଟୱର୍କରେ କୌଣସି ମଧ୍ୟ ଏମିତି ଦୁର୍ଘଟଣା ଘଟିନାହିଁ ଯେଉଁଥିରେ କାହାର ଜୀବନ ଯାଇଛି । ଏହା ବ୍ୟତୀତ ଜାପାନ ପ୍ରତି ଭାରତର ପସନ୍ଦର ଏକ ବଡ଼ ରାଜନୈତିକ କାରଣ ମଧ୍ୟ ରହିଛି । ଭାରତ ଏବଂ ଚୀନର ପ୍ରତିଦ୍ୱନ୍ଦ୍ୱିତା ଜଗତ ଜାଣିଛି । ଏଥିପାଇଁ ଭାରତ ଚାହୁନାହିଁ କି ବୁଲେଟ ଟ୍ରେନ ଭଳି ସମ୍ବେଦନଶୀଳ ପରିଯୋଜନାରେ ଚୀନ ଯୋଗ ଦେବା ଠିକ୍ ହେବନାହିଁ ।

ପରନ୍ତୁ, ବର୍ତ୍ତମାନ ଏ ବାବଦରେ ଅନ୍ତିମ ନିଷ୍ପତ୍ତି ନିଆଯିବା ବାକି ଅଛି । ଏହି କାରଣରୁ ଭାରତର ବୁଲେଟ ଟ୍ରେନ ପରିଯୋଜନା ଜାପାନ ପକ୍ଷରେ ଯାଉଥିବା ଦେଖାଯିବା ସତ୍ତ୍ୱେ ଚୀନ ଲାଳସା ଛାଡ଼ିନାହିଁ । ଚୀନ ସରକାର ଶୀଘ୍ର ଭାରତ ସରକାରଙ୍କ ସମ୍ମୁଖରେ ଏ ବାବଦରେ ଏକ ବିସ୍ତୃତ ପ୍ରସ୍ତାବ ରଖିବାକୁ ଯାଉଛି । ଏହି ପ୍ରସ୍ତାବକୁ ପ୍ରସ୍ତୁତ କରିବା ଉଦ୍ଦେଶ୍ୟରେ ଚୀନର ଆଲା ରେଲୱେ ଅଧିକାରୀ ଭାରତ ଗସ୍ତ କରି ସାରିଛନ୍ତି । ଏହି ଚୀନ ଅଧିକାରୀମାନେ କେବଳ ରେଳ ମନ୍ତ୍ରାଳୟର ବରିଷ୍ଠ ଅଧିକାରୀଙ୍କୁ ଭେଟି ନାହାନ୍ତି ବରଂ ପରିଯୋଜନା ପାଇଁ ଭାରତୀୟ ନିବେଶକ ଅନ୍ୱେଷଣ ଉଦ୍ଦେଶ୍ୟରେ ଅନେକ ଭାରତୀୟ କର୍ପୋରେଟ ସଂସ୍ଥା ସହ ମଧ୍ୟ ସାକ୍ଷାତ କରିଛନ୍ତି । ଏମାନଙ୍କ ମଧ୍ୟରେ ଟାଟା ର ନାମ ପ୍ରମୁଖତା ରୂପେ ନିଆଯାଉଛି । ଚୀନ ଏହି ଯୋଜନା ଉପରେ କାମ କରୁଛି ଯେ ସେ ଜାପାନ ତୁଳନାରେ ଖୁବ୍ କମ୍ ଖର୍ଚ୍ଚରେ ବୁଲେଟ ଟ୍ରେନ ପରିଯୋଜନା ବିକଶିତ କରିବାର ପ୍ରସ୍ତାବ ଭାରତକୁ ଦେବ ।

ସେପ୍ଟେମ୍ବର, ୨୦୧୪ ରେ ଯେତେବେଳେ ଚୀନର ରାଷ୍ଟ୍ରପତି ଶି ଜିନପିଙ୍ଗ ଭାରତ ଗସ୍ତରେ ଆସିଲେ ତେବେ ରେଲୱେରେ ମଧ୍ୟ ଦୁଇ ଦେଶ ଆପୋଷ ସହଯୋଗ ବଢ଼ାଇବା ପାଇଁ ଦୁଇଟି ରାଜିନାମାରେ ଦସ୍ତଖତ କଲେ । ରାଜିନାମାରେ ଭାରତର ପ୍ରଧାନମନ୍ତ୍ରୀ ନରେନ୍ଦ୍ର ମୋଦି ଏବଂ ଚୀନ ରାଷ୍ଟ୍ରପତି ଶି ଚିନପିଙ୍ଗଙ୍କ ଉପସ୍ଥିତିରେ ରେଲୱେ ବୋର୍ଡର ଅଧ୍ୟକ୍ଷ ଅରୁଣେନ୍ଦ୍ର କୁମାର ଏବଂ ଚିନ ରାଷ୍ଟ୍ରୀୟ ରେଲୱେ ପ୍ରଶାସନର ଉପମନ୍ତ୍ରୀ ଏବଂ ପ୍ରଶାସକ ଲୁ ଡେଙ୍ଗଫୁ ହସ୍ତାକ୍ଷର କରିଥିଲେ । ରାଜିନାମାରେ ଯେଉଁ କ୍ଷେତ୍ରରେ ଦୁଇ ଦେଶ ମଧ୍ୟରେ ଆପୋଷ ସହଯୋଗ ବଢ଼ାଇବା କଥା କରାଯାଇଛି ସେଥି ମଧ୍ୟରୁ ହାଇସ୍ପିଡ୍ ରେଳ ମଧ୍ୟ ରହିଛି ।

ରାଜିନାମାରେ ସ୍ଥିର କରାଯାଇଛି ଯେ ଭାରତୀୟ ରେଲୱେର ପରାମର୍ଶରେ ଚୀନ କୌଣସି ଗୋଟିଏ ରେଳଖଣ୍ଡରେ ହାଇସ୍ପିଡ୍ ରେଳ ଚଳାଇବାକୁ ନେଇ ବ୍ୟବହାର୍ଯ୍ୟତା ଅଧ୍ୟୟନ କରିବ । ଏହା ବ୍ୟତୀତ ଦୁଇ ଦେଶ ମଧ୍ୟରେ ଉପସ୍ଥିତ ରେଳଖଣ୍ଡ ଗୁଡ଼ିକରେ କେମିତି ଗାଡ଼ିଗୁଡ଼ିକର ଗତି ବଢ଼ାଯାଇ ପାରିବ ସେ ନେଇ ମଧ୍ୟ ସହମତି ହୋଇଛି । ଅଭିଜ୍ଞ ଲୋକ ଏହାକୁ ଭାରତର ବୁଲେଟ ଟ୍ରେନ ପରିଯୋଜନା ସହ ଯୋଡ଼ି ଦେଖୁଛନ୍ତି । ଭାରତ ସରକାର ରେଲୱେରେ ଚୀନ ସହ ବୁଝାମଣା କରି ଜାପାନକୁ ମଧ୍ୟ ଏହି ସଙ୍କେତ ଦେଇଛି ଯେ ଭାରତରେ ତାଙ୍କୁ ବୁଲେଟ ଟ୍ରେନର ଠିକା ପାଇବା ପାଇଁ କଡ଼ା ପ୍ରତିଯୋଗିତାର ସାମ୍ନା କରିବାକୁ ପଡ଼ିବ । ଅଭିଜ୍ଞ ଲୋକ ଏହାକୁ ଏକ ପ୍ରକାର ଚାପର ରାଜନୀତି ଭାବେ ମଧ୍ୟ ଦେଖୁଛନ୍ତି ଅତଏବ ଯେତେବେଳେ ଜାପାନ ଭାରତରେ ବୁଲେଟ ଟ୍ରେନ ପରିଯୋଜନା ଅନୁସାରେ ବୋଲି ଲଗାଇବ ତେବେ ସେ ଭାରତ ସରକାରକୁ କମ୍ ଦାମ୍‌ର ପ୍ରସ୍ତାବ ଦେଉ । ଏଠାରେ ଏହା କହିବା ଜରୁରୀ କି ଜାପାନର ବୁଲେଟ ଟ୍ରେନ ଶିଳ୍ପ କୌଶଳ ଚୀନ ତୁଳନାରେ ଖୁବ୍ ମହଙ୍ଗା ଅଟେ ହେଲେ ସୁରକ୍ଷା ଦୃଷ୍ଟିରୁ ଜାପାନୀ ଶିଳ୍ପ କୌଶଳକୁ ସର୍ବୋତ୍ତମ ମାନ୍ୟତା ମିଳେ ।

ଆରମ୍ଭରେ ଚୀନ ନିଜେ ମଧ୍ୟ ହାଇସ୍ପିଡ୍ ଟ୍ରେନ ଶିଳ୍ପ କୌଶଳ ଜାପାନ ଠାରୁ ହିଁ ଆଣିଥିଲା ହେଲେ ବର୍ତ୍ତମାନ ଚୀନ ଏହି ଦିଗରେ ଖୁବ୍ ପ୍ରଗତି କରିଛି । ଚୀନ ନା କେବଳ ନିଜ ଦେଶରେ ହାଇସ୍ପିଡ୍ ଟ୍ରେନ ନେଟୱର୍କ ବିକଶିତ କରିଛି ବରଂ ସେ ତୁର୍କି, ବେନେଜୁଏଲା ଏବଂ ଆର୍ଜେଣ୍ଟିନା ରେ ମଧ୍ୟ ଏ ପ୍ରକାରର ନେଟୱର୍କ ବିକଶିତ କରିବା କାର୍ଯ୍ୟ କରୁଛି । ଚୀନ ପାଖରେ ହାଇସ୍ପିଡ୍ ଟ୍ରେନ ଚଳାଇବାର ସବୁଠାରୁ ବଡ଼ ନେଟୱର୍କ ଅଛି । ଚୀନ ବର୍ତ୍ତମାନ ୧୧,୦୨୮ କିଲୋମିଟରର ରେଳ ନେଟୱର୍କରେ ଏଭଳି ଟ୍ରେନ ଚଳାଉଛି । ପରନ୍ତୁ, ଚୀନରେ ବୁଲେଟ ଟ୍ରେନ ପରିଯୋଜନା ବିକଶିତ କରାଇଥିବା ଜାପାନୀ କମ୍ପାନୀ କାବାସାକି ହେଭି ଇଣ୍ଡଷ୍ଟ୍ରୀଜ ଚୀନ ଉପରେ ଶିଳ୍ପ କୌଶଳ ଚୋରି କରିଥିବା ଅଭିଯୋଗ କରିଛି ।

କାବାସାକି ଏ ବିଷୟରେ ତା'ର ଚୀନି ସହଯୋଗୀ ସିଏସଆର-ସିଫଙ୍ଗ ଉପରେ ମୋକଦ୍ଦମା ମଧ୍ୟ କରିଥିଲା ହେଲେ କୌଣସି ଫଳାଫଳ ବାହାରି ନଥିବା ଦେଖି କମ୍ପାନୀ ଏହି ମୋକଦ୍ଦମାକୁ ଉଠାଇ ନେଇଥିଲେ । କାବାସାକିର କହିବାର ହେଲା କି ଚୀନରେ ବୌଦ୍ଧିକ ସମ୍ପଦକୁ ନେଇ ଯେଉଁ

ଆଇନ ଅଛି, ତାହା ପକ୍ଷପାତି ଅଟେ ଏବଂ ଏଥିରେ ଚୀନି କମ୍ପାନୀଙ୍କ ହିତକୁ ଦେଖି ଫଇସଲା ହୁଏ । କାବାସାକିର ଅଭିଯୋଗ ହେଲା ସିଏସଆର-ସିଫାଙ୍ଗ ନା କେବଳ ତା'ର ଶିଳ୍ପ କୌଶଳକୁ ଚୋରାଇଲା ବରଂ ସେ ସାରା ଦୁନିଆରେ ଏହାକୁ ଚୀନ୍‌ର କହି ବିକିବାକୁ ଚେଷ୍ଟା ମଧ୍ୟ କରୁଛି । ଏଥିରେ ଜାପାନକୁ ସେହିଭଳି ଦେଶରେ ଯେଉଁଠି ବୁଲେଟ ଟ୍ରେନ ପରିଯୋଜନା ବିକଶିତ କରିବାର ଅଛି, ସେଠି ଚୀନ ସହ ପ୍ରତିଯୋଗିତା କରିବାକୁ ପଡୁଛି । ଜାପାନର କହିବାନୁସାରେ ଯେତେବେଳେ ସେ ଚୀନର ବୁଲେଟ ଟ୍ରେନ ବିକଶିତ କରିବାକୁ ଶିଳ୍ପ କୌଶଳ ଦେଇଥିଲା ତେବେ ସେଥିରେ ସର୍ତ୍ତ ଥିଲା କି ଚୀନ କେବଳ ନିଜ ବ୍ୟବହାର ପାଇଁ ଏହି ଶିଳ୍ପ କୌଶଳକୁ ବ୍ୟବହାର କରିପାରିବ । ଜାପାନର ଅଭିଯୋଗ ହେଲା ଚୀନ ଏହି ସର୍ତ୍ତକୁ ମାନୁନାହିଁ ଏବଂ ବର୍ତ୍ତମାନ ଦୁନିଆର ପ୍ରତ୍ୟେକ ବଜାରରେ ବୁଲେଟ ଟ୍ରେନ ବିକିବା ଚେଷ୍ଟାରେ ଅଛି ।

ଜାପାନରେ ରେଳର ବିକାଶକୁ ନେଇ ବର୍ତ୍ତମାନ ଆହୁରି ଅଧିକ ସମ୍ଭାବନା ରହିନାହିଁ । ଏଥିପାଇଁ ଯଦି ଜାପାନକୁ ନିଜ ରେଳ ଉଦ୍ୟୋଗକୁ ଲାଭରେ ରଖିବାର ଅଛି ତେବେ ତାକୁ ଦେଶ ବାହାରେ ସୁଯୋଗ ଖୋଜିବାକୁ ହେବ । ଏହି କାମରେ ତାକୁ ଚୀନ କଡ଼ା ଟକ୍କର ଦେଉଛି । ଭାରତରେ ମଧ୍ୟ ଏମିତି ସଂଘର୍ଷ ଦେଖାଯାଉଛି । ପରନ୍ତୁ, ସୂଚନାରୁ ଜଣାଯାଏ ଯେ ଜାପାନ ପ୍ରତି ନରେନ୍ଦ୍ର ମୋଦିଙ୍କ ମୋଡ଼ ଅଛି ଏବଂ ଏମିତିରେ ଭାରତର କାମ ସମ୍ଭବତଃ ଜାପାନକୁ ମିଳିପାରେ । ହେଲେ ତାଙ୍କର ଅନେକ ନିଷ୍ପତ୍ତିରେ ଚମକାଉଥିବା ମୋଦିଙ୍କ ବାବଦରେ ପକ୍କା ଭାବେ କିଛି କୁହାଯାଇ ନପାରେ । ଚୀନ କମ୍ ଖର୍ଚ୍ଚ ଏବଂ ନିବେଶର ପ୍ରସ୍ତାବ ଦେଇ ଭାରତର ଠିକା ଯେକୌଣସି ମତେ ହାସଲ କରିବାକୁ ଚାହୁଁଛି । କାହିଁକିନା ଭାରତ ଏକ ଏମିତି ବଜାର ଯେଉଁଠି କିଛି ଦଶନ୍ଧି ପର୍ଯ୍ୟନ୍ତ ବୁଲେଟ ଟ୍ରେନ ପରିଯୋଜନାରୁ ଅଧିକ ଟଙ୍କା ରୋଜଗାର କରାଯାଇ ପାରିବ । ଆମେରିକା ମଧ୍ୟ ଏହି କ୍ଷେତ୍ରରେ ଚେଷ୍ଟା କରୁଛି । ଅନୁମାନ ଯେ ସାରା ଦୁନିଆରେ ରେଳର ବ୍ୟବସାୟ ୧୮୦ ଅର୍ବୁଦ ଡଲାର୍ । ଏଥି ମଧ୍ୟରୁ ଦୁନିଆର ପ୍ରମୁଖ ଦେଶ ଅଧିକରୁ ଅଧିକ ଭାଗିଦାରୀ ପାଇଁ ଚେଷ୍ଟା କରୁଛନ୍ତି ।

ବର୍ତ୍ତମାନ ଭାରତରେ ସବୁଠାରୁ ଅଧିକ ଗତିରେ ଚାଲୁଥିବା ଟ୍ରେନ ଶତାବ୍ଦି ଅଟେ । ଏହାର ଗତି ୧୪୦ କିଲୋମିଟର ପ୍ରତି ଘଣ୍ଟା । ଏହା ପୂର୍ବରୁ ସବୁଠାରୁ ଅଧିକ ଗତିରେ ଚାଲୁଥିବା ଭାରତୀୟ ଟ୍ରେନ ଥିଲା ରାଜଧାନୀ । ଏହା ୧୩୦ କିଲୋମିଟର ପ୍ରତି ଘଣ୍ଟାର ଗତିରେ ଚାଲୁଛି । ଭାରତରେ ରାଜଧାନୀର ପରିଚାଳନା ୧୯୬୯ ରେ ଆରମ୍ଭ ହୋଇଥିଲା । ଯେତେବେଳେ କି ଏହାର ପାଞ୍ଚବର୍ଷ ପୂର୍ବରୁ ହିଁ ଜାପାନ ତା'ର ପ୍ରଥମ ବୁଲେଟ ଟ୍ରେନ ଶିନକାନସେନର ଆରମ୍ଭ କରି ଦେଇଥିଲା । ଏହି ଟ୍ରେନ ସେହି ସମୟରେ ୨୪୦ କିଲୋମିଟର ପ୍ରତି ଘଣ୍ଟା ବେଗରେ ଦୌଡୁଥିଲା ।

ଯେ ପ୍ରକାରରେ ହେଉ, ଭାରତରେ ଘଣ୍ଟା ପ୍ରତି ୧୬୦ କିଲୋମିଟର ବେଗରେ ଦୌଡୁଥିବା ଟ୍ରେନର ପରୀକ୍ଷଣ ଗତ ଜୁଲାଇରେ କରାଯାଇଛି । ଏହି ପରୀକ୍ଷଣ ଦିଲ୍ଲୀ ଏବଂ ଆଗ୍ରା ମଧ୍ୟରେ ହେଲା । ପରୀକ୍ଷଣ ସମୟରେ ଟ୍ରେନ୍ ଆଗ୍ରା ଏବଂ ଦିଲ୍ଲୀ ମଧ୍ୟର ୨୦୦ କିଲୋମିଟର ଦୂରତାକୁ ୯୦ ମିନିଟ୍‌ରେ ପୂର୍ଣ୍ଣ କଲା । ଏହା ପୂର୍ବ ପର୍ଯ୍ୟନ୍ତ ପରୀକ୍ଷଣ ସ୍ତରରେ ମଧ୍ୟ ଭାରତରେ ଘଣ୍ଟା ପ୍ରତି ୧୫୦ କିଲୋମିଟରରୁ ଅଧିକ ଗତି ହାସଲ ହୋଇ ପାରିନଥିଲା । ଏମିତି ଆଶା କରାଯାଉଛି କି ନଭେମ୍ବର ଠାରୁ ଆଗ୍ରା ଏବଂ ଦିଲ୍ଲୀ ମଧ୍ୟରେ ଘଣ୍ଟା ପ୍ରତି ୧୬୦ କିଲୋମିଟର ବେଗରେ ଚାଲିବାକୁ ଥିବା ଟ୍ରେନ ସୁବିଧା ଯାତ୍ରୀଙ୍କୁ ମିଳିପାରିବ । ଏହି ଟ୍ରେନ୍‌କୁ କିଛି ଲୋକ ସେମୀ ବୁଲେଟ ଟ୍ରେନ ମଧ୍ୟ କହୁଛନ୍ତି ।

ସାରା ଦୁନିଆରେ ପ୍ରସିଦ୍ଧ ଜାପାନୀ ବୁଲେଟ ଟ୍ରେନ ବିକଶିତ କରାଯିବାର ଯାତ୍ରା ୧୯୫୭ ରେ ଆରମ୍ଭ ହେଲା । ୧୯୫୭ ରେ ଜାପାନୀ କମ୍ପାନୀ ଓଦାକ୍ୟୁ ଇଲେକ୍ଟ୍ରିକ୍ ରେଲୱେ ନ୍ୟାରୋ ଗେଜ୍ ଉପରେ ଓଦାକ୍ୟୁ-୩୦୦୦ ସିରିଜ୍‌ର ଇଏମ୍‌ୟୁ ଆରମ୍ଭ କଲା । ଏହି ଟ୍ରେନ ଘଣ୍ଟା ପ୍ରତି ୧୪୫ କିଲୋମିଟର ବେଗରେ ଚାଲୁଥିଲା । ଏହା ସେ ସମୟରେ ସାରା ଦୁନିଆରେ ଏକ କୀର୍ତ୍ତିମାନ ଥିଲା । ଏହି ସଫଳତାରୁ

କମ୍ପାନୀର ଇଞ୍ଜିନିୟର ଏତେ ଉତ୍ସାହିତ ହେଲେ କି ସେମାନେ ବ୍ରଡ୍ ଗେଜ୍ ପାଇଁ ଆହୁରି ଅଧିକ ଗତିରେ ଚାଲୁଥିବା ଟ୍ରେନ ବିକଶିତ କରିବା ଦିଗରେ କାମ ଆରମ୍ଭ କରିଦେଲେ ।

ଏହା ପରେ ଜାପାନରେ ଶିନକାସେନ ପରିଯୋଜନା ଅନୁସାରେ ଘଣ୍ଟା ପ୍ରତି ୨୫୦ କିଲୋମିଟରେ ବେଗରେ ଚାଲିବାକୁ ଥିବା ଟ୍ରେନ ପ୍ରସ୍ତୁତ ହେଲା । ପରନ୍ତୁ, ଏହି ପରିଯୋଜନାରେ ଜାପାନକୁ ସାହାଯ୍ୟ କରୁଥିବା ବିଶ୍ୱ ବ୍ୟାଙ୍କ ନିଜ ଅଧ୍ୟୟନରେ ଏହା ପାଇଲା କି ଏହି ଗତିରେ ଟ୍ରେନ ଚଳାଇବା ସୁରକ୍ଷିତ ନୁହେଁ । ବିଶ୍ୱ ବ୍ୟାଙ୍କ ଘଣ୍ଟା ପ୍ରତି ୨୧୦ କିଲୋମିଟର ଗତି ସୀମାକୁ ମଞ୍ଜୁରୀ ଦେଲା । ୧୯୬୪ ରେ ଅଲମ୍ପିକ୍ ଖେଳର ଆୟୋଜନ ସମୟରେ ହିଁ ଟୋକିଓ ଏବଂ ଓସାକା ମଧ୍ୟରେ ପ୍ରଥମ ବୁଲେଟ ଟ୍ରେନର ପରିଚାଳନା ଆରମ୍ଭ ହେଲା । ଶିନକାସେନ ପରିଯୋଜନା ବିକଶିତ କରିବାରେ ଜାପାନୀ କମ୍ପାନୀ କାବାସାକିର ଭୂମିକା ପ୍ରମୁଖ ଥିଲା ।

ପ୍ରଥମେ ଏହି ଟ୍ରେନରେ ୧୨ କୋଚ୍ ଥିଲା । ପରେ ଯାହାକୁ ବଢ଼ାଇ ୧୬ କରି ଦିଆଗଲା । ପ୍ରଥମେ ଜାପାନର ବୁଲେଟ ଟ୍ରେନ ନେଟୱର୍କରେ ଏକ ମହଲା ଟ୍ରେନ୍ ହିଁ ଚାଲୁଥିଲା ହେଲେ ବର୍ତ୍ତମାନ ସେଠାରେ ଡବଲ ଡେକର ବୁଲେଟ ଟ୍ରେନ ମଧ୍ୟ ଚାଲୁଛି । ଜାପାନ ନିଜ ବୁଲେଟ ଟ୍ରେନ୍‌ଗୁଡ଼ିକୁ ଶିଳ୍ପ କୌଶଳ ଉପରେ ସର୍ବୋତ୍ତମ କରିବା ପାଇଁ ଲଗାତର୍ କାମ କରିଛି । ବର୍ତ୍ତମାନ ଯେଉଁ ବୁଲେଟ ଟ୍ରେନ ଜାପାନରେ ଚାଲୁଛି, ସେଗୁଡ଼ିକୁ ଏଭଳି ଭାବେ ତିଆରି କରାଯାଉଛି କି ସେଗୁଡ଼ିକ ଭୂମିକମ୍ପ ଭଳି ପ୍ରାକୃତିକ ଦୁର୍ବିପାକର ମଧ୍ୟ ସାମ୍ନା କରି ପାରିବେ । ଏହା ବ୍ୟତୀତ କମ୍ ବିଦ୍ୟୁତ୍ ଖର୍ଚ୍ଚରେ ଚାଲୁଥିବା କୌଶଳ ମଧ୍ୟ ଜାପାନର ବୁଲେଟ ଟ୍ରେନରେ ପ୍ରୟୋଗ କରାଯାଉଛି । ଜାପାନରେ ବୁଲେଟ ଟ୍ରେନ ନେଟୱର୍କର ବିସ୍ତାର ଲଗାତର୍ ହେଉଛି । ଜାପାନରେ ଏହି ପ୍ରୟୋଗ କେତେ ସଫଳ ହେଲା, ଏହାର ଅନୁମାନ ଏହି କଥା ଉପରେ କରାଯାଇ ପାରିବ କି ୧୯୭୬ ପର୍ଯ୍ୟନ୍ତ ଏହି ଟ୍ରେନରେ ଯାତ୍ରା କରୁଥିବା ଲୋକଙ୍କ ସଂଖ୍ୟା ଏକ ଅର୍ବୁଦରୁ ଅଧିକ ହୋଇ ସାରିଥିଲା । ଜାପାନ ସରକାରଙ୍କ କହିବାନୁଯାୟୀ ଏ ପର୍ଯ୍ୟନ୍ତ ଜାପାନର ବୁଲେଟ ଟ୍ରେନ ନେଟୱର୍କରେ ଯାତ୍ରା କରୁଥିବା ଯାତ୍ରୀଙ୍କ ମୋଟ ସଂଖ୍ୟା ଦଶ ଅର୍ବୁଦର ଗଣତିକୁ ପାର୍ କରି ସାରିଛି ।

ଭାରତର ପ୍ରଥମ ବୁଲେଟ ଟ୍ରେନ ପରିଯୋଜନା ବିଷୟରେ ରେଲୱେ ବୋର୍ଡର ଚେୟାରମ୍ୟାନ ଅରୁଣେନ୍ଦ୍ର କୁମାର କହନ୍ତି, 'ଆମକୁ ବୁଲେଟ ଟ୍ରେନ୍ ପରିଯୋଜନାର ଅନେକ ପାର୍ଶ୍ୱକୁ ଦେଖିବାକୁ ହେବ । ଏଥିପାଇଁ ଯେଉଁ ରେଳ ଲାଇନ ବିଛାଇବାର ଅଛି, ସେଗୁଡ଼ିକ ଅନେକ କ୍ଷେତ୍ର ଦେଇ ଯିବ । ଏଗୁଡ଼ିକର ଭୌଗୋଳିକ ସ୍ଥିତି ଅଲଗା । ପଥ ଏବଂ ଷ୍ଟପେଜ୍ ବାବଦରେ ନିର୍ଣ୍ଣୟ ନେବା ସମୟରେ ଆର୍ଥିକ ଦିଗକୁ ଧ୍ୟାନ ଦେବାକୁ ହେବ । ଆମକୁ ଏହି ଟ୍ରେନ୍‌କୁ ସେହି ରାସ୍ତାରେ ନେବାକୁ ହେବ ଯେଉଁଠି ଯାତ୍ରୀ ମିଳି ପାରିବେ । ଆମକୁ ସୁରାଟ ଏବଂ ମୁମ୍ବାଇ ଭଳି ଘଞ୍ଚ ସହର ଦେଇ ଏହାକୁ ନେବାକୁ ହେବ । ସୁରାଟରେ ଆମ ପାଖରେ ଏମିତି କୌଣସି ଜାଗା ନାହିଁ ଯେଉଁଠି ଆମେ ରେଳ ଲାଇନ ବିଛାଇ ପାରିବୁ । ଏଥିପାଇଁ ସମ୍ଭବତଃ ଏଠାରେ ଆମକୁ ଭୂମିଗତ ରେଳ ଲାଇନ ବିଛାଇବାକୁ ପଡ଼ିପାରେ । ସେପଟେ ମୁମ୍ବାଇର କିଛି ଅଞ୍ଚଳରେ ଏମିତି ସମ୍ଭବ କି ଆମକୁ ବୁଲେଟ ଟ୍ରେନ ପାଇଁ ରେଳ ଲାଇନ ସମୁଦ୍ର ଭିତରେ ବିଛାଇବାକୁ ପଡ଼ିପାରେ ।' ସେ ପୁଣି କହନ୍ତି, 'ଏହି ସାରା ନିର୍ଣ୍ଣୟ ଆର୍ଥିକ ଏବଂ ଯିବା-ଆସିବା ସହ ସମ୍ବନ୍ଧିତ ଦିଗକୁ ଧ୍ୟାନରେ ରଖି ନିଆଯିବ । ଆମ ପାଖରେ ଜେଆଇସିଏର ଅନ୍ତିମ ରିପୋର୍ଟ ୨୦୧୫ ର ଜୁନ୍ ମାସ ସୁଦ୍ଧା ଆସିଯିବ । ଏହା ପରେ ହିଁ ଆମେ ଏହି ପରିଯୋଜନାକୁ ପୂର୍ଣ୍ଣ କରିବାକୁ ନେଇ କୌଣସି ସମୟ ସୀମା ସ୍ଥିର କରି ପାରିବୁ । ଆମକୁ ଏହା ମଧ୍ୟ ଦେଖିବାକୁ ହେବ ଯେ ନିବେଶର ପରିସ୍ଥିତି ଆମ ପକ୍ଷରେ ଅଛି କି ନାହିଁ ।'

ଏମିତି ଆହୁରି ମଧ୍ୟ ଅନେକ ଯୋଜନା ନରେନ୍ଦ୍ର ମୋଦିଙ୍କ ସରକାର ଆରମ୍ଭ କରିଛି ଯାହା ବିଷୟରେ କୁହାଯାଇପାରେ କି ସେଗୁଡ଼ିକର ଏକମାତ୍ର ଲକ୍ଷ୍ୟ ହେଲା ଜନକଲ୍ୟାଣ । ଏଠାରେ ଯଦି ପ୍ରତ୍ୟେକ

ଯୋଜନାର ଉଲ୍ଲେଖ କରାଯାଏ ତେବେ ଏହି ପୁସ୍ତକର ପୃଷ୍ଠା କମ୍ ହୋଇଯିବ । ଏଥିପାଇଁ ଜାଣିଶୁଣି କିଛି ପରିଯୋଜନାର ଉଲ୍ଲେଖ କରାଯାଇଛି । କିଛି ସେହିପରି ଯେଉଁଭଳି ଚାଉଳ ଫୁଟିଲାଣି କି ନାହିଁ, ଏହା ଜାଣିବା ପାଇଁ ଏହାର କିଛି ଦାନାକୁ ହାତରେ ନେଇ ଦେଖାଯାଏ ।

ହେଲେ ସେଇଠି ଅନ୍ୟ ପାର୍ଶ୍ୱରେ କିଛି ମୋର୍ଚ୍ଚା ଏମିତି ଅଛନ୍ତି, ଯେଉଁଠି ନରେନ୍ଦ୍ର ମୋଦି ସରକାରଙ୍କ ଏ ପର୍ଯ୍ୟନ୍ତର କାର୍ଯ୍ୟକ୍ରମ ଜନକଲ୍ୟାଣ ଲକ୍ଷ୍ୟର ପ୍ରତିକୂଳ ଦେଖାଯାଏ । ମହଙ୍ଗା ଅଭିଯାନ ଉପରେ ନରେନ୍ଦ୍ର ମୋଦି ନିଜେ ଓ ତାଙ୍କ ଦଳ ଭାଜପା ମଧ୍ୟ ନିର୍ବାଚନ ପ୍ରଚାର ସମୟରେ ଲମ୍ବା-ଚଉଡ଼ା ଦାବି କରୁଥିଲେ । ହେଲେ ଦରଦାମ୍ ବୃଦ୍ଧିକୁ କାବୁ କରିବାରେ ନରେନ୍ଦ୍ର ମୋଦି ସରକାର ତା'ର ପ୍ରାରମ୍ଭିକ ଦିନଗୁଡ଼ିକରେ ନାକାମ ଦେଖାଯାଉଛି । ସେଇଠି ଆର୍ଥିକ ମୋର୍ଚ୍ଚା ଉପରେ ମଧ୍ୟ ନରେନ୍ଦ୍ର ମୋଦି ସରକାର କିଛି ଏମିତି ନିଷ୍ପତ୍ତି କରିଛନ୍ତି, ଯେଉଁ କାରଣରୁ ନରେନ୍ଦ୍ର ମୋଦିଙ୍କ ସମାଲୋଚନା ଅନେକ ଲୋକ କରୁଛନ୍ତି । ଏଠାରେ ଗୋଟିଏ ପ୍ରସଙ୍ଗ ଜରିଆରେ ଏହି ସ୍ଥିତିକୁ ବୁଝା ଯାଇପାରିବ ।

କିଛି ସମୟ ପୂର୍ବରୁ ଏହି ଖବର ଆସିଲା କି କେନ୍ଦ୍ର ସରକାର ରାଷ୍ଟ୍ରୀୟ ଔଷଧ ମୂଲ୍ୟ ନିର୍ଦ୍ଧାରଣ ପ୍ରାଧିକରଣ ଏନପିପିଏ ଠାରୁ ଅଣ ଅନୁସୂଚିତ ୧୦୮ ଔଷଧର ମୂଲ୍ୟ ନିର୍ଦ୍ଧାରିତ କରିବାକୁ ଅଧିକାର ଫେରାଇ ନେଇଛି । ଏହି ଖବର ପ୍ରଧାନମନ୍ତ୍ରୀ ନରେନ୍ଦ୍ର ମୋଦିଙ୍କ ଆମେରିକା ଯାତ୍ରାର ଗୋଟିଏ ଦିନ ପୂର୍ବରୁ ଆସିଲା । ଅନେକ ଲୋକ ଏହି ଖବରକୁ ନରେନ୍ଦ୍ର ମୋଦିଙ୍କ ଆମେରିକା ଯାତ୍ରା ସହ ଯୋଡ଼ି ଦେଖିଲେ । କୁହାଗଲା କି ସରକାର ଏହି ନିଷ୍ପତ୍ତି ସମ୍ଭବତଃ ଆମେରିକାର ଔଷଧ କମ୍ପାନୀଙ୍କୁ ଖୁସି କରିବା ଉଦ୍ଦେଶ୍ୟରେ କରିଛନ୍ତି ଏବଂ ନରେନ୍ଦ୍ର ମୋଦିଙ୍କ ସାକ୍ଷାତ ଆମେରିକାରେ ବଡ଼ ଔଷଧ କମ୍ପାନୀଙ୍କ ପ୍ରମୁଖ ଲୋକଙ୍କ ସହ ମଧ୍ୟ ପ୍ରସ୍ତାବିତ ଅଛି, ଏଥିପାଇଁ ମୋଦି ସେମାନଙ୍କ ପାଇଁ ଭାରତରେ ନିବେଶର ଅନୁକୂଳ ବାତାବରଣ ତିଆରି କରି ସେମାନଙ୍କ ପାଖକୁ ଯିବାକୁ ଚାହୁଁଛନ୍ତି ।

ଯେତେବେଳେ ମିଡିଆରେ ଏହି କଥା ଉଠିଲା ତେବେ ସରକାର ନିଜ ସଫେଇରେ କହିଲେ କି ସେ ଏନ୍‌ପିପିଏ ଠାରୁ ଅଧିକାର ଫେରାଇ ନାହାନ୍ତି ବରଂ ଏନ୍‌ପିପିଏ ନିଜେ ହିଁ ତା'ର ପୁରୁଣା ଆଦେଶକୁ ଫେରାଇ ନେଇଛି । ଏହି ଆଦେଶ ଫେରାଇ ନିଆଯିବା ପରେ ୧୦୮ ଅଣ ଅନୁସୂଚିତ କିନ୍ତୁ ଜୀବନ ରକ୍ଷକ ଔଷଧର ଦାମ୍ ଉପରେ ଏନ୍‌ପିପିଏର ନିୟନ୍ତ୍ରଣ ହଟିଗଲା । ଏନ୍‌ପିପିଏ କେନ୍ଦ୍ରୀୟ ରସାୟନ ଏବଂ ଉର୍ବରକ ମନ୍ତ୍ରାଳୟ ଅନୁସାରେ କାମ କରେ । ମନ୍ତ୍ରାଳୟ ଦ୍ୱାରା ଏହି ସମ୍ପୂର୍ଣ୍ଣ ବିଷୟ ଉପରେ ସଫେଇ ଦେବାରେ ଯେଉଁ ବିଜ୍ଞପ୍ତି ଜାରି କରାଗଲା, ସେଥିରେ କୁହାଯାଇଛି ଯେ ଅଣ ଅନୁସୂଚିତ ଔଷଧର ଦାମ୍ ନିର୍ଦ୍ଧାରଣ ପାଇଁ ଏନ୍‌ପିପିଏ ମଇ ମାସ, ୨୦୧୪ ରେ ଆଦେଶ ଜାରି କରିଥିଲେ । ଏହା ପରେ ଔଷଧି କମ୍ପାନୀମାନେ ଏହି ଆଦେଶ ବିରୋଧରେ ମୁମ୍ବାଇ ଏବଂ ଦିଲ୍ଲୀ ଉଚ୍ଚ ନ୍ୟାୟାଳୟରେ ଆବେଦନ କଲେ । ଏହି ମୋକଦ୍ଦମାରେ ଭାରତ ସରକାର ଏବଂ ଏନ୍‌ପିପିଏକୁ ପ୍ରତିବାଦୀ କରାଯାଇଛି । ଏନ୍‌ପିପିଏ ଆଇନ ଏବଂ ନ୍ୟାୟ ମନ୍ତ୍ରାଳୟ ସହ ବିଚାର-ବିମର୍ଶ କରିବା ପରେ ମଇ ମାସର ନିଜ ଆଦେଶକୁ ଫେରାଇ ନେବାର ନିର୍ଣ୍ଣୟ ନେଇଛନ୍ତି ।

ସରକାରଙ୍କ ସଫାଇର ଅର୍ଥ ଏହା ବାହାରୁଛି କି ଯେଉଁ ଆଇନ-କାନୁନ ଅନୁସାରେ ଏନ୍‌ପିପିଏକୁ ଔଷଧର ମୂଲ୍ୟ ନିର୍ଦ୍ଧାରଣର ଅଧିକାର ଦିଆଯାଇଛି, ସେଥିରେ କେଉଁଠି କୌଣସି ଏମିତି ଅଭାବ ଅଛି ଯେଉଁ କାରଣରୁ ଏନ୍‌ପିପିଏର ମଇ ମାସର ଆଦେଶ ଆଇନ ଅନୁସାରେ ରହୁନାହିଁ । ଯଦି ଏହା ଠିକ୍ ତେବେ ଏହା କହିବା ଭୁଲ୍ ହେବ କି ନରେନ୍ଦ୍ର ମୋଦିଙ୍କ ଆମେରିକା ଯାତ୍ରାର କାରଣରୁ ଏହି ଔଷଧଗୁଡ଼ିକୁ ମୂଲ୍ୟ ନିର୍ଦ୍ଧାରଣ ସୀମାରୁ ବାହାର କରାଗଲା । କିନ୍ତୁ ଏହିଠାରୁ ସରକାରଙ୍କ ଅଭିପ୍ରାୟ ଉପରେ ପ୍ରଶ୍ନବାଚୀ ଲାଗିଚାଲେ । ଯଦି ପ୍ରକୃତରେ କୌଣସି ଆଇନ ପେଞ୍ଚ ଥିଲା ତେବେ ଏହି ଔଷଧଗୁଡ଼ିକର ଗୁରୁତ୍ୱକୁ ନଜରରେ ରଖି ସରକାର ଏହା କହି ପାରିଥାନ୍ତେ କି ଆଇନ ପ୍ରତିବନ୍ଧକ କାରଣରୁ ବର୍ତ୍ତମାନ ଏହି

ଔଷଧଗୁଡ଼ିକୁ ମୂଲ୍ୟ ନିୟନ୍ତ୍ରଣ ସୀମାରୁ ବାହାର କରୁଛନ୍ତି ହେଲେ ଆଇନ ଅସୁବିଧାକୁ ଦୂର କରି ସରକାର ଯେ କୌଣସି ପରିସ୍ଥିତିରେ ଜୀବନ ରକ୍ଷକ ଔଷଧର ଦାମ୍‌କୁ ଏକ ନିଶ୍ଚିତ ସୀମା ଭିତରେ ରଖିବେ । ହେଲେ ସରକାରଙ୍କ ତରଫରୁ ଏମିତି କିଛି କରାଗଲା ନାହିଁ । ଏମିତିରେ ସାଧାରଣ ଲୋକଙ୍କ ଜୀବନରେ କ୍ରାନ୍ତିକାରୀ ପରିବର୍ତ୍ତନ ଆଣିବା କଥା ଅଦ୍ୟାପି ପ୍ରଧାନମନ୍ତ୍ରୀ ନରେନ୍ଦ୍ର ମୋଦି କେବେ ଟେଲିଭିଜନ ଜରିଆରେ ତ' କେବେ ରେଡିଓ ଜରିଆରେ କହିଥିଲେ କିନ୍ତୁ ଆବଶ୍ୟକ ପଡ଼ିଲେ ସାଧାରଣ ଲୋକ ନିଜେ ଠକି ଯାଇଥିବା ଅନୁଭବ କରିବେ ।

ଏମିତି ଏଥିପାଇଁ କୁହାଯାଇପାରେ ଯେହେତୁ ଏହି ଔଷଧଗୁଡ଼ିକୁ ମୂଲ୍ୟ ନିର୍ଦ୍ଧାରଣ ସୀମାରୁ ବାହାର କରିବାକୁ କର୍ପୋରେଟ ସଂସ୍ଥାମାନେ ଖୁସିରେ ସ୍ୱାଗତ କରିଥାଆନ୍ତୁ ନା କାହିଁକି କିନ୍ତୁ ଏହି ନିଷ୍ପତ୍ତି ପରେ ଅନେକ ଔଷଧର ଦାମ୍ ଅତି ଶୀଘ୍ର ବଢ଼ିଯାଇଛି । ଏକ ଖବରକାଗଜର ରିପୋର୍ଟ ଅନୁସାରେ କର୍କଟ ରୋଗର ଚିକିତ୍ସାରେ ବ୍ୟବହାର ହେଉଥିବା ଔଷଧ ଗ୍ଲିବେକର ଦାମ୍ ଏକ ଲକ୍ଷ ଟଙ୍କା ହୋଇଯାଇଛି । ଏହି ନିଷ୍ପତ୍ତି ପୂର୍ବରୁ ଏହା ୮,୫୦୦ ଟଙ୍କାରେ ବିକ୍ରି ହେଉଥିଲା । ଏହାର ଜେନେରିକ ସଂସ୍କରଣ ବିନେଟର ଦାମ୍ ମଧ୍ୟ ୮,୫୦୦ ରୁ ବଢ଼ି ୧୧,୫୦୦ ଟଙ୍କା ହୋଇଯାଇଛି । ସେଇଠି ହୃଦ୍‌ରୋଗ ଏବଂ ରକ୍ତଚାପର ଚିକିତ୍ସାରେ ବ୍ୟବହୃତ ଔଷଧ ପ୍ଲେବିକ୍ସ ର ଦାମ୍ ୧,୬୧୫ ଟଙ୍କା ହୋଇଯାଇଛି । ଏନପିପିଏର ଏହି ନିର୍ଣ୍ଣୟ ପୂର୍ବରୁ ଏହି ଔଷଧ ୧୪୭ ଟଙ୍କାରେ ବିକ୍ରି ହେଉଥିଲା । ଏମିତି ଆହୁରି ଅନେକ ଉଦାହରଣ ରହିଛି । ଏହି ଉଦାହରଣଗୁଡ଼ିକ ମଧ୍ୟରୁ ଜଣାଯାଉଛି କି 'ଭଲ ଦିନ'ର ସ୍ୱପ୍ନ ଦେଖୁଥିବା ସରକାର ସେହି ଲୋକଙ୍କୁ ବିପଦରେ ପକାଉଛି ଯେଉଁମାନେ ପୂର୍ବରୁ ଗମ୍ଭୀର ରୋଗରେ ପୀଡ଼ିତ ଅଛନ୍ତି ।

ଖାଦ୍ୟ, ବସ୍ତ୍ର ଏବଂ ବାସଗୃହ ମନୁଷ୍ୟର ମୌଳିକ ଆବଶ୍ୟକତା ଅଟେ । ବର୍ତ୍ତମାନ କିଛି ଲୋକ ଏହି ସୂଚିରେ ଔଷଧକୁ ମଧ୍ୟ ସାମିଲ କରିବାକୁ ଓକିଲାତି କରୁଛନ୍ତି । ବର୍ତ୍ତମାନ ବୋଧହୁଏ କୌଣସି ବ୍ୟକ୍ତି ଔଷଧ ସେବନରୁ ରକ୍ଷା ପାଉଛି । ଦେଶର ଅଧିକାଂଶ ଲୋକ ଅର୍ଥ ନଥିବା ଯୋଗୁଁ ଆବଶ୍ୟକ ଔଷଧ ଖାଇ ପାରୁନାହାନ୍ତି ଏବଂ ଏମାନଙ୍କ ମଧ୍ୟରୁ ଅନେକ ପ୍ରତ୍ୟେକ ବର୍ଷ ଆଖି ବୁଜି ଦେଉଛନ୍ତି । ସବୁ ଶ୍ରେଣୀର ଲୋକ ଆବଶ୍ୟକ ଔଷଧ ପାଆନ୍ତୁ, ଏହି ଉଦ୍ଦେଶ୍ୟରେ ଦରକାରୀ ଔଷଧର ଦାମ୍ ଉପରେ ସରକାରୀ ନିୟନ୍ତ୍ରଣର କଥା ଚାଲିଆସୁଛି । କିଛି ଦିନ ପୂର୍ବେ ଭାରତ ସରକାରଙ୍କ କର୍ପୋରେଟ ବିଷୟର ମନ୍ତ୍ରାଳୟ ଏକ ଅଧ୍ୟୟନରୁ ଜାଣିବାକୁ ପାଇଥିଲା ଯେ ଗ୍ଲେକ୍ସୋ, ଫାଇଜର, ରେନବାକ୍ସି ଏବଂ ଡା. ରେଡ୍ଡିଜ ଭଳି ନାମୀ କମ୍ପାନୀ ସେମାନଙ୍କ କିଛି ଔଷଧକୁ ଉତ୍ପାଦନ ଖର୍ଚ୍ଚରୁ ୧,୧୨୩ ପ୍ରତିଶତ ଅଧିକରେ ବିକ୍ରି କରୁଛନ୍ତି । ଏହା ସତ୍ତ୍ୱେ ଯେତେବେଳେ ମଧ୍ୟ ଔଷଧ ଉପରେ ମୂଲ୍ୟ ନିୟନ୍ତ୍ରଣ କଥା ଚାଲେ ସେତେବେଳେ ଔଷଧ କମ୍ପାନୀ ଏବଂ ଉଦ୍ୟୋଗ ଜଗତ ପାଇଁ ସୁପାରିଶ କରୁଥିବା ସଂଗଠନମାନେ ମଧ୍ୟ ଏକ ସ୍ୱରରେ କହୁଥିବା ଦେଖାଯାନ୍ତି ଯେ ଏହା ଦ୍ୱାରା ଭାରତୀୟ ଅର୍ଥବ୍ୟବସ୍ଥାର ଉଦାରୀକରଣ ପ୍ରକ୍ରିୟା ବାଧିତ ହେବ ଏବଂ ନିବେଶକ ହତୋତ୍ସାହିତ ହେବେ । ଅନେକ ଆର୍ଥିକ ଏଜେନ୍ସିଙ୍କ ସର୍ଭେ ବାହାନା ନେଇ ଏମିତି କୌଣସି ପଦକ୍ଷେପକୁ ଦମନକାରୀ ପର୍ଯ୍ୟନ୍ତ ଜଣାଇ ଦିଆଯାଏ । ଔଷଧ ଲାବିର ଖୋଲା ବିରୋଧ ସତ୍ତ୍ୱେ ଏହା ଏକ ତଥ୍ୟ ଯେ ଖୋଲା ବଜାରର ପକ୍ଷଧର ଫ୍ରାନ୍ସ, ବ୍ରିଟେନ, କାନାଡ଼ା ଏବଂ ଅଷ୍ଟ୍ରେଲିଆ ଭଳି ଦେଶରେ ମଧ୍ୟ ସରକାର ଔଷଧର ମୂଲ୍ୟ ନିର୍ଦ୍ଧାରଣ କରନ୍ତି । ହେଲେ ଏହା ସତ୍ତ୍ୱେ ଏଠାକାର ଔଷଧ କମ୍ପାନୀମାନଙ୍କ ଆଧିପତ୍ୟ କେବଳ ନିଜ ଦେଶରେ ନୁହେଁ ବରଂ ସାରା ଦୁନିଆରେ ଏହି ଦେଶର କମ୍ପାନୀମାନେ ସେମାନଙ୍କ ଔଷଧ ବିକୁଛନ୍ତି ।

ଉଲ୍ଲେଖନୀୟ କଥା ହେଲା ସରକାର ଆବଶ୍ୟକୀୟ ଔଷଧର ଏକ ରାଷ୍ଟ୍ରୀୟ ସୂଚୀ ପ୍ରସ୍ତୁତ କରିଛନ୍ତି । ଏଥିରେ ବର୍ତ୍ତମାନ ୩୪୮ ଟି ଔଷଧ ରହିଛି । ଏନ୍‌ପିପିଏକୁ ଏଗୁଡ଼ିକର ମୂଲ୍ୟ ନିର୍ଦ୍ଧାରିତ କରିବାର ଅଧିକାର ଅଛି । ହେଲେ ଗତ ମଇ ମାସରେ ଏନ୍‌ପିପିଏ ଜନହିତର ପ୍ରସାରଣ ଦେଇ ୧୦୮ ସେହିଭଳି

ଔଷଧର ମୂଲ୍ୟ ନିୟନ୍ତ୍ରଣର ସୀମାକୁ ନେଇ ଆସିଥିଲେ ଯାହା ଆବଶ୍ୟକୀୟ ଔଷଧର ସୂଚୀରେ ତ' ନଥିଲେ କିନ୍ତୁ ଯାହାର ବ୍ୟବହାର ଗମ୍ଭୀର ରୋଗର ଚିକିତ୍ସାରେ ହେଉଥିଲା । ଏମାନଙ୍କ ମଧ୍ୟରୁ ଅନେକ ଔଷଧର ବ୍ୟବହାର କର୍କଟ ଏବଂ ଏଚଆଇଭି ଏଡ୍‌ସ ଭଳି ରୋଗର ଚିକିତ୍ସାରେ ମଧ୍ୟ ହୁଏ । ଏନ୍‌ପିପିଏର ଏହି ନିର୍ଣ୍ଣୟ ବିରୋଧରେ ଔଷଧ କମ୍ପାନୀମାନେ ଏକଜୁଟ ହୋଇ ଯାଇଥିଲେ । ସମସ୍ତେ ଏକଜୁଟ ହୋଇ ଏହି ନିଷ୍ପତ୍ତିର ବିରୋଧ କଲେ । ଏମାନଙ୍କ ମଧ୍ୟରୁ କିଛି ନ୍ୟାୟାଳୟର ଶରଣାପନ୍ନ ହେଲେ । ଏହି କମ୍ପାନୀମାନେ ଯେଉଁ କଥାଗୁଡ଼ିକୁ ଆଧାର କରି ଏନ୍‌ପିପିଏର ନିଷ୍ପତ୍ତିକୁ ଆମନ୍ତ୍ରଣ ଦେଲେ, ତାକୁ ଆଧାର କରି ଆଇନ ମନ୍ତ୍ରାଳୟ ଏନ୍‌ପିପିଏକୁ ଆଦେଶ ଫେରେଇ ନେବାକୁ କହିଲା ।

ଏହି ପ୍ରସଙ୍ଗକୁ କଂଗ୍ରେସ ନିର୍ବାଚନ ପ୍ରଚାର ସମୟରେ ଉଠାଇଲା । ମହାରାଷ୍ଟ୍ର ଏବଂ ହରିୟାଣାରେ କଂଗ୍ରେସ ଉପାଧ୍ୟକ୍ଷ ରାହୁଲ ଗାନ୍ଧି ନିଜେ ଏହି ଔଷଧଗୁଡ଼ିକର ମୂଲ୍ୟବୃଦ୍ଧି ହୋଇଥିବା ଉଦାହରଣ ଦେଇ ନରେନ୍ଦ୍ର ମୋଦି ସରକାର ଉପରେ ଆକ୍ରମଣ କଲେ । ଅନ୍ୟ ପକ୍ଷରେ ଯେତେବେଳେ ପ୍ରଧାନମନ୍ତ୍ରୀ ନରେନ୍ଦ୍ର ମୋଦି ଆମେରିକା ଯାତ୍ରାରୁ ଫେରିଲେ ତେବେ ତାଙ୍କ ସମ୍ମୁଖରେ ଏହି ବିଷୟରେ କିଛି ପ୍ରମୁଖ ଲୋକ କଥା ହେଲେ । ଏମାନଙ୍କ ମଧ୍ୟରୁ ଜଣେ ହେଲେ କେରଳର ମୁଖ୍ୟମନ୍ତ୍ରୀ ଓମାନ ଚାଣ୍ଡି । ସେ ପ୍ରଧାନମନ୍ତ୍ରୀଙ୍କ ସହ ହୋଇଥିବା ସାକ୍ଷାତରେ ଏହି ପ୍ରସଙ୍ଗ ଉଠାଇଲେ । ଏହି ସାକ୍ଷାତ ପରେ ଓମାନ ଚାଣ୍ଡି ମିଡିଆକୁ କହିଲେ କି ତାଙ୍କୁ ପ୍ରଧାନମନ୍ତ୍ରୀ ଏହି ଭରସା ଦେଲେ କି ସାଧାରଣ ଲୋକଙ୍କ ଆବଶ୍ୟକତା ଏବଂ ଗମ୍ଭୀର ରୋଗର ଚିକିତ୍ସାରେ ବ୍ୟବହୃତ ଔଷଧର ମୂଲ୍ୟବୃଦ୍ଧି ହେବାକୁ ଦିଆଯିବ ନାହିଁ । ଓମାନ ଚାଣ୍ଡି ପ୍ରଧାନମନ୍ତ୍ରୀଙ୍କ ସମ୍ମୁଖରେ ଯେଉଁ କଥା କହିଲେ ତାହାର ପ୍ରଭାବ ଆଗକୁ ଆସିଲା ।

ଏହା ପରେ ଏ ବିଷୟରେ ଏକ ମହତ୍ୱପୂର୍ଣ୍ଣ କଥା ଆଗକୁ ଆସିଲା । ତାହା ଥିଲା ସରକାର ଜରୁରୀ ଔଷଧର ରାଷ୍ଟ୍ରୀୟ ସୂଚୀକୁ ସଂଶୋଧିତ କରିବାକୁ ଯାଉଛନ୍ତି । ଯେଉଁ କଥା ସାମ୍ନାକୁ ଆସୁଛି, ତାହା ମୁତାବକ ସରକାର ଏହି ସଂଶୋଧିତ ସୂଚୀରେ ସେହି ଔଷଧଗୁଡ଼ିକୁ ମଧ୍ୟ ସାମିଲ କରିବାର ଯୋଜନା କରୁଛନ୍ତି ଯାହାର ମୂଲ୍ୟ ନିୟନ୍ତ୍ରଣ ସରକାରଙ୍କ ସେପ୍ଟେମ୍ବରର ନିଷ୍ପତ୍ତି ଯୋଗୁଁ ଏନପିପିଏର ଅଧିକାର କ୍ଷେତ୍ରରୁ ବାହାରକୁ ଚାଲି ଯାଇଛି । କୁହାଯାଉଛି କି ଯେଉଁ ୧୦୮ ଔଷଧ ସରକାରଙ୍କ ସେପ୍ଟେମ୍ବରର ନିଷ୍ପତ୍ତି ଯୋଗୁ ମୂଲ୍ୟ ନିୟନ୍ତ୍ରଣର ସୀମାରୁ ବାହାରକୁ ଚାଲି ଯାଇଛି, ସେଗୁଡ଼ିକ ମଧ୍ୟରେ ଅଧିକାଂଶକୁ ସଂଶୋଧିତ ସୂଚୀରେ ସାମିଲ କରାଯିବ । ଯଦି ସରକାର ଏମିତି କରନ୍ତି ତେବେ ଏଥିରେ ସେହି ଆଇନ ପ୍ରତିବନ୍ଧକ ମଧ୍ୟ ହେବନାହିଁ ଯାହାକୁ ଆଧାର କରି ଔଷଧ କମ୍ପାନୀମାନେ ନ୍ୟାୟାଳୟକୁ ଯାଇଥିଲେ ଏବଂ ଯେଉଁ ଆଧାରରେ ଭାରତ ସରକାରଙ୍କ ଆଇନ ମନ୍ତ୍ରାଳୟ ସରକାରଙ୍କୁ ପଛଘୁଞ୍ଚା ଦେବାକୁ ପରାମର୍ଶ ଦେଇଥିଲେ । ଅନ୍ୟ ପାର୍ଶ୍ୱରେ ଗମ୍ଭୀର ରୋଗ ସହ ସଂଘର୍ଷ କରୁଥିବା ଲୋକଙ୍କୁ ମଧ୍ୟ ବହୁତ ସୁଗମତା ହୋଇଯିବ ଓ ଚିକିତ୍ସା ଯୋଗୁଁ ସେମାନଙ୍କ ଉପରେ ପଡୁଥିବା ଆର୍ଥିକ ବୋଝ କମିଯିବ । ଏଠାରେ ଏହି ବିଷୟର ଉଲ୍ଲେଖ କରିବା ଆବଶ୍ୟକତା ଅଛି କି ୨୦୧୧ ପର ଠାରୁ ଏହି ସୂଚୀର ସଂଶୋଧନ ହୋଇନାହିଁ । ପରନ୍ତୁ, ଔଷଧ କମ୍ପାନୀମାନେ ସରକାରଙ୍କ ଏହି ପଦକ୍ଷେପକୁ ଆଉ ଥରେ ଯୋରଶୋର୍ ବିରୋଧ କରିବା ଆରମ୍ଭ କରି ଦେଲେଣି ।

ଭାଗିଦାରୀ

କୌଣସି କ୍ଷେତ୍ରରେ ସଫଳତା ପାଇଁ ଏହା ଜରୁରୀ ଅଟେ କି ଯାହାଙ୍କ ପାଇଁ କାମ କରାଯାଉଛି, କାମରେ ସେମାନଙ୍କ ଭାଗିଦାରୀ ମଧ୍ୟ ରହୁ । ଏଥିରୁ ଲୋକଙ୍କ ମଧ୍ୟରେ ଏହି ଭାବନା ବିକଶିତ ହୁଏ କି ଏହା ତାଙ୍କ ନିଜ କାମ । ଉଦାହରଣ ଅନୁସାରେ ଏମିତି ବୁଝାଯାଏ କି ଯଦି କୌଣସି କମ୍ପାନୀ କୌଣସି ଉତ୍ପାଦ ବଜାରରେ ଆସିବା ପୂର୍ବରୁ ଲୋକଙ୍କ ଠାରୁ ଏହା ବାବଦରେ ମତ ନିଅନ୍ତି ଏବଂ ସେମାନଙ୍କ ମତ ଅନୁସାରେ ଉତ୍ପାଦ ଆଣେ ତେବେ ଲୋକଙ୍କୁ ଏହା ଲାଗିବ କି ଏହା ତାଙ୍କର ଆବଶ୍ୟକତା ଅନୁସାରେ ତିଆରି କରାଯାଇଥିବା ଉତ୍ପାଦ । ଲୋକଙ୍କୁ ଏହି ଉତ୍ପାଦ ସହ ସ୍ୱାଭାବିକ ସମ୍ବନ୍ଧ ରହିବ । ସେପଟେ ଯଦି ଥରେ ଉତ୍ପାଦ ବଜାରକୁ ଆସିଯାଏ ଏବଂ ଏହା ପରେ ଏଥିରେ ଆହୁରି ସୁଧାର ଆଣିବା ବାବଦରେ ଲୋକଙ୍କ ମତ ନେଇ ଯଦି ଏଥିରେ ସୁଧାର କରାଯାଏ ତେବେ ସେହି ଖାସ୍ ଉତ୍ପାଦ ପ୍ରତି ଲୋକଙ୍କ ସମ୍ବନ୍ଧ ବଢ଼ିଥାଏ ।

ଏହିପରି କିଛି ପ୍ରସଙ୍ଗ ସରକାରଙ୍କ ସହ ମଧ୍ୟ ରହିଛି । ଯେଉଁ ସରକାରଙ୍କ ପ୍ରତି ଲୋକଙ୍କ ମଧ୍ୟରେ ଏହି ଭାବନା ବିକଶିତ ହୋଇନାହିଁ କି ଏହା ତାଙ୍କ ସରକାର, ସେହି ସରକାର ପାଇଁ କାମ କରିବା କଷ୍ଟସାଧ୍ୟ ହୋଇଯାଏ । ତାକୁ କଥା କଥାରେ ଜନତାଙ୍କ ଗାଳି ମିଳିବ । ଏମିତିରେ ଯଦି କୌଣସି ସରକାର ନିଜକୁ ଜନତା ସହ ଯୋଡ଼ି ରଖିବ ତେବେ ତା ପାଇଁ କାମ କରିବା ସହଜ ହୋଇଯାଏ । ଭାରତ ଭଳି ଲୋକତାନ୍ତ୍ରିକ ବ୍ୟବସ୍ଥାରେ ତ' ଏହାର ଆବଶ୍ୟକ ଅଧିକ । ଏକ ଲୋକତାନ୍ତ୍ରିକ ବ୍ୟବସ୍ଥାରେ ଜନତାର ଭୂମିକା କେବଳ ଭୋଟ୍ ଦେବା ପର୍ଯ୍ୟନ୍ତ ସୀମିତ ହେବା ଉଚିତ ନୁହେଁ । ପ୍ରତ୍ୟେକ ପାଞ୍ଚ ବର୍ଷରେ ଭୋଟ୍ ଦେବା ମେସିନ୍ ବାବଦରେ ଜନତାକୁ ବୁଝାଇବା ଉଚିତ ନୁହେଁ । ପ୍ରକୃତରେ ଲୋକତନ୍ତ୍ର ତ' ତାହା ଯେଉଁଥିରେ ନିର୍ଣ୍ଣୟ ପ୍ରକ୍ରିୟାରେ କୌଣସି ନା କୌଣସି ରୂପେ ଜନସାଧାରଣର ଭାଗିଦାରୀ ରହୁ । ନୀତିଗୁଡ଼ିକର ନିର୍ମାଣର କୌଣସି ନା କୌଣସି ସ୍ତରରେ ଜନତାଙ୍କ ଭାଗିଦାରୀ ରହୁ ।

ନରେନ୍ଦ୍ର ମୋଦି ଏହି ଅଭିଯାନ ଉପରେ ସଜାଗ ରହିଛନ୍ତି । ଯେତେବେଳେ ସେ ଗୁଜରାଟର ମୁଖ୍ୟମନ୍ତ୍ରୀ ଥିଲେ, ସେତେବେଳେ ମଧ୍ୟ ସେ ଜନତାଙ୍କ ମତ ଜାଣିବା ପାଇଁ ଭିନ୍ନ ଭିନ୍ନ ଚେଷ୍ଟା କରୁଥିଲେ । ଏହି କାର୍ଯ୍ୟ ପାଇଁ ସେ ବହୁଳ ଭାବେ ଶିଳ୍ପ କୌଶଳର ବ୍ୟବହାର କରୁଥିଲେ । ଅନେକ ନିର୍ବାଚନୀ ରାଲିରେ ମଧ୍ୟ ସେ ତାଙ୍କ ଇମେଲ୍ କିମ୍ବା ଅନ୍ୟ ସୋସିଆଲ ନେଟ୍‌ୱର୍କ ଉପରେ ଲୋକଙ୍କ ଠାରୁ ମିଳିଥିବା ମତର ଉଲ୍ଲେଖ କରିଛନ୍ତି । ଯେତେବେଳେ ସେ ପ୍ରଧାନମନ୍ତ୍ରୀ ହେଲେ ସେତେବେଳେ ମଧ୍ୟ ସେ ଏହି ନୀତି ଆପଣାଇ ରଖିଛନ୍ତି । ସେ ଲଗାତର୍ ଜନତାଙ୍କ ସହ ଖବର ସ୍ଥାପିତ କରିବା ପାଇଁ ନୂଆ ନୂଆ ଉପାୟ ବାହାର କରୁଛନ୍ତି । ଏମିତି କରି ସେ ସରକାରରେ ଜନତାଙ୍କ ଭାଗିବାରୀ ବଢ଼ାଉଛନ୍ତି ଅତଏବ ଜନତାଙ୍କ ମଧ୍ୟରେ ଏହି ସନ୍ଦେଶ ଯାଉ କି ଏହି ସରକାର କେବଳ ନରେନ୍ଦ୍ର ମୋଦିଙ୍କ ନୁହେଁ ବରଂ ଜନତାଙ୍କ ନିଜ ସରକାର । ନରେନ୍ଦ୍ର ମୋଦିଙ୍କୁ ଜଣା ଅଛି କି ଯଦି ଥରେ ଜନତା ତାଙ୍କ ସରକାରକୁ ନିଜ ସରକାର ମାନିନେବେ ତେବେ ତାଙ୍କ ସମାଲୋଚକଙ୍କ ମୁହଁ ବନ୍ଦ କରାଇବା ପାଇଁ ତାଙ୍କୁ ଆଲୋଡ଼ିତ ହେବା ଆବଶ୍ୟକ ନାହିଁ ବରଂ ସରକାରରେ ଭାଗିଦାରୀର ଭାବନା ରଖୁଥିବା ଲୋକ ହିଁ ଏମିତି ସମାଲୋଚକଙ୍କ ମୁକାବିଲା କରିବାରେ ସକ୍ଷମ ହୋଇଯିବେ ।

ପ୍ରଧାନମନ୍ତ୍ରୀ ହେବାର ଦୁଇମାସ ପୂର୍ବରେ ନରେନ୍ଦ୍ର ମୋଦି 'ମାଇ ଗଵର୍ନମେଣ୍ଟ' ନାମରେ ୱେବ୍‌ସାଇଟ ଲଞ୍ଚ୍ କଲେ । ଏହି ଅବସରରେ ପ୍ରଧାନମନ୍ତ୍ରୀ କାର୍ଯ୍ୟାଳୟରୁ ଯେଉଁ ବୟାନ ଆସିଲା ସେହି ମୁତାବକ ଏହା ଏମିତି ଏକ ମଞ୍ଚ ଯାହା ଭାରତର ନାଗରିକଙ୍କୁ ସୁଶାସନ ଦିଗରେ ଯୋଗଦାନ ଦେବା ପାଇଁ ଅଧିକାର ସମ୍ପନ୍ନ କରାଏ । ଏହି ୱେବସାଇଟ ଆରମ୍ଭ ହେବା ଅବସରରେ ପ୍ରଧାନମନ୍ତ୍ରୀ କହିଲେ କି ଲୋକତନ୍ତ୍ରର ସଫଳତା ଲୋକଙ୍କ ଭାଗିଦାରୀ ବିନା ଅସମ୍ଭବ । ଅତୀତରେ ଲୋକ ଏବଂ ସରକାରଙ୍କ ପ୍ରକ୍ରିୟା ମଧ୍ୟରେ ଅନ୍ତରର ଚର୍ଚ୍ଚା କରି ପ୍ରଧାନମନ୍ତ୍ରୀ କହିଲେ ବିଗତ ୬୦ ଦିନରେ ସରକାରଙ୍କ ଏହି ଅନୁଭବ ରହିଛି କି ଅନେକ ଲୋକ ରାଷ୍ଟ୍ର ନିର୍ମାଣରେ ଯୋଗ ଦେବାକୁ ଚାହୁଁଛନ୍ତି ଏବଂ ନିଜ ସମୟ ଏବଂ ଶକ୍ତି ଲଗାଇବାକୁ ଚାହୁଁଛନ୍ତି । ସେମାନଙ୍କୁ କେବଳ ସୁଯୋଗ ଦେବା ଏବଂ ତାଙ୍କ ଯୋଗଦାନକୁ ଦେଖେଇବା ଆବଶ୍ୟକ ରହିଛି । ପ୍ରଧାନମନ୍ତ୍ରୀ କହିଲେ ମାଇ ଗଵର୍ନମେଣ୍ଟ ମଞ୍ଚ ଶିଳ୍ପ କୌଶଳ ପ୍ରେରିତ ମାଧ୍ୟମ ଅଟେ ଯାହା ସୁଶାସନରେ ଯୋଗଦାନ କରିବାକୁ ସୁଯୋଗ ଦେଏ ।

ପ୍ରଧାନମନ୍ତ୍ରୀ ବିଶ୍ୱାସ ବ୍ୟକ୍ତ କରିଛନ୍ତି ଯେ ଲୋକ ଏହି ପ୍ରୟାସକୁ ସ୍ୱାଗତ କରିବେ । ସେ ଏହି ମଞ୍ଚକୁ ମଜବୁତ୍ କରିବା ତଥା ସୁଧାରିବା ପାଇଁ ପରାମର୍ଶ ମଧ୍ୟ ମାଗିଲେ । ସେ ଆଶାବ୍ୟକ୍ତ କରିଛନ୍ତି କି ଦେଶକୁ ଆଗକୁ ନେବା ଏବଂ ଅତି ଗରିବ ଲୋକଙ୍କ ଆକାଂକ୍ଷାକୁ ପୂର୍ଣ୍ଣ କରିବା ପାଇଁ ପ୍ରତ୍ୟେକ ବ୍ୟକ୍ତି ଏହି ମଞ୍ଚ ସହ ଏକୀଭୂତ ହେବ । ସେ କହିଛନ୍ତି କି ସେ ଏହି ମିଶନର ସଫଳତା ପ୍ରତି ଆସ୍ୱସ୍ତ ଅଛନ୍ତି କାହିଁକିନା ତାଙ୍କୁ ୧୨୫ କୋଟି ଭାରତୀୟଙ୍କ ଶକ୍ତି ଏବଂ କ୍ଷମତା ଉପରେ ଭରସା ଅଛି । ପ୍ରଧାନମନ୍ତ୍ରୀ କହିଲେ କି ସେ ଲୋକଙ୍କ ପରାମର୍ଶ, ସେମାନଙ୍କ ମତ ଏବଂ ବିଚାର ପ୍ରତି ଆଶାନ୍ୱିତ ଅଛନ୍ତି । ମାଇ ଗଵର୍ନମେଣ୍ଟ ମଞ୍ଚ ଲୋକଙ୍କୁ ବିଚାର ଦେବା ଏବଂ କାମ କରିବାର ମଉକା ଦିଏ । ମାଇ ଗଵର୍ନମେଣ୍ଟ ବିଷୟ ଉପରେ ଆଧାରିତ ଅନେକ ଚର୍ଚ୍ଚା ହେବ ଯେଉଁଠି ଲୋକେ ନିଜ ବିଚାର ରଖି ପାରିବେ । କୌଣସି ବିଷୟ ଉପରେ ବିଚାର ରଖୁଥିବା ଲୋକର ମତ ଉପରେ ବ୍ୟାପକ ବିଚାର-ବିମର୍ଶ ହେବ ଏବଂ ଏଥିରୁ ରଚନାତ୍ମକ ମତାମତ ମିଳିବ । ଯେଉଁ ଲୋକ ବିଚାର-ବିମର୍ଶ ଠାରୁ ଆଗକୁ ଯାଇ ମୌଳିକ ଯୋଗଦାନ କରିବାକୁ ଚାହାଁନ୍ତି ସେମାନଙ୍କ ପାଇଁ ମାଇ ଗଵର୍ନମେଣ୍ଟ ପୋର୍ଟାଲ ଅନେକ ସୁଯୋଗ ଦିଏ । ନାଗରିକ ବିଭିନ୍ନ କାର୍ଯ୍ୟ ପାଇଁ ନିଜେ ଆଗକୁ ଯାଇପାରିବେ ଏବଂ ସେମାନଙ୍କ ଆବେଦନ ଦେଇପାରିବେ । ଏହି କାର୍ଯ୍ୟଗୁଡ଼ିକର ସମୀକ୍ଷା ଅନ୍ୟ ସଦସ୍ୟ ତଥା ବିଶେଷଜ୍ଞ କରିବେ । ମଞ୍ଜୁରୀ ପରେ ଏହି କାର୍ଯ୍ୟଗୁଡ଼ିକୁ ପୂର୍ଣ୍ଣ କରୁଥିବା ଲୋକ ତଥା ମାଇ ଗଵର୍ନମେଣ୍ଟର ଅନ୍ୟ ସଦସ୍ୟମାନଙ୍କ ସହ ଅଂଶ କରାଯିବ । ପ୍ରତ୍ୟେକ ମଞ୍ଜୁରୀ କାର୍ଯ୍ୟକୁ ପୂର୍ଣ୍ଣ କରିବା ପାଇଁ ପ୍ରୋତ୍ସାହନ ଅର୍ଥ ମିଳିବ । ନ୍ୟାଶନାଲ ଇନ୍‌ଫରମେଟିକ୍ସ ସେଣ୍ଟର (ଏନ୍‌ଆଇସି) ତଥା ଇଲେକ୍‌ଟ୍ରୋନିକ୍ସ ଏବଂ ସୂଚନା ପ୍ରୌଦ୍ୟୋଗିକି ବିଭାଗ ମାଇ ଗଵର୍ନମେଣ୍ଟ ମଞ୍ଚକୁ କ୍ରିୟାନ୍ୱୟନ ଏବଂ ପ୍ରବନ୍ଧନ କରିବେ ଏବଂ ଏଥିରୁ ସୁଶାସନରେ ନାଗରିକଙ୍କ ଭାଗିଦାରୀରେ ସାହାଯ୍ୟ ମିଳିବ । ସମୂହ ଏବଂ କର୍ନର ମାଇ ଗଵର୍ନମେଣ୍ଟର ପ୍ରମୁଖ ଅଂଶ । ଏହି ମଞ୍ଚକୁ ସ୍ୱଚ୍ଛ ଗଙ୍ଗା, ବାଳିକା ଶିକ୍ଷା, ସ୍ୱଚ୍ଛ ଭାରତ, କୌଶଳପୂର୍ଣ୍ଣ ଭାରତ, ଡିଜିଟାଲ ଭାରତ ଏବଂ ରୋଜଗାର ସୃଜନ ଭଳି ବିଭିନ୍ନ ସମୂହରେ ବଣ୍ଟାଯାଇଛି । ପ୍ରତ୍ୟେକ ସମୂହକୁ ଅନ୍‌ଲାଇନ ଏବଂ ଅନଗ୍ରାଉଣ୍ଡ କାର୍ଯ୍ୟ ଦିଆଯାଇଛି ଯାହାକୁ ଯୋଗଦାନକର୍ତ୍ତା ନିଜ ହାତରେ ନେବେ । ଏହାର ଉଦ୍ଦେଶ୍ୟ ଲୋକଙ୍କ ଭାଗିଦାରୀ ଜରିଆରେ ଗୁଣାତ୍ମକ ପରିବର୍ତ୍ତନ ଆଣିବା ।

ନରେନ୍ଦ୍ର ମୋଦି ଏ ପର୍ଯ୍ୟନ୍ତ ଯେଉଁ କାମ କରିଛନ୍ତି, ସେଥିରେ ସେ ନିଜ ପରିଚୟ ଜଣେ ଏମିତି ବ୍ୟକ୍ତିର କରିଛନ୍ତି ଯିଏ ଯଦି କୌଣସି କାମ ଆରମ୍ଭ କରେ ତେବେ ତାକୁ ପୂର୍ଣ୍ଣ ଗମ୍ଭୀରତାର ସହ ସଂପୂର୍ଣ୍ଣ କରିବାକୁ ଚାହେଁ । ସେ ଏମିତି ଲୋକଙ୍କ ମଧ୍ୟରେ ନାହାନ୍ତି ଯିଏ କୌଣସି କାମ ବିଧି ମୁତାବକ ଆରମ୍ଭ କରିଦେଲା ଏବଂ ପରେ ଏହାକୁ ଅଧିକାରୀଙ୍କ ଜିମା ଦେଇ ଭୁଲିଗଲା । ତାଙ୍କ ମାଇ ଗଵର୍ନମେଣ୍ଟ ପରିଯୋଜନାକୁ ନେଇ ମଧ୍ୟ ଏହା କୁହାଯାଇ ପାରେ । ଯେତେବେଳେ ସେ ଯୋଜନା ଆୟୋଗକୁ ଶେଷ

କରିବାର ଘୋଷଣା ଅଗଷ୍ଟ ୧୫, ୨୦୧୪ ରେ ଲାଲ କିଲାରୁ କରିଥିଲେ । ଏହାପରେ ସେ ନୂଆ ସଂସ୍ଥାନ ତିଆରି କରିବା ପାଇଁ ଲୋକଙ୍କ ଠାରୁ ପରାମର୍ଶ ମାଗିଲେ ଏବଂ ସେ ମଧ୍ୟ ମାଇ ଗବର୍ନମେଣ୍ଟ ମଞ୍ଚରେ । ଏଥିରୁ ସ୍ପଷ୍ଟ ଯେ ସେ ସରକାରର ନିର୍ଣ୍ଣୟ ପ୍ରକ୍ରିୟାରେ ଲୋକଙ୍କ ଭାଗିଦାରୀ ବଢ଼ାଇବା ଦିଗରେ କାମ କରୁଛନ୍ତି । ନରେନ୍ଦ୍ର ମୋଦି ସାଧାରଣ ଲୋକଙ୍କ ଠାରୁ ଏ ବାବଦରେ ତାଙ୍କ ମତ ଦେବାକୁ ଯାଇ କହିଲେ କି ଯୋଜନା ଆୟୋଗ ସ୍ଥାନରେ ନୂଆ ସଂସ୍ଥାନ ଗଠନର ରୂପ କେମିତି ହେବା ଉଚିତ । ନୂଆ ସଂସ୍ଥାନ ଉପରେ ପରାମର୍ଶ ଦେବା ପାଇଁ ମାଇ ଗବର୍ନମେଣ୍ଟ ୱେବସାଇଟରେ ଏକ ବିଶେଷ ଖୋଲା ବିଚାର ମଞ୍ଚ ତିଆରି କରାଯାଇଛି । ପ୍ରଧାନମନ୍ତ୍ରୀ କହିଲେ, 'ପ୍ରସ୍ତାବିତ ସଂସ୍ଥାନ ଏମିତି ହେଉ ଯାହା ଏକବିଂଶ ଶତାବ୍ଦୀର ଭାରତର ଆଶାଗୁଡ଼ିକୁ ପୂରଣ କରିବ ଏବଂ ରାଜ୍ୟଗୁଡ଼ିକର ଭାଗିଦାରୀକୁ ମଜବୁତ କରିବ । ଆପଣ ଆପଣଙ୍କ ମତ ପଠାନ୍ତୁ ।'

ପ୍ରଧାନମନ୍ତ୍ରୀ ସରକାର ଚଳାଇବାରେ କେବଳ ଜନତାଙ୍କ ହିଁ ଭାଗିଦାରୀ ବଢ଼ାଇବାକୁ ଚାହୁଁନାହାନ୍ତି ବରଂ ସେହି ସରକାରୀ କର୍ମଚାରୀଙ୍କ ଭାଗିଦାରୀ ମଧ୍ୟ ବଢ଼ାଇବାକୁ ଚାହୁଁଛନ୍ତି ଯାହାଙ୍କ ଜରିଆରେ ତାଙ୍କୁ ଜନତାଙ୍କ ପାଇଁ ଯୋଜନାଗୁଡ଼ିକୁ ବ୍ୟବହାର୍ଯ୍ୟ ରୂପ ଦିଆଯାଇ ପାରିବ । ନରେନ୍ଦ୍ର ମୋଦି ସ୍ୱାଧୀନତା ଦିବସ ଅବସରରେ ପ୍ରଧାନମନ୍ତ୍ରୀ ଜନ ଧନ ଯୋଜନାର ଘୋଷଣା କଲେ । ଏହି ଯୋଜନାର ଲକ୍ଷ୍ୟ ସେହି ବଡ଼ ବର୍ଗର ବ୍ୟାଙ୍କିଙ୍ଗର ସୀମା ମଧ୍ୟରେ ଆଣିବାକୁ ହେବ ଯାହା ଏ ପର୍ଯ୍ୟନ୍ତ ଏଥିରୁ ବାହାରେ ଅଛି । ବର୍ତ୍ତମାନ ସଙ୍କଟ ଏହା କି ଯେ ପର୍ଯ୍ୟନ୍ତ ବ୍ୟାଙ୍କର ଅଧିକାରୀ ଏବଂ କର୍ମଚାରୀ ଏହି ଯୋଜନାକୁ ଲାଗୁ କରାଇବା ପାଇଁ ସଂକଳ୍ପର ସହ କାମ ନ କରିବେ, ଏମିତି ଯୋଜନାର ପ୍ରଭାବୀ ରୂପ ଭୂମି ଉପରେ ଓହ୍ଲାଇବା କଷ୍ଟକର ହୋଇଯାଏ ।

ଏହି ସମସ୍ୟା ସହ ଲଢ଼ିବା ପାଇଁ ନରେନ୍ଦ୍ର ମୋଦି ଏକ ଅଲଗା ରାସ୍ତା ବାହାର କଲେ । ସେ ସମସ୍ତ ବ୍ୟାଙ୍କ ଅଧିକାରୀଙ୍କୁ ଇ-ମେଲ ପଠାଇଲେ । ପ୍ରଧାନମନ୍ତ୍ରୀଙ୍କ ଏହି ଇମେଲରେ ପ୍ରଧାନମନ୍ତ୍ରୀ ଜନ ଧନ ଯୋଜନାର ଉଲ୍ଲେଖ ରହିଛି, ଯାହା ବିତ୍ତୀୟ ସମାବେଶନ ଉପରେ ରାଷ୍ଟ୍ରୀୟ ମିଶନ ଅଟେ ଏବଂ ଯାହାର ଉଦ୍ଦେଶ୍ୟ ସାରା ଦେଶରେ ସମସ୍ତ ପରିବାରକୁ ବ୍ୟାଙ୍କିଙ୍ଗ ସୁବିଧା ଉପଲବ୍ଧ କରାଇବା ଏବଂ ପ୍ରତ୍ୟେକ ପରିବାରର ବ୍ୟାଙ୍କ ଖାତା ଖୋଲିବା ।

ପ୍ରଧାନମନ୍ତ୍ରୀ ଏହାକୁ ବଡ଼ ଦାୟିତ୍ୱର ଆଖ୍ୟା ଦେଇ ତାଙ୍କ ଇମେଲରେ ଲେଖିଲେ, 'ଆମକୁ ସାତ କୋଟିରୁ ମଧ୍ୟ ଅଧିକ ପରିବାରର ଖାତା ଖୋଲିବା ଆବଶ୍ୟକତା ରହିଛି । ଏହା ରାଷ୍ଟ୍ରୀୟ ପ୍ରାଥମିକତା ଅଟେ ଏବଂ ଆମକୁ ଏହି ଆହ୍ୱାନର ମୁକାବିଲା କରିବା ପାଇଁ ନିଶ୍ଚିତ ରୂପେ ପ୍ରସ୍ତୁତ ହୋଇଯିବା ଉଚିତ । ଏହି ପ୍ରକ୍ରିୟାର ଗୁରୁତ୍ୱକୁ ବୁଝିବା ଆବଶ୍ୟକ ଅଛି କାହିଁକିନା ଏହି ବିଶୁଦ୍ଧ ଅଭାବ ଯୋଗୁ ଅନ୍ୟ ସମସ୍ତ ବିକାଶ ଗତିବିଧି ଅଟକି ଯାଉଛି । ମତେ ଭରସା ଅଛି କି ଆମେ ସବୁ ମିଶି ଏହି ସ୍ଥିତିକୁ ନିୟନ୍ତ୍ରଣ କରିନେବା ।'

ପ୍ରଧାନମନ୍ତ୍ରୀ ବ୍ୟାଙ୍କ ଅଧିକାରୀଙ୍କୁ ଆଗ୍ରହର ସହ କହିଛନ୍ତି, 'ଆପଣ ଚକ୍ରକୁ ନିଜ କାନ୍ଧର ସାହାରା ଦିଅନ୍ତୁ ଏବଂ ନିଜ ତରଫରୁ ଅକ୍ଲାନ୍ତ ଚେଷ୍ଟା କରନ୍ତୁ ଅତଏବ ଏମିତି କୌଣସି ପରିବାର ରହି ନଯାଉ ଯାହା ପାଖରେ କୌଣସି ବ୍ୟାଙ୍କ ଖାତା ନଥିବ । ଏହା ନିଜକୁ ନିଜେ ଆପଣଙ୍କୁ ଏବଂ ଆପଣଙ୍କ ଟିମ୍ ପାଇଁ ଅତ୍ୟନ୍ତ ସନ୍ତୁଷ୍ଟିର ଏକ ମହତ୍ ସ୍ରୋତ ପ୍ରମାଣିତ ହେବ । ମୁଁ ନିଜେ ସର୍ବଶ୍ରେଷ୍ଠ ପ୍ରଦର୍ଶନ କରୁଥିବା ଶାଖାର ଉପଲବ୍ଧିକୁ ଧ୍ୟାନରେ ରଖିବି । ପ୍ରଧାନମନ୍ତ୍ରୀ ଜନ ଧନ ଯୋଜନା ସବକା ସାଥ, ସବକା ବିକାଶର ଆମ ବିକାଶ ଅବଧାରଣାର ମହତ୍ ଅଂଶ ଅଟେ । ଯେଉଁଭଳି ଆମେ ଆଧୁନିକ ବ୍ୟାଙ୍କିଙ୍ଗ ଏବଂ ବିତ୍ତୀୟ ପ୍ରଣାଳୀ ଥିବା ଏହି ଜ୍ଞାନ ଯୁଗରେ ଆଗକୁ ଆଗଉଛୁ, ସେଭଳି ସ୍ଥିତିରେ ଏହି କଥା ଅସହନୀୟ ଅଟେ କି ଆମ ଜନସଂଖ୍ୟାର ଏକ ବଡ଼ ଭାଗ ମୌଳିକ ବ୍ୟାଙ୍କିଙ୍ଗ ସୁବିଧାରୁ ବଞ୍ଚିତ ରହିଯିବ । ମତେ ବେଳେ ବେଳେ ଏହା ଚିନ୍ତାକରି ଆଶ୍ଚର୍ଯ୍ୟ ଲାଗେ ଯେ କ'ଣ ଆମେ ସ୍ଥିତିଗୁଡ଼ିକୁ ଏତେ ଜଟିଳ କରି ଦେଇଛୁ

ଯେଉଁଥିରେ କି ଗରିବ ଏବଂ ପ୍ରାନ୍ତରେ ଛିଡ଼ା ହୋଇଥିବା ଲୋକଙ୍କୁ ସୁବିଧାରୁ ବଞ୍ଚିତ ରହିବାକୁ ପଡୁଛି । ଆମକୁ ଏହି କୁଚକ୍ରକୁ ଭାଙ୍ଗିବା ଆବଶ୍ୟକ ଅଟେ ଏବଂ ଜନ ଧନ ଯୋଜନା ଏହି ଦେଶରେ ପ୍ରଥମ ପଦକ୍ଷେପ ପ୍ରମାଣିତ ହେବ । ଗୋଟିଏ ବ୍ୟାଙ୍କ ଖାତା ଖୋଲିଯିବା ପରେ ପ୍ରତ୍ୟେକ ପରିବାରକୁ ବ୍ୟାଙ୍କିଙ୍ଗ ଏବଂ କରଜର ସୁବିଧା ସୁଲଭ ହୋଇଯିବ । ଏଥିରୁ ସେମାନଙ୍କୁ ସାହୁକାରଙ୍କ କବଳରୁ ବାହାରକୁ ବାହାରିବା, ଆପାତକାଳୀନ ଆବଶ୍ୟକତାରୁ ସୃଷ୍ଟି ହେବାକୁ ଥିବା ବିତ୍ତିୟ ସଂକଟରୁ ନିଜକୁ ଦୂର ରଖିବା ଏବଂ ଭିନ୍ନ-ଭିନ୍ନ ପ୍ରକାରର ବିତ୍ତିୟ ଉତ୍ପାଦରୁ ଲାଭାନ୍ୱିତ ହେବାର ସୁଯୋଗ ମିଳିବ ।'

ଏହି ଅଧ୍ୟାୟରେ ପ୍ରଥରୁ ହିଁ ଏହି କଥାର ଉଲ୍ଲେଖ କରାଯାଇଛି କି ପ୍ରଧାନମନ୍ତ୍ରୀ କୌଣସି ଗୋଟିଏ ବର୍ଗର ଭାଗିଦାରୀ ପାଇଁ କାମ କରୁନାହାନ୍ତି ବରଂ ସେ ସରକାର ଚଳାଇବା ଏବଂ ସରକାରୀ ଯୋଜନାଗୁଡ଼ିକୁ ଲାଗୁ କରାଇବା ପ୍ରକ୍ରିୟାରେ ପ୍ରତ୍ୟେକ ବର୍ଗର ଭାଗିଦାରୀ ପାଇଁ ପ୍ରୟାସ କରୁଛନ୍ତି । ଯେଉଁ ପ୍ରକାରରେ ନରେନ୍ଦ୍ର ମୋଦି ପ୍ରଧାନମନ୍ତ୍ରୀ ଜନ ଧନ ଯୋଜନାକୁ ସଫଳ କରାଇବା ପାଇଁ ବ୍ୟାଙ୍କ ଅଧିକାରୀଙ୍କ ସହ ସିଧା ଖବର ସ୍ଥାପିତ କଲେ ସେହି ପ୍ରକାରେ ସେ ଶିକ୍ଷକଙ୍କୁ ତାଙ୍କ କର୍ତ୍ତବ୍ୟ ପ୍ରତି ପ୍ରେରିତ କରିବା ଉଦ୍ଦେଶ୍ୟରେ ଶିକ୍ଷକ ଦିବସ ଅବସରରେ ସେମାନଙ୍କ ସହ ସିଧା କଥୋପକଥନ ସ୍ଥାପିତ କରିବାକୁ ଚେଷ୍ଟା କଲେ । ନରେନ୍ଦ୍ର ମୋଦି ବିଦ୍ୟାର୍ଥୀଙ୍କ ସହ ମଧ୍ୟ ଶିକ୍ଷକ ଦିବସ ଅବସରରେ ସିଧା କଥୋପକଥନ ସ୍ଥାପିତ କଲେ । ହେଲେ ଏହାର ଚର୍ଚ୍ଚା କରିବା ପୂର୍ବରୁ ଶିକ୍ଷକଙ୍କୁ ନରେନ୍ଦ୍ର ମୋଦିଙ୍କ ଦ୍ୱାରା ପଠାଯାଇଥିବା ଇମେଲର ଚର୍ଚ୍ଚା ଆବଶ୍ୟକ ଅଟେ ।

ଶିକ୍ଷକ ଦିବସ ଅବସରରେ ସମସ୍ତ ଶିକ୍ଷକଙ୍କୁ ଇମେଲ ଜରିଆରେ ପଠାଯାଇଥିବା ସନ୍ଦେଶରେ ନରେନ୍ଦ୍ର ମୋଦି କହିଛନ୍ତି, 'ଶିକ୍ଷଣ ଏକ ବିଶୁଦ୍ଧ ପେଶା ନୁହେଁ, ବରଂ ଏହା ମାର୍ଗଦର୍ଶନ ଏବଂ ଜ୍ଞାନ ପ୍ରଦାନ କରିବାର ଅନୁପମ ଦୈବିକ ଦାୟିତ୍ୱ ମଧ୍ୟ ଅଟେ । ଶିକ୍ଷକ ସମୁଦାୟର ସମ୍ମାନ କରି ଭାରତ ଏକ ସମୟରେ ବିଶ୍ୱ ଗୁରୁ ହେବାର ସୋପାନ ହାସଲ କରିଥିଲା । ଏହି ସୋପାନ ଆଉ ଥରେ ପାଇବା ପାଇଁ ଆମକୁ ଆଉ ଥରେ ଶିକ୍ଷକଙ୍କୁ ସେମିତି ଉତ୍କୃଷ୍ଟ ସମ୍ମାନ ଦେବାକୁ ହେବ ଅତଏବ ଭାରତ ସମସ୍ତ ବିଶ୍ୱରେ ଜ୍ଞାନର ପ୍ରକାଶ ସ୍ତମ୍ଭ ହୋଇପାରିବ ।'

ପ୍ରଧାନମନ୍ତ୍ରୀ ତାଙ୍କ ଇମେଲରେ କହିଛନ୍ତି କି ପରିବର୍ତ୍ତନ ଚକ୍ର ଭାରତକୁ 'ସୁରାଜ୍ୟ' ଆଡ଼କୁ ଅଗ୍ରସର କରି ଦେଇଛି । ସେ କହିଛନ୍ତି, 'ଆପଣଙ୍କ ପ୍ରତିବଦ୍ଧତା ଏବଂ ସାଧୁତାରେ ହିଁ ଦେଶର ଭବିଷ୍ୟତ ଭଲ ଆକାର ନେଇ ପାରିବ । ମୁଁ ବହୁତ ଅଧର୍ଯ୍ୟର ସହ ଏହା ଚାହୁଁଛି କି ସେ ଦିନ ଆସୁ, ଯେତେବେଳେ ପ୍ରତ୍ୟେକ ଛାତ୍ର ତାଙ୍କ ଶିକ୍ଷକଙ୍କ ଉପରେ ଏବଂ ପ୍ରତ୍ୟେକ ଶିକ୍ଷକ ତାଙ୍କ ଛାତ୍ରଙ୍କ ଉପରେ ଗର୍ବ ଅନୁଭବ କରିବେ । ନିଜ ବିଦ୍ୟାର୍ଥୀଙ୍କ ସହ ଭାଗ କରାଯାଇଥିବା ଆପଣଙ୍କ ଅନୁଭବ ବିଦ୍ୟାର୍ଥୀଙ୍କ ପାଖରେ ଆଜୀବନ ରହିବ । ଆପଣ ସମାଜର ଆଧାରଶୀଳା ରଖିବା ସହ ତାହାର ନିର୍ମାଣ ମଧ୍ୟ କରୁଛନ୍ତି । ଏହା ବହୁତ ମହତ୍ୱପୂର୍ଣ୍ଣ ଦାୟିତ୍ୱ ଅଟେ । କାହିଁକି ନା ଏଥି ଉପରେ ଏହା ନିର୍ଭର କରେ କି ଆମର ବର୍ତ୍ତମାନ ଏବଂ ଆମର ଆଗାମୀ ପିଢ଼ି କେମିତି ଆଗକୁ ଯିବ ।'

ଶିକ୍ଷକଙ୍କୁ ପଠାଯାଇଥିବା ଇମେଲରେ ପ୍ରଧନମନ୍ତ୍ରୀ କହିଛନ୍ତି, 'ବର୍ତ୍ତମାନ ସମୟରେ ପ୍ରାୟ ଜ୍ଞାନର ତୁଳନା ସୂଚନା ଏକତ୍ର କରିବା ଏବଂ ବ୍ୟବସାୟ ତଥା ଚାକିରି ପାଇଁ କୌଶଳ ଦକ୍ଷତା ହାସଲ କରିବା ସହ କରାଯାଉଛି । ନିଃସନ୍ଦେହ, ତାହା ମହତ୍ୱପୂର୍ଣ୍ଣ ଅଟେ ହେଲେ ଏହା ମଧ୍ୟ ଆବଶ୍ୟକ ଯେ ଆପଣ ନିଜ ବିଦ୍ୟାର୍ଥୀଙ୍କ ଚିନ୍ତାଧାରାକୁ ବ୍ୟାପକ କରାନ୍ତୁ । ସେମାନଙ୍କୁ ଉତ୍ସାହିତ କରନ୍ତୁ କି ସେମାନେ ତାଙ୍କ ଦେଶ, ସମାଜ ଏବଂ ପାରିପାର୍ଶ୍ୱିକ ସମ୍ବନ୍ଧୀୟ ବିଷୟରେ ବ୍ୟାପକ ଦୃଷ୍ଟିରେ ଚିନ୍ତା କରିପାରିବେ । ନିଷ୍ଚିତ ରୂପେ ଆମର ଲକ୍ଷ୍ୟ ଉତ୍ତମ ନାଗରିକ ତିଆରି କରିବା ହେବା ଉଚିତ, ଯିଏ ଅତୀତକୁ ସଞ୍ଚୟ କରି ରଖିବା ଏବଂ ଉଜ୍ଜ୍ୱଳ ଭବିଷ୍ୟତର ନିର୍ମାଣ କରିବାରେ ସକ୍ଷମ ହେବ । ବାଲ୍ୟାବସ୍ଥାରୁ ହିଁ ଉତ୍ତମ ନାଗରିକତାର ଶିକ୍ଷା ଦେଲେ ନିଷ୍ଚିତଭାବେ ସଭ୍ୟ ସମାଜର ନିର୍ମାଣରେ ସାହାଯ୍ୟ ମିଳିବ । ଏହା ଯାତାୟାତ ନିୟମ, ସଫା-

ସୁତୁରା, ମହିଳାଙ୍କ ପ୍ରତି ସମ୍ବେଦନା, ଗରିବଙ୍କ ପ୍ରତି ଚିନ୍ତା ଏବଂ ଗୁରୁଜନଙ୍କ ପାଇଁ ଆଦର ଶିଖାଇବା ଭଳି ଅତି ସରଳ ପ୍ରସଙ୍ଗ ଅଟେ । ମୋର ଆଶା ଅଛି କି ଏହି ଶିକ୍ଷକ ଦିବସରେ ଏହି ଦିଗରେ ଆରମ୍ଭ ପାଇଁ ମୁଁ ଆପଣଙ୍କ ଉପରେ ଭରସା କରି ପାରିବି । ଆସନ୍ତୁ, ଆମେ ସମସ୍ତେ ନିଜକୁ ଏହି ମୁଖ୍ୟ ଦାୟିତ୍ୱ ଏବଂ କର୍ତ୍ତବ୍ୟ ପ୍ରତି ପୁଣି ଥରେ ସମର୍ପିତ କରିବା ।'

କହିବା ଆବଶ୍ୟକ ନାହିଁ କି ଏକ ସଭ୍ୟ ସମାଜର ନିର୍ମାଣରେ ଶିକ୍ଷକଙ୍କ ଭୂମିକା କେତେ ଗୁରୁତ୍ୱପୂର୍ଣ୍ଣ । ନରେନ୍ଦ୍ର ମୋଦି ଏହି ପ୍ରସଙ୍ଗକୁ ଭଲ ଭାବେ ବୁଝନ୍ତି, ଏହା ତାଙ୍କ ଇମେଲ ଏବଂ ତାଙ୍କ ପ୍ରାରମ୍ଭରୁ ଜଣାପଡୁଛି । ଏଥିପାଇଁ ସେ ଚାହାନ୍ତି କି ସେ ଯେଉଁ ପ୍ରକାରର ଭାରତର ନିର୍ମାଣ କରିବାକୁ ଚାହୁଁଛନ୍ତି, ସେଥିରେ ଶିକ୍ଷକ ତାଙ୍କ କର୍ତ୍ତବ୍ୟର ନିର୍ବହନ ଠିକ୍ ଢ଼ଙ୍ଗରେ କରନ୍ତୁ । ଏଥିପାଇଁ ସେ କେବଳ ଶିକ୍ଷକଙ୍କୁ ଇମେଲ ପଠାଇ ରହି ନାହାନ୍ତି ବରଂ ସେ ଶିକ୍ଷକ ଦିବସର ପୂର୍ବ ସନ୍ଧ୍ୟାରେ ପୁରସ୍କୃତ ଶିକ୍ଷକଙ୍କ ସହ ଅନୌପଚାରିକ କଥାବାର୍ତ୍ତା ମଧ୍ୟ ହେଲେ । ପ୍ରଧାନମନ୍ତ୍ରୀ ଆବାସରେ ସେ ପାଖାପାଖି ୩୫୦ ଶିକ୍ଷକଙ୍କ ସହ କଥାବାର୍ତ୍ତା ହେଲେ

ଏହି ସମୟରେ ନରେନ୍ଦ୍ର ମୋଦି କହିଲେ କି ଶିକ୍ଷା ଦେବା କୌଣସି ଚାକିରି କିମ୍ବା ପେଶା ନୁହେଁ, ବରଂ ଏହା ଜୀବନ ଧର୍ମ ଅଟେ । ସେ କହିଲେ ଯେ ଜଣେ ଶିକ୍ଷକ କେବେ ଅବସର ନିଏନାହିଁ ବରଂ ନୂଆ ପିଢ଼ିକୁ ଶିକ୍ଷା ଦେବା ପାଇଁ ସେ ସବୁବେଳେ ଚେଷ୍ଟିତ ରହିଥାଏ । ଶିକ୍ଷକମାନେ ମଧ୍ୟ ପ୍ରଧାନମନ୍ତ୍ରୀଙ୍କ ସହ ଏହି ଅନୌପଚାରିକ କଥୋପକଥନରେ ଉତ୍ସାହପୂର୍ବକ ଅଂଶଗ୍ରହଣ କଲେ ଏବଂ ଶିକ୍ଷାର ବିଭିନ୍ନ ଦିଗ ତଥା ଭଲ ଶିକ୍ଷକଙ୍କ ଅପରିହାର୍ଯ୍ୟ ଗୁଣ ବାବଦରେ ସେମାନଙ୍କ ମତ ବ୍ୟକ୍ତ କଲେ । ପ୍ରଧାନମନ୍ତ୍ରୀ ଏହି ଅବସରରେ କହିଲେ କି ଯଦି ସମାଜକୁ ଉନ୍ନତି କରିବାର ଅଛି, ତେବେ ଶିକ୍ଷକଙ୍କୁ ସବୁବେଳେ ସମୟ ଠାରୁ ଦୁଇପାଦ ଆଗରେ ରହିବା ଉଚିତ । ସେ କହିଲେ କି ଶିକ୍ଷକଙ୍କୁ ବିଶ୍ୱରେ ହେଉଥିବା ପରିବର୍ତ୍ତନକୁ ବୁଝିବାର ଆବଶ୍ୟକତା ରହିଛି ଏବଂ ନୂତନ ପିଢ଼ି ମଧ୍ୟରେ ଉତ୍ସୁକତା ଜନ୍ମାଇ ସେମାନଙ୍କୁ ଏହି ପରିବର୍ତ୍ତନ ପାଇଁ ପ୍ରସ୍ତୁତ କରିବା ଉଚିତ ।

ନରେନ୍ଦ୍ର ମୋଦି ଶିକ୍ଷକଙ୍କ ସହ କଥାବାର୍ତ୍ତା ହୋଇ ନିଜ କର୍ତ୍ତବ୍ୟ ସମାପ୍ତ କରିନଥିଲେ ବରଂ ସେ ଶିକ୍ଷକ ଦିବସ ଅବସରରେ ସାରା ଦେଶର ସମସ୍ତ ସ୍କୁଲ ଛାତ୍ରଛାତ୍ରୀଙ୍କ ସହ କଥୋପକଥନ ସ୍ଥାପିତ କରିବାକୁ ଚେଷ୍ଟା କଲେ । ଯେଉଁ ସ୍କୁଲଗୁଡ଼ିକରେ ଟେଲିଭିଜନ ସ୍କ୍ରିନ୍ ଲାଗି ପାରିଥିଲା, ସେଠାରେ ଏମିତି ବ୍ୟବସ୍ଥା କରାଗଲା । ଯେଉଁଠି ଟିଭି ଅପହଞ୍ଚ ଥିଲା, ସେଠାରେ ରେଡିଓ ଜରିଆରେ ଛାତ୍ରଛାତ୍ରୀମାନେ ତାଙ୍କ ପ୍ରଧାନମନ୍ତ୍ରୀଙ୍କ ଭାଷଣ ଶୁଣିଲେ । ଏହା ଆପେ ଆପେ ଏକ ଅଦ୍ଭୁତ ପ୍ରାରମ୍ଭ ଥିଲା । ପ୍ରଧାନମନ୍ତ୍ରୀଙ୍କ ଦ୍ୱାରା ସ୍କୁଲ ଛାତ୍ରଛାତ୍ରୀଙ୍କ ସହ ସିଧା ଖବର ସ୍ଥାପିତ କରାଯିବା ଅନେକ ପ୍ରସଙ୍ଗରେ ଅଧିକ ମହତ୍ୱପୂର୍ଣ୍ଣ ଅଟେ । ଏହି ପିଲାମାନେ ଦେଶ ପାଇଁ ଆଗାମୀ ଦିନର ନିର୍ମାଣ କରିବେ । ଏମିତିରେ ଯଦି ପ୍ରଧାନମନ୍ତ୍ରୀ ସେମାନଙ୍କ ସହ ସିଧା ଖବର ସ୍ଥାପିତ କରନ୍ତି ତେବେ ଏମାନଙ୍କ ଭିତରେ ଦେଶଭକ୍ତି ଏବଂ ଦେଶ ପାଇଁ କିଛି କରିବାର ଭାବନା ବିକାଶ ହେବା ସ୍ୱାଭାବିକ ଅଟେ । ଏହି ଦିଗରେ ନରେନ୍ଦ୍ର ମୋଦି ଯେଉଁ ପ୍ରୟାସ କଲେ, ତାହା ତାଙ୍କ ପ୍ରବନ୍ଧନ ଦକ୍ଷତାକୁ ଦେଖାଏ । ସେ ଏହା କହୁଛନ୍ତି କି ଆପଣ ଯେଉଁ ଲୋକଙ୍କ ପାଇଁ କାମ କରନ୍ତି, ଯଦି ଆପଣ ତାଙ୍କ ସହିତ ଖବର ସ୍ଥାପିତ କରିବେ ନାହିଁ ଏବଂ ଯଦି ତାଙ୍କୁ ଭରସା କରିବେ ନାହିଁ ତେବେ ଆପଣଙ୍କ ପାଇଁ ସଫଳତାର ପଥ ଅତି କଠିନ ହୋଇଯିବ । ଜଣେ କୌଣସି କ୍ଷେତ୍ରରେ ମଧ୍ୟ କାମ କରୁଥାଉ ନା କାହିଁକି, ଯଦି ସେ ତା'ର ସେହି ନିର୍ଦ୍ଦିଷ୍ଟ ବର୍ଗଠାରୁ ଅଲଗା ହୋଇଥିବ ତେବେ ତା' ପାଇଁ ଅସଫଳ ହେବାର ଆଶଙ୍କା ବହୁତ ବଢ଼ିଯାଏ । ସେହିଠାରେ ଯଦି ସେ ତା'ର ନିର୍ଦ୍ଦିଷ୍ଟ ବର୍ଗ ସହ ଯୋଡ଼ି ହୋଇଥିବ, ତେବେ ତା' ପାଇଁ ସଫଳତା ପାଇବାର ସମ୍ଭାବନା ସେତିକି ତୀବ୍ର ହୋଇଯାଏ ।

ନରେନ୍ଦ୍ର ମୋଦି ପରିଚାଳନା ଦକ୍ଷତାରେ ନିପୁଣ, ଯିଏ ନିଜ ନିର୍ଦ୍ଦିଷ୍ଟ ବର୍ଗ ସହ ସବୁବେଳେ ମିଶି ରହିବାକୁ ଚାହାନ୍ତି । ଶିକ୍ଷକ ଦିବସ ଅବସରରେ ସେ ସାରା ଦେଶର ସ୍କୁଲ ପିଲାଙ୍କୁ ସମ୍ବୋଧିତ କରି କହିଲେ, 'ଏହି ବୟସ ଏମିତି ଯେ ପିଲାମାନେ, ଯେଉଁଥିରେ ବହୁତ କିଛି ନୂଆ ଜାଣିବାର ଅଛି,

ବୁଝିବାର ଅଛି । ସାହସ ଥାଏ । ଛୋଟ ବାଳକ, କାନ୍ଥ ଉପରେ ଚଢ଼ିବାକୁ ଡରେନାହିଁ । ଚଢ଼ିବି ତ' ଚଢ଼ିବି । ଚେଷ୍ଟା କରେ । ତାହା ତ' ବାଳକପଣର ଶକ୍ତି ହୋଇଥାଏ । ସେହିପରି ଆପଣ ଜିଇଁ ପାରିବେ, ଜୀବନକୁ ଉପଭୋଗ କରିବାର ବହୁତ ଭଲ ସୁଯୋଗ, ଆପଣଙ୍କ ଜୀବନ ସହ ଏକୀଭୂତ ହେବ ଏବଂ ଆମେ ଏଥିପାଇଁ ପ୍ରୟାସ କରିବୁ । ଆଜି ଡକ୍ଟର ସର୍ବପଲ୍ଲୀ ରାଧାକୃଷ୍ଣନ୍‌ଙ୍କୁ ଆମେ ଶ୍ରଦ୍ଧାଞ୍ଜଳୀ ଦେଉଛୁ, ନମନ କରୁଛୁ ଏବଂ ଆମର ସମସ୍ତ ଶିକ୍ଷକଙ୍କ ପ୍ରତି ଆମେ ଆଦର ବ୍ୟକ୍ତ କରୁ ।'

ନରେନ୍ଦ୍ର ମୋଦି ତାଙ୍କ ଜୀବନର ସ୍ମରଣ ଜରିଆରେ ନିଜ କଥା ରଖି କହିଲେ, 'ଦିନଥିଲା ମୁଁ ସ୍କୁଲକୁ ଲେକ୍‌ଚର ଦେବାକୁ ଯାଉଥିଲି । ମୋର ଆଉ କୌଣସି କାମଧନ୍ଦା ନଥିଲା, ମୁଁ ଏହା କରି ଚାଲିଥିଲି । ବହୁତ କଥା ପଚାରୁଥିଲି । ମୁଁ କହୁଥିଲି ଭାଇ, ବର୍ଷରେ ଏପର୍ଯ୍ୟନ୍ତ କେତେ ପିଲାଙ୍କୁ ପଢ଼ାଇ ଥିବେ । ଶିକ୍ଷକ କହୁଥିଲେ, ମୁଁ ଦଶବର୍ଷ ହେଲା ଚାକିରି କରୁଛି, ମୋ ପାଖରେ ୫୦୦ ଛାତ୍ର ପଢ଼ି ଯାଇଛନ୍ତି, କେହି କହୁଥିଲେ ୭୦୦ ଛାତ୍ର ପଢ଼ି ଯାଇଛନ୍ତି । ମୁଁ ପଚାରୁଥିଲି, ଏହି ୫୦୦ ଛାତ୍ର ଆପଣଙ୍କ ଠାରୁ ପଢ଼ି ଯାଇଛନ୍ତି, ୭୦୦ ପଢ଼ି ଯାଇଛନ୍ତି, ସେମାନଙ୍କ ବାହାଘର କ'ଣ ହୋଇଗଲାଣି ? କହିଲେ ହଁ, ଅନେକଙ୍କର ହୋଇଗଲାଣି । ତେବେ, ଆପଣଙ୍କୁ ବାହାଘରରେ କେତେଜଣ ଡାକିଥିବେ ? ମୁଁ ଆଶ୍ଚର୍ଯ୍ୟ ଥିଲି, ଅତି କଷ୍ଟରେ ଜଣେ କିମ୍ବା ଦୁଇଜଣ ଛାତ୍ର ଏମିତି ଥିଲେ, ଯେଉଁମାନେ ତାଙ୍କ ଶିକ୍ଷକଙ୍କୁ ବାହାଘରରେ ଡାକିଥିଲେ, ମାନେ କେତେ କଟ୍ ଅଫ୍ । ଶିକ୍ଷକଙ୍କ ହାତ ଆମ ଜୀବନରୁ କେବେ ହଟିବା ଉଚିତ ନୁହେଁ । ତାଙ୍କ ଜୀବନର କୌଣସି ମଧ୍ୟ ଶୁଭ ମୁହୂର୍ତ୍ତ ହେଉ, ତା'ର ଯେମିତି ନିଜ ସମ୍ପର୍କୀୟଙ୍କୁ ଡାକିବାର ଇଚ୍ଛା ଥାଏ, ସେହିପରି ହିଁ ତାକୁ ସର୍ବ ପ୍ରଥମେ ନିଜ ଶିକ୍ଷକକୁ ଡାକିବାର ଇଚ୍ଛା ହେବା ଉଚିତ । ଏହି ସମ୍ପର୍କ ରହିବା ଉଚିତ ।'

ନରେନ୍ଦ୍ର ମୋଦି ଆହୁରି ମଧ୍ୟ କହିଲେ, 'ଏଠାରେ ଅନେକ ଶିକ୍ଷକ ଆଜି ମତେ ଶୁଣୁଥିବେ । ସେମାନଙ୍କ ମନରେ ମଧ୍ୟ ପ୍ରଶ୍ନ ଉଠିବ । ହଁ, ଭାଇ, ଏତେ ବିଦ୍ୟାର୍ଥୀ ପଢ଼ି ଗଲେଣି, କେହି ମତେ ପଚାରୁ ହିଁ ନାହାନ୍ତି । ତାହା କେମିତିକା ସମ୍ପର୍କ ଥିଲା, କ'ଣ ଅଭାବ ଥିଲା, ସେହି ଅଭାବକୁ ପୂରଣ କରିବା, ଏହି ଆପଣାପଣ ଆଣିବାକୁ ହେବ ଏବଂ ତା' ଜୀବନରେ କୌଣସି ବିକାଶ ହୁଏ ତେବେ ତା' ମନ ହେଲେ । ଆମେରିକା ପଢ଼ିବାକୁ ଯାଇଥିବ, ଆମେରିକାରେ ବହୁତ ବଡ଼ ଚାକିରି କରିଥାଇ ପାରେ । ସେ ମଧ୍ୟ କେବେ ଗୋଟିଏ ଚିଠି ଲେଖୁ, ସାର୍ ମୁଁ ଆପଣଙ୍କର ଜଣେ ଛାତ୍ର ଅଟେ । ମୁଁ ଆମେରିକାରେ ଏହି ପଦବୀ ପାଇଛି, ମୁଁ ଆପଣଙ୍କୁ ଜଣାଇ ଆନନ୍ଦିତ ହେଉଛି, ଏଥିପାଇଁ ମୁଁ ଆପଣଙ୍କୁ ଚିଠି ଲେଖୁଛି । କେତେଜଣ ଶିକ୍ଷକଙ୍କୁ ଚିଠି ଆସୁଥିବ, ବୋଧହୁଏ କାହାକୁ । ନିଜର ଛାତ୍ର ପ୍ରଗତି କରୁ, ଯେତେବେଳେ ତା' ଶିକ୍ଷକକୁ ଜଣାଇବାକୁ ତା'ର ଇଚ୍ଛା ହେବ, ଏମିତି ଛବି ଏମିତି ଫୁଟଷ୍ଟେପ୍ସ, ବାଳକର ଜୀବନରେ ରହୁ, ଏହା ଯଦି ଶିକ୍ଷକ କରେ, ଶିକ୍ଷକ ଏବଂ ଛାତ୍ରର ସମ୍ପର୍କ ଏହି ପ୍ରକାର ହୋଇଥାଏ, ତେବେ ମୁଁ ମାନୁନାହିଁ କି ବ୍ୟବସ୍ଥା କେବେ ପ୍ରତିବନ୍ଧକ ହେବ, ଇନ୍‌ଫ୍ରାଷ୍ଟ୍ରକ୍‌ଚର କେବେ ପ୍ରତିବନ୍ଧକ ହେବ, ଜୀବନ ବଦଳାଇବା ପାଇଁ । ଏହା ନିଜେ ନିଜେ ଯଥେଷ୍ଟ ହେବ । ଜଣେ ମାଳି ଶିକ୍ଷିତ ହୋଇନଥାଏ, ଯେଉଁ ବଗିଚାରେ କାମକରେ, ସେଠାରେ ଯେଉଁ ସାର ପକାଏ, ତାହା ଦୁର୍ଗନ୍ଧ ହୁଏ ହେଲେ, ତା' ଭିତରେ ସାମର୍ଥ୍ୟ ଥାଏ କି ସେ ଭଗବାନଙ୍କୁ ମଧ୍ୟ ପସନ୍ଦ ଆସେ, ଏମିତି ଫୁଲକୁ ସେ ସର୍ଜନା କରେ, ଜଣେ ଅପାଠୁଆ ମାଳି ମଧ୍ୟ ଏମିତି କରିପାରେ ତେବେ ଆମ ପାଖରେ ତ' ଅନେକ ଫୁଲ ପରମାତ୍ମା ଦେଇଛନ୍ତି । ସେହି ଫୁଲଗୁଡ଼ିକୁ ଆମେ କେମିତି ସଜାଇବା, ସେହି ଫୁଲଗୁଡ଼ିକୁ ଭାରତ ମା'ର ଗଳାରେ କେମିତି ଅର୍ପିତ କରିବା, ଏହି ସ୍ୱପ୍ନ ଯଦି ଆମ ଶିକ୍ଷକଙ୍କ ରହିବ ତେବେ ମୁଁ ମାନୁଛି କି ଦେଶ ଏବଂ ଦୁନିଆକୁ ଏହି ଦେଶ ବହୁତ କିଛି ଦେଇ ପାରିବ । ଡକ୍ଟର ରାଧାକୃଷ୍ଣନ୍‌ଙ୍କ ଜୀବନରୁ ଆମେ ଏହି ପ୍ରେରଣା ନେବା ଏବଂ ଆମେ ମଧ୍ୟ କିଛି କରିବା ।'

ନରେନ୍ଦ୍ର ମୋଦି କହିଛନ୍ତି, 'ଆପଣ ସମସ୍ତଙ୍କ ସହ ମିଶିବାର ସୁଯୋଗ ମିଳିଲା, ସାରା ଦେଶର ବାଳକଙ୍କ ସହ କଥାବାର୍ତ୍ତା ହେବାର ସୁଯୋଗ ମିଳିଲା, ମୋ ପାଇଁ ଏହା ସବୁଠାରୁ ସନ୍ତୋଷର କଥା । ମୁଁ ଯେତେବେଳେ ଗୁଜରାଟରେ ମୁଖ୍ୟମନ୍ତ୍ରୀ ଥିଲି ସେତେବେଳେ ପିଲାମାନଙ୍କୁ ସ୍କୁଲ ନେଇଯିବାର କାର୍ଯ୍ୟକ୍ରମ

କରୁଥିଲି । ପ୍ରଥମ ଦିନ ଯେବେ ସ୍କୁଲ ଖୋଲୁଥିଲା ତେବେ ମୁଁ ନିଜେ ଗାଁକୁ ଯାଉଥିଲି । ଯେଉଁଠି ଏଜୁକେଶନ ନଥାଏ, ଏବଂ ସେଠାରେ ତ ସେହି ସମୟରେ ୪୫ ଡିଗ୍ରୀ ଉତ୍ତାପ ରହେ, ଜୁନ ମାସରେ ୪୫ ଡିଗ୍ରୀ ଉତ୍ତାପରେ ମୁଁ ଗାଁକୁ ଯାଉଥିଲି । ଘର ଘର ଯାଇ ପିଲାମାନଙ୍କୁ ସ୍କୁଲ ନେଇଯାଉଥିଲି । ମୁଁ ଥରେ ଭାଷଣରେ କହିଥିଲି କି ମୁଖ୍ୟମନ୍ତ୍ରୀ ଭାବେ ମୋତେ ଶପଥ ସମାରୋହର ଯେଉଁ ଆନନ୍ଦ ମିଳୁଥିଲା, ତା' ଠାରୁ ବେଶୀ ଆନନ୍ଦ ସେହି ଗାଁର ଗରିବ ଲୋକର ଝିଅକୁ ସ୍କୁଲ ପଠାଇ ମତେ ମିଳୁଛି । ଏହା ମୋର ମନୋବୃତ୍ତି ଅଟେ । ଏହି ମନୋବୃତ୍ତିକୁ ନେଇ ମତେ ଆଗକୁ ବଢ଼ିବାର ଅଛି ।'

ଶିକ୍ଷକ ଦିବସ ଅବସରରେ ପ୍ରଧାନମନ୍ତ୍ରୀ ନରେନ୍ଦ୍ର ମୋଦିଙ୍କୁ ପିଲାମାନେ ପ୍ରଶ୍ନ ମଧ୍ୟ ପଚାରିଲେ ଏବଂ ପ୍ରଧାନମନ୍ତ୍ରୀ ଉତ୍ତର ମଧ୍ୟ ଦେଲେ । ଏହି ପ୍ରଶ୍ନ-ଉତ୍ତର ଅସୀମ ମହତ୍ତ୍ୱପୂର୍ଣ୍ଣ ଅଟେ । ଏହା ନା କେବଳ ଆମକୁ ନରେନ୍ଦ୍ର ମୋଦିଙ୍କ ଚିନ୍ତାଧାରା ଏବଂ ତାଙ୍କ ପ୍ରବନ୍ଧନ ଦକ୍ଷତା ବାବଦରେ ଅବଗତ କରାଏ ବରଂ ଏହା ମଧ୍ୟ ସୂଚନା ଦିଏ କି ଦେଶର ଯେଉଁ ଭବିଷ୍ୟତ ଉପରେ ସେ ଭରସା କରୁଛନ୍ତି, ସେଥିରେ କେତେ କ୍ଷମତା ଅଛି । ଏହି ଦୃଷ୍ଟିରେ ଏହି ପ୍ରଶ୍ନ-ଉତ୍ତରର ସେହିପରି ସମ୍ପାଦିତ ଅଂଶ ଆମେ ଏଠାରେ ରଖୁଛୁ, ଯାହା ନରେନ୍ଦ୍ର ମୋଦିଙ୍କ ପ୍ରବନ୍ଧନ ଦକ୍ଷତା ଏବଂ ଭାଗିଦାରୀ ଜରିଆରେ କାମ କରିବାର ଶୈଳୀକୁ ଦେଖାଏ :

ପ୍ରଶ୍ନ: ସାର୍, ଯେତେବେଳେ ଆପଣ ପ୍ରଧାନମନ୍ତ୍ରୀ ହେଲେ ତେବେ ଗାନ୍ଧିନଗରରୁ ଦିଲ୍ଲୀ ଆସିବା ପରେ ଆପଣଙ୍କୁ କେମିତି ଅନୁଭବ ହେଲା ?

ପ୍ରଧାନମନ୍ତ୍ରୀ: ପାର୍ଥକ୍ୟ ତ' ବହୁତ ଲାଗୁଥିଲା, ଦିଲ୍ଲୀ ଦେଖିବା ପାଇଁ ମତେ ସମୟ ମିଳିନାହିଁ । ଅଫିସ୍‌ରୁ ଘର, ଘରୁ ଅଫିସ୍ ମୋର ଏହି କାମ ଚାଲୁଛି । ହେଲେ ମୁଁ ଭାବେ ଆପଣ କଣ ପଚାରିବାକୁ ଚାହୁଁଛନ୍ତି । ସେମିତି କୌଣସି ବଡ଼ ତଫାତ ମୁଁ ଅନୁଭବ କରୁନାହିଁ । ମୁଖ୍ୟମନ୍ତ୍ରୀଙ୍କ କାର୍ଯ୍ୟରେ ଏବଂ ପ୍ରଧାନମନ୍ତ୍ରୀଙ୍କ କାର୍ଯ୍ୟରେ ବିଷୟବସ୍ତୁ ବଦଳୁଥିବ, ସୀମାରେଖା ବଦଳୁଥିବ, ଦାୟିତ୍ୱ ଟିକେ ବେଶୀ ବଢ଼ିଥିବ । ହେଲେ ବ୍ୟକ୍ତିର ଜୀବନରେ କୌଣସି ବେଶୀ ତଫାତ ଆସେନାହିଁ, ସେତିକି ହିଁ ପରିଶ୍ରମ କରିବାକୁ ପଡ଼ନ୍ତା ବୋଧହୁଏ ଟିକେ ବେଶୀ କରିବାକୁ ପଡୁଛି, ସେତିକି ହିଁ ଶୀଘ୍ର ଉଠିବାକୁ ପଡୁଛି, ଡେରି ରାତି ପର୍ଯ୍ୟନ୍ତ କାମ କରିବାକୁ ପଡୁଛି । ରାଜ୍ୟରେ ଥିବାବେଳେ ଗୋଟିଏ-ଅଧେ ଶବ୍ଦ ଏପଟ-ସେପଟ ହୋଇଗଲେ, କୌଣସି ଏମିତି କଥା ଉଠେନାହିଁ କି ଯେଉଁଥିରେ ଦେଶର କ୍ଷତି ହୋଇଯିବ । ତେବେ ଟିକେ ବେଶୀ ହିଁ ସଚେତନ ରହିବାକୁ ପଡ଼ିଥାଏ । କିନ୍ତୁ ମୁଁ ଏତିକି ହିଁ କହି ପାରିବି ଯେ ମୁଖ୍ୟମନ୍ତ୍ରୀ କାର୍ଯ୍ୟର ଅନୁଭବ ଥିବାରୁ ଏହି ଦାୟିତ୍ୱକୁ ତୁଲାଇବାରେ, ବୁଝିବାରେ ଏବଂ ଅଫିସରଙ୍କ ଠାରୁ କାମ ନେବାରେ ମତେ କୌଣସି ଅଧିକ ଅସୁବିଧା ହୋଇନାହିଁ । ବହୁତ ସରଳ ଭାବେ ମୁଁ ଏହାକୁ କରିପାରିଲି କିନ୍ତୁ ଆଗକୁ ଦେଖିବା ଯଦି ଏମିତି କୌଣସି ପରିବର୍ତ୍ତନ ଆସେ ।

ପ୍ରଶ୍ନ: ସାର୍, ମୁଁ ଆପଣଙ୍କୁ ଏହି ପ୍ରଶ୍ନ ପଚାରିବାକୁ ଚାହୁଁଛି କି ଆପଣଙ୍କ ଜୀବନରେ କାହାର ସବୁଠାରୁ ଅଧିକ ଯୋଗଦାନ ରହିଛି ? ଆପଣଙ୍କ ଅନୁଭବର ନା ଆପଣଙ୍କ ଶିକ୍ଷକଙ୍କର ?

ପ୍ରଧାନମନ୍ତ୍ରୀ: ଏହା ବଡ଼ ଟ୍ରିକି ପ୍ରଶ୍ନ । କାହିଁକିନା ଆମକୁ ପଢ଼ାଯାଏ କି ଅନୁଭବ ହିଁ ସବୁଠାରୁ ବଡ଼ ଶିକ୍ଷକ । ହେଲେ ମୁଁ ତାକୁ ଟିକେ ଅଲଗା ଉପାୟରେ ବୁଝେ କି ଯଦି ଆପଣଙ୍କୁ ଉଚିତ ଶିକ୍ଷା ମିଳିନାହିଁ ତେବେ ଅନୁଭବ ଆପଣଙ୍କୁ ବରବାଦ କରିବାର କାରଣ ମଧ୍ୟ ହୋଇପାରିବ କିମ୍ବା ଆଗକୁ ଯିବାର ସୁଯୋଗ ମଧ୍ୟ ହୋଇପାରିବ । ଏଥିପାଇଁ ଅନୁଭବ ଉତ୍ତମ ଶିକ୍ଷକ ଅଟେ । ଏହା ସ୍ୱୀକାର କରିବା ପରେ ମଧ୍ୟ ମୁଁ ଏହା ମାନୁଛି ଆପଣଙ୍କ ଶିକ୍ଷା, ସଂସ୍କାର ଉପରେ ନିର୍ଭର କରେ କି ଆପଣଙ୍କ ଅନୁଭବ କେମିତି କାମରେ ଆସୁଛି । ଯେମିତିକି ମାନି ନିଅନ୍ତୁ କୌଣସି ପିକ୍ ପକେଟର, ଆପଣ ବସ୍‌ରେ ଯାଉଛନ୍ତି ଏବଂ ପକେଟ୍ କାଟିଦେଇ ପଇସା ନେଇଗଲା, ଏହା ଆପଣଙ୍କ ଅନୁଭବ ହେବ । ଯଦି ଆପଣଙ୍କ ଶିକ୍ଷା ଠିକ୍ ନାହିଁ, ସଂସ୍କାର ଠିକ୍ ନାହିଁ, ଆପଣଙ୍କୁ ଏହି ଚିନ୍ତାଧାରା ଆସିବ କି ଆଛା ବିନା ପରିଶ୍ରମରେ ସେ ଟଙ୍କା ତ'

ରୋଜଗାର କଲା ଚାଲ ମୁଁ ମଧ୍ୟ ସେହି ରାସ୍ତାରେ ଚାଲିବି । ଯଦି ଆପଣଙ୍କ ଶିକ୍ଷା ଭଲ ଅଛି, ସଂସ୍କାର ଭଲ ଅଛି, ଚିନ୍ତାଧାରା ଭଲ ଅଛି ତେବେ ବିଚାର ଆସିବ କି ମୁଁ ସତର୍କ ରହିଲି ନାହିଁ, ମୁଁ ଠିକ୍ ଜାଗାରା ପଇସା ରଖି ନଥିଲି, ମତେ ଯେତିକି ଜାଗୃତ ରହିବା ଉଚିତ ସେତିକି ନଥିଲି ଏବଂ ତା ଯୋଗୁଁ ମୋ ପଇସା ଚାଲିଗଲା । ତେବେ ଗୋଟିଏ ଜିନିଷରୁ ହିଁ ଦୁଇଟି ଅନୁଭବ ନିଆଯାଇ ପାରିବ । ଅନୁଭବ ନେବାର ଆଧାର ହୋଇଥାଏ କି ଆପଣଙ୍କୁ କେମିତି ଶିକ୍ଷା ମିଳିଛି । ଏଥିପାଇଁ ମୋ ଜୀବନରେ ଶିକ୍ଷାର ମଧ୍ୟ, ଶିକ୍ଷକଙ୍କର ମଧ୍ୟ ଏବଂ ସଂସ୍କାରର ମଧ୍ୟ ସେତିକି ମହତ୍ୱ ରହିଛି ଯେତିକି ମୁଁ ଅନୁଭବରୁ ଭଲ-ଭଲ ଜିନିଷ ଧରିବାକୁ ଲାଗିଲି । ତେବେ ମୋ ପାଇଁ ଉଭୟର ଉପଯୋଗ ରହିଛି ।

ପ୍ରଶ୍ନ: ସାର୍, କ'ଣ ଆପଣ ଗୋଟିଏ ବାଳକ ଭାବେ ଭାବିଥିଲେ କି ଆପଣ ଦିନେ ଭାରତର ପ୍ରଧାନମନ୍ତ୍ରୀ ହେବେ ? କ'ଣ ଆପଣ କେବେ ଭାବିଥିଲେ କି ଆପଣ ବିଶ୍ୱରେ ପ୍ରସିଦ୍ଧ ହେବେ ?

ପ୍ରଧାନମନ୍ତ୍ରୀ: ମୁଁ କେବେ ଭାବି ନଥିଲି । ଯେହେତୁ ମୋର ଯାହା ଭିତ୍ତିଭୂମି, ମୁଁ ବହୁତ ସାମାନ୍ୟ ପରିବାରରୁ ଆସିଛି । ମୁଁ ତ କେବେ ହେଲେ ସ୍କୁଲରେ ମନିଟର ପାଇଁ ମଧ୍ୟ ନିର୍ବାଚନ ଲଢ଼ି ନଥିଲି । ତେବେ ଏଭଳି ଭାବିବାର ପ୍ରଶ୍ନ ହିଁ ଉଠୁ ନଥିଲା ଏବଂ ନା ଆଉ କିଛି । ଧୀରେ ଧୀରେ ଯାହା ମୁଁ ପଢ଼ିଲି ଏବଂ ମୋ ଗୁରୁଜନଙ୍କ ଠାରୁ ଶୁଣିଛି, ସେଥିରୁ ମତେ ଲାଗେ କି ବେଳେ ବେଳେ ଏ ପ୍ରକାରର ମହତ୍ୱାକାଂକ୍ଷା ବହୁତ ବଡ଼ ବୋଝ ହୋଇଯାଏ, ସଙ୍କଟ ହୋଇଯାଏ ଏବଂ ଏଥିପାଇଁ ମୁଁ ଦେଖିଛି ଅଧିକାଂଶ ଲୋକ ଦୁଃଖୀ ଥାନ୍ତି, ଏଥିପାଇଁ କି ସେମାନେ କିଛି ବନିବାର ସ୍ୱପ୍ନ ଦେଖିଥାନ୍ତି । ସ୍ୱପ୍ନ ଦେଖିବା ଉଚିତ ହେଲେ କିଛି ବନିବା ବଦଳରେ କିଛି କରିବାର ସ୍ୱପ୍ନ ଦେଖିବା ଉଚିତ । ବର୍ତ୍ତମାନ କ'ଣ ହେଉଛି କି ଆମେ ଛୋଟ ଥାନ୍ତି ତଥାପି ଆମ ମା-ବାପା କ'ଣ କରନ୍ତି, ସମସ୍ତଙ୍କୁ ପରିଚିତ କରାନ୍ତି, ମୋର ଏହି ପୁଅ ଡାକ୍ତର ହେବ, ଏ ହେଲା ଝିଅ ସେ ଇଞ୍ଜିନିୟର ବନିବ, ତଥାପି ମସ୍ତିଷ୍କରେ ଛୋଟବେଳୁ ହିଁ ପଶିଯାଏ କି ମତେ ଡାକ୍ତର ବନିବାର ଅଛି ଏବଂ ମତେ ଇଞ୍ଜିନିୟର ବନିବାର ଅଛି ଏବଂ ଦଶମ-ଯୁକ୍ତ ଦୁଇକୁ ଆସୁ ଆସୁ ଗାଡ଼ି ଗଡ଼ିଯାଏ । ପୁଣି କେଉଁଠି ଆଡମିଶନ ମିଳେନାହିଁ । ତ' ପୁଣି ହେଉଁଠି ଚାକିରି କରେ, କେଉଁଠି ଶିକ୍ଷକ ହୋଇଯାଏ, କେଉଁଠି କିଛି ବନିଯାଏ ତଥାପି ଜୀବନ ସାରା ଗାଳି ଦିଏ । ଡାକ୍ତର ବନିବାର ଥିଲା, ଶିକ୍ଷକ ହୋଇଗଲି । ଡାକ୍ତର ବନିବାର ଥିଲା, କିରାଣୀ ହୋଇଗଲି । ଡାକ୍ତର ବନିବାର ଥିଲା, ଡ୍ରାଇଭର ହୋଇଗଲି । ଏମିତି ସେ ଜୀବନ ସାରା କାନ୍ଦୁଥାଏ । ଯାହା ହୋଇଛି ତାହାର ଆନନ୍ଦ ମଧ୍ୟ ନିଏନାହିଁ । ଏଥିପାଇଁ କିଛି କରିବାର ସ୍ୱପ୍ନ ଦେଖିବା ଏବଂ ଅଳ୍ପ ବହୁତ ମଧ୍ୟ କରିନେବା ଫଳରେ ଜୀବନକୁ ଏତିକି ସନ୍ତୋଷ ମିଳେ, ଏତିକି ପ୍ରେରଣା ମିଳେ, ଏତିକି ଆନନ୍ଦ ମିଳେ ଏବଂ ଅଧିକ କିଛି କରିବାକୁ ସାହସ ମଧ୍ୟ ମିଳେ । ମୋର ସମସ୍ତ ବାଳ ମିତ୍ରଙ୍କୁ ଅତିରିକ୍ତ ପ୍ରାର୍ଥନା ଯେ କରିବାର ସ୍ୱପ୍ନ ନିଶ୍ଚୟ ଦେଖନ୍ତୁ ଯେ ମୁଁ ଏତିକି କରିନେବି, ଏହା କରିନେବି, କରି-କରି କିଛି ବନିଗଲେ ତ' ବନିଗଲେ ବନି ନପାରିଲେ ତ' ବନି ନପାରିଲେ । କରିବାର ଆନନ୍ଦ ବହୁତ ରହିବ ଏବଂ ଏଥିପାଇଁ ମୋ ଜୀବନରେ ଏହି ବିଷୟ ବହୁତ କାମରେ ଆସିଛି ।

ପ୍ରଶ୍ନ: ଛାତ୍ରଙ୍କ ସହ କଥାବାର୍ତ୍ତା ହେବାରୁ କ'ଣ ଲାଭ ମିଳୁଛି ?

ପ୍ରଧାନମନ୍ତ୍ରୀ: ଲାଭ ମିଳିଥାନ୍ତା, ତଥାପି ମୁଁ ଆସି ନଥାନ୍ତି । କାହିଁକିନା ସେହି ଲୋକ ବେଶୀ ସମସ୍ୟାରେ ଥାନ୍ତି, ଯିଏ ଲାଭ ପାଇଁ କାମ କରନ୍ତି । ବହୁତ ସାରା କାମ ଅଛି, ଯାହା ଲାଭ ପାଇଁ କରିବା ଉଚିତ ନୁହେଁ । ଯିଏ ଲାଭ ପାଇଁ କରନ୍ତି ନାହିଁ ତଥାପି ତାହାର ଆନନ୍ଦ ଅଲଗା ହୋଇଥାଏ । ମୁଁ ଆଜି ଦେଶର ଟିଭି ଚ୍ୟାନେଲ୍‌ଙ୍କ କୃତଜ୍ଞ । ଏମାନେ ବହୁତ ଭଲ କାମ କଲେ । ମତେ ସମୟ ମିଳିଲା ନାହିଁ, ହେଲେ ଅଳ୍ପ-ବହୁତ ମୁଁ ଦେଖିଛି । ସେମାନେ ଅଲଗା-ଅଲଗା ଜାଗାରେ ବାଳକଙ୍କୁ ପଚାରିଲେ- କୁହ ଭାଇ ପ୍ରଧାନମନ୍ତ୍ରୀଙ୍କୁ କ'ଣ ପଚାରିବାକୁ ଚାହୁଁଛ, କି କଥା ହେବାକୁ ଚାହୁଁଛ । ସମ୍ଭବତଃ, ବାଳକଙ୍କୁ ନିଜ କଥା କହିବାର ଏମିତି ସୁଯୋଗ ଏଥି ପୂର୍ବରୁ କେବେ ମିଳି ନଥିବ । ଏଥିପାଇଁ ମୁଁ ଏହି ଟିଭି ଚ୍ୟାନେଲ୍‌ଗୁଡ଼ିକୁ

ବହୁତ କୃତଜ୍ଞତା ଜଣାଉଛି । ସେମାନେ ବହୁତ ଭଲ କାମ କଲେ । ବହୁତ ସାରା ବାଳକ, ବହୁତ ସାରା କଥା ଆଜି ଟିଭିରେ କହୁଛନ୍ତି । ପ୍ରଥମ ଥର ଆଜି ଦେଖୁଛି, ଦିନସାରା ଆଜି ଆମ ଦେଶର ଏହି ବାଳ ମିତ୍ରମାନେ ଟିଭିକୁ କବ୍‌ଜା କରି ଦେଇଛନ୍ତି । ଏହା ଭଲ ଏବଂ ମୁଁ ମାନୁଛି, ଏହା ମତେ ସବୁଠୁ ବଡ଼ ଲାଭ ହେଲା । ନହେଲେ ଦେଶ ଆମ ମୁହଁ ଦେଖି ଦେଖି ଥକି ଯାଇଛି । ଆପଣମାନଙ୍କ ମୁହଁ ଦେଖି ତ' ସାରା ଦେଶ ହସି ଉଠେ । ମତେ ମଧ୍ୟ ବାଳକଙ୍କ କଥା ଶୁଣିବାରେ ଏତେ ଆନନ୍ଦ ଲାଗୁଥିଲା, ବାଃ ଆମ ଦେଶର ପିଲାଏ କେତେ ବଢ଼ିଆ ଚିନ୍ତା କରନ୍ତି । ଆପଣଙ୍କ ସହ ମିଶି ମତେ ଅନୁଭୂତି ହୁଏ । ସେହି ବ୍ୟାଟେରୀ ଚାର୍ଜ ହୋଇଗଲେ ନା ମୋର ମଧ୍ୟ ବ୍ୟାଟେରୀ ଚାର୍ଜ ହୋଇଯାଏ ।

ପ୍ରଶ୍ନ: ଲୋକେ କହନ୍ତି କି ଆପଣ ହେଡ୍‌ମାଷ୍ଟର ଭଳି ଅଟନ୍ତି । ହେଲେ ଆପଣ ତ' ଆମ ସମସ୍ତଙ୍କ ଆଗରେ ବହୁତ ମିତ୍ରତାପୂର୍ଣ୍ଣ ଏବଂ ଭଲ ଢ଼ଙ୍ଗରେ ଭେଟିଲେ । ସାର୍, ଘରୋଇ ଜୀବନରେ ଆପଣ କେମିତି ବ୍ୟକ୍ତି ?

ପ୍ରଧାନମନ୍ତ୍ରୀ: ମୁଁ ଗୋଟିଏ ଛୋଟ ଘଟଣା କହୁଛି । ମୁଁ ଛୋଟ ଥିଲି ତଥାପି ଯେମିତି ଆପଣମାନଙ୍କୁ ଆଜି ପିଲାମାନେ ସର୍ବପଲ୍ଲୀ ରାଧାକୃଷ୍ଣନ୍‌ଙ୍କ ଉପରେ ଭାଷଣ ଦେଲେ, ତଥାପି ମତେ ମଧ୍ୟ କହିବାର ରୁଚି ଥିଲା ଏବଂ ବହୁତ ଛୋଟ ବୟସରେ ଲୋକ ମତେ କହିବା ପାଇଁ ଡାକୁଥିଲେ । ଥରେ ଗୋଟିଏ ଗାଁରେ ରୋଟାରୀ କ୍ଲବ୍‌ର ଏକ ଫଙ୍କସନ୍ ଥିଲା ତଥାପି ରୋଟାରୀ କ୍ଲବ୍‌ବାଲା ମତେ ଡାକିଲେ । ଏବେ ତାଙ୍କର ପ୍ରୋଟୋକଲ ହେବ । ଛୋଟିଆ ସହର ଥିଲା, ପାଖାପାଖି ୩୦,୦୦୦ ବସ୍ତିର ସହର । ସେମାନେ ମତେ ଲେଖିଲେ କି ଆପଣ ଆପଣଙ୍କ ବାୟୋଡାଟା ପଠାନ୍ତୁ । ତଥାପି ମୋ ପାଖରେ ତ' କିଛି ବାୟୋଡାଟା ହିଁ ନଥିଲା । ମୁଁ କ'ଣ ପଠେଇବି ? ସେହି କାର୍ଯ୍ୟକ୍ରମରେ ଆଉ ଜଣେ ସଜ୍ଜନ ଥିଲେ ଯିଏ ସେହି କାର୍ଯ୍ୟକ୍ରମର ଅଧ୍ୟକ୍ଷତା କରୁଥିଲେ ଏବଂ ସମ୍ଭବତଃ ସେ ଡୋନେଶନ ମଧ୍ୟ ଦେଉଥିବେ, ତଥାପି ବୋଧହୁଏ ତାଙ୍କୁ ଏମାନେ ଡାକିଥିବେ । ତାଙ୍କୁ ମଧ୍ୟ କହିଥିବେ କି ନିଜର ବାୟୋଡାଟା ପଠାନ୍ତୁ । ମୁଁ ଯେତେବେଳେ କାର୍ଯ୍ୟକ୍ରମରେ ଗଲି ତଥାପି ତାଙ୍କ ବାୟୋଡାଟା ୧୦ ପୃଷ୍ଠାର ଥିଲା । ତାକୁ ସେଠାରେ ପଢ଼ାଗଲା । ବହୁ ବିସ୍ତାରରେ ଯେମିତି ଜାନୁଆରୀରେ କ'ଣ କରିଥିଲେ, ଫେବୃଆରୀରେ କ'ଣ କରିଥିଲେ ଏବଂ ମାର୍ଚ୍ଚରେ କ'ଣ କରିଥିଲେ । ହେଲେ ଯେତେବେଳେ ତାଙ୍କ ଭାଷଣ ହେଲା ତଥାପି ୩ ମିନିଟ୍‌ର ହେଲା । ତାହା ମଧ୍ୟ ସମ୍ଭବତଃ ସେହି ୨ ପାରାଗ୍ରାଫ୍ ଲେଖି ଆଣିଥିଲେ ଏବଂ ସେ ପଢ଼ିଲେ । ମତେ ଯେତେବେଳେ ପଚରା ଯାଇଥିଲା ଯେ ଆପଣଙ୍କ ବାୟୋଡାଟା ପଠାନ୍ତୁ ତଥାପି ମୁଁ ଉତ୍ତର ଲେଖିଥିଲି । ମୁଁ ଲେଖିଥିଲି ଯେ ପ୍ରତ୍ୟେକ ମନୁଷ୍ୟ, ଆମର ଶାସ୍ତ୍ର କୁହନ୍ତି ଯେ ମୁଁ କିଏ, ଏହାର ଉତ୍ତର ଖୋଜୁଛି, କାହାକୁ ଜଣା ନାହିଁ ସେ କିଏ, ଏବଂ କେମିତି ଜଣା ଥାନ୍ତା କି ସେ କିଏ ? ଯେଉଁ ସମୟରେ ମନୁଷ୍ୟ ଜାଣିନିଏ କି ମୁଁ କିଏ ତେବେ ତା' ଜୀବନର ପ୍ରତ୍ୟେକ କାମ ସମାପ୍ତ ହୋଇଯାଏ । ସନ୍ତୋଷ ମିଳିଯାଏ । ମୁଁ ଲେଖିଲି ଯେ ମୁଁ ନିଜକୁ ଚିହ୍ନି ପାରିନାହିଁ, ଜାଣି ପାରିନାହିଁ ଯେ ମୁଁ କିଏ । ମୁଁ ଏମିତି ଉତ୍ତର ଲେଖିଥିଲି । ତଥାପି ମୁଁ କହିଲି ମୁଁ ମୋ ବିଷୟରେ ଆପଣଙ୍କୁ କ'ଣ ଲେଖିବି । ଏମିତି ମୁଁ ଲେଖିଥିଲି । ଛାଡ଼ନ୍ତୁ, ସେମାନେ ମୋର ସେହି ବାୟୋଡାଟା ପଢ଼ିଥିଲେ । ତଥାପି ପୁଅ ତୁମେ ଯେଉଁ ପଚାରିଛ, ଆପଣ କ'ଣ ? ବର୍ତ୍ତମାନ ମୁଁ ନିଜେ ସ୍ଥିର କରି ପାରିବି ନାହିଁ ଯେ ମୁଁ କ'ଣ । ହେଲେ ତୁମେ ଯାହା କହିଲେ ଯେ ମୁଁ ହେଡ୍‌ମାଷ୍ଟର ଭଳି କାମ କରୁଛି । ମୁଁ ଟାସ୍କ ମାଷ୍ଟର ତ' ଅଟେ । ମୁଁ କାମ ମଧ୍ୟ ବହୁତ କରେ ଏବଂ ବହୁତ କାମ ନିଏ ମଧ୍ୟ ଏବଂ ସମୟ ଭିତରେ କାମ ହେଉ, ଏହାର ଆଗ୍ରହୀ ମଧ୍ୟ । ବୋଧହୁଏ ମୁଁ ଏତେ ଅନୁଶାସିତ ନ ହୋଇଥାନ୍ତି ତଥାପି ମୁଁ ବୋଧହୁଏ ନିଜ ଠାରୁ ଏତେ କାମ ନେଇ ନଥାନ୍ତି । ଏମିତି ନୁହେଁ ଯେ ମୁଁ ମୋ ପାଇଁ ସବୁ କୋହଳ କରେ ଏବଂ ଅନ୍ୟମାନଙ୍କ ପାଇଁ ସମସ୍ତ ବନ୍ଧନ ପକାଏ । ଏମିତି ନୁହେଁ ଓ ଏଥିପାଇଁ ମୁଁ ୧୫ ଅଗଷ୍ଟକୁ ସାର୍ବଜନିକ ରୂପେ ସରକାରୀ ଅଫିସରଙ୍କୁ କହିଥିଲି ଯେ ଯଦି ଆପଣ ୧୧ ଘଣ୍ଟା କାମ କରିବେ ତଥାପି ମୁଁ ୧୨ ଘଣ୍ଟା କାମ କରିବାକୁ ପ୍ରସ୍ତୁତ ଅଛି । ତଥାପି ସେହି ରୂପରେ ମୁଁ କାମ କରେ ।

ପ୍ରଶ୍ନ: ମୁଁ ଭାରତର ପ୍ରଧାନମନ୍ତ୍ରୀ କେମିତି ହୋଇ ପାରିବି ?

ପ୍ରଧାନମନ୍ତ୍ରୀ: ୨୦୨୪ ର ନିର୍ବାଚନ ଲଢ଼ିବାକୁ ପ୍ରସ୍ତୁତି କର ଏବଂ ଏହାର ଅର୍ଥ ହେଲା ଯେ ସେ ପର୍ଯ୍ୟନ୍ତ ମୋ ପାଇଁ କୌଣସି ବିପଦ ନାହିଁ । ଦେଖନ୍ତୁ ଭାରତ ଏକ ଲୋକତାନ୍ତ୍ରିକ ଦେଶ ଏବଂ ଆମର ସମ୍ବିଧାନ ନିର୍ମାତାମାନେ ଆମକୁ ଏତେ ବଡ଼ ଉପହାର ଦେଇଛନ୍ତି ଯେ ହିନ୍ଦୁସ୍ତାନର ଜନତାଙ୍କ ବିଶ୍ୱାସ ଆପଣ ଜିତି ନେଉଛନ୍ତି, ଦେଶର ଜନତାଙ୍କ ପ୍ରେମ ସମ୍ପାଦନ କରି ପାରିବେ, ତଥାପି ହିନ୍ଦୁସ୍ତାନର ଯେ କୌଣସି ବାଳକ ଏହି ଜାଗାରେ ପହଞ୍ଚି ପାରିବେ । ଆପଣଙ୍କୁ ମୋର ବହୁତ ଶୁଭକାମନା ଏବଂ ଯେତେବେଳେ ଆପଣଙ୍କ ପ୍ରଧାନମନ୍ତ୍ରୀ ପଦର ଶପଥ ହେବ ତଥାପି ମତେ ଶପଥ ସମାରୋହକୁ ନିଶ୍ଚୟ ଡାକିବେ ।

ପ୍ରଶ୍ନ: କିଛି ଦିନ ପୂର୍ବରୁ ଆପଣ ଜାପାନ ଯାଇଥିଲେ ଓ ଆପଣ ସେଠାରେ ଏକ ବିଦ୍ୟାଳୟକୁ ମଧ୍ୟ ଦେଖିଲେ । ସାର୍, ଆପଣଙ୍କୁ ଆମର ଏଠି ଏବଂ ଜାପାନର ଶିକ୍ଷା ମଧ୍ୟରେ କ'ଣ ପାର୍ଥକ୍ୟ ଦେଖାଗଲା ?

ପ୍ରଧାନମନ୍ତ୍ରୀ: ମୁଁ ଏଥର ଜାପାନ ଯାଇଥିଲି ତଥାପି ମୁଁ କହିଥିଲି ଯେ ସେଠାକାର ଶିକ୍ଷା ପ୍ରଣାଳୀକୁ ଟିକେ ବୁଝିବାକୁ ଚାହୁଁଛି । ସେଠାରେ ମୁଁ ଏକ ପ୍ରାଇମେରୀ ସ୍କୁଲକୁ ମଧ୍ୟ ଯାଇଥିଲି ଏବଂ ସେଠାରେ ମୁଁ ଏକ ବାଳିକା ବିଶ୍ୱବିଦ୍ୟାଳୟକୁ ମଧ୍ୟ ଯାଇଥିଲି । ପ୍ରାଇମେରୀ ସ୍କୁଲକୁ ଯାଇ ମୋର ଏହି ଚେଷ୍ଟା ଥିଲା ଯେ ତାଙ୍କ ଶିକ୍ଷା ପ୍ରଣାଳୀକୁ ବୁଝିବା । ତାଙ୍କ ସେଠାରେ ଟିଚିଙ୍ଗ ନାହିଁ କହିଲେ ଚଳେ । ଆପଣଙ୍କୁ ଲାଗୁଥିବ ଯେ ଏମିତି କେମିତି ସ୍କୁଲ ଯେଉଁଠି ଟିଚିଙ୍ଗ ନାହିଁ । କିନ୍ତୁ ସେଠାରେ ଶତ ପ୍ରତିଶତ ପାଣ୍ଡିତ୍ୟ ଅଛି । ସେଠାକାର ସମସ୍ତ କାର୍ଯ୍ୟ ଶୈଳୀ ଏମିତି ଯେ ବାଳକକୁ ଶିଖିବା ପାଇଁ ସୁଯୋଗ ମିଳେ ଏବଂ ସେ ନିଜେ ସେଥିରେ କିଛି ନା କିଛି କରେ । ତାହା ପାର୍ଟ ଅଫ୍ ଦ ପ୍ରୋସେସ୍ ହୋଇଥାଏ ଏବଂ ଏହା ତାଙ୍କର ତୀବ୍ର ଆକାଂକ୍ଷା ଅଟେ । ମୁଁ ଆହୁରି ମଧ୍ୟ ଦେଖିଲି ଯେ ପ୍ରତ୍ୟେକ ବାଳକ ଅଦ୍ଭୁତ ଶୃଙ୍ଖଳିତ ଥିଲେ । ମା-ବାପା ସ୍କୁଲ ଛାଡ଼ିବାକୁ ଆସୁନଥିଲେ । ନିୟମ ରହିଛି ଯେ ମା-ବାପା ସ୍କୁଲ ଛାଡ଼ିବାକୁ ଆସିବେ ନାହିଁ । ପଦ୍ଧତି ଏହା ଯେ ପ୍ରତ୍ୟେକ ୨୫ ପାଦରେ ଅଭିଭାବକ ଠିଆ ହୋଇ ରହନ୍ତି ଏବଂ ସେହି ୟୁନିଫର୍ମ ପିନ୍ଧିଥିବା ବାଳକ ସେହି ବାଟ ଦେଇ ଯାଆନ୍ତି ତଥାପି ଗୋଟିଏ ଅଭିଭାବକ ସେହି ବାଳକକୁ ୨୫ ପାଦ ଦୂରରେ ଥିବା ଅନ୍ୟ ଅଭିଭାବକଙ୍କ ନଜରରେ ହସ୍ତାନ୍ତର କରନ୍ତି । ଏହି କାରଣରୁ କ'ଣ ହୋଇଛି କି ସମସ୍ତ ଅଭିଭାବକ ସବୁ ପିଲାଙ୍କ ସହ ସମାନ ଆଚରଣ କରନ୍ତି । ନିଜ ପିଲାଙ୍କୁ ନିଜ ତତ୍ତ୍ୱାବଧାନରେ ଆଣିବା, ଭଲ ଗାଡ଼ିରେ ଆଣି ଛାଡ଼ିବା, ଏମିତି ନୁହେଁ । ପ୍ରତ୍ୟେକ ପିଲାକୁ ନିଜ ସ୍କୁଲକୁ ଚାଲି-ଚାଲି ଯିବା ସମୟରେ ଅଭିଭାବକ ସେମାନଙ୍କୁ ଦେଖନ୍ତି । ଏହା ତଥାପି ମା-ବାପାଙ୍କ ସମସ୍ତ ପିଲାଙ୍କ ପ୍ରତି ଏକ ସମାନ ଭାବ ସଂସ୍କାରର ବଡ଼ ଅଦ୍ଭୁତ ବ୍ୟବସ୍ଥା । ଏହା ମୋ ମନକୁ ଛୁଇଁ ଯାଇଛି । ତଥାପି ଏହିଭଳି ବହୁତ ଜିନିଷ ମୁଁ ଶିଖିଛି । ମତେ ଖୁବ୍ ଭଲ ଲାଗିଛି । ଟେକ୍ନୋଲଜିର ଭରପୁର ଉପଯୋଗ ହେଉଛି । ଛୋଟ-ଛୋଟ ଛୁଆ ମଧ୍ୟ ଟେକ୍ନୋଲଜି ମାଧ୍ୟମରେ ଜିନିଷଗୁଡ଼ିକୁ ଜାଣିବା-ବୁଝିବାକୁ ଚେଷ୍ଟା କରନ୍ତି । ସେମାନେ ବୈଜ୍ଞାନିକ ଚିନ୍ତାଧାରା ଉପରେ ଜୋର୍ ଦିଅନ୍ତି । ସେଠାରେ ବ୍ୟବସ୍ଥା ହିଁ ଏମିତି ଅଛି ଯେ ପ୍ରତ୍ୟେକେ ଏହି ପ୍ରକାରର ଚିନ୍ତା କରନ୍ତି କି ଅନୁଶାସନ ବହୁତ ସହଜ ଅଟେ, ସ୍ୱଚ୍ଛତା ଭାବ ବହୁତ ସହଜ ଏବଂ ଆଦର କରିବା ବହୁତ ସହଜ ଅଟେ । ସେମାନେ ଆଦର କରିବା ପାଇଁ ଟିକେ ନଇଁଯାନ୍ତି, ଯେମିତି ଆମେ ନମସ୍ତେ କରୁ । ବଡ଼ ତଫାତ, ଏମିତି ପ୍ରତ୍ୟେକଙ୍କ ବ୍ୟବହାରରେ ଦେଖାଯାଏ ତଥାପି ଏହା ସଂସ୍କାର ଯୋଗୁଁ ହୋଇଥାଏ । ତଥାପି ଆମ ଏବଂ ତାଙ୍କ ଭିତରେ ବହୁତ ବଡ଼ ଫରକ ମତେ ଦେଖାଗଲା ।

ପ୍ରଶ୍ନ: ଯଦି ଆପଣ ଶିକ୍ଷକ ହୋଇଥାନ୍ତେ ତଥାପି କେଉଁ ବିଦ୍ୟାର୍ଥୀ ଉପରେ ଅଧିକ ଧ୍ୟାନ ଦେଇଥାନ୍ତେ ମେଧାବୀ, ଅଳସୁଆ ଏବଂ ସାଧାରଣ ଅଥବା ପରିଶ୍ରମୀ ?

ପ୍ରଧାନମନ୍ତ୍ରୀ: ବଡ଼ ଜଟିଳ ପ୍ରଶ୍ନ । ପ୍ରକୃତରେ ଯଦି ଶିକ୍ଷକ ରୂପେ ମୁଁ ଦେଖେ, ତଥାପି କୌଣସି ପକ୍ଷପାତିତା ହେବା ଉଚିତ ନୁହେଁ । ସମସ୍ତ ବାଳକ, ଯଦି ୩୦ ଜଣ ବାଳକଙ୍କ ଶ୍ରେଣୀ ଅଟେ, ସମସ୍ତଙ୍କୁ ନିଜର ଭାବିବା ଉଚିତ । ପ୍ରତ୍ୟେକ ବ୍ୟକ୍ତି ମଧ୍ୟରେ କୌଣସି ନା କୌଣସି ଗୁଣ ତଥାପି ଥାଏ ହିଁ ଥାଏ ।

ଏମିତି ହୋଇନଥାଏ ଯେ ଜଣକ ଭିତରେ ସବୁ ଗୁଣର ଭଣ୍ଡାର ଥାଏ ଏବଂ ଆଉ ଜଣକ ଭିତରେ ସବୁ ଅବଗୁଣର ଭଣ୍ଡାର ଥାଏ । ଯିଏ ଗୁଣବାନ ଦେଖାଯାଏ, ତା' ଭିତରେ ମଧ୍ୟ କିଛି ଅବଗୁଣ ଥାଏ ଏବଂ ଯେଉଁ ବ୍ୟକ୍ତି ଅବଗୁଣ ଥିବା ପରି ଦେଖାଯାଏ, ତା' ଭିତରେ ମଧ୍ୟ କିଛି ଗୁଣ ଦେଖାଯାଏ । ଶିକ୍ଷକର କାମ ହୋଇଥାଏ ତା' ଭଲ ଭାବଗୁଡ଼ିକୁ ବୁଝିବା । ତାକୁ ଚମକାଇବା । ତା' ଜୀବନକୁ, ଯାହା ମଧ୍ୟ ଅଛି ତାକୁ ଆଗକୁ ନେଇଯିବାର ସୁଯୋଗ ଦେବା । ଯଦି ଶିକ୍ଷକ ଏହା କହେ ଯେ ଏହି ଚାରିଜଣ ବହୁତ ମେଧାବୀ ଅଟନ୍ତି, ତା' ଉପରେ ନଜର ଦେବି, ସେମାନେ ଆଗକୁ ଚାଲିଯିବେ । ମୋର ନାଁ ହୋଇଯିବ । ଏହା ଛାଡ଼ ବନ୍ଧୁ, ଇଏ ତଥାପି ବେକାର ଅଟେ । ତା' ମା-ବାପା ଦେଖିନେବେ । ଶିକ୍ଷକ ଏମିତି କରିପାରିବ ନାହିଁ ଯେମିତି ମା', ତା' ଘରେ ତିନି ଛୁଆ ଥିବେ, କମ୍-ଅଧିକ ଶକ୍ତି ଥିବା ଛୁଆ, ହେଲେ ମା ପାଇଁ ତିନୋଟି ଛୁଆ ସମାନ ହୋଇଥାନ୍ତି । ଶିକ୍ଷକ ପାଇଁ ମଧ୍ୟ କେହି ଆଗରେ, କେହି ପଛରେ, କେହି ଉପରେ, କେହି ତଳେ ହୋଇନଥାଏ । ସମସ୍ତେ ନିଜର ହୋଇଥାନ୍ତି । ପ୍ରତ୍ୟେକର ଗୁଣକୁ ଜାଣିବା ଉଚିତ ଏବଂ ଯେତେବେଳେ ୩୦ ଛାତ୍ରଙ୍କ ଶ୍ରେଣୀକୁ ଶିକ୍ଷକ ପଢ଼ାଏ ସେତେବେଳେ ୩୦ର ଆକାରକୁ ପଢ଼ାଇ ନଥାଏ । ତାକୁ ସେହି ତିରିଶ ଜଣଙ୍କୁ ବ୍ୟକ୍ତିଗତ ଭାବେ ସମ୍ବୋଧିତ କରିବାକୁ ପଡ଼ିଥାଏ । ବତେଇବା ସମୟରେ ମଧ୍ୟ ତାକୁ ଧ୍ୟାନରେ ରଖିବା ଉଚିତ ଯେ ଥରେ ସେହି ବାଳକ ପାଇଁ କହିବ, ଯାହାକୁ ବୁଝିବାରେ ଡେରି ହୁଏ । ଥରେ ତା' ପାଇଁ ମଧ୍ୟ କହିବ, ଯିଏ ବୁଦ୍ଧିମାନ ଅଟେ ଏବଂ ସହଜରେ ବୁଝିନିଏ । ସର୍ବଶେଷରେ, ସମସ୍ତଙ୍କୁ ସମାନ ରୂପେ ପରଖିବାକୁ ଚେଷ୍ଟା କରିବ । ଯଦି ମୁଁ ଶିକ୍ଷକ ହୋଇଥାନ୍ତି ତଥାପି କୌଣସି ପକ୍ଷପାତିତାର ପକ୍ଷ ହୋଇ ନଥାନ୍ତି । କେହି ପ୍ରିୟ, କେହି କମ୍ ପ୍ରିୟ, ଏମିତି ହୋଇପାରିବ ନାହିଁ । ସମସ୍ତଙ୍କୁ ନିଜର କରିବା ଉଚିତ ।

ପ୍ରଶ୍ନ: ସାର୍, ମୁଁ ଏହା ଜାଣିବାକୁ ଚାହୁଁଛି ଯେ ଆମର ବସ୍ତର ଭଳି ଜନଜାତୀ ଅଞ୍ଚଳରେ ଖାସ୍ କରି ବାଳିକାଙ୍କ ଉଚ୍ଚଶିକ୍ଷା ଅନୁଷ୍ଠାନର ବହୁତ ଅଭାବ ରହିଛି । ତଥାପି ଏଥିପାଇଁ ଆପଣ କି ଉପାୟ କରିବାକୁ ଚାହିଁବେ ?

ପ୍ରଧାନମନ୍ତ୍ରୀ: ବସ୍ତର ଅଞ୍ଚଳରେ ବହୁବାର ମୁଁ ଗସ୍ତ କରିଛି । ଦାନ୍ତେବାଡ଼ା ମଧ୍ୟ ମୁଁ ଆସିଛି । ମୁଁ ଆପଣଙ୍କ ଛତିଶଗଡ଼ର ମୁଖ୍ୟମନ୍ତ୍ରୀଙ୍କୁ ଏହି ବିଷୟ ପାଇଁ ଧନ୍ୟବାଦ ଦେଉଛି ଯେ ସେ ବସ୍ତରରେ ଶିକ୍ଷା ପାଇଁ ବହୁତ ନୂଆ ପଦକ୍ଷେପ ନେଇଛନ୍ତି । ଏ ପ୍ରସଙ୍ଗ ଠିକ୍ ଯେ ବାଳିକା ଶିକ୍ଷାକୁ ବହୁତ ପ୍ରାଥମିକତା ଦେବା ଉଚିତ, ଅଦ୍ୟାପି ଦେଶକୁ ଆଗେଇବାର ଅଛି । ମହାତ୍ମା ଗାନ୍ଧି କହୁଥିଲେ ଯେ ବାଳକ ଯଦି ପଢ଼େ ତଥାପି ଜଣେ ବ୍ୟକ୍ତି ପଢ଼େ ହେଲେ ଏକ ବାଳିକା ଯଦି ପଢ଼େ ତଥାପି ଦୁଇଟି ପରିବାର ପଢ଼ନ୍ତି । ବାପଘର ଲୋକ ଏବଂ ଶାଶୁଘର ଲୋକ । ଏଥିପାଇଁ ଏବେ ଆମେ ଦେଖନ୍ତି ଯେ କୌଣସି ଖେଳରେ ପାଖାପାଖି ୫୦ ପ୍ରତିଶତ ମେଡାଲ୍ ବାଳିକାମାନେ ହିଁ ଜିତୁଛନ୍ତି । ଶିକ୍ଷାରେ ମଧ୍ୟ ଦେଖନ୍ତୁ, ପ୍ରଥମ ଟପର ୧୦ ଦେଖନ୍ତୁ, ପ୍ରତ୍ୟେକ ରାଜ୍ୟରେ ୬-୭ ବାଳିକା ହିଁ ରହିଥାନ୍ତି । ବାଳକମାନେ ବହୁତ ପଛରେ ରହିଗଲେଣି । ଦେଶର ବିକାଶରେ ଏତେ ବଡ଼ ଶକ୍ତି, ୫୦ ପ୍ରତିଶତ, ଏହାର ଯଦି ଶିକ୍ଷା-ଦିକ୍ଷା ହେବ ତଥାପି ବହୁତ ଲାଭ ହେବ । ଏଥିପାଇଁ ମୋର ମଧ୍ୟ ବଡ଼ ଆଗ୍ରହ ଅଛି ଯେ ବାଳିକା ଶିକ୍ଷା ଉପରେ ଯୋର୍ ଦିଆଯାଉ । ଆଜି ଯେଉଁ ବାଳିକା ଶୌଚାଳୟ ତିଆରି କରିବା ପଛରେ ମୁଁ ଲାଗିଛି, କାହିଁକି ? ମୋ ନଜରକୁ ଆସିଥିଲା ଯେ ବାଳିକା ସ୍କୁଲ ଯାଉଛନ୍ତି । ତୃତୀୟ-ଚତୁର୍ଥ ଶ୍ରେଣୀ ଆସୁ-ଆସୁ ସ୍କୁଲ ଛାଡୁଛନ୍ତି ତଥାପି ଧ୍ୟାନରେ ଆସୁଥିଲା ଯେ ବାଳିକାଙ୍କ ପାଇଁ ଅଦ୍ୟାପି ଶୌଚାଳୟ ନଥିବା ଯୋଗୁଁ ତାକୁ ସେଠାରେ ଆରାମ ଲାଗୁନଥିଲା, ସେଥି ଯୋଗୁଁ ପଢ଼ା ଛାଡ଼ି ଦେଉଥିଲେ । ଏତେ ଛୋଟ କଥା । ଯଦି କେହି ପୂର୍ବରୁ ନଜର ଦେଇଥାନ୍ତେ ତଥାପି ସ୍ଥିତି ଅନ୍ୟ ରକମର ହୋଇଥାନ୍ତା । ଏହି କାରଣରୁ ମୁଁ ଏବେ ଆଗ୍ରହ ପୂର୍ବକ ଲାଗିଛି ଯେ ହିନ୍ଦୁସ୍ତାନରେ ଆମର ସମସ୍ତ ସ୍କୁଲରେ ବାଳକ ଏବଂ ବାଳିକା ଉଭୟଙ୍କ ପାଇଁ ଶୌଚାଳୟ ହେଉ । ଝିଅ ଛୁଆମାନେ ସ୍କୁଲରେ ତଥାପି ନାଁ ଲେଖାଉଛନ୍ତି, ପ୍ରତ୍ୟେକ ମା-ବାପାଙ୍କୁ ଲାଗେ ଯେ ଝିଅକୁ

ସ୍କୁଲ ପଠାଇବା । ହେଲେ କେବେ ତୃତୀୟ ଶ୍ରେଣୀ ପର୍ଯ୍ୟନ୍ତ କେବେ ପଞ୍ଚମ ଶ୍ରେଣୀ ପର୍ଯ୍ୟନ୍ତ, ଅତି ବେଶୀରେ ସପ୍ତମ ଶ୍ରେଣୀ ପର୍ଯ୍ୟନ୍ତ । ଅଧିକାଂଶ ବାଳିକା ସ୍କୁଲ ଛାଡ଼ିଦିଅନ୍ତି । ବାଳିକାମାନେ ସ୍କୁଲ ଛାଡ଼ିବେ ନାହିଁ, ସେମାନଙ୍କୁ ଆଗାମୀ ଶିକ୍ଷା କେମିତି ମିଳିବ, ଏହା ଉପରେ ମୋର ନଜର ରହିଛି ଏବଂ ମୁଁ ଏହି ଦିଗରେ ବହୁତ କିଛି ଚିନ୍ତା କରିଛି । ବର୍ତ୍ତମାନ ମୁଁ କରୁଛି ମଧ । ତାହାର ପରିଣାମ ଦେଖାଯିବ । ହେଲେ ମତେ ଖୁସି ଲାଗିଲା ଯେ ବସ୍ତର ଜିଲ୍ଲା ଉପରେ ଆପଣମାନଙ୍କର ଏତିକି ଚିନ୍ତା ଏତେ ସ୍ନେହ ଅଛି ଏବଂ ଏକ ବାଳିକା ମନରେ ଏମିତି ପ୍ରଶ୍ନ ଆସେ ତେଣୁ ବହୁତ ଆନନ୍ଦ ଲାଗେ । ତଥାପି ବାଳିକାଙ୍କ ଶିକ୍ଷାର ଚିନ୍ତା ଏକ ବାଳିକା କରୁଛି । ତାହା ମଧ ଦୂର ସୁଦୂର ବସ୍ତରର ଜଙ୍ଗଲରୁ, ଯେଉଁଠି ମାଓବାଦ କାରଣରୁ ପୃଥିବୀ ଲହୁଲୁହାଣ ହୋଇସାରିଛି । ମୁଁ ମାନୁଛି ଯେ ଦେଶକୁ ଜଗାଇବାର ଶକ୍ତି ଏହି ପ୍ରଶ୍ନରେ ରହିଛି ।

ପ୍ରଶ୍ନ: ଆମେ ପିଲାଏ ଦେଶର ବିକାଶ ଏବଂ ଉନ୍ନତିରେ ଆପଣଙ୍କୁ କ'ଣ ସାହାଯ୍ୟ କରି ପାରିବୁ ?

ପ୍ରଧାନମନ୍ତ୍ରୀ: ଦେଖନ୍ତୁ, ପ୍ରଥମେ ନିଜେ ଉତ୍ତମ ବିଦ୍ୟାର୍ଥୀ ହୁଅ । ଏହା ମଧ ଦେଶର ବହୁତ ବଡ଼ ସେବା ଅଟେ । ଆମେ ଏକ ଉତ୍ତମ ବିଦ୍ୟାର୍ଥୀ ହେବା । ଆମେ ସଫେଇ ବାବଦରେ କୌଣସି ରାଜିନାମା କରିବା ନାହିଁ । ଆପଣଙ୍କୁ ଯଦି ମୁଁ ପଚାରେ ଯେ ଏମିତି କେତେ ପିଲା ଅଛନ୍ତି ଯେଉଁମାନେ ସ୍କୁଲରୁ ଫେରିବା କ୍ଷଣି ତାଙ୍କ ସ୍କୁଲ ବ୍ୟାଗ୍ ଫୋପାଡ଼ି ଦିଅନ୍ତି ? କେତେ ପିଲା ଅଛନ୍ତି, ସତ କୁହନ୍ତୁ ? କେହି ଫଟୋ ଉଠାଇବେ ନାହିଁ, କହି ଦିଅନ୍ତୁ । ପୁଣି ମା କ'ଣ କରେ, ବ୍ୟାଗ୍ ଉଠାଇ ରଖିବ । କିଛି ବାଳକ ଥିବେ, ଘରେ କେତେ ମଧ ଅତିଥି ବସିଥାନ୍ତୁ, ବହୁତ କିଛି ଚାଲିଥିବ, ହେଲେ କାହା ଉପରେ ନଥିବ । ସିଧା ଯେଉଁଠି ସ୍କୁଲ ବ୍ୟାଗ୍ ରଖନ୍ତି, ସେଠାକୁ ଯିବେ ଏବଂ ସ୍କୁଲ ବ୍ୟାଗ୍ ଠିକ୍ ଭାବେ ରଖିବେ । ଜୋତା ଠିକ୍ ଭାବେ ବାହାର କରିବେ । ଏହାପରେ ଆସି ସମସ୍ତଙ୍କୁ ପ୍ରଣାମ କରିବେ । ଦୁଇ ପ୍ରକାରର ବାଳକ ଥାନ୍ତି, ଏବେ ଆପଣଙ୍କୁ ସ୍ଥିର କରିବାକୁ ହେବ ଯେ ଅଦ୍ୟପି ଆପଣ ଢ଼ଙ୍ଗରେ ଯାଉଛନ୍ତି ତଥାପି ଆପଣ ଦେଶ ସେବା କରୁଛନ୍ତି କି କରୁନାହାନ୍ତି ।

କିଛି ଲୋକଙ୍କୁ ଲାଗେ, ଦେଶ ପାଇଁ ମରିବା ଅଥବା ଦେଶ ସେବାର ଅର୍ଥ କେବଳ ରାଜନେତା ବନିବା ଅଟେ । ଏମିତି ନୁହେଁ । ବିଜୁଳି ସଞ୍ଚୟ ପ୍ରସଙ୍ଗ ନିଅନ୍ତୁ । ଆପଣ ଘରକୁ ଯାଇ ମା-ବାପାଙ୍କୁ ପଚାରନ୍ତୁ ଯେ ଆପଣଙ୍କ ଘରେ ବିଜୁଳି ବିଲ୍ କେତେ ଆସୁଛି । ଏ ପର୍ଯ୍ୟନ୍ତ ଆପଣ ପଚାରି ନଥିବେ । ବାଳକ କ'ଣ କରେ, ମତେ ଏହା ଦରକାର । କମ୍ପାସ ଦରକାର । ଶିକ୍ଷକ ଏଇଆ ମାଗିଛନ୍ତି । ସେତିକି ହିଁ ତା'ର ଘର ସହ ସମ୍ବନ୍ଧ, ଅର୍ଥ ସମ୍ପର୍କରେ ଆସିଥାଏ । ମତେ ଆଜି ସାଙ୍ଗମାନଙ୍କ ସହ ଏଠାକୁ ଯିବାର ଅଛି । ଏତିକି ପଇସା ଦିଅ । କେବେ ଘରର ନେଣଦେଣରେ କ'ଣ ନିଜ ଆଗ୍ରହ ଦେଇଛନ୍ତି ? ଆପଣ ଗୋଟିଏ କାମ କରନ୍ତୁ, ଘରେ ମା-ବାପା ସମସ୍ତେ ଯେତେବେଳେ ଖାଇବାକୁ ବସିଥିବେ ସେତେବେଳେ ପଚାରନ୍ତୁ, ଆପଣଙ୍କ ଘରର ଇଲେକ୍ଟ୍ରିକ୍ ବିଲ୍ କେତେ ଆସୁଛି ? ତାଙ୍କୁ ପଚାରନ୍ତୁ । ଏହାପରେ ସେମାନଙ୍କୁ କୁହନ୍ତୁ ଅଦ୍ୟପି ୧୦୦ ଟଙ୍କା ଆସୁଛି, ଅଦ୍ୟପି ୯୦ ଟଙ୍କା ଆସୁଛି, ଆମେ ଏମିତି କ'ଣ କରିପାରିବା ? ୫୦ ଟଙ୍କାର ବିଲ୍ ଆସୁଛି, ବିଲ୍ ୪୫ ଟଙ୍କା ହୋଇଯିବ ଏମିତି କ'ଣ କରିପାରିବା ? କେମିତି କରିପାରିବା, ଘରେ ଚର୍ଚ୍ଚା କରନ୍ତୁ । ବିଦ୍ୟୁତ୍ ବ୍ୟବହାର କମ୍ ହେଉ, ବିଦ୍ୟୁତ୍ ବରବାଦ୍ ନହେଉ, ଏହା କରି ପାରିବେ । ଆପଣ ଯଦି ନିଜ ଘରେ ବିଦ୍ୟୁତ୍ ସଞ୍ଚୟ କରୁଛନ୍ତି ତଥାପି ଆପଣଙ୍କ ଘରେ ଲାଭ ହେବ ହିଁ ହେବ, ହେଲେ କୌଣସି ଗରିବର ଘରେ ବିଜୁଳି ବତୀ ଜଳିବ । ଏହା ବହୁତ ବଡ଼ ଦେଶ ସେବା ଅଟେ ଏବଂ ଗୋଟିଏ ଚାରା ଲଗାଇ ଆମେ ଯେମିତି ପରିବେଶକୁ ରକ୍ଷା କରନ୍ତି, ସେମିତି ହିଁ ଆମ ପରିବାର ବିଜୁଳି ସଞ୍ଚୟ କରି ପରିବେଶର ରକ୍ଷା କରି ପାରିବ ଏବଂ ଏଥିପାଇଁ ଦେଶ ସେବା କରିବା ପାଇଁ, ସମାଜ ସେବା କରିବା ପାଇଁ କୌଣସି ବହୁତ ବଡ଼ ଜିନିଷ କରିବାକୁ ପଡ଼େନାହିଁ । ଛୋଟ-ଛୋଟ ଜିନିଷରେ ଦେଶଭକ୍ତିର ପ୍ରକଟିକରଣ ହୋଇଥାଏ ଏବଂ ସେହି ଛୋଟ-ଛୋଟ ଜିନିଷ ଉପରେ ଆମେ ଧ୍ୟାନ କେନ୍ଦ୍ରିତ କରିବା, ତେବେ ତା'ଠାରୁ ବଡ଼ ଦେଶ ସେବା ଆଉ କ'ଣ ଅଛି ? ତାହା ବହୁତ ବଡ଼ ଦେଶ ସେବା ଅଟେ ।

ପ୍ରଶ୍ନ: ସାର୍, ଆସାମରେ ରହୁଥିବାରୁ ଆମେ ଜଳବାୟୁ ପରିବର୍ତ୍ତନ ଏବଂ ଏହାର ପ୍ରଭାବକୁ ନେଇ ଖୁବ୍ ଚିନ୍ତିତ ରହୁଛୁ । ସାର୍, ଆପଣ ଆମକୁ ଆମ ପବିତ୍ର ପରିବେଶକୁ ବଞ୍ଚାଇବାରେ କେଉଁ ପ୍ରକାରର ସାହାଯ୍ୟ କରି ପାରିବେ ?

ପ୍ରଧାନମନ୍ତ୍ରୀ: ଦେଖନ୍ତୁ ଆଜି ଛୋଟ-ଛୋଟ ବାଳକ ମଧ୍ୟ ଜଳବାୟୁ ପରିବର୍ତ୍ତନର ଚର୍ଚ୍ଚା କରୁଛନ୍ତି । ବର୍ତ୍ତମାନ ମୋ ମନରେ ଏକ ପ୍ରଶ୍ନ ଅଛି ଯେ ବାସ୍ତବରେ କଣ ପରିବର୍ତ୍ତନ ହୋଇଛି । ଆମେ ନିଜକୁ ନିଜେ ପଚାରିବା । ଆପଣ ଦେଖିଥିବେ ଯେ ଆମ ଗାଁରେ ଯେଉଁ ବୟସ୍କ ଲୋକ ଥାନ୍ତି ୭୦-୮୦-୮୫-୯୦ ବର୍ଷର, ଶୀତଦିନେ ଆପଣ ଦେଖିବେ ତଥାପି ସେମାନେ କହନ୍ତି ଯେ ପୂର୍ବଥର ଅପେକ୍ଷା ଏଥର ଥଣ୍ଡା ବେଶୀ ହେଉଛି । ପ୍ରକୃତରେ ଥଣ୍ଡା ବେଶୀ ନଥାଏ, ତାଙ୍କ ବୟସ ବଢ଼ିବା ଯୋଗୁଁ ସେମାନଙ୍କ ସହିବାର ଶକ୍ତି କମ୍ ହୋଇଯାଇଛି । ଏଥିପାଇଁ ସେମାନଙ୍କୁ ଥଣ୍ଡା ବେଶୀ ଅନୁଭବ ହୁଏ । ତଥାପି ପରିବାରର ଯେଉଁ ଗୁରୁଜନ ଲୋକ ଥାନ୍ତି, ସେମାନେ କହନ୍ତି ଯେ ପୂର୍ବ ଥର ଏତେ ଥଣ୍ଡା ନଥିଲା ଏଥର ଥଣ୍ଡା ବେଶୀ ହୋଇଯାଇଛି । ସେହିପରି ହିଁ ଏହି ଜଳବାୟୁ ପରିବର୍ତ୍ତନ ହୋଇନାହିଁ, ଆମେ ବଦଳି ଯାଇଛୁ, ଆମର ଅଭ୍ୟାସ ବଦଳି ଯାଇଛି, ଆମର ଅଭ୍ୟାସ ବିଗିଡ଼ି ଯାଇଛି ଏବଂ ସେହି କାରଣରୁ ଆମେ ସମ୍ପୂର୍ଣ୍ଣ ପାରିପାର୍ଶ୍ୱିର କ୍ଷତି କରିଛୁ ।

ଅଦ୍ୟପି ଆମେ ବଦଳିଯିବା ତେବେ ତାହା ବଦଳିବା ପାଇଁ ପ୍ରସ୍ତୁତ ଅଛି । ଈଶ୍ୱର ପ୍ରକୃତି ମଧ୍ୟରେ ଏମିତି ବ୍ୟବସ୍ଥା ରଖିଛନ୍ତି ଯେ ସନ୍ତୁଳନ ତୁରନ୍ତ ହୋଇଯାଏ ହେଲେ ତାହାର ପ୍ରଥମ ସର୍ତ୍ତ ହେଲା ଯେ ମନୁଷ୍ୟ ପ୍ରକୃତି ସହ ସଂଘର୍ଷ ନକରୁ । ମନୁଷ୍ୟ ପ୍ରକୃତିକୁ ଭଲପାଉ, ପାଣି ଥିବ, ବାୟୁ ଥିବ, ଗଛ ଥିବ, ପ୍ରତ୍ୟେକଙ୍କ ସହ । ଏଥିପାଇଁ ଆମ ଶାସ୍ତ୍ରରେ ତଥାପି ଗଛକୁ ପରାମାତ୍ମା କୁହାଯାଇଛି, ନଦୀକୁ ମାତା କୁହାଯାଇଛି । ହେଲେ ଯେବେ ଠାରୁ ଆମେ ଏହା ଭୁଲିଗଲେ, ଗଙ୍ଗା ମଧ୍ୟ ମଇଳା ହୋଇଗଲା । ଆମେ ସମ୍ପୂର୍ଣ୍ଣ ବ୍ରହ୍ମାଣ୍ଡକୁ ନିଜ ପରିବାର ମାନୁଛନ୍ତି ଏବଂ ଏହା ଆମକୁ ଛୋଟବେଳୁ ସିଖାଯାଇଛି । ବହୁ ପରିବାର ଏମିତି ଥିବେ ଯେଉଁଠି ପିଲାଙ୍କୁ ଶିଖାଯାଏ ଯେ ଯେତେବେଳେ ବିଛଣାରୁ ତଳକୁ ଓହ୍ଲାଇବ ସେତେବେଳେ ପୃଥିବୀ ମାତାକୁ ଭୁଲ୍ ମାଗିବ ଯେ ହେ ପୃଥିବୀ ମା ! ମୁଁ ପାଦ ରଖୁଛି ତଥାପି ଆପଣଙ୍କୁ କଷ୍ଟ ହେଉଥିବ । ସେହିଠାରୁ ସଂସ୍କାର ଆରମ୍ଭ ହୁଏ ନା ନାହିଁ । ଆମେ ବାଳକ ଥିବାବେଳେ ଆମ ମା ଆମକୁ କ'ଣ କୁହେ ଯେ ଏ ଜହ୍ନ ହେଉଛି ତୋ ମାମୁଁ ଏବଂ ଏ ସୂର୍ଯ୍ୟ ତୋର ଅଜା । ଏ ଜିନିଷଗୁଡ଼ିକ ଆମକୁ ସହଜ ରୂପେ ପାରିପାର୍ଶ୍ୱିକ ଶିକ୍ଷା ଦେବାପାଇଁ ଆମ ସହଜ ଜୀବନରେ ଥିଲା । ହେଲେ ଜଣା ନାହିଁ ଏତେ ପରିବର୍ତ୍ତନ ଆସିଲା ଯେ ସବୁ ଖରାପ, ଖରାପ, ଏତେ ବାଡ଼େଇ-ପିଟି ଆମ ମସ୍ତିଷ୍କରେ ଭରି ଦିଆଯାଇଛି । ସେହି କାରଣରୁ ଆମର ଏହି ଅବସ୍ଥା ହୋଇଯାଇଛି ।

ମୋ ସହିତ ବର୍ତ୍ତମାନ ନାଗପୁରର ମେୟର ଦେଖା ହୋଇଥିଲେ । ସେ ମତେ ବହୁତ ବଢ଼ିଆ କଥା କହିଲେ । ସେ କହିଲେ ଯେ ସେମାନେ ପୂର୍ଣ୍ଣିମା ରାତିରେ ଷ୍ଟ୍ରିଟ୍ ଲାଇଟ୍ ବନ୍ଦ କରି ଦିଅନ୍ତି । ସେ କହିଲେ ଯେ ମୁଁ ପ୍ରଥମ ଥର ଘୋଷଣା କଲି ଯେ ଜହ୍ନ ରାତି ହୋଇଛି ସବୁ ଲୋକ ବାହାରକୁ ଆସନ୍ତୁ ଏବଂ ଦୁଇ-ତିନି ଘଣ୍ଟା ଲାଇଟ୍ ବନ୍ଦ ରହିଲା । ତଥାପି ୨-୩ ଘଣ୍ଟା ପର୍ଯ୍ୟନ୍ତ ମେଳା ପରି ପରିବେଶ ହୋଇଗଲା । ଲୋକମାନେ ତାଙ୍କ ଘରେ ମଧ୍ୟ ବିଦ୍ୟୁତ୍ ବନ୍ଦ ରଖିଲେ, ଜହ୍ନ ରାତିର ଆନନ୍ଦ ନେବାପାଇଁ ।

ଆପଣଙ୍କ ମଧ୍ୟରୁ କେତେ ଅଛନ୍ତି ଯେଉଁମାନେ ସୂର୍ଯ୍ୟୋଦୟ ଦେଖିଛନ୍ତି ? ବାସ୍ତବରେ ମୁଁ ସୂର୍ଯ୍ୟୋଦୟ ଦେଖିଛି, ଏମିତି ନୁହେଁ ଯେ ଆଲୋକ ଥିଲା ବାସ୍ ଆଲୋକ ଦେଖିଲି । କେତେ ଅଛନ୍ତି ଯେଉଁମାନେ ସୂର୍ଯ୍ୟାସ୍ତ ଦେଖିଛନ୍ତି ? କେତେ ଅଛନ୍ତି ଯେଉଁମାନେ ଜହ୍ନ ରାତିରେ ପୂର୍ଣ୍ଣଚନ୍ଦ୍ରକୁ ଦେଖିଛନ୍ତି ? ଦେଖନ୍ତୁ, ଆମର ଅଭ୍ୟାସ ଚାଲିଯାଇଛି । ଆମେ ପ୍ରକୃତି ସହ ବଞ୍ଚିବା ଭୁଲି ଯାଇଛନ୍ତି ଏବଂ ଏଥିପାଇଁ ପ୍ରକୃତି ସହ ବଞ୍ଚିବା ଶିଖିବାକୁ ପଡ଼ିବ । ସେହି ମେୟର ମତେ କହୁଥିଲେ ଯେ ନାଗପୁରରେ ଆମର ବିଜୁଳି ଖର୍ଚ୍ଚ କମ୍ ହୋଇଛି । ଏବେ ସେଠାରେ ଲୋକଙ୍କୁ ମଜା ଆସିଲାଣି ଏବଂ ଲୋକେ ଦୁଇ-ତିନି ଘଣ୍ଟା ବାହାରକୁ

ବାହାରୁଛନ୍ତି । ମୁଁ ଗୋଟିଏ ପ୍ରସ୍ତାବ ଦେଲି ଯେ ଏମିତି କାମ କର ଯେ ଜହ୍ନ ରାତିରେ ଏକ ପ୍ରତିଯୋଗିତା କର ଯେ ଜହ୍ନ ରାତିରେ ଛୁଞ୍ଚିରେ ସୂତା ଗଳାଇବା, ଏହାପରେ ଜହ୍ନ ରାତିର ମଜା ସମସ୍ତଙ୍କୁ ମିଳିବ । ଜହ୍ନ ରାତିର ଆନନ୍ଦ ନେବେ । ଆପଣମାନେ କରିବେ । ପକ୍କା କରିବେ । କରିବା ପରେ ମତେ ଚିଠି ଲେଖିବେ । ମୁଁ ବିଶ୍ୱାସ କରିବି, ଦେଶର ସମସ୍ତ ପିଲାଙ୍କୁ ବିଶ୍ୱାସ କରିବି । ଆପଣ ମତେ କୁହନ୍ତୁ ଯେ ଜହ୍ନ ରାତିରେ ଯଦି ଦୁଇ-ତିନି ଘଣ୍ଟା ବିଦ୍ୟୁତ୍ ବନ୍ଦ କରିବେ, ଷ୍ଟ୍ରୀଟ୍ ଲାଇଟ୍ ବନ୍ଦ କରିବେ, ତେବେ ପାରିପାର୍ଶ୍ୱର ସେବା ହେବ କି ନାହିଁ ? ଜହ୍ନ ରାତିର ମଜା ଆସିବ କି ଆସିବନି ? ପାରିପାର୍ଶ୍ୱ ସହ ଭଲପାଇବା ବଢ଼ିବ କି ବଢ଼ିବନି ? ପ୍ରକୃତି ସହ ପ୍ରେମ ହେବ କି ହେବନାହିଁ ? ତଥାପି ସେଇଆ ତ' କରିବା ଉଚିତ ଯାହାକୁ ସହଜ ରୂପେ କରାଯାଇ ପାରିବ । ବହୁତ ବଡ଼-ବଡ଼ ଜିନିଷ ନ କରୁଥିଲେ ମଧ୍ୟ ଆମେ ଏହି ଜିନିଷଗୁଡ଼ିକୁ କରି ପାରିବା ।

ପ୍ରଶ୍ନ: ସାର୍, ଆପଣଙ୍କ ହିସାବରେ ରାଜନୀତି ଏକ କଷ୍ଟକର ବୃତ୍ତି ଏବଂ ଆପଣ ଚାପପୂର୍ଣ୍ଣ ଓ କାମର ଚାପକୁ କେମିତି ସମାଧାନ କରନ୍ତି ?

ପ୍ରଧାନମନ୍ତ୍ରୀ: ପ୍ରଥମେ ତ' ରାଜନୀତିକୁ ବୃତ୍ତି ମାନିବା ଉଚିତ ନୁହେଁ । ଏହାକୁ ଏକ ସେବା ରୂପେ ସ୍ୱୀକାର କରିବା ଉଚିତ ଏବଂ ସେବାର ଭାବ ସେତେବେଳେ ଜାଗ୍ରତ ହୁଏ ଯେତେବେଳେ ଆତ୍ମୀୟତା ଥାଏ । ଆତ୍ମୀୟତା ନଥାଏ, ତେବେ ସେବାର ଭାବ ଆସି ନଥାଏ । ଗୋଟିଏ ପୁରୁଣା ଘଟଣା ଅଛି । ଜଣେ ପାଞ୍ଚ ବର୍ଷର ବାଳିକା ତା ତିନି ବର୍ଷର ଭାଇକୁ ଉଠାଇ, ବଡ଼ କଷ୍ଟରେ ଉଠେଇ ପାରୁଥିଲା, ଗୋଟିଏ ଛୋଟ ପାହାଡ଼ ଚଢ଼ୁଥିଲା ତଥାପି ଜଣେ ମହାତ୍ମା ପଚାରିଲେ ଝିଅ ତୋତେ ହାଲିଆ ଲାଗୁନାହିଁ? ସେ ଜବାବ ଦେଲା, ନା ମୋର ଭାଇ ଅଛି । ମହାତ୍ମା ପୁଣି ପଚାରିଲେ, ମୁଁ ଏହା ପଚାରିନାହିଁ ସେ କିଏ, ମୁଁ କହୁଛି ଯେ ତତେ ହାଲିଆ ଲାଗୁନାହିଁ । ସେ କହିଲା ଆରେ ମୋ ଭାଇ ଅଛି । ମହାତ୍ମା ପୁଣି କହିଲେ ଯେ ମୁଁ ତୋତେ ଏହା ପଚାରୁନାହିଁ ସେ କିଏ ? ମୁଁ ତୋତେ ପଚାରୁଛି ଯେ ତୋତେ ହାଲିଆ ଲାଗୁନାହିଁ? ତୃତୀୟ ଥର ସେ କହିଲା, ଆରେ ମୋର ଭାଇ ଅଛି । ମହାତ୍ମା କହିଲେ ଆରେ ମୁଁ ପ୍ରଶ୍ନ ପଚାରୁଛି ଯେ ତୋତେ ହାଲିଆ ଲାଗୁନାହିଁ? ସେ କହିଲା କି ମୁଁ ଆପଣଙ୍କ ପ୍ରଶ୍ନ ବୁଝୁଛି, ମୋର ଭାଇ ଅଛି ଏଥିପାଇଁ ମତେ ହାଲିଆ ଲାଗୁନାହିଁ । ପାଞ୍ଚ ବର୍ଷର ଝିଅ । ଯେତେବେଳେ ମତେ ଲାଗେ ଯେ ୧୨୫ କୋଟି ଦେଶବାସୀ ମୋର ପରିବାର ତଥାପି ପୁଣି ହାଲିଆ ଲାଗେନାହିଁ । ପୁଣି କାମ କରିବାର ଇଚ୍ଛା ମନରେ ଜାଗ୍ରତ ହୁଏ ଯେ ଆହୁରି କିଛି କରିବି, ଆହୁରି ନୂଆ କରିବି, ଏହି ଭାବନା ମନରେ ଜାଗ୍ରତ ହୁଏ । ଏଥିପାଇଁ ରାଜନୀତିକୁ ବୃତ୍ତି ରୂପେ ନୁହେଁ, ରାଜନୀତିକୁ ଏକ ସେବା ଧର୍ମ ରୂପେ ଏବଂ ସେହି ସେବା ଧର୍ମ ଆତ୍ମୀୟତା କାରଣରୁ ହେବା ଉଚିତ, ପଦବୀ କାରଣରୁ ନୁହେଁ । ପଦବୀ ତ' ଆସୁଥାଏ-ଯାଉଥାଏ, ଲୋକତନ୍ତ୍ରରେ ଏହା ଏକ ବ୍ୟବସ୍ଥା ଅଟେ । ଆତ୍ମୀୟତା, ଏହା ଚିରଞ୍ଜିବୀ ହୋଇଥାଏ ଏଥିପାଇଁ ନା କେହି ଶ୍ଳେଷ ହୋଇଥାଏ ନା କ୍ଳାନ୍ତ ହୋଇଥାଏ । ଅନ୍ୟଟି ଶରୀରର ଯେଉଁ ବାୟୋଲଜି କାମ କରେ ତାହା ତ' ଆପଣ ଯେମିତି ପିଲାଙ୍କ ସହ ଗପ କରନ୍ତି ତେବେ ଠିକ୍ ହୋଇଯାଏ ।

ପ୍ରଶ୍ନ: ଯେତେବେଳେ ଆପଣ ଗୁଜରାଟର ମୁଖ୍ୟମନ୍ତ୍ରୀ ଥିଲେ ତେବେ ଗୁଜରାଟ ପଢ଼ୋ, ମାନେ 'ବାଞ୍ଚେ ଗୁଜରାଟ' ନାମରେ ଏକ ଅଭିଯାନ ଆରମ୍ଭ କରାଯାଇଥିଲା । ମୁଁ ଆପଣଙ୍କ ଠାରୁ ଏହା ଜାଣିବାକୁ ଚାହୁଁଛି ଯେ କ'ଣ ରାଷ୍ଟ୍ରୀୟ ସ୍ତରରେ ଏମିତି କୌଣସି ଅଭିଯାନ ଆରମ୍ଭ କରିବା ବାବଦରେ ଆପଣ ବିଚାର କରିଛନ୍ତି ?

ପ୍ରଧାନମନ୍ତ୍ରୀ: ଏମିତି ବିଚାର ତ' କରିନାହିଁ ହେଲେ ଆଉ ଏକ କଥା ମୋ ମନକୁ ଆସୁଛି, ତାହା ହେଲା ଡିଜିଟାଲ ଇଣ୍ଡିଆ । ଯେତେବେଳେ ମୁଁ ଡିଜିଟାଲ ଇଣ୍ଡିଆର କଥା କହୁଛି ତଥାପି ମୋର ଆଗ୍ରହ ଯେ ଆଧୁନିକ ଟେକ୍ନୋଲଜି ମୋ ଛାତ୍ରଙ୍କ ପର୍ଯ୍ୟନ୍ତ ପହଞ୍ଚୁ ଏବଂ ସବୁ ଭାଷାରେ ପହଞ୍ଚୁ ଏବଂ ଏହି ଟେକ୍ନୋଲଜି

ମାଧ୍ୟମରେ, ଇନ୍‌ଫରମେସନ କମ୍ପ୍ୟୁନିକେସନ ଟେକ୍ନୋଲଜିର ଫାଇଦା ନେଇ, ଇଣ୍ଟରନେଟର ଫାଇଦା ନେଇ, ବ୍ରଡ୍‌ବ୍ୟାଣ୍ଡ କନେକ୍‌ଟିଭିଟିର ଫାଇଦା ନେଇ, ସେମାନେ ଅଭ୍ୟସ୍ତ ହୁଅନ୍ତୁ, ନୂଆ-ନୂଆ ଜିନିଷ ଖୋଜିବାର, ଦେଖିବାର, ପଢ଼ିବାର, ବୁଝିବାର । ଅଦ୍ୟାପି ଏହା ତାଙ୍କର ଅଭ୍ୟାସ ହୋଇଯାଉଛି ତେବେ ମୁଁ ଭାବୁଛି ଯେ ସମ୍ଭବତଃ ମୋର ଡିଜିଟାଲ ଇଣ୍ଡିଆର ସ୍ୱପ୍ନ ପୂର୍ଣ୍ଣ ହୋଇଯିବ ।

ସବୁ କାମ ମୁଁ ହାତକୁ ଏମିତି ନେଉଛି, ଯାହା କଠିନ ଅଟେ । ହେଲେ କଠିନ କାମ ହାତକୁ ନେବିନାହିଁ ତ' କିଏ ନେବ, ଯଦି ମୁଁ ନେବିନାହିଁ ତେବେ କିଏ ନେବ ? ମୁଁ ନେଉଛି । ମୋର ଆଜିର ଯେଉଁ କାର୍ଯ୍ୟକ୍ରମ ଅଛି, ତାକୁ ମୁଁ ଏକ ପ୍ରକାରର ମ୍ୟାପିଂ କରୁଛି । ଆମ ଦେଶରେ ଏତେ ବର୍ଷରୁ ଚର୍ଚ୍ଚା ହୋଇ ଆସୁଛି, ଏକବିଂଶ ଶତାବ୍ଦିର ଶୁଣୁଛନ୍ତି, କମ୍ପ୍ୟୁଟର ଶୁଣୁଛନ୍ତି, କ'ଣ କିଛି ଶୁଣୁ ନାହାନ୍ତି । ମୁଁ ଦେଖିବାକୁ ଚାହୁଁଛି ପ୍ରକୃତରେ ହିନ୍ଦୁସ୍ତାନର କେତେ ସ୍କୁଲ ଅଛି, ଯେଉଁଠି ବାସ୍ତବରେ ମୋ ଇମେଲ ପହଞ୍ଚୁଛି । କେତେ ସ୍କୁଲ ଅଛି, ଯେଉଁଠି ଇଣ୍ଟରନେଟ ଟେକ୍ନୋଲଜି ଦ୍ୱାରା ମୁଁ ବାଳକଙ୍କ ପର୍ଯ୍ୟନ୍ତ ପହଞ୍ଚି ପାରୁଛି । ତଥାପି ଏହା ମୋର ଏକ ଟେଷ୍ଟିଙ୍ଗ କାର୍ଯ୍ୟକ୍ରମ । ଏହି କାର୍ଯ୍ୟକ୍ରମ ତ' ଆପଣଙ୍କର ହିଁ ଅଟେ, ମୋର ସରକାରଙ୍କ ପାଇଁ ମଧ୍ୟ ଭିତରେ ଏକ କାର୍ଯ୍ୟକ୍ରମ ଚାଲୁଛି ।

ଆରମ୍ଭରେ ମଧ୍ୟ ମୁଁ କହିଥିଲି । କିଛି ମଧ୍ୟ ପଢ଼, ହେଲେ ପଢ଼ିବାର ଅଭ୍ୟାସ ରହିବା ଉଚିତ । କିଛି ମଧ୍ୟ ପଢ଼ । ମୁଁ ଏମିତି ଲୋକ ଦେଖିଛି ଯିଏ ବଜାରରେ ପକୁଡ଼ି କିଣନ୍ତି ଏବଂ ପକୁଡ଼ି ପାଇଁ ପଇସା ଖର୍ଚ୍ଚ କରନ୍ତି, ହେଲେ ଯେଉଁ କାଗଜ ଖଣ୍ଡରେ ପକୁଡ଼ି ବାନ୍ଧି ଦିଆଯାଇଥାଏ, ତାକୁ ପଢ଼ିବାରେ ଲାଗିପଡ଼ନ୍ତି । କାହିଁକି ନା ତାଙ୍କର ସଂସ୍କାର ଅଛି, ପଢ଼ିବା ସେମାନଙ୍କର ଅଭ୍ୟାସ । ପକୁଡ଼ିର ସ୍ୱାଦ ବଦଳରେ ହାତରେ ଯେଉଁ କାଗଜ ଖଣ୍ଡ ଆସିଛି, ତାକୁ ମଧ୍ୟ ପଢ଼ିବାକୁ ତା ମନ ହୁଏ । ଏମିତି ଲୋକ ଆପଣ ଦେଖିଥିବେ । ଜରୁରୀ ନୁହେଁ, ଏକ ପ୍ରକାରର ପଢ଼ନ୍ତୁ । ଆପଣଙ୍କୁ ଯାହା ଭଲ ଲାଗୁଛି । ଆପଣ କମିକ୍ସ ପଢ଼ନ୍ତୁ । କୌଣସି ପ୍ରତିବନ୍ଧକ ନାହିଁ, ଏହା ପଢ଼, ତାହା ପଢ଼ । ପଢ଼ିବାର ଅଭ୍ୟାସ ହୋଇଯିବ । ଏହା ପରେ ଉଚିତ୍ ଦିଗର ଜିନିଷ ପଢ଼ିବାର ଅଭ୍ୟାସ ହୋଇଯିବ । ହେଲେ ଯଦି ପଢ଼ିବାର ଅଭ୍ୟାସ ନଥିବ ତେବେ ଆପଣଙ୍କ ସମ୍ମୁଖରେ କେତେ ମଧ୍ୟ ଭଲ ରୁ ଭଲ ବହି ରହିଥିବ, ଆପଣଙ୍କୁ ହାତ ମାରିବାକୁ ମନ ହେବନାହିଁ ।

ବର୍ତ୍ତମାନ କେହି ଜଣେ ପଚାରିଥିଲେ ଯେ ସିଏମ୍ ଏବଂ ପିଏମ୍ ହେବାରେ ତଫାତ କ'ଣ ରହିଛି । ଆପଣଙ୍କୁ କିଛି ନଜର ହେଉଛି ? ମତେ ତ ଏହା ନଜର ହେଉନାହିଁ ହେଲେ ଗୋଟିଏ ଜିନିଷ ମୋ ନଜରକୁ ନିଶ୍ଚୟ ଆସୁଛି । ମୁଁ ଯେତେବେଳେ ସିଏମ୍ ନଥିଲି ସେତେବେଳେ ମତେ ପଢ଼ିବାର ମଉକା ମିଳୁଥିଲା ଏବଂ ମୁଁ ଖୁବ୍ ପଢୁଥିଲି । ମତେ ମଜା ଲାଗୁଥିଲା । ହେଲେ ପରେ ତାହା ହାତଛଡ଼ା ହୋଇଗଲା । ମୁଁ ତାକୁ ଏକ ପ୍ରକାରର ବ୍ୟକ୍ତିଗତ କ୍ଷତି ଭାବେ ଦେଖୁଛି । ବର୍ତ୍ତମାନ ଫାଇଲଗୁଡ଼ିକୁ ପଢୁଛି । ହେଲେ ଆପଣଙ୍କୁ ମୁଁ ଅତିରିକ୍ତ ପ୍ରାର୍ଥନା କରିବି ଯେ ପଢ଼ିବାର ପ୍ରୟାସ କରନ୍ତୁ ।

ଗୁଜରାଟରେ ମୁଁ ଯେତେବେଳେ ଥିଲି, ବାଞ୍ଚେ ଗୁଜରାଟ ଅଭିଯାନ ଆରମ୍ଭ କରିଥିଲି । ଏହା ବାସ୍ତବିକ ବୁଝିବାର ଜିନିଷ । ସେହି ସମୟରେ ସ୍ଥିତି ଏହା ହୋଇଥିଲା ଯେ ଲାଇବ୍ରେରୀମାନଙ୍କରେ ଗୋଟିଏ ମଧ୍ୟ ବହି ସାରା ରାଜ୍ୟରେ ନଥିଲା । ଅନେକ ଲାଇବ୍ରେରୀ ଏମିତି ଥିବ, ଯେଉଁଠି କପ୍‌ବୋର୍ଡର ସଫେଇ ଦଶ ବର୍ଷ ଧରି ହୋଇନଥିବ । ହେଲେ, ସେହି ଅଭିଯାନ ଯୋଗୁଁ ମୁଁ ଦେଖୁଥିଲି ଯେ ଲୋକେ ପ୍ରଭାବ ପକାଇବା ପାଇଁ ଚିଠି ଆଣିବାକୁ ଯାଉଥିଲେ ଯେ, ଅମୁକ ସେହି ଲାଇବ୍ରେରୀରେ କୁହନ୍ତୁ ମତେ ବହି ଦେବେ, ମୋତେ ସେହି ବହି ଦରକାର । ଯେହେତୁ ନିଶ୍ଚିତ ସମୟ କାଳଖଣ୍ଡରେ କେତେ ବେଶୀ ବହି ପଢ଼ନ୍ତି । କେତେ ଶୀଘ୍ର ପଢ଼ନ୍ତି, ଏହାର ମଧ୍ୟ ଏକ ପ୍ରତିଯୋଗିତା ଥିଲା ଏବଂ ପରେ ତାହାର ଭାଇବା (ମୌଖିକ ସାକ୍ଷାତକାର) ନିଆଯାଉଥିଲା, ସେହି ବାଳକଙ୍କୁ ପ୍ରଶ୍ନ-ଉତ୍ତର କରାଯାଉଥିଲା, କେଉଁ ବହି ପଢ଼ିଲୁ, କେମିତି ପଢ଼ିଲୁ ? ଏହି ଅଭିଯାନ ଏତେ ଶକ୍ତିବାନ ଥିଲା, ସମ୍ପୂର୍ଣ୍ଣ ସମାଜ ଏଥିରେ ଲାଗିଥିଲା । ସରକାରଙ୍କର କେହି ଏହି କାର୍ଯ୍ୟକ୍ରମରେ ନଥିଲେ, ସରକାର ତ' ପ୍ରାରମ୍ଭ କରିଥିଲା । ସାରା ସମାଜ ଏକୀଭୂତ ଥିଲା । ମୁଁ ନିଜେ

ମଧ୍ୟ, "ବାଞ୍ଚେ ଗୁଜରାଟ" କାର୍ଯ୍ୟକ୍ରମରେ, ଲାଇବ୍ରେରୀ ଯାଇଥିଲି । ସେଠାରେ ଯାଇ ପଢ଼ିବା ପାଇଁ ବସିଥିଲି ଏବଂ ପ୍ରତ୍ୟେକଙ୍କ ପାଇଁ କାର୍ଯ୍ୟକ୍ରମ କରିଥିଲି । ପଢ଼ିବାର ଏକ ପରିବେଶ ବନି ଯାଇଥିଲା ।

ମୁଁ ଚାହୁଛି ଯେ ପଢ଼ିବାର ଏକ ସାମୂହିକ ପରିବେଶ ତିଆରି ହେବା ଉଚିତ । ସ୍କୁଲରେ ମଧ୍ୟ ହେବା ଉଚିତ । ଆମ ସ୍କୁଲରେ ମଧ୍ୟ, ଏହି ସପ୍ତାହ ଚାଲ ଭାଇ ଲାଇବ୍ରେରୀର ବହି ନେଇଯାଅ, ପୁରା ସପ୍ତାହ ଏହା ଚାଲେ । ନୂଆ-ନୂଆ ବହି ପଢ଼ । ବେଶୀ ପଢ଼, ସାତ ଦିନ ପରେ ଯେତେବେଳେ ସମ୍ପୂର୍ଣ୍ଣ ହୋଇଯିବ ତେବେ ପଚାରିବେ ଯେ କୋଉ ବହି କିଏ ପଢ଼ିଲା ? ତା'ର ଭାଇଭା କ'ଣ ଥିଲା ? ତେବେ ପ୍ରତ୍ୟେକ ସ୍କୁଲ ନିଜର କାର୍ଯ୍ୟକ୍ରମ କରିପାରିବେ । ହେଲେ ଆପଣଙ୍କ ମଧ୍ୟରୁ କାହାର ଆଗ୍ରହ ଥିଲେ ସିନା । ଗୁଜରାଟରୁ ସମ୍ଭବତଃ ଆପଣଙ୍କୁ ଅଭିଜ୍ଞତା ମିଳିପାରେ ଯେ ସେହି କାର୍ଯ୍ୟକ୍ରମ କେମିତି ହୋଇଥିଲା । ଲକ୍ଷ ଲକ୍ଷ ଲୋକ ଏଥିରେ ଲାଗିଥିଲେ ଏବଂ କୋଟି-କୋଟି ଘଣ୍ଟା ପଢ଼ାଯାଇଥିଲା । ଆପେ ଆପେ ତାହା ବହୁତ ବଡ଼ ଅଭିଯାନ ଥିଲା । ହେଲେ ମୁଁ ଭାରତ-ଦେଶବ୍ୟାପୀ କାର୍ଯ୍ୟକ୍ରମ ପାଇଁ ତଥାପି ଭାବିନାହିଁ, ହେଲେ ଏହି ଡିଜିଟାଲ ଇଣ୍ଡିଆ ମାଧ୍ୟମରେ ଏବଂ ଶିକ୍ଷା କ୍ଷେତ୍ରରେ ଟେକ୍ନୋଲଜି ଆଧିକ ଆସୁ, ଆମ ପିଲାମାନେ ନୂଆ-ନୂଆ ଜିନିଷ ଖୋଜନ୍ତୁ, ଦୁନିଆକୁ ବୁଝନ୍ତୁ, ମୁଁ ନିଶ୍ଚୟ ଏହା ଚାହୁଛି ।

ପ୍ରଶ୍ନ: ଆପଣ ଆପଣଙ୍କ ଭାଷଣରେ କହନ୍ତି ଯେ ବିଜୁଳି ସଞ୍ଚୟ କର । ଏ ବାବଦରେ ଆପଣ ଆମମାନଙ୍କ ଠାରୁ କ'ଣ ଆଶା କରୁଛନ୍ତି ? ଆମେ ଏଥିରେ କେମିତି ସାହାଯ୍ୟ କରି ପାରିବୁ ?

ପ୍ରଧାନମନ୍ତ୍ରୀ: ମୁଁ ପୂର୍ବରୁ ମଧ୍ୟ କହିଥିଲି ହେଲେ ଆହୁରି ବହୁତ କିଛି ମଧ୍ୟ ଆପଣ କରି ପାରିବେ । ହେଲେ ଅନୁଭବ ଏହା ଯେ ମାନି ନିଅନ୍ତୁ ଆମେ ପଙ୍ଖା ଚାଲୁ କଲେ ଏବଂ ଆମର କୌଣସି ସାଙ୍ଗ ଆସିଗଲେ, ଆମେ ବାହାରେ ଠିଆ ହୋଇଗଲୁ । ଏପଟେ ପଙ୍ଖା ବନ୍ଦ କରିବା ଭୁଲିଗଲେ । ଏବେ ଏହାକୁ ଆମେ ଠିକ୍ କରିପାରିବା ଅଥବା କରି ପାରିବାନି । ଆମେ ସ୍କୁଲରୁ ବାହାରୁଛନ୍ତି । କୌଣସି ଛାତ୍ର ସ୍ଥିର କରିବ ଯେ ଶେଷରେ ମୁଁ ବାହାରିବି ଏବଂ ମୁଁ ଦେଖିବି ଯେ ମୋ ଶ୍ରେଣୀଗୃହରେ କୌଣସି ପଙ୍ଖା, କୌଣସି ଲାଇଟ, କିଛି ମଧ୍ୟ ଚାଲୁଛି ତେବେ ମୁଁ ବନ୍ଦ କରିବି । ଝରକା ଖୋଲି ଶୋଇବା ଅଭ୍ୟାସ ଚାଲିଗଲାଣି । କାହିଁକିନା ଏସିର ଅଭ୍ୟାସ ହୋଇଗଲାଣି । କାହିଁକି କେବେ କ'ଣ ଚେଷ୍ଟା କରିଛନ୍ତି ? ଛୋଟ-ଛୋଟ କଥା, କିନ୍ତୁ ଯଦି ଆମେ ଟିକେ ଚେଷ୍ଟା କରିବା । ଆଜି ସାରା ବିଶ୍ୱରେ ଶକ୍ତିର ସଙ୍କଟ ରହିଛି । କୋଇଲା, ଗ୍ୟାସ୍, ପେଟ୍ରୋଲିୟମ, ଏହି ସବୁର ସୀମା ଅଛି । ତଥାପି ବିଦ୍ୟୁତ୍ ଉତ୍ପାଦନ କେଉଁଠୁ ହେବ । ତେବେ କେବେ ନା କେବେ ଆମକୁ ବିଦ୍ୟୁତ୍ ସଞ୍ଚୟ କରିବା ଦିଗରେ ଯିବାକୁ ହିଁ ପଡ଼ିବ । ବିଦ୍ୟୁତ୍ ସଞ୍ଚିତ ହେଲେ ସେହିମାନଙ୍କୁ ଦିଆଯିବ, ଯେଉଁମାନଙ୍କ ପାଖରେ ବିଜୁଳି ପହଞ୍ଚି ନାହିଁ ।

ବିଦ୍ୟୁତ୍‌ର ଉତ୍ପାଦନ ବହୁତ ମହଙ୍ଗା ଅଟେ ହେଲେ ବିଦ୍ୟୁତ୍ ସଞ୍ଚୟ କରିବା ବହୁତ ଶସ୍ତା । ସେହି ପ୍ରକାରରେ ଏବେ ସବୁ ବଲ୍ବ, ଟେକ୍ନୋଲଜି ଏନର୍ଜି ସେଭିଙ୍ଗ ବାଲା ଆସୁଛି । ପୂର୍ବରୁ ଆପଣଙ୍କ ଘରର ଟ୍ୟୁବ୍‌ଲାଇଟ୍‌ରେ ଯେତିକି ଶକ୍ତି ଖର୍ଚ୍ଚ ହେଉଥିଲା, ବର୍ତ୍ତମାନ ହେଉନାହିଁ । ଏବେ ନୂଆ ପ୍ରକାରର ଟ୍ୟୁବ୍‌ଲାଇଟ୍ ଆସିଛି । ଆପଣଙ୍କ ଏନର୍ଜି ସେଭିଙ୍ଗ ହେଉଛି । ପଇସା ମଧ୍ୟ ବଞ୍ଚୁଛି । ଏଥିପାଇଁ ଏମିତି ଆପଣ ପରିବାରରେ ମଧ୍ୟ କଥା ହେବା ଉଚିତ । ଏବଂ କେବଳ ବିଦ୍ୟୁତ୍ କାହିଁକି, ପାଣି ମଧ୍ୟ । ଆମେ ବ୍ରସ୍ କରୁଛେ, ଏବଂ ପାଇପ୍‌ରେ ପାଣି ଚାଲିଯାଉଛି । ପାଇପ୍ ବନ୍ଦ କରି ମଧ୍ୟ ବ୍ରସ୍ କରାଯାଇ ପାରିବ । ଆମ ଧ୍ୟାନରେ ହିଁ ନଥାଏ ଯେ ଏହି ଜିନିଷଗୁଡ଼ିକୁ କରୁଛି, ଏଥିରୁ କ୍ଷତି ହେଉଛି । କାହିଁକିନା ଆମେ ସେହି ଜିନିଷଗୁଡ଼ିକୁ ଭୁଲିଗଲେଣି । ପୁଣି ଆଉ ଥରେ ସମସ୍ତ ଶିକ୍ଷକ ଯଦି ସ୍କୁଲରେ ମନେ ପକାଇବେ, ସବୁ ପରିବାରରେ ପରିବେଶ ତିଆରି ହେବ ଓ ଆମେ ସମସ୍ତେ ଦାୟିତ୍ୱ ନେଇ କାମ କରିବା ତେବେ ଏହି କାମ ହେବ । ଏହା ଏମିତି ନୁହେଁ ଯେ କୌଣସି ପ୍ରଧାନମନ୍ତ୍ରୀ ଇଚ୍ଛା କରିବ ତ' କରିନେବ । ପ୍ରଧାନମନ୍ତ୍ରୀ ନିଜ ଘରେ କେତେ ବିଦ୍ୟୁତ୍ ସଞ୍ଚୟ କରିବ ? ହେଲେ ଯଦି ସମସ୍ତେ ମିଶି କରିବେ ତେବେ ବୁନ୍ଦା-ବୁନ୍ଦା ଜଳ ଟୋପାରୁ ସାଗର ହୋଇଯାଏ ।

ପ୍ରଶ୍ନ: ସାର୍, ବାଳିକା ଶିକ୍ଷାକୁ ନେଇ ଯାହା ହେଉଛି, ସେଥିରେ ଆମେ ଖୁସି । ହେଲେ ଆପଣ କହିବେ ଯେ ଏହି ଦିଗରେ ଆପଣ ଆହୁରି କ'ଣ କରିବାକୁ ଯାଉଛନ୍ତି ?

ପ୍ରଧାନମନ୍ତ୍ରୀ: ପ୍ରଥମତଃ ସବୁଠାରୁ ବଡ଼ ଚିନ୍ତାର ବିଷୟ ହେଲା, ପଞ୍ଚମ ଶ୍ରେଣୀ ପରେ ବାଳିକାଙ୍କୁ ନିଜ ଗାଁରୁ ଅନ୍ୟ ଗାଁକୁ ପଢ଼ିବା ପାଇଁ ଯିବାକୁ ହେବ, ସେଥିପାଇଁ ମା-ବାପା ପଠାନ୍ତି ନାହିଁ । ମା-ବାପାଙ୍କୁ ଲାଗେ ଯେ ନା ନା ଛୋଟ ଅଛି, ଯିବନାହିଁ । ଏବେ ସେହିଠାରୁ ତା' ଜୀବନରେ ପ୍ରତିବନ୍ଧକ ଆସିଯାଏ ଏବଂ ଏଥିପାଇଁ ବାଳିକାକୁ ତା' ଘର ନିକଟରେ ଅଧିକତମ ଶିକ୍ଷା କେମିତି ମିଳିବ ଅତଏବ ତାକୁ ପାଠପଢ଼ା ଛାଡ଼ିବାକୁ ପଡ଼ିବନି, ଏହା କରିବାକୁ ହେବ । ସପ୍ତମ-ଅଷ୍ଟମ ପରେ ତଥାପି ପୁଣି ସଙ୍କଟ ନଥାଏ ଏବଂ ମା-ବାପାଙ୍କୁ ମଧ୍ୟ ବିଶ୍ୱାସ ହୋଇଯାଏ ଯେ ବର୍ତ୍ତମାନ ଝିଅକୁ ପଠାଇ ପାରିବା । ତେବେ ଏହି ଦିଗରେ ମଧ୍ୟ ଆମେ କାମ କରୁଛୁ ଯେ ବାଳିକା ପାଇଁ ନିକଟତମ ସ୍କୁଲ୍ ମିଳୁ । ଏହା ଯଦି ହୋଇଯିବ ତେବେ ତାକୁ ଶିକ୍ଷାରେ ସୁବିଧା ହେବ ।

ଅନ୍ୟଟି ହେଲା କ୍ୱାଲିଟି ଅଫ୍ ଏଜୁକେଶନ । ଏଥିରେ ଆମେ ଟେକ୍ନୋଲଜିର ଭରପୂର ଉପଯୋଗ କରିବାକୁ ଚାହୁଁଛୁ । ଆଜି ଦୂର-ସୁଦୂର ଗାଁକୁ ଭଲ ଶିକ୍ଷକ ଯିବାକୁ ରାଜି ନୁହଁନ୍ତି, ସହରରେ ରହିବାକୁ ଚାହୁଁଛନ୍ତି, ତଥାପି ଉପାୟ କ'ଣ ? ତଥାପି ଲମ୍ବା ବ୍ୟବଧାନ ଟେକ୍ନୋଲଜି ମାଧ୍ୟମରେ ପଢ଼ାଯାଇ ପାରିବ । ଯେମିତି ମୁଁ ବର୍ତ୍ତମାନ ପିଲାମାନଙ୍କ ସହ କଥା ହେଉଛି, ହିନ୍ଦୁସ୍ତାନର ପ୍ରତ୍ୟେକ କୋଣରୁ, କେଉଁଠି ତିରୁପତିରୁ, କେଉଁଠି ପୋର୍ଟବ୍ଲାୟାରରୁ, ସମସ୍ତ ପିଲାଙ୍କ ସହ ମୁଁ କଥା ହେଉଛି । ଏହି ପ୍ରକାରେ ଭବିଷ୍ୟତରେ ଭଲ ଶିକ୍ଷକଙ୍କ ଦ୍ୱାରା ପଢ଼ାଯାଇ ପାରିବ । ଜଣେ ଶିକ୍ଷକ ସେଣ୍ଟରଷ୍ଟେଜ୍‌ରୁ ଏକସଙ୍ଗେ ଲକ୍ଷ ଲକ୍ଷ ଶ୍ରେଣୀଗୃହକୁ ଭଲ ଜିନିଷ ପଢ଼େଇ ପାରିବ ଏବଂ ପିଲାମାନଙ୍କ ମଧ୍ୟରେ ବୁଝିବା ଶକ୍ତି ବହୁତ ଥାଏ ଏବଂ ସେମାନେ ତୁରନ୍ତ ଏହାକୁ ଧରି ନିଅନ୍ତି । ଏହା ଯଦି ଆମେ କରିପାରିବା ତେବେ ଝିଅମାନଙ୍କୁ ଉତ୍ତମ ଶିକ୍ଷା ଦେବାରେ ମଧ୍ୟ ଆମକୁ ସଫଳତା ମିଳିବ ।

ପ୍ରଶ୍ନ: ସାର୍, ଆମ ଦେଶରେ ରୋଜଗାର ସମସ୍ୟା ଲାଗି ରହିଛି । କ'ଣ ଆପଣ ସ୍କୁଲରେ ଧନ୍ଦାମୂଳକ ଶିକ୍ଷା ମାନେ ସ୍କିଲ୍ ଡେଭଲପ୍‌ମେଣ୍ଟକୁ ପ୍ରୋତ୍ସାହିତ କରିବାକୁ ଚିନ୍ତା କରୁଛନ୍ତି ?

ପ୍ରଧାନମନ୍ତ୍ରୀ: ଦୁନିଆର ସମୃଦ୍ଧରୁ ସମୃଦ୍ଧ ଦେଶ ମଧ୍ୟ ଏହା ଉପରେ ଯୋର୍ ଦେଉଛନ୍ତି । ଗୋଟିଏ ଘଟଣା ଶୁଣାଉଛି । ସେଥିରୁ ଆପଣଙ୍କ ନଜରକୁ ଆସିବ ଯେ ସ୍କିଲ୍ ଡେଭଲପ୍‌ମେଣ୍ଟର କେତେ ମହତ୍ୱ ଅଛି । ଆପଣମାନେ ଆଚାର୍ଯ୍ୟ ବିନୋବା ଭାବେଙ୍କ ନାମ ଶୁଣିଥିବେ, ମହାତ୍ମା ଗାନ୍ଧିଙ୍କ ଚିନ୍ତନ ଉପରେ ସେ ଦେଶର ବହୁତ ସେବା କରିଛନ୍ତି । ତାଙ୍କର ଜଣେ ସାଥୀ ଥିଲେ ଦାଦା ଧର୍ମାଧିକାରୀ ଏବଂ ସେ ମଧ୍ୟ ବଡ଼ ଚିନ୍ତାଶୀଳ ଥିଲେ ଏବଂ ଦାଦା ଧର୍ମାଧିକାରୀଙ୍କ ଛୋଟ-ଛୋଟ ଘଟଣାର ପୁସ୍ତକ ଅଛି, ପଢ଼ିବା ଭଳି ପୁସ୍ତକ ।

ଦାଦା ଧର୍ମାଧିକାରୀ ଗୋଟିଏ ପ୍ରସଙ୍ଗ ଲେଖିଛନ୍ତି ବଡ଼ କୌତୂହଳଜନକ ପ୍ରସଙ୍ଗ । କୌଣସି ଜଣେ ନବଯୁବକ ତାଙ୍କୁ ଦେଖା କରିବାକୁ ଗଲା ଏବଂ କହିଲା ଦାଦା ମୋ ପାଇଁ ଚାକିରିର କିଛି ବନ୍ଦୋବସ୍ତ କରନ୍ତୁ । ସେ ପଚାରିଲେ ଯେ ତୋତେ କ'ଣ ଆସେ । ତେବେ ଯୁବକ କହିଲା ଯେ ମୁଁ ଏମ୍.ଏ. ଅଟେ । ସେ କହିଲେ ଯେ ଭାଇ ତାହା ତ' ଠିକ୍ ଅଛି, ତୁମେ ଏମ୍.ଏ. ଅଟ, ତାହା ତ' ତୁମର ଡିଗ୍ରୀ ହେଲେ ତୁମକୁ କ'ଣ ଆସେ ? ସେ କହିଲା ନା-ନା ମୁଁ ଏମ୍.ଏ. ପାସ୍ କରିଛି ନା ? ହେଲେ ତୁମେ ଏହା ତ' କୁହ ତୁମକୁ କ'ଣ ଆସେ ? ସେହି ସମୟରେ ଟାଇପରାଇଟର ଥିଲା, ପୁଣି ସେ ଯୁବକକୁ ଆଗକୁ ନେଇ କହିଲେ ଆଚ୍ଛା କହିଲ, ତୁମକୁ ଟାଇପ୍ କରିବା ଆସେ, ଯୁବକ କହିଲା ନା, ଡ୍ରାଇଭିଙ୍ଗ କରିବା ଆସେ, କହିଲା ନା, ଖାଦ୍ୟ ରାନ୍ଧିବା ଆସେ, ଯୁବକ କହିଲା ନା, ଦାଦା କହିଲେ ତେବେ ଘର-ଦ୍ୱାର ସଫା କରିବା ଜାଣିଛ, ତାହା ମଧ୍ୟ ଜାଣିନାହଁ । ତେବେ କହିଲେ ତୁମେ ଏମ୍.ଏ. ହେଲେ କ'ଣ କରିବା ? ଦାଦା ଧର୍ମାଧିକାରୀ ଏହା ନିଜର ଏକ ସମ୍ବାଦ ଲେଖିଛନ୍ତି ।

କହିବାର ଅର୍ଥ ଯେ ଆମ ପାଖରେ ଡିଗ୍ରୀ ଥିବ ତା' ସହ ହାତରେ ଶିଳ୍ପବିଦ୍ୟା ଥିବା ବହୁତ ଜରୁରୀ ଅଟେ । ଏବଂ ପ୍ରତ୍ୟେକ ବାଳକର ବ୍ୟକ୍ତିତ୍ୱ ସହ ତାକୁ ସ୍କିଲ୍ ଡେଭଲପ୍‌ମେଣ୍ଟର ସୁଯୋଗ ମିଳିବା ଉଚିତ । ଆମ ଦେଶରେ ସବୁ ପିଲା କୌଣସି ଉଚ୍ଚଶିକ୍ଷାକୁ ଯାଆନ୍ତି ନାହିଁ । ସପ୍ତମରେ ବହୁତ ଛୁଆ ସ୍କୁଲ ଛାଡ଼ିଦିଅନ୍ତି, ଦଶମକୁ ଆସୁଆସୁ ଆହୁରି ମଧ ଛାଡ଼ିଦିଅନ୍ତି । କଲେଜ ଏବଂ ୟୁନିଭର୍ସିଟିକୁ ଯିବାର ପିଲା ତ' ବହୁତ କମ୍ ଥାନ୍ତି । ଗୋଟାଏ ଗାଁରୁ ଅତି କଷ୍ଟରେ ଗୋଟିଏ ଅଥବା ଦୁଇଟି ଛୁଆ ଯାଆନ୍ତି । ସେମାନଙ୍କ ପାଇଁ ସ୍କିଲ୍ ଡେଭ୍‌ଲପ୍‌ମେଣ୍ଟର ଆବଶ୍ୟକ ରହିଛି । ଗୋଟିଏ ପଟେ ନବଯୁବକ ଯାହାଙ୍କ ପାଖରେ ରୋଜଗାର ନାହିଁ ଏବଂ ଅନ୍ୟ ପଟେ ଆପଣଙ୍କ ଘରର ପାଇପ୍‌ରେ ଗଡ଼ବଡ଼ ଅଛି ଏବଂ ଆପଣଙ୍କୁ ପ୍ଲମ୍ବର ଦରକାର, ପ୍ଲମ୍ବର ମିଳୁନାହିଁ, ଡ୍ରାଇଭର ମିଳୁ ନାହାନ୍ତି, କାହିଁକି ? ଲୋକ ଅଛନ୍ତି । ହେଲେ ଯେମିତି ପ୍ରସ୍ତୁତ କରିବା ଉଚିତ ସେମିତି ପ୍ରସ୍ତୁତି କରିନାହାନ୍ତି । ଯଦି ଆମେ ଭଲ ଡ୍ରାଇଭର ପ୍ରସ୍ତୁତ କରିବା ଆମକୁ ଭଲ ଡ୍ରାଇଭର ମିଳିବେ, ଭଲ କୁକ୍ ପ୍ରସ୍ତୁତ କରିବା ତେବେ ଲୋକଙ୍କୁ ଭଲ କୁକ୍ ମିଳିବେ । ଆମେ ଭଲ ଫୁଲଦାନୀ ତିଆରି କଲାବାଲା ପ୍ରସ୍ତୁତ କରିବା ତେବେ ଫୁଲଦାନୀ ତିଆରି କରିବା ଲୋକଙ୍କ ସଂଖ୍ୟା ବଢ଼ିବ । ସ୍କିଲ୍ ଡେଭଲପ୍‌ମେଣ୍ଟର ବିକାଶ, ଯେ କୌଣସି ନବଯୁବକର ରୋଜଗାର ପାଇଁ, କୌଣସି ମଧ ଦେଶ ପାଇଁ ବହୁତ ଆବଶ୍ୟକ ଅଟେ ।

ଅନ୍ୟଟି ସ୍କିଲ୍ ଡେଭଲପମେଣ୍ଟର ଆବଶ୍ୟକତା ଅନୁସାରେ ହୋଇ ପାରିବ । ଏବେ ମୁଁ ଯେମିତି ଗୁଜରାଟରେ ଥିଲାବେଳେ ନାନୋ କାର୍ ସେଠାରେ ତିଆରି ହେବା ଆରମ୍ଭ ହେଲା ତେବେ ମୁଁ ତାଙ୍କୁ କହିଲି ଯେ ଆଖ-ପାଖର ଯେଉଁ ଆଇଟିଆଇ ଅଛନ୍ତି ସେଥିରେ ଆପଣ ଆପଣଙ୍କ ଅଟୋମୋବାଇଲ୍‌ର ପାଠ୍ୟକ୍ରମ ଆରମ୍ଭ କରନ୍ତୁ, ନାନୋ କମ୍ପାନୀ ହିଁ କରୁ ଏବଂ ସେଠାକାର ପିଲାମାନଙ୍କୁ ଆପଣ ଅଟୋମୋବାଇଲ୍‌ର ଆଇଟିଆଇ ଟ୍ରେନିଂ ଦିଅନ୍ତୁ । ବର୍ଷକ ଭିତରେ ଆପଣଙ୍କ କମ୍ପାନୀ ଠିଆ ହୋଇଯିବ ଏବଂ ବର୍ଷକ ଭିତରେ ପିଲାମାନଙ୍କ ଟ୍ରେନିଂ ହୋଇଯିବ । ତେବେ ସେମାନେ ୧୫-୨୦ କିଲୋମିଟର ରେଞ୍ଜ୍‌ରେ ଯେତେ ଆଇଟିଆଇ ଥିଲା ସେମାନଙ୍କୁ ନେଇଗଲେ । ସେପଟେ କମ୍ପାନୀ ପ୍ରସ୍ତୁତ ହୋଇଗଲା ଏବଂ ଅନ୍ୟପଟେ ପିଲାମାନେ ପ୍ରସ୍ତୁତ ହୋଇଗଲେ । ସେମାନଙ୍କୁ ସେଠାରେ ଚାକିରି ମିଳିଗଲା । ତେବେ ଯେଉଁଠି ଯେଉଁ ପ୍ରକାରର କାମ ଥିବ ତାହାର ମ୍ୟାପିଂ କରିବା ଉଚିତ ଏବଂ ସେହି ହିସାବରେ ଟ୍ରେନିଂ ଦେବା ଉଚିତ । ଅଦ୍ୟାପି ଆମେ ଏମିତି କରିବା ତେବେ ଆର୍ଥିକ ବିକାଶରେ ଉତ୍‌ଥାନ ହେବ । ଆମ ଦେଶରେ ରୋଜଗାର ସବୁଠାରୁ ପ୍ରାଥମିକ ବିଷୟ ଏବଂ ରୋଜଗାର ପାଇଁ ଡିଗ୍ରୀ ସହ ସ୍କିଲ୍‌ର ମଧ ସେତିକି ମହତ୍ୱ ରହିଛି । ଆଗାମୀ ଦିନଗୁଡ଼ିକ ପାଇଁ ଆମେ ଯେଉଁ କାର୍ଯ୍ୟକ୍ରମ କରିଛୁ, ସେହି ବିଷୟ ପାଇଁ ସରକାର ସ୍କିଲ୍ ଡେଭଲପ୍‌ମେଣ୍ଟର ଅଲଗା ମିନିଷ୍ଟ୍ରି କରିଛନ୍ତି ଏବଂ ଅଲଗା ମନ୍ତ୍ରୀ ରଖିଛନ୍ତି । ତାକୁ ନେଇ ଆମେ ଫୋକସ୍‌ଡ ଆକ୍ଟିଭିଟି କରୁଛୁ । ଯାହାର ପରିଣାମ ନିକଟ ଭବିଷ୍ୟତରେ ଦେଖିବାକୁ ମିଳିବ ।

କୌଶଳର ବ୍ୟବହାର

ଆଜିକା ଦିନରେ ଯେ କୌଣସି କ୍ଷେତ୍ରରେ ନିଜ କାର୍ଯ୍ୟକୁ ପ୍ରଭାବୀ ଶୈଳୀରେ ସମ୍ପୂର୍ଣ୍ଣ କରିବା ପାଇଁ କୌଶଳର ଆବଶ୍ୟକତା ପଡୁଛି । ଅନେକ କ୍ଷେତ୍ର ତ' ଏମିତି ଅଛନ୍ତି ଯେଉଁଠି କୌଶଳ ବିନା କାମ ହୋଇପାରିବ ନାହିଁ । ସେଇଠି କିଛି କ୍ଷେତ୍ର ଏମିତି ମଧ୍ୟ ଅଛି, ଯେଉଁଠି ଶିକ୍ଷ କୌଶଳର ବ୍ୟବହାର ପ୍ରତ୍ୟକ୍ଷ ଭାବେ ତ' ନୁହେଁ ହେଲେ ପରୋକ୍ଷ ଭାବେ ହେଉଛି । ଏମିତିରେ କୁହାଯାଇପାରେ ଯେ ଆଜିର ସମୟରେ ଶିକ୍ଷ କୌଶଳର ଉଚିତ ଢ଼ଙ୍ଗରେ ବ୍ୟବହାର କରିବାର ଯୋଗ୍ୟତା ପରିଚାଳନା କୌଶଳର ଏକ ମୁଖ୍ୟ ଅଙ୍ଗ । ଏହି ପ୍ରସଙ୍ଗରେ ଦେଖିବାକୁ ଗଲେ ନରେନ୍ଦ୍ର ମୋଦି ଆମକୁ ବହୁତ କିଛି କୁହନ୍ତି ।

ତାଙ୍କର ବୟସ ଏବେ ୬୪ ବର୍ଷ । ସେ ଯେତେବେଳେ ମୁଖ୍ୟମନ୍ତ୍ରୀ ହୋଇଥିଲେ ସେତେବେଳେ ମଧ୍ୟ ସେ ୫୦ ବର୍ଷରୁ ଉର୍ଦ୍ଧ୍ୱ ଥିଲେ । ଏହି ବୟସ ଏମିତି ଥାଏ ଯେତେବେଳେ ଅଧିକାଂଶ ଲୋକ ଏବେ ଆମର ଆଉ ବୟସ ନାହିଁ ବୋଲି କହି କିଛି ନୂଆ ଶିଖିବା ବନ୍ଦ କରି ଦିଅନ୍ତି । ଏମିତି ଲୋକ ପ୍ରତ୍ୟେକ ଜାଗାରେ ସହଜରେ ମିଳିଯିବେ । ନିତ୍ୟପ୍ରବୃତ କାମରେ ବ୍ୟବହାର କରାଯାଉଥିବା ଶିକ୍ଷ କୌଶଳକୁ ନେଇ ମଧ୍ୟ ଏମିତି ଲୋକଙ୍କ ମଧ୍ୟରେ ଅନେକ ପ୍ରକାରର ପ୍ରତିବନ୍ଧକ ଥାଏ । ଏମିତିରେ ନରେନ୍ଦ୍ର ମୋଦିଙ୍କ ଉଦାହରଣ ପ୍ରେରିତ କରିବ । ନରେନ୍ଦ୍ର ମୋଦିଙ୍କ ସହ ଯେଉଁ ଲୋକ କାମ କରନ୍ତି, ସେମାନଙ୍କ ପାଇଁ ଶିକ୍ଷ କୌଶଳର ଦକ୍ଷତା ଏକ ମୌଳିକ ସର୍ତ୍ତ ଅଟେ । ଖାସ୍ ଭାବେ କମ୍ପ୍ୟୁଟର ଜରିଆରେ ହେଉଥିବା ସଂଚାରକୁ ନେଇ ଯେ କୌଣସି ନୂଆ ଜିନିଷ ହେଉଛି, ତାକୁ ଜାଣିବା ନେଇ ନରେନ୍ଦ୍ର ମୋଦି ନିଜେ ମଧ୍ୟ ଉତ୍ସୁକ ହୁଅନ୍ତି ଏବଂ ସେ ତାଙ୍କ ସହଯୋଗୀଙ୍କ ଠାରେ ମଧ୍ୟ ଆଶା ରଖନ୍ତି ଯେ ସେମାନେ ଏହି ପରିବର୍ତ୍ତନ ସହ ସୁପରିଚିତ ହୁଅନ୍ତୁ ।

ନରେନ୍ଦ୍ର ମୋଦି କେବଳ ସବୁଦିନେ କାମରେ ଆସୁଥିବା ଶିକ୍ଷ କୌଶଳର ବ୍ୟବହାର ଶିଖିନାହାନ୍ତି ବରଂ ସେ ଶିକ୍ଷ କୌଶଳର ବ୍ୟବହାର ବଡ଼ ବ୍ୟାପକ ସ୍ତରରେ କରିଛନ୍ତି । ସେ ଶିକ୍ଷ କୌଶଳ ଜରିଆରେ ନା କେବଳ ଅନେକ ଯୋଜନାକୁ ସାଧାରଣ ଲୋକଙ୍କ ପର୍ଯ୍ୟନ୍ତ ପହଞ୍ଚାଇଛନ୍ତି ବରଂ ଏହା ଜରିଆରେ ସେ ଲୋକସଭାର ସମ୍ପୂର୍ଣ୍ଣ ନିର୍ବାଚନ ଅଭିଯାନ ଛିଡ଼ା କଲେ ଏବଂ ଜନତାଙ୍କ ଅଦାଲତରୁ ପ୍ରଧାନମନ୍ତ୍ରୀ ବନିଲେ । ସେ ଗୁଜରାଟରେ ଅନେକ ଏମିତି ଯୋଜନା ଲାଗୁ କରିଛନ୍ତି ଯେଉଁଥିରେ ଶିକ୍ଷ କୌଶଳର ବ୍ୟବହାର ଯୋଗୁଁ ଲୋକଙ୍କୁ ସେବା ମିଳିଛି । ଏମିତି କିଛି ଯୋଜନା ବାବଦରେ ବିସ୍ତାର ଆଲୋଚନା ଏହି ପୁସ୍ତକରେ ଗବର୍ନେନ୍ସ୍ ଉପରେ ଆଧାରିତ ଅଧ୍ୟାୟରେ କରାଯାଇଛି । ସେ ଶିକ୍ଷ କୌଶଳର ବ୍ୟବହାର କରି ରାଜ୍ୟରେ ଚାଲୁଥିବା ବିକାଶ କାର୍ଯ୍ୟକୁ ମନିଟରିଂ ଆରମ୍ଭ କଲେ । ଏହାର ସକାରାତ୍ମକ ଫଳାଫଳ ମଧ୍ୟ ଆସିଲା । ନରେନ୍ଦ୍ର ମୋଦି ଭିଡିଓ କନ୍‌ଫରେସିଂ ଜରିଆରେ ଅଧିକାରୀଙ୍କ ସହ ବୈଠକ ସେତେବେଳେ ଆରମ୍ଭ କଲେ ଯେତେବେଳେ ବୋଧହୁଏ କେନ୍ଦ୍ରରେ ମଧ୍ୟ ଏହି ପ୍ରକାରର ହୋଇ ନଥିଲା ।

୨୦୧୪ ରେ ହୋଇଥିବା ଲୋକସଭା ନିର୍ବାଚନର ନିର୍ବାଚନ ପ୍ରଚାର ପାଇଁ ନରେନ୍ଦ୍ର ମୋଦି ନା କେବଳ ସୋସିଆଲ ମିଡିଆର ବ୍ୟବହାର କଲେ ବରଂ ସେ ଏଥିପାଇଁ ୩ଡି ସଭା, ଚା' ଉପରେ ଚର୍ଚ୍ଚା

ଭଳି ଆହୁରି ମଧ୍ୟ ଅନେକ ପ୍ରୟୋଗ କଲେ । ସେ ମୋବାଇଲ୍ କୌଶଳର ବହୁତ ସଫଳ ପ୍ରୟୋଗ କଲେ ତାଙ୍କ ସ୍ୱରରେ ରେକର୍ଡେଡ୍ ଶୁଭକାମନା ସନ୍ଦେଶ ଲୋକଙ୍କ ପର୍ଯ୍ୟନ୍ତ ପ୍ରତ୍ୟେକ ପର୍ବ ପର୍ବାଣୀ ଅବସରରେ ପହଞ୍ଚିବାକୁ ଲାଗିଲା । ଲୋକଙ୍କୁ ତାଙ୍କ ଇମେଲ୍‌ରେ ନରେନ୍ଦ୍ର ମୋଦିଙ୍କ ଶୁଭକାମନା ସନ୍ଦେଶ ମିଳିବାକୁ ଲାଗିଲା ।

ଲୋକସଭା ନିର୍ବାଚନ ସମୟରେ ନିର୍ବାଚନ ଅଭିଯାନରେ କୌଶଳର ବ୍ୟବହାର ବାବଦରେ ନିଜେ ନରେନ୍ଦ୍ର ମୋଦି ନିର୍ବାଚନ ପ୍ରଚାର ପରେ ଏକ ବ୍ଲଗ୍‌ରେ ଲେଖିଲେ, 'ସମ୍ପୂର୍ଣ୍ଣ ନିର୍ବାଚନ ଅଭିଯାନ ସମୟରେ, ମୁଁ ସ୍ଥାନୀୟ ଲୋକ ଏବଂ ସ୍ଥାନୀୟ ପ୍ରସଙ୍ଗ ସହ ଏକୀଭୂତ ହେଲି ଏବଂ ଏମିତି କରି ମତେ ବହୁତ ଖୁସି ଲାଗିଲା । ଏହି ସ୍ତରରେ ସ୍ଥାନୀୟ ଭାବନା ସହ ମିଶିବା, ସୋସିଆଲ ମିଡିଆ ବିନା ସମ୍ଭବ ନଥିଲା । ଏହା ପ୍ରଥମ ନିର୍ବାଚନ ଥିଲା ଯେଉଁଠି ସୋସିଆଲ ମିଡିଆ ଏକ ମହତ୍ୱପୂର୍ଣ୍ଣ ଭୂମିକା ନିର୍ବାହ କଲା ଏବଂ ଆଗାମୀ ବର୍ଷମାନଙ୍କରେ ଏହି ମାଧ୍ୟମର ଭୂମିକା ବଢ଼ିବ । ଆମ ଦଳ, ଆମ ଅଭିଯାନ ଏବଂ ବ୍ୟକ୍ତିଗତ ଭାବେ ମତେ ସୋସିଆଲ ମିଡିଆରୁ ବହୁତ ଲାଭ ମିଳିଲା । ଏହା ସୂଚନାର ପ୍ରତ୍ୟକ୍ଷ ସାଧନ ହୋଇଗଲା ଏବଂ ଏଥିରୁ ଆମକୁ ଅନେକ ପ୍ରସଙ୍ଗ ଉପରେ କୌଣସି ପକ୍ଷପାତ ବିନା ସ୍ଥାନୀୟ ଅସୁବିଧା ବାବଦରେ ମହତ୍ୱପୂର୍ଣ୍ଣ ସୂଚନା ମିଳିଲା । କୁହାଯାଏ ଯେ କୌଣସି ସଂଗଠନର ସଫଳତା ଏହି ବିଷୟ ଉପରେ ନିର୍ଭର କରେ ଯେ ମୌଳିକ କାର୍ଯ୍ୟକର୍ତ୍ତା ଏବଂ ଶୁଭଚିନ୍ତକଙ୍କ ଠାରୁ ଶୀର୍ଷ ସ୍ତରକୁ କେତେ ସଠିକ ଏବଂ ସମୟବଦ୍ଧ ସୂଚନା ମିଳୁଛି । ଏଥି ସହ ମୌଳିକ ସ୍ତରରେ କାମ କରୁଥିବା ଲୋକଙ୍କୁ ସ୍ପଷ୍ଟ ଏବଂ ସମୟବଦ୍ଧ ଦିଗନିର୍ଦ୍ଦେଶ ମିଳିବା ମଧ୍ୟ ସେତିକି ଆବଶ୍ୟକ । ସୋସିଆଲ ମିଡିଆର ଆଗମନରେ ସଂଗଠନାତ୍ମକ କାର୍ଯ୍ୟପ୍ରଣାଳୀରୁ ଏହି ସିଦ୍ଧାନ୍ତ ଆହୁରି ଅଧିକ ମଜବୁତ୍ ହୋଇଛି । ଆଉ ଏକ କଥା ଯାହା ପାଇଁ ଆମକୁ ଅନ୍ତରରୁ ସୋସିଆଲ ମିଡିଆକୁ ଧନ୍ୟବାଦ ଦେବା ଉଚିତ୍, ତାହା ହେଲା ଏକଦମ୍ ପ୍ରାରମ୍ଭିକ ସ୍ତରରେ ହିଁ ଭାଙ୍ଗିରୁଜି ପ୍ରସ୍ତୁତ କରାଯାଇଥିବା ମିଛ ଏବଂ ଅର୍ଦ୍ଧସତ୍ୟକୁ ରୋକିବା କାମ କଲା । ଏହା ପୂର୍ବରୁ ନିର୍ବାଚନ ସମୟରେ ଆମେ ଏମିତି ଲୋକଙ୍କୁ ଦେଖୁଥିଲୁ ଯାହାଙ୍କ ମିଛ ସମାଜର ପ୍ରତ୍ୟେକ ବର୍ଗ ପର୍ଯ୍ୟନ୍ତ ପହଞ୍ଚି ଯାଉଥିଲା । ଗୋଟିଏ ଏମିତି ସମୟରେ ଯେତେବେଳେ ସଂଚାର ଠାରୁ ସାଧନ କମ୍ ଥିଲା, ସେ ନିଜର ପୂର୍ଣ୍ଣ ଭାଷଣ ଏବଂ ଅଧା-ପନ୍ତରିଆ ପ୍ରତିଜ୍ଞା ସାହାରାରେ ବଞ୍ଚି ଯାଉଥିଲେ । ସୋସିଆଲ ମିଡିଆ ଏହାକୁ ବଦଳାଇ ଦେଇଛି ! ଆଜି ସୂଚନା ଏବଂ ସୋସିଆଲ ମିଡିଆର ଯୁଗରେ ତାଙ୍କ ମାଇକରୁ ବାହାରୁଥିବା ମିଛ ତାଙ୍କ ମଞ୍ଚରୁ ଆଗକୁ ଯାଇ ପାରୁନାହିଁ, ପୁଣି ଅନ୍ୟ କାହା ପାଖକୁ ପହଞ୍ଚିବା ତ' ବହୁତ ଦୂରର କଥା । ଆଗାମୀ ଦିନମାନଙ୍କରେ ସୋସିଆଲ ମିଡିଆର ଶକ୍ତି ଆହୁରି ବଢ଼ିବ ।'

ନରେନ୍ଦ୍ର ମୋଦି ୨୦୧୪ ନିର୍ବାଚନରେ କୌଶଳର ବ୍ୟବହାର ସମ୍ପର୍କରେ ଏକ ଅନ୍ୟ ବ୍ଲଗ୍ ପୋଷ୍ଟରେ ଲେଖିଛନ୍ତି, 'ଏହି ପ୍ରଚାର ଅଭିନବ ପ୍ରୟୋଗ ପାଇଁ ମଧ୍ୟ ମନେ ରଖାଯିବ । ଭାରତ ବିଜୟ ୩ଡି ରାଲି ରୂପେ ଆଉ ଗୋଟିଏ ଅଭିନବ ପ୍ରୟୋଗ ହେଲା । ଗୋଟିଏ ମାସ ଭିତରେ ମୁଁ ୧୨ଟି ଗସ୍ତରେ ୧୩୫୦ ସ୍ଥାନରେ ୩ଡି ରାଲିକୁ ସମ୍ବୋଧିତ କଲି । ୩ଡି ରାଲି ପ୍ରତି ଲୋକଙ୍କ ଉତ୍ସାହ ଅଦ୍ଭୁତ ଥିଲା । ବହୁତ ଯୁବକ ମତେ ସୋସିଆଲ ମିଡିଆ ଏବଂ ଇମେଲ ମାଧ୍ୟମରେ ସେମାନଙ୍କ ଗାଁକୁ ଆସିଥିବାରୁ ଧନ୍ୟବାଦ ଦେଲେ । ଲୋକମାନେ ଆମ କାର୍ଯ୍ୟକର୍ତ୍ତାଙ୍କୁ କହିଲେ ଯେ ଆମେ ମୋଦିଜୀଙ୍କୁ ମଞ୍ଚରେ ଯାଇ ଦେଖା କରିବାକୁ ଚାହୁଁଛୁ । ଭାରତର ନିର୍ବାଚନୀ ଇତିହାସରେ ପ୍ରଥମ ଥର ଏକ ବିଶେଷ ୱେବ୍‌ସାଇଟ ମିଶନ ୨୭୨ ପ୍ଲସ୍ ରୂପେ ସ୍ଥାପିତ କରାଗଲା । ଏହା ସହ ଏକୀଭୂତ ହୋଇ ଲକ୍ଷ ଲକ୍ଷ ସ୍ୱେଚ୍ଛାସେବୀ ଅନ୍‌ଲାଇନ ଏବଂ ମୌଳିକ ଉଭୟରେ ବହୁତ ମହତ୍ୱପୂର୍ଣ୍ଣ ଯୋଗଦାନ ଦେଲେ । ମତେ ତାଙ୍କ ଚିନ୍ତାଧାରା ଏବଂ ଯୋଗଦାନ ଦ୍ୱାରା ଲାଭ ହେଲା । ଏହି ପ୍ରକାରର ଫୋରମରେ ପ୍ରଚାରକୁ ଗତି ଦେବା ଏବଂ

ଶୁଭେଚ୍ଛୁଙ୍କ ସହ ବିଚାର ବିମର୍ଶ କରିବା ତଥା ସ୍ୱେଚ୍ଛାସେବୀଙ୍କ ଯୋଗଦାନକୁ ଦିଗ ଦେବାର ଅପାର ସମ୍ଭାବନା ରହିଛି ।' ନରେନ୍ଦ୍ର ମୋଦି ଆଗକୁ ଲେଖୁଛନ୍ତି, 'ପ୍ରଚାର ସମୟରେ ଅଦ୍ଭୁତ ଭାବରେ ସୋସିଆଲ ମିଡିଆର ବ୍ୟବହାର କରାଗଲା । ବହୁତ ମିତ୍ର ମତେ ହ୍ୱାଟ୍ସଆପ୍‌ରେ ବହୁତ ରଚନାତ୍ମକ ସନ୍ଦେଶ, ସ୍ଲୋଗାନ ଏବଂ ଇନ୍‌ଫୋଗ୍ରାଫିକ ଦେଖାଇଲେ ଯାହା ଅତି ଲୋକପ୍ରିୟ ଥିଲା । ମୁଁ ମୋ ଭୋଟ୍ ଦେବା ପରେ ନିଜର ଫଟୋ (ସେଲ୍‌ଫି) ଉଠାଇଲି ଏବଂ ଆପଣଙ୍କୁ ମଧ୍ୟ ସେଲ୍‌ଫି ପଠାଇବାକୁ ଆମନ୍ତ୍ରଣ କଲି ।' ନରେନ୍ଦ୍ର ମୋଦି ମାନନ୍ତି ଯେ କୌଶଳର ବ୍ୟବହାର କରି ଲୋକଙ୍କ ପାଖରେ ସରକାରୀ ଯୋଜନାର ଲାଭ ପହଞ୍ଚା ଯାଇପାରିବ । ସେ ଏହା ମଧ୍ୟ ମାନନ୍ତି ଯେ କୌଶଳର ବ୍ୟବହାର କରି ସାଧାରଣ ଲୋକ ଏବଂ ସରକାରଙ୍କ ମଧ୍ୟରେ ସମ୍ବାଦର ସ୍ଥିତି ମଧ୍ୟ କାଏମ୍ ହୋଇପାରିବ । କାରଣ ଏହା ଯେ ପ୍ରଧାନମନ୍ତ୍ରୀ ହେବା ପରେ ସେ ନା କେବଳ ସମସ୍ତ ମନ୍ତ୍ରୀ ଏବଂ ମନ୍ତ୍ରାଳୟକୁ ସୋସିଆଲ ନେଟୱର୍କରେ ସକ୍ରିୟ ହେବାକୁ କହିଲେ ବରଂ ସେ ଭାରତୀୟ ଜନତା ପାର୍ଟିର ସମସ୍ତ ସାଂସଦଙ୍କୁ ମଧ୍ୟ ଏହା କହିଲେ ଯେ ସେମାନେ ସୋସିଆଲ ନେଟୱର୍କ ସାଇଟ୍‌ଗୁଡ଼ିକର ବ୍ୟବହାର କରନ୍ତୁ । ଆଜି ଅବସ୍ଥା ଏମିତି ଯେ ସବୁ ମନ୍ତ୍ରାଳୟ ଟ୍ୱିଟର୍ ଏବଂ ଫେସ୍‌ବୁକ୍‌ରେ ତାଙ୍କ ପ୍ରୋଫାଇଲ ତିଆରି କରି ସାରିଛନ୍ତି । ଯାହା ମଧ୍ୟ ଜରୁରୀ ସୂଚନା ଏହି ମନ୍ତ୍ରାଳୟକୁ ଦେବାକୁ ହୋଇଥାଏ, ଏହି ସାଇଟଗୁଡ଼ିକ ଜରିଆରେ ଦେଉଛନ୍ତି ।

ସରକାରରେ ସୋସିଆଲ ନେଟୱର୍କ ସାଇଟଗୁଡ଼ିକର ବ୍ୟବହାରକୁ ପ୍ରୋତ୍ସାହନ ଦେବା ଅଭିପ୍ରାୟରେ ପ୍ରଧାନମନ୍ତ୍ରୀ ହେବା ପରେ ନରେନ୍ଦ୍ର ମୋଦି ଫେସ୍‌ବୁକ୍‌ର ମୁଖ୍ୟ ସଂଚାଳନ ଅଧିକାରୀ ଶେରିଲ ସେଣ୍ଡବର୍ଗଙ୍କ ସହ ସାକ୍ଷାତ କଲେ । ପ୍ରଧାନମନ୍ତ୍ରୀ ସରକାର ଏବଂ ଲୋକଙ୍କ ମଧ୍ୟରେ ଉତ୍ତମ ଖବର ଏବଂ ସୁଶାସନ ପାଇଁ ଫେସ୍‌ବୁକ୍‌କୁ ଏକ ମଞ୍ଚ ରୂପେ ବ୍ୟବହାର କରିବା ବାବଦରେ ସେଣ୍ଡବର୍ଗଙ୍କ ସହ ଚର୍ଚ୍ଚା କଲେ । ସେ ଫେସ୍‌ବୁକ୍ ମାଧ୍ୟମରେ ଭାରତରେ ଅଧିକ ପର୍ଯ୍ୟଟକଙ୍କୁ ଆକର୍ଷିତ କରିବାର ସମ୍ଭାବନା ବାବଦରେ ମଧ୍ୟ ବିଚାର-ବିମର୍ଶ କଲେ । ନରେନ୍ଦ୍ର ମୋଦି ସେଣ୍ଡବର୍ଗଙ୍କୁ ଏହା ମଧ୍ୟ ପଚାରିଲେ ଯେ ମହାତ୍ମା ଗାନ୍ଧିଙ୍କ ୧୫୦ତମ ଜୟନ୍ତୀକୁ ପାଳିବାରେ ଏବଂ ସ୍ୱଚ୍ଛତା ଉପରେ ବିଶେଷ ଜୋର୍ ଦେବାରେ ଫେସ୍‌ବୁକ୍ କେଉଁ ପ୍ରକାରର ସାହାଯ୍ୟ କରି ପାରିବ । ପରେ ପ୍ରଧାନମନ୍ତ୍ରୀ ତାଙ୍କ ଫେସ୍‌ବୁକ୍‌ରେ ଲେଖିଲେ, 'ସୁଶ୍ରୀ ଶେରିଲ ସେଣ୍ଡବର୍ଗଙ୍କ ସହ ସାକ୍ଷାତ ବହୁତ ଫଳପ୍ରଦ ଥିଲା । ସେ ସଙ୍କେତ ଦେଲେ ଯେ ଫେସ୍‌ବୁକ୍ ସହ ଯୋଡ଼ି ହୋଇଥିବା ଭାରତୀୟଙ୍କ ବିଶାଳ ସଂଖ୍ୟାକୁ ଦେଖି ଭାରତ ଫେସ୍‌ବୁକ୍ ପାଇଁ ଏକ ବହୁତ ମହତ୍ୱପୂର୍ଣ୍ଣ ଦେଶ ଅଟେ । ସୋସିଆଲ ମିଡିଆର ସ୍ୱୟଂ ବ୍ୟବହାରକାରୀ ହୋଇଥିବାରୁ ମୁଁ ସୁଶ୍ରୀ ଶେରିଲ ସେଣ୍ଡବର୍ଗଙ୍କୁ ଫେସ୍‌ବୁକକୁ ସରକାର ଏବଂ ଲୋକଙ୍କ ମଧ୍ୟରେ ଭଲ ଖବର ଏବଂ ସୁଶାସନର ଏକ ମଞ୍ଚ ରୂପେ ବ୍ୟବହାର କରିବା ବାବଦରେ ଉପାୟ ଜାଣିବାକୁ ଚାହିଲି । ମୁଁ ଫେସ୍‌ବୁକ ମାଧ୍ୟମରେ ଭାରତରେ ଅଧିକ ପର୍ଯ୍ୟଟଙ୍କୁ ଆକର୍ଷିତ କରିବାର ସମ୍ଭାବନାକୁ ମଧ୍ୟ ଅଣ୍ଡାଳିଲି । ଆମେ ସ୍ୱଚ୍ଛତା ଉପରେ ବିଶେଷ ଧ୍ୟାନ ଦେଇ ମହାତ୍ମା ଗାନ୍ଧିଙ୍କ ୧୫୦ତମ ଜୟନ୍ତୀ ପାଳିବାକୁ ଚାହୁଁଛୁ ଏବଂ ମୁଁ ସୁଶ୍ରୀ ସେଣ୍ଡବର୍ଗଙ୍କୁ ଏହା ମଧ୍ୟ ପଚାରିଲି ଯେ ଆମର ଏହି ଅଭିଯାନରେ ଫେସ୍‌ବୁକ କେଉଁ ପ୍ରକାରରେ ସାହାଯ୍ୟକାରୀ ସାବ୍ୟସ୍ତ ହୋଇ ପାରିବ ।'

ପ୍ରଧାନମନ୍ତ୍ରୀ ହେବା ପରେ ମଧ୍ୟ ନରେନ୍ଦ୍ର ମୋଦି ଦେଶକୁ ଉତ୍ତମ ଶାସନ ଦେବା ପାଇଁ ଏହାକୁ ଶିଳ୍ପ କୌଶଳ ସହ ଯୋଡ଼ିବା ଦିଗରେ ଚେଷ୍ଟା କରୁଛନ୍ତି । ପ୍ରଧାନମନ୍ତ୍ରୀ ହେବାର ଦୁଇମାସ ପରେ ନରେନ୍ଦ୍ର ମୋଦି 'ମାଇ ଗବର୍ନମେଣ୍ଟ' ନାମରେ ୱେବ୍‌ସାଇଟ ଲଞ୍ଚ୍ କଲେ । ଏହି ଅବସରରେ ପ୍ରଧାନମନ୍ତ୍ରୀଙ୍କ କାର୍ଯ୍ୟାଳୟରୁ ଯେଉଁ ବୟାନ ଆସିଲା ସେହି ମୁତାବକ ଏହା ଏକ ଏମିତି ମଞ୍ଚ ଯାହା ଭାରତର ନାଗରିକଙ୍କୁ ସୁଶାସନ ଦିଗରେ ଯୋଗଦାନ ଦେବା ପାଇଁ ଅଧିକାର ସମ୍ପନ୍ନ କରାଉଛି । ଏହି ୱେବ୍‌ସାଇଟର ଆରମ୍ଭ ହେବା ଅବସରରେ ପ୍ରଧାନମନ୍ତ୍ରୀ କହିଲେ ଯେ ଲୋକତନ୍ତ୍ରର ସଫଳତା ଲୋକଙ୍କ ଭାଗିଦାରୀ ବିନା

ଅସମ୍ଭବ ଅଟେ । ଅତୀତରେ ଲୋକ ତଥା ସରକାରଙ୍କ ପ୍ରକ୍ରିୟା ମଧ୍ୟରେ ଅନ୍ତରର ଚର୍ଚ୍ଚା କରି ପ୍ରଧାନମନ୍ତ୍ରୀ କହିଲେ ଯେ ପୂର୍ବ ୬୦ ଦିନରେ ସରକାରଙ୍କ ଏହି ଅନୁଭବ ରହିଛି ଯେ ଅନେକ ଲୋକ ରାଷ୍ଟ୍ର ନିର୍ମାଣରେ ଯୋଗଦାନ କରିବାକୁ ଚାହୁଁଛନ୍ତି ଏବଂ ତାଙ୍କ ସମୟ ତଥା ଶକ୍ତି ଲଗାଇବାକୁ ଚାହୁଁଛନ୍ତି । ସେମାନଙ୍କୁ କେବଳ ସୁଯୋଗ ଦେବା ଏବଂ ସେମାନଙ୍କ ଯୋଗଦାନକୁ ଦେଖେଇବା ଆବଶ୍ୟକ ଅଛି । ପ୍ରଧାନମନ୍ତ୍ରୀ କହିଲେ ଯେ ମାଇ ଗବର୍ନମେଣ୍ଟ ମଞ୍ଚ ଶିଳ୍ପ କୌଶଳ ପ୍ରେରିତ ମାଧ୍ୟମ ଅଟେ ଯାହା ସୁଶାସନରେ ଯୋଗଦାନ କରିବାକୁ ସୁଯୋଗ ଦେବ ।

ପ୍ରଧାନମନ୍ତ୍ରୀ ବିଶ୍ୱାସ ବ୍ୟକ୍ତି କରିଛନ୍ତି ଯେ ଲୋକେ ଏହି ପ୍ରୟାସକୁ ସ୍ୱାଗତ କରିବେ । ସେ ଏହି ମଞ୍ଚକୁ ମଜବୁତ୍ କରିବା ତଥା ସୁଧାରିବା ପାଇଁ ପରାମର୍ଶ ମଧ୍ୟ ମାଗିଲେ । ସେ ଆଶା ବ୍ୟକ୍ତ କଲେ ଯେ ଦେଶକୁ ଆଗେଇବା ତଥା ଗରିବ ଲୋକଙ୍କ ଆକାଂକ୍ଷାକୁ ପୂର୍ଣ୍ଣ କରିବା ପାଇଁ ପ୍ରତ୍ୟେକ ବ୍ୟକ୍ତି ଏହି ମଞ୍ଚ ସହ ଯୋଡ଼ିହେବେ । ସେ କହିଲେ ଯେ ସେମାନେ ଏହି ମିଶନର ସଫଳତା ପ୍ରତି ଆଶ୍ୱସ୍ତ ଅଛନ୍ତି କାହିଁକିନା ତାଙ୍କୁ ୧୨୫ କୋଟି ଭାରତୀୟଙ୍କ ଶକ୍ତି ଏବଂ କ୍ଷମତା ଉପରେ ଭରସା ଅଛି । ପ୍ରଧାନମନ୍ତ୍ରୀ କହିଲେ ଯେ ସେ ଲୋକଙ୍କ ପ୍ରସ୍ତାବ, ସେମାନଙ୍କ ରାୟ ତଥା ମତ ପ୍ରତି ଆଶାନ୍ୱିତ ଅଛନ୍ତି । ମାଇ ଗବର୍ନମେଣ୍ଟ ମଞ୍ଚ ଲୋକଙ୍କୁ ମତ ଦେବା ତଥା କାମ କରିବାର ମଉକା ଦିଏ । ମାଇ ଗବର୍ନମେଣ୍ଟ ବିଷୟରେ ଆଧାରିତ ଅନେକ ଚର୍ଚ୍ଚା ହେବ ଯେଉଁଠି ଲୋକେ ନିଜର ମତ ରଖିପାରିବେ । କୌଣସି ବିଷୟ ଉପରେ ମତ ଦେଉଥିବା ଲୋକର ରାୟ ଉପରେ ବ୍ୟାପକ ବିଚାର-ବିମର୍ଶ ହେବ ଏବଂ ଏଥିରୁ ରଚନାତ୍ମକ ମତାମତ ମିଳିବ । ଯେଉଁ ଲୋକ ବିଚାର-ବିମର୍ଶରୁ ଆଗକୁ ଯାଇ ମୌଳିକ ଯୋଗଦାନ କରିବାକୁ ଚାହୁଁଛନ୍ତି ସେମାନଙ୍କ ପାଇଁ ମାଇ ଗଭର୍ନମେଣ୍ଟ ପୋର୍ଟାଲ ଅନେକ ସୁଯୋଗ ଦିଏ । ନାଗରିକ ବିଭିନ୍ନ କାମ ପାଇଁ ନିଜେ ଆଗକୁ ଆଗେଇ ପାରିବେ ଏବଂ ତାଙ୍କ ଆବେଦନ ଦେଇପାରିବେ । ପୁଣି ଏହି କାର୍ଯ୍ୟଗୁଡ଼ିକର ସମୀକ୍ଷା ଅନ୍ୟ ସଦସ୍ୟ ତଥା ବିଶେଷଜ୍ଞ କରିବେ । ମଞ୍ଜୁରୀ ପାଇବା ପରେ ଏହି କାର୍ଯ୍ୟଗୁଡ଼ିକୁ ସମ୍ପୂର୍ଣ୍ଣ କରୁଥିବା ଲୋକ ତଥା ମାଇ ଗବର୍ନମେଣ୍ଟର ଅନ୍ୟ ସଦସ୍ୟଙ୍କ ସହ ଭାଗ କରାଯିବ । ପ୍ରତ୍ୟେକ ମଞ୍ଜୁରୀପ୍ରାପ୍ତ କାର୍ଯ୍ୟଗୁଡ଼ିକୁ ସମ୍ପୂର୍ଣ୍ଣ କରିବା ପାଇଁ ପ୍ରୋତ୍ସାହନ ଅଙ୍କ ମିଳିବ । ନ୍ୟାସନାଲ ଇନ୍‌ଫରମେଟିକ୍ସ ସେଣ୍ଟର (ଏନ୍‌ଆଇସି) ତଥା ଇଲେକ୍‌ଟ୍ରୋନିକ୍ସ ଏବଂ ସୂଚନା ପ୍ରୋଦ୍ୟୋଗିକି ବିଭାଗ ମାଇ ଗଭର୍ନମେଣ୍ଟ ମଞ୍ଚର କ୍ରିୟାନ୍ୱୟନ ଏବଂ ପ୍ରବନ୍ଧନ କରିବେ ଏବଂ ଏଥିରୁ ସୁଶାସନରେ ନାଗରିକଙ୍କ ଭାଗିଦାରୀରେ ସାହାଯ୍ୟ ମିଳିବ । ସମୂହ ଏବଂ କର୍ନର ମାଇ ଗଭର୍ନମେଣ୍ଟର ପ୍ରମୁଖ ଅଂଶ ଅଟନ୍ତି । ଏହି ମଞ୍ଚକୁ ସ୍ୱଚ୍ଛ ଗଙ୍ଗା, ବାଳିକା ଶିକ୍ଷା, ସ୍ୱଚ୍ଛ ଭାରତ, କୌଶଳପୂର୍ଣ୍ଣ ଭାରତ, ଡିଜିଟାଲ ଭାରତ ଏବଂ ରୋଜଗାର ସୃଜନ ଭଳି ବିଭିନ୍ନ ସମୂହରେ ବଣ୍ଟା ଯାଇଛି । ପ୍ରତ୍ୟେକ ସମୂହକୁ ଅନ୍‌ଲାଇନ ତଥା ଅନ୍‌ଗ୍ରାଉଣ୍ଡ କାର୍ଯ୍ୟ ଦିଆଯାଇଛି ଯଦ୍ୱାରା ଯୋଗଦାନକର୍ତ୍ତା ନିଜ ହାତକୁ ନେବେ । ଏହାର ଉଦ୍ଦେଶ୍ୟ ଲୋକଙ୍କ ଭାଗିଦାରୀ ଜରିଆରେ ଗୁଣାତ୍ମକ ପରିବର୍ତ୍ତନ ଆଣିବା ।

ଏହି ଶିଳ୍ପ କୌଶଳ ଜରିଆରେ ଜନକଲ୍ୟାଣର ଲକ୍ଷ୍ୟ ହାସଲ କରିବାର ନରେନ୍ଦ୍ର ମୋଦିଙ୍କ ଚିନ୍ତାଧାରାର ହିଁ ପରିଣାମ ଯେ ସେ ଡିଜିଟାଲ ଇଣ୍ଡିଆ ନାମରେ ଏକ ମହତ୍ୱାକାଂକ୍ଷୀ ଯୋଜନା ଉପରେ କାମ କରୁଛନ୍ତି । ୨୦ ଅଗଷ୍ଟ, ୨୦୧୪ ରେ ପ୍ରଧାନମନ୍ତ୍ରୀ ନରେନ୍ଦ୍ର ମୋଦିଙ୍କ ଅଧ୍ୟକ୍ଷତାରେ ମନ୍ତ୍ରୀମଣ୍ଡଳର ବୈଠକରେ ଡିଜିଟାଲ ଇଣ୍ଡିଆ ପାଇଁ ମଞ୍ଜୁରୀ ଦିଆଗଲା । ଡିଜିଟାଲ ଇଣ୍ଡିଆ କାର୍ଯ୍ୟକ୍ରମ ଭାରତକୁ ଡିଜିଟାଲ ସଶକ୍ତ ସମାଜ ଏବଂ ଜ୍ଞାନ ଅର୍ଥବ୍ୟବସ୍ଥାରେ ରୂପାନ୍ତରିତ କରିବା ପାଇଁ ଅଟେ । ଏହା ୭ ଅଗଷ୍ଟ, ୨୦୧୪ ରେ ଡିଜିଟାଲ ଇଣ୍ଡିଆ କାର୍ଯ୍ୟକ୍ରମ ବାବଦରେ ପ୍ରଧାନମନ୍ତ୍ରୀଙ୍କ ବୈଠକ ସମୟରେ କାର୍ଯ୍ୟକ୍ରମର ଡିଜାଇନ ଉପରେ ନିଆ ଯାଇଥିବା ମୁଖ୍ୟ ନିର୍ଣ୍ଣୟ ଏବଂ ସମସ୍ତ ମନ୍ତ୍ରାଳୟକୁ ସରକାରଙ୍କ ପ୍ରତ୍ୟେକ କୋଣକୁ

ଛୁଇଁଲା ଭଳି ଏହି ବିଶାଳ କାର୍ଯ୍ୟକ୍ରମର ସୂଚନା ଦେବା ପରେ ଉଠା ଯାଇଥିବା ପଦକ୍ଷେପ ଅଟେ । ଏହି କାର୍ଯ୍ୟକ୍ରମ ଇଲେକ୍ଟ୍ରୋନିକ୍ସ ଏବଂ ପ୍ରୋଦ୍ୟୋଗିକି ବିଭାଗର ପରିକଳ୍ପନା ।

ଡିଜିଟାଲ ଇଣ୍ଡିଆର ପଦକ୍ଷେପର ଉଦ୍ଦେଶ୍ୟ ଦେଶକୁ ଡିଜିଟାଲ ସଶକ୍ତ ସମାଜ ଏବଂ ଜ୍ଞାନ ଅର୍ଥବ୍ୟବସ୍ଥାରେ ରୂପାନ୍ତରିତ କରିବା । ଏହି କାର୍ଯ୍ୟକ୍ରମ ଚଳିତ ବର୍ଷରୁ ୨୦୧୮ ପର୍ଯ୍ୟନ୍ତ ଚରଣବଦ୍ଧ ଢଙ୍ଗରେ ଲାଗୁ କରାଯିବ । ଡିଜିଟାଲ ଇଣ୍ଡିଆର ପ୍ରକୃତି ରୂପାନ୍ତରକାରୀ ଅଛି ତଥା ଏଥିରେ ସୁନିଶ୍ଚିତ ହେବ ଯେ ସରକାରୀ ସେବା ନାଗରିକଙ୍କୁ ଇଲେକ୍ଟ୍ରୋନିକ ରୂପରେ ଉପଲବ୍ଧ ହେଉ । ଏହା ସରକାରଙ୍କ ସେବାଗୁଡ଼ିକୁ ଇଲେକ୍ଟ୍ରୋନିକ ରୂପେ ପ୍ରଦାନ କରିବା ଜରିଆରେ ସାର୍ବଜନିକ ଉତ୍ତରଦାୟୀ ବଢ଼ାଇବ । ବର୍ତ୍ତମାନ ଅଧିକତର ଇ-ଗବର୍ନେସ୍ ପରିଯୋଜନା ପାଇଁ ଆର୍ଥିକ ସହାୟତା କେନ୍ଦ୍ର ଅଥବା ରାଜ୍ୟ ସରକାରଙ୍କ ସମ୍ବନ୍ଧିତ ମନ୍ତ୍ରାଳୟ/ବିଭାଗର ବଜେଟୀୟ ବ୍ୟବସ୍ଥା ଜରିଆରେ ହେଉଛି । ଡିଜିଟାଲ ଇଣ୍ଡିଆ ପାଇଁ ଅଲଗା ଅଲଗା ପରିଯୋଜନାଗୁଡ଼ିକ ପାଇଁ ଅର୍ଥ ଆବଶ୍ୟକତାର ଅନୁମାନ ସମ୍ବନ୍ଧିତ ନୋଡାଲ ମନ୍ତ୍ରାଳୟ/ବିଭାଗ ଲଗାଇବେ ।

ଡିଜିଟାଲ ଇଣ୍ଡିଆର ପଦକ୍ଷେପ କ୍ଷେତ୍ର:

୧. ପ୍ରତ୍ୟେକ ନାଗରିକ ପାଇଁ ସୁବିଧା ରୂପେ ମୌଳିକ ଢ଼ାଞ୍ଚା

- ମୁଖ୍ୟ ସୁବିଧା ରୂପେ ହାଇ ସ୍ପିଡ ଇଣ୍ଟରନେଟ ସମସ୍ତ ଗ୍ରାମ ପଞ୍ଚାୟତରେ ଉପଲବ୍ଧ କରାଯିବ ।
- ଅଦ୍ଭୁତ, ଆଜୀବନ, ଅନ୍‌ଲାଇନ ଏବଂ ପ୍ରମାଣନ ଯୋଗ୍ୟ ଡିଜିଟାଲ ଚିହ୍ନଟ
- ମୋବାଇଲ ଫୋନ ଏବଂ ବ୍ୟାଙ୍କ ଆକାଉଣ୍ଟ ବ୍ୟକ୍ତିଗତ ସ୍ତରରେ ଡିଜିଟାଲ ଏବଂ ବିତ୍ତିୟ ରୂପେ ଭାଗିଦାରୀରେ ସମର୍ଥ କରାଇବେ ।
- ସ୍ଥାନୀୟ ସ୍ତରରେ ସାମାନ୍ୟ ସେବା କେନ୍ଦ୍ର ପର୍ଯ୍ୟନ୍ତ ସହଜରେ ପହଞ୍ଚିବା
- ପବ୍ଲିକ୍ କ୍ଲାଉଡ୍‌ରେ ଅଂଶ କରିବା ଯୋଗ୍ୟ ବ୍ୟକ୍ତିଗତ ସ୍ଥାନ
- ଦେଶରେ ସୁରକ୍ଷିତ ସାଇବର ସ୍ପେସ୍

୨. ଶାସନ ଓ ଆବଶ୍ୟକତା ଉପରେ ସେବା:

- ସମସ୍ତ ଲୋକଙ୍କୁ ସହଜ ଏବଂ ସିଙ୍ଗଲ ୱିଣ୍ଡୋ ଆକ୍ସେସ୍ ଉପଲବ୍ଧ କରାଇବା ପାଇଁ ବିଭାଗ ଅଥବା ଅଧିକାର କ୍ଷେତ୍ର ପର୍ଯ୍ୟନ୍ତ ନିର୍ବାଧ ଏକତ୍ରୀକରଣ
- ଅନ୍‌ଲାଇନ ଏବଂ ମୋବାଇଲ ପ୍ଲାଟ୍‌ଫର୍ମରୁ ରିୟଲ ଟାଇମ୍‌ରେ ସରକାରୀ ସେବା ଉପଲବ୍ଧ
- ସୁଗମ ପ୍ରବେଶ ଅଧିକାର ସୁନିଶ୍ଚିତ କରିବା ପାଇଁ ସମସ୍ତ ନାଗରିକଙ୍କୁ କ୍ଲାଉଡରେ ଉପଲବ୍ଧ କରାଇବାର ହକ୍
- ଇଲେକ୍ଟ୍ରୋନିକ୍ ଏବଂ କ୍ୟାସ୍‌ଲେସ ବିତ୍ତିୟ ନେଣଦେଣ

୩. ଡିଜିଟାଲ ସଶକ୍ତ ନାଗରିକ:

- ସମସ୍ତଙ୍କୁ ଡିଜିଟାଲ ସାକ୍ଷର କରାଇବା
- ସମସ୍ତ ଡିଜିଟାଲ ସଂସାଧନ ସମସ୍ତଙ୍କୁ ସୁଗମ-ସୁଲଭ କରାଇବା
- ସମସ୍ତ ସରକାରୀ କାଗଜପତ୍ର/ପ୍ରମାଣପତ୍ର କ୍ଲାଉଡରେ ଉପଲବ୍ଧ କରାଯିବ
- ଭାରତୀୟ ଭାଷାରେ ଡିଜିଟାଲ ସଂସାଧନ/ସେବାଗୁଡ଼ିକର ଉପଲବ୍ଧତା ଡିଜିଟାଲ ଇଣ୍ଡିଆର କାର୍ଯ୍ୟକ୍ଷେତ୍ର
- ଭାରତକୁ ଜ୍ଞାନ ଭବିଷ୍ୟତ ପାଇଁ ପ୍ରସ୍ତୁତ କରାଇବା
- ପରିବର୍ତ୍ତନ ପାଇଁ ପ୍ରୋଦ୍ୟୋଗିକିକୁ କେନ୍ଦ୍ରୀୟ ସ୍ତରରେ ରଖିବା

ଡିଜିଟାଲ ଇଣ୍ଡିଆର ଉଦ୍ଦେଶ୍ୟ ବୃଦ୍ଧିର ନଅ ପ୍ରମୁଖ ସ୍ତମ୍ଭ ଉପରେ ଆବଶ୍ୟକ ଧ୍ୟାନ ଦେବାକୁ ହେବ-

୧. ବ୍ରଡ୍‌ବ୍ୟାଣ୍ଡ ହାଇୱେଜ୍

୨. ମୋବାଇଲ କନେକ୍ଟିଭିଟି ସମସ୍ତଙ୍କୁ ସୁଗମ-ସୁଲଭ କରାଇବା

୩. ପବ୍ଲିକ୍ ଇଣ୍ଟରନେଟ ଆକ୍ସେସ୍ ପ୍ରୋଗ୍ରାମ

୪. ଇ-ଶାସନ: ପ୍ରୋଦ୍ୟୋଗିକି ଜରିଆରେ ସରକାରକୁ ସୁଧାରିବା

୫. ଇ-କ୍ରାନ୍ତି- ସେବାଗୁଡ଼ିକର ଇଲେକ୍ଟ୍ରୋନିକ୍ ଯୋଗାଣ

୬. ସମସ୍ତଙ୍କ ପାଇଁ ସୂଚନା

୭. ଇଲେକ୍ଟ୍ରୋନିକ୍ସ ବିନିର୍ମାଣ

୮. ରୋଜଗାର ପାଇଁ ସୂଚନା ପ୍ରୋଦ୍ୟୋଗିକି

୯. ଅର୍ଲୀ ହାର୍ବେଷ୍ଟ ପ୍ରୋଗ୍ରାମ୍ସ

ଡିଜିଟାଲ ଇଣ୍ଡିଆ ନରେନ୍ଦ୍ର ମୋଦି ସରକାରର ଏମିତି ଯୋଜନା ଅଟେ ଯାହା ଯଦି ଉଚିତ ଢଙ୍ଗରେ ଲାଗୁ ହୁଏ ତେବେ ସେଥିରୁ ଅନେକ କ୍ଷେତ୍ରର କାର୍ଯ୍ୟକ୍ଷମତା ବଢ଼ିବ । ଏଥିରୁ ଶାସନ ତନ୍ତ୍ରରେ ଗୁଣାତ୍ମକ ପରିବର୍ତ୍ତନ ଆସିବ । ଶିକ୍ଷା କ୍ଷେତ୍ରରେ ଏହି ଯୋଜନାର ମହତ୍ୱକୁ ନେଇ ନରେନ୍ଦ୍ର ମୋଦି ୫ ସେପ୍ଟେମ୍ବର, ୨୦୧୪ ରେ ସ୍କୁଲ ପିଲାମାନଙ୍କୁ ସମ୍ବୋଧିତ କରି କହିଲେ, 'ଯେତେବେଳେ ମୁଁ ଡିଜିଟାଲ ଇଣ୍ଡିଆର କଥା କହୁଛି ତଥାପି ମୋର ଆଗ୍ରହ ଯେ ଆଧୁନିକ ଟେକ୍ନୋଲଜି ମୋ ଛାତ୍ରମାନଙ୍କ ପର୍ଯ୍ୟନ୍ତ ପହଞ୍ଚୁ ଏବଂ ସମସ୍ତ ଭାଷାରେ ପହଞ୍ଚୁ ଏବଂ ଏହି ଟେକ୍ନୋଲଜି ମାଧ୍ୟମରେ ଇନ୍‌ଫରମେସନ କମ୍ୟୁନିକେଶନ ଟେକ୍ନୋଲଜିର ଲାଭ ନେଇ ଇଣ୍ଟରନେଟର ଲାଭ ନେଇ, ବ୍ରଡ୍‌ବ୍ୟାଣ୍ଡ କନେକ୍ଟିଭିଟିର ଲାଭ ନେଇ, ସେମାନେ ଅଭ୍ୟସ୍ତ ହୁଅନ୍ତୁ, ନୂଆ-ନୂଆ ଜିନିଷ ଖୋଜିବାର, ଦେଖିବାର, ପଢ଼ିବାର, ବୁଝିବାର । ଅଦ୍ୟାପି ଏହା ତାଙ୍କ ଅଭ୍ୟାସ ହୋଇଯାଏ ତେବେ ମୁଁ ଭାବୁଛି ଯେ ବୋଧହୁଏ ମୋର ଯେଉଁ ଡିଜିଟାଲ ଇଣ୍ଡିଆର ସ୍ୱପ୍ନ ଥିଲା ତାହା ପୁରା ହୋଇଯିବ ।'

ସ୍ୱଚ୍ଛ ଭାରତ ଅଭିଯାନ

ନରେନ୍ଦ୍ର ମୋଦିଙ୍କ ପ୍ରବନ୍ଧନ ଦକ୍ଷତାର ଏକ ବଡ଼ ଉଦାହରଣ ହେଲା ସ୍ୱଚ୍ଛ ଭାରତ ଅଭିଯାନ । ଏହି ଅଭିଯାନର ଔପଚାରିକ ପ୍ରାରମ୍ଭ ସେ ଗାନ୍ଧି ଜୟନ୍ତୀ ଅବସରରେ ୨ ଅକ୍ଟୋବର, ୨୦୧୪ ରେ କଲେ । ପ୍ରକୃତ ପକ୍ଷେ, ଏହି ଅଭିଯାନ ଉପରିଆ ଭାବେ କେବଳ ସଫା-ସୁତୁରା ସମ୍ବନ୍ଧିୟ ଜଣା ପଡୁଛି ହେଲେ ଏହାର ଆହୁରି ମଧ୍ୟ ଅନେକ ବିସ୍ତାର ଅଛି । ଏଥିରୁ ଅନେକ କ୍ଷେତ୍ରରେ ଦେଶକୁ ଲାଭ ହେବ । ଏହାର ସ୍ୱାସ୍ଥ୍ୟ କ୍ଷେତ୍ର ଉପରେ ଖୁବ୍‌ବେଶୀ ସକାରାତ୍ମକ ପ୍ରଭାବ ପଡ଼ିବାକୁ ଯାଉଛି । ଅବ୍ୟପି ନରେନ୍ଦ୍ର ମୋଦି ଏହି ଅଭିଯାନକୁ ଠିକ୍ ଢଙ୍ଗରେ ଲାଗୁ କରିବାରେ ସଫଳ ହେଲେ ତେବେ ଏହାର ପର୍ଯ୍ୟଟନ ଉପରେ ସକାରାତ୍ମକ ପ୍ରଭାବ ପଡ଼ିବ । ଏହାର ଯୋଜନାବଦ୍ଧ ବିକାଶ ଉପରେ ଗଭୀର ପ୍ରଭାବ ପଡ଼ିବ । ଏହାର ସ୍କୁଲ ଶିକ୍ଷା ଉପରେ ସକାରାତ୍ମକ ପ୍ରଭାବ ପଡ଼ିବ । ମୋଟାମୋଟି କହିବାକୁ ଗଲେ ଅଦ୍ୟପି ଏହି ଅଭିଯାନ ଉଚିତ୍ ଢଙ୍ଗରେ ଚାଲି ପାରିଲା ତେବେ ଏଥିରୁ ସମ୍ପୂର୍ଣ୍ଣ ଅର୍ଥବ୍ୟବସ୍ଥା ଉପରେ ସକାରାତ୍ମକ ପ୍ରଭାବ ପଡ଼ିବ । ଲୋକଙ୍କ ପ୍ରଥା ଏବଂ ଜୀବନଶୈଳୀ ବଦଳିବ । କୁହାଯାଇପାରେ କି ଦେଶର ଛବି ବଦଳାଇବାର କ୍ଷମତା ଏହି ଅଭିଯାନରେ ଅଛି ।

ଏହି ଅଭିଯାନକୁ ନେଇ ନରେନ୍ଦ୍ର ମୋଦି ଗମ୍ଭୀର ମଧ୍ୟ ଲାଗନ୍ତି । ଏମିତି ଏଥିପାଇଁ କୁହାଯାଇପାରେ ଯେ ସେ ଏହାର ଆରମ୍ଭ ଆଉ ଗୋଟିଏ ସରକାରୀ ଅଭିଯାନ ଭାବେ କରିନାହାନ୍ତି ବରଂ ସେ ଏହାର ଆରମ୍ଭ ହୋମୱାର୍କ କରି କରିଛନ୍ତି । ସେ ନା କେବଳ ଏହି ଅଭିଯାନର ଆରମ୍ଭର ଅନେକ ଦିନ ପୂର୍ବରୁ ଏହାର ଯୋଜନାର ସମୀକ୍ଷା ଆରମ୍ଭ କରିଥିଲେ ବରଂ ଯେଉଁ ପ୍ରକାରରେ ସେ ଦଳ ସୀମାରୁ ଉପରକୁ ଯାଇ ଏହି ଅଭିଯାନ ସହ ଏକୀଭୂତ ହେବା ପାଇଁ ଲୋକଙ୍କୁ ଆମନ୍ତ୍ରିତ କରିଛନ୍ତି, ସେଥିରୁ ମଧ୍ୟ ଲାଗେ ଯେ ସେ ଏହି ଅଭିଯାନକୁ ନେଇ ବହୁତ ଗମ୍ଭୀର ଅଟନ୍ତି । ଯେଉଁ ଲୋକଙ୍କୁ ପ୍ରଧାନମନ୍ତ୍ରୀ ଏହି ଅଭିଯାନ ସହ ଏକୀଭୂତ ହେବା ପାଇଁ ଆମନ୍ତ୍ରିତ କରିଥିଲେ, ସେମାନେ ହେଲେ- ମୃଦୁଲା ସିହ୍ନା, ସଚିନ ତେନ୍ଦୁଲକର, ବାବା ରାମଦେବ, ଶଶି ଥରୁର, ଅନିଲ ଅମ୍ବାନୀ, କମଲ ହସନ, ସଲମାନ ଖାନ୍, ପ୍ରିୟଙ୍କା ଚୋପଡ଼ା ଏବଂ 'ତାରକ ମେହତା କା ଉଲ୍‌ଟା ଚଶମା'ର ଟିମ୍ । ପ୍ରଧାନମନ୍ତ୍ରୀ ନରେନ୍ଦ୍ର ମୋଦି ୨ ଅକ୍ଟୋବର, ୨୦୧୪ ରେ ଅଭିଯାନର ଆରମ୍ଭ କଲେ ହେଲେ ଏହାର ତିନି ସପ୍ତାହ ପୂର୍ବରୁ ହିଁ ସେ ଅଧିକାରୀଙ୍କ ସହ ଏହି ଅଭିଯାନକୁ ନେଇ ଚାଲୁଥିବା ଯୋଜନାର ସମୀକ୍ଷା ଆରମ୍ଭ କରି ଦେଇଥିଲେ । ପ୍ରଧାନମନ୍ତ୍ରୀ ଏହି ଅଭିଯାନ ପାଇଁ ଲୋକଙ୍କୁ ମାଇ ଗବର୍ନମେଣ୍ଟ ୱେବ୍‌ସାଇଟ ଜରିଆରେ ପ୍ରସ୍ତାବ ମଧ୍ୟ ଆମନ୍ତ୍ରିତ କଲେ ।

ଗାନ୍ଧିଜୀଙ୍କୁ ଏକ ପ୍ରେରଣା ରୂପେ ରଖି ଅକ୍ଟୋବର ୨ ତାରିଖରେ ସ୍ୱଚ୍ଛ ଭାରତ ଅଭିଯାନ ଆରମ୍ଭ କରାଗଲା, ଅତଏବ ୨୦୧୯ ମସିହାରେ ଗାନ୍ଧିଜୀଙ୍କ ୧୫୦ତମ ଜୟନ୍ତୀ ପର୍ଯ୍ୟନ୍ତ ଗାନ୍ଧିଜୀଙ୍କ ସ୍ୱଚ୍ଛ ଭାରତର ସ୍ୱପ୍ନକୁ ସାକାର କରାଯାଇ ପାରିବ । ସ୍ୱଚ୍ଛତାକୁ ପର୍ଯ୍ୟଟନ ଏବଂ ଭାରତର ବିଶ୍ୱବ୍ୟାପୀ ହିତ ସହ ଯୋଡ଼ି ନରେନ୍ଦ୍ର ମୋଦି ମାନନ୍ତି ଯେ ଭାରତର ପ୍ରତି ବିଶ୍ୱବ୍ୟାପୀ ଅବଧାରଣାରେ ବ୍ୟାପକ ପରିବର୍ତ୍ତନ ଆଣିବା ଉଦ୍ଦେଶ୍ୟରେ ଦେଶର ୫୦ ଶୀର୍ଷ ପର୍ଯ୍ୟଟନ ସ୍ଥଳରେ ସ୍ୱାସ୍ଥ୍ୟ ଏବଂ ସ୍ୱଚ୍ଛତାର ସ୍ତର ବିଶ୍ୱସ୍ତରୀୟ ହେବା ଆବଶ୍ୟକ ।

ଏହି ଅଭିଯାନର ଆରମ୍ଭ ପୂର୍ବରୁ ସେପ୍ଟେମ୍ବର ୨୫ ତାରିଖ, ୨୦୧୪ ରେ ପ୍ରଧାନମନ୍ତ୍ରୀ ସନ୍ଦେଶ ଦେଲେ, 'ମୋର ବିଶ୍ୱାସ ଅଛି, ଆପଣ ଅନେକ ଥର ଶୁଣିଥିବେ ଯେଉଁଠି ସ୍ୱଚ୍ଛତା ଥାଏ ସେଇଠି ଦେବତାଙ୍କ ବାସ ହୋଇଥାଏ, ହେଲେ ଯେତେବେଳେ ବ୍ୟବହାରିକତାର ବିଷୟ ଆସେ ତେବେ ସ୍ଥିତି ପ୍ରାୟତଃ ବିପରୀତ ମିଳେ । ଆମେ ୨ ଅକ୍ଟୋବରରେ ଭାରତକୁ ସ୍ୱଚ୍ଛ କରିବା ପାଇଁ ବଡ଼ ସ୍ତରରେ ଜନଆନ୍ଦୋଳନ 'ସ୍ୱଚ୍ଛ ଭାରତ ଅଭିଯାନ' ଆରମ୍ଭ କରୁଛୁ । ୨୦୧୯ ମସିହାରେ ଯେତେବେଳେ ଆମେ ବାପୁଙ୍କ ୧୫୦ତମ ଜୟନ୍ତୀ ପାଳନ କରୁଥିବା ତଥାପି ଏକ ସ୍ୱଚ୍ଛ ଭାରତ ତାଙ୍କୁ ବାସ୍ତବିକ ଶ୍ରଦ୍ଧାଞ୍ଜଳୀ ହେବ । ମହାତ୍ମା ଗାନ୍ଧି ତାଙ୍କ ସମ୍ପୂର୍ଣ୍ଣ ଜୀବନ ସ୍ୱରାଜ୍ୟ ପ୍ରାପ୍ତି ପାଇଁ ଅର୍ପିତ କରିଦେଲେ, ବର୍ତ୍ତମାନ ସମୟ ଆସିଯାଇଛି ଯେ ଆମେ ଆମ ମାତୃଭୂମୀର ସ୍ୱଚ୍ଛତା ପାଇଁ ନିଜକୁ ସମର୍ପିତ କରିଦେବା । ମୁଁ ଆପଣଙ୍କ ମଧ୍ୟରୁ ପ୍ରତ୍ୟେକଙ୍କୁ ଅତିରିକ୍ତ ପ୍ରାର୍ଥନା କରୁଛି ଯେ ସ୍ୱଚ୍ଛତା ପାଇଁ ପ୍ରତ୍ୟେକ ସପ୍ତାହ ଦୁଇ ଘଣ୍ଟା ମାନେ ପ୍ରତିବର୍ଷ ପାଖାପାଖି ଶହେ ଘଣ୍ଟାର ଯୋଗଦାନ କରିବେ । ଆମେ ବର୍ତ୍ତମାନ ଭାରତକୁ ଆଉ ଅଧିକ ଅସ୍ୱଚ୍ଛ ରହିବାକୁ ଦେଇପାରିବୁ ନାହିଁ । ଅକ୍ଟୋବର ୨ ତାରିଖରେ ମୁଁ ନିଜେ ଏହି ପବିତ୍ର କାର୍ଯ୍ୟ ପାଇଁ ଝାଡୁ ନେଇ ବାହାରିବି । ମୁଁ ଆଜି ପ୍ରତ୍ୟେକ ବ୍ୟକ୍ତି, ବିଶେଷ କରି ରାଜନୈତିକ ଏବଂ ଧାର୍ମିକ ନେତା, ମହାପୌର, ସରପଞ୍ଚ ଏବଂ ଉଦ୍ୟୋଗ ଜଗତର ଅଗ୍ରଜଙ୍କୁ ଅପିଲ କରୁଛି ଯେ ସେମାନେ ସହର ଏବଂ ଆଖପାଖ କ୍ଷେତ୍ର, ଗାଁ, କାର୍ଯ୍ୟସ୍ଥଳୀ ଓ ଏପରିକି ନିଜ ଘରର ସ୍ୱଚ୍ଛତାର କାର୍ଯ୍ୟ-ଯୋଜନା ତିଆରି କରି ମନଯୋଗରେ ତାକୁ କ୍ରିୟାନ୍ୱିତ କରିବାରେ ଲାଗି ଯାଆନ୍ତୁ । ମୁଁ ସ୍ୱଚ୍ଛ ଭାରତ ନିର୍ମାଣର ଏହି ସାମୂହିକ ପ୍ରୟାସରେ ଆପଣମାନଙ୍କ ଭାଗିଦାରୀ ଏବଂ ସକ୍ରିୟ ଯୋଗଦାନ ଅନୁରୋଧ କରୁଛି ।'

ପ୍ରଧାନମନ୍ତ୍ରୀଙ୍କ ଏହି ଅପିଲର ପ୍ରଭାବ ଏହା ହେଲା ଯେ ଅତି କମ୍ ସରକାରୀ କ୍ଷେତ୍ରରେ ସବୁଆଡ଼େ ସ୍ୱଚ୍ଛତାକୁ ନେଇ ଯୁଦ୍ଧ ଚାଲିଲା । ନା କେବଳ ମନ୍ତ୍ରୀ ବରଂ ସାଧାରଣ ଲୋକ ଏବଂ ମୌଳିକ ସତ୍ୟତାରୁ ଦୂରେଇ ରହିବା ପାଇଁ କୁଖ୍ୟାତ ସରକାରୀ ଅଧିକାରୀମାନେ ମଧ ଏହି ଅଭିଯାନରେ ଲାଗିଗଲେ । ଏହି ଅଧିକାରୀଙ୍କ ହାତରେ ଝାଡୁ ଥିବା ଫଟୋ ଖବରକାଗଜରେ ଛପିଲା । ଉଦାହରଣ ରୂପେ ରକ୍ଷା ମନ୍ତ୍ରାଳୟକୁ ନିଆଯାଇପାରେ । ସ୍ୱଚ୍ଛ ଭାରତ ଅଭିଯାନ ଅନ୍ତର୍ଗତ ରକ୍ଷା ମନ୍ତ୍ରାଳୟର ବରିଷ୍ଠ ଅଧିକାରୀମାନେ ବିଶେଷ ସ୍ୱଚ୍ଛତା ଯୁଦ୍ଧର ଆରମ୍ଭ କଲେ ଅତଏବ ସମସ୍ତ ସହଯୋଗୀ କର୍ମଚାରୀଙ୍କୁ କାମ କରିବା ସ୍ଥାନରେ ଅତ୍ୟଧିକ ସ୍ୱଚ୍ଛତା ପାଇଁ ପ୍ରେରିତ କରାଯାଇ ପାରିବ । ପ୍ରଥମ ଚରଣରେ ଉପ ସଚିବ/ନିର୍ଦ୍ଦେଶକ ସ୍ତର ପର୍ଯ୍ୟନ୍ତ ଅଧିକାରୀମାନେ ନିଜ ହାତରେ ଝାଡୁ ଏବଂ ଡଷ୍ଟର ଧରି ସ୍ୱଚ୍ଛତା ଅଭିଯାନ ଆରମ୍ଭ କଲେ ଏବଂ ସେନା ଭବନରେ ତାଙ୍କ ଗଳିଗୁଡ଼ିକୁ ଘର ଭଳି ସଫା କଲେ । ପରେ ଉପ ସଚିବ (ଜେନେରାଲ) ସ୍ୱଚ୍ଛତାର ମହତ୍ୱ ଉପରେ ଏକ ସଂଗୋଷ୍ଠୀ ଆୟୋଜନ କଲେ ଯେଉଁଥିରେ କର୍ମଚାରୀମାନେ ଗାନ୍ଧିଜୀଙ୍କ ସ୍ୱଚ୍ଛ ଭାରତର ସ୍ୱପ୍ନକୁ ପୂର୍ଣ୍ଣ କରିବା ପାଇଁ ନବୀନ ମତ ଉପରେ ଚର୍ଚ୍ଚା କଲେ । ରକ୍ଷା ମନ୍ତ୍ରାଳୟ ଆଗାମୀ ଦିନଗୁଡ଼ିକରେ ସ୍ୱଚ୍ଛ ଭାରତ ଅଭିଯାନ ଅନ୍ତର୍ଗତ ଅନେକ କାର୍ଯ୍ୟକ୍ରମ ଆୟୋଜିତ କରିବାର ଶେଷ ନିଷ୍ପତ୍ତି ନେଲେ ।

ଏହିସବୁ ମଧ୍ୟରେ ଆସିଲା ଅକ୍ଟୋବର ୨ ତାରିଖ, ୨୦୧୪ । ଏହି ଦିନ ପ୍ରଧାନମନ୍ତ୍ରୀ ନରେନ୍ଦ୍ର ମୋଦି 'ସ୍ୱଚ୍ଛ ଭାରତ ଅଭିଯାନ'ର ଔପଚାରିକ ଆରମ୍ଭ କଲେ । ଏହି ଅବସରରେ ନରେନ୍ଦ୍ର ମୋଦି ଲୋକଙ୍କୁ ମହାତ୍ମା ଗାନ୍ଧିଙ୍କ ସ୍ୱଚ୍ଛ ଭାରତର ସ୍ୱପ୍ନକୁ ପୂର୍ଣ୍ଣ କରିବାକୁ ଆହ୍ୱାନ ଦେଲେ । ନୂଆ ଦିଲ୍ଲୀରେ ରାଜପଥ ଉପରେ ସ୍ୱଚ୍ଛ ଭାରତ ଅଭିଯାନର ଔପଚାରିକ ଆରମ୍ଭ କରି ପ୍ରଧାନମନ୍ତ୍ରୀ କହିଲେ ଯେ ଗାନ୍ଧିଜୀଙ୍କ ଦୁଇଟି ସ୍ୱପ୍ନ (ଭାରତ ଛାଡ଼ ଏବଂ ସ୍ୱଚ୍ଛ ଭାରତ) ମଧ୍ୟରୁ ଗୋଟିଏକୁ ସତ କରିବାରେ ଲୋକେ ସାହାଯ୍ୟ କଲେ । ପରନ୍ତୁ, ସ୍ୱଚ୍ଛ ଭାରତର ସ୍ୱପ୍ନ ବର୍ତ୍ତମାନ ମଧ ପୂର୍ଣ୍ଣ ହେବାକୁ ବାକି ରହିଛି । ସେ କହିଲେ ଯେ

ଜଣେ ଭାରତୀୟ ନାଗରିକ ହୋଇଥିବାରୁ ଏହା ଆମର ସାମାଜିକ ଦାୟିତ୍ୱ ଯେ ଆମେ ୨୦୧୯ ମସିହାରେ ମହାତ୍ମା ଗାନ୍ଧିଙ୍କ ୧୫୦ତମ ଜୟନ୍ତୀ ପାଳନ କରିବା ପର୍ଯ୍ୟନ୍ତ ତାଙ୍କ ସ୍ୱଚ୍ଛ ଭାରତର ସ୍ୱପ୍ନକୁ ପୂର୍ଣ୍ଣ କରିବା । ପ୍ରଧାନମନ୍ତ୍ରୀ କହିଲେ ଯେ ଭାରତକୁ ସ୍ୱଚ୍ଛ କରିବା କାମ କୌଣସି ଗୋଟିଏ ବ୍ୟକ୍ତି ଅଥବା ଏକୁଟିଆ ସରକାରଙ୍କ ନୁହେଁ, ଏହି କାମ ତ' ଦେଶର ୧୨୫ କୋଟି ଲୋକଙ୍କ ଦ୍ୱାରା କରାଯିବା ଉଚିତ ଯେଉଁମାନେ ଭାରତ ମାତାର ସନ୍ତାନ ଅଟନ୍ତି । ସେ କହିଲେ ଯେ ସ୍ୱଚ୍ଛ ଭାରତ ଅଭିଯାନକୁ ଏକ ଜନ ଆନ୍ଦୋଳନରେ ପରିଣତ କରିବା ଉଚିତ । ଲୋକଙ୍କୁ ସ୍ଥିର କରିବା ଉଚିତ ଯେ ସେମାନେ ନା ଅପରିଷ୍କାର କରିବେ ଏବଂ ନା କରିବାକୁ ଦେବେ । ପ୍ରଧାନମନ୍ତ୍ରୀ କହିଲେ ଯେ ବିଶ୍ୱ ସ୍ୱାସ୍ଥ୍ୟ ସଂଗଠନ ମୁତାବକ ସଫେଇ ନ କରିବାରୁ ଭାରତରେ ବ୍ୟକ୍ତି ପିଛା ହାରାହାରି ୬୫୦୦ ଟଙ୍କା ନଷ୍ଟ ହୋଇଯାଏ । ସେ କହିଲେ ଯେ ଏହାକୁ ନଜରରେ ରଖି ସ୍ୱଚ୍ଛ ଭାରତ ଜନ ସ୍ୱାସ୍ଥ୍ୟ ଉପରେ ଅନୁକୂଳ ପ୍ରଭାବ ପକାଇବ ଏବଂ ଏହ ସହ ଗରିବଙ୍କ ଝାଳବୁହା ରୋଜଗାରର ସଞ୍ଚୟ ମଧ୍ୟ ହେବ, ଯେଉଁଥିରେ ଅନ୍ତତଃ ରାଷ୍ଟ୍ରୀୟ ଅର୍ଥବ୍ୟବସ୍ଥାରେ ମହତ୍ୱପୂର୍ଣ୍ଣ ଯୋଗଦାନ ହେବ ।

ଏହି ଅଭିଯାନକୁ ଆରମ୍ଭ କରିବା ଦିନ ହିଁ ପ୍ରଧାନମନ୍ତ୍ରୀ ନରେନ୍ଦ୍ର ମୋଦି ନୂଆ ଦିଲ୍ଲୀର ମନ୍ଦିର ମାର୍ଗ ପୁଲିସ ଥାନାର ସହସା ନିରୀକ୍ଷଣ କଲେ । ଅଭିଯାନ ଆରମ୍ଭ କରିବା ପାଇଁ ବାଲ୍ମିକୀ ବସ୍ତି ଯାଇ ସେ ସରକାରୀ ଯନ୍ତ୍ରୀଙ୍କୁ ମନ୍ଦିର ମାର୍ଗ ପୁଲିସ ଥାନା ଠାରେ ଅଟକାଇବା ପାଇଁ କହିଲେ । ସେଠାରେ ଆବର୍ଜନା ଦେଖି ପ୍ରଧାନମନ୍ତ୍ରୀ ନିଜେ ଝାଡୁ ଧରି ସଫେଇ କଲେ । ପୁଲିସ ଅଧିକାରୀ ଏହା ଦେଖି ତାଙ୍କ ପାଖକୁ ଦୌଡ଼ିଲେ ହେଲେ ମୋଦି ସେମାନଙ୍କୁ ଅଟକାଇ ଦେଲେ । ପରନ୍ତୁ, ପ୍ରଧାନମନ୍ତ୍ରୀ ପୁଲିସ ଅଧିକାରୀଙ୍କୁ ସଫା-ସୁତୁରା ରଖିବାକୁ ଆଦେଶ ଦେଲେ । ଏହା ପରେ ଦିଲ୍ଲୀ ପୁଲିସର ଅନ୍ୟ ଥାନାରେ ଆପେ ଆପେ ସଫେଇ ହେବାକୁ ଲାଗିଲା । ପୁଲିସ ଆୟୁକ୍ତ ନିଜେ ସ୍ୱଚ୍ଛତା ଅଭିଯାନରେ ଝାଡୁ ଧରି ଡେଇଁ ପଡ଼ିଲେ । ପୁଲିସର ଅନ୍ୟ ଅଧିକାରୀ ମଧ୍ୟ ଏହି ଅଭିଯାନରେ ସକ୍ରିୟ ଦେଖାଗଲେ ।

ଏହି ଅଭିଯାନ ବାବଦରେ ଏକ ମହତ୍ୱପୂର୍ଣ୍ଣ ସୂଚନା କେନ୍ଦ୍ରୀୟ ଗ୍ରାମୀଣ ବିକାଶ, ପାନୀୟ ଜଳ ଏବଂ ସ୍ୱଚ୍ଛତା ମନ୍ତ୍ରୀ ନିତିନ ଗଡ଼କରୀ ଦେଲେ । ସେ ମିଡିଆକୁ କହିଲେ ଯେ ଅକ୍ଟୋବର ୨ ତାରିଖ, ୨୦୧୯ ପର୍ଯ୍ୟନ୍ତ ସ୍ୱଚ୍ଛ ଭାରତ ଲକ୍ଷ୍ୟକୁ ହାସଲ କରିବା ପାଇଁ ପ୍ରତ୍ୟେକ ଗାଁକୁ ପ୍ରତିବର୍ଷ ୨୦ ଲକ୍ଷ ଟଙ୍କା ଦିଆଯିବ । ସେ କହିଲେ ଯେ ସ୍ୱଚ୍ଛତା ଉଦ୍ଦେଶ୍ୟରେ ପ୍ରତ୍ୟେକ ଗ୍ରାମ ପଞ୍ଚାୟତ ପାଖରେ ଧନ ଜମା ରହିବ । ଗଡ଼କରୀ ମନ୍ତ୍ରାଳୟର ଅଧିକାରୀ ଏବଂ କର୍ମଚାରୀଙ୍କୁ ସ୍ୱଚ୍ଛତାର ଶପଥ ଗ୍ରହଣ କରାଇବା ପରେ ମିଡିଆ ସହ କଥା ହେଉଥିଲେ । ସେ ଗ୍ରାମୀଣ ବିକାଶ ମନ୍ତ୍ରାଳୟର କାର୍ଯ୍ୟାଳୟ ପରିସରରେ ଝାଡୁ ମାରିଲେ ଏବଂ ଆବର୍ଜନା ସଫା କରିବା ଅଭିଯାନର ତଦାରଖ କଲେ । ମନ୍ତ୍ରୀ ଅତୀତରେ ହିଁ ଘୋଷଣା କରି ଦେଇଛନ୍ତି ଯେ ମନ୍ତ୍ରାଳୟ ଦ୍ୱାରା ଅନ୍ୟ ସଫେଇ ଉପାୟ ବ୍ୟତୀତ ପାଞ୍ଚ ବର୍ଷରେ ଦେଶରେ ପାଖାପାଖି ୧୧ କୋଟି ୧୧ ଲକ୍ଷ ଶୌଚାଳୟ ନିର୍ମାଣ ପାଇଁ ୧,୩୪,୦୦୦ କୋଟି ଟଙ୍କା ଖର୍ଚ୍ଚ କରାଯିବ ।

ସ୍ୱାସ୍ଥ୍ୟ ଦୃଷ୍ଟିରୁ ଏହି ଅଭିଯାନର ମହତ୍ୱ କ'ଣ, ଏ ସମ୍ବନ୍ଧରେ କେନ୍ଦ୍ରୀୟ ସ୍ୱାସ୍ଥ୍ୟ ମନ୍ତ୍ରୀ ଡା. ହର୍ଷବର୍ଦ୍ଧନ କହନ୍ତି, 'ମହାତ୍ମା ଗାନ୍ଧି କହୁଥିଲେ ଯେ ଯେଉଁଠି ସ୍ୱଚ୍ଛତା ରହେ ସେଇଠି ଦେବତା ବାସ କରନ୍ତି । ମୋର କହିବାର ହେଲା ଯେ ସ୍ୱଚ୍ଛତା ଏବଂ ଭକ୍ତି ଭାବରେ ସବୁଠାରୁ ବଡ଼ ଲାଭ ଉତ୍ତମ ସ୍ୱାସ୍ଥ୍ୟ ରୂପେ ମିଳେ । ଆମ ଦେଶରେ ଅଧିକାଂଶ ସାଧାରଣ ରୋଗ ଏମିତି, ଯାହା ସ୍ୱଚ୍ଛ ପରିବେଶରେ କେବେ ବି ବ୍ୟାପି ପାରିବେ ନାହିଁ । ଯଦି ଆମେ ଏହାକୁ ସଫଳ କ୍ରାନ୍ତିରେ ପରିଣତ କରିଦେବା ତେବେ ଚିକିତ୍ସା ବାବଦରେ ଲୋକଙ୍କ ଖର୍ଚ୍ଚ ବହୁତ କମ୍ ହୋଇଯିବ ଏବଂ ଏହି ପ୍ରକାରରେ ସେମାନେ ନିଜର ଲାଭକୁ ଅନ୍ୟ କେଉଁଠି ଖୁବ୍‌ଭଲ ଭାବେ ବ୍ୟବହାର କରି ପାରିବେ ।' ସେ ଆଗକୁ କହନ୍ତି, 'ବିଗତ ବର୍ଷମାନଙ୍କରେ ଅନେକ

ସହରରେ ଆବର୍ଜନା ଗଦା ଦିଶିବା, ଜାଗା ଜାଗାରେ ମଇଳା ଜମା ରହିବା, ମଇଳା ଭରା ଶୌଚାଳୟ ଇତ୍ୟାଦି ଯୋଗୁଁ ଦେଶର ଛବି ଯଥେଷ୍ଟ ବିଗିଡ଼ି ଯାଇଥିଲା, କାହିଁକିନା ଏହି କାରଣରୁ ରୋଗ ବ୍ୟାପିଥାଏ । ବର୍ତ୍ତମାନ ପ୍ରତ୍ୟେକ ଭାରତୀୟ ଏହି ପରିବର୍ତ୍ତନକୁ ସତ୍ୟରେ ପରିଣତ କରିବାକୁ ଉତ୍ସୁକ ଦେଖା ଯାଉଛନ୍ତି ।'

ଏହି ଅଭିଯାନର ମହତ୍ତ୍ୱକୁ ରେଖାଙ୍କିତ କରି ଦୈନିକ ଜାଗରଣର ସମ୍ପାଦକ ସଂଜୟ ଗୁପ୍ତ ଲେଖନ୍ତି, 'ଏକ ପରିସଂଖ୍ୟାନ ଅନୁସାରେ ଗାଁରେ ପାଖାପାଖି ୬୦ ପ୍ରତିଶତ ବସତି ଆଜି ମଧ୍ୟ ଖୋଲାରେ ଶୌଚ ପାଇଁ ବାଧିତ । ଶୌଚାଳୟର ନିର୍ମାଣ ଏଥିପାଇଁ ଆବଶ୍ୟକ, କାହିଁକିନା ଖୋଲାରେ ଶୌଚ ଡାଇରିଆ, ହଇଜା ସଦୃଶ ରୋଗର କାରଣ ହୋଇଥାଏ । ଏକ ଅନୁମାନରୁ ଭାରତରେ ପ୍ରତିଦିନ ଏକ ହଜାର ଶିଶୁ କେବଳ ଡାଇରିଆରେ ମୃତ୍ୟୁବରଣ କରନ୍ତି । ଡାଇରିଆର ମୂଳ କାରଣ ଖୋଲାରେ ଶୌଚ, ପରିଷ୍କାର-ପରିଚ୍ଛନ୍ନର ଅଭାବ । ଆମ ଦେଶରେ ୧୧ କୋଟିରୁ ଅଧିକ ଶୌଚାଳୟର ଆବଶ୍ୟକତା ରହିଛି । ଏହା କଠିନ ଲକ୍ଷ୍ୟ ଅଟେ । ଏହି ପ୍ରକାରେ ଆବର୍ଜନାର ପରିହାର ମଧ୍ୟ ଏକ କଠିନ କାମ ଅଟେ । ଏଥି ପାଇଁ ଦୃଢ଼ ଇଚ୍ଛାଶକ୍ତି ସଙ୍ଗେ ସଙ୍ଗେ ଆଧୁନିକ ଶିଳ୍ପ କୌଶଳର ମଧ୍ୟ ଆବଶ୍ୟକତା ଅଛି । ମଇଳା ପାଇଁ ନାଗରିକଙ୍କୁ ଦାୟୀ କରାଯିବା ସତ୍ତ୍ୱେ ଏହାକୁ ଅଣଦେଖା କରାଯାଇ ପାରିବ ନାହିଁ ଯେ ସରକାର ଜଳାଭୂମି ଏବଂ ନାଳଗୁଡ଼ିକର ନିର୍ମାଣ ବିଷୟରେ ନିଜ ଦାୟିତ୍ୱ ସମ୍ପନ୍ନ କରିବାରେ ବିଫଳ ଅଟେ । କେନ୍ଦ୍ରୀୟ ଶାସନ ଏବଂ ରାଜ୍ୟ ସରକାରଙ୍କୁ ମିଶି କୌଣସି ଏମିତି ତନ୍ତ୍ର ତିଆରି କରିବାକୁ ହେବ ଯାହା ଦ୍ୱାରା ଜଳାଭୂମି ଏବଂ ନାଳଗୁଡ଼ିକର ନିର୍ମାଣ ହେବା ସହ ଅଳିଆ-ଆବର୍ଜନାର ହାନିରହିତ ପରିହାର ମଧ୍ୟ ହୋଇପାରିବ । ସାଧାରଣ ଲୋକଙ୍କ ଠାରୁ ଏହା ସେହିପରି ଆଶା କରାଯାଉଛି ଯେ ସେମାନେ ନିଜ ଘର ଏବଂ ଆଖପାଖକୁ ପରିଷ୍କାର-ପରିଚ୍ଛନ୍ନ ରଖନ୍ତୁ, ହେଲେ ତାଙ୍କୁ ଏହା ମଧ୍ୟ କହିବାକୁ ହେବ ଯେ ମଇଳାକୁ କେଉଁଠି ପକାଇବା । ଏହା ନିରାଶାଜନକ ଯେ ରାଜ୍ୟ ସରକାର ଏବଂ ସ୍ଥାନୀୟ ସଂକଳନ ମଇଳାର ପରିହାର ବ୍ୟବସ୍ଥା ମଧ୍ୟ କରି ପାରୁନାହାନ୍ତି । ଏହା ପୁଣି ସେତେବେଳେ, ଯେତେବେଳେ ମଇଳାରୁ ଶକ୍ତି ଅଥବା ସାର ତିଆରି କରିବା କୌଶଳ ଉପଲବ୍ଧ ଅଟେ । ଏହି ଶିଳ୍ପ କୌଶଳକୁ ଠିକ୍ ଉପାୟରେ ବ୍ୟବହାର ନ କରି ଆମେ ମଇଳା ମଧ୍ୟ ବଢ଼ାଉଛୁ ଏବଂ ଏକ ଔଦ୍ୟୋଗିକ ଗତିବିଧି ଠାରୁ ମଧ୍ୟ ବଞ୍ଚିତ ହେଉଛୁ ।'

ସେ ଆଗକୁ କହନ୍ତି, 'ପ୍ରଧାନମନ୍ତ୍ରୀ ଯେଉଁ ଉପାୟରେ ମଇଳାରୁ ମୁକ୍ତି ପାଇବାକୁ ଆର୍ଥିକ ଉତ୍ଥାନ ସହ ଯୋଡୁଛନ୍ତି ତାକୁ ବୁଝିବାର ଆବଶ୍ୟକତା ଅଛି । ମଇଳାରୁ ମୁକ୍ତି ଆମକୁ ଆର୍ଥିକ ଭାବେ ସକ୍ଷମ ମଧ୍ୟ କରାଇବ । ବିଶ୍ୱ ବ୍ୟାଙ୍କର ଏକ ପରିସଂଖ୍ୟାନ ଅନୁସାରେ ଯଦି ପରିଷ୍କାର-ପରିଚ୍ଛନ୍ନ ଉପରେ ଏକ ଡଲାର ଖର୍ଚ୍ଚ କରାଯାଏ ତେବେ ସ୍ୱାସ୍ଥ୍ୟ, ଶିକ୍ଷା ଆଦି ଉପରେ ଖର୍ଚ୍ଚ ହେଉଥିବା ନଅ ଡଲାର ସଞ୍ଚୟ ହୋଇ ପାରିବ । ମଇଳା ସନ୍ଦର୍ଭରେ ଏହି ତର୍କକୁ ସ୍ୱୀକାର କରାଯାଇ ପାରିବ ନାହିଁ ଯେ ଭାରତ ଏକ ଗରିବ ଦେଶ, କାହିଁକିନା ସ୍ୱଚ୍ଛତା ଏକ ସଂସ୍କାର ଅଟେ । ଏହାର ଧନୀ-ଗରିବ ସହ କୌଣସି ସମ୍ବନ୍ଧ ନାହିଁ । ମଇଳା ନା କେବଳ ଆମ ପ୍ରତିଷ୍ଠାକୁ ପ୍ରଭାବିତ କରୁଛି, ବରଂ ଅସଂଖ୍ୟ ମାତ୍ରାରେ ରୋଗ ମଧ୍ୟ ବାଣ୍ଟୁଛି । ଏହି ରୋଗଗୁଡ଼ିକର ଉପଚାର ଉପରେ ଅଜସ୍ର ଅର୍ଥ ଖର୍ଚ୍ଚ ହେଉଛି । ଏକ ପ୍ରକାରରେ ମଇଳା ଆର୍ଥିକ ଭାବେ ମଧ୍ୟ ଆମକୁ ଦୁର୍ବଳ କରିବା କାର୍ଯ୍ୟ କରୁଛି । ପରିଷ୍କାର-ପରିଚ୍ଛନ୍ନ ରହିଲେ ଲୋକେ ରୋଗରୁ ମଧ୍ୟ ରକ୍ଷା ପାଇବେ ଏବଂ ସ୍ୱାସ୍ଥ୍ୟ ଉପରେ ହେଉଥିବା ଖର୍ଚ୍ଚ ମଧ୍ୟ କମ୍ ହେବ । ପରନ୍ତୁ ପ୍ରତ୍ୟେକେ ଏଥିସହ ପରିଚିତ ଯେ ସବୁଆଡ଼େ ପରିବ୍ୟାପ୍ତ ମଇଳା ଯୋଗୁଁ ରୋଗମାନଙ୍କ ଯେଉଁ ପ୍ରକୋପ ବ୍ୟାପିଥାଏ ତାହା ଜୀବନଚର୍ଯ୍ୟାକୁ ମହଙ୍ଗା କରିବାର କାମ କରେ, ହେଲେ ସ୍ୱଚ୍ଛତା ପ୍ରତି ସତର୍କତା ନୁହେଁ । ଯେଉଁ ଦେଶରେ ରୋଗମାନଙ୍କ ପ୍ରତିପତ୍ତି ଥିବ ସେ ଆର୍ଥିକ ଭାବେ କେବେ ଉନ୍ନତ ହୋଇପାରିବ ନାହିଁ । ନିଃସନ୍ଦେହ ଦେଶ ପ୍ରତ୍ୟେକ କ୍ଷେତ୍ରରେ ପ୍ରଗତି କରିଛି । ବିଜ୍ଞାନ କ୍ଷେତ୍ରରେ ଆମେ ଅନେକ ଚମତ୍କାର କରି ଦେଖାଇଛୁ, ହେଲେ

ଜଳାଭୂମି ଏବଂ ନାଳ ଭଳି ମୌଳିକ ଆବଶ୍ୟକତାଗୁଡ଼ିକୁ ପୂରଣ କରାଯାଇ ପାରିନାହିଁ । ଯେଉଁ ନାଳ ଅଥବା ଜଳାଭୂମି ହୋଇଛି ମଧ୍ୟ ତାହା ମଇଳା ଯିବାରେ ସହାୟକ ହେଉନାହାନ୍ତି । ନଦୀଗୁଡ଼ିକ କୂଳରେ ହୋଇଥିବା ସ୍ୱେରେଜ ଟ୍ରିଟମେଣ୍ଟ କାରଖାନା ଠିକ୍ ଭାବେ କାମ କରୁନାହିଁ । ଅଦ୍ୟାପି ସ୍ୱାଧୀନତା ପର ଠାରୁ ହିଁ ପରିଷ୍କାର-ପରିଚ୍ଛନ୍ନ ପ୍ରତି ସଂକଳ୍ପ କରାଯାଇଥାନ୍ତା ଏବଂ ସ୍ୱେରେଜ୍‌ର ଉପଯୁକ୍ତ ବ୍ୟବସ୍ଥା କରାଯାଇଥାନ୍ତା ତେବେ ଆଜି ମଇଳା ଏତେ ବଡ଼ ଆହ୍ୱାନ ରୂପେ ଆମ ସାମ୍ନାରେ ନଥାନ୍ତା ।'

ସ୍ୱଚ୍ଛ ଭାରତ ଅଭିଯାନର ଆରମ୍ଭ କରି ନରେନ୍ଦ୍ର ମୋଦି ଯେଉଁ କଥା କହିଲେ, ତାହା ଆଗାମୀ ଦିନମାନଙ୍କରେ ଏହି ଅଭିଯାନକୁ ବୁଝିବା ଏବଂ ଏହି ଦିଗରେ ହୋଇଥିବା ପ୍ରଗତିର ତଦାରଖ କରିବା ପାଇଁ ଏକ ମାପଦଣ୍ଡର କାମ କରିବ । ଏଥିରେ ନା ସେ ଏହି ଯୋଜନାର ରୂପରେଖ ବାବଦରେ କହିଲେ ବରଂ ଏହାର କାର୍ଯ୍ୟଯୋଜନା ବାବଦରେ ମଧ୍ୟ କହିଛନ୍ତି । ଏହି ଦୃଷ୍ଟିରୁ ଅକ୍ଟୋବର ୨ ତାରିଖ, ୨୦୧୪ ରେ ପ୍ରଧାନମନ୍ତ୍ରୀ ନରେନ୍ଦ୍ର ମୋଦିଙ୍କ ଦ୍ୱାରା ଦିଆଯାଇଥିବା ଭାଷଣକୁ ଆମେ ଏଠାରେ ରଖୁଛୁ:

ଭାରତ ମାତା କି ଜୟ !

ମହାତ୍ମା ଗାନ୍ଧି ଅମର ରହେ ! ମହାତ୍ମା ଗାନ୍ଧି ଅମର ରହେ ! ମହାତ୍ମା ଗାନ୍ଧି ଅମର ରହେ !

ଲାଲ ବାହାଦୁର ଶାସ୍ତ୍ରୀ ଅମର ରହେ ! ଲାଲ ବାହାଦୁର ଶାସ୍ତ୍ରୀ ଅମର ରହେ ! ଲାଲ ବାହାଦୁର ଶାସ୍ତ୍ରୀ ଅମର ରହେ !

ବିଶାଳ ସଂଖ୍ୟାରେ ପଦାର୍ପଣ କରିଥିବା ବରିଷ୍ଠ ମହାପ୍ରାଣଗଣ ଓ ସମସ୍ତ ଯୁବବନ୍ଧୁ

ବନ୍ଧୁଗଣ, ଆଜି ଅକ୍ଟୋବର ୨ ତାରିଖ । ପୂଜ୍ୟ ମହାତ୍ମା ଗାନ୍ଧିଙ୍କ ଜନ୍ମଦିବସ । ପୂଜ୍ୟ ଲାଲ୍ ବାହାଦୂର ଶାସ୍ତ୍ରୀଜୀଙ୍କ ମଧ୍ୟ ଜନ୍ମଦିବସ । ଲାଲ ବାହାଦୂର ଶାସ୍ତ୍ରୀଜୀ ଆମକୁ ମନ୍ତ୍ର ଦେଇଥିଲେ ଜୟ ଜବାନ-ଜୟ କିସାନ ! ଦେଶର କୃଷକମାନେ ସେହି ଗୋଟିଏ ଆହ୍ୱାନରେ ହିନ୍ଦୁସ୍ତାନର ଅନ୍ନ ଭଣ୍ଡାର ଭରି ଦେଇଥିଲେ ।

ପୂଜ୍ୟ ବାପୁ ଆମକୁ ସନ୍ଦେଶ ଦେଇଥିଲେ ଭାରତ ଛାଡ଼ ଏବଂ ସ୍ୱଚ୍ଛ ଭାରତ । ଦେଶବାସୀ ସ୍ୱାଧୀନତାର ଆନ୍ଦୋଳନ ଚଳାଇ ଦେଶକୁ ପୂଜ୍ୟ ବାପୁଙ୍କ ନେତୃତ୍ୱରେ ଦାସତ୍ୱରୁ ମୁକ୍ତ କରାଇଥିଲେ ହେଲେ ପୂଜ୍ୟ ବାପୁଙ୍କ ସ୍ୱଚ୍ଛ ଭାରତର ସ୍ୱପ୍ନ ବର୍ତ୍ତମାନ ବାକି ଅଛି । ଏଠାରେ ଏକ କ୍ରାଉଡ ସୋର୍ସିଙ୍ଗ ମାଧ୍ୟମରେ ଦେଶର ଲୋକଙ୍କୁ ଆହ୍ୱାନ କରିଥିଲି ଯେ ଏହାର ଲୋଗୋ ତିଆରି କରି ମତେ ଧାରଣା ଦିଅନ୍ତୁ । ଲୋକଙ୍କୁ କହିଥିଲି ଯେ ଆପଣ ଏହାର ଘୋଷ ବାକ୍ୟ ମତେ ଦିଅନ୍ତୁ । ମହାରାଷ୍ଟ୍ରର ଭାଇ ଅନନ୍ତ ଏଥିରେ ବିଜୟୀ ହେଲେ । ଗୁଜରାଟର ରାଜକୋଟର ଜଣେ ଭଉଣୀ ଭାଗ୍ୟଶ୍ରୀ ଏହାର ପୁରସ୍କାର ପ୍ରାପ୍ତ କଲେ ।

ଯେତେବେଳେ ହଜାର ହଜାର ଲୋଗୋ ଆସିଥିଲା ଏବଂ ଯେତେବେଳେ ମୁଁ ଏହି ଲୋଗୋକୁ ଦେଖିଲି ! ମତେ ଏକଦମ୍ ଉପଯୁକ୍ତ ଲାଗିଲା । ମୁଁ ଦେଖୁଛି, ଏହି ଚଷମାରେ ମହାତ୍ମା ଗାନ୍ଧି ଦେଖୁଛନ୍ତି ଯେ ପୁତ୍ର, ଭାରତକୁ ସ୍ୱଚ୍ଛ କଲ ନା କରିନାହିଁ! ଏହି ଲୋଗୋ କେବଳ ଲୋଗୋ ନୁହେଁ । ଏହି ଚଷମାରେ ଗାନ୍ଧି ଦେଖୁଛନ୍ତି ଯେ କ'ଣ କରିଛ ? କ'ଣ କରୁଛ, କେମିତି କରୁଛ, କେବେ ଯାଏଁ କରିବ, ଏଥିପାଇଁ ଯେତେବେଳେ ଗାନ୍ଧିଙ୍କ ଚଷମାର ଲୋଗୋ ମୁଁ ଦେଖେ, ତଥାପି ଚଷମା ମତେ ନିଜେ କହନ୍ତି, ସ୍ୱଚ୍ଛ ଭାରତର ସନ୍ଦେଶ ଦିଅନ୍ତି । ମୁଁ ଏହି କଳ୍ପନା ପାଇଁ, ଏହି କୃତିର ରଚନା କରିଥିବା ଅନନ୍ତଙ୍କୁ ଅଭିନନ୍ଦନ ଦେଉଛି । ସେ ଗୋଟିଏ ଘୋଷ ବାକ୍ୟ ଦେଇଛନ୍ତି, ଭାଗ୍ୟଶ୍ରୀ 'ଗୋଟିଏ ପାଦ ସ୍ୱଚ୍ଛତା ଆଡ଼କୁ', ଏଥିପାଇଁ ମୁଁ ଭାଗ୍ୟଶ୍ରୀଙ୍କୁ ମଧ୍ୟ ଅଭିନନ୍ଦନ ଜଣାଉଛି ।

ମୋ ସ୍ନେହର ଦେଶବାସୀ ! ମୁଁ ଆଜି ଏହି ମଞ୍ଚରେ ବଡ଼ ପ୍ରମାଣିକତାରେ, ପବିତ୍ର ମନରେ, ମୋ ସାମ୍ନାରେ ଇଣ୍ଡିଆ ଗେଟ୍ ଅଛି, ସେଠାରେ ଦେଶ ପାଇଁ ଶହୀଦ ହୋଇଥିବା ଲୋକଙ୍କ ଜ୍ୟୋତି ଜଳୁଛି, ତାକୁ ସାକ୍ଷୀ କରି ମୁଁ କହୁଛି, ରାଜନୈତିକ ମତ ଦେଉନାହିଁ । ଏହି ଦେଶର ସମସ୍ତ ସରକାର, ଏହି

କାମକୁ କରିବା ପାଇଁ କୌଣସି ନା କୌଣସି ପ୍ରୟାସ କରିଛନ୍ତି । ଏହି ଦେଶର ଅନେକ ସାମାଜିକ, ସାଂସ୍କୃତିକ, ଧାର୍ମିକ ନେତାମାନେ ଏହି କାମକୁ କରିବା ପାଇଁ ପ୍ରୟାସ କରିଛନ୍ତି । ଯେଉଁ ଲୋକମାନେ, ଅଲଗା ଅଲଗା ନାମ ଥାଇପାରେ, କାର୍ଯ୍ୟକ୍ରମର ରଚନା ଅଲଗା ଥାଇପାରେ, ରୂପ-ରଙ୍ଗ ଅଲଗା ଥାଇପାରେ ହେଲେ ଯେଉଁ-ଯେଉଁ ଲୋକମାନେ କାମ କରିଛନ୍ତି, ମୁଁ ସର୍ବ ପ୍ରଥମେ ସେହି ସମସ୍ତଙ୍କୁ ପ୍ରଣାମ କରୁଛି । ମୁଁ ସେମାନଙ୍କୁ ଅଭିନନ୍ଦନ ଜଣାଉଛି ।

ସେହି ଅଧ୍ୟାୟକୁ ମତେ ଆଗକୁ ନେଇ ଯିବାକୁ ହେବ । ମୁଁ କୌଣସି ଦାବି କରୁନାହିଁ ଯେ ବର୍ତ୍ତମାନ ଯେଉଁମାନେ ନିର୍ବାଚିତ ହୋଇଛନ୍ତି, ସେହିମାନେ ସମସ୍ତେ ହିଁ ସରକାର ଗଢ଼ିଛନ୍ତି । ନା, ମୁଁ ଲାଲକିଲା ଠାରୁ ମଧ୍ୟ ପୁରୁଣା ସମସ୍ତ ସରକାରଙ୍କୁ ଅଭିନନ୍ଦନ ଦେଇଥିଲି, ଅଭିନନ୍ଦନ କ'ଣ ଥିଲା । ଆଜି ମୁଁ ଏହି ପବିତ୍ର ମଞ୍ଚରୁ ମଧ୍ୟ ଯେଉଁ-ଯେଉଁ ସରକାର ଏହି କାମକୁ କରିଛନ୍ତି, ଚାହିଁଲେ ସେ କେନ୍ଦ୍ରର ହୁଅନ୍ତୁ, ରାଜ୍ୟର ହୁଅନ୍ତୁ, ନଗର-ପାଳିକାର ହୁଅନ୍ତୁ, ସାମାଜିକ ସଂଗଠନମାନେ କରିଥାନ୍ତୁ, ସର୍ବୋଦୟୀ ନେତାମାନେ କରିଥାନ୍ତୁ, ସେବା ଦଳର କାର୍ଯ୍ୟକର୍ତ୍ତାମାନେ କରିଥାନ୍ତୁ ଓ ସଂଗଠନର କାର୍ଯ୍ୟକର୍ତ୍ତାମାନେ କରିଥାନ୍ତୁ, ସମସ୍ତେ ଅଭିନନ୍ଦନର ଅଧିକାରୀ ଅଟନ୍ତି । ଆଜି ଏହି ପବିତ୍ର ଅଭିଯାନର ଆରମ୍ଭ ହେଉଛି, ତେଣୁ ମୁଁ ସେହି ସମସ୍ତଙ୍କୁ ନମନ କରି ସେହି ସମସ୍ତଙ୍କ ଆଶୀର୍ବାଦ ସହ ଏହି କାର୍ଯ୍ୟକ୍ରମକୁ ଆରମ୍ଭ କରିବା ପାଇଁ ମୁଁ ସମସ୍ତ ଦେଶବାସୀଙ୍କୁ ପ୍ରାର୍ଥନା କରୁଛି । ବେଳେ ବେଳେ ଏମିତି ଲାଗେ ଯେ କ'ଣ ସଫେଇ, ଏହି ଦେଶକୁ ମଇଳାରୁ ମୁକ୍ତ କରିବା, କ'ଣ କେବଳ ସଫେଇ କର୍ମଚାରୀଙ୍କ କାମ ଅଟେ ? କ'ଣ ଏହା ତାଙ୍କର ଦାୟିତ୍ୱ ଅଟେ ? କ'ଣ ୧୨୫ କୋଟି ଦେଶବାସୀଙ୍କ କୌଣସି ଦାୟିତ୍ୱ ନାହିଁ ? ଆମେ ସବୁ ବିଷୟ ତାଙ୍କ ଉପରେ ଥାପି ଚାଲିବା ? ଅଦ୍ୟପି କିଛି ଭଲ ହେଲା, ଖରାପ ହେଲେ ସେମାନଙ୍କୁ ଗାଳି ଦେଉଥିବା ? ଏ ସ୍ଥିତି ବଦଳାଇବାକୁ ହେବ ।

୧୨୫ କୋଟି ଦେଶବାସୀ, ଯେମିତି ଭାରତ ମାତାର ସନ୍ତାନ, ପ୍ରଧାନମନ୍ତ୍ରୀ ମଧ୍ୟ ପ୍ରଥମେ ଭାରତ ମାତାର ସନ୍ତାନ, ପରେ ପ୍ରଧାନମନ୍ତ୍ରୀ । ଏଥିପାଇଁ ଏହି ମା'ର ସନ୍ତାନ ରୂପେ ଆମ ସମସ୍ତଙ୍କ ଦାୟିତ୍ୱ ଅଟେ । ଆମେ ଆମ ଦେଶକୁ ଏମିତି ରଖିବା ନାହିଁ । ଗାଁ ହେଉ, ଗଳି ହେଉ, ନଗରପାଳିକା ହେଉ, ଘର ହେଉ, ପରିବାର ହେଉ, ସ୍କୁଲ ହେଉ, କଲେଜ ହେଉ, ମନ୍ଦିର ହେଉ, ମସ୍‌ଜିଦ୍ ହେଉ, ଗୁରୁଦ୍ୱାରା ହେଉ, ଯେ କୌଣସି ସ୍ଥାନ ହେଉ । ଏହି ମଇଳା କେମିତି ହୋଇପାରେ ଏବଂ କେଉଁଠି ମଇଳା ଦେଖନ୍ତି, କେହି କାଗଜ ଫୋପାଡୁଛି, ତେବେ ଆମକୁ ଉଠାଇବାକୁ ମନ କାହିଁକି ହେଉନାହିଁ ?

ମୁଁ ଜାଣିଛି, ଏହା ପ୍ରଚାର ଅଭିଯାନରୁ ହେବାକୁ ଥିବା କାମ ନୁହେଁ । ପୁରୁଣା ଅଭ୍ୟାସକୁ ବଦଳାଇବାରେ ସମୟ ଲାଗିବ । କଠିନ କାର୍ଯ୍ୟ, ମୁଁ ଜାଣିଛି ହେଲେ ଆମ ପାଖରେ ୨୦୧୯ ମସିହା ପର୍ଯ୍ୟନ୍ତ, ଯେତେବେଳେ ଆମେ ମହାତ୍ମା ଗାନ୍ଧିଙ୍କ ୧୫୦ତମ ଜୟନ୍ତୀ ପାଳନ କରିବା, ସେତେବେଳ ପର୍ଯ୍ୟନ୍ତ ସମୟ ଅଛି । ମୁଁ ମିଡିଆ ବନ୍ଧୁଙ୍କୁ ମଧ୍ୟ କୃତଜ୍ଞତା ଜ୍ଞାପନ କରୁଛି ଯେ ପୂର୍ବ କିଛି ଦିନରୁ ସେମାନେ ଏହି ବିଷୟକୁ ବ୍ୟାପକ କରୁଛନ୍ତି, ଲୋକଙ୍କ ପାଖକୁ ପହଞ୍ଚାଉଛନ୍ତି । ଯଦି ଆମେ ସବୁ ମିଶି ଏହାକୁ ଏକ ଜନ ଆନ୍ଦୋଳନ କରିବା, ତେବେ ମୁଁ ମାନୁନାହିଁ ଯେ ଦୁନିଆର ସଫା-ସୁତୁରା ସହରରେ, ଦେଶରେ, ଆମର ନାଁ ହେବନାହିଁ । ଭାରତ ଏହା କରିପାରିବ, ଭାରତବାସୀ କରିପାରିବେ । ଅଦ୍ୟପି ଭାରତବାସୀ ଅତି କମ୍ ଖର୍ଚ୍ଚରେ ମଙ୍ଗଳ ଗ୍ରହକୁ ପହଞ୍ଚି ପାରୁଛନ୍ତି, ତେବେ କ'ଣ ଭାରତବାସୀ ତାଙ୍କ ଗଳି-ପୌରାଞ୍ଚଳ ସଫା କରିପାରିବେ ନାହିଁ ? ମଙ୍ଗଳ ଗ୍ରହକୁ ପହଞ୍ଚିବା ପାଇଁ କୌଣସି ପ୍ରଧାନମନ୍ତ୍ରୀ ଯାଇନାହିଁ, କୌଣସି ମନ୍ତ୍ରୀ ଯାଇନାହିଁ, ବୈଜ୍ଞାନିକମାନେ କଲେ, ଭାରତ ମାତାର ସନ୍ତାନମାନେ କରିଥିଲେ । ସଫେଇ ମଧ୍ୟ ଆମେ ସମସ୍ତେ ମିଶି କରିବା ।

ମୁଁ ଜାଣିଛି, କିଛି ଦିନରେ ଆଲୋଚନା ଆରମ୍ଭ ହେବ ଯେ ଦେଖ କ'ଣ ହେଲା ? ଦେଖ କ'ଣ ହେଲା ? ମୋର ବେଶୀ ସମାଲୋଚନା ହେବ, ମୁଁ ଜାଣିଛି ହେଲେ ମୁଁ ଭାରତ ମା'ର ମଇଳା ସଫା କରିବା ପାଇଁ ସମାଲୋଚନା ମଧ୍ୟ ସହିଯିବି, ତେବେ ମୁଁ ତାହାର ପ୍ରସ୍ତୁତି କରି ଆଜି ଯୁଦ୍ଧ କ୍ଷେତ୍ରକୁ ଆସିଛି । ମୁଁ ଏହି ପ୍ରସ୍ତୁତି କରି ଆସିଛି ଯେ, ମୋର ୧୨୫ କୋଟି ଦେଶବାସୀ, ଭାରତ ମା'ର ସନ୍ତାନ, ଆମର ଏହି ଭାରତ ମା'କୁ ବର୍ତ୍ତମାନ ମଇଳା ରହିବାକୁ ଦେବାନାହିଁ । ପୂଜ୍ୟ ବାପୁଙ୍କ ସ୍ୱପ୍ନକୁ ସମ୍ପୂର୍ଣ୍ଣ କରିବାରେ, ଆମେ କେବେ ବି ପଛେଇବା ନାହିଁ ଏବଂ ଏହି ଦାୟିତ୍ୱ ଆମ ସମସ୍ତଙ୍କର ।

ମୁଁ ସୋସିଆଲ ମିଡିଆରେ ମଧ୍ୟ ଏକ ଆନ୍ଦୋଳନ ଠିଆ କରିବାକୁ ସ୍ଥିର କରିଛି । ମାଇ ଗବର୍ନମେଣ୍ଟ ୱେବ୍‌ସାଇଟରେ ମଧ୍ୟ ଅଛି । ସ୍ୱଚ୍ଛ ଇଣ୍ଡିଆ ପାଇଁ ଏକ ଅଲଗା ୱେବ୍‌ସାଇଟ ହୋଇଛି । ଫେସବୁକ, ଟ୍ୱିଟରରେ ମଧ୍ୟ ଏହି କାମକୁ ଆରମ୍ଭ କରିଛି । ମୁଁ ଦେଶବାସୀଙ୍କୁ ପ୍ରାର୍ଥନା କରୁଛି ଯେ ଆପଣ ଏକ କାମ କରନ୍ତୁ । କେଉଁଠି ଅଳିଆ ଆବର୍ଜନା ପଡ଼ିଥିଲେ, ତା'ର ଫଟୋ ଆପଣ ଅପ୍‌ଲୋଡ୍ କରନ୍ତୁ । ଏହାପରେ ତାକୁ ଆପଣ ସଫା କରନ୍ତୁ । ଏହାର ଭିଡିଓ ଅପଲୋଡ କରନ୍ତୁ । ପୁନଃ ସ୍ୱଚ୍ଛ, ସେହି ଜାଗାର ଫଟୋ ଆପଣ ଅପ୍‌ଲୋଡ କରନ୍ତୁ ।

ଭାଇମାନେ-ଭଉଣୀମାନେ, ମୁଁ ମିଡିଆକୁ ମଧ୍ୟ ପ୍ରାର୍ଥନା କରୁଛି । ଏ ସମସ୍ତ, ଆଜି ମଧ୍ୟ ମୁଁ କହୁଛି, ହିନ୍ଦୁସ୍ତାନରେ ଅନେକ ଯୁବକ ଏମିତି ଅଛନ୍ତି, ଅନେକ ସଂଗଠନ ଏମିତି ଅଛନ୍ତି ଏବଂ ହିନ୍ଦୁସ୍ତାନର ପ୍ରତ୍ୟେକ କୋଣରେ ଅଛନ୍ତି, ହଜାର ହଜାର ସଂଖ୍ୟାରେ ଅଛନ୍ତି । ମୁଁ ପ୍ରଧାନମନ୍ତ୍ରୀ ହେବା ପୂର୍ବରୁ ସେମାନେ ସଫେଇ କାର୍ଯ୍ୟ କରୁଛନ୍ତି । କିଛି ମାତ୍ରାରେ ସେମାନଙ୍କୁ ଆମେ ହିନ୍ଦୁସ୍ତାନର ଜନତାଙ୍କ ସମ୍ମୁଖକୁ ମିଡିଆ ମାଧ୍ୟମରେ ଆଣିବା । ଆମେ ସମସ୍ତେ ମିଶି ଗୋଟିଏ-ଗୋଟିଏ ପ୍ରେରଣାର ବାତାବରଣ ତିଆରି କରିବା । କିଏ କଲା, କିଏ କଲାନାହିଁ, କିଏ ଦାୟୀ, କିଏ ଦାୟୀ ନୁହେଁ, କିଏ ଦୋଷୀ, ଏଥିରେ ଏହିସବୁ ବିଷୟକୁ ଆମେ ଟାଣିବା ନାହିଁ ।

ମୁଁ ପ୍ରଥମରୁ କହିଛି, ଏହା ରାଜନୀତିରୁ ପୃଥକ୍ ଅଟେ । ଏହା କେବଳ ରାଷ୍ଟ୍ରଭକ୍ତିର ପ୍ରେରଣାରୁ କରାଯାଉଥିବା କାମ ଅଟେ । ଆମକୁ କେବଳ-କେବଳ-କେବଳ ରାଷ୍ଟ୍ରଭକ୍ତିର ପ୍ରେରଣାରୁ ହିଁ କରିବାର ଅଛି, ରାଜନୀତିରୁ ପ୍ରେରିତ ହୋଇ କରିବାର ନାହିଁ । ଏହି ସଫେଇ ସେତେବେଳେ ହିଁ ହେବ । ଏଥିପାଇଁ ମୁଁ କହୁଛି, ଅନେକ ସଂଗଠନ ଅଛନ୍ତି, ଅନେକ ସାମାଜିକ ସଂଗଠନ ଅଛନ୍ତି, ଅନେକ ସାଂସ୍କୃତିକ ସଂଗଠନ ଅଛନ୍ତି, ସେମାନେ ନିଜ-ନିଜ ଶୈଳୀରେ କାମ କରୁଛନ୍ତି ।

ମୁଁ ଏମିତି ଅନେକ ଗାଁ ଦେଖିଛି,ଯେଉଁ ଗାଁର ସରପଞ୍ଚ ଏତେ ସତର୍କ, ଗାଁର ସବୁ ଲୋକ, ଗାଁକୁ ଏତେ ସଫା-ସୁତୁରା ରଖନ୍ତି, ଦେଖିବାର ଅଛି । ଅନେକ ଲୋକ ଅଛନ୍ତି, ଏହି କାମକୁ କରନ୍ତି । ଅନେକ ସ୍କୁଲକୁ ଯାଆନ୍ତି, ଜଣେ-ଅଧେ ଶିକ୍ଷକ ଏତିକି ରୁଚି ରଖନ୍ତି, ସାରା ଶିକ୍ଷଣ କ୍ଷେତ୍ରର ପରିସର କେତେ ସଫା-ସୁତୁରା, ପରିବେଶର ପବିତ୍ରତା ଅନୁଭୂତି ହୁଏ ।

ଯେତେବେଳେ ଆମେ ଇଣ୍ଡିଆ ଗେଟ ପାଖକୁ ଆସନ୍ତି, ରାଷ୍ଟ୍ରପତି ଭବନ ଆଡ଼କୁ ଯାଆନ୍ତି, ଏହି ସଫେଇ ଦେଖନ୍ତି, ତେବେ ମନ କେତେ ଭଲ ଲାଗେ । କ'ଣ ମୋ ହିନ୍ଦୁସ୍ତାନର ପ୍ରତ୍ୟେକ କୋଣ ଏତିକି ହିଁ ସଫା ହେବା ଉଚିତ ନା ଉଚିତ ନୁହେଁ । ପ୍ରତ୍ୟେକ ଗଳି-ସାହି ଏତିକି ହିଁ ସଫା ରହିବା ଉଚିତ ନା ହେବା ଉଚିତ ନୁହେଁ । ଏହା ସାମାଜିକ ଦାୟିତ୍ୱ ନା ନୁହେଁ ଓ ଏଥିପାଇଁ ଦୟା କରି, ଯଦି ଏହାକୁ ରାଜନୈତିକ ରଙ୍ଗରେ ରଙ୍ଗାଇ ଦିଆଗଲା, ଯଦି ଏହାକୁ ଏହି ବିଷୟ ସହ ତୁଳନା କରାଗଲା ଯେ ଦେଖ ଗୋଟିଏ ଦିନ ଆସିଲେ, ଫଟୋ ବାହାର କରି ଚାଲିଗଲେ । ମହାତ୍ମା ଗାନ୍ଧି ହିନ୍ଦୁସ୍ତାନର ପ୍ରତ୍ୟେକ ଗଳି-ସାହିରେ ସଫେଇ କରିବାକୁ ଯାଇ ନଥିଲେ । ହେଲେ ତାଙ୍କ ସଫେଇର ପ୍ରତିବଦ୍ଧତା ସାରା ହିନ୍ଦୁସ୍ତାନରେ

ସଫେଇ ପ୍ରତି ଏକ ସତର୍କତା ଉତ୍ପନ୍ନ କଲା । ଆମ ସମସ୍ତଙ୍କୁ ଏକତ୍ର ହୋଇ ଏହି କାମକୁ କରିବାର ଅଛି । ଆମେ ଯେଉଁଠି ଥାଉ, ଯେମିତି ଥାଉ, ଏହି କାମକୁ କରିବା । ମୋର ବିଶ୍ୱାସ ଅଛି, ଆମେ ଆମ ଭାରତ ମାତାକୁ ମଇଳାରୁ ମୁକ୍ତ କରାଇ ପାରିବା । ଏହା ୧୨୫ କୋଟି ଦେଶବାସୀଙ୍କ କାମ ।

୧୨୫ କୋଟିରେ ଜଣେ ମୋଦି ନାମକ ବ୍ୟକ୍ତି ମଧ୍ୟ ଅଛି । ଏକୁଟିଆ ମୋଦି ଅଛି, ଏମିତି ନୁହେଁ । ଏଥିପାଇଁ କାମ ୧୨୫ କୋଟି ଦେଶବାସୀଙ୍କର, ଏହା ମୁଁ ୧୨୫ କୋଟି ଥର କହୁଛି । କାମ କେବଳ ସରକାରଙ୍କର ନୁହେଁ । ଏହି କାମ କେବଳ ମନ୍ତ୍ରୀମାନଙ୍କର ନୁହେଁ । ଏହି କାମ କେବଳ ସାମାଜିକ ସଂଗଠନ, ସମର୍ପିତ ସମାଜ ସେବକଙ୍କ ନୁହେଁ । ଏହା ଜନ-ସାମାନ୍ୟର କାମ ଅଟେ । ଯେତେ ଅଧିକ ଜନ ସାମାନ୍ୟକୁ ଆମେ ଯୋଡ଼ିବା, ସେତିକି ଲାଭ ହେବ ।

ମୁଁ ଆଜି ମଧ୍ୟ ଆଉ ଏକ କାମ । ଆଜି ନବରାତ୍ରିର ମଧ୍ୟ ପୂର୍ଣ୍ଣାହୁତି ହେଉଛି । କାଲି ବିଜୟାଦଶମୀ ପର୍ବ ଆମେ ପାଳନ କରିବା । କାଲିର ବିଜୟାଦଶମୀ ପର୍ବ ପାଇଁ ମଧ୍ୟ ରାଷ୍ଟ୍ରବାସୀଙ୍କୁ ଶୁଭକାମନା ଜଣାଉଛି ।

ଆଜି ମୁଁ ସୋସିଆଲ ମିଡିଆର ଏକ ଆନ୍ଦୋଳନ ଚଳାଇବା କାର୍ଯ୍ୟକ୍ରମ ଆରମ୍ଭ କରିଛି । ମୁଁ ଆଜି ନଅ ଲୋକଙ୍କୁ ନିମନ୍ତ୍ରିତ କରିଛି ଯେ ଆପଣ ମଧ୍ୟ ସର୍ବସାଧାରଣ ସ୍ଥାନକୁ ଯାଇ, ଆପଣଙ୍କ ଲୋକଙ୍କୁ ନେଇ ସ୍ୱଚ୍ଛତା ଅଭିଯାନ ଉପରେ କାମ କରିବେ । ମୁଁ ବିଶ୍ୱାସ କରୁଛି, ଯେଉଁ ନଅ ଲୋକଙ୍କୁ ମୁଁ ଆଜି ଆମନ୍ତ୍ରିତ କରିଛି, ସେମାନେ ନିଶ୍ଚୟ ଏହି କାମକୁ କରିବେ । ଏତିକି ନୁହେଁ ସେମାନଙ୍କୁ ମଧ୍ୟ ମୋର ଅତିରିକ୍ତ ପ୍ରାର୍ଥନା ଯେ ସେମାନେ ମଧ୍ୟ ଅନ୍ୟ ନଅ ଲୋକଙ୍କ ନାମ ସ୍ଥିର କରି ସେମାନଙ୍କୁ ମଧ୍ୟ ନିମନ୍ତ୍ରିତ କରନ୍ତୁ, ସେମାନେ ଅନ୍ୟ ନଅ ଲୋକଙ୍କୁ କରିବେ, ସେମାନେ ଅନ୍ୟ ନଅ ଲୋକଙ୍କୁ କହନ୍ତୁ । ଆପଣଙ୍କୁ ମଧ୍ୟ ମୁଁ କହୁଛି, ଆପଣ ମଧ୍ୟ ଏହି ପ୍ରକାରର ସଫେଇ କାମ କରି ତାହାର ଭିଡିଓ ଅପଲୋଡ୍ କରନ୍ତୁ ଏବଂ ନଅ ଜଣ ଲୋକଙ୍କୁ ଆପଣ ନିମନ୍ତ୍ରିତ କରନ୍ତୁ । ଓ, ନଅ-ନଅ ର ଚେନ୍ ଚାଲିଥାଉ, ଚାଲିଥାଉ ।

ଆଜି ମୁଁ ଗୋଆର ରାଜ୍ୟପାଳ ମାନନୀୟ ମୃଦୁଲା ସିହ୍ନା ଜୀଙ୍କୁ ନିମନ୍ତ୍ରିତ କରିଛି । ମୁଁ ଭାରତ ରତ୍ନ ସଚିନ ତେନ୍ଦୁଲକର ଜୀଙ୍କୁ ନିମନ୍ତ୍ରିତ କରିଛି । ମୁଁ ଯୋଗ ଗୁରୁ ବାବା ରାମଦେବ ଜୀଙ୍କୁ ନିମନ୍ତ୍ରିତ କରିଛି । ମୁଁ କଂଗ୍ରେସ ନେତା ଶ୍ରୀମାନ ଶଶି ଥରୁର ଜୀଙ୍କୁ ନିମନ୍ତ୍ରିତ କରିଛି । ମୁଁ ଶ୍ରୀମାନ କମଲ ହସନ ଜୀଙ୍କୁ ନିମନ୍ତ୍ରିତ କରିଛି । ମୁଁ ଶ୍ରୀମାନ ସଲମାନ ଖାନ୍ ଜୀଙ୍କୁ ନିମନ୍ତ୍ରିତ କରିଛି, ମୁଁ ଭଉଣୀ ପ୍ରିୟଙ୍କା ଚୋପଡ଼ା ଜୀଙ୍କୁ ନିମନ୍ତ୍ରିତ କରିଛି । ଏତିକି ନୁହେଁ, ତାରକ ମେହତା କା ଉଲ୍‌ଟା ଚଷମା, ସେହି ପୁରା ଟିମ୍‌କୁ ମୁଁ କହିଛି, ମୁଁ ଏହି କାମରେ ଆପଣଙ୍କୁ ନିମନ୍ତଣ ଦେଉଛି, ଆପଣ ମଧ୍ୟ କରନ୍ତୁ ଓ ଆପଣଙ୍କ ଧାରାବାହିକ ମାଧ୍ୟମରେ, ଅନ୍ୟ ଧାରାବାହିକ ମାଧ୍ୟମରେ ମଧ୍ୟ ଏହି କାମକୁ ଆଗକୁ ବଢ଼ାନ୍ତୁ ।

ଆମର ଫିଲ୍ମ ଇଣ୍ଡଷ୍ଟ୍ରୀ ଦେଖିବ, ବିଗତ ୫୦ ବର୍ଷରେ ଅନେକ ଏମିତି ଫିଲ୍ମ ଆସିଛି, ବହୁତ ଫିଲ୍ମ ଏମିତି ଅଛି, ଯେଉଁଥିରେ କୌଣସି ନା କୌଣସି ଅଧ୍ୟାୟ ଏମିତି ଥିବ, ଯେଉଁଥିରେ ସଫେଇ ବିଷୟରେ କୌଣସି ନା କୌଣସି ଲୋକଶିକ୍ଷାର କାମ କରାଯାଇଛି । ଏହି ପ୍ରସଙ୍ଗକୁ ଆମକୁ ଆଗେଇ ନେବାକୁ ହେବ । ଆମକୁ ଏ ବିଷୟରେ ଦାୟିତ୍ୱ ନିର୍ବାହ କରିବାକୁ ହେବ ।

ଭାଇ ଓ ଭଉଣୀମାନେ, ଡବ୍ଲ୍ୟୁଏଚ୍‌ଓ ର ଏକ ବହୁତ ବଡ଼ ଚମତ୍କୃତ ମୂଲ୍ୟାଙ୍କନ ଅଛି- ସେମାନଙ୍କ କହିବା କଥା ଯେ ଭାରତରେ ମଇଳା ଯୋଗୁଁ ଯେଉଁ ରୋଗ ହୁଏ, ରୋଗ କାରଣରୁ ଯେଉଁ ଜୀବିକା ହାତଛଡ଼ା ହୁଏ, ଚାକିରି ମିଳିପାରେ ନାହିଁ, ପରିବାରକୁ ଅସୁବିଧା ହୁଏ । ଡବ୍ଲ୍ୟୁଏଚ୍‌ଓର କହିବାର ହେଲା ଯେ ମଇଳା ଯୋଗୁଁ ପ୍ରତି ବର୍ଷ ଭାରତର ପ୍ରତ୍ୟେକ ନାଗରିକଙ୍କୁ ପାଖାପାଖି ୬୫୦୦ ଟଙ୍କାର ଅତିରିକ୍ତ କ୍ଷତି ସହିବାକୁ ପଡ଼େ । ବ୍ୟକ୍ତିଟି ରୋଗ କାରଣରୁ ଅଟୋ ରିକ୍ସା ଚଳାଇ ପାରେନାହିଁ । ରୋଗ କାରଣରୁ

ଟ୍ୟାକ୍ସି ଚଳାଇ ପାରେନାହିଁ । ରୋଗ କାରଣରୁ ଖବରକାଗଜ ବାଣ୍ଟିବା ପାଇଁ ଯାଇ ପାରେନାହିଁ । ରୋଗ କାରଣରୁ ଦୁଗ୍ଧ ବିକିବାକୁ ଯାଇ ପାରେନାହିଁ । ଏହା ଭାରତର ମୋଟ୍ ସଂଖ୍ୟାର ହାରାହାରି ବାହାର କରିଛନ୍ତି, ହେଲେ ସୁଖୀ ଘରର ଲୋକଙ୍କୁ ଏହା ଭୋଗିବାକୁ ପଡ଼େନାହିଁ । ଅଦ୍ୟପି ସେମାନଙ୍କୁ ବାହାର କରି ଦିଆଯାଏ ତେବେ ହାରାହାରି ୬୫୦୦ ରୁ ବଢ଼ି ଗରିବ ଲୋକର ମୁଣ୍ଡରେ ହାରାହାରି ୧୨-୧୫ ହଜାର ଟଙ୍କାର ବୋଝ ହୋଇପାରେ ।

ଆମେ କେବଳ ମଇଳା ସଫା କଲେ ଆମ ଦେଶର ଗରିବଙ୍କ ପକେଟ୍‌ରେ ଅତି କମ୍‌ରେ ୬୫୦୦ ଟଙ୍କା ସଞ୍ଚୟ ହୋଇପାରିବ । ସେ ରୋଗରୁ ରକ୍ଷା ପାଇବ । ସେ ଚାକିରିକୁ ଯାଇ ପାରିବ, ବେରୋଜଗାରୀରୁ ରକ୍ଷା ପାଇବ । ଏହି ମଇଳାରୁ ମୁକ୍ତି ଗରିବଙ୍କ ସ୍ୱାସ୍ଥ୍ୟ ପାଇଁ ବଡ଼ ମହତ୍ୱପୂର୍ଣ୍ଣ କାମ । ଏଥିପାଇଁ ଏହି ଭାରତ ମାତାର ସେବା, ଗରିବଙ୍କ ସେବା ଅଟେ ।

ଆସନ୍ତୁ ଆମେ ସମସ୍ତେ ମିଳିତ ହୋଇ କରି ଦେଖିବା । ମାଇ ଗବର୍ନମେଣ୍ଟ ୱେବ୍‌ସାଇଟରେ, ମୋ ଫେସ୍‌ବୁକରେ, ଟ୍ୱିଟର୍‌ରେ, ସାମାନ୍ୟ ଜନତାର ଯେଉଁ ମନୋବୃତ୍ତି ଦେଖୁଛି, ଯେଉଁ ଉଦ୍ଦୀପନା ଦେଖୁଛି । ମୋର ବିଶ୍ୱାସ ଅଛି ଯେ ସରକାରଙ୍କ ଠାରୁ ମଧ୍ୟ ଜନତା ୧୦୦ ପାଦ ଆଗରେ ଚାଲିବାକୁ ପ୍ରସ୍ତୁତ ଅଛି ଓ ଅଦ୍ୟପି ଜନତା ଚାଲୁଛି ତେବେ ପୁନଃ ଏହାକୁ ଅଟକାଇବାର କୌଣସି କାରଣ ନାହିଁ ।

ଭାଇ ଓ ଭଉଣୀମାନେ, ମହାତ୍ମା ଗାନ୍ଧିଙ୍କୁ ଆମେ କିଛି ତ' ଦେବା ଉଚିତ । ୨୦୧୯ ରେ ଯେତେବେଳେ ମହାତ୍ମା ଗାନ୍ଧିଙ୍କ ୧୫୦ତମ ଜୟନ୍ତୀ ହେବ, ସେତେବେଳେ ଆମକୁ 'ସ୍ୱଚ୍ଛ ଭାରତ' ଓ ଏହି ସାମୂହିକ ଦାୟିତ୍ୱରେ ତିଆରି ଭାରତ ଦେବାକୁ ହେବ । ଭାରତ ଛାଡ଼ ଆନ୍ଦୋଳନର ସଫଳତା ଏଥିପାଇଁ ହୋଇଥିଲା ଯେ ସାରା ଦେଶ ସ୍ୱାଧୀନତା ଆନ୍ଦୋଳନରେ ସାମିଲ ହୋଇଥିଲା । ସ୍ୱଚ୍ଛ ଭାରତର ସଫଳତା ଏଥିରେ ଅଛି ଯେ ୧୨୫ କୋଟି ଦେଶବାସୀ ଏଥିରେ ସାମିଲ ହୁଅନ୍ତୁ । ଜୟ ଜବାନ-ଜୟ କିସାନ ମନ୍ତ୍ର ଏଥିପାଇଁ ସଫଳ ହୋଇଥିଲା, କାହିଁକିନା ଲାଲ ବାହାଦୁର ଶାସ୍ତ୍ରୀ ଜୟ କିସାନ ସ୍ଲୋଗାନ ଦେଲେ, ଅନ୍ନ ଉତ୍ପାଦନ ପାଇଁ ଆହ୍ୱାନ କଲେ, ହେଲେ ଲାଲ ବାହାଦୁର ଶାସ୍ତ୍ରୀଙ୍କୁ କେହି ଏହା ପଚାରି ନଥିଲେ ଯେ ତୁମେ କ୍ଷେତକୁ ଯାଇ ହଳ ଚଳାଉଛ, ତୁମେ ଚାଷ କରିଛ କି ନାହିଁ, ତୁମେ ଶସ୍ୟ ଉତ୍ପାଦନ କରିଛ କି କରିନାହଁ, ଏହା କେହି ପଚାରି ନଥିଲେ ହେଲେ ଲାଲ ବାହାଦୁର ଶାସ୍ତ୍ରୀ ଜୀ କହିଥିଲେ ଜୟ କିସାନ ! ଓ ହିନ୍ଦୁସ୍ତାନର କୃଷକ ଛିଡ଼ା ହୋଇ ଯାଇଥିଲେ । ଅନ୍ନ ଭଣ୍ଡାର ଭରି ଦେଇଥିଲେ ଓ ଭାରତର ପ୍ରତ୍ୟେକ ଗରିବ ଲୋକର ପେଟ ପୁରାଇବା କାମ, ସେହି ଜଣେ ମହାପୁରୁଷଙ୍କ ଶବ୍ଦ ଉପରେ ହୋଇଥିଲା । ଏହା ମହାତ୍ମା ଗାନ୍ଧିଙ୍କ ଶବ୍ଦକୁ ପୂର୍ଣ୍ଣ କରିବାର ସମୟ ।

ସେହି ମହାପୁରୁଷଙ୍କ ଶବ୍ଦର ପବିତ୍ରତା ଦେଖନ୍ତୁ, ସେହି ମହାପୁରୁଷଙ୍କ ଶବ୍ଦର ଶକ୍ତିକୁ ଦେଖନ୍ତୁ, ସେହି ମହାପୁରୁଷଙ୍କ ଶବ୍ଦର ସମର୍ପଣକୁ ଦେଖନ୍ତୁ, କ'ଣ ଆମକୁ ସେ ପ୍ରେରଣା ଦେଇପାରିବେ ନାହିଁ । ଇଚ୍ଛାକଲେ ମୁଁ ହୁଏ ଅଥବା ଆପଣ ହୁଅନ୍ତୁ, ଆମ ସମସ୍ତଙ୍କ ପାଇଁ ମହାତ୍ମା ଗାନ୍ଧିଙ୍କ ଭାରତ ଛାଡ଼ ଡାକରା, ଏହା ସଫଳତା ଭଳି ଆମକୁ ଆନନ୍ଦ ଦିଏ, ସ୍ୱଚ୍ଛ ଭାରତ ମଧ୍ୟ ଆମକୁ ସେତିକି ହିଁ ଆନନ୍ଦ ଦେବ, ସେତିକି ହିଁ ସୁଖ ଦେବ, ସେତିକି ହିଁ ସମୃଦ୍ଧିର ରାସ୍ତା ପ୍ରଶସ୍ତ କରିବ, ଏହି ବିଶ୍ୱାସର ସହ ଏହି ମହାପୁରୁଷମାନଙ୍କ ଶବ୍ଦଗୁଡ଼ିକ ଉପରେ ଭରସା କରି ଆମେ ଆଗେଇଛୁ ।

ମୋ ଉପରେ ଭରସା କରନ୍ତୁ ନାହିଁ, ମୋ ସରକାର ଉପରେ ଭରସା କରନ୍ତୁ ନାହିଁ, ଭରସା ଆମେ କରିବା ମହାତ୍ମା ଗାନ୍ଧିଙ୍କ ଉପରେ ! ଭରସା କରିବା, ମହାତ୍ମା ଗାନ୍ଧିଙ୍କ ତ୍ୟାଗ, ତପଶ୍ଚର୍ଯ୍ୟା ଓ ସମର୍ପଣ ଉପରେ ! ଭରସା କରିବା, ମହାତ୍ମା ଗାନ୍ଧିଙ୍କ ସ୍ୱଚ୍ଛ ଭାରତର ସ୍ୱପ୍ନ ଉପରେ । ଆଜି ଆମର ଦାୟିତ୍ୱ ରହିଛି, ଅଦ୍ୟପି ଆମେ ଭାରତ ମା'ର ସନ୍ତାନ, ତେବେ ଏହା ଆମର ଦାୟିତ୍ୱ ହେଉଛି, ନା ମୁଁ ମଇଳା କରିବି ଓ ନା ମୁଁ ମଇଳା କରିବାକୁ ଦେବି । ଏହା ଆମର ଦାୟିତ୍ୱ ହେବା ଉଚିତ ।

କେବେ ଆମେ ବିଦେଶକୁ ଯାଆନ୍ତି ଓ ସେଠାରୁ ଆସି କହନ୍ତି ବାଃ ! ଏତେ ପରିଷ୍କାର-ପରିଚ୍ଛନ୍ନ ! କେଉଁଠି ମଇଳା ନଥିଲା । ତଥାପି ମୁଁ ଲୋକଙ୍କୁ ପଚାରୁଛି, ସଫା ଦେଖିଲେ, ସ୍ୱଚ୍ଛ ଦେଖିଲେ, ଆପଣଙ୍କୁ ଭଲ ଲାଗିଲା ନା ? ମୁଁ ପଚାରୁଛି ଆପଣ କାହାକୁ ମଇଳା କରୁଥିବା ଦେଖିଥିଲେ, ଆଳିଆ-ଆବର୍ଜନା ଫୋପାଡୁଥିବା ଦେଖିଥିଲେ, ପାନ ଛେପ ପକାଉଥିବା ଦେଖିଥିଲେ ତଥାପି ସେମାନେ କହିଲେ ଯେ ଦେଖି ନ ଥିଲୁ, ତେବେ ମୁଁ କହିଲି ଯେ ସଫେଇର ରହସ୍ୟ ସେଠାକାର ନାଗରିକଙ୍କ ଅନୁଶାସନ । ଏହା ଯଦି ଆମେ କରିବା ତେବେ ମୋର ବିଶ୍ୱାସ, ଆମେ ବହୁତ ବଡ଼ କାମ କରି ପାରିବା ।

ଆଉ ଗୋଟିଏ କାମ ଅଛି, ତାହା ହେଲା ଶୌଚାଳୟ ତିଆରି କରିବା । ଆମ ଦେଶର ଗାଁମାନଙ୍କରେ ୬୦ ପ୍ରତିଶତରୁ ଅଧିକ ଲୋକ ଆଜି ଖୋଲାରେ ଶୌଚ ପାଇଁ ଯାଉଛନ୍ତି । ମତେ ସବୁଠୁ ଅଧିକ କଷ୍ଟ ହେଉଛି, ମା'-ଭଉଣୀଙ୍କୁ ଯେତେବେଳେ ଖୋଲାରେ ଯିବାକୁ ପଡୁଛି, ଏ କଳଙ୍କ ଲିଭେଇବାକୁ ହେବ, ଆମ ସମସ୍ତଙ୍କୁ ମିଶି ଲିଭେଇବାକୁ ହେବ । ମୁଁ କର୍ପୋରେଟ ସାମାଜିକ ଭାଗିଦାରୀଙ୍କୁ ମଧ କହିଛି ଯେ ଏହି କାମକୁ ପ୍ରାଥମିକତା ଦିଅନ୍ତୁ । ମା'-ଭଉଣୀଙ୍କ ସମ୍ମାନ ପାଇଁ ଆମେ ଏତିକି ତ' କରିବା ।

ଆଜି ମଧ ଅନେକ ସ୍କୁଲ ଏମିତି ଅଛନ୍ତି ଯେଉଁଠି ବାଳିକାଙ୍କ ପାଇଁ ଅଲଗା ଶୌଚାଳୟ ନାହିଁ, ଏ ସ୍ଥିତି ବଦଳିବା ଉଚିତ । ଏଥିରେ କାହାର ଦୋଷ ନାହିଁ, କେହି ଦାୟୀ ନୁହନ୍ତି, ସେତିକି ଆମକୁ ସକାରାତ୍ମକ ରୂପେ ଭବିଷ୍ୟତ ଆଡ଼କୁ ଦେଖି ଚାଲିବାର ଅଛି । କୌଣସି ରାଜନୈତିକ ଟିକା-ଟିପ୍ପଣୀ, ଏହି ଆନ୍ଦୋଳନ ସହ ଏକୀଭୂତ ହୋଇଥିବା କୌଣସି ବ୍ୟକ୍ତି କରନ୍ତୁ ନାହିଁ କାହିଁକିନା ସମସ୍ତେ କାମ କରିଛନ୍ତି । ଆମ ପୂର୍ବରୁ ସମସ୍ତେ କାମ କରିଛନ୍ତି । ମହାତ୍ମା ଗାନ୍ଧିଙ୍କ ନେତୃତ୍ୱରେ କଂଗ୍ରେସ ଦଳ ଏହାର ଶ୍ରେଷ୍ଠ ରହିଛି ।

ମୁଁ ଏହି କାମକୁ ବନ୍ଦନ କରୁଛି ଓ ଏଥିପାଇଁ ମୁଁ ହାତ ଯୋଡ଼ି, ବିଶେଷ କରି ମିଡିଆକୁ ଓ ଦେଶବାସୀଙ୍କୁ କହୁଛି, ଏହି ସମସ୍ତ ଆନ୍ଦୋଳନକୁ କେବଳ ମା' ଭାରତୀଙ୍କ ଭକ୍ତି ସହ ଯୋଡ଼ନ୍ତୁ, ଗରିବର ସ୍ୱାସ୍ଥ୍ୟ ସହ ଯୋଡ଼ନ୍ତୁ । କିଏ କରୁଛି, କିଏ କରୁନାହିଁ, କିଏ ସଫଳ ହେଲା, କିଏ ବିଫଳ ହେଲା, ଏହା ପଛରେ ପଡ଼ି ଆମେ ସ୍ଥିତିଗୁଡ଼ିକୁ ବିଗାଡ଼ିବା ନାହିଁ, ବଦଳିବା ନାହିଁ, ଆମେ ଗୋଟିଏ ଦାୟିତ୍ୱରେ ଚାଲିବା ଓ ଆମେ ସାମୂହିକ ଦାୟିତ୍ୱରେ ଚାଲିବା ତ' ଏହାକୁ ସଫଳତା ମିଳିବ ।

ମୁଁ ଆଉଥରେ ଆପଣମାନଙ୍କୁ ନିମନ୍ତ୍ରିତ କରୁଛି । ଆମେ ଏଠାରେ ଶପଥ ନେବାକୁ ଯାଉଛୁ । ମୋର ପ୍ରାର୍ଥନା ଯେ ଆମେ ବସି-ବସି ହିଁ ଶପଥ ନେବା, ଠିଆ ହେବାର ଆବଶ୍ୟକତା ନାହିଁ, ଯେଉଁମାନେ ଠିଆ ହୋଇଛନ୍ତି, ସେମାନେ ଠିଆ ହୋଇଥାନ୍ତୁ ଓ ଦ୍ୱିତୀୟରେ ମୋର ପ୍ରାର୍ଥନା ଯେ ଆମେ ଦୁଇ ହାତ ଉପରକୁ କରି ମହାତ୍ମା ଗାନ୍ଧିଙ୍କୁ ସ୍ମରଣ କରିବା ଓ ମହାତ୍ମା ଗାନ୍ଧିଙ୍କୁ ସ୍ମରଣ କରି, ଆମେ ଯେଉଁଠି ଅଛୁ ସେଇଠି ଦୁଇ ହାତ ଉପରକୁ କରି ମହାତ୍ମା ଗାନ୍ଧିଙ୍କ ସ୍ମରଣ କରିବାକୁ ହେବ । ତଥାପି ଏହି କାମ ପୂଜ୍ୟ ବାପୁଙ୍କୁ ସ୍ମରଣ କରି ମୋ ସହ ଏହି ଶପଥ ସମାରୋହରେ ସାମିଲ ହେବେ । ଓ ଏ ଶପଥ କେବଳ କହିବା ନୁହେଁ, ଶପଥ ନେବାର ଅଛି ।

ଆପଣ ଶପଥ ନେବେ ? ଏ ସଫେଇ ଆନ୍ଦୋଳନକୁ ଆଗକୁ ବଢ଼ାଇବେ ? କେହି କେବେ ବି ପଛେଇବେ ନାହିଁ ? ମୋ ସହ କୁହନ୍ତୁ, 'ମହାତ୍ମା ଗାନ୍ଧି ଯେଉଁ ଭାରତର ସ୍ୱପ୍ନ ଦେଖିଥିଲେ ସେଥିରେ କେବଳ ରାଜନୈତିକ ସ୍ୱାଧୀନତା ହିଁ ନଥିଲା ବରଂ ଏକ ସ୍ୱଚ୍ଛ ଏବଂ ବିକଶିତ ଦେଶର କଳ୍ପନା କରିଥିଲେ । ମହାତ୍ମା ଗାନ୍ଧି ଦାସତ୍ୱର ଝଞ୍ଜିରକୁ ଛିଣ୍ଡାଇ ମା' ଭାରତୀକୁ ସ୍ୱାଧୀନ କଲେ । ବର୍ତ୍ତମାନ ଆମର କର୍ତ୍ତବ୍ୟ ଯେ ମଇଳାକୁ ଦୂର କରି ଭାରତ ମାତାର ସେବା କରିବା ।'

'ମୁଁ ଶପଥ ନେଉଛି ଯେ ମୁଁ ନିଜେ ସ୍ୱଚ୍ଛତା ପ୍ରତି ସଜାଗ ରହିବି ଏବଂ ତା ପାଇଁ ସମୟ ଦେବି । ପ୍ରତି ବର୍ଷ ୧୦୦ ଘଣ୍ଟା ମାନେ ପ୍ରତି ସପ୍ତାହ ଦୁଇ ଘଣ୍ଟା ଶ୍ରମଦାନ କରି ସ୍ୱଚ୍ଛତାର ଏହି ସଂକଳ୍ପକୁ ଚରିତାର୍ଥ

କରିବି । ମୁଁ ନା ମଇଳା କରିବି ଓ ନା ଅନ୍ୟ କାହାକୁ କରିବାକୁ ଦେବି । ସର୍ବ ପ୍ରଥମେ ମୁଁ ନିଜ ଠାରୁ, ମୋ ପରିବାରରୁ, ମୋ ସାହିରୁ, ମୋ ଗାଁରୁ ଏବଂ ମୋ କାର୍ଯ୍ୟସ୍ଥଳରୁ ଆରମ୍ଭ କରିବି । ମୁଁ ଏହା ମାନୁଛି ଯେ ଦୁନିଆର ଯେଉଁ ଦେଶ ସ୍ୱଚ୍ଛ ଦେଖାଯାନ୍ତି, ତାହାର କାରଣ ଏହା ଯେ ସେଠାକାର ନାଗରିକ ମଇଳା କରନ୍ତି ନାହିଁ ଏବଂ ନା ହେବାକୁ ଦିଅନ୍ତି । ଏହି ବିଚାର ସହ ମୁଁ ଗାଁ-ଗାଁ ଓ ଗଳି-ଗଳି ସ୍ୱଚ୍ଛ ଭାରତ ମିଶନର ପ୍ରଚାର କରିବି । ମୁଁ ଆଜି ଯେଉଁ ଶପଥ ନେଉଛି ତାହା ଅନ୍ୟ ୧୦୦ ବ୍ୟକ୍ତିଙ୍କୁ ମଧ୍ୟ କରାଇବି । ସେମାନେ ମଧ୍ୟ ମୋ ଭଳି ସ୍ୱଚ୍ଛତା ପାଇଁ ୧୦୦ ଘଣ୍ଟା ଦେବେ, ଏଥି ପାଇଁ ପ୍ରୟାସ କରିବି । ମୁଁ ଜାଣିଛି ଯେ ସ୍ୱଚ୍ଛତା ଆଡ଼କୁ ଉଠିଥିବା ମୋର ଗୋଟିଏ ପାଦ ସାରା ଭାରତ ଦେଶକୁ ସ୍ୱଚ୍ଛ କରିବାରେ ସାହାଯ୍ୟ କରିବ ।'

ଭାରତ ମାତା କି ଜୟ ।

ଜୟ ହିନ୍ଦ ।

ମହାତ୍ମା ଗାନ୍ଧି ଅମର ରହେ

ମହାତ୍ମା ଗାନ୍ଧି ଅମର ରହେ

ମହାତ୍ମା ଗାନ୍ଧି ଅମର ରହେ

ବହୁତ-ବହୁତ ଶୁଭକାମନା ।

ଆର୍ଥିକ ପ୍ରବନ୍ଧନ

ଆର୍ଥିକ ପ୍ରବନ୍ଧନ ଏକ ପ୍ରମୁଖ ପ୍ରବନ୍ଧକୀୟ ଦକ୍ଷତା । ପ୍ରତ୍ୟେକ କ୍ଷେତ୍ରରେ ଏହି ଦକ୍ଷତାର ଆବଶ୍ୟକତା ରହିଛି । ଇଚ୍ଛାକଲେ ତାହା ବ୍ୟବସାୟ ହେଉ ଅଥବା ସରକାର । ଅଦ୍ୟପି କୌଣସି ମଧ୍ୟ ତନ୍ତ୍ରକୁ ଉଚିତ ଓ ପ୍ରଭାବି ଢ଼ଙ୍ଗରେ ଚଳାଇବାର ଅଛି ତେବେ ଖୁବ୍‌ଭଲ ଆର୍ଥିକ ପ୍ରବନ୍ଧନର ଆବଶ୍ୟକତା ହୋଇଥାଏ । ନରେନ୍ଦ୍ର ମୋଦି ଯେତେବେଳେ ଗୁଜରାଟର ମୁଖ୍ୟମନ୍ତ୍ରୀ ଥିଲେ ତଥାପି ସେ ସମୟରେ ମଧ୍ୟ ଆର୍ଥିକ ପରିଚାଳନା ଅଭିଯାନରେ ଅଧିକ ପ୍ରଭାବି ଢ଼ଙ୍ଗରେ କାମ କରିଥିଲେ । ତାଙ୍କ ନେତୃତ୍ୱରେ ଗୁଜରାଟ ଆର୍ଥିକ ବିକାଶ ପ୍ରସଙ୍ଗରେ ଦେଶରେ ଏକ ଅଲଗା ସ୍ଥାନ ହାସଲ କଲା । ବର୍ତ୍ତମାନ ଯେତେବେଳେ ସେ ପ୍ରଧାନମନ୍ତ୍ରୀ ଅଛନ୍ତି ତେବେ ମଧ୍ୟ ଏହି ଦିଗରେ ସେ କାମ କରୁଛନ୍ତି । ଏଠାରେ ନରେନ୍ଦ୍ର ମୋଦି ସରକାର ଦ୍ୱାରା ଏହି ଦିଗରେ କରାଯାଉଥିବା ପ୍ରତ୍ୟେକ ପ୍ରୟାସର ଉଲ୍ଲେଖ କରିବା ତ' ସମ୍ଭବ ନୁହେଁ । ଏହା ସତ୍ତ୍ୱେ ନରେନ୍ଦ୍ର ମୋଦିଙ୍କ କିଛି ମହତ୍ତ୍ୱାକାଂକ୍ଷୀ ଯୋଜନା ଜରିଆରେ ଆର୍ଥିକ ପ୍ରବନ୍ଧନକୁ ନେଇ ତାଙ୍କ ଚିନ୍ତାଧାରା ଓ ଭବିଷ୍ୟତର ଯୋଜନାରୁ ସୁପରିଚିତ ହୋଇ ପାରିବା ।

ହେଲେ ଏଥି ପୂର୍ବରୁ ନରେନ୍ଦ୍ର ମୋଦି ସରକାରଙ୍କ ପୂର୍ବ ବଜେଟ୍‌ର ଚର୍ଚ୍ଚା କରିବା ଜରୁରୀ । କାହିଁକିନା ଏଥିରୁ ଏହି ବିଷୟର ଆଭାସ ହୁଏ ଯେ ଆଗାମୀ ଦିନଗୁଡ଼ିକରେ ତାଙ୍କ ସରକାରର କାର୍ଯ୍ୟକ୍ରମ ଆର୍ଥିକ ପରିଚାଳନା ଅଭିଯାନରେ କେଉଁ ଦିଗରେ ଯିବ ।

ନରେନ୍ଦ୍ର ମୋଦି ସରକାରଙ୍କ ପ୍ରଥମ ବଜେଟ୍ ମାନେ ବିତ୍ତ ବର୍ଷ ୨୦୧୪-୧୫ ର ବଜେଟ୍ ବିତ୍ତ ମନ୍ତ୍ରୀ ଅରୁଣ ଜେଟଲୀ ଉପସ୍ଥାପନ କଲେ । ଏହାର ମୁଖ୍ୟ ବିଶେଷତାଗୁଡ଼ିକୁ ଗୋଟି-ଗୋଟି ବୁଝିବାରେ ସହଜ ହେବ । ଏହା ହେଲା-

ବ୍ୟକ୍ତିଗତ ଆୟକର ଛାଡ଼ ସୀମା ଦୁଇ ଲକ୍ଷରୁ ବୃଦ୍ଧି କରି ଅଢ଼େଇ ଲକ୍ଷ ଟଙ୍କା କରାଗଲା ।

ବରିଷ୍ଠ ନାଗରିକଙ୍କ ପାଇଁ ଆୟକର ଛାଡ଼ ସୀମା ଅଢ଼େଇ ଲକ୍ଷରୁ ବୃଦ୍ଧି କରି ତିନି ଲକ୍ଷ ଟଙ୍କା କରାଗଲା ।

ଧାରା ୮୦ ସି ଅନୁସାରେ ନିବେଶର ସୀମା ଏକ ଲକ୍ଷରୁ ବୃଦ୍ଧି କରି ଦେଢ଼ ଲକ୍ଷ ଟଙ୍କା କରାଗଲା ।

ଆବାସିକ ଋଣ ଉପରେ ସୁଧ କାଟ୍ ସୀମା ଦେଢ଼ ଲକ୍ଷରୁ ବୃଦ୍ଧି କରି ଦୁଇ ଲକ୍ଷ ଟଙ୍କା କରାଗଲା ।

ଛୋଟ ଉଦ୍ୟମର ପ୍ରୋତ୍ସାହନ ପାଇଁ ବର୍ଷକୁ ୨୫ କୋଟିରୁ ଅଧିକ ନିବେଶ ଉପରେ ୧୫ ପ୍ରତିଶତ ନିବେଶ ଭତ୍ତାର ପ୍ରସ୍ତାବ ।

ବିଶ୍ୱ ସ୍ତରର ସ୍ମାର୍ଟ ସହର ପାଇଁ ୭୦ ଅର୍ବୁଦ ୬୦ କୋଟି ଟଙ୍କାର ଆବଣ୍ଟନ ।

ଧାର୍ମିକ ସହର ପାଇଁ 'ପ୍ରସାଦ' ଓ ପାରମ୍ପରିକ ସହର ପାଇଁ 'ହୃଦୟ' ଯୋଜନାର ଶୁଭାରମ୍ଭ ।

ପାଞ୍ଚଟି ପର୍ଯ୍ୟଟନ କ୍ଷେତ୍ର ତିଆରି କରିବା ପାଇଁ ୫୦୦ କୋଟି ଟଙ୍କାର ଯୋଜନା ।

ମହିଳା ଓ ବାଳ ବିକାଶ ଉପରେ ବିଶେଷ ବଳ ।

'ବେଟି ବଚାଓ, ବେଟି ପଢ଼ାଓ' ଯୋଜନା ଆରମ୍ଭ କରିବାକୁ ପ୍ରସ୍ତାବ ।

ସରକାରୀ ସଡ଼କ ପରିବହନରେ ମହିଳା ସୁରକ୍ଷା ପାଇଁ ୫୦ କୋଟି ଟଙ୍କା ।

ବଡ଼ ସହରରେ ମହିଳା ସୁରକ୍ଷା ବଢ଼ାଇବା ଉପରେ ୧୫୦ କୋଟି ଟଙ୍କା ଖର୍ଚ୍ଚ କରାଯିବ ।

ସ୍ତ୍ରୀ-ପୁରୁଷ ଭେଦଭାବ ଦୂର କରିବା ପାଇଁ ସ୍କୁଲମାନଙ୍କ ପାଠ୍ୟକ୍ରମରେ ବିଶେଷ ଅଧ୍ୟାୟ ସାମିଲ କରାଯିବ ।

ବରିଷ୍ଠ ନାଗରିକଙ୍କ କଲ୍ୟାଣ ଉପରେ ବିଶେଷ ବଳ ।

ବରିଷ୍ଠ ନାଗରିକ ପେନ୍‌ସନ ବୀମା ଯୋଜନା ସୀମିତ ଅବଧି ପାଇଁ ପୁନଃ ଆରମ୍ଭ କରିବାକୁ ପ୍ରସ୍ତାବ ।

କର୍ମଚାରୀ ଭବିଷ୍ୟ ନିଧିର ସଦସ୍ୟଙ୍କ ପାଇଁ ନ୍ୟୁନତମ ମାସିକ ପେନ୍‌ସନ ୧୦୦୦ ଟଙ୍କା ।

ରାଜକୋଷୀୟ କ୍ଷତି ସକଳ ଘରୋଇ ଉତ୍ପାଦର ୪.୧ ପ୍ରତିଶତ କରିବାର ଲକ୍ଷ୍ୟ ।

ଜମ୍ମୁ-କାଶ୍ମୀରରେ ବିଶ୍ୱସ୍ତରୀୟ ଖେଳ ଷ୍ଟାଡିୟମ ପାଇଁ ୨୦୦ କୋଟି ଟଙ୍କା ।

ମଣିପୁରରେ ଖେଳ ବିଶ୍ୱବିଦ୍ୟାଳୟ ତିଆରି କରିବା ପାଇଁ ୧୦୦ କୋଟି ଟଙ୍କା ।

ଖେଳକୁ ପ୍ରୋତ୍ସାହନ ଦେବା ପାଇଁ ୧୦୦ କୋଟି ଟଙ୍କାର ପ୍ରାରମ୍ଭିକ ଆବଣ୍ଟନ ସହ ଯୁବା ନେତୃତ୍ୱ କାର୍ଯ୍ୟକ୍ରମର ଆରମ୍ଭ ।

୨୦୨୨ ପର୍ଯ୍ୟନ୍ତ ସମସ୍ତଙ୍କ ପାଇଁ ଆବାସର ଲକ୍ଷ୍ୟ ସହ ରାଷ୍ଟ୍ରୀୟ ଆବାସ ବ୍ୟାଙ୍କ ପାଇଁ ୪୦ ଅର୍ବୁଦ ଟଙ୍କାର ପ୍ରାବଧାନ ।

ପ୍ରତ୍ୟକ୍ଷ ବିଦେଶୀ ନିବେଶକୁ ପ୍ରୋତ୍ସାହନ ଦେବା ପାଇଁ ଅନେକ ଉପାୟର ଘୋଷଣା ।

ନିୟନ୍ତ୍ରିତ ରକ୍ଷା ଉତ୍ପାଦନରେ ପ୍ରତ୍ୟକ୍ଷ ବିଦେଶୀ ନିବେଶର ସୀମା ୪୯ ପ୍ରତିଶତ ।

ଶ୍ୟାମା ପ୍ରସାଦ ମୁଖାର୍ଜୀ ଗ୍ରାମୀଣ-ସହରୀ ମିଶନର ଆରମ୍ଭ ।

ପ୍ରତ୍ୟେକ ଘରେ ୨୪ ଘଣ୍ଟା ବିଦ୍ୟୁତ୍ ପାଇଁ ଦିନଦୟାଲ ଉପାଧ୍ୟାୟ ଗ୍ରାମ ଜ୍ୟୋତି ଯୋଜନା ପାଇଁ ୫୦୦ କୋଟି ଟଙ୍କା ।

ଦେଶର ଏକତାର ପ୍ରତୀକ ସରଦାର ପଟେଲଙ୍କ ବିଶାଳ ମୂର୍ତ୍ତି ପାଇଁ ୨୦୦ କୋଟି ଟଙ୍କା ।

ଅନୁସୂଚିତ ଜାତି କଲ୍ୟାଣ ଯୋଜନା ପାଇଂ ୫୦,୫୪୮ କୋଟି ଟଙ୍କା ।

ଅନୁସୂଚିତ ଜନଜାତି କଲ୍ୟାଣ ଯୋଜନା ପାଇଁ ୩୨,୩୮୭ କୋଟି ଟଙ୍କା ।

ପ୍ରତ୍ୟେକ ଭାରତୀୟଙ୍କୁ ଇଣ୍ଟରନେଟ ଉପଲବ୍ଧ କରାଇବା ପାଇଁ 'ଡିଜିଟାଲ ଇଣ୍ଡିଆ' କାର୍ଯ୍ୟକ୍ରମ ।

ବିବିଧ ପ୍ରକାରର ଦକ୍ଷତା କାର୍ଯ୍ୟକ୍ରମ ପାଇଁ 'ସ୍କିଲ ଇଣ୍ଡିଆ'ର ଘୋଷଣା ।

ନଅ ବିମାନ ଘାଟୀରେ ଚରଣବଦ୍ଧ ଢ଼ଙ୍ଗରେ 'ଇ-ଭିଜା'ର ଆରମ୍ଭ ।

କୃଷକଙ୍କ ପାଇଁ ଏକ ହଜାର କୋଟି ଟଙ୍କାର ପ୍ରାବଧାନ ସହ ପ୍ରଧାନମନ୍ତ୍ରୀ କୃଷୀ ସଂଚୟୀ ଯୋଜନା ।

ବାରାଣସୀରେ ହସ୍ତତନ୍ତ ବ୍ୟବସାୟ ସୁବିଧା କେନ୍ଦ୍ର ଓ ଶିଳ୍ପ ସଂଗ୍ରହାଳୟ ।

ପୂର୍ବୋତ୍ତରରେ ରେଳ ସମ୍ପର୍କ ବଢ଼ାଇବା ପାଇଁ ଏକ ହଜାର କୋଟି ଟଙ୍କା ।

୨୦ ଅର୍ବୁଦ ୩୭ କୋଟି ଟଙ୍କାର ଆବଣ୍ଟନ ସହ ସମନ୍ୱିତ ଗଙ୍ଗା ସଂରକ୍ଷଣ ମିଶନ 'ନମାମି ଗଙ୍ଗେ'ର ଆରମ୍ଭ ହେବ ।

ନଦୀ କୂଳରେ ଘାଟର ବିକାଶ ଓ ସୁନ୍ଦର ପାଇଁ ୧୦୦ କୋଟି ଟଙ୍କା ।

ପ୍ରବାସୀ ଭାରତୀୟ ଗଙ୍ଗା ନିଧିର ଆରମ୍ଭ ।

କିସାନ ବିକାଶ ପତ୍ର ପୁନଃ ଆରମ୍ଭ ।

୧୦୦ କୋଟି ଟଙ୍କାର ଆବଣ୍ଟନ ସହ ଯୁଦ୍ଧ ସ୍ମାରକ ଓ ୫୦ କୋଟି ଟଙ୍କାର ଆବଣ୍ଟନ ସହ ରାଷ୍ଟ୍ରୀୟ ପୁଲିସ ସ୍ମାରକ ସ୍ଥାପନାର ପ୍ରସ୍ତାବ ।

ରକ୍ଷା ଆବଣ୍ଟନ ବୃଦ୍ଧି କରି ୨,୨୯,୦୦୦ କୋଟି ଟଙ୍କା କରାଗଲା ।

ଆଣ୍ଡାମାନ ନିକୋବର ଦ୍ୱୀପ ସମୂହରେ ସଂଚାର ସୁବିଧା ପାଇଁ ୧୫୦ କୋଟି ଟଙ୍କା ।

ପୁଡୁଚେରୀରେ ବିପଦ ପ୍ରାକ୍ ପ୍ରସ୍ତୁତି ପାଇଁ ୧୮୮ କୋଟି ଟଙ୍କା ।

ସାମୂଦାୟିକ ରେଡିଓ ପ୍ରୋତ୍ସାହନ ଦେବା ପାଇଁ ୧୦୦ କୋଟି ଟଙ୍କା ସହ ନୂଆ ଯୋଜନା ।

ସୁରକ୍ଷିତ ପାନୀୟ ଜଳ ଉପଲବ୍ଧ କରାଇବା ପାଇଁ ୩୬୦୦ କୋଟି ଟଙ୍କା ।

ଦିଲ୍ଲୀକୁ ବିଶ୍ୱସ୍ତରୀୟ ସହର କରିବା ଉଦ୍ଦେଶ୍ୟରେ ଶକ୍ତି ପାଇଁ ୨୦୦ ଓ ଜଳସୁଧାର ପାଇଁ ୫୦୦ କୋଟି ଟଙ୍କା ।

କୃଷକଙ୍କ ସୁବିଧା ପାଇଁ କିସାନ ଟିଭି ଚ୍ୟାନେଲ ଆରମ୍ଭ କରାଯିବ ।

ପ୍ରତ୍ୟେକ ଚାଷିକୁ ମିଳିବ ମୃଦା ଉର୍ବରତା କାର୍ଡ, ୧୦୦ କୋଟି ଟଙ୍କାର ନୂଆ ଯୋଜନା ।

ପୂର୍ବୋତ୍ତର କ୍ଷେତ୍ର ପାଇଁ ୨୪ ଘଣ୍ଟା ସେବା ଦେଉଥିବା ଚ୍ୟାନେଲ ଆରମ୍ଭ କରିବାର ପ୍ରସ୍ତାବ ।

'ନ୍ୟୁନତମ ସରକାର ଓ ଅଧିକତମ ଶାସନ' ସିଦ୍ଧାନ୍ତ ପାଇଁ ବ୍ୟୟ ପ୍ରବନ୍ଧନ ଆୟୋଗ ଗଠନ କରାଯିବ ।

ମାଟିର ପରୀକ୍ଷା ପାଇଁ ୧୦୦ ଚଳନଶୀଳ ପ୍ରୟୋଗଶାଳା ।

ରାଜ୍ୟ ପୁଲିସଙ୍କ ଆଧୁନୀକିକରଣର ଅର୍ଥ ବୃଦ୍ଧି କରି ୩୦୦୦ କୋଟି ଟଙ୍କା କରାଯାଇଛି ।

ସୀମାରେ ମୌଳିକ ଢାଞ୍ଚାର ବିକାଶ ଓ ଆଧୁନୀକିକରଣ ପାଇଁ ୨୨୫୦ କୋଟି ଟଙ୍କା ।

ପ୍ରଧାନମନ୍ତ୍ରୀ ଗ୍ରାମ ସଡ଼କ ଯୋଜନା ପାଇଁ ୧୪,୩୮୯ କୋଟି ଟଙ୍କା ।

ନରେନ୍ଦ୍ର ମୋଦି ସରକାରଙ୍କ ଏହି ପ୍ରଥମ ବଜେଟ୍ ଅବଗତ କରାଏ ଯେ ତାଙ୍କ ସରକାର ଆର୍ଥିକ ପରିଚାଳନା ଅଭିଯାନରେ କୌଣସି ଭାବେ କାମ କରିବାକୁ ଚାହୁଁଛି । ଏହି ବଜେଟ୍‌ରେ ଅନେକ ଏମିତି ପ୍ରାବଧାନ ଅଛି ଯାହା ଜନତାଙ୍କ ହିତ ସହିତ ସିଧା ସଳଖ ଯୋଡ଼ି ହୋଇଛି । ଯେଉଁଥିରୁ ଜନତାଙ୍କୁ ସିଧା ଲାଭ ମିଳିବ ।

ବର୍ତ୍ତମାନ ଆସିବା ପ୍ରଧାନମନ୍ତ୍ରୀ ଜନ ଧନ ଯୋଜନାକୁ । ଏହାର ଘୋଷଣା ନରେନ୍ଦ୍ର ମୋଦି ଲାଲ କିଲ୍ଲାରୁ ସ୍ୱାଧୀନତା ଦିବସ ଅବସରରେ ତାଙ୍କ ଭାଷଣରେ କରିଥିଲେ । ଏହା ଭାରତରେ ବିତ୍ତିୟ ସମାବେଶନର ରାଷ୍ଟ୍ରୀୟ ମିଶନ ଅଟେ ଓ ଯାହାର ଉଦ୍ଦେଶ୍ୟ ଦେଶସାରା ସମସ୍ତ ପରିବାରକୁ ବ୍ୟାଙ୍କିଙ୍ଗ ସୁବିଧା ଉପଲବ୍ଧ କରାଇବା ଓ ପ୍ରତ୍ୟେକ ପରିବାରର ବ୍ୟାଙ୍କ ଖାତା ଖୋଲିବା । ଏହି ଯୋଜନାର ଘୋଷଣା ଅଗଷ୍ଟ ମାସ ୧୫ ତାରିଖ, ୨୦୧୪ ରେ ଏବଂ ଏହାର ଶୁଭାରମ୍ଭ ୨୮ ଅଗଷ୍ଟ ୨୦୧୪ ରେ ପ୍ରଧାନମନ୍ତ୍ରୀ ନରେନ୍ଦ୍ର ମୋଦି କଲେ । ଏହି ପରିଯୋଜନାର ଔପଚାରିକ ଆରମ୍ଭ ପୂର୍ବରୁ ପ୍ରଧାନମନ୍ତ୍ରୀ ସମସ୍ତ ବ୍ୟାଙ୍କକୁ ଇ-ମେଲ ପଠାଇଲେ, ଯେଉଁଥିରେ ସେ ପ୍ରତ୍ୟେକ ପରିବାର ପାଇଁ ବ୍ୟାଙ୍କ ଖାତାକୁ ଏକ 'ରାଷ୍ଟ୍ରୀୟ ପ୍ରାଥମିକତା' ଘୋଷିତ କଲେ ଓ ସାତ କୋଟିରୁ ମଧ୍ୟ ଅଧିକ ପରିବାରଙ୍କୁ ଏହି ଯୋଜନାରେ ଅନ୍ତର୍ଭୁକ୍ତ କରିବା ଓ ସେମାନଙ୍କ ଖାତା ଖୋଲିବା ପାଇଁ ସମସ୍ତ ବ୍ୟାଙ୍କକୁ ଅଣ୍ଟା ଭିଡ଼ିବାକୁ କହିଲେ । ଯେଉଁ ଦିନ ଯୋଜନାର ଆରମ୍ଭ ହେଲା ସେହି ଦିନ ସାରା ଦେଶରେ ୧.୫ କୋଟି ବ୍ୟାଙ୍କ ଖାତା ଖୋଲାଗଲା ।

ଏହି ଯୋଜନାର ପ୍ରଥମ ଚରଣ ୧୫ ଅଗଷ୍ଟ ୨୦୧୪ ରୁ ୧୪ ଅଗଷ୍ଟ ୨୦୧୫ ପର୍ଯ୍ୟନ୍ତ ଚାଲିବ । ଏହି ଚରଣରେ ବ୍ୟାଙ୍କିଙ୍ଗ ସୁବିଧା ସମସ୍ତଙ୍କ ପାଖରେ ପହଞ୍ଚିବା ସୁନିଶ୍ଚିତ କରାଯିବାର ଅଛି । ଯୋଜନା ଆରମ୍ଭ ହେବାର ଛଅ ମାସ ପରେ ୫୦୦୦ ଟଙ୍କାର ଓଭରଡ୍ରାଫ୍ଟ ସୁବିଧା ସହିତ ମୌଳିକ ବ୍ୟାଙ୍କ ଖାତା ଓ ଏକ ଲକ୍ଷ ଟଙ୍କାର ଅନ୍ତର୍ନିହିତ ଦୁର୍ଘଟଣା ବୀମା କଭର୍ ସହିତ ରୂପେ (Rupay) ଡେବିଟ କାର୍ଡ ଓ ରୂପେ (Rupay) କିସାନ କାର୍ଡ ସୁବିଧା ପ୍ରଦାନ କରାଯିବାର ଅଛି । ପ୍ରଥମ ଚରଣରେ

ହିଁ ବିରିୟ ସାକ୍ଷରତା କାର୍ଯ୍ୟକ୍ରମ ମଧ୍ୟ ଚଳାଯାଉଛି । ଏହି ଯୋଜନାର ଦ୍ୱିତୀୟ ଚରଣ ଅଗଷ୍ଟ ୧୫ ତାରିଖ,୨୦୧୫ ରୁ ଅଗଷ୍ଟ ୧୫ ତାରିଖ, ୨୦୧୮ ପର୍ଯ୍ୟନ୍ତ ଚାଲିବ । ଏହି ସମୟରେ ଓଭରଡ୍ରାଫ୍ଟ ଖାତାରେ ତ୍ରୁଟି ଆବୃତ୍ତ କରିବା ପାଇଁ କ୍ରେଡିଟ୍ ଗ୍ୟାରେଣ୍ଟି ଫଣ୍ଡର ସ୍ଥାପନା କରାଯିବ । ସ୍ୱାବଲମ୍ବନ ଭଳି ଅସଂଗଠିତ କ୍ଷେତ୍ର ବୀମା ଯୋଜନା ଆରମ୍ଭ ହେବ । ଏହା ଅତିରିକ୍ତ ଏହି ଚରଣରେ ପର୍ବତୀୟ, ଜନଜାତୀୟ ଓ ଦୁର୍ଗମ କ୍ଷେତ୍ରରେ ରହୁଥିବା ପରିବାରଙ୍କୁ ସାମିଲ କରାଯିବ । ଏତିକି ନୁହେଁ, ଏହି ଚରଣରେ ପରିବାରର ଅନ୍ତିମ ବୟସ୍କ ସଦସ୍ୟ ଓ ବିଦ୍ୟାର୍ଥୀଙ୍କ ଉପରେ ମଧ୍ୟ ଧ୍ୟାନ କେନ୍ଦ୍ରିତ କରାଯିବ ।

୨୦୧୪ ରେ ଯେଉଁ ଦିନ ନବରାତ୍ର ଆରମ୍ଭ ହେଲା, ସେହି ଦିନ ନରେନ୍ଦ୍ର ମୋଦି ସରକାର ଭାରତ ପାଇଁ ଏକ ନୂଆ ଆରମ୍ଭ କରିବାକୁ ଚେଷ୍ଟା କରିଛନ୍ତି । ଏହି ଦିନ ନରେନ୍ଦ୍ର ମୋଦି ଦେଶର ପାଖ ପାଖି ସମସ୍ତ ବଡ଼ କର୍ପୋରେଟ ସଂସ୍ଥାର ମାଲିକଙ୍କ ଉପସ୍ଥିତିରେ ନୂଆଦିଲ୍ଲୀରେ 'ମେକ ଇନ୍ ଇଣ୍ଡିଆ' ଯୋଜନାର ଔପଚାରିକ ଆରମ୍ଭ କଲେ । ପରନ୍ତୁ, ସେ ଏହାର ଘୋଷଣା ସେତେବେଳେ ହିଁ କରି ଦେଇଥିଲେ ଯେତେବେଳେ ସେ ସ୍ୱାଧୀନତା ଦିବସରେ ଲାଲ କିଲାରେ ଭାଷଣ ଦେଉଥିଲେ । ପ୍ରଧାନମନ୍ତ୍ରୀଙ୍କ ଏହି ମହତ୍ୱାକାଂକ୍ଷୀ ଯୋଜନାକୁ ବ୍ୟବସାୟୀକ ଅନୁଷ୍ଠାନ ସମେତ ଅନେକ ବିଶେଷଜ୍ଞ କ୍ରାନ୍ତିକାରୀ କହୁଛନ୍ତି । ସେଇଠି କିଛି ଲୋକ ଏମିତି ମଧ୍ୟ ଅଛନ୍ତି ଯିଏ ଏହାର ଦୁର୍ବଳତା ଆଡ଼କୁ ମଧ୍ୟ ଇଙ୍ଗିତ କରୁଛନ୍ତି । ଏମିତିରେ ଏହି ଯୋଜନାକୁ, ଏହାକୁ ଆରମ୍ଭ କରିବାର ସନ୍ଦର୍ଭକୁ ଓ ଏହାର ସମ୍ଭାବିତ ପ୍ରଭାବଗୁଡ଼ିକୁ ବୁଝିବା ଆବଶ୍ୟକ ହୋଇଯାଏ ।

ସରକାରଙ୍କ ମେକ ଇନ୍ ଇଣ୍ଡିଆ ପ୍ରାରମ୍ଭ ସିଧା-ସିଧା ମାନୁଫାକ୍‌ଚରିଂ ମାନେ ବିନିର୍ମାଣ କ୍ଷେତ୍ର ସହ ଏକୀଭୂତ ଅଟେ । ଏହି ଅନୁସାରେ ସାରା ଯୋର୍ ଏହି ବିଷୟ ଉପରେ ଯେ ଦେଶରେ ବିନିର୍ମାଣ ବଢ଼ାଯାଉ । ପ୍ରଧାନମନ୍ତ୍ରୀ ଅନେକ ଅବସରରେ ଏ ବାବଦରେ ଯାହା କହିଛନ୍ତି, ସେଥିରୁ ଜଣାଯାଏ ଯେ ସେ ଏହି କ୍ଷେତ୍ରକୁ ଦେଶର ଆର୍ଥିକ ବିକାଶକୁ ଗତି ଦେବା ସହ ବେରୋଜଗାରୀ କମ୍ କରିବା ପାଇଁ ମଧ୍ୟ ଆବଶ୍ୟକ ମନେ କରୁଛନ୍ତି । ମେକ ଇନ୍ ଇଣ୍ଡିଆ ଯୋଜନା ଆରମ୍ଭ କରିବା ସମୟରେ ପ୍ରଧାନମନ୍ତ୍ରୀ ଯାହା କହିଲେ, ସେଥିରୁ ଗୋଟିଏ କଥା ବାହାରୁଛି ଯେ ସେ ଯେ କୌଣସି ପ୍ରକାରେ ଭାରତରେ ନିବେଶ ଆଣିବାକୁ ଚାହୁଁଛନ୍ତି ଓ ଏଥିପାଇଁ ବ୍ୟବସାୟୀକ ଅନୁଷ୍ଠାନ ଯେଉଁ ଆବଶ୍ୟକୀୟ ସର୍ତ୍ତକୁ ପୂରଣ କରିବାକୁ କୁହନ୍ତି, ସେଗୁଡ଼ିକୁ ସମ୍ପୂର୍ଣ୍ଣ କରିବା ପାଇଁ ମୋଦି ସରକାର ପ୍ରତିବଦ୍ଧ ଅଟେ ।

ମେକ ଇନ୍ ଇଣ୍ଡିଆ ଆରମ୍ଭ କରି ପ୍ରଧାନମନ୍ତ୍ରୀ ମୋଦି କହିଲେ, 'ବିଗତ କିଛି ବର୍ଷରୁ ସେ ଅନୁଭବ କରୁଥିଲେ ଯେ ନୀତିଗତ ପ୍ରସଙ୍ଗ ଉପରେ ସ୍ୱଷ୍ଟତା ଅଭାବ ଯୋଗୁଁ ଭାରତର ବ୍ୟାବସାୟୀକ ଅନୁଷ୍ଠାନଗୁଡ଼ିକ ମଧ୍ୟରେ ନିରାଶା ଅଛି । ଏପରିକି ଶୁଣିବାକୁ ମିଳିଛି ଯେ ଭାରତୀୟ ବ୍ୟବସାୟୀ ଭାରତ ଛାଡ଼ି ଚାଲିଯିବେ ଏବଂ ଅନ୍ୟ କେଉଁଠି ଯାଇ ବ୍ୟବସାୟ ସ୍ଥାପିତ କରିବେ । ଏଥିରେ ମୋତେ ଦୁଃଖ ଲାଗିଲା । କୌଣସି ଭାରତୀୟ ବ୍ୟବସାୟକୁ ଯେ କୌଣସି ପରିସ୍ଥିତିରେ ଦେଶ ଛାଡ଼ିବାକୁ ବାଧ୍ୟତା ଭଳି ଭାବନା ଆସିବା ଉଚିତ ନୁହେଁ ।' ପ୍ରଧାନମନ୍ତ୍ରୀ କୁହନ୍ତି, 'ଏଫଡିଆଇକୁ ପ୍ରତ୍ୟକ୍ଷ ବିଦେଶୀ ନିବେଶ ସହିତ ଫାଷ୍ଟ ଡେଭ୍‌ଲପ ଇଣ୍ଡିଆ ରୂପେ ବୁଝିବା ଉଚିତ । ମୁଁ ନିବେଶକଙ୍କୁ ଅତିରିକ୍ତ ପ୍ରାର୍ଥନା କରୁଛି ଯେ ସେମାନେ ଭାରତକୁ କେବଳ ବଜାର ରୂପେ ଦେଖନ୍ତୁ ନାହିଁ ବରଂ ଏହାକୁ ଏକ ସୁଯୋଗ ଭାବନ୍ତୁ । ବିଦେଶୀ ନିବେଷକଙ୍କୁ ଚାକିରି ସୃଷ୍ଟି କରିବା ଉଚିତ । ଶସ୍ତା ନିର୍ମାଣ ଓ ଉଦାର କିଣାବିକା, ଯାହା ପାଖରେ କ୍ରୟ ଶକ୍ତି ଥିବ, ଉଭୟର ଆବଶ୍ୟକତା ରହିଛି । ଅଧିକ ରୋଜଗାରର ଅର୍ଥ ଅଧିକ କ୍ରୟ ଶକ୍ତି ।'

ମେକ ଇନ୍ ଇଣ୍ଡିଆକୁ ଲକ୍ଷ କରି ପ୍ରଧାନମନ୍ତ୍ରୀ ମୋଦି କହନ୍ତି, 'ଆମ ସରକାରର ଗୋଟିଏ ମନ୍ତ୍ର ଅଛି, ସର୍ବ ପ୍ରଥମେ ତାହା ଆମର ପ୍ରତିବଦ୍ଧତା ଅଟେ । ଆମେ ପ୍ରତ୍ୟେକ ଦେଶବାସୀଙ୍କ ଉପରେ ଭରସା କରି

ଚାଲିବାକୁ ଚାହୁଁଛି । ଏ ବିଶ୍ୱାସର ଯେଉଁ ପରିବେଶ ଅଛି ତାହା ବ୍ୟବସ୍ଥାଗୁଡ଼ିକୁ ପରିବର୍ତ୍ତିତ କରିବାର ମଧ୍ୟ ଶକ୍ତି ରଖେ । ସଂସଦର ଚାରିକାନ୍ଥରେ ହିଁ ତିଆରି କରି ଆଇନ ବଦଳା ଯାଇପାରିବ, ଏମିତି ନୁହେଁ, ସଂସଦର ଚାରିକାନ୍ଥ ବାହାରେ ମଧ୍ୟ ପ୍ରତ୍ୟେକ ଲୋକର ମନକୁ ଜଗାଇ ପରିବର୍ତ୍ତନର ପ୍ରବାହ ଅଣାଯାଇ ପାରିବ ।' ସେ କହନ୍ତି, 'ଗରିବକୁ ରୋଜଗାରର ସୁଯୋଗ ମିଳିବ ତ' ସେହି ପରିବାରର କ୍ରୟ କ୍ଷମତା ବଢ଼ିବ, ଅତି ଗରିବ ଲୋକର କ୍ରୟ କ୍ଷମତା ବଢ଼ିବ । ଆଜି ସେହି ଗୋଟିଏ ଜିନିଷ ନେବାର ଅଛି, ୩ ଟଙ୍କା, ୫ ଟଙ୍କା, ୭ ଟଙ୍କାରେ ମିଳୁଛି, ତେବେ ସେ ୩ ଟଙ୍କିଆ ପସନ୍ଦ କରେ । ପୁନଃ ସେ ଉତ୍କର୍ଷତା ଆଡ଼କୁ ଯିବ । ବର୍ତ୍ତମାନ ଗୁଜୁରାଣ ମେଣ୍ଟାଇବା ପାଇଁ ରହୁଛି, ରୋଜଗାରର ସୁଯୋଗ ଯେତିକି ବେଶୀ ବଢ଼ିବ, ସେତିକି ହିଁ କ୍ରୟ କ୍ଷମତା ବଢ଼ିବ, ଆମର ଅର୍ଥବ୍ୟବସ୍ଥା ବଢ଼ିବ ।'

ମୋଦି କହନ୍ତି, 'ଆଜି ବ୍ୟାବସାୟୀକ ବାତାବରଣକୁ ନେଇ ଦୁନିଆରେ ର୍‍ୟାଙ୍କିଙ୍ଗ ହୁଏ । ମତେ ବିଗତ ଦିନରେ ବିଶ୍ୱ ବ୍ୟାଙ୍କର ଚେୟାରମ୍ୟାନ ସାକ୍ଷାତ କରିଥିଲେ, ସେ ମଧ୍ୟ ଏହା ଚିନ୍ତା କରୁଥିଲେ । ବୋଧହୁଏ ସେହି ସମୟରେ ଆମେ ଦୁନିଆରେ ୧୩୫ ନମ୍ବରରେ ଥିଲୁ । ବ୍ୟାବସାୟୀକ ବାତାବରଣରେ ବର୍ତ୍ତମାନ କିଏ ବାଧକ ହେଉଛି । ଯଦି ୧୩୫ ରୁ ମତେ ୫୦କୁ ଆସିବାର ଅଛି ତେବେ କେବଳ ସରକାର ଏକୁଟିଆ ଏହି କାମ ପୂର୍ଣ୍ଣ କରିପାରେ । ସରକାର ନିଜ ନିର୍ଣ୍ଣୟକୁ, ନିୟମକୁ ଖୋଲା କରୁ, ସରଳତାରେ କାମଗୁଡ଼ିକୁ ଆଗକୁ ବଢ଼ାଉ, ତେବେ ଆମେ ଆଜି ୧୩୫ ରୁ ୫୦ ନମ୍ବରକୁ ଆସି ଛିଡ଼ା ହୋଇପାରିବା । ମୁଁ ମୋର ସମ୍ପୂର୍ଣ୍ଣ ଟିମ୍‌କୁ ସୂକ୍ଷ୍ମାନୁଭବୀ କରିଛି ଓ ମୁଁ କହିଛି ଯେ ଆମେ ପରୀକ୍ଷା-ନୀରିକ୍ଷା ନାଁରେ ଓ ଅଧିକ ଦୋଷଶୂନ୍ୟତା ନାଁରେ କେଉଁଠି ଆମେ ବାଧା ତ' ଦେଉନାହୁଁ । ମୁଁ ମୋର ତିନି ମାସର ଉପଲବ୍ଧିରୁ କହୁଛି ଯେ ଆଜି ଦିଲ୍ଲୀ ସରକାରରେ ବସିଥିବା ମୋର ସମ୍ପୂର୍ଣ୍ଣ ଟିମ୍, ମୋର ସମ୍ପୂର୍ଣ୍ଣ ଅମଲାତନ୍ତ୍ର ସକାରାତ୍ମକ ଚିନ୍ତାଧାରା ସହିତ ମୋ ଠାରୁ ମଧ୍ୟ ଦୁଇ ପାଦ ଆଗରେ ଦୌଡ଼ୁଛନ୍ତି । ଏହାର ସୁଯୋଗ ଆସିଛି । ଏହି ସୁଯୋଗ ହାତଛଡ଼ା କରିବାର ନାହିଁ । ସାରା ଦୁନିଆ ଏସିଆ ଆଡ଼କୁ ନଜର ପକାଉଛି । ସାରା ବିଶ୍ୱ ଖୋଜୁଛି । ମତେ ନିମନ୍ତ୍ରଣ ଦେବା ପାଇଁ ସମୟ ନଷ୍ଟ କରିବାର ଆବଶ୍ୟକତା ନାହିଁ । ମତେ କେବଳ ଠିକଣା ଦେବାର ଚେଷ୍ଟା କରିବାର ଅଛି ଯେ ଏହା ସେହି ଜାଗା । ସେମାନେ ଆସିବା ପାଇଁ ପ୍ରସ୍ତୁତ ଅଛନ୍ତି । ସାରା ବିଶ୍ୱ ଆସିବା ପାଇଁ ପ୍ରସ୍ତୁତ ରହିଛି । କିନ୍ତୁ ତାକୁ ଜଣା ନାହିଁ ଯେ ଏସିଆକୁ ଯିବି ତ' କେଉଁଠିକୁ ଯିବି । ଆହୁରି ପୁଣି ସେ ଭାବୁଛି, ଯେଉଁଠି ଲୋକତନ୍ତ୍ର ଅଛି, ଯେଉଁଠି ଡେମୋଗ୍ରାଫିକ ଡିବିଡେଣ୍ଡ ଅଛି, ଯେଉଁଠି ବିପୁଳ ମାତ୍ରାରେ ଚାହିଦା ଅଛି । ଏହି ତିନୋଟି ଏକସଙ୍ଗେ କୌଣସି ଭୂଭାଗରେ ଉପଲବ୍ଧ ଥିବ ତ' ସମ୍ପୂର୍ଣ୍ଣ ଗ୍ଲୋବ୍‌ରେ କେବଳ ହିନ୍ଦୁସ୍ତାନ, ଯେଉଁଠି ଏହି ତିନୋଟି ଏକସଙ୍ଗେ ଉପସ୍ଥିତ ଅଛି । ଯିଏ ଏହି ତିନୋଟିଙ୍କୁ ସକାରାତ୍ମକ ରୂପେ ଉପଯୋଗ କରେ । ଆମେ ଡେମୋକ୍ରାସିର, ଡେମୋଗ୍ରାଫିକ ଡିବିଡେଣ୍ଡର ଓ ଚାହିଦାର, ଏମାନଙ୍କୁ ଠିକ୍ ଉପାୟରେ ଯଦି ତାଳମେଳ କରିବା, ତେବେ ମୋର ବିଶ୍ୱାସ ଯେ ଦୁନିଆକୁ ଭାରତର ଠିକଣା ଜଣାଇବା ପାଇଁ ଆମକୁ କହିବାକୁ ପଡ଼ିବ ନାହିଁ । ପ୍ରତ୍ୟେକ ଗଳି-ସାହିରେ ଭାସ୍କୋଡାଗାମା ଜନ୍ମ ନେବେ, ଯିଏ ହିନ୍ଦୁସ୍ତାନ ଖୋଜି-ଖୋଜି ଏଠାକୁ ଚାଲି ଆସିବେ ।'

ପ୍ରଧାନମନ୍ତ୍ରୀଙ୍କ ଏହି କଥାରେ ମେକ୍ ଇନ୍ ଇଣ୍ଡିଆର ଲକ୍ଷ୍ୟ ଓ ସରକାରର ଫିକର ବାବଦରେ ଜଣାଯାଏ । ସେହିପରି ଏହି ଯୋଜନା ଅନୁସାରେ ନିବେଶ ବଢ଼ାଇବା ଉଦ୍ଦେଶ୍ୟରେ ସରକାର ଏମିତି ୨୫ ମହତ୍ୱପୂର୍ଣ୍ଣ କ୍ଷେତ୍ର ଚିହ୍ନଟ କରିଛନ୍ତି ଯେଉଁଥିରେ ସରକାରଙ୍କ ମୁତାବକ ବିଶ୍ୱ ସ୍ତରରେ ଭାରତ ଅଗ୍ରଣୀ ହୋଇ ପାରିବ । ଏହି କ୍ଷେତ୍ରଗୁଡ଼ିକ ମଧ୍ୟରେ ଅଟୋମୋବାଇଲ, ରସାୟନ, ସୂଚନା କୌଶଳ, ଔଷଧ, କପଡ଼ା, ବନ୍ଦର, ଉଡ଼ାଣ, ଚମଡ଼ା, ପର୍ଯ୍ୟଟନ ଏବଂ ଅତିଥି ସତ୍କାର ଓ ରେଲୱେ ସାମିଲ ଅଛି ।

ଏହା ବ୍ୟତୀତ ମେକ ଇନ୍ ଇଣ୍ଡିଆର ପ୍ରାରମ୍ଭ ଆଧାରରେ ସେହି ବଛା-ବଛା ଘରୋଇ କମ୍ପାନୀଙ୍କ ଉପରେ ମଧ୍ୟ ସରକାର ଧ୍ୟାନ କେନ୍ଦ୍ରିତ କରୁଛନ୍ତି ଯେଉଁମାନେ ନୂଆ ବିଚାର ଓ ନୂତନ କୌଶଳ ବିଷୟରେ ଆଗରେ ଅଛନ୍ତି । ସରକାର ଏମାନଙ୍କୁ ବିଶ୍ୱବ୍ୟାପୀ ମଞ୍ଚ ଯୋଗାଇ ଦେବାରେ ସାହାଯ୍ୟ କରିବାକୁ ଚାହୁଁଛନ୍ତି ।

ନରେନ୍ଦ୍ର ମୋଦି ସରକାରଙ୍କ ଏହି ପ୍ରାରମ୍ଭକୁ ଅନ୍ତଃରାଷ୍ଟ୍ରୀୟ ରେଟିଙ୍ଗ ଏଜେନ୍ସିମାନେ ମଧ୍ୟ ହାତକୁ ହାତ ନେଲେ । ଯେଉଁ ଦିନ ଏହି ଯୋଜନା ଆରମ୍ଭ ହେଲା, ସେହି ଦିନ ଦୁନିଆର ପ୍ରମୁଖ ରେଟିଙ୍ଗ ଏଜେନ୍ସି ଷ୍ଟାଣ୍ଡାର୍ଡ ଆଣ୍ଡ ପୁଅର୍ ଭାରତର ରେଟିଙ୍ଗ୍‌କୁ 'ନକାରାତ୍ମକ'ରୁ ବଦଳାଇ 'ସ୍ଥିର' କରିଦେଲା । ଏଜେନ୍ସି ରେଟିଙ୍ଗ୍‌ରେ ସୁଧାରର କାରଣ ଜଣାଇବାକୁ ଯାଇ କହିଲେ ଯେ ନୂଆ ସରକାରରେ ଭାରତର ଆର୍ଥିକ ବିକାଶ ପାଇଁ ଆବଶ୍ୟକ ସୁଧାର ପାଇଁ ଆବଶ୍ୟକ ଇଚ୍ଛା ଓ କ୍ଷମତା ଉଭୟ ଅଛି । ଏହି କଥା ଅବିକଳ ଭାବେ ନରେନ୍ଦ୍ର ମୋଦି ମଧ୍ୟ ମେକ୍ ଇନ୍ ଇଣ୍ଡିଆ ଅଭିଯାନ ଆରମ୍ଭ କରିବାକୁ ଯାଇ କହିଥିଲେ । ଏହି ଯୋଜନାକୁ ନେଇ ଭାରତୀୟ ଉଦ୍ୟୋଗ ଜଗତର ଉତ୍ସାହର ଅନୁମାନ ଲଗାଯାଇ ପାରିବ ଯେ ଦେଶର ପ୍ରାୟତଃ ସମସ୍ତ ପ୍ରମୁଖ ବ୍ୟାବସାୟୀକ ଘରୋଇ ସଂସ୍ଥାର ମୁଖିଆ ମେକ୍ ଇନ୍ ଇଣ୍ଡିଆର ଆରମ୍ଭ ପାଇଁ ନୂଆଦିଲ୍ଲୀର ବିଜ୍ଞାନ ଭବନରେ ଆୟୋଜିତ କାର୍ଯ୍ୟକ୍ରମରେ ସାମିଲ ହେଲେ । ମେକ୍ ଇନ୍ ଇଣ୍ଡିଆ ଯୋଜନାକୁ ନେଇ ଏକ ମୁଖ୍ୟ କଥା ଏହା ଯେ ଏହାକୁ ଆରମ୍ଭ କରିବା ସମୟରେ ମୋଦି ବଢ଼େଇ-ଚଢ଼େଇ ଆଶ୍ୱାସନାର କଥା କହି ନାହାନ୍ତି କିମ୍ବା ଏମିତି କୌଣସି ପ୍ରସ୍ତାବ ବ୍ୟାବସାୟୀକ ଘରୋଇ ସଂସ୍ଥାଙ୍କୁ ଦେଇ ନାହାନ୍ତି । ହଁ, ସେ ଅନୁକୂଳ ବାତାବରଣ ଯୋଗାଇ ଦେବା ନେଇ ସରକାରଙ୍କ ପ୍ରତିବଦ୍ଧତା ଆବଶ୍ୟକ ବାରମ୍ବାର ଦୋହରାଇଲେ ।

ଯେଉଁ ଉତ୍ପାଦନ କ୍ଷେତ୍ର ବଳରେ ପ୍ରଧାନମନ୍ତ୍ରୀ ଦେଶର ଆର୍ଥିକ ରୂପାନ୍ତରଣ କରିବାର ସ୍ୱପ୍ନ ଦେଖୁଛନ୍ତି, ତାହାର ଅବସ୍ଥା ଅତ୍ୟନ୍ତ ଖରାପ । ବିଶ୍ୱ ବ୍ୟାଙ୍କର ପରିସଂଖ୍ୟାନ କହେ ଯେ ୨୦୧୩ ରେ ଭାରତର ଜିଡିପିରେ ଏହି କ୍ଷେତ୍ରର ଯୋଗଦାନ କେବଳ ୧୩ ପ୍ରତିଶତ ଥିଲା । ଏହା ବିଗତ ୧୦ ବର୍ଷରେ ସବୁଠାରୁ ଖରାପ ପ୍ରଦର୍ଶନ । ଦୁନିଆରେ ଏକ ଡର୍ଜନରୁ ଅଧିକ ଏମିତି ଦେଶ ଅଛନ୍ତି, ଯାହାଙ୍କ ପ୍ରଦର୍ଶନ ଏହି ବିଷୟରେ ଭାରତ ତୁଳନାରେ ଭଲ ଅଛନ୍ତି । ଏହି ଖରାପ ପ୍ରଦର୍ଶନ ପାଇଁ ଅଭିଜ୍ଞ ଉତ୍ପାଦକତା ସ୍ତରରେ ବ୍ୟାପ୍ତ ଅଭାବକୁ ଦାୟୀ ମାନନ୍ତି । ସରକାରଙ୍କ ମତ ମଧ୍ୟ ଏମିତି କିଛି ଲାଗେ । ସେତେବେଳେ ହିଁ ଆର୍ଥିକ ସମୀକ୍ଷାରେ କୁହାଯାଇଛି ଯେ ଔଦ୍ୟୋଗିକ କ୍ଷେତ୍ରରେ ରୋଜଗାରର ସୁଯୋଗ ପ୍ରସଙ୍ଗରେ ଭାରତ ଅନ୍ୟ ଏସୀୟ ଦେଶମାନଙ୍କ ସହ ସମାନ ଭାବେ ଠିଆ ହୋଇଛି କିନ୍ତୁ ଖାସ୍ ଉତ୍ପାଦ ପ୍ରସ୍ତୁତ କରୁଥିବା ଉଦ୍ୟୋଗମାନଙ୍କରେ ଏହି ଅଂଶ ଯଥେଷ୍ଟ କମ୍ ଅଟେ । ଆର୍ଥିକ ସମୀକ୍ଷା କହେ ଯେ ଏହାର ଅର୍ଥ ଏହା ହେଲା ଯେ ଭାରତର ଶ୍ରମିକଙ୍କ ଉତ୍ପାଦକତା କମ୍ ଅଟେ । ସେଇଠି ଚୀନ, ଇଣ୍ଡୋନେସିଆ ଓ ଦକ୍ଷିଣ କୋରିଆ ଏ ପ୍ରସଙ୍ଗରେ ଆମଠାରୁ ଆଗେଇ ଗଲେଣି ।

ଏଥିରୁ ଯେଉଁ କଥା ବାହାରକୁ ଆସେ, ସେ ଏହା ଯେ ଯଦି ନରେନ୍ଦ୍ର ମୋଦିଙ୍କୁ ମେକ୍ ଇନ୍ ଇଣ୍ଡିଆକୁ ସଫଳ କରିବାର ଅଛି ତଥାପି ତାଙ୍କୁ ଭାରତର ଉଦ୍ୟୋଗ ଜଗତରେ କାମ କରିବା ପାଇଁ ଯେଉଁ ମାନବ ସମ୍ବଳ ଉପଲବ୍ଧ ଅଛି, ତାହାର ସଠିକ୍ ପ୍ରଶିକ୍ଷଣର ବନ୍ଦୋବସ୍ତ କରିବାକୁ ହେବ । ଯୋଜନା ଆୟୋଗଙ୍କ ମୁତାବକ ଭାରତରେ ଯେତିକି ମାନବ କାର୍ଯ୍ୟ ବଳ ଅଛି, ତାହାର ୭୦ ପ୍ରତିଶତ ସାକ୍ଷର ନୁହଁନ୍ତି । ବିଶ୍ୱ ବ୍ୟାଙ୍କର ପରିସଂଖ୍ୟାନ ଏହା ମଧ୍ୟ କୁହେ ଯେ କେବଳ ୨୦ ପ୍ରତିଶତ ଭାରତୀୟ କମ୍ପାନୀ ହିଁ କାମ ସମୟରେ କାମର ପ୍ରଶିକ୍ଷଣ ଦିଅନ୍ତି । ପ୍ରଧାନମନ୍ତ୍ରୀ ଏହି ସମସ୍ୟାର ସମାଧାନ ପାଇଁ ସ୍କିଲ୍ ଇଣ୍ଡିଆର ଉଦାହରଣ ଦିଅନ୍ତି । ଏହି ସରକାରୀ ଯୋଜନା ମାଧ୍ୟମରେ ଯୋଗ୍ୟତା ଓ କ୍ଷମତା ବିକାଶର କାମ ହେଉଛି । ହେଲେ ଏହି ଯୋଜନା ସେତିକି ବଡ଼ ସ୍ତରରେ ଅତି କମରେ ବର୍ତ୍ତମାନ ତ' କାମ

କରିବାର ଦେଖା ଯାଉନାହିଁ, ଯେତିକି ଏହି ଦେଶର ଉତ୍ପାଦନ କ୍ଷେତ୍ରର ଛବି ପରିବର୍ତ୍ତନ ପାଇଁ ଆବଶ୍ୟକ ଅଟେ ।

ଅଭିଜ୍ଞଙ୍କ ହିସାବରେ ମେକ୍ ଇନ୍ ଇଣ୍ଡିଆକୁ ସଫଳ କରିବା ପାଇଁ ଅଧିକ ଆବଶ୍ୟକ ଅଛି ସୁକ୍ଷ୍ମ, ଲଘୁ ଏବଂ ମଧ୍ୟମ ଉଦ୍ୟୋଗଙ୍କ ମାନେ ଏମ୍ଏସ୍ଏମ୍ଇକୁ ପ୍ରମୁଖତାର ସହ ଏହି ଯୋଜନା ସହିତ ଯୋଡ଼ିବା । ବିଶ୍ୱବ୍ୟାପୀ ସ୍ତରରେ ଆର୍ଥିକ ସ୍ଥିତି ଠିକ୍ ନଥିବା ଓ ସରକାରଙ୍କ ଠାରୁ ପ୍ରତ୍ୟାଶୀ ସମର୍ଥନ ନ ମିଳିବା ସତ୍ତ୍ୱେ ବିଗତ କିଛି ବର୍ଷରେ ଏହି କ୍ଷେତ୍ରର ବିକାଶ ହାର ଦଶ ପ୍ରତିଶତରୁ ଅଧିକ ଥିଲା । ଜିଡିପିରେ ଏହାର ଭାଗିଦାରୀ ପାଖାପାଖି ଆଠ ପ୍ରତିଶତ । ମାନୁଫାକ୍ଚରିଙ୍ଗ କ୍ଷେତ୍ରର ମୋଟ ଉତ୍ପାଦନରେ ଏମ୍ଏସ୍ଏମ୍ଇର ଭାଗିଦାରୀ ୪୫ ପ୍ରତିଶତ ଓ ଭାରତରୁ ହେଉଥିବା ରପ୍ତାନୀରେ ୪୦ ପ୍ରତିଶତ । କୃଷି ବ୍ୟତୀତ ଦେଶରେ ରୋଜଗାରର ଯେତିକି ମଧ୍ୟ ସାଧନ ଅଛି, ସେଥିରୁ ମିଳୁଥିବା ରୋଜଗାରରେ ୭୯ ପ୍ରତିଶତ ଅଂଶ ଏମ୍ଏସ୍ଏମ୍ଇ କ୍ଷେତ୍ରର । ଏହି ପରିସଂଖ୍ୟାନ ଏହି ବିଷୟର ସାକ୍ଷୀ ଯେ ଏହି କ୍ଷେତ୍ର ଦେଶର ବିକାଶ ପାଇଁ କେତେ ଆବଶ୍ୟକ ଓ ବେରୋଜଗାରୀ କମ୍ କରିବାରେ ମଧ୍ୟ ଏହି କ୍ଷେତ୍ରର କେତେ ବଡ଼ ଭୂମିକା ହୋଇପାରେ ।

ଭାରତ ସରକାରଙ୍କ ଏହି ପ୍ରାରମ୍ଭର ନିଜସ୍ୱ ଏକ ବିଶ୍ୱବ୍ୟାପୀ ରାଜନୀତି ମଧ୍ୟ ଅଛି । ଯେଉଁ ଦିନ ନରେନ୍ଦ୍ର ମୋଦି ଦିଲ୍ଲୀରେ ଏହି ଯୋଜନାର ଔପଚାରିକ ଆରମ୍ଭ କରୁଥିଲେ, ସେହି ଦିନ ଚୀନ ମଧ୍ୟ ତାଙ୍କ ସେଠି 'ମେଡ୍ ଇନ୍ ଚାଇନା' ଅଭିଯାନ ଆରମ୍ଭ କଲା । ଅଦ୍ୟପି ମୋଦି ମେକ୍ ଇନ୍ ଇଣ୍ଡିଆର ଆରମ୍ଭ ବେଳେ କର ମୁକ୍ତି ପତାକା ଲଗାଇ ନାହାନ୍ତି କିନ୍ତୁ ଚୀନ ସେଠାରେ ନିବେଶକଙ୍କୁ ଆକର୍ଷିତ କରିବା ଉଦ୍ଦେଶ୍ୟରେ କର ମୁକ୍ତିର ବର୍ଷା କରିଦେଲା । ପ୍ରଥମରୁ ହିଁ ମାନୁଫାକ୍ଚରିଂରେ ଦୁନିଆରେ ସବୁଠୁ ଆଗରେ ଚାଲୁଥିବା ଚୀନ୍ ତା'ର ଏହି ନୂଆ ଯୋଜନା ମାଧ୍ୟମରେ ଏହି କ୍ଷେତ୍ରରେ ନିଜ ସ୍ଥିତିକୁ ଆହୁରି ଦୃଢ଼ କରିବାକୁ ଚାହୁଁଛି । ପ୍ରକୃତ ପକ୍ଷେ, ମାନୁଫାକ୍ଚରିଂରେ ଚୀନ୍ର ରାଜତ୍ୱର ଏକ ବଡ଼ କାରଣ ହଂକଂ ମଧ୍ୟ । ଖାସ୍ ରୂପେ ଇଲେକ୍ଟ୍ରୋନିକ୍ସ ଉପକରଣ ବିଷୟରେ । ହଂକଂରେ ଛାତ୍ରଙ୍କ ନେତୃତ୍ୱରେ ହଂକଂର ଲୋକଙ୍କ ଅଧିକାର ପାଇଁ ଚାଲୁଥିବା ଆନ୍ଦୋଳନ କାରଣରୁ ମଧ୍ୟ ହଂକଂର ଉତ୍ପାଦନ କ୍ଷେତ୍ର ଉପରେ ପ୍ରଭାବ ପଡ଼ିଛି । ଏମିତିରେ ଭାରତ ଦ୍ୱାରା ମେକ୍ ଇନ୍ ଇଣ୍ଡିଆର ପ୍ରାରମ୍ଭରେ ଚୀନର ସତର୍କ ରହିବା ସ୍ୱାଭାବିକ ଅଟେ । ଯେହେତୁ ଚୀନ୍ ମାନୁଫାକ୍ଚରିଂରେ ନିଜର ରାଜତ୍ୱ ବଜାୟ ରଖିବା ପାଇଁ ଯେଉଁ ସଂସାଧନର ବ୍ୟବହାର କଲା, ସେହି ସଂସାଧନ ଭାରତ ପାଖରେ ମଧ୍ୟ ଅଛି ।

ଦେଶର ଆର୍ଥିକ ବିକାଶ ସେତେବେଳ ପର୍ଯ୍ୟନ୍ତ ହୋଇ ପାରିବ ନାହିଁ ଯେତେବେଳ ପର୍ଯ୍ୟନ୍ତ ଏଥିରେ ଗାଁକୁ ମିଶା ନ ଯାଇଛି । ନରେନ୍ଦ୍ର ମୋଦି ଏହି କଥାକୁ ଭଲ ଭାବେ ବୁଝନ୍ତି । ଏଥିପାଇଁ ସେ ପ୍ରଧାନମନ୍ତ୍ରୀ ହେବାର କିଛି ମାସ ମଧ୍ୟରେ ସାଂସଦ ଆଦର୍ଶ ଗ୍ରାମ ଯୋଜନାର ଆରମ୍ଭ କଲେ । ଏହି ଯୋଜନାକୁ ଆରମ୍ଭ କରିବାକୁ ଯାଇ ନରେନ୍ଦ୍ର ମୋଦି କହିଲେ ଯେ ଏଥିରୁ ଭଲ ରାଜନୀତିର ଦ୍ୱାର ଖୋଲିବ । ସେ ସମସ୍ତ ସାଂସଦଙ୍କୁ ବିକାଶ ପାଇଁ ଗୋଟିଏ-ଗୋଟିଏ ଗାଁ ବାଛିବାକୁ ଅତିରିକ୍ତ ପ୍ରାର୍ଥନା କଲେ ଓ କହିଲେ ଯେ ଏହି ବିକାଶ ଯୋଗାଣ ଆଧାରିତ ମଣ୍ଡଳ ପରିବର୍ତ୍ତେ ଦାବି ଓ ଆବଶ୍ୟକ ଏବଂ ଜନତାଙ୍କ ଭାଗିଦାରୀ ଉପରେ ଆଧାରିତ ହେବା ଉଚିତ । ପ୍ରଧାନମନ୍ତ୍ରୀ କହିଲେ ଯେ ପ୍ରାୟତଃ ଗାଁରେ ବିକାଶ ଯୋଗାଣ ଉପଲବ୍ଧତା ଅନୁରୂପ କରାଯାଇଥାଏ । ସେ କହିଲେ ଯେ ସାଂସଦ ଆଦର୍ଶ ଯୋଜନାର ତିନୋଟି ଅଦ୍ଭୁତ ବିଶେଷତା ରହିବା ଉଚିତ । ଏହା ଦାବି ଉପରେ ଆଧାରିତ ହେବ, ସମାଜ ଦ୍ୱାରା ପ୍ରେରିତ ହେବ ଓ ଏଥିରେ ଜନତାଙ୍କ ଭାଗିଦାରୀ ରହିବା ଉଚିତ । ମୋଦି କହିଲେ ଯେ ଲୋକତନ୍ତ୍ର ଓ ରାଜନୀତିକୁ ଅଲଗା କରାଯାଇ ପାରିବ ନାହିଁ ହେଲେ ଖରାପ ରାଜନୀତି ଦ୍ୱାରା ପ୍ରାୟତଃ କ୍ଷତି ହୋଇଥାଏ । ଏହି ଯୋଜନା

ଉତ୍ତମ ରାଜନୀତି ଆଡ଼କୁ ଆଗେଇବାର ପ୍ରେରଣା ଦେବ ଓ ସାଂସଦ ସାହାଯ୍ୟକାରୀ ଓ ଉତ୍ପେରକ ରୂପେ ଭୂମିକା ନିର୍ବାହ କରିବେ ।

ଯୋଜନାର ଦିଗ ନିର୍ଦ୍ଦେଶ ଜାରୀ କରିବା ପରେ ସମାରୋହକୁ ସମ୍ବୋଧିତ କରିବାକୁ ଯାଇ ପ୍ରଧାନମନ୍ତ୍ରୀ କହିଲେ ଯେ ସ୍ୱାଧୀନତା ପରେ ଏ ପର୍ଯ୍ୟନ୍ତ ସମସ୍ତ ସରକାର ଗ୍ରାମୀଣ ବିକାଶ ପାଇଁ କାମ କରିଛନ୍ତି । ଏହି ପ୍ରୟାସଗୁଡ଼ିକ ମଧ୍ୟରେ ସମୟ ସହିତ ସଂଶୋଧନ କରାଯିବା ଉଚିତ ଅତଏବ ବିଶ୍ୱରେ ଆସୁଥିବା ପରିବର୍ତ୍ତନର ଅନୁରୂପ ଆଗକୁ ଯାଇ ହେବ । ସେ କହିଲେ ପରନ୍ତୁ ଦେଶ ସାରା ସରକାରୀ ସ୍କିମ୍ ଉପରେ କାମ କରାଯାଉଛି ହେଲେ ପ୍ରତ୍ୟେକ ରାଜ୍ୟରେ କିଛି ଏମିତି ଗାଁ ଅଛନ୍ତି ଯାହାଙ୍କ ଉପରେ ଗର୍ବ କରାଯାଇପାରେ । ଏମିତି ଲାଗେ ଯେ ଏହି ଗାଁଗୁଡ଼ିକରେ ନେତୃତ୍ୱ ଓ ଜନତା ସରକାରୀ ସ୍କିମ୍ ବ୍ୟତୀତ କିଛି ଅତିରିକ୍ତ ପ୍ରୟାସ କରିଛନ୍ତି । ପ୍ରଧାନମନ୍ତ୍ରୀ କହିଲେ ଯେ ସାଂସଦ ଆଦର୍ଶ ଗ୍ରାମ ଯୋଜନା ପଛରେ ମଧ୍ୟ କିଛି ଅତିରିକ୍ତ ପ୍ରୟାସ କରାଯିବାର ଭାବନା ଅଛି ।

ନରେନ୍ଦ୍ର ମୋଦି କହିଲେ ଯେ ସାଂସଦ ଆଦର୍ଶ ଗ୍ରାମ ଯୋଜନା ସାଂସଦଙ୍କ ନେତୃତ୍ୱରେ କାମ କରିବ । ୨୦୧୬ ପର୍ଯ୍ୟନ୍ତ ପ୍ରତ୍ୟେକ ସାଂସଦ ଗୋଟିଏ-ଗୋଟିଏ ଗାଁକୁ ବିକସିତ କରିବେ ଓ ପରେ ୨୦୧୯ ପର୍ଯ୍ୟନ୍ତ ଆଉ ଦୁଇଟି ଗାଁର ବିକାଶ ହେବ । ପ୍ରଧାନମନ୍ତ୍ରୀ କହିଲେ ଯେ ଯଦି ରାଜ୍ୟ ସରକାର ମଧ୍ୟ ବିଧାୟକଙ୍କୁ ଏହି ଯୋଜନା ପାଇଁ କାମ କରିବାକୁ ପ୍ରୋତ୍ସାହିତ କରନ୍ତି ତେବେ ଏହି ସମୟ ସୀମା ମଧ୍ୟରେ ଆହୁରି ୫ ରୁ ୬ ଗାଁକୁ ବିକସିତ କରାଯାଇ ପାରିବ । ସେ କହିଲେ ଯେ ଯଦି ପ୍ରତ୍ୟେକ ବ୍ଲକ୍‌ରେ ଗୋଟିଏ ଗାଁ ବିକଶିତ କରାଯାଉଛି ତେବେ ଏହାର ଅନୁକୂଳ ପ୍ରଭାବ ବ୍ଲକ୍‌ର ଅନ୍ୟ ଗାଁ ଉପରେ ପଡ଼ିବ । ପ୍ରଧାନମନ୍ତ୍ରୀ କହିଲେ ଯେ ବିଭିନ୍ନ ସରକାରୀ ଯୋଜନା ପ୍ରାୟତଃ ଭିନ୍ନ ସଂଚାଳିତ କରାଯାଏ, କିନ୍ତୁ ସାଂସଦ ଆଦର୍ଶ ଗ୍ରାମ ଯୋଜନା ସାଂସଦଙ୍କୁ ଏହି ଯୋଜନାର ବାଧାଗୁଡ଼ିକୁ ଉଜାଗର କରିବାର ସୁଯୋଗ ଦେବ, ଯଦ୍ୱାରା ପରିଣାମନ୍ମୁଖ ଦୃଷ୍ଟିକୋଣ ବିକଶିତ କରାଯାଇ ପାରିବ । ପ୍ରଧାନମନ୍ତ୍ରୀ କହିଲେ ଯେ ସାଂସଦ ନିଜ ଅଞ୍ଚଳରେ ଯେ କୌଣସି ଗାଁ ବାଛିବାରେ ସ୍ୱତନ୍ତ୍ର ହେବେ କିନ୍ତୁ ସେମାନେ ନିଜ ଗାଁ କିମ୍ବା ତାଙ୍କ ଶ୍ୱଶୁର ଘର ଗାଁକୁ ବାଛି ପାରିବେ ନାହିଁ । ପ୍ରଧାନମନ୍ତ୍ରୀ କହିଲେ ଯେ ସାଂସଦ ଆଦର୍ଶ ଗ୍ରାମ ଯୋଜନା ବିକାଶ ପ୍ରତି ନମନଶୀଳ ଦୃଷ୍ଟିକୋଣ ପ୍ରଦାନ କରିବେ ଓ ସେ ଆଶା ବ୍ୟକ୍ତ କଲେ ଯେ ଆଦର୍ଶ ଗ୍ରାମ, ଗ୍ରାମୀଣ ବିକାଶ ସମ୍ବନ୍ଧରେ ଶିଖିବାକୁ ଇଚ୍ଛୁକ ଲୋକଙ୍କ ପାଇଁ ତୀର୍ଥ ସ୍ଥାନ ହୋଇଯିବେ ।

ଗ୍ରାମୀଣ ବିକାଶ ମନ୍ତ୍ରାଳୟ ତରଫରୁ ଦିଆଯାଇଥିବା ସୂଚନା ମୁତାବକ ସାଂସଦ ଆଦର୍ଶ ଗ୍ରାମ ଯୋଜନା (ଏସ୍‌ଏଜିୱାଇ) ମାଧ୍ୟମରେ ପ୍ରତ୍ୟେକ ସାଂସଦ ୨୦୧୯ ମସିହା ପର୍ଯ୍ୟନ୍ତ ତିନୋଟି ଗ୍ରାମରେ ମୌଳିକ ଏବଂ ସଂସ୍ଥାଗତ ଢ଼ାଞ୍ଚା ବିକଶିତ କରିବାର ଦାୟିତ୍ୱ ନେବେ । ଏହା ମାଧ୍ୟମରେ ମାର୍ଚ୍ଚ ୨୦୧୯ ପର୍ଯ୍ୟନ୍ତ ତିନୋଟି ଆଦର୍ଶ ଗ୍ରାମକୁ ବିକଶିତ କରିବାର ଲକ୍ଷ୍ୟ ଅଛି, ଯେଉଁଥିରୁ ଗୋଟିଏ ଆଦର୍ଶ ଗ୍ରାମକୁ ୨୦୧୬ ମସିହା ପର୍ଯ୍ୟନ୍ତ ବିକଶିତ କରିବାକୁ ପଡ଼ିବ । ଏହା ପରେ ପାଞ୍ଚଟି ଏମିତି ଆଦର୍ଶ ଗ୍ରାମ (ପ୍ରତି ବର୍ଷ ଗୋଟିଏ ଗାଁ)କୁ ବଛାଯିବ ଓ ସେଗୁଡ଼ିକର ବିକାଶ କାର୍ଯ୍ୟକୁ ୨୦୨୪ ମସିହା ପର୍ଯ୍ୟନ୍ତ ଫଳପ୍ରଦ କରାଯିବ । ଏହାର ଉଦ୍ଦେଶ୍ୟ ଗାଁଗୁଡ଼ିକରେ ରହୁଥିବା ଲୋକଙ୍କୁ ଉନ୍ନତ ମୌଳିକ ସୁବିଧା ଓ ଖୁବ୍‌ଭଲ ସୁଯୋଗ ଉପଲବ୍ଧ କରାଇବା, ଯଦ୍ୱାରା ସେମାନେ ନିଜ ଭାଗ୍ୟ ନିଜେ ତିଆରି କରିବାରେ ସମର୍ଥ ହୋଇ ପାରିବେ । ମହାତ୍ମା ଗାନ୍ଧିଙ୍କ ସିଦ୍ଧାନ୍ତ ଏବଂ ମୂଲ୍ୟ ଦ୍ୱାରା ପ୍ରେରିତ ହୋଇ ଏହି ଯୋଜନା ମାଧ୍ୟମରେ ରାଷ୍ଟ୍ରୀୟ ଗୌରବ, ଦେଶଭକ୍ତି, ସାମୁଦାୟିକ ଭାବନା ଏବଂ ଆତ୍ମବିଶ୍ୱାସର ମୂଲ୍ୟକୁ ଆପଣାଇବା ଓ ଆବଶ୍ୟକ ଢ଼ାଞ୍ଚା ବିକଶିତ କରିବା ଉପରେ ମଧ୍ୟ ସମାନ ଜୋର୍ ଦିଆଯାଇଛି । ଏହି ଯୋଜନା ଅଭୁତ ଓ ପରିବର୍ତ୍ତନକାରୀ ଅଟେ, କାହିଁକିନା ଏଥିରେ ସମଗ୍ର ବିକାଶର ଦୃଷ୍ଟିକୋଣ ଗ୍ରହଣ କରାଯାଇଛି । ଏହା

ମାଧ୍ୟମରେ ମନୋନୟନ ଗାଁଗୁଡ଼ିକରେ କୃଷି, ସ୍ୱାସ୍ଥ୍ୟ, ପରିଷ୍କାର-ପରିଚ୍ଛନ୍ନତା, ଜୀବିକା, ପାରିପାର୍ଶ୍ୱ, ଶିକ୍ଷା ଇତ୍ୟାଦି କ୍ଷେତ୍ରଗୁଡ଼ିକର ଏକୀକୃତ ବିକାଶ କରାଯିବ । 'ଏସ୍ଏଜିୱାଇ' ମାଧ୍ୟମରେ ନା କେବଳ ଢ଼ାଞ୍ଚାଗତ ବିକାଶ ଉପରେ ଧ୍ୟାନ ଦିଆଯିବ, ବରଂ ଗାଁଗୁଡ଼ିକରେ ରହୁଥିବା ଲୋକଙ୍କୁ କିଛି ଖାସ୍ ମୂଲ୍ୟଗୁଡ଼ିକୁ ନିଜ ଜୀବନରେ ଆପଣାଇବା ପାଇଁ ମଧ୍ୟ ପ୍ରେରିତ କରାଯିବ, ଅତଏବ ସେମାନେ ଅନ୍ୟ ଲୋକଙ୍କ ପାଇଁ ଆଦର୍ଶ ପ୍ରମାଣିତ ହୋଇ ପାରିବେ । ଜନ ଭାଗିଦାରୀ, ଅନ୍ତୋଦୟ, ମହିଳାଙ୍କ ସହ ସମାନତାର ଭାବ, ମହିଳାଙ୍କ ସମ୍ମାନ, ସାମାଜିକ ନ୍ୟାୟ, ସାମୁଦାୟିକ ସେବାର ଭାବନା, ସ୍ୱଚ୍ଛତା, ପାରିପାର୍ଶ୍ୱ ଅନୁକୂଳତାର ଧ୍ୟାନ ରଖିବା, ଶାନ୍ତି ଓ ସଦ୍‌ଭାବର ସ୍ମରଣ ରଖିବା, ପରସ୍ପର ସହଯୋଗ, ସ୍ଥାନୀୟ ସ୍ତରରେ ସ୍ୱଶାସନ, ପରିସ୍ଥିତିର ସନ୍ତୁଳନ, ଆତ୍ମନିର୍ଭରତା ଓ ସାର୍ବଜନିକ ଜୀବନରେ ପାରଦର୍ଶିତା ଏବଂ ଉତ୍ତରଦାୟୀ ଇତ୍ୟାଦି ଏହି ମୂଲ୍ୟଗୁଡ଼ିକ ମଧ୍ୟରେ ସାମିଲ ଅଛନ୍ତି ।

ସାଂସଦ ହିଁ ଏହି ଯୋଜନାର ସ୍ତମ୍ଭ ଅଟନ୍ତି । ଗ୍ରାମ ପଞ୍ଚାୟତ ବିକାଶ ପାଇଁ ମୌଳିକ ଏକକ ହେବ । ଏହାର ବସତି ସମତଳ କ୍ଷେତ୍ରରେ ୩୦୦୦-୫୦୦୦ ଓ ପାହାଡ଼ିଆ, ଜନଜାତୀୟ ଏବଂ ଦୁର୍ଗମ କ୍ଷେତ୍ରରେ ୧୦୦୦-୩୦୦୦ ହେବ । ଯେଉଁ ଜିଲ୍ଲାମାନଙ୍କରେ ଏକକର ଆକାର ଉପଲବ୍ଧ ନାହିଁ, ସେଠାରେ ଅପେକ୍ଷିତ ବସତି ଥିବା ଗ୍ରାମ ପଞ୍ଚାୟତର ନିର୍ବାଚନ କରାଯାଇ ପାରିବ । ଅଦ୍ୟାପି ପ୍ରତ୍ୟେକ ସାଂସଦ ତିନୋଟି ଗ୍ରାମକୁ ଗ୍ରହଣ କରୁଛନ୍ତି ତଥାପି ଏହି ଯୋଜନା ମାଧ୍ୟମରେ ଆଗାମୀ ପାଞ୍ଚବର୍ଷ ସମୟରେ ୨୩୭୯ ଗ୍ରାମ ପଞ୍ଚାୟତର ବିକାଶ କରାଯାଇ ପାରିବ । ଲୋକସଭାରେ ୫୪୩ ସାଂସଦ ଓ ରାଜ୍ୟସଭାରେ ୨୫୦ ସାଂସଦ ଅଛନ୍ତି, ଯେଉଁମାନଙ୍କ ମଧ୍ୟରେ ୧୨ ଜଣ ମନୋନୀତ । ସାଂସଦ ଆଦର୍ଶ ଗ୍ରାମ ରୂପେ ବିକଶିତ କରିବା ପାଇଁ କୌଣସି ମଧ୍ୟ ଉପଯୁକ୍ତ ଗ୍ରାମ ପଞ୍ଚାୟତକୁ ନିଜ ଇଚ୍ଛାରେ ବାଛି ପାରିବେ । ଏଥିରେ ସାଂସଦଙ୍କ ନିଜର କିମ୍ବା ତାଙ୍କ ସ୍ୱାମୀ/ସ୍ତ୍ରୀ ର ଗାଁ ସାମିଲ ହେବନାହିଁ । ଭାରତରେ ୨,୬୫,୦୦୦ ଗ୍ରାମ ପଞ୍ଚାୟତ ଅଛି ।

ଏହି ଯୋଜନାର କ୍ରିୟାନ୍ୱୟନ ଗ୍ରାମ ବିକାଶ ଯୋଜନା ଜରିଆରେ କରାଯିବ, ଯାହାକୁ ପ୍ରତ୍ୟେକ ନିର୍ବାଚିତ ଗ୍ରାମ ପଞ୍ଚାୟତ ପାଇଁ ପ୍ରସ୍ତୁତ କରାଯିବ । ଏହା ମାଧ୍ୟମରେ ପ୍ରତ୍ୟେକ ଗରିବ ପରିବାରକୁ ଦାରିଦ୍ର୍ୟତା କବଳରୁ ମୁକୁଳିବା ଯୋଗ୍ୟ କରାଯିବ । ଏହି ଲକ୍ଷ୍ୟକୁ ପାଇବାରେ ଯେତେ ମଧ୍ୟ ଅର୍ଥର ଅଭାବ ଅନୁଭବ କରାଯିବ, ତାହାର ପରିପୂର୍ଣ୍ଣକରଣ ନିର୍ବାଚନ ଆଞ୍ଚଳିକ ପାଣ୍ଠି 'ଏମ୍‌ପିଏଲ୍ଏଡି'ରୁ କରାଯିବ । ପ୍ରତ୍ୟେକ ଗାଁରେ ନିୟୋଜନର ପ୍ରକ୍ରିୟାକୁ ସହଭାଗିତା ଜରିଆରେ ପରିଣାମ ଦିଆଯିବ, ଯେଉଁଥିରେ ସମନ୍ୱୟ ସ୍ଥାପିତ କରିବାର କାମ ଜିଲାଧିକାରୀ କରିବେ । ସାଂସଦ ଏହି କଠିନ କାର୍ଯ୍ୟକୁ ସଫଳ କରିବା ପାଇଁ ସକ୍ରିୟ ଭୂମିକା ଅନୁଗମନ କରିବେ ।

ସାଂସଦ ଆଦର୍ଶ ଗ୍ରାମ ଯୋଜନା ମାଧ୍ୟମରେ ସାମୁଦାୟିକ ଭାଗିଦାରୀ ଉପରେ ଧ୍ୟାନ କେନ୍ଦ୍ରିତ କରାଯାଇଛି । ସରକାର ମାନୁଛନ୍ତି ଯେ ସାମାଜିକ କାର୍ଯ୍ୟଗୁଡ଼ିକୁ ସମ୍ପୂର୍ଣ୍ଣ କରିବାରେ ଗ୍ରାମୀଣ ସମୁଦାୟର ଭାଗିଦାରୀରେ ଗ୍ରାମରେ ଅନ୍ୟ ବିକାଶ କାର୍ଯ୍ୟ ମଧ୍ୟ ସମ୍ପୂର୍ଣ୍ଣ ହୋଇପାରିବ । ଉଦାହରଣସ୍ୱରୂପ, ନିର୍ବାଚିତ ଗ୍ରାମରେ ରହୁଥିବା ସମସ୍ତ ବୟସର ଲୋକଙ୍କ ମଧ୍ୟରେ ମଦ୍ୟପାନ କରିବା, ଧୂମ୍ରପାନ କରିବା, ନିଶା ଔଷଧ/ତମାଖୁ/ଗୁଟ୍‌ଖା ଇତ୍ୟାଦିର ସେବନ କରିବାର ପ୍ରବୃତ୍ତି ହ୍ରାସ ହୋଇପାରିବ । ସାଂସଦ ଆଦର୍ଶ ଗ୍ରାମ ଯୋଜନାର ଆଉ ଏକ ମହତ୍ ଉଦ୍ଦେଶ୍ୟ ଦୃଢ଼ ଏବଂ ପାରଦର୍ଶୀ ଗ୍ରାମ ପଞ୍ଚାୟତ ତଥା ସକ୍ରିୟ ଗ୍ରାମସଭା ଜରିଆରେ ସ୍ଥାନୀୟ ଲୋକତନ୍ତ୍ରକୁ ଦୃଢ଼ କରିବା ଏହିରୂପେ ସୁଶାସନ ସୁନିଶ୍ଚିତ କରିବା । ଏହା ମାଧ୍ୟମରେ ନିର୍ଣ୍ଣୟ ନେବା ପ୍ରକ୍ରିୟାରେ ମହିଳାଙ୍କ ଭାଗିଦାରୀକୁ ପ୍ରୋତ୍ସାହିତ କରାଯିବ । ପ୍ରକୃତ ପକ୍ଷେ, ଏହି ଯୋଜନା ମାଧ୍ୟମରେ ମହିଳା ଏବଂ ଶିଶୁଙ୍କ ସମ୍ବନ୍ଧୀୟ ବିଶେଷ ପ୍ରସଙ୍ଗ ଉପରେ ବିଚାର-ବିମର୍ଶ ପାଇଁ ମହିଳା ସଭା ଓ ବାଳ ସଭାର ଆୟୋଜନ ମଧ୍ୟ କରିବାକୁ ହେବ ।

ସାଂସଦ ଆଦର୍ଶ ଗ୍ରାମ ଯୋଜନାର ଏକ ଉଦ୍ଦେଶ୍ୟ ସମସ୍ତଙ୍କ ପାଇଁ ଶିକ୍ଷା ସୁବିଧା, ବୟସ୍କ ସାକ୍ଷରତା, ଇ-ସାକ୍ଷରତା ମଧ୍ୟ ସୁଲଭ କରାଇବା । ଶିକ୍ଷା ବ୍ୟତୀତ, ଏହି ଗାଁଗୁଡ଼ିକରେ ଉଚ୍ଚ ଗୁଣବତ୍ତା ସମ୍ପନ୍ନ ସ୍ୱାସ୍ଥ୍ୟ ସୁବିଧା ମଧ୍ୟ ରହିବ । ଏଥିରେ ଶତ ପ୍ରତିଶତ ଟିକାକରଣ, ଶତ ପ୍ରତିଶତ ସଂସ୍ଥାଗତ ଡେଲିଭରୀ, ଆଇଏମ୍‌ଆର ଏବଂ ଏମ୍‌ଏମ୍‌ଆର ରେ ହ୍ରାସ, ଶିଶୁଙ୍କ ମଧ୍ୟରେ କୁପୋଷଣର ଅଭାବ ସମସ୍ୟାରୁ ମୁକ୍ତି ଇତ୍ୟାଦି ମିଳିବା ସମ୍ଭବ ହୋଇପାରିବ । ଏହି ଯୋଜନାକୁ ସଫଳ କରିବା ପାଇଁ ଉନ୍ନତ ଶିକ୍ଷ କୌଶଳକୁ ଗ୍ରହଣ କରିବା ସଙ୍ଗେ-ସଙ୍ଗେ ନୂଆ ବିଚାର ଉପରେ ମଧ୍ୟ ଧ୍ୟାନ କେନ୍ଦ୍ରିତ କରାଯିବ । ମସଲନ, ନିଯୋଜନ ପାଇଁ ଅନ୍ତରୀକ୍ଷ ଏବଂ ସୁଦୂର ସମ୍ବେଦୀ ସାଧନ, ଯୋଜନାର ତଦାରଖ ପାଇଁ ମୋବାଇଲ ଆଧାରିତ କୌଶଳ, ଉତ୍ପାଦକତା ବଢ଼ାଇବା ପାଇଁ କୃଷି କୌଶଳ ଇତ୍ୟାଦିର ବ୍ୟବହାର କରାଯିବ ।

ଏହି ଯୋଜନା ପାଇଁ ରାଷ୍ଟ୍ରୀୟ ସ୍ତରରେ ଗୋଟିଏ ଅଲଗା ଏବଂ ୱେବ୍ ଆଧାରିତ ବାସ୍ତବିକ ସମୟ ଦର୍ଶାଉଥିବା ମନିଟରିଂ ପ୍ରଣାଳୀ ସ୍ଥାପିତ କରାଯିବ, ଯେଉଁଥିରେ ସମସ୍ତ ପ୍ରାଥମିକତାକୁ ବିସ୍ତାରିତ କରାଯିବ । ମନ୍ତ୍ରାଳୟ ଗ୍ରାମ ପଞ୍ଚାୟତ ସମେତ ବିଭିନ୍ନ ସ୍ତରରେ ସରକାରୀ ପଦାଧିକାରୀଙ୍କ ପାଇଁ ବିଶେଷ ରୂପେ ପ୍ରସ୍ତୁତ କରାଯାଇଥିବା କ୍ଷମତା ସୃଜନ କାର୍ଯ୍ୟକ୍ରମ ଆରମ୍ଭ କରିବ । ରାଜ୍ୟ ସ୍ତରରେ ମୁଖ୍ୟ ସଚିବଙ୍କ ନେତୃତ୍ୱରେ ଏକ ଉଚ୍ଚାଧିକାର ପ୍ରାପ୍ତ ସମିତି ରହିବ, ଯେଉଁଥିରେ ସମ୍ପୃକ୍ତ ବିଭାଗର ପଦାଧିକାରୀଙ୍କ ବ୍ୟତୀତ ବିଶେଷଜ୍ଞ ଓ ସିଭିଲ ସୋସାଇଟିର ଅତି କମ୍‌ରେ ଦୁଇଜଣ ପ୍ରତିନିଧି ମଧ୍ୟ ରହିବେ । ସାଂସଦ ଆଦର୍ଶ ଗ୍ରାମ ଯୋଜନାର କ୍ରିୟାନ୍ୱୟନ ପାଇଁ ଜିଲାଧିକାରୀକୁ ପ୍ରମୁଖ ଅଧିକାରୀ କରାଯାଇଛି । ସେ ଏହି ଯୋଜନାରେ ସଭାପତିତ୍ୱ କରୁଥିବା ବିଭାଗର ପ୍ରତିନିଧିଙ୍କ ସହ ପ୍ରତି ମାସରେ ଏହାର ସମୀକ୍ଷା କରିବେ । ସମ୍ପୃକ୍ତ ସାଂସଦ ଏହି ସମୀକ୍ଷା ବୈଠକର ଅଧ୍ୟକ୍ଷତା କରିବେ ।

ନିର୍ବାଚନ ପରିଚାଳନା

ଯେ କୌଣସି ମଣିଷ ଜୀବନରେ ପରିଚାଳନାର ମହତ୍ୱ ଅଧିକ । ଏହା ବିନା ସଫଳତାର ଆଶା କେହି କରି ପାରିବେ ନାହିଁ । ଜୀବନର ଯେ କୌଣସି କ୍ଷେତ୍ରରେ ଯଦି ସଫଳତା ଦରକାର ତେବେ ଏଥିପାଇଁ ଅନେକ ସ୍ତରରେ ପରିଚାଳନା ଦକ୍ଷତା ଆବଶ୍ୟକ ହୋଇଥାଏ । ବ୍ୟବସାୟୀକ ଜୀବନ ବ୍ୟତୀତ ବ୍ୟକ୍ତିଗତ ଜୀବନରେ ମଧ୍ୟ ପରିଚାଳନାର ଅସାଧାରଣ ମହତ୍ୱ ଅଛି । ଯେଉଁ ଲୋକ ନିଜ ସମୟ ଓ ସଂସାଧନ ସମେତ ଅନ୍ୟ ଜିନିଷର ପରିଚାଳନା ଉଚିତ ଢଙ୍ଗରେ କରନ୍ତି, ସେମାନେ ନିଜ ଜୀବନରେ ପ୍ରସନ୍ନ ରୁହନ୍ତି । ସେହିଠାରେ ଯେଉଁମାନେ ଉଚିତ୍ ଢଙ୍ଗରେ ପରିଚାଳନା କରିପାରନ୍ତି ନାହିଁ, ସେମାନେ ପ୍ରାୟତଃ ସମୟର ଅଭାବ କୁହନ୍ତି ଓ ଦୁଃଖୀ ରୁହନ୍ତି । କୁହାଯାଏ ଯେ ପରିଚାଳନା ଦକ୍ଷତାର ଆବଶ୍ୟକତା ଜୀବନର ପ୍ରତ୍ୟେକ କ୍ଷେତ୍ରରେ ଅଛି ।

ଆମେ ଏ ବିଷୟରେ ନରେନ୍ଦ୍ର ମୋଦିଙ୍କ ଠାରୁ ଯଥେଷ୍ଟ କିଛି ଶିଖି ପାରିବା । ଅନେକ ଥର ଲୋକ ଛୋଟ-ଛୋଟ ସମସ୍ୟାକୁ ଉଚିତ୍ ଢଙ୍ଗରେ ପରିଚାଳନା କରିପାରନ୍ତି ନାହିଁ । ଏହି କାରଣରୁ ସମସ୍ୟା ଉତ୍ପତି ହୋଇଥାନ୍ତି । ଏହି ସମସ୍ୟାଗୁଡ଼ିକୁ ନିଜର ଅସଫଳତା ଭାବିବାରୁ ମୁକ୍ତି ପାଇବା ପାଇଁ ମଣିଷ ଭିନ୍ନ-ଭିନ୍ନ ବାହାନା କରିଥାଏ । ସମସ୍ୟାକୁ ବଢ଼େଇ-ଚଢ଼େଇ କୁହେ ଓ କୁହେ ଯେ ଏହା ତ' ହୋଇ ପାରି ନଥାନ୍ତା । ହେଲେ ଏମିତି ଲୋକଙ୍କ ପାଇଁ ନରେନ୍ଦ୍ର ମୋଦି ଜଣେ ଦୃଷ୍ଟାନ୍ତ । ତାଙ୍କୁ ଦଳ ତରଫରୁ ଯେଉଁ ଦାୟିତ୍ୱ ମିଳିଲା, ସେ ଛୋଟ ହେଉ ଅଥବା ବଡ଼, ନିଜ ପରିଚାଳନା ଦକ୍ଷତା ବ୍ୟବହାର କରି ସେହି ଦାୟିତ୍ୱକୁ ସମ୍ପୂର୍ଣ୍ଣ କଲେ । ନରେନ୍ଦ୍ର ମୋଦିଙ୍କ ପରିଚାଳନା ଦକ୍ଷତା ତା'ର ଚରମରେ ଖାସ୍ ରୂପେ ଦୁଇଟି ଜାଗାରେ ଦେଖାଯାଏ । ପ୍ରଥମତଃ ନିର୍ବାଚନରେ ଓ ଦ୍ୱିତୀୟତଃ ନିର୍ବାଚନରେ ବିଜୟୀ ହେବା ପରେ ସରକାର ଚଳାଇବାରେ । ଏହି ଅଧ୍ୟାୟରେ ଆମେ ତାଙ୍କ ନିର୍ବାଚନୀ ପରିଚାଳନା ଦକ୍ଷତାକୁ ବୁଝିବା । କାହିଁକିନା ନିର୍ବାଚନର ପରିଚାଳନା ଖୁବ୍ ଜଟିଳ ହୋଇଥାଏ । ଆମେ ଏହା ଜାଣିବାକୁ ଚେଷ୍ଟା କରିବା ଯେ ଅଦ୍ୟପି ଉଚିତ୍ ପରିଚାଳନାରେ ନିର୍ବାଚନ ଭଳି ବଡ଼ କାମକୁ ସଫଳତାପୂର୍ବକ କରାଯାଇପାରେ ତେବେ ପୁନଃ ଜୀବନର ଅନ୍ୟ କ୍ଷେତ୍ରରେ ପରିଚାଳନା ଦକ୍ଷତାର ବ୍ୟବହାର କରି ଶେଷରେ କାହିଁକି ସଫଳ ହୋଇପାରିବା ନାହିଁ ।

ନରେନ୍ଦ୍ର ମୋଦି ପରିଶ୍ରମ ଓ ପରିଚାଳନା ଦକ୍ଷତା ବଳରେ ନିଜର ଦାୟିତ୍ୱକୁ ସମ୍ପୂର୍ଣ୍ଣ କରିବାର ଚିତ୍ର ସେତେବେଳୁ ତିଆରି କଲେ ଯେତେବେଳେ ସେ ସାର୍ବଜନିକ ଜୀବନରେ କାମ କରିବା ଆରମ୍ଭ କରିଥିଲେ । ଯେତେବେଳେ ସେ ଦଳ ପାଇଁ କାମ କରୁଥିଲେ, ସେତେବେଳେ ମଧ୍ୟ ସେ ଏହି ଢଙ୍ଗରେ କାମ କଲେ । ତାଙ୍କ ଦଳ ଭାଜପାର ବରିଷ୍ଠ ନେତାମାନେ ତାଙ୍କୁ ଏମିତି କ୍ଷେତ୍ରରେ ସମସ୍ୟାଗୁଡ଼ିକର ନିବାରଣ କରିବା ପାଇଁ ପଠାଇଲେ ଯାହା ଦଳର ବିକାଶ ପାଇଁ ଅସୀମ ମହତ୍ୱପୂର୍ଣ୍ଣ ଥିଲା । ସେହି କ୍ଷେତ୍ରଗୁଡ଼ିକୁ ମଧ୍ୟ ଯାଇ ନରେନ୍ଦ୍ର ମୋଦି ଦଳର ଆଶା ମୁତାବକ କାମ କଲେ । ଯେତେବେଳେ ମଧ୍ୟ ତାଙ୍କୁ ଦଳରେ କୌଣସି ଦାୟିତ୍ୱ ଦିଆଗଲା, ସେ ସବୁବେଳେ ଆଶାଜନକ କାମ କଲେ । ଚାହିଁଲେ ସେ କୌଣସି ଆହ୍ୱାନପୂର୍ଣ୍ଣ କ୍ଷେତ୍ରରେ ରାଲିର ଆୟୋଜନ କରିବା ହେଉ ଅଥବା ନିର୍ବାଚନ ଅଭିଯାନର ଆୟୋଜନ କରିବା ହେଉ, ନରେନ୍ଦ୍ର ମୋଦି ଏହାର ସଫଳତାକୁ ନେଇ ପର୍ଯ୍ୟାପ୍ତ କାମ କଲେ ।

ନିର୍ବାଚନୀ ପରିଚାଳନାର ଏକ ମୁଖ୍ୟ ଅଂଶ ହେଉଛି ବୁଥ୍ ପରିଚାଳନ । ଅଦ୍ୟପି ବୁଥ୍ ସ୍ତରର ପରିଚାଳନା କୌଣସି ଦଳ ଉଚିତ୍ ଢଙ୍ଗରେ କରି ନଥିବ ତେବେ କୌଣସି ଚମତ୍କାର ହିଁ ତାକୁ ନିର୍ବାଚନରେ ବିଜୟ ଦେଇ ପାରିବ । ନରେନ୍ଦ୍ର ମୋଦି ଏହାର ମହତ୍ୱକୁ ବହୁତ ଭଲ ଭାବେ ବୁଝନ୍ତି । ଏଥିପାଇଁ ସେ ନିଜେ ମଧ୍ୟ ବୁଥ୍ ପରିଚାଳନା ଉପରେ ଜୋର୍ ଦେଇ ଆସିଛନ୍ତି ଓ ଯେତେବେଳେ ତାଙ୍କୁ ନିର୍ବାଚନ ଅଭିଯାନର ନେତୃତ୍ୱ ନେବାର ସୁଯୋଗ ମିଳିଲା ତଥାପି ସେ ଦଳରେ ତାଙ୍କ ସହଯୋଗୀଙ୍କୁ ମଧ୍ୟ ବୁଥ୍ ପରିଚାଳନା ଦିଗରେ ପରିଶ୍ରମ କରି କାମ କରିବାକୁ କହିଛନ୍ତି । ଭାଜପାର ସହଯୋଗୀ ଯୁବା ସଂଗଠନ ଭାରତୀୟ ଜନତା ଯୁବ ମୋର୍ଚ୍ଚାର କାର୍ଯ୍ୟକର୍ତ୍ତାଙ୍କୁ ସମ୍ବୋଧିତ କରିବାକୁ ଯାଇ ନରେନ୍ଦ୍ର ମୋଦି କହିଥିଲେ, 'ବୁଥ୍ ପରିଚାଳନା ନିର୍ବାଚନ ସମୟରେ ବହୁତ ମହତ୍ୱପୂର୍ଣ୍ଣ ଅଟେ । ଯେଉଁ ପ୍ରକାରରେ ଆପଣ ଏକ ଗଡ଼ ଜିତିବା ବିନା ଏକ ଯୁଦ୍ଧ ଜିତି ପାରିବେ ନାହିଁ, ସେହିପରି ଆପଣ ମତଦାନ ବୁଥ୍ ଉପରେ ବିଜୟ ହାସଲ ବିନା କୌଣସି ନିର୍ବାଚନ ଜିତି ପାରିବେ ନାହିଁ । ମତଦାନ ବୁଥ୍ ଉପରେ ବିଜୟୀ ହେବା ନିର୍ବାଚନର ଅସଲ ପରୀକ୍ଷା ।'

ନରେନ୍ଦ୍ର ମୋଦିଙ୍କ ଏହି କଥାରୁ ସ୍ପଷ୍ଟ ଯେ ସେ ନିର୍ବାଚନରେ ବିଜୟ ହାସଲ କରିବା ପାଇଁ ବୁଥ୍ ପରିଚାଳନାକୁ କେତେ ପ୍ରମୁଖ ବୋଲି ମାନନ୍ତି । ସାଧାରଣ ଲୋକଙ୍କ ଜୀବନରେ ଏହାର ଅର୍ଥ କ'ଣ ? ଏହାର ଅର୍ଥ ହେଲା ଯେ ଆପଣ କୌଣସି ବଡ଼ କାମ କରିବାକୁ ଚାହୁଁଛନ୍ତି ହେଲେ ଅଦ୍ୟପି ଆପଣ ମୌଳିକ ସ୍ତରରେ ଆପଣଙ୍କ କାମ ଉଚିତ ଢଙ୍ଗରେ କରିନାହାନ୍ତି ତେବେ ସେହି ସମ୍ପୂର୍ଣ୍ଣ କାମ ସଫଳ ହେବା ସମ୍ଭବ ନୁହେଁ । ଏଥିପାଇଁ ପରିଚାଳନାର ଆବଶ୍ୟକତା କେବଳ ଶୀର୍ଷ ସ୍ତରରେ ନୁହେଁ ବରଂ ସବୁଠାରୁ ଅଧିକ ମୌଳିକ ସ୍ତରରେ ହୋଇଥାଏ ।

ଜଣେ ମେନେଜମେଣ୍ଟ ଗୁରୁ ରୂପେ ନରେନ୍ଦ୍ର ମୋଦି ବୁଥ୍ ପରିଚାଳନାର ମହତ୍ୱ ତାଙ୍କ କାର୍ଯ୍ୟକର୍ତ୍ତାଙ୍କୁ ହିଁ ତ' ବୁଝାନ୍ତି ଏଥିସହ ସେ ସେମାନଙ୍କୁ ଏହା ମଧ୍ୟ କହନ୍ତି ଯେ ଶେଷରେ କେମିତି ଏହି କାର୍ଯ୍ୟକୁ କରାଯିବ । ଯେଉଁ ଭାଷଣର ଉଲ୍ଲେଖ ପୂର୍ବରୁ କରାଯାଇଛି, ସେହି ଭାଷଣରେ ସେ କହିଛନ୍ତି ଯେ ଏହା ମହତ୍ୱପୂର୍ଣ୍ଣ ଯେ ଦଳର କାର୍ଯ୍ୟକର୍ତ୍ତା ଖୁସି ଓ ଦୁଃଖ ସମୟରେ ଲୋକଙ୍କ ସହ କାନ୍ଧରେ କାନ୍ଧ ମିଶାଇ ଠିଆ ହୁଅନ୍ତୁ ଓ ବ୍ୟକ୍ତିଗତ ରୂପେ ତାଙ୍କ ସହ ବ୍ୟକ୍ତିଗତ ପ୍ରଗାଢ଼ତା ବିକଶିତ କରନ୍ତୁ । ନରେନ୍ଦ୍ର ମୋଦିଙ୍କ ଏହି କଥାରେ ବୁଥ୍ ପରିଚାଳନାର ମେନେଜମେଣ୍ଟ ମନ୍ତ୍ର ସ୍ପଷ୍ଟ ରୂପେ ଦେଖାଯାଉଛି । ବିଦ୍ୟମାନ ପରିସ୍ଥିତିରେ ବୁଥ୍ ପରିଚାଳନାର ଅର୍ଥ ଏହା ମନେ କରାଯାଉଛି ଯେ ମତଦାତାଙ୍କୁ ପ୍ରଲୋଭନ ଦେଖାଇ, ଟଙ୍କା ଖର୍ଚ୍ଚ କରି ଓ ନିର୍ବାଚନ ଅଧିକାରୀଙ୍କୁ ଲାଞ୍ଚ ଦେଇ ନିଜ ପକ୍ଷରେ ଭୋଟ୍ କରିନେବା ହିଁ ବୁଥ୍ ପରିଚାଳନା । ସବୁ ପ୍ରକାରେ ଏଥିରୁ କିଛି ଲୋକଙ୍କୁ ନିର୍ବାଚନରେ ବିଜୟ ମିଳିଥିବ ହେଲେ ଏହି ସଫଳତା ଟିକ୍ସି ରହେନାହିଁ ଓ ଜନତାଙ୍କ ନଜରରେ ଏମିତି ଲୋକର ଦିନେ ନା ଦିନେ ମୁଖା ଖୋଲିଯାଏ ହେଲେ ନରେନ୍ଦ୍ର ମୋଦି ଏମିତି କୌଣସି କଥା ବୁଥ୍ ପରିଚାଳନାର ସୂତ୍ର ଶିଖାଇବା କ୍ରମରେ କହୁନାହାନ୍ତି । ସେ ଏମିତି ରାସ୍ତା ଦେଖାଉଛନ୍ତି, ଯାହା ଜରିଆରେ କାର୍ଯ୍ୟକର୍ତ୍ତା ଓ ଜନତାଙ୍କ ମଧ୍ୟରେ କେବଳ ନିର୍ବାଚନୀ ସମ୍ପର୍କ ନ ରହୁ ବରଂ ଏମିତି ଏକ ସମ୍ପର୍କ ତିଆରି ହେଉ ଯାହା ଭାବନା ଆଧାରିତ ହୋଇଥିବ । ସୁସ୍ପଷ୍ଟ ଯେ ଅଦ୍ୟପି କୌଣସି ଦଳର କାର୍ଯ୍ୟକର୍ତ୍ତା ଲୋକଙ୍କ ସୁଖ-ଦୁଃଖରେ ସାମିଲ ରହୁଛି ତେବେ ଲୋକଙ୍କ ତା' ଉପରେ ଭରସା ବଢ଼ିବ ଓ ଏମିତିରେ ଯେଉଁ ସମ୍ପର୍କ ତିଆରି ହେବ ତାହା ଦୀର୍ଘ ସମୟ ପର୍ଯ୍ୟନ୍ତ ଚାଲିବ । ଏଥିରୁ କାର୍ଯ୍ୟକର୍ତ୍ତାର ଦଳକୁ ମଧ୍ୟ ନିର୍ବାଚନରେ ଦୀର୍ଘ ସମୟ ପର୍ଯ୍ୟନ୍ତ ସଫଳତା ମିଳି ଚାଲିବ ।

ନରେନ୍ଦ୍ର ମୋଦି ଜଣେ ପକ୍କା ମେନେଜମେଣ୍ଟ ଗୁରୁ ରୂପେ ଏହି କଥାକୁ ବୁଝନ୍ତି, ଏଥିପାଇଁ ସେ କେବଳ ଗୋଟିଏ ନିର୍ବାଚନକୁ ନଜରରେ ରଖି ବୁଥ୍ ପରିଚାଳନାର କଥା କହୁନାହାନ୍ତି ବରଂ ସେ ତାଙ୍କ କାର୍ଯ୍ୟକର୍ତ୍ତାଙ୍କୁ ଏହି ପ୍ରକାରରେ କାମ କରିବାକୁ କହୁଛନ୍ତି ଅତଏବ ତାଙ୍କ ଦଳକୁ ପ୍ରତ୍ୟେକ ନିର୍ବାଚନରେ

ଅଧିକରୁ ଅଧିକ ସଫଳତା ମିଳୁ । ଗୁଜରାଟରେ ଯେଉଁ ପ୍ରକାରରେ ଲଗାତର୍ ତିନିଥର ନରେନ୍ଦ୍ର ମୋଦିଙ୍କ ନେତୃତ୍ୱରେ ଭାରତୀୟ ଜନତା ପାର୍ଟି ନିର୍ବାଚନ ଜିତିଲା ଓ ପୁନଃ ଏହା ପରେ ଲୋକସଭା ନିର୍ବାଚନରେ ବିଜୟୀ ପତାକା ଉଡ଼ାଇଲା, ସେଥିରୁ କୁହାଯାଇପାରେ ଯେ ନରେନ୍ଦ୍ର ମୋଦି ବୁଥ୍ ପରିଚାଳନା ଦିଗରେ ସଫଳତାପୂର୍ବକ ଯଥେଷ୍ଟ ପରିଶ୍ରମ କରିଥିଲେ ଓ ସେ ଯେଉଁ ଦିଗରେ ତାଙ୍କ କାର୍ଯ୍ୟକର୍ତ୍ତାଙ୍କୁ ବୁଥ୍ ପରିଚାଳନାର ଆଶା କରୁଥିଲେ, ତାଙ୍କ କାର୍ଯ୍ୟକର୍ତ୍ତାମାନେ ସେହି ଦିଗରେ କାମ କଲେ ।

ନରେନ୍ଦ୍ର ମୋଦିଙ୍କ ପରିଚାଳନା ଦକ୍ଷତା ବାବଦରେ ତାଙ୍କ ଆଧିକାରୀକ ୱେବ୍‌ସାଇଟ କହେ, 'ଆଜି ଦୁନିଆ ଏକ ଗତିଶୀଳ ବିକାଶ ପୁରୁଷ ରୂପେ ନରେନ୍ଦ୍ର ମୋଦିଙ୍କୁ ଜାଣିଛି । ଯିଏ ତାଙ୍କ ଗୃହ ରାଜ୍ୟ ଗୁଜରାଟର ପରିଦୃଶ୍ୟକୁ ସମ୍ପୂର୍ଣ୍ଣ ଭାବେ ବଦଳାଇ ଦେଇଛନ୍ତି । ହେଲେ ନିଜର ଜବରଦସ୍ତ ପରିଚାଳନା ଦକ୍ଷତା କାରଣରୁ 'ମାଟିକୁ ସୁନାରେ ପରିବର୍ତ୍ତନ କରି ଦେଉଥିବା ବ୍ୟକ୍ତି' ହେବାର ପ୍ରତିଷ୍ଠା ଅର୍ଜନ କରିବା ପୂର୍ବରୁ ସେ ଭାଜପା ପାଇଁ ଯେ କୌଣସି କ୍ଷେତ୍ରରେ କାମ କଲେ, ସେଥିରେ ସଫଳତାର ନୂଆ ପ୍ରତିବିମ୍ବ ଗଢ଼ିଦେଲେ । ଭାରତ ଓ ବିଶ୍ୱର ଜଣାଶୁଣା ବିଶିଷ୍ଟ ବ୍ୟକ୍ତିଙ୍କ ଘେରରେ ଏବଂ ଏକ ଐଶ୍ୱର୍ଯ୍ୟପୂର୍ଣ୍ଣ ଚାମ୍ବର୍‌ରେ ବସିଥିବା ଏହି ବ୍ୟକ୍ତିଙ୍କୁ ଦେଖି ଏହା ଜାଣିଲେ ଆପଣ ଆଶ୍ଚର୍ଯ୍ୟଚକିତ ହୋଇଯିବେ ଯେ ରାଷ୍ଟ୍ରୀୟ ସ୍ୱୟଂସେବକ ସଂଘରେ ନରେନ୍ଦ୍ର ମୋଦିଙ୍କ ପ୍ରଥମ ଦାୟିତ୍ୱ ଅହମଦାବାଦରେ ରାଷ୍ଟ୍ରୀୟ ସ୍ୱୟଂସେବକ ସଂଘ ମୁଖ୍ୟାଳୟର ଚଟାଣ ସଫା କରିବା ଥିଲା । ତାଙ୍କର 'କର୍ତ୍ତବ୍ୟ' ମଧ୍ୟରେ ସକାଳ ସମୟରେ କ୍ଷୀର ଆଣିବା ଓ କାର୍ଯ୍ୟାଳୟ ପରିସରକୁ ସ୍ୱଚ୍ଛ ରଖିବା ସାମିଲ ଥିଲା । ଏଭଳିକି ସମ୍ମାନ ଦୃଷ୍ଟିରେ ସେ ଅନେକ ଥର ବରିଷ୍ଠ ପ୍ରଚାରକଙ୍କ କପଡ଼ା ମଧ୍ୟ ସଫା କରୁଥିଲେ ।'

ଏହି କଥାଗୁଡ଼ିକର ଉଲ୍ଲେଖ ଏଠାରେ ଏଥିପାଇଁ ଆବଶ୍ୟକ ଅଟେ ଅତଏବ ଏହା ବୁଝିହେଉ ଯେ ପରିଚାଳନା ଦକ୍ଷତାର ଆବଶ୍ୟକତା କେବଳ ନିର୍ବାଚନରେ କିମ୍ବା ବହୁତ ବଡ଼ ମନେ କରାଯାଉଥିବା କାମରେ ହିଁ ନୁହେଁ ବରଂ ପ୍ରତ୍ୟେକ ଛୋଟ-ଛୋଟ କାମରେ ଏହି ଦକ୍ଷତା ଆବଶ୍ୟକ ହୋଇଥାଏ । ଏହି ଘଟଣାର ଉଲ୍ଲେଖ କରିବା ଉଦ୍ଦେଶ୍ୟ ଏହା ମଧ୍ୟ ଅଟେ ଯେ ଆଜି ଯେଉଁ ନରେନ୍ଦ୍ର ମୋଦିଙ୍କ ଜୟ-ଜୟକାର ତାଙ୍କ ନିର୍ବାଚନୀ ପରିଚାଳନା ଓ ସରକାର ଚଳାଇବା ଶୈଳୀକୁ ନେଇ ହେଉଛି, ସେହି ନରେନ୍ଦ୍ର ମୋଦିଙ୍କ ମଧ୍ୟରେ ଏହି ପରିଚାଳନା ଦକ୍ଷତା ଗୋଟିଏ ଦିନରେ ଆସିନାହିଁ ବରଂ ସେ ପ୍ରତ୍ୟେକ ଛୋଟ କାର୍ଯ୍ୟକୁ ନିପୁଣତାର ସହ ସମ୍ପୂର୍ଣ୍ଣ କରି ଏହି ଦକ୍ଷତା ଅର୍ଜିତ କରିଛନ୍ତି ।

ବର୍ତ୍ତମାନ ଆଉଥରେ ଫେରିଯିବା ନରେନ୍ଦ୍ର ମୋଦିଙ୍କ ନିର୍ବାଚନୀ ପରିଚାଳନା ଦକ୍ଷତା ଉପରକୁ । ନରେନ୍ଦ୍ର ମୋଦିଙ୍କୁ ୧୯୮୭ରେ ରାଷ୍ଟ୍ରୀୟ ସ୍ୱୟଂସେବକ ସଂଘ ଭାଜପାକୁ ପଠାଇଲା । ଭାଜପାକୁ ଆସିବା ପରେ ନରେନ୍ଦ୍ର ମୋଦିଙ୍କ ପ୍ରଥମ ପରୀକ୍ଷା ଥିଲା ଅହମଦାବାଦରେ ସେହି ବର୍ଷ ହୋଇଥିବା ନଗର ନିଗମର ନିର୍ବାଚନ । ପରନ୍ତୁ, ୧୯୮୦ ଦଶକର ଆରମ୍ଭରେ ଭାଜପା ରାଜକୋଟ ଓ ଜୁନାଗଡ଼ ନିଗମରେ ସଫଳତା ହାସଲ କରି ସାରିଥିଲା । ବିଧାନସଭାର କିଛି ସିଟ୍ ଉପରେ ଦଳ ବିଜୟ ହାସଲ କରିଥିଲା । କିନ୍ତୁ ଅହମଦାବାଦ ନଗର ନିଗମ ଖୁବ୍‌ବେଶୀ ଗୁରୁତ୍ୱପୂର୍ଣ୍ଣ ଏଥିପାଇଁ ଥିଲା ଯେ ଦଳ ଗୁଜରାଟରେ ତା' ଆସ୍ଥାନ ଜମାଇବାକୁ ଚାହୁଁଥିଲା । ସେହି ସମୟରେ ଗୁଜରାଟରେ ହେଉଥିବା ସମସ୍ତ ପ୍ରକାର ନିର୍ବାଚନରେ କଂଗ୍ରେସର ସମାରୋହ ଥିଲା । ଏମିତିରେ ତାକୁ ହରାଇ ପାରିବା କଠିନ ହୋଇ ଯାଉଥିଲା ।

ନରେନ୍ଦ୍ର ମୋଦି ଏହି ଆହ୍ୱାନକୁ ସ୍ୱୀକାର କଲେ । ସେ ସୂକ୍ଷ୍ମତାର ସହ ସମସ୍ୟାଗୁଡ଼ିକୁ ବୁଝିଲେ । ସମ୍ପୂର୍ଣ୍ଣ ସହରରେ ବ୍ୟାପକ ଓ ସଘନ ଜନସମ୍ପର୍କ ଅଭିଯାନ ଚଳାଇଲେ । ସେ ନିଜେ ଓ ନିଜ ଦଳର କାର୍ଯ୍ୟକର୍ତ୍ତାଙ୍କ ଜରିଆରେ ଲୋକଙ୍କ ପାଖକୁ ତାଙ୍କ ଦଳର ସମାଚାର ପହଞ୍ଚାଇଲେ ଓ ଲୋକଙ୍କୁ କଂଗ୍ରେସର ମନ୍ଦଗୁଣ ବାବଦରେ ମଧ୍ୟ ଅବଗତ କରାଇଲେ । ଏହାର ପରିଣାମ ଏହା ହେଲା ଯେ ଅହମଦାବାଦ ନଗର ନିଗମ ନିର୍ବାଚନରେ ଭାଜପା ବିଜୟ ହାସଲ କଲା । ଏହା ନରେନ୍ଦ୍ର ମୋଦିଙ୍କ ନିର୍ବାଚନ ପରିଚାଳନା

ଦକ୍ଷତାର ପ୍ରଥମ ପରୀକ୍ଷା ଥିଲା । ଯେଉଁଥିରେ ନରେନ୍ଦ୍ର ମୋଦି ପ୍ରଭାବଶାଳୀ ପ୍ରଦର୍ଶନ କରିବାକୁ ଯାଇ ପାସ୍ ହେଲେ । ସେ ନଗର ନିଗମରେ ଦଳକୁ ଏତେ ମଜବୁତ୍ କରିଦେଇଥିଲେ ଯେ ୧୯୮୭ ପରେ ମଧ୍ୟ ଅନେକ ଥର ଦଳ ନଗର ନିଗମ ନିର୍ବାଚନରେ ବିଜୟୀ ହେଲା ।

ଯେତେବେଳେ ନରେନ୍ଦ୍ର ମୋଦି ଗୁଜରାଟରେ କାମ କରିବା ଆରମ୍ଭ କରିଥିଲେ ତଥାପି ସେ ତାଙ୍କ ନିର୍ବାଚନୀ ପରିଚାଳନା ମାଧ୍ୟମରେ ଯାତ୍ରାଗୁଡ଼ିକୁ ଅସାଧାରଣ ମହତ୍ୱ ଦେଇଥିଲେ । ଯାତ୍ରାଗୁଡ଼ିକ ଜରିଆରେ ଲୋକଙ୍କ ସହ ସିଧା କଥୋପକଥନ ହୁଏ ଓ ଏଥିରେ ସମ୍ବନ୍ଧିତ ଦଳ କିମ୍ବା ନେତାଙ୍କ ସମ୍ପର୍କ ଜନତାଙ୍କ ସହ ବଢ଼ିଥାଏ । ଗୁଜରାଟ ଭାଜପାର ମହାମନ୍ତ୍ରୀ ପଦବୀରେ ରହିଥିବା ମୋଦି ୧୯୮୭ ମସିହାରେ ନ୍ୟାୟ ଯାତ୍ରା ବାହାର କଲେ । ସେହିଠାରେ ୧୯୮୯ ମସିହାରେ ସେ ଲୋକଶକ୍ତି ଯାତ୍ରାର ଆୟୋଜନ କରିଥିଲେ । ଏହି ଯାତ୍ରାଗୁଡ଼ିକ ମାଧ୍ୟମରେ ଗୁଜରାଟର ଜନତାଙ୍କୁ କଂଗ୍ରେସର ଭ୍ରଷ୍ଟ ଶାସନ ବିରୋଧରେ ଆନ୍ଦୋଳନ ମୁଖର କରିବାକୁ ସୁଯୋଗ ମିଳିଲା । ଏହି ଯାତ୍ରାଗୁଡ଼ିକରେ ନରେନ୍ଦ୍ର ମୋଦିଙ୍କ ପ୍ରଭାବୀ ପରିଚାଳନା ଦକ୍ଷତାର ହିଁ ପରିଣାମ ଥିଲା ଯେ ତାଙ୍କୁ ପରେ ଦଳ ତରଫରୁ ରାଷ୍ଟ୍ରୀୟ ସ୍ତରରେ ବାହାର କରାଯାଉଥିବା ଯାତ୍ରାରେ ଦାୟିତ୍ୱ ଦିଆଗଲା ।

ନଗର ନିଗମ ନିର୍ବାଚନରେ ନିର୍ବାଚନୀ ପରିଚାଳନା ଦକ୍ଷତାକୁ କାର୍ଯ୍ୟକାରୀ କରିବା ପରେ ନରେନ୍ଦ୍ର ମୋଦିଙ୍କ ପରୀକ୍ଷା ଆହୁରି ବଡ଼ ନିର୍ବାଚନରେ ହେବାର ଥିଲା । ଯେଉଁ ବାତାବରଣରେ ନରେନ୍ଦ୍ର ମୋଦି ବିଧାନସଭା ନିର୍ବାଚନରେ ସକ୍ରିୟ ହେଲେ, ସେଥିରେ ଯିବା ପୂର୍ବରୁ ଗୁଜରାଟର ରାଜନୀତି ସେହି ସମୟରେ କେଉଁ ମୋଡ଼ରେ ଥିଲା, ଏହା ବୁଝିବା ନିତାନ୍ତ ଆବଶ୍ୟକ । ୧୯୮୦ ଦଶକରେ ଯେତେବେଳେ ନରେନ୍ଦ୍ର ମୋଦି ଭାଜପା ପାଇଁ ଗୁଜରାଟରେ କାମ କରିବା ଆରମ୍ଭ କଲେ, ସେହି ସମୟରେ ଗୁଜରାଟ ରାଜନୀତିରେ କଂଗ୍ରେସର ମାଧବ ସିଂହ ସୋଲଙ୍କିଙ୍କ ପ୍ରତିପତ୍ତି ଥିଲା । ଏହି ପ୍ରତିପତ୍ତିର ଅନୁମାନ ଏହି କଥାରୁ ଲଗାଯାଇ ପାରିବ ଯେ ୧୯୮୦ ଦଶକରେ ଗୁଜରାଟ ବିଧାନସଭା ପାଇଁ ଦୁଇଟି ବିଧାନସଭା ନିର୍ବାଚନରେ ମାଧବ ସିଂହ ସୋଲଙ୍କିଙ୍କ ନେତୃତ୍ୱରେ ତାଙ୍କ ଦଳ ଓ ସହଯୋଗୀମାନେ ମିଶି ପ୍ରଥମ ଥର ୧୮୨ ସଦସ୍ୟ ବିଧାନସଭାରେ ୧୪୧ ସିଟ୍‌ରେ ବିଜୟ ହାସଲ କଲେ ତେବେ ଦ୍ୱିତୀୟ ଥର ତାଙ୍କୁ ୧୪୯ ସିଟ୍‌ରେ ବିଜୟ ହାସଲ ହେଲା । ସେତେବେଳେ ନିର୍ବାଚନରେ ଭାଜପାକୁ କ୍ରମଶଃ ୯ ଓ ୧୧ ସିଟ୍ ହିଁ ମିଳି ପାରିଥିଲା । କିନ୍ତୁ ଯେତେବେଳେ ନରେନ୍ଦ୍ର ମୋଦି ଗୁଜରାଟର ରାଜନୀତିରେ ୧୯୮୭ ରେ ସକ୍ରିୟ ହେଲେ ତେବେ ଏହା ପରେ ୧୯୯୦ ମସିହାରେ ଯେଉଁ ବିଧାନସଭା ନିର୍ବାଚନ ଗୁଜରାଟରେ ହେଲା ସେଥିରେ ଭାଜପାକୁ ୬୭ ସିଟ୍‌ରେ ବିଜୟ ହାସଲ ହେଲା । ସୁସ୍ପଷ୍ଟ ଯେ ନରେନ୍ଦ୍ର ମୋଦିଙ୍କ ନିର୍ବାଚନୀ ପରିଚାଳନା ପ୍ରଭାବ ଦେଖାଇବା ଆରମ୍ଭ କରିଥିଲା ।

ଏହା ପରେ ଆସିଲା ୧୯୯୫ ମସିହାର ଗୁଜରାଟ ବିଧାନସଭା ନିର୍ବାଚନ । ଏହି ନିର୍ବାଚନରେ ଭାଜପା ତା' ଜୀବନ ଲଗେଇ ଦେଲା । ୧୯୯୫ ମସିହା ନିର୍ବାଚନରେ ଏହା ପ୍ରଥମ ଥର ହୋଇଥିଲା ଯେ ଯେତେବେଳେ ଭାଜପା ସମସ୍ତ ୧୮୨ ବିଧାନସଭା ସିଟ୍ ଉପରେ ନିର୍ବାଚନ ଲଢ଼ିଥିଲା । ରାଜ୍ୟରେ ପ୍ରଥମ ଥର ଏମିତି ହେଉଥିଲା ଯେ ଭାଜପା କଂଗ୍ରେସ ଠାରୁ ଅଧିକ ସିଟ୍‌ରେ ନିର୍ବାଚନ ଲଢୁଥିଲା । ଗୁଜରାଟର ଜନତା ଭାଜପାକୁ ଜନାଦେଶ ଦେଲେ । ଭାଜପାକୁ ସେହି ନିର୍ବାଚନରେ ୧୨୧ ସିଟ୍‌ରେ ବିଜୟ ହାସଲ ହେଲା । ଭାଜପାର ମତ ବୃଦ୍ଧି ହୋଇ ୪୨.୫୧ ପ୍ରତିଶତ ହୋଇଗଲା । ଏହି ପ୍ରକାରରେ ଗୁଜରାଟରେ ପ୍ରଥମ ଥର ଭାଜପା ସରକାର ତିଆରି କଲା । କଂଗ୍ରେସକୁ କେବଳ ୪୫ ସିଟ୍ ଉପରେ ସଫଳତା ମିଳିଥିଲା । ୧୯୯୬ ରେ ଭାଜପାର ବିଦ୍ରୋହୀ ନେତାଙ୍କ ଦ୍ୱାରା କଂଗ୍ରେସ ସହ ମିଳିତ ହୋଇ ସରକାର ଗଠନ କରାଗଲା । ହେଲେ ୧୯୯୮ ମସିହାର ବିଧାନସଭା ନିର୍ବାଚନରେ ଦଳ ସରକାରରେ ନିଜର ଲେଉଟାଣୀ କଲା ।

ଏହା ମଧ୍ୟରେ ୧୯୯୧ ମସିହାରେ ନରେନ୍ଦ୍ର ମୋଦିଙ୍କୁ ଦଳରେ ରାଷ୍ଟ୍ରୀୟ ସ୍ତରରେ ଏକ ମହତ୍ତ୍ୱପୂର୍ଣ୍ଣ ଦାୟିତ୍ୱ ମିଳିଲା । ୧୯୯୧ ମସିହାରେ ଭାଜପାର ରାଷ୍ଟ୍ରୀୟ ଅଧ୍ୟକ୍ଷ ମୁରଲୀ ମନୋହର ଜୋଶୀଙ୍କ ଏକତା ଯାତ୍ରାର ସଂଯୋଜନା ଦାୟିତ୍ୱ ନରେନ୍ଦ୍ର ମୋଦିଙ୍କୁ ଦିଆଗଲା । ଏହା ଭାରତୀୟ ଜନତା ପାର୍ଟିରେ ରାଷ୍ଟ୍ରୀୟ ସ୍ତରର ମୋଦିଙ୍କ ପ୍ରଥମ ଦାୟିତ୍ୱ ଥିଲା । ପରେ ତାଙ୍କୁ ପଞ୍ଜାବ, ହରିୟାଣା, ଚଣ୍ଡିଗଡ଼, ହିମାଚଳ ପ୍ରଦେଶ ଓ ଜମ୍ମୁ-କାଶ୍ମିର୍‌ର ପ୍ରଭାରୀ କରି ଦିଆଗଲା । ଏହି ରାଜ୍ୟଗୁଡ଼ିକରେ କାମ କରିବାକୁ ଯାଇ ନରେନ୍ଦ୍ର ମୋଦି ଦଳର ରାଜନୀତିରେ ରାଷ୍ଟ୍ରୀୟ ସ୍ତରରେ ନିଜର ପରିଚୟ ଦୃଢ଼ କଲେ । ଯେତେବେଳେ ୨୦୦୧ ମସିହାରେ ଭାଜପା ଦୁଇଟି ଉପ-ନିର୍ବାଚନ ଓ ସ୍ଥାନୀୟ ସଂକଳନଗୁଡ଼ିକର ନିର୍ବାଚନ ଗୁଜରାଟରେ ହାରିଗଲା ତେବେ ଏଥିପାଇଁ ସେହି ସମୟରେ ଗୁଜରାଟର ମୁଖ୍ୟମନ୍ତ୍ରୀ ଥିବା କେଶୁଭାଇ ପଟେଲଙ୍କୁ ଦାୟୀ କରାଯାଇ ନରେନ୍ଦ୍ର ମୋଦିଙ୍କୁ ଅକ୍ଟୋବର ୭ ତାରିଖ, ୨୦୦୧ ରେ ଗୁଜରାଟର ମୁଖ୍ୟମନ୍ତ୍ରୀ କରାଗଲା ।

କୁହାଯାଇପାରେ ଯେ ନରେନ୍ଦ୍ର ମୋଦି ପ୍ରଥମ ଥର ମୁଖ୍ୟମନ୍ତ୍ରୀ ହେଲେ ତଥାପି ଏଥିରେ ତାଙ୍କ ନିର୍ବାଚନୀ ପରିଚାଳନା ଦକ୍ଷତାର କୌଣସି ଭୂମିକା ନଥିଲା । କିନ୍ତୁ ମୁଖ୍ୟମନ୍ତ୍ରୀ ହେବା ପରେ ନରେନ୍ଦ୍ର ମୋଦି ୨୦୦୨, ୨୦୦୭ ଓ ୨୦୧୨ ର ବିଧାନସଭା ନିର୍ବାଚନରେ ନିଜ ବଳରେ ବିଜୟ ହାସଲ କଲେ । ଯେତେବେଳେ ନରେନ୍ଦ୍ର ମୋଦି ୨୦୦୧ ମସିହାରେ ଗୁଜରାଟର ମୁଖ୍ୟମନ୍ତ୍ରୀ କିନ୍ତୁ ତଥାପି ତାଙ୍କୁ ମୁଖ୍ୟମନ୍ତ୍ରୀ ଭାବେ କାମ କରିବା ଛଅ ମାସ ମଧ୍ୟ ହୋଇନଥିଲା ଗୁଜରାଟରେ ଗୋଧରା ଘଟଣା ଘଟିଗଲା । ଏହା ପରେ ରାଜ୍ୟ ଦଙ୍ଗା କବଳକୁ ଆସିଗଲା । ଏହି ବିଦ୍ରୋହରେ ତାଙ୍କ ଭୂମିକା ନେଇ ବର୍ତ୍ତମାନ ମଧ୍ୟ ତାଙ୍କ ସମାଲୋଚକ ତାଙ୍କ ଉପରେ ପ୍ରଶ୍ନ ଉଠାଉଛନ୍ତି ।

ଏହି ଦଙ୍ଗାର ଏକ ବର୍ଷ ପରେ ହିଁ ରାଜ୍ୟରେ ବିଧାନସଭା ନିର୍ବାଚନ ହେବାର ଥିଲା । ଗୁଜରାଟ ଏହାର ବର୍ଷକ ପୂର୍ବରୁ ହିଁ ଭୟଙ୍କର ଭୂମିକମ୍ପ ସହିଥିଲା । ଏହା ପରେ ରାଜ୍ୟ ବିଦ୍ରୋହର ନିଆଁରେ ଜଳିଥିଲା । ଏମିତି ପରିସ୍ଥିତିରେ ଅଦ୍ୟପି ନିର୍ବାଚନ ହେବ ତେବେ ଶାସନରେ ଥିବା ଦଳ ପାଇଁ ଜନତାଙ୍କ ପାଖକୁ ଯିବା ସ୍ୱାଭାବିକ ରୂପେ ଖୁବ୍‌ବେଶୀ ଜଟିଳ ହୋଇଯାଏ । ଯେହେତୁ ଲୋକଙ୍କ ରାଗ ଏମିତି ସ୍ଥିତିରେ ଶାସକ ଦଳ ଉପରେ ବାହାରେ ଓ ବିପକ୍ଷ ଦଳକୁ ଏହାର ଫାଇଦା ମିଳିଯାଏ । କିନ୍ତୁ ନରେନ୍ଦ୍ର ମୋଦିଙ୍କ ଉପରେ ଦଙ୍ଗାକୁ ନେଇ ବିଭିନ୍ନ ପ୍ରକାରର ପ୍ରଶ୍ନ ଉଠା ଯାଉଥିଲା । ତାଙ୍କ ନେତୃତ୍ୱ କ୍ଷମତା ଉପରେ କେବଳ ବିପକ୍ଷ ଦଳ ନୁହେଁ ବରଂ ମିଡିଆ ମଧ୍ୟ ଅନେକ ପ୍ରକାରରେ ଆକ୍ରମଣ କରୁଥିଲା । ଏମିତିରେ ନରେନ୍ଦ୍ର ମୋଦିଙ୍କୁ ଏହା ଲାଗିଲା ଯେ ତାଙ୍କ ପାଇଁ ଆଗକୁ ଯାଇ କାମ କରିବା ସେତେବେଳେ ସମ୍ଭବ, ଯେତେବେଳେ ନୂତନ ଭାବେ ଜନାଦେଶ ହାସଲ କରିବେ । ଯଦି ଜନତା ତାଙ୍କ ଉପରେ ବିଶ୍ୱାସ ଜନ୍ମାଇବ ତେବେ ତାଙ୍କ ସମାଲୋଚକ ଯାହା ମଧ୍ୟ କୁହନ୍ତୁ, ତାଙ୍କ ପାଇଁ କାମ କରିବା ସହଜ ହୋଇଯିବ ।

ଏମିତି ପରିସ୍ଥିତିରେ ନରେନ୍ଦ୍ର ମୋଦି ବିଧାନସଭା ଭଙ୍ଗ କରି ନୂତନ ଭାବେ ଜନାଦେଶ ହାସଲ କରିବାର ନିର୍ଣ୍ଣୟ ନେଲେ । ୨୦୦୧ ର ଭୂକମ୍ପ ଓ ୨୦୦୨ ର ଦଙ୍ଗା ପରେ ଉପୁଜିଥିବା ସ୍ଥିତିରେ ଶାସକ ଦଳ ପାଇଁ ନିର୍ବାଚନରେ ଅଂଶଗ୍ରହଣ କରିବା ଅସୀମ ସାହସିକ ନିଷ୍ପତ୍ତି ଥିଲା । ପୂର୍ବରୁ ହିଁ ଏହାର ଉଲ୍ଲେଖ କରାଯାଇଛି ଯେ ଏମିତି ପରିସ୍ଥିତିରେ ଶାସକ ଦଳ ପାଇଁ ନିର୍ବାଚନୀ ରଣାଙ୍ଗନ କେତେ କଠିନ ହୋଇଯାଏ । କିନ୍ତୁ ନରେନ୍ଦ୍ର ମୋଦି ଆଉ ଥରେ ନିଜର ନିର୍ବାଚନୀ ପରିଚାଳନା ଦକ୍ଷତାର ପ୍ରଦର୍ଶନ କଲେ ଓ ସମବେତ ଭାବେ ପରିଶ୍ରମ କଲେ । ପରିଣାମ ଏହା ହେଲା ଯେ ଗୁଜରାଟର ଜନତା ରାଜ୍ୟର ନେତୃତ୍ୱ କରିବା ପାଇଁ ତାଙ୍କ ଉପରେ ସମ୍ପୂର୍ଣ୍ଣ ବିଶ୍ୱାସ କଲେ ଓ ତାଙ୍କ ନେତୃତ୍ୱାଧିନ ଭାରତୀୟ ଜନତା ପାର୍ଟି ଗୁଜରାଟ ବିଧାନସଭା ନିର୍ବାଚନରେ ଜବରଦସ୍ତ ବିଜୟ ହାସଲ କଲା । ୨୦୦୭ ଓ ୨୦୧୨ ର ବିଧାନସଭା ନିର୍ବାଚନରେ ବିଜୟ ମଧ୍ୟ ନରେନ୍ଦ୍ର ମୋଦିଙ୍କ ନିର୍ବାଚନୀ ପରିଚାଳନା ଦକ୍ଷତାକୁ ପ୍ରତିପାଦିତ କରେ ।

ଏହା ପରେ ନରେନ୍ଦ୍ର ମୋଦିଙ୍କୁ ୨୦୧୩ ରେ ତାଙ୍କ ଜୀବନର ସବୁଠାରୁ ବଡ଼ ଦାୟିତ୍ୱ ମିଳିଲା । ତାଙ୍କୁ ଭାରତୀୟ ଜନତା ପାର୍ଟି ଓ ଏହାର ନେତୃତ୍ୱାଧିନ ରାଷ୍ଟ୍ରୀୟ ଜନତାନ୍ତ୍ରିକ ମେଣ୍ଟ ୨୦୧୪ ରେ ହେବାକୁ ଥିବା ଲୋକସଭା ନିର୍ବାଚନ ପାଇଁ ପ୍ରଧାନମନ୍ତ୍ରୀ ପ୍ରାର୍ଥୀ ଘୋଷିତ କଲା । ଏହା ସତ ଯେ ସମ୍ପୂର୍ଣ୍ଣ ଦେଶରେ ପରିସ୍ଥିତି କଂଗ୍ରେସ ବିରୋଧରେ ଥିଲା । କିନ୍ତୁ ଏହାର ଅର୍ଥ ମଧ୍ୟ ଏହା ନୁହେଁ ଯେ ସମ୍ପୂର୍ଣ୍ଣ ଦେଶର ପରିସ୍ଥିତି ଭାଜପା ପକ୍ଷରେ ଥିଲା । ଅନେକ ରାଜ୍ୟରେ କ୍ଷେତ୍ରୀୟ ଦଳମାନେ ଏତେ ମଜବୁତ୍ ସ୍ଥିତିରେ ଥିଲେ ଯେ ଭାଜପା ପାଇଁ ସେଠାରେ ନିଜ ସିଟ୍‌ରେ ବୃଦ୍ଧି କରିବା ଅସୀମ ଜଟିଳ ଲାଗୁଥିଲା । ୨୦୦୯ ରେ ୧୧୬ ଲୋକସଭା ସିଟ୍‌ରେ ବିଜୟ ହାସଲ କରିଥିବା ଦଳ ପାଇଁ କେନ୍ଦ୍ରର ଶାସନରେ ଫେରିବା ସହଜ ଲାଗୁ ନଥିଲା । ଯେହେତୁ ଏଥିପାଇଁ ତାକୁ ଓ ତା' ସହଯୋଗୀ ଦଳଙ୍କୁ ୨୭୨ ରୁ ଅଧିକ ସିଟ୍‌ର ଆବଶ୍ୟକତା ଥିଲା । ଏଭଳି ଜଟିଳ ପରିସ୍ଥିତିରେ ନରେନ୍ଦ୍ର ମୋଦିଙ୍କୁ ପ୍ରଧ ନମନ୍ତ୍ରୀ ପ୍ରାର୍ଥୀ କରାଗଲା । ଏହିଠାରୁ ନରେନ୍ଦ୍ର ମୋଦିଙ୍କ ପାଇଁ ପାଇବା ପାଇଁ ପ୍ରଧାନମନ୍ତ୍ରୀ ପଦବୀ ସମେତ ସମ୍ପୂର୍ଣ୍ଣ ଖୋଲା ଆକାଶ ଥିଲା ତଥାପି ହରାଇବା ପାଇଁ ମଧ୍ୟ ବହୁତ କିଛି ଥିଲା । ଏ ପର୍ଯ୍ୟନ୍ତ ନରେନ୍ଦ୍ର ମୋଦି କେବଳ ଗୁଜରାଟରେ ଥିଲେ କିନ୍ତୁ ବର୍ତ୍ତମାନ ତାଙ୍କ ପରୀକ୍ଷା ସମ୍ପୂର୍ଣ୍ଣ ଦେଶରେ ହେବାକୁ ଥିଲା ।

ଏହି ଜଟିଳ ଆହ୍ୱାନକୁ ସମାଧାନ କରିବା ପାଇଁ ନରେନ୍ଦ୍ର ମୋଦି ତାଙ୍କ ନିର୍ବାଚନୀ ପରିଚାଳନା ଦକ୍ଷତାକୁ ଭଲଭାବେ ବ୍ୟବହାର କଲେ । ସେ ନିର୍ବାଚନୀ ପରିଚାଳନାର ସମସ୍ତ ବିସ୍ତାର ଉପରେ କାମ କଲେ । ସେ ନା କେବଳ ରାଲି କଲେ, ବରଂ ସୋସିଆଲ ମିଡିଆରୁ ନେଇ ମୁଖ୍ୟଧାରାର ମିଡିଆ ଜରିଆରେ ଲୋକଙ୍କ ସହ ଖବର ସ୍ଥାପିତ କଲେ । ଦଳର ଅନ୍ୟ ନେତାଙ୍କୁ ଅଲଗା-ଅଲଗା ଢଙ୍ଗରେ ସକ୍ରିୟ କଲେ । ସମ୍ପୂର୍ଣ୍ଣ ପ୍ରଚାର ତନ୍ତ୍ର ସମନ୍ୱୟ ସହ କାମ କରି ପାରିବେ, ଏହା ସୁନିଶ୍ଚିତ କଲେ । ଉଚିତ ଲୋକଙ୍କୁ ଟିକେଟ୍ ମିଳି ପାରିବ, ଏହା ସୁନିଶ୍ଚିତ କଲେ । ସେ ତାଙ୍କ ନିର୍ବାଚନୀ ପରିଚାଳନାରେ ଅଭିନବ ପ୍ରୟୋଗ କଲେ । 'ଚା' ଉପରେ ଚର୍ଚ୍ଚା' ଏମିତି ହିଁ ଏକ ପ୍ରୟୋଗ ଥିଲା । 'ଚା' ଉପରେ ଚର୍ଚ୍ଚା' ସାରା ଦେଶରେ ୪୦୦୦ରୁ ଅଧିକ ଜାଗାରେ ହେଲା । ଏହି ଚର୍ଚ୍ଚା ସମୟରେ ମୋଦି ଘଣ୍ଟା ଘଣ୍ଟା ବସିଲେ ଓ ଲୋକଙ୍କ ବିଚାର ଶୁଣିଲେ ଏବଂ ବିଭିନ୍ନ ପ୍ରସଙ୍ଗ ଉପରେ ସେମାନଙ୍କ ପ୍ରଶ୍ନର ଉତ୍ତର ଦେଲେ ।

ଯେତେବେଳେ ୨୦୧୪ ର ଲୋକସଭା ନିର୍ବାଚନ ପାଇଁ ନିର୍ବାଚନ ପ୍ରଚାର ଥମିଗଲା ତଥାପି ନରେନ୍ଦ୍ର ମୋଦି ଏକ ବୟାନ ଜାରୀ କଲେ । ଏଥିରେ ସେ ନିଜ ନିର୍ବାଚନ ପ୍ରଚାର ସମୟର କିଛି ଅନୁଭବ ଓ ନିର୍ବାଚନ ପରିଚାଳନା ଦକ୍ଷତା ସମ୍ବନ୍ଧୀୟ ଅନେକ ବିଷୟ ଉଲ୍ଲେଖ କଲେ । ସେହି ବୟାନରେ ନରେନ୍ଦ୍ର ମୋଦି କୁହନ୍ତି, 'ଆଉ ଥରେ ପୁଣି ଭାରତର ବିବିଧତା, ଲୋକଙ୍କ ଉତ୍ସାହ ଓ ଆମ ସଂସ୍କୃତିର ଭବ୍ୟତାକୁ ଦେଖିବାର ସୁଖଦ ସୁଯୋଗ ମିଳିଲା । ସଂଗଠନ ପାଇଁ କାମ କରିବାକୁ ଯାଇ ମୁଁ ପୂର୍ବରୁ ମଧ୍ୟ ସମ୍ପୂର୍ଣ୍ଣ ଦେଶର ଯାତ୍ରା କରିଛି କିନ୍ତୁ ଏଥରର ଅନୁଭବ ଏକଦମ୍ ଅଲଗା ଥିଲା, ଅଦ୍ଭୁତ ଥିଲା । ମତେ ଲୋକଙ୍କ ଠାରୁ ଅଭୂତପୂର୍ବ ଆଶିର୍ବାଦ ପ୍ରାପ୍ତ ହୋଇଛି । ସାଧାରଣ ଭାବେ ଏତେ ଦିନ ପର୍ଯ୍ୟନ୍ତ ଚାଲିଥିବା ପ୍ରଚାରକୁ କ୍ଲାନ୍ତଭରା ମନେ କରାଯାଏ କିନ୍ତୁ ମୋତେ ଗଭୀର ସନ୍ତୋଷ ଓ ଆନନ୍ଦ ଅନୁଭବ ହେଉଛି, ଏକ ଏମିତି ଅନୁଭବ ଯାହା କୌଣସି ସାଧକକୁ ଲମ୍ବା ସାଧନା ପରେ ପ୍ରାପ୍ତ ହୁଏ । ମୁଁ ଯେତେବେଳେ ସମ୍ପୂର୍ଣ୍ଣ ପ୍ରଚାର ଅଭିଯାନ ଉପରେ ନଜର ପକାଉଛି ତଥାପି ମୋ ମନରେ ତିନୋଟି ଶବ୍ଦ ଆସୁଛି- ବ୍ୟାପକ, ଅଭିନବ ଓ ସନ୍ତୋଷଜନକ । ମୁଁ ମୋ ପ୍ରଚାର ଅଭିଯାନ ସମୟରେ ସୁଶାସନ ଓ ବିକାଶର ଏଜେଣ୍ଡାକୁ ଭାରତର ପ୍ରତ୍ୟେକ କୋଣ ପର୍ଯ୍ୟନ୍ତ ପହଞ୍ଚାଇବାକୁ ପ୍ରୟାସ କଲି । ଲୋକ ମିଛ ପ୍ରତିଶ୍ରୁତି, ଭ୍ରଷ୍ଟାଚାର ଓ ନିଜ ନାକାମୀକୁ ଲୁଚାଇବା ପାଇଁ ବଂଶବାଦ ଆଧାରିତ ଘୋଷରା ବୟାନକୁ ଶୁଣି-ଶୁଣି ଥକି ଗଲେଣି । ସେମାନେ ଏକ ଉତ୍ତମ ଭବିଷ୍ୟତ ଚାହୁଁଛନ୍ତି ।'

ତାଙ୍କ ବୟାନର ଯେଉଁ ଅଂଶ ଏଠାରେ ଉଲ୍ଲେଖ କରାଯାଇଛି, ସେଥିରେ ସେ ନିର୍ବାଚନ ପରିଚାଳନା ଦକ୍ଷତା ବିଷୟରେ ପ୍ରତ୍ୟକ୍ଷ ରୂପେ କହୁନାହାନ୍ତି ବରଂ ଠାରରେ କହୁଛନ୍ତି । କିନ୍ତୁ ଯେଉଁ କଥା ସେ କହୁଛନ୍ତି, ସେଥିରେ ତାଙ୍କ ନିର୍ବାଚନୀ ପରିଚାଳନା ଦକ୍ଷତା ସ୍ପଷ୍ଟ ରୂପେ ଦେଖାଯାଏ । ସେ କହନ୍ତି, 'ମତେ ସବୁଠୁ ବେଶୀ ପ୍ରସନ୍ନତା କାର୍ଯ୍ୟକର୍ତ୍ତାଙ୍କ ଉତ୍ସାହ ଓ ସେମାନଙ୍କ ଅକ୍ଲାନ୍ତ ପରିଶ୍ରମକୁ ଦେଖି ଲାଗିଲା । ଟିଭି ଅଥବା ସୋସିଆଲ ମିଡ଼ିଆରେ ରାଲି ଦେଖିବା ଗୋଟିଏ କଥା କିନ୍ତୁ ମୌଳିକ ସ୍ତରରେ କାମ କରିବା ଅଲଗା ଅନୁଭୂତି ହୋଇଥାଏ । ଆମେ ପ୍ରଚାର ଅଭିଯାନକୁ ନିର୍ବାଚନୀ ଜିତ ଅଥବା ହାରର ସୀମିତ ଦୃଷ୍ଟିରେ ଦେଖୁନାହୁଁ । ନିର୍ବାଚନ ପ୍ରଚାର ଅଭିଯାନ କାର୍ଯ୍ୟକର୍ତ୍ତାଙ୍କ ପାଇଁ ଜୀବନର ଏକ ସ୍ମୃତି ହୋଇଥାଏ । ଏହା ସଂଗଠନର ଦୃଢ଼ୀକରଣ ଓ ବିସ୍ତାରର ସୁଯୋଗ ହୋଇଥାଏ । କାର୍ଯ୍ୟକର୍ତ୍ତା ଘର-ଘର ଗଲେ ଓ ସେମାନେ ଦଳର ସନ୍ଦେଶକୁ ଜନ-ଜନ ପର୍ଯ୍ୟନ୍ତ ପହଞ୍ଚାଇଲେ, ମୁଁ ତାଙ୍କ ଉପରେ ଗର୍ବ କରୁଛି । ଆମ ପ୍ରଚାର ଭାଜପାର ପ୍ରତ୍ୟେକ କାର୍ଯ୍ୟକର୍ତ୍ତାର କଠିନ ପରିଶ୍ରମର କାହାଣୀ ଅଟେ ଯିଏ ଗୋଟିଏ ଉତ୍ତମ ଭାରତର ସର୍ଜନା ପାଇଁ ନିଃସ୍ୱାର୍ଥ ଯୋଗଦାନ ଦେଇଛି । ସମ୍ପୂର୍ଣ୍ଣ ପ୍ରଚାର ଅଭିଯାନ ସମୟରେ ମତେ ଦଳର ବରିଷ୍ଠ ନେତୃତ୍ୱର ନିରନ୍ତର ସହଯୋଗ ଓ ମାର୍ଗଦର୍ଶନ ପ୍ରାପ୍ତ ହେଲା । ଏଥିରୁ ଅପାର ଶକ୍ତି ଓ ପ୍ରେରଣା ମିଳି ଚାଲିଲା, କାର୍ଯ୍ୟକର୍ତ୍ତାଙ୍କ ଉତ୍ସାହରେ ବୃଦ୍ଧି ହୋଇ ଚାଲିଲା ।'

ସେ ତାଙ୍କ ନିର୍ବାଚନ ପରିଚାଳନା ଦକ୍ଷତାକୁ ଆହୁରି ସ୍ପଷ୍ଟ କରିବାକୁ ଯାଇ କହନ୍ତି, 'ଏହି ପ୍ରଚାର ଅଭିନବ ପ୍ରୟୋଗ ପାଇଁ ମଧ୍ୟ ମନେ ରଖାଯିବ । ରାଜନୀତିରେ ସାମାନ୍ୟତଃ ପ୍ରଚାର କେବଳ ଏକତରଫା ସନ୍ଦେଶ ହେଉଥିଲା କିନ୍ତୁ ଆମର ଚା' ଉପରେ ଚର୍ଚ୍ଚା ଏହି ପ୍ରସଙ୍ଗରେ ନିୟମରୁ ଭିନ୍ନ ଏକ ଅଭିନବ ପ୍ରୟୋଗ ଥିଲା । ଚା' ଉପରେ ଚର୍ଚ୍ଚା ସାରା ଦେଶରେ ୪୦୦୦ ରୁ ଅଧିକ ସ୍ଥାନରେ ହେଲା । ଏହି ଚର୍ଚ୍ଚା ସମୟରେ ମୁଁ ଘଣ୍ଟା-ଘଣ୍ଟା ଧରି ବସିଲି ଓ ଲୋକଙ୍କ ବିଚାର ଶୁଣିଲି ଏବଂ ବିଭିନ୍ନ ପ୍ରସଙ୍ଗ ଉପରେ ସେମାନଙ୍କ ପ୍ରଶ୍ନର ଉତ୍ତର ଦେଲି । ଭାରତ ବିଜୟ ୩ଡି ରାଲି ରୂପେ ଆଉ ଏକ ଅଭିନବ ପ୍ରୟୋଗ ହେଲା । ଗୋଟିଏ ମାସ ଭିତରେ ମୁଁ ୧୨ଟି ଗସ୍ତରେ ୧୩୫୦ ସ୍ଥାନରେ ୩ଡି ରାଲିରେ ସମ୍ବୋଧିତ କଲେ । ୩ଡି ରାଲି ପ୍ରତି ଲୋକଙ୍କ ଉତ୍ସାହ ଅଦ୍ଭୁତ ଥିଲା । ବହୁତ ଯୁବକ ମତେ ସୋସିଆଲ ମିଡିଆ ଓ ଇମେଲ ମାଧ୍ୟମରେ ସେମାନଙ୍କ ଗାଁକୁ ଯାଇଥିବାରୁ ଧନ୍ୟବାଦ ଦେଲେ । ଲୋକମାନେ ଆମ କାର୍ଯ୍ୟକର୍ତ୍ତାଙ୍କୁ କହିଲେ ଯେ ଆମେ ମୋଦିଜୀଙ୍କୁ ମଞ୍ଚ ଉପରେ ଯାଇ ସାକ୍ଷାତ କରିବାକୁ ଚାହୁଁଛୁ । ପ୍ରଚାର ସମୟରେ ଅଦ୍ଭୁତ ପ୍ରକାରରେ ସୋସିଆଲ ମିଡିଆର ବ୍ୟବହାର କରାଗଲା । ବହୁତ ବନ୍ଧୁ ମତେ ହ୍ୱାଟ୍‌ସଅପ୍‌ରେ ବହୁତ ରଚନାତ୍ମକ ସନ୍ଦେଶ, ସ୍ଲୋଗାନ ଓ ଇନ୍‌ଫୋଗ୍ରାଫିକ ଦେଖାଇଲେ ଯେଉଁଗୁଡ଼ିକ ଅସୀମ ଲୋକପ୍ରିୟ ଥିଲା । ମୁଁ ମୋ ଭୋଟ୍ ଦେବା ପରେ ନିଜର ଫଟୋ (ସେଲ୍ଫି) ଉଠାଇଲି ଓ ଆପଣଙ୍କୁ ମଧ୍ୟ ସେଲ୍ଫି ପଠାଇବାକୁ ଆହ୍ୱାନ ଦେଲି । ମୁଁ ପ୍ରିଣ୍ଟ ଓ ଇଲେକ୍‌ଟ୍ରୋନିକ୍ ମିଡିଆର ଅନେକ ବନ୍ଧୁଙ୍କ ସହ ଖୋଲାଖୋଲି କଥାବାର୍ତ୍ତା ହେଲି । ହିନ୍ଦୀ, କ୍ଷେତ୍ରୀୟ ଓ ଇଂରାଜୀ ମିଡିଆ ମୋର ସାକ୍ଷାତକାର ନେଲେ ।'

ଜଣେ ଦକ୍ଷ ନିର୍ବାଚନ ପରିଚାଳକ ରୂପେ ସେ ଲୋକସଭା ନିର୍ବାଚନ ସମୟରେ ମତଦାତାଙ୍କ ସହ ହୋଇଥିବା ତାଙ୍କ ସମ୍ପର୍କକୁ ମଜବୁତ୍ କରିବା ଅଭିପ୍ରାୟରେ ଆଗକୁ କହନ୍ତି, 'ବିତି ଯାଇଥିବା ଆଠ ମାସରେ ମତେ ଯେଉଁ ସ୍ନେହ ମିଳିଲା ତାକୁ ମୁଁ ଭୁଲି ପାରିବି ନାହିଁ । ପାଟନାର ଘଟଣା ସବୁବେଳେ ମୋର ମନେ ରହିବ । ସେଠାରେ ବୋମା ବିସ୍ଫୋରଣ ହୋଇଥିଲା କିନ୍ତୁ ଲୋକଙ୍କ ସଂକଳ୍ପ ସେଗୁଡ଼ିକ ଉପରେ ଭାରୀ ହେଲା । ଯେ କୌଣସି ବ୍ୟକ୍ତି ରାଲି ସ୍ଥଳ ଛାଡ଼ିନାହାନ୍ତି । ମୁଁ ସେହି ଦିନ ସ୍ପଷ୍ଟ ସନ୍ଦେଶ ଦେଲି ଯାହା ମୁଁ ପ୍ରଚାର ଅଭିଯାନ ସମୟରେ ମଧ୍ୟ ଦୋହରାଉଥିଲି, ଆମେ ଫଇସଲା କରିପାରିବା ଯେ କ'ଣ ଆମେ ଜଣେ ଅନ୍ୟ ଜଣକ ସହ ଲଢ଼ିବାକୁ ଚାହୁଛନ୍ତି ଅଥବା ପୁନଃ ଆମେ ଏକସଙ୍ଗେ ମିଶି ଗରିବୀ ସହ ଲଢ଼ିବାକୁ ଚାହୁଛନ୍ତି ? ପ୍ରଥମ କାମ ଆମକୁ କେଉଁଠାକୁ ନେଇଯିବ ନାହିଁ କେବେ ଦ୍ୱିତୀୟଟି

ଆମ ଦେଶକୁ ନୂତନ ଉଚ୍ଚତାକୁ ନେଇଯିବ । ମୁଁ ଦେଶବାସୀଙ୍କୁ ଧନ୍ୟବାଦ ଦେବାକୁ ଚାହୁଁଛି, ଯେଉଁମାନେ ଅଧିକ ସଂଖ୍ୟାରେ ଆମ ରାଲି, ୩ଡି ଆୟୋଜନ ଓ ଚର୍ଚ୍ଚାରେ ଭାଗ ନେଲେ । ସମସ୍ତ ବୟସ ବର୍ଗର ଲୋକ ଓ ପ୍ରତ୍ୟେକ ଜାତି ଓ ଧର୍ମର ଲୋକେ ଆମ ସହ ରହିଲେ । ମୁଁ ପ୍ରାୟତଃ କହିଛି ଯେ ନରେନ୍ଦ୍ର ମୋଦି କିମ୍ବା କୌଣସି ବ୍ୟକ୍ତି ଏହି ନିର୍ବାଚନ ଲଢୁନାହିଁ । ଭାରତର ଜନସାଧାରଣ ଏହି ନିର୍ବାଚନକୁ ନିଜ କାନ୍ଧରେ ଉଠାଇଛନ୍ତି । ଭାରତର ପ୍ରତ୍ୟେକ ନାଗରିକ ପରିବର୍ତ୍ତନର ବାହକ ହୋଇଯାଇଛି । ମୁଁ ଅନେକ ଜାଗାରେ ରାଲି କରିଛି, ଯେଉଁଠି ପାଣିପାଗ ଅତି ଗରମ ଥିଲା, ତଥାପି ଅଧିକ ସଂଖ୍ୟାରେ ଲୋକ ଉପସ୍ଥିତ ହେଲେ । କିଛି ଦିନ ପୂର୍ବରୁ ମୁଁ ବିଶାଖାପଟନମ୍‌ରେ ଥିଲି, ସେହି ସମୟରେ ଅଚାନକ ବର୍ଷା ଆରମ୍ଭ ହୋଇଗଲା । କିନ୍ତୁ ଲୋକେ ସେଇଠି ରହିଲେ । ଲୋକଙ୍କ କୃତଜ୍ଞତା ଜ୍ଞାପନ କରିବା ପାଇଁ ମୋ ପାଖରେ ଶବ୍ଦ ନାହିଁ । ମୁଁ ଭାରତର ଜନସାଧାରଣଙ୍କୁ ଆଶ୍ୱସ୍ତ କରିବାକୁ ଚାହୁଁଛି ଯେ ମୁଁ ଏହି ଅପାର ସ୍ନେହର କରଜକୁ ଅଭୂତପୂର୍ବ ବିକାଶ ରୂପେ ପରିଶୋଧ କରିବି ଯାହା ଦୃଢ଼ ଭାରତର ମୌଳିକତା ହେବ । ଏହି ଭାରତ ଭ୍ରମଣ ସମୟରେ ମୁଁ ସାକ୍ଷାତ୍ ଅନୁଭବ କଲି ଯେ ଆମ ଦେଶ ବିଶେଷ ଅଟେ, ଏହାର ଗୋଟିଏ ବିଶେଷ ଦାୟିତ୍ୱ ଅଛି । ଇତିହାସରେ ଉଦାହରଣ ଭରି ରହିଛି ଯେ କେଉଁ ପ୍ରକାରେ ଆମ ଦେଶ ସମୟ ସମୟରେ ଦୁନିଆକୁ ରାସ୍ତା ଦେଖାଇଛି ଓ ଆଜି ପୁଣି ଆଉଥରେ ଆବଶ୍ୟକତା ଅଛି ଯେ ଭାରତ ନିଜ ଜଗଦ୍‌ଗୁରୁର ଭୂମିକା ସମ୍ପାଦନ କରୁ । ଆସନ୍ତୁ ଆମେ ସମସ୍ତେ ମିଶି ଏକ ମଜବୁତ୍ ଓ ବିକଶିତ ଭାରତର ସର୍ଜନା କରିବା ଯିଏ ବିଶ୍ୱକୁ ରାସ୍ତା ଦେଖାଇବ ।'

ଏଇଠି ନରେନ୍ଦ୍ର ମୋଦିଙ୍କ ନିର୍ବାଚନୀ ପରିଚାଳନା ରହିଛି ଯେ ସେ ନିର୍ବାଚନ ପ୍ରଚାର କରି ନିଜ କର୍ତ୍ତବ୍ୟକୁ ଶେଷ କରି ଦିଅନ୍ତି ନାହିଁ । ବରଂ ସେ ତା' ଠାରୁ ଆଗକୁ ଯାଆନ୍ତି । ମତଦାନ କରିବା ପରେ ମତଦାତାଙ୍କ ପ୍ରତି କୃତଜ୍ଞତା ଜ୍ଞାପନ କରନ୍ତି ଓ ଆଗକୁ ମଧ୍ୟ ସେମାନଙ୍କ ସହଯୋଗର ଆଶା କରନ୍ତି । ସେ ଲୋକଙ୍କ ମଧ୍ୟରେ ବିଶ୍ୱାସ ଜାଗ୍ରତ କରାନ୍ତି । ସେ ଲୋକଙ୍କୁ ନା କେବଳ ସ୍ୱପ୍ନ ଦେଖିବା ପାଇଁ ବରଂ ତାକୁ ସମ୍ପୂର୍ଣ୍ଣ କରିବା ପାଇଁ ମଧ୍ୟ ପ୍ରେରିତ କରନ୍ତି ।

ନରେନ୍ଦ୍ର ମୋଦି ୨୦୧୪ ଲୋକସଭା ନିର୍ବାଚନ ସମୟରେ ଯେଉଁ ଦକ୍ଷତ ର ସହ ନିଜର ନିର୍ବାଚନୀ ପରିଚାଳନା ଦକ୍ଷତାର ବ୍ୟବହାର କଲେ ତାହାର ପରିଣାମ ମଧ୍ୟ ଐତିହାସିକ ହେଲା । ନରେନ୍ଦ୍ର ମୋଦିଙ୍କ ନିର୍ବାଚନୀ ପରିଚାଳନା ଦକ୍ଷତା ଉପରେ ଜନସାଧାରଣ ମୋହର ମାରିଦେଲେ ଓ ଭାଜପାକୁ ଏ ପର୍ଯ୍ୟନ୍ତର ସବୁଠାରୁ ବଡ଼ ବିଜୟ ଦେଇଦେଲେ । ନରେନ୍ଦ୍ର ମୋଦିଙ୍କ ନେତୃତ୍ୱରେ ରାଷ୍ଟ୍ରୀୟ ଜନତାନ୍ତ୍ରିକ ମୋର୍ଚ୍ଚାକୁ ୧୬ତମ ଲୋକସଭା ପାଇଁ ହୋଇଥିବା ନିର୍ବାଚନରେ ୩୩୫ ସିଟ୍‌ରେ ବିଜୟ ହାସଲ ହେଲା । କଂଗ୍ରେସକୁ ଏ ପର୍ଯ୍ୟନ୍ତର ସବୁଠାରୁ ଖରାପ ପରାଜୟର ମୁହଁ ଦେଖିବାକୁ ପଡ଼ିଲା । କଂଗ୍ରେସ ବିରୋଧୀ ଲହରୀ ବିରୋଧରେ 'ମୋଦି ଲହରୀ'ର ବିଜୟ ରଥ ଉପରେ ବସି ୬୩ ବର୍ଷିୟ ନରେନ୍ଦ୍ର ମୋଦି ଭାଜପାକୁ ସ୍ପଷ୍ଟ ବହୁମତ ଦେବା ସହ ସମ୍ପୂର୍ଣ୍ଣ ଭାରତରେ ନିଜର ଉପସ୍ଥିତିକୁ ଅନୁଭବ କରାଇଲେ । ଏହା ପୂର୍ବରୁ ରାଷ୍ଟ୍ରୀୟ ସ୍ତରରେ ମୋଦିଙ୍କ ପ୍ରଭାବକୁ ନେଇ ଅନେକ ପ୍ରକାରର କଥା ଉଠୁଥିଲା । ଏମିତି ଲୋକ ମଧ୍ୟ ଥିଲେ ଯେଉଁମାନେ ଏହା ମାନୁଥିଲେ ଯେ ମୋଦିଙ୍କ ଜାଦୁ କେବଳ ଗୁଜରାଟରେ ଚାଲୁଛି ଓ ସେଠାରୁ ବାହାରେ ମୋଦି ଲହରୀ ପ୍ରଭାବହୀନ ସାବ୍ୟସ୍ତ ହେବ ।

ରାଜ୍ୟରେ ଭାଜପା ବ୍ୟତୀତ ଅନ୍ୟ ୨୪ଟି ଛୋଟ ଆଞ୍ଚଳିକ ଦଳ ରହିଛନ୍ତି । ୫୪୩ ସଦସ୍ୟୀୟ ଲୋକସଭାରେ ନିଜ ଦମ୍ଭରେ ନରେନ୍ଦ୍ର ମୋଦିଙ୍କ ନେତୃତ୍ୱରେ ଭାଜପା ୨୮୨ ସିଟ୍‌ରେ ଜିତିବାରେ ସଫଳତା ଅର୍ଜନ କଲା । ୧୯୮୪ ପରର ୩୦ ବର୍ଷରେ ଭାଜପା ଏମିତି ପ୍ରଥମ ଦଳ ହୋଇଯାଇଛି, ଯିଏ ନିଜ ଦମ୍ଭରେ ବହୁମତ ହାସଲ କରିଛି । ୧୯୮୪ରେ ରାଜିବ ଗାନ୍ଧିଙ୍କ ନେତୃତ୍ୱରେ କଂଗ୍ରେସ ୪୦୦ ରୁ ଅଧିକ ସିଟ୍ ଜିତିଥିଲା । ହେଲେ ଏଥିପାଇଁ ଶ୍ରେୟ ରାଜିବ ଗାନ୍ଧିଙ୍କ ନେତୃତ୍ୱ କ୍ଷମତାକୁ

ଦିଆଯାଏ ନାହିଁ । ୧୯୮୪ ରେ ରାଜିବ ଗାନ୍ଧିଙ୍କ ନେତୃତ୍ୱରେ କଂଗ୍ରେସକୁ ମିଳିଥିବା ଅବିଶ୍ୱସନୀୟ ସଫଳତା ପାଇଁ ଇନ୍ଦିରା ଗାନ୍ଧିଙ୍କ ହତ୍ୟା ଏବଂ ଏଥିରେ ଜନତାଙ୍କ ମଧ୍ୟରେ ଉପୁଜିଥିବା ସହାନୁଭୂତିକୁ କାରଣ ବୋଲି ମନେ କରାଯାଏ ।

ମୋଦିଙ୍କ ନେତୃତ୍ୱ କ୍ଷମତାର ପ୍ରଭାବ ହିନ୍ଦି ଭାଷୀ ରାଜ୍ୟଗୁଡ଼ିକରେ ପ୍ରବଳ ଦେଖାଗଲା । ଉତ୍ତର ପ୍ରଦେଶ, ବିହାର, ରାଜସ୍ଥାନ, ମଧ୍ୟପ୍ରଦେଶ, ଛତିଶଗଡ଼, ହରିୟାନା, ଦିଲ୍ଲୀ, ଝାଡ଼ଖଣ୍ଡ, ହିମାଚଳ ପ୍ରଦେଶ ଏବଂ ଉତ୍ତରାଖଣ୍ଡର ସମୁଦାୟ ୨୨୫ ସିଟ୍‌ରୁ ୧୯୦ ସିଟ୍‌ରେ ଭାଜପା କବ୍‌ଜା କରି ଏହି ରାଜ୍ୟଗୁଡ଼ିକରୁ କେବଳ କଂଗ୍ରେସ ନୁହେଁ ବରଂ ସପା, ବସପା, ଜଦୟୁ ଏବଂ ରାଜଦ ଭଳି ଆଞ୍ଚଳିକ ଦଳଗୁଡ଼ିକର ପତ୍ତା ହଜାଇଦେଲା । ମୋଦି ଲହରୀ ଗୁଜରାଟ ବ୍ୟତୀତ ମହାରାଷ୍ଟ୍ର, କର୍ଣ୍ଣାଟକ ଏବଂ ଆସାମ ଭଳି ମହତ୍ୱପୂର୍ଣ୍ଣ ରାଜ୍ୟଗୁଡ଼ିକରେ ମଧ୍ୟ ପ୍ରଭାବ ଦେଖାଇଲା । ଗତ ଲୋକସଭାରେ ଭାଜପାର ୧୧୬ ସଦସ୍ୟ ଥିଲେ ଏବଂ ତାର ଭୋଟ୍ ଭାଗ ୧୮.୮ ପ୍ରତିଶତ ଥିଲା । କଂଗ୍ରେସ ୨୮.୫୫ ପ୍ରତିଶତ ଭୋଟ୍ ଭାଗିଦାରୀ ସହ ୨୦୬ ସଦସ୍ୟଙ୍କ ସହ ସବୁଠାରୁ ବଡ଼ ଦଳ ଥିଲା । ଏଥର ନରେନ୍ଦ୍ର ମୋଦିଙ୍କ ନେତୃତ୍ୱ କ୍ଷମତା ଯୋଗୁଁ ଭାଜପାକୁ ୩୧.୪ ପ୍ରତିଶତ ଭୋଟ୍ ମିଳିଲା । ସେପଟେ କଂଗ୍ରେସକୁ ୧୯.୫ ପ୍ରତିଶତ ଭୋଟ୍ ମିଳିଲା ।

ନରେନ୍ଦ୍ର ମୋଦିଙ୍କ ନିର୍ବାଚନୀ ପରିଚାଳନାର ସଫଳତା ଲୋକସଭା ନିର୍ବାଚନ ପର୍ଯ୍ୟନ୍ତ ସୀମିତ ରହିନାହିଁ । ବରଂ ଲୋକସଭା ନିର୍ବାଚନ ପରେ ମହାରାଷ୍ଟ୍ର ଓ ହରିୟାଣାରେ ହୋଇଥିବା ବିଧାନସଭା ନିର୍ବାଚନରେ ମଧ୍ୟ ନରେନ୍ଦ୍ର ମୋଦିଙ୍କ ମୋହିନୀ ଶକ୍ତି ବଜାୟ ରହିଲା । ସେତେବେଳେ ରାଜ୍ୟଗୁଡ଼ିକରେ ନରେନ୍ଦ୍ର ମୋଦିଙ୍କ ଭାରତୀୟ ଜନତା ପାର୍ଟି ପାଇଁ ପରିସ୍ଥିତି ସହଜ ନଥିଲା । ମହାରାଷ୍ଟ୍ରରେ ନିର୍ବାଚନ ପୂର୍ବରୁ ସିଟ୍ ଆବଣ୍ଟନ ନେଇ ଭାଜପାର ପୁରୁଣା ସହଯୋଗୀ ଶିବସେନା ସହ ମେଣ୍ଟ ଭାଙ୍ଗି ଯାଇଥିଲା । ସେହିଠାରେ ଅନ୍ୟ ପଟେ ହରିୟାଣାରେ ମଧ୍ୟ ଭାଜପା ଏକୁଟିଆ ହିଁ ନିର୍ବାଚନ ଲଢ଼ିବାକୁ ବାଧ୍ୟ ଥିଲା । କିନ୍ତୁ ଏହା ସତ୍ତ୍ୱେ ନରେନ୍ଦ୍ର ମୋଦି ଏହି ଦୁଇଟି ରାଜ୍ୟରେ ଜୀବନ ଲଗାଇଦେଲେ । ଏକୁଟିଆ ମହାରାଷ୍ଟ୍ରରେ ସେ ୨୧ ରାଲିକୁ ସମ୍ବୋଧିତ କଲେ । ହରିୟାଣାରେ ମଧ୍ୟ ନରେନ୍ଦ୍ର ମୋଦି ଧୁଆଁଧାର ପ୍ରଚାର କଲେ । ବିପକ୍ଷ ଦଳମାନେ ଏହାକୁ ବିଧାନସଭା ନିର୍ବାଚନରେ ପ୍ରଧାନମନ୍ତ୍ରୀଙ୍କ ଅତିସକ୍ରିୟତା କହିଲେ । କିନ୍ତୁ ନରେନ୍ଦ୍ର ମୋଦିଙ୍କ ପରିଶ୍ରମ ଓ ନିର୍ବାଚନୀ ପରିଚାଳନା ବଳରେ ଆଜି ଦୁଇ ରାଜ୍ୟର ଶାସନ ଡୋର ଭାଜପା ହାତରେ ଅଛି । ହରିୟାଣାରେ ମୁଖ୍ୟମନ୍ତ୍ରୀ ମନୋହର ଲାଲ ଖଟ୍ଟର ଓ ମହାରାଷ୍ଟ୍ରରେ ଦେବେନ୍ଦ୍ର ଫଡଣବୀସ ହୋଇଥାନ୍ତୁ ନା କାହିଁକି, କିନ୍ତୁ ଏହି କଥା ଲୁଚି ରହିନାହିଁ ଯେ ଏହି ଦୁଇ ନେତାଙ୍କୁ ମୁଖ୍ୟମନ୍ତ୍ରୀ ଚୌକି ନରେନ୍ଦ୍ର ମୋଦିଙ୍କ ଯୋଗୁଁ ହିଁ ମିଳିଛି ।

ନରେନ୍ଦ୍ର ମୋଦିଙ୍କୁ ଯେବେ-ଯେବେ ନିର୍ବାଚନର ଦାୟିତ୍ୱ ମିଳିଛି, ସେତେବେଳେ ସେ ନିଜର ନିର୍ବାଚନୀ ପରିଚାଳନା ଦକ୍ଷତାର ପ୍ରଦର୍ଶନ କରି ଦଳକୁ ବିଜୟ ଦେଇଛନ୍ତି । ଏଥିରୁ ପ୍ରତ୍ୟେକ କ୍ଷେତ୍ରରେ କାମ କରୁଥିବା ଲୋକେ ଏହା ଶିଖି ପାରିବେ ଯେ ଅଦ୍ୟାପି ନିର୍ବାଚନ ଜିତିବା ଭଳି ଜଟିଳ କାମ ପରିଚାଳନା ଦକ୍ଷତା ବଳରେ କରାଯାଇ ପାରେ ତେବେ ଆହୁରି ମଧ୍ୟ ଅନେକ କାମ ଉଚିତ୍ ପରିଚାଳନା ଜରିଆରେ କରାଯାଇ ପାରିବ । ନିଜର ନିର୍ବାଚନୀ ପରିଚାଳନା ଓ ନିର୍ବାଚନରେ ଲଗାତର୍ ବିଜୟ ହାସଲ କରି ନରେନ୍ଦ୍ର ମୋଦି ଏହା ଶିଖାନ୍ତି ଯେ ଅଦ୍ୟାପି ମଣିଷ ଚାହେଁ ତେବେ ପ୍ରତ୍ୟେକ ଜଟିଳ ଲାଗୁଥିବା କାମକୁ ସେ ସଫଳତାର ସହ ସମ୍ପୂର୍ଣ୍ଣ କରି ପାରିବ । ଏହି ଅଧ୍ୟାୟରେ ଏହି ବିଷୟରେ ବିସ୍ତାର ଭାବେ ଚର୍ଚ୍ଚା କରାଯାଇଛି ଯେ ପ୍ରତ୍ୟେକ ଜଟିଳ ଲାଗୁଥିବା ନିର୍ବାଚନୀ ବାଜିକୁ ନରେନ୍ଦ୍ର ମୋଦି ତାଙ୍କ ପରିଚାଳନା ଦକ୍ଷତା ବଳରେ ନିଜ ପକ୍ଷକୁ ଆଣିଛନ୍ତି ଓ ବିଜୟ ହାସଲ କରିଛନ୍ତି । ସେ ଏହା ଦେଖାଇଛନ୍ତି ଯେ ଅଦ୍ୟାପି ଉଚିତ୍ ଢଙ୍ଗରେ ନିଜର ପରିଚାଳନା ଦକ୍ଷତାର ବ୍ୟବହାର କରାଯାଏ ତେବେ ହାରି ଯାଇଥିବା ବାଜିକୁ ମଧ୍ୟ ଜିତା ଯାଇପାରିବ ।

ଜ୍ଞାନର ମହତ୍ତ୍ୱ

ନରେନ୍ଦ୍ର ମୋଦିଙ୍କ ଶାସନ ତନ୍ତ୍ର ଓ ତାଙ୍କ କାର୍ଯ୍ୟଶୈଳୀରେ ଜ୍ଞାନର ମହତ୍ତ୍ୱ ସ୍ପଷ୍ଟ ରୂପେ ଦେଖାଯାଏ । ଯେତେବେଳେ ସେ ଗୁଜରାଟର ମୁଖ୍ୟମନ୍ତ୍ରୀ ଥିଲେ, ସେତେବେଳେ ମଧ୍ୟ ଏହି ଦିଗରେ ସେ କାର୍ଯ୍ୟ କରୁଥିଲେ । ସେ ଜ୍ଞାନ ଥିବା ଲୋକଙ୍କୁ ନିଜ ସହ ଯୋଡ଼ିବା ଓ ସେମାନଙ୍କ ଉଚିତ୍ ବ୍ୟବହାର କରିବାର ପରିଚାଳନା ଦକ୍ଷତାରେ ନିପୁଣ ଅଟନ୍ତି । ତାଙ୍କ ଠାରୁ ଏହି କଥା କେହି ମଧ୍ୟ ବୁଝିପାରିବ ଯେ ସେ ଯେ କୌଣସି କ୍ଷେତ୍ରରେ କାମ କରୁଥାଉ ନା କାହିଁକି କିନ୍ତୁ ଅଦ୍ୟପି ସେ ଉଚିତ୍ ଢଙ୍ଗରେ ଜ୍ଞାନର ମହତ୍ତ୍ୱକୁ ବୁଝିଲା ତେବେ ତା' ପାଇଁ ନିଜ କ୍ଷେତ୍ରରେ ନିଜର ଛାପ ଛାଡ଼ିବା ସହଜ ହୋଇଯିବ ।

ଏଠାରେ ଆମେ ଜ୍ଞାନର ମହତ୍ତ୍ୱ ସମ୍ବନ୍ଧିତ ନରେନ୍ଦ୍ର ମୋଦିଙ୍କ ଦ୍ୱାରା ଗୁଜରାଟରେ କରାଯାଇଥିବା କାର୍ଯ୍ୟଗୁଡ଼ିକ ମଧ୍ୟରୁ କିଛିର ଚର୍ଚ୍ଚା ଅତି ସଂକ୍ଷେପରେ କରିବୁ ଓ ପ୍ରଧାନମନ୍ତ୍ରୀ ହେବା ପରେ ସେ ଯେଉଁ କାର୍ଯ୍ୟ କରିଛନ୍ତୁ, ସେ ସମ୍ପର୍କରେ ବିସ୍ତାର ଭାବେ ଚର୍ଚ୍ଚା କରିବୁ । ନରେନ୍ଦ୍ର ମୋଦି ଯେତେବେଳେ ଗୁଜରାଟର ମୁଖ୍ୟମନ୍ତ୍ରୀ ଥିଲେ ତଥାପି ସେ ପିଲାମାନଙ୍କ ମଧ୍ୟରେ ଆଗେଇବା ପ୍ରବୃତ୍ତି ବିକଶିତ କରିବା ଅଭିପ୍ରାୟରେ 'ବାଞ୍ଚେ ଗୁଜରାଟ' ନାମରେ ଏକ ଯୋଜନା ଆରମ୍ଭ କରିଥିଲେ । ଏହି ଯୋଜନା ବହୁତ ସଫଳ ହୋଇଥିଲା । ଏହି ଯୋଜନା କଣ ଥିଲା ଓ କେମିତି କାମ କରୁଥିଲା, ଏ ବାବଦରେ ନରେନ୍ଦ୍ର ମୋଦି ଶିକ୍ଷକ ଦିବସ ଅବସରରେ ସେପ୍ଟେମ୍ବର ୫ ତାରିଖ, ୨୦୧୪ ରେ ପିଲାମାନଙ୍କ ସହ କଥାବାର୍ତ୍ତା ହେବାବେଳେ ନିଜେ କହିଲେ । ସେ କହିଲେ, 'ମୁଁ ଯେତେବେଳେ ଗୁଜରାଟରେ ଥିଲି, ବାଞ୍ଚେ ଗୁଜରାଟ ଅଭିଯାନ ଆରମ୍ଭ କରିଥିଲି । ଏହା ପ୍ରକୃତରେ ବୁଝିବାର ଜିନିଷ । ସେହି ସମୟରେ ସ୍ଥିତି ଏହା ଥିଲା ଯେ ଲାଇବ୍ରେରୀରେ ଗୋଟିଏ ମଧ୍ୟ ପୁସ୍ତକ ନଥିଲା, ସମ୍ପୂର୍ଣ୍ଣ ରାଜ୍ୟରେ । ଅନେକ ଲାଇବ୍ରେରୀ ଏମିତି ଥିଲା, ଯେଉଁଠି କପ୍‌ବୋର୍ଡ ଦଶ ବର୍ଷ ହେଲା ସଫା ହୋଇନଥିବ । କିନ୍ତୁ ସେହି ଅଭିଯାନ ଯୋଗୁଁ ଦେଖୁଥିଲି ଯେ ଲୋକ ଇନ୍‌ଫ୍ଲୁଏନ୍ସ ପାଇଁ ଚିଠି ଆଣିବାକୁ ଯାଉଥିଲେ ଯେ ସେହି ଅମୁକ ଲାଇବ୍ରେରୀରେ କୁହନା ମତେ ବହି ଦେବେ, ମତେ ସେହି ବହି ଦରକାର । ଯେହେତୁ ନିଶ୍ଚିତ ସମୟ କାଳଖଣ୍ଡରେ କେତେ ବେଶୀ ବହି ପଢ଼ିବା । କେତେ ଶୀଘ୍ର ପଢ଼ିବା, ଏହାର ମଧ୍ୟ ପ୍ରତିଯୋଗିତା ଥିଲା ଓ ପରେ ସେ ବିଷୟରେ ପଚରାଯାଉଥିଲା, ସେମାନଙ୍କୁ ପ୍ରଶ୍ନ-ଉତ୍ତର କରାଯାଉଥିଲା, କେଉଁ ବହି ପଢ଼ିଲ, କେମିତି ପଢ଼ିଲ ? ଏହି ଅଭିଯାନ ଏତେ ଶକ୍ତିଶାଳୀ ଥିଲା, ସମ୍ପୂର୍ଣ୍ଣ ସମାଜ ଏଥିସହ ଏକୀଭୂତ ହୋଇ ରହିଲା । ଏହା କୌଣସି ସରକାରର କାର୍ଯ୍ୟକ୍ରମ ହୋଇ ନଥିଲା, ସରକାର ତ' ପ୍ରାରମ୍ଭ କରିଥିଲା । ସମ୍ପୂର୍ଣ୍ଣ ସମାଜ ଏକୀଭୂତ ଥିଲା । ମୁଁ ନିଜେ ମଧ୍ୟ, "ବାଞ୍ଚେ ଗୁଜରାଟ" କାର୍ଯ୍ୟକ୍ରମରେ, ଲାଇବ୍ରେରୀ ଚାଲି ଯାଇଥିଲି । ସେଠାକୁ ଯାଇ ପଢ଼ିବା ପାଇଁ ବସିଥିଲି ଓ ପ୍ରତ୍ୟେକଙ୍କ ପାଇଁ କାର୍ଯ୍ୟକ୍ରମ ତିଆରି କରିଥିଲି । ପଢ଼ିବାର ଗୋଟିଏ ବାତାବରଣ ସୃଷ୍ଟି ହୋଇଯାଇଥିଲା । ମୁଁ ଚାହୁଛି ଯେ ପଢ଼ିବାର ଏକ ସାମୂହିକ ବାତାବାରଣ ତିଆରି କରିବା ଉଚିତ । ସ୍କୁଲରେ ମଧ୍ୟ ତିଆରି କରିବା ଉଚିତ । ଆପଣଙ୍କ ସ୍କୁଲରେ ମଧ୍ୟ, ଏ ସପ୍ତାହରେ ଚାଲ ଭାଇ ଲାଇବ୍ରେରୀର ବହି ନେଇଯାଅ, ସମ୍ପୂର୍ଣ୍ଣ ସପ୍ତାହ ଏହା ଚାଲେ । ନୂଆ-ନୂଆ ବହି ପଢ଼ । ବେଶୀ ପଢ଼, ସାତ ଦିନ ପରେ ଯେତେବେଳେ

ସମ୍ପୂର୍ଣ୍ଣ ହୋଇଯିବ ତଥାପି ପଚାରିବା ଯେ କେଉଁ ବହି କିଏ ପଢ଼ିଲା ? ତାହାର ଭାଇଭା କ'ଣ ଥିଲା ? ତଥାପି ପ୍ରତ୍ୟେକ ସ୍କୁଲ ନିଜର କାର୍ଯ୍ୟକ୍ରମ ତିଆରି କରି ପାରିବ । କିନ୍ତୁ ଆପଣଙ୍କ ମଧ୍ୟରୁ କାହାକୁ ଆଗ୍ରହ ଥିଲେ ତ । ଗୁଜରାଟରୁ ବୋଧହୁଏ ଆପଣଙ୍କୁ ସୂଚନା ମିଳିପାରେ ଯେ ସେହି କାର୍ଯ୍ୟକ୍ରମ କେମିତି ହୋଇଥିଲା । ଲକ୍ଷ ଲକ୍ଷ ଲୋକ ଏଥିରେ ଲାଗିଥିଲେ ଓ କୋଟି-କୋଟି ଘଣ୍ଟା ପଢ଼ା ଯାଇଥିଲା । ଆପେ ଆପେ ତାହା ଗୋଟିଏ ବହୁତ ବଡ଼ ଅଭିଯାନ ଥିଲା । କିନ୍ତୁ ମୁଁ ଭାରତ-ଦେଶବ୍ୟାପୀ କାର୍ଯ୍ୟକ୍ରମ ପାଇଁ ତଥାପି ଭାବିନାହିଁ, କିନ୍ତୁ ଏହି ଡିଜିଟାଲ ଇଣ୍ଡିଆ ମାଧ୍ୟମରେ ଓ ଶିକ୍ଷା କ୍ଷେତ୍ରରେ ଟେକ୍ନୋଲଜି ଅଧିକ ଆସୁ, ଆମ ପିଲାମାନେ ନୂଆ-ନୂଆ ଜିନିଷ ଖୋଜନ୍ତୁ, ଦୁନିଆକୁ ବୁଝନ୍ତୁ, ଏହା ମୁଁ ନିଶ୍ଚୟ ଚାହୁଁଛି ।'

ନରେନ୍ଦ୍ର ମୋଦି ମୁଖ୍ୟମନ୍ତ୍ରୀ ରୂପେ ତାଙ୍କ କାର୍ଯ୍ୟକାଳରେ 'ଶାଳା ପ୍ରବେଶୋତ୍ସବ' ନାମରେ ଏକ ଯୋଜନା ଚଳାଇଲେ । ଏହା ଆଧାରରେ ସମସ୍ତ ସରକାରୀ କଳ ସ୍କୁଲ ଖୋଲିବା ପୂର୍ବରୁ ଗାଁକୁ ଯାଇ ଛୁଆମାନଙ୍କ ନାମାଙ୍କନକୁ ଗତି ଦେବା ପାଇଁ କାମ କରୁଥିଲା । ନରେନ୍ଦ୍ର ମୋଦିଙ୍କ ଆଧିକାରୀକ ୱେବ୍‌ସାଇଟ ଅନୁସାରେ, 'ମୁଣ୍ଡଫଟା ଖରା ସତ୍ତ୍ୱେ ସମସ୍ତ ସରକାରୀ କଳ ଦୂରଦୂରାନ୍ତର ଗାଁକୁ ଯାଇ ଶାଳା ପ୍ରବେଶୋତ୍ସବରେ ଭାଗ ନେଇ ସୁନିଶ୍ଚିତ କଲା ଯେ ଉତ୍ସବୀ ବାତାବରଣରେ ଛୁଆମାନେ ସ୍କୁଲ ଯିବା ଆରମ୍ଭ କରନ୍ତୁ । ସ୍କୁଲଗୁଡ଼ିକରେ ବାଳିକାଙ୍କ ଡ୍ରପ୍‌ଆଉଟ ମାତ୍ରା ଅଧିକ ଥିବା କଥା ବିଶ୍ଳେଷଣ କରିବାରୁ ଜଣାଗଲା ଯେ ସ୍କୁଲମାନଙ୍କରେ ଶୌଚାଳୟର ଅଭାବ ଏହାର ମୁଖ୍ୟ କାରଣ । ତେଣୁ ସାରା ଗୁଜରାଟରେ ସ୍କୁଲଗୁଡ଼ିକରେ ବାଳିକାଙ୍କ ପାଇଁ ଶୌଚାଳୟ ତିଆରି କରାଗଲା । ନରେନ୍ଦ୍ର ମୋଦି ସ୍କୁଲମାନଙ୍କରେ ଗୁଣବତ୍ତା ମୂଲ୍ୟାଙ୍କନର ଅଭିନବ ପଦକ୍ଷେପ ନେଲେ । ଆମ ଦେଶରେ ଏକ ନିୟମ ହୋଇଯାଇଛି ଯେ ସ୍କୁଲଗୁଡ଼ିକୁ କେବଳ ମୌଳିକ ସୁବିଧା, ଯେମିତି ଶ୍ରେଣୀଗୃହ, ଶୌଚାଳୟ ଏବଂ ପାନୀୟ ଜଳ ସୁବିଧା ଅନୁସାରେ ବିଶ୍ଳେଷଣ କରାଯାଉ । ନରେନ୍ଦ୍ର ମୋଦି ଗୋଟିଏ ପାଦ ଆଗକୁ ଯାଇ ଶାଳା ଗୁଣବତ୍ତା ମୂଲ୍ୟାଙ୍କନ କାର୍ଯ୍ୟକ୍ରମ ଆରମ୍ଭ କଲେ, ଯାହାକୁ ଗୁଜରାଟରେ ଗୁଣୋତ୍ସବ କୁହାଯାଏ । ପୂର୍ବରୁ ଏମିତି ମୂଲ୍ୟାଙ୍କନ ଆମ ଦେଶରେ କେବଳ ବ୍ୟବସାୟ ସ୍କୁଲରେ ହିଁ ହେଉଥିଲା !'

ବର୍ତ୍ତମାନ ଏହି ବିଷୟକୁ ଠିକ୍ ଢଙ୍ଗରେ ବୁଝିବାକୁ ଚେଷ୍ଟା କରିବା ଯେ ପ୍ରଧାନମନ୍ତ୍ରୀ ଭାବେ ନରେନ୍ଦ୍ର ମୋଦି ଏମିତି କେଉଁ କାର୍ଯ୍ୟ କଲେ ଯାହା ଜରିଆରେ ଏହା କୁହାଯାଇ ପାରିବ ଯେ ସେ ଜ୍ଞାନକୁ ମହତ୍ତ୍ୱ ଦେଉଛନ୍ତି । ଏହି ଅଧ୍ୟାୟରେ ସର୍ବ ପ୍ରଥମେ ଯେଉଁ ଘଟଣାର ଉଲ୍ଲେଖ ଆବଶ୍ୟ, ତାହା ହେଲା ତାଙ୍କ ଶିକ୍ଷକ ଓ ବିଦ୍ୟାର୍ଥୀଙ୍କ ସହ କଥୋପକଥନ । ସେ ପ୍ରଧାନମନ୍ତ୍ରୀ ହେବା ପରେ ଯେଉଁ ଶିକ୍ଷକ ଦିବସ ପ୍ରଥମେ ଆସିଲା, ସେଥିରେ ସେ ନା କେବଳ ପାଖାପାଖି ୩୫୦ ପୁରସ୍କୃତ ଶିକ୍ଷକଙ୍କ ସହ ସାମ୍ନା-ସାମ୍ନି କଥାହେଲେ ବରଂ ସେ ବହୁତ ଶିକ୍ଷକଙ୍କୁ ଇମେଲ ମଧ୍ୟ କଲେ । ଏହା ପରେ ସେ ଛାତ୍ରଙ୍କ ସହ ମଧ୍ୟ ଟେଲିଭିଜନ ଓ ଟେଲିକନ୍‌ଫରେନ୍‌ସିଂ ଜରିଆରେ କଥା ହେଲେ । ଏଥିରେ ସେ ନା କେବଳ ଛାତ୍ରଙ୍କୁ ସମ୍ବୋଧିତ କଲେ ବରଂ ସେମାନଙ୍କ ପ୍ରଶ୍ନକୁ ଶୁଣିଲେ ଓ ଏହାର ଉତ୍ତର ମଧ୍ୟ ଦେଲେ । ଏଥିରୁ ସ୍ପଷ୍ଟ ଯେ ଜ୍ଞାନ କ୍ଷେତ୍ରରେ ନରେନ୍ଦ୍ର ମୋଦି ନିଜେ ଆଗ୍ରହ ନେଉଛନ୍ତି ।

ନରେନ୍ଦ୍ର ମୋଦି ଜ୍ଞାନକୁ କେତେ ମହତ୍ତ୍ୱ ଦିଅନ୍ତି, ଏହାର ଅନୁମାନ ଏହି କଥାରୁ ଲଗାଯାଇ ପାରିବ ଯେ, ଯେବେଠାରୁ ସେ ପ୍ରଧାନମନ୍ତ୍ରୀ ହୋଇଛନ୍ତି, ସେବେଠାରୁ ଅଦ୍ୟାପି ଭାରତର ବୈଜ୍ଞାନିକ ଓ ବୈଜ୍ଞାନିକ ସଂସ୍ଥାଗୁଡ଼ିକ କୌଣସି ସଫଳତା ହାସଲ କରୁଛନ୍ତି ତଥାପି ସେମାନଙ୍କ ଉତ୍ସାହ ବଢ଼ାଇବା ପାଇଁ ନରେନ୍ଦ୍ର ମୋଦି ନିଜେ ସେଠାରେ ଉପସ୍ଥିତ ରୁହନ୍ତି । ପ୍ରଧାନମନ୍ତ୍ରୀ ହେବାର କିଛି ଦିନ ପରେ ନରେନ୍ଦ୍ର ମୋଦି ଶ୍ରୀହରିକୋଟାରୁ ପୋଲର ସାଟେଲାଇଟ୍ ଲଞ୍ଚ୍ ଭେଇକିଲ (ପିଏସ୍‌ଏଲ୍‌ବି) ସି ୨୩ ର ସଫଳ ନିକ୍ଷେପ ଦେଖିଲେ । ମିଶନ କଣ୍ଟ୍ରୋଲ୍ ସେଣ୍ଟରରୁ ନିଜର ଅଭିନନ୍ଦନ ସନ୍ଦେଶରେ ସେ ଅନ୍ତରୀକ୍ଷ ବୈଜ୍ଞାନିକଙ୍କୁ

ହିତଧାରକ ସହିତ ମିଶି ଶାସନ ପ୍ରଣାଳୀ ଏବଂ ବିକାଶରେ ଅନ୍ତରୀକ୍ଷ ବିଜ୍ଞାନର ଅଧିକରୁ ଅଧିକ ଉପଯୋଗ କରିବାକୁ ଆହ୍ୱାନ ଦେଲେ । ସେ କହିଲେ ଯେ ଭାରତକୁ ଅନ୍ତରୀକ୍ଷ ପ୍ରୋଦ୍ୟୋଗିକି କ୍ଷେତ୍ରରେ ଯେଉଁ ଦକ୍ଷତା ହାସଲ ହୋଇଛି, ସେମାନେ ତାକୁ ସାମାଜିକ ପରିବର୍ତ୍ତନ, ଆର୍ଥିକ ବିକାଶ ଏବଂ ସଂସାଧନର ସଂରକ୍ଷଣ ପାଇଁ ସମ୍ପୂର୍ଣ୍ଣ ଭାବେ ଉପଯୋଗ କରନ୍ତୁ । ଭାରତର ବସୁଧୈବ କୁଟୁମ୍ବକଂ ପ୍ରାଚୀନ ମାନ୍ୟତାର ଉଲ୍ଲେଖ କରିବାକୁ ଯାଇ ନରେନ୍ଦ୍ର ମୋଦି କହିଲେ ଯେ ଭାରତର ଅନ୍ତରୀକ୍ଷ କାର୍ଯ୍ୟକ୍ରମ ମାନବତାର ସେବା ଉଦ୍ଦେଶ୍ୟରେ ପ୍ରେରିତ ଅଛି, ଶକ୍ତିଶାଳୀ ହେବା ଉଦ୍ଦେଶ୍ୟରେ ନୁହେଁ । ସେ କହିଲେ ଯେ ବିଜ୍ଞାନ ଏବଂ ପ୍ରୋଦ୍ୟୋଗିକି କ୍ଷେତ୍ରରେ ଭାରତର ଏକ ଉଜ୍ଜ୍ୱଳ ପରମ୍ପରା ଅଛି, ଯେଉଁଥିରେ ଅନ୍ତରୀକ୍ଷ ବିଜ୍ଞାନ ମଧ୍ୟ ସାମିଲ ଅଛି । ଶ୍ରୀ ମୋଦି କହିଲେ ଯେ ଭାସ୍କରାଚାର୍ଯ୍ୟ ଏବଂ ଆର୍ଯ୍ୟଭଟ୍ଟଙ୍କ ଭଳି ପ୍ରାଚୀନ ଭାରତର ମହାନ ବୈଜ୍ଞାନିକ ଅନେକ ପିଢ଼ିଙ୍କୁ ପ୍ରେରିତ କରୁଛନ୍ତି । ସେ କହିଲେ ଯେ ଭାରତକୁ ଅନ୍ତରୀକ୍ଷ ପ୍ରୋଦ୍ୟୋଗିକିର ଲାଭ ବିକାଶଶୀଳ ଦେଶ, ବିଶେଷକରି ପଡ଼ୋସୀ ଦେଶ ସହ ଭାଗ କରିବା ଉଚିତ । ସେ ଅନ୍ତରୀକ୍ଷ ବୈଜ୍ଞାନିକଙ୍କୁ ଆହ୍ୱାନ ଦେଲେ ଯେ ସେମାନେ ସାର୍କ ଦେଶମାନଙ୍କ ପାଇଁ କୃତ୍ରିମ ଉପଗ୍ରହ ପ୍ରସ୍ତୁତ କରନ୍ତୁ, ଯାହାର ସେବା ଆମ ପଡ଼ୋସୀ ଦେଶମାନଙ୍କୁ ଭାରତ ତରଫରୁ ଏକ ଉପହାର ରୂପେ ଦିଆଯିବ ।

ଏହି ଅବସରରେ ନରେନ୍ଦ୍ର ମୋଦି ଏହା ମଧ୍ୟ କହିଲେ ଯେ ସମ୍ପୂର୍ଣ୍ଣ ଭାବେ ସ୍ୱଦେଶୀ ଭାରତୀୟ ଅନ୍ତରୀକ୍ଷ କାର୍ଯ୍ୟକ୍ରମ ଅନ୍ତଃରାଷ୍ଟ୍ରୀୟ ଚାପ ଏବଂ ବାଧାବିଘ୍ନ ଭିତରେ ବିକଶିତ ହୋଇଛି । ସେ କହିଲେ ଯେ ଏହି କ୍ଷେତ୍ରରେ ଆମେ ସାମାନ୍ୟ ସ୍ଥିତିରୁ ଉପରକୁ ଉଠି ଉତ୍କୃଷ୍ଟତା ସ୍ଥିତି ହାସଲ କରିଛୁ । ସାଧାରଣ ଲୋକଙ୍କ ପାଇଁ ଅନ୍ତରୀକ୍ଷ କୌଶଳର ଲାଭର ଉଲ୍ଲେଖ କରିବାକୁ ଯାଇ ପ୍ରଧାନମନ୍ତ୍ରୀ କହିଲେ ଯେ ଏଥିରୁ ଆଧୁନିକ ସଂଚାର-ବ୍ୟବସ୍ଥା ସମ୍ଭବ ହୋଇଛି, ସୁଦୂର ଗାଁରେ ପିଲାମାନଙ୍କୁ ଉନ୍ନତ ଶିକ୍ଷା ପ୍ରଦାନ କରି ସେମାନଙ୍କୁ ସଶକ୍ତ କରାଯାଇ ପାରିବ ଏବଂ ଟେଲିମେଡିସନ ଦ୍ୱାରା ଉତ୍ତମ ସ୍ୱାସ୍ଥ୍ୟ ସେବା ଉପଲବ୍ଧ କରାଯାଇ ପାରିବ । ପ୍ରଧାନମନ୍ତ୍ରୀ କହିଲେ ଯେ ଅନ୍ତରୀକ୍ଷ ବିଜ୍ଞାନ କ୍ଷେତ୍ରରେ ନିରନ୍ତର ବିକାଶ ଆମର ପ୍ରାଥମିକତା ହେବା ଉଚିତ । ସେ ଅତ୍ୟାଧୁନିକ ଉପଗ୍ରହଗୁଡ଼ିକର ବିକାଶ ଏବଂ ସାଟେଲାଇଟ୍ ଫୁଟ୍‌ପ୍ରିଣ୍ଟ୍ ବଢ଼ାଇବାକୁ ପରାମର୍ଶ ଦେଲେ । ସେ କହିଲେ ଯେ ଭାରତ ପାଖରେ ବିଶ୍ୱ ପାଇଁ ସର୍ଭିସ୍ ପ୍ରୋଭାଇଡର୍ ନିକ୍ଷେପ କରିବାର କ୍ଷମତା ଅଛି ଓ ଏହି ଉଦ୍ଦେଶ୍ୟ ଦିଗରେ କାମ କରିବାକୁ ହେବ । ପ୍ରଧାନମନ୍ତ୍ରୀ ଭାରତର ଯୁବଗୋଷ୍ଠୀକୁ ଅନ୍ତରୀକ୍ଷ କାର୍ଯ୍ୟକ୍ରମ ସହ ଏକୀଭୂତ ହେବାକୁ ଆହ୍ୱାନ ଦେଲେ । ମୋଦି କହିଲେ ଯେ ଶ୍ରୀହରିକୋଟାରେ ଯୁବ ବୈଜ୍ଞାନିକଙ୍କ ସହ ସାକ୍ଷାତ କରି ଓ ସେମାନଙ୍କ କାମ ଏବଂ ଉପଲବ୍ଧିକୁ ଦେଖି ସେ ବହୁତ ଖୁସି ହେଲେ ।

ଏହି ପ୍ରକାରରେ ଯେତେବେଳେ ଭାବା ପରମାଣୁ ଅନୁସନ୍ଧାନ କେନ୍ଦ୍ର ହୀରକ ଜୟନ୍ତୀ ସମାରୋହ ପାଳନ କଲା ତଥାପି ପ୍ରଧାନମନ୍ତ୍ରୀ ନରେନ୍ଦ୍ର ମୋଦି ନିଜେ ସେଠାକୁ ଗଲେ ଓ ସେ ବୈଜ୍ଞାନିକଙ୍କୁ ଉତ୍ସାହିତ କଲେ । ପରମାଣୁ ଶକ୍ତି ବିଭାଗର ହୀରକ ଜୟନ୍ତୀ ଅଗଷ୍ଟ ୩ ତାରିଖ, ୨୦୧୪ ରେ ଥିଲା । ଏହାର ଚର୍ଚ୍ଚା କରିବାକୁ ଯାଇ ପ୍ରଧାନମନ୍ତ୍ରୀ ପରମାଣୁ ଶକ୍ତି ବିଭାଗକୁ ବର୍ଷସାରା ଜୟନ୍ତୀ ପାଳିବା ସମ୍ବନ୍ଧିତ କାର୍ଯ୍ୟକ୍ରମ ପ୍ରସ୍ତୁତ କରିବାକୁ କହିଲେ । ସେ କହିଲେ ଯେ କାର୍ଯ୍ୟକ୍ରମର ଜୋର୍ ପରମାଣୁ ବିଜ୍ଞାନର ମାନବୀୟ ଏବଂ ବିକାଶ ପକ୍ଷ ଉପରେ ହେବା ଉଚିତ । ଏହାକୁ ବିଶେଷ ରୂପେ ସମ୍ପୂର୍ଣ୍ଣ ଦେଶର ସ୍କୁଲ ଓ କଲେଜ ପାଖକୁ ନେଇଯିବା ଉଚିତ । ପ୍ରଧାନମନ୍ତ୍ରୀ ପରମାଣୁ ଶକ୍ତି ବିଭାଗକୁ କହିଲେ ଯେ ସେମାନେ ସାରା ଦୁନିଆରେ ପରମାଣୁ ବିଜ୍ଞାନରେ ଭାରତର କ୍ଷମତାର ମାନବୀୟ ପକ୍ଷ ପ୍ରସ୍ତୁତ କରନ୍ତୁ । ପ୍ରଧାନମନ୍ତ୍ରୀ ସର୍ବାଧିକ ଜଟିଳ ଏବଂ ସାଧନପୂର୍ଣ୍ଣ ବିଜ୍ଞାନ ଟେକ୍ନୋଲଜି କ୍ଷେତ୍ରରେ ଭାରତୀୟ ବୈଜ୍ଞାନିକ ସମୁଦାୟର

ଅସାଧାରଣ ଉପଲବ୍ଧିକୁ ଭରପୂର ପ୍ରଶଂସା କଲେ । ପ୍ରଧାନମନ୍ତ୍ରୀ କହିଲେ ଯେ ବୈଜ୍ଞାନିକମାନଙ୍କ ସଫଳତା ବିଶେଷ ରୂପେ ପ୍ରଶଂସନୀୟ ଅଟେ ଯେହେତୁ ବହୁ ବର୍ଷ ପର୍ଯ୍ୟନ୍ତ ଅନ୍ତଃରାଷ୍ଟ୍ରୀୟ ଟେକ୍ନୋଲଜି ଉପଲବ୍ଧ ନକରିବା ପରିବେଶ ରହିଲା । ସେ କହିଲେ ଯେ ପରମାଣୁ ଇନ୍ଧନ ଚକ୍ରରେ ଭାରତର ଆତ୍ମନିର୍ଭରତା ଏବଂ ସ୍ୱଦେଶୀ ରିଆକ୍ଟରଙ୍କ ବାଣିଜ୍ୟିକ ସଫଳତାରୁ ଏହା ପ୍ରମାଣିତ ହୋଇଯାଇଛି ଯେ ଦୃଷ୍ଟି, ନିଷ୍ଠୟ ଏବଂ କଠିନ କାର୍ଯ୍ୟ ବଳରେ ଭାରତ ସର୍ବାଧିକ ସାଧନ ଥିବା କ୍ଷେତ୍ରଗୁଡ଼ିକ ମଧ୍ୟରେ ଶୀର୍ଷ ସ୍ଥାନରେ ପହଞ୍ଚି ପାରିବ ।

ନରେନ୍ଦ୍ର ମୋଦି ସ୍ୱଚ୍ଛ ଏବଂ ବିଶ୍ୱସନୀୟ ଶକ୍ତି ସ୍ରୋତ ଉପରେ ଆଧାରିତ ଶକ୍ତି ସୁରକ୍ଷାର ମହତ୍ୱ ପ୍ରତି ନିଜର ମାନ୍ୟତାକୁ ଦୋହରାଇଲେ । ସେ ଭାରତର ଶକ୍ତି ରଣନୀତିରେ ପରମାଣୁ ଶକ୍ତିର ଆବଶ୍ୟକ ଭୂମିକାକୁ ଦାବି ଆକାରର ସନ୍ଦର୍ଭରେ ଦେଖିଲେ । ସେ ପରମାଣୁ ଶକ୍ତି ବିଭାଗର ମହତ୍ୱାକାଂକ୍ଷୀ ବିସ୍ତାର କାର୍ଯ୍ୟକ୍ରମକୁ ଲାଗୁ କରିବାରେ ପୂର୍ଣ୍ଣ ସମର୍ଥନର ଆଶ୍ୱାସନା ଦେଲେ ଓ ଆଶା ବ୍ୟକ୍ତ କଲେ ଯେ ପରମାଣୁ ଶକ୍ତି ବିଭାଗ ସମ୍ଭାବିତ ଖର୍ଚ୍ଚ ମଧ୍ୟରେ ୨୦୨୩-୨୪ ପର୍ଯ୍ୟନ୍ତ ୫୭୮୦ ମେଗାୱାଟ ବର୍ତ୍ତମାନ କ୍ଷମତା ଠାରୁ ୩ ଗୁଣା କ୍ଷମତା ବଢ଼ାଇବା ଲକ୍ଷକୁ ସମ୍ପୂର୍ଣ୍ଣ କରିଦେବ । ସେ ପରମାଣୁ ଶକ୍ତିକୁ ବାଣିଜ୍ୟିକ ରୂପେ ବ୍ୟାବହାରିକ କରିବା ଏବଂ ଦୀର୍ଘକାଳୀନ ଦୃଷ୍ଟିରେ ସ୍ୱଚ୍ଛ ଶକ୍ତିର ସ୍ରୋତରେ ପ୍ରତିଯୋଗିତା କରିବାର ଆବଶ୍ୟକତା ଉପରେ ଜୋର୍ ଦେଲେ । ସେ ପରମାଣୁ ଶକ୍ତି ବିଭାଗକୁ ଦୀର୍ଘକାଳୀନ ଯୋଜନା ଏବଂ ଅନ୍ତଃରାଷ୍ଟ୍ରୀୟ ମାନକର ଅନୁରୂପ ଟେକ୍ନୋଲଜିକୁ ନିରନ୍ତର ରୂପରେ ଉନ୍ନତ କରି ରଖିବାକୁ କହିଲେ । ସେ କହିଲେ ଯେ ପରମାଣୁ ଶକ୍ତି ବିଭାଗକୁ ଦେଶରେ ପର୍ଯ୍ୟାପ୍ତ ଦକ୍ଷତାସମ୍ପନ୍ନ ମାନବ ସଂସାଧନ ଉପଲବ୍ଧ କରାଇବା ପାଇଁ ଯୋଜନା ପ୍ରସ୍ତୁତ କରିବା ଉଚିତ । ପ୍ରଧାନମନ୍ତ୍ରୀ କହିଲେ ଯେ ତାଙ୍କ ପାଇଁ ପରମାଣୁ ସୁରକ୍ଷା ଉଚ୍ଚ ପ୍ରାଥମିକତା ଅଟେ । ସେ ପରମାଣୁ ଶକ୍ତି ବିଭାଗକୁ ଏହା ସୁନିଶ୍ଚିତ କରିବାକୁ କହିଲେ ଯେ ଭାରତର ମାନକ ଏବଂ ବ୍ୟବହାର ବିଶ୍ୱରେ ସର୍ବାଧିକ ଆଧୁନିକ ହେଉ । ସେ ବିଭାଗକୁ ପରମାଣୁ ଶକ୍ତି ବିଭାଗର ନିୟୋଜନ ଏବଂ ସେଗୁଡ଼ିକୁ ଲାଗୁ କରିବାରେ ସ୍ଥାନୀୟ ସମୁଦାୟ ପ୍ରତି ବିଶେଷ ଧ୍ୟାନ ଦେବାକୁ କହିଲେ ।

ଏହି ପ୍ରକାରେ ଯେତେବେଳେ ଭାରତର ମଙ୍ଗଳ ଯାନ ୨୪ ସେପ୍ଟେମ୍ବର, ୨୦୧୪ ରେ ମଙ୍ଗଳର କକ୍ଷ ପଥରେ ପ୍ରଥମ ପ୍ରୟାସରେ ହିଁ ପ୍ରବେଶ କଲା ତଥାପି ଏହି ଐତିହାସିକ ସଫଳତାର ସାକ୍ଷୀ ହେବା ଓ ଏଥିରେ ଲାଗିଥିବା ବୈଜ୍ଞାନିକଙ୍କ ଉତ୍ସାହ ବଢ଼ାଇବା ପାଇଁ ପ୍ରଧାନମନ୍ତ୍ରୀ ନରେନ୍ଦ୍ର ମୋଦି ନିଜେ ସେଠାରେ ଉପସ୍ଥିତ ଥିଲେ । ଏହି ଅବସରରେ ସେ ମଙ୍ଗଳ ମିଶନରେ କାମ କରୁଥିବା ବୈଜ୍ଞାନିକଙ୍କୁ ସମ୍ବୋଧିତ କରିବାକୁ ଯାଇ କହିଲେ, 'ଆପଣମାନଙ୍କୁ ଶୁଭେଚ୍ଛା, ଦେଶବାସୀଙ୍କୁ ଶୁଭେଚ୍ଛା । ଆଜି ଇତିହାସ ତିଆରି ହେଲା । ଆମେ ସେହିପରି ଜାଗାରେ ପହଞ୍ଚିବାର ସାହସ କରି ପାରିଛେ ଯାହା ବାବଦରେ ଆମକୁ ଜଣାନାହିଁ ଓ ଆମେ ଅସମ୍ଭବ ସଦୃଶ୍ୟ ସଫଳତା ହାସଲ କରିଛନ୍ତି । ମୁଁ ଇସ୍‌ରୋର ସମସ୍ତ ବୈଜ୍ଞାନିକ ସମେତ ସମସ୍ତ ଦେଶବାସୀଙ୍କୁ ଶୁଭେଚ୍ଛା ଦେଉଛି । ଆମ ବୈଜ୍ଞାନିକମାନେ ପ୍ରଥମ ଚେଷ୍ଟାରେ ହିଁ ଏହା କରି ଦେଖେଇଲେ ।'

ନରେନ୍ଦ୍ର ମୋଦି ଆଗକୁ କହିଲେ, 'ମୁଁ ପ୍ରଥମରୁ ହିଁ କହିଛି ଯେ ସାଧନ ବହୁତ କମ୍ ଅଛି । ଅନେକ ମର୍ଯ୍ୟାଦା ରହିଛି ଓ ତାହା ସତ୍ତ୍ୱେ ମଧ୍ୟ ଏତେ ବଡ଼ ସିଦ୍ଧି ପ୍ରାପ୍ତ ହେଉଛି ତଥାପି ଏହା ବୈଜ୍ଞାନିକଙ୍କ ବିଶ୍ୱାସ ଯୋଗୁଁ, ସେମାନଙ୍କ ପୁରୁଷାର୍ଥ କାରଣରୁ ଓ ସେମାନଙ୍କ ପ୍ରତିବଦ୍ଧତା କାରଣରୁ । ଏଥିପାଇଁ, ଆମ ଦେଶର ବୈଜ୍ଞାନିକମାନେ ଅନେକ-ଅନେକ ଅଭିନନ୍ଦନର ଅଧିକାରୀ ଅଟନ୍ତି । ଦୁନିଆରେ ସମସ୍ତଙ୍କୁ ସଫଳତା ମିଳିନାହିଁ । ବହୁତ କମ୍ ମିଳିଛି । ଓ ପ୍ରଥମ ଥରରେ ତଥାପି କୌଣସି ଦେଶକୁ ମିଳିନାହିଁ । ଭାରତର

ବୈଜ୍ଞାନିକଙ୍କୁ, ଭାରତକୁ ଏହା ପ୍ରଥମ ଥର ସଫଳତା ମିଳିଛି । ମାତ୍ର ତିନି ବର୍ଷରେ, ଏହା ଛୋଟିଆ କଥା ନୁହେଁ । ପ୍ରତ୍ୟେକ ହିନ୍ଦୁସ୍ତାନୀ ଆପଣଙ୍କ ପାଇଁ ଗର୍ବ କରୁଛି । ଗର୍ବ ହେଉଛି ବୈଜ୍ଞାନିକଙ୍କ ପାଇଁ ଗର୍ବ ହେଉଛି ।'

ଜ୍ଞାନର ମହତ୍ୱ ଓ ଏଥିସହ ଯୋଡ଼ି ହୋଇଥିବା ପରମ୍ପରାକୁ ରେଖାଙ୍କିତ କରିବାକୁ ଯାଇ ନରେନ୍ଦ୍ର ମୋଦି କହନ୍ତି, 'ମତେ ସବୁଠୁ ବେଶୀ ଖୁସି ଏହି ବିଷୟରେ ହେଉଛି, ମୁଁ ଯେତେ ଥର ଆପଣମାନଙ୍କ ପାଖକୁ ଆସିଛି, ପ୍ରତ୍ୟେକ ପିଢ଼ି ଏକ ନୂଆ ପିଢ଼ି ପ୍ରସ୍ତୁତ କରୁଛି । ଏହା ଆପେ ଆପେ ଗୋଟିଏ ବହୁତ ବଡ଼ କଥା । ମୁଁ ଦେଖୁଛି, କେତେ ଯୁବ ବୈଜ୍ଞାନିକ ମୋ ସମ୍ମୁଖରେ ଠିଆ ହୋଇଛନ୍ତି । ପୁରୁଣା ପିଢ଼ି ଏହାକୁ ପ୍ରସ୍ତୁତ କରିଛି ଓ ଏମାନେ ନୂଆ ପିଢ଼ି ପ୍ରସ୍ତୁତ କରିବେ । ଏହି ଗୁରୁ-ଶିଷ୍ୟ ପରମ୍ପରା ଏକ ପ୍ରକାରର ଆମ ଦେଶର ବିଶେଷତା ରହିଛି, ଯାହା ମତେ ଆଜି ଇସ୍ରୋରେ ହୃଦୟଙ୍ଗମ ହେଉଛି । ଏହି ବରିଷ୍ଠ ବୈଜ୍ଞାନିକମାନେ ଯେଉଁ ପରମ୍ପରା ୫୦-୬୦ ବର୍ଷରେ ତିଆରି କରିଛନ୍ତି, ତାହା ଆଜି ମଧ୍ୟ ଆଗକୁ ଯାଉଛି । ଏହି ସଂସ୍କୃତି ପାଇଁ ମଧ୍ୟ, ଏହି ପରମ୍ପରା ପାଇଁ ମଧ୍ୟ, ଆପଣ ସମସ୍ତ ବୈଜ୍ଞାନିକ ବହୁତ-ବହୁତ ଅଭିନନ୍ଦନର ଅଧିକାରୀ ଅଟନ୍ତି ।'

ନରେନ୍ଦ୍ର ମୋଦି ସାଧାରଣ ଜୀବନରେ ଜ୍ଞାନ ଓ ବିଜ୍ଞାନର ମହତ୍ୱ ବାବଦରେ କହିଲେ, 'ଆପଣ ବୈଜ୍ଞାନିକମାନେ ଯେଉଁ କାମ କରିଛନ୍ତି, ତାକୁ ଅଦ୍ୟପି ଆମେ ପ୍ରତିଦିନ ଜୀବନରେ ଲାଗୁ କରିବା ତଥାପି ଆମେ ଜୀବନ ବଦଳାଇ ପାରିବା । ସମ୍ପୂର୍ଣ୍ଣ ଶାସନ ବଦଳାଇ ପାରିବା । ସମ୍ପୂର୍ଣ୍ଣ ବ୍ୟବସ୍ଥା ବଦଳାଇ ପାରିବା । ଆମ ଗତି ବଦଳି ପାରିବ । ଏତେ ବଡ଼ ଯୋଗଦାନ ସ୍ପେସ୍ ଟେକ୍ନୋଲଜି ଦ୍ୱାରା ହେଉଛି । ଏଥିପାଇଁ ମୁଁ ମାନୁଛି ଯେ ଆମର ଚେଷ୍ଟା, ଆମ ଦେଶର କ୍ୱାଲିଟି ଅଫ୍ ଗଭର୍ନାନ୍ସ, କ୍ୱାଲିଟି ଅଫ୍ ଲାଇଫ୍, ସ୍ପିଡ୍ ଅଫ୍ ଆଚିଭ୍‌ମେଣ୍ଟସ, ଏହି ସବୁଥିରେ ଏକ ବହୁତ ବଡ଼ ପରିବର୍ତ୍ତନ ଆଣିବାର ସାମର୍ଥ୍ୟ ରଖୁଛନ୍ତି । ଶହ-ଶହ ବର୍ଷ ପୂର୍ବରୁ ଆର୍ଯ୍ୟଭଟ୍ଟଙ୍କ ଭଳି ମହାପୁରୁଷମାନେ ଆମକୁ ଶାସ୍ତ୍ରର ଜ୍ଞାନ ଦେଇଛନ୍ତି । ଆମକୁ ଶୂନ୍ୟ ଦେଇଛନ୍ତି । ସାରା ଜଗତକୁ ଆଜି, ଏହା ଶୂନ୍ୟ ତ' ଅଟେ, ଯାହା ଗତି ଦେବାର କାରଣ ହୋଇଯାଇଛି । ବିଜ୍ଞାନର ସନ୍ଧାନ କରିବା ସୁଯୋଗ, ଆଧାର ହୋଇଯାଇଛି । ମାନେ କୌଣସି ଏମିତି ବିଷୟ ନାହିଁ, ଯାହାକୁ ଆମ ପୂର୍ବଜମାନେ ରାସ୍ତା ତିଆରି କରି ରଖିନାହାନ୍ତି । ଏହି ପ୍ରୟାସ ଏକ ପ୍ରକାରର ଆମର ସେହି ମହାନ ଋଷିଙ୍କୁ, ଯେଉଁମାନେ ବୈଜ୍ଞାନିକ ଥିଲେ, ସେମାନଙ୍କୁ ଗୋଟିଏ ବହୁତ ବଡ଼, ତାଙ୍କ ସମ୍ମାନରେ ଦିଆଯାଇଥିବା ଏହା ଉପହାର ଅଟେ । ଓ ଏହି କାମ ହଜାର-ହଜାର ବର୍ଷ ପରେ ଏହି ପିଢ଼ି ଦେଇଛି । ଏଥିପାଇଁ ଏହି ପରମ୍ପରାକୁ ସମ୍ପାଦନ କରିବା ପାଇଁ ଆମେ ନିଜେ ନିଜକୁ ଗୌରବାନ୍ୱିତ ଅନୁଭବ କରୁଛୁ । ଏହି ମହାନ୍ କାମ ଲ୍ୟାବ୍‌ରେ ବସିଥିବା ଦିନ-ରାତି ନିଜ ସୁଖ ଛାଡ଼ି, କିଛି କରି ଦେଖେଇବା ଇଚ୍ଛା ଥିବା ବୈଜ୍ଞାନିକଙ୍କ ଦ୍ୱାରା ହେଉଛି । ସ୍ୱାମୀ ବିବେକାନନ୍ଦ କହିଥିଲେ ଯେ ମୁଁ ଦେଖୁଛି, ମୋ ଭାରତ ମାତା ପୁଣି ଆଉ ଥରେ ବିଶ୍ୱ ଗୁରୁର ସ୍ଥାନ ପ୍ରାପ୍ତ କରିବ । ଏହା କେମିତି କରିବ, ଆପଣମାନଙ୍କ ପୁରୁଷାର୍ଥରେ ହିଁ ତ' ଏହା ହେବାର ଅଛି । ଆମ ଦେଶର ଯୁବପିଢ଼ିର ପୁରୁଷାର୍ଥରେ ହେବାର ଅଛି । ସେ କ୍ଷେତରେ କାମ କରୁଥିବା କୃଷକ ହେଉ, ସେ ମୂଲ ଲାଗୁଥିବା ଗରିବ ବ୍ୟକ୍ତି ହେଉ କିମ୍ବା ବୈଜ୍ଞାନିକ ପରି ଲ୍ୟାବ୍‌ରେ ବସି ତପସ୍ୟା କରୁଥିବା ଋଷିତୁଲ୍ୟ ଜୀବନ ହେଉ, ଏହା ହିଁ ଅଟେ ଯାହା ଭାରତ ମାତାକୁ ଜଗତ ଗୁରୁ ସ୍ଥାନରେ ବିରାଜମାନ କରିବ ।'

ଏହି ଜ୍ଞାନକୁ ମହତ୍ୱ ଦେବାର ନରେନ୍ଦ୍ର ମୋଦିଙ୍କ ପ୍ରବୃତ୍ତି ହିଁ ଅଟେ ଯେ ଯେଉଁ ଭାରତୀୟ ପ୍ରତିଭା ଦେଶ ବାହାରେ ଅଛନ୍ତି, ତାହାର ବିଶେଷଜ୍ଞତାର ଫାଇଦା ମଧ୍ୟ ସେମାନେ ଦେଶକୁ ଦେବାକୁ ଚାହୁଁଛନ୍ତି । ଏଥିପାଇଁ ତାଙ୍କ ଆମେରିକା ଗସ୍ତ ସମୟରେ ସେ ପ୍ରବାସୀ ଭାରତୀୟଙ୍କ ସହ ଖୋଲାଖୋଲି କଥା

ହେଲେ । ଏହା ପୂର୍ବରୁ ଯେତେବେଳେ ନରେନ୍ଦ୍ର ମୋଦିଙ୍କ ସହଯୋଗୀ କେନ୍ଦ୍ରୀୟ ସ୍ୱାସ୍ଥ୍ୟ ମନ୍ତ୍ରୀ ଡକ୍ଟର ହର୍ଷବର୍ଦ୍ଧନ ଆମେରିକା ଯାଇଥିଲେ ତଥାପି ସେ ମଧ୍ୟ ସେଠାରେ ନରେନ୍ଦ୍ର ମୋଦିଙ୍କ ଏକ ସନ୍ଦେଶ ପଢ଼ିଥିଲେ, ଯେଉଁଥିରେ ନରେନ୍ଦ୍ର ମୋଦି ଆମେରିକାରେ ରହୁଥିବା ଭାରତୀୟ ବଂଶୋଦ୍ଭବ ଡାକ୍ତରଙ୍କୁ କହିଲେ ଯେ ତାଙ୍କ ସରକାରର ଉଦ୍ଦେଶ୍ୟ ଅନୁସନ୍ଧାନ, ନୂତନ ବିଚାର ଓ ଅଦ୍ୟତନ ପ୍ରୋଦ୍ୟୋଗିକୀ ମାଧ୍ୟମରେ ଭାରତରେ ସ୍ୱାସ୍ଥ୍ୟ କ୍ଷେତ୍ରର ରୂପାନ୍ତରଣ କରିବା । ସେନ୍ ଏଣ୍ଟୋନିୟୋ, ଟେକ୍ସାସ୍‌ରେ ଆମେରିକାନ୍ ଆସୋସିଏସନ୍ ଅଫ୍ ଫିଜିସିଆନ୍ସ ଅଫ୍ ଇଣ୍ଡିଆନ୍ ଓରିଜିନ (ଏଏପିଆଇ)ର ୩୨ତମ ବାର୍ଷିକ ସମ୍ମେଳନର ପ୍ରତିନିଧିଙ୍କୁ ପଠାଇଥିବା ଏକ ସମ୍ବୋଧନରେ ପ୍ରଧାନମନ୍ତ୍ରୀ 'ସୁସ୍ଥ ଭାରତ'ର ଲକ୍ଷ୍ୟ ହାସଲ କରିବାର ରାଷ୍ଟ୍ରୀୟ ପ୍ରୟାସରେ ସମସ୍ତ ନାଗରିକଙ୍କ ଭାଗିଦାରୀର ଆବଶ୍ୟକତା ଉପରେ ଜୋର୍ ଦେଲେ । ସେ କିଛି ବିଶେଷ କ୍ଷେତ୍ରର ଉଦାହରଣ ଦେଲେ ଯେଉଁଥିରେ ଏଏପିଆଇର ସଦସ୍ୟ ଯୋଗଦାନ କରିପାରିବେ । ଏଗୁଡ଼ିକ ମଧ୍ୟରେ ଶିକ୍ଷଣ କାର୍ଯ୍ୟ, ଟେଲି ମେଡିସିନ ବାବଦରେ ସୂଚନାର ଆଦାନ ପ୍ରଦାନ, ରୋଗ ବିପକ୍ଷରେ ସଂଘର୍ଷରେ ସେମାନଙ୍କ ବିଶେଷଜ୍ଞତା, ମଣ୍ଡଳ ପ୍ରାଥମିକ ସ୍ୱାସ୍ଥ୍ୟ କେନ୍ଦ୍ରଗୁଡ଼ିକର ବିକାଶ ଆଦି ସାମିଲ ଅଛି । ଆମେରିକାନ ଆସୋସିଏସନ୍ ଅଫ୍ ଫିଜିସିଆନ୍ସ ଅଫ୍ ଇଣ୍ଡିଆନ ଓରିଜିନ (ଏଏପିଆଇ) ଭାରତୀୟ ବଂଶୋଦ୍ଭବ ଚିକିତ୍ସକଙ୍କ ସଂଗଠନ ଅଟେ । ଏହାର ୫୨ ହଜାରରୁ ଅଧିକ ସଦସ୍ୟ ଅଛନ୍ତି । ଏହି ସଂଗଠନ ଦେଶରେ ଉପଚାର ପଦ୍ଧତି, ପ୍ରଶିକ୍ଷଣ ଓ ଅନୁସନ୍ଧାନରେ ଉତ୍କୃଷ୍ଟତା ହାସଲ କରିବାରେ ଭାରତୀୟ ଡାକ୍ତରଙ୍କ ସାହାଯ୍ୟ କରିଥାଏ ।

ଏମିତି ଲାଗେ ଯେ ନରେନ୍ଦ୍ର ମୋଦି ଏହା ଭାବୁଛନ୍ତି ଯେ ଅଲଗା-ଅଲଗା କ୍ଷେତ୍ରରେ କାମ କରୁଥିବା ଲୋକଙ୍କ ଆବଶ୍ୟକତା ବିକାଶର ଗାଡ଼ିକୁ ଗତି ଦେବାପାଇଁ ଅଟେ । ତାଙ୍କୁ ଏହା ମଧ୍ୟ ଜଣା ଅଛି ଯେ ପ୍ରତ୍ୟେକଙ୍କ ନିଜର ଉପଯୋଗୀତା ଅଛି । ଏଥିପାଇଁ ସେମାନେ ବିଭିନ୍ନ କାର୍ଯ୍ୟ ସହ ସମ୍ବନ୍ଧିତ ଦିନଗୁଡ଼ିକରେ ବିଭିନ୍ନ ଧନ୍ଦାର ଲୋକଙ୍କ ସହ ମିଶିବା ମଉକା ହାତଛଡ଼ା କରନ୍ତି ନାହିଁ । ଏଥିରୁ ସେହି ଖାସ୍ ବ୍ୟବସାୟରେ କାମ କରୁଥିବା ବ୍ୟବସାୟୀଙ୍କ ମଧ୍ୟରେ ଏହି ଭାବନା ଉତ୍ପନ୍ନ ହୁଏ ଯେ ପ୍ରଧାନମନ୍ତ୍ରୀ ଆମର ମହତ୍ତ୍ୱ ବୁଝୁଛନ୍ତି ଓ ସେ ନିଜ ବିକାଶ କାର୍ଯ୍ୟକ୍ରମରେ ଆମର ଗୋଟିଏ ଭୂମିକା ଦେଖୁଛନ୍ତି । ଏଥିରୁ ଲୋକଙ୍କ ମଧ୍ୟରେ ବିଶ୍ୱାସ ଜାଗ୍ରତ ହୁଏ ଓ କାମ କରିବାକୁ ନେଇ ସମର୍ପଣ ଭାବନା ଉତ୍ପନ୍ନ ହୁଏ । ଏହା ଏକ ଅସୀମ ଗୁରୁତର ପରିଚାଳନା ଦକ୍ଷତା । ଏହା ବଳରେ ନିଜ ଯୋଜନାଗୁଡ଼ିକର ପ୍ରଗତିକୁ ଗତି ଦେବା ସମ୍ଭବ ଅଟେ ।

ନରେନ୍ଦ୍ର ମୋଦିଙ୍କ ଯେଉଁ ଯୋଗ୍ୟତାର ଉଲ୍ଲେଖ ଏଠାରେ କରାଯାଇଛି, ତାହାର ଅନେକ ଉଦାହରଣ ଅଛି । ପ୍ରଧାନମନ୍ତ୍ରୀ ଚିକିତ୍ସକ ଦିବସରେ ଡାକ୍ତରଙ୍କ ପ୍ରତି ସମ୍ମାନ ବ୍ୟକ୍ତ କଲେ । ଏହି ଅବସରରେ ସେ ତାଙ୍କ ଟ୍ୱିଟ୍‌ରେ କହିଲେ, 'ମୁଁ ଚିକିତ୍ସକ ଦିବସରେ ଡାକ୍ତର ସମୁଦାୟଙ୍କ ପ୍ରୟାସକୁ ସଲାମ କରୁଛି ଓ କାମନା କରୁଛି ଯେ ସୁସ୍ଥ ଭାରତ ତିଆରି କରିବା ପ୍ରୟାସକୁ ସଫଳତା ମିଳୁ ।' ସେହିଠାରେ ସେ ଚାର୍ଟାର୍ଡ ଆକାଉଣ୍ଟାଣ୍ଟ ଦିବସରେ ଚାର୍ଟାର୍ଡ ଆକାଉଣ୍ଟାଣ୍ଟଙ୍କୁ ଶୁଭକାମନା ଦେଲେ । ଏହି ଅବସରରେ ନରେନ୍ଦ୍ର ମୋଦି ତାଙ୍କ ଟ୍ୱିଟ୍‌ରେ କହିଲେ, 'ମୁଁ ଚାର୍ଟାର୍ଡ ଆକାଉଣ୍ଟାଣ୍ଟ ଦିବସରେ ମୋର ସିଏ ମିତ୍ରଙ୍କୁ ଶୁଭେଚ୍ଛା ଜଣାଉଛି । ସେମାନଙ୍କୁ ଭାରତର ପ୍ରଗତିରେ ମହତ୍ତ୍ୱପୂର୍ଣ୍ଣ ଭୂମିକା ସମ୍ପାଦନ କରିବାର ଅଛି ।'

ଏହି ପ୍ରକାରେ ନରେନ୍ଦ୍ର ମୋଦି ଇଞ୍ଜିନିୟର ଦିବସ ଅବସରରେ ସମସ୍ତ ଇଞ୍ଜିନିୟରଙ୍କୁ ଶୁଭେଚ୍ଛା ଦେଲେ ଓ ସେମାନଙ୍କୁ ଅତିରିକ୍ତ ପ୍ରାର୍ଥନା କଲେ ଯେ ସେମାନେ ଦେଶ ସେବାରେ ସେମାନଙ୍କ ଦକ୍ଷତାର ଉପଯୋଗ କରି ଚାଲନ୍ତୁ ଏବଂ ଆମ ଇଞ୍ଜିନିୟରିଂକୁ ବିଶ୍ୱସ୍ତରୀୟ ବନାନ୍ତୁ । ପ୍ରଧାନମନ୍ତ୍ରୀ ତାଙ୍କ ଶୁଭକାମନା ସନ୍ଦେଶରେ କହିଲେ, 'ଇଞ୍ଜିନିୟର ଦିବସରେ ମୋ ଇଞ୍ଜିନିୟର ବନ୍ଧୁଙ୍କୁ ଶୁଭେଚ୍ଛା । ଭାରତ ରତ୍ନ ଏମ୍. ବିଶ୍ୱେଶ୍ୱରାୟଙ୍କ ଜୟନ୍ତିରେ ତାଙ୍କୁ ଶ୍ରଦ୍ଧାଞ୍ଜଳି । ନୂତନ ବିଚାର, କଠିନ ପରିଶ୍ରମ ଓ ଅଗ୍ରଣୀ ଅନୁସନ୍ଧାନ

ଜରିଆରେ ଆମ ଇଞ୍ଜିନିୟରମାନେ ରାଷ୍ଟ୍ର ନିର୍ମାଣରେ ବିଶ୍ୱସ୍ତ ଭୂମିକା ସମ୍ପାଦନ କରିଛନ୍ତି । ମୁଁ ଆମର ଇଞ୍ଜିନିୟରମାନଙ୍କୁ ଶୁଭକାମନା ଦେଉଛି ଓ ଅତିରିକ୍ତ ପ୍ରାର୍ଥନା କରୁଛି ଯେ ସେମାନେ ରାଷ୍ଟ୍ର ସେବାରେ ତାଙ୍କ ଦକ୍ଷତାର ଉପଯୋଗ କରି ତଥା ଆମ ଯାନ୍ତ୍ରୀକ ବିଦ୍ୟାକୁ ବିଶ୍ୱସ୍ତରୀୟ କରନ୍ତୁ ।'

ନରେନ୍ଦ୍ର ମୋଦି ଯେଉଁ ପ୍ରକାରରେ ଜ୍ଞାନର ପ୍ରତ୍ୟେକ କ୍ଷେତ୍ରକୁ ଯାଇ ସେମାନଙ୍କ ବିଶେଷଜ୍ଞଙ୍କୁ ଉତ୍ସାହିତ କରିବା କାର୍ଯ୍ୟ କରୁଛନ୍ତି, ଏଥିରୁ ସୁସ୍ପଷ୍ଟ ଯେ ଦେଶର ବିକାଶ ପାଇଁ ତାଙ୍କର ଯେଉଁ ଅବଧାରଣା ଅଛି ସେଥିରେ ସେ ଏହି ଲୋକଙ୍କ ମହତ୍ୱପୂର୍ଣ୍ଣ ଭୂମିକା ଦେଖନ୍ତି । ଆଜିକା ଦିନରେ ଗୋଟିଏ ବଡ଼ ସତ୍ୟ ଏହା ଯେ ଚାହିଁଲେ କୌଣସି ସରକାର ଯେ କୌଣସି ଯୋଜନା ଚଳାଉଥାଉ କିମ୍ବା ପୁଣି କୌଣସି ଘରୋଇ କମ୍ପାନୀ କିମ୍ବା ଛୋଟ-ବଡ଼ ବ୍ୟବସାୟୀ ହିଁ କୌଣସି ଯୋଜନା ଉପରେ କାମ କରୁଥାଉ କିନ୍ତୁ ଅଦ୍ୟପି ସେ ଜ୍ଞାନକୁ ମହତ୍ୱ ଦେବ ନାହିଁ ତେବେ ତା' ପାଇଁ ସଫଳତାର ରାସ୍ତା ବହୁତ କଠିନ ଅଟେ । ନରେନ୍ଦ୍ର ମୋଦିଙ୍କ ଯେଉଁ ଚେଷ୍ଟାଗୁଡ଼ିକର ଚର୍ଚ୍ଚା ପୂର୍ବରୁ କରାଯାଇଛି, ସେହି ଆଧାରରେ ଆମେ ଏହା ଶିଖି ପାରିବା ଯେ ଚାହିଁଲେ ଆମେ କୌଣସି ମଧ୍ୟ କ୍ଷେତ୍ରରେ କାମ କରୁଥାଉ, ଜ୍ଞାନକୁ ସବୁବେଳେ ପର୍ଯ୍ୟାପ୍ତ ମହତ୍ତ୍ୱ ଦେବା ଉଚିତ ।

ମିତ୍ରତା

ଜୀବନ ପରିଚାଳନାର ଏକ ମୁଖ୍ୟ ତତ୍ତ୍ୱ ହେଲା ମିତ୍ରତା । ଏହାର ଆବଶ୍ୟକତା ଆମକୁ ସାର୍ବଜନିକ ସଙ୍ଗେ-ସଙ୍ଗେ ବ୍ୟକ୍ତିଗତ ସ୍ତରରେ ମଧ୍ୟ ପଡ଼ିଥାଏ । ଅଦ୍ୟପି କାହା ଭିତରେ ମିତ୍ରତା ଭାବ ଥିବ ଓ ସେ ଠିକ୍ ମିତ୍ର ତିଆରି କରିବାର କ୍ଷମତା ରଖିଥାଏ ତଥାପି ତା' ଜୀବନ ସହଜ ହୋଇଯାଏ । ସେହିଠାରେ ଅଦ୍ୟପି କେହି ମିତ୍ରତା ପାଇଁ ଖୋଲା ହିଁ ନାହିଁ ଓ ନିଜ ମଧ୍ୟରେ ସାଉଁଟି ହୋଇ ରହିବାକୁ ଚାହୁଁଛି ତଥାପି ତା' ଜୀବନ ସେତିକି ଜଟିଳ ହୋଇଯାଏ । ଏହି କଥା ଜଣେ ବ୍ୟକ୍ତି ପାଇଁ ମଧ୍ୟ ଉଚିତ ଅଟେ ଓ ଏକ ସଂସ୍ଥା ପାଇଁ ମଧ୍ୟ । ଗୋଟିଏ ଦେଶର ସଫଳତା ପାଇଁ ମଧ୍ୟ ଏହା ଆବଶ୍ୟକ ଯେ ସେ ବୈଶୟିକ ମଞ୍ଚ ଉପରେ ଓ ଅନ୍ୟ ଦେଶମାନଙ୍କ ସହ ନିଜ ସମ୍ବନ୍ଧରେ ମୈତ୍ରିଭାବ ଦେଖାଉ । ନରେନ୍ଦ୍ର ମୋଦି ପ୍ରଧାନମନ୍ତ୍ରୀ ହେବା ପରେ ଏହି ଦିଗରେ ଲଗାତର୍ ସକାରାତ୍ମକ ପ୍ରୟାସ କରିଛନ୍ତି । ଏହି ଅଧ୍ୟାୟରେ ଆମେ ତାଙ୍କର ଏହି ଚେଷ୍ଟାଗୁଡ଼ିକ ଉପରେ ବିସ୍ତାର ଭାବେ ଚର୍ଚ୍ଚା କରି ଏହି କ୍ଷେତ୍ରରେ ତାଙ୍କ ପରିଚାଳନା ଦକ୍ଷତାକୁ ବୁଝିବାକୁ ଚେଷ୍ଟା କରିବା ।

ଅନ୍ୟ ଦେଶମାନଙ୍କ ସହ ଭାରତର ବନ୍ଧୁତାକୁ ନେଇ ନରେନ୍ଦ୍ର ମୋଦିଙ୍କ ସରକାରର ଆଚରଣ କ'ଣ ହେବ, ଏହାକୁ ନରେନ୍ଦ୍ର ମୋଦି ସେତେବେଳେ ହିଁ ଦେଖେଇ ଦେଲେ ଯେତେବେଳେ ସେ ନିଜ ଶପଥ ଗ୍ରହଣ ସମାରୋହ ପାଇଁ ଦକ୍ଷିଣ ଏସୀୟ ଦେଶର ରାଷ୍ଟ୍ରାଧକ୍ଷଙ୍କୁ ନିମନ୍ତ୍ରଣ ଦେଲେ । ଅନେକ ଲୋକଙ୍କ କହିବା ଥିଲା ଯେ ପାକିସ୍ତାନ ସହ ସମ୍ପର୍କ ଠିକ୍ ନାହିଁ ଓ ଏମିତିରେ ପାକିସ୍ତାନର ପ୍ରଧାନମନ୍ତ୍ରୀ ନବାଜ ଶରିଫଙ୍କୁ ଆମନ୍ତ୍ରଣ କରିବା ନିଷ୍ପତ୍ତି ଉଚିତ ନୁହେଁ । ନରେନ୍ଦ୍ର ମୋଦିଙ୍କ ବାବଦରେ ଏହା ମଧ୍ୟ କୁହାଯାଉଥିଲା ଯେ ଯେତେବେଳେ ସେ ପ୍ରଧାନମନ୍ତ୍ରୀ ହେବା ପାଇଁ ରାଲି କରୁଥିଲେ ତଥାପି ସେ ସମୟରେ ସେ ମନମୋହନ ସିଂହ ସରକାରଙ୍କ ଏହି କଥା ପାଇଁ କଠୋର ଆଲୋଚନା କରୁଥିଲେ ଯେ ସେ ଶେଷରେ କେମିତି ପାକିସ୍ତାନ ସହ ହାତ ମିଳାଇ ପାରିଲେ ଓ ତାହା ମଧ୍ୟ ସେତେବେଳେ, ଯେତେବେଳେ ସୀମାରେ ସ୍ଥିତି ଠିକ୍ ନଥିଲା । ଏମିତିରେ ନବାଜ ଶରିଫଙ୍କୁ ଡାକିବା ମୋଦିଙ୍କ ନିଷ୍ପତ୍ତିର ଖୁବ୍ ସମାଲୋଚନା ମଧ୍ୟ ହେଲା । କିନ୍ତୁ ସେହି ସମୟରେ ମଧ୍ୟ ଯେଉଁ ଲୋକ ବିଦେଶ ପ୍ରସଙ୍ଗରେ ଅଭିଜ୍ଞ ଥିଲେ, ସମସ୍ତେ ନରେନ୍ଦ୍ର ମୋଦିଙ୍କ ଏହି ପଦକ୍ଷେପକୁ ପ୍ରଶଂସା କଲେ ।

ନରେନ୍ଦ୍ର ମୋଦିଙ୍କ ବିଦେଶ ନୀତିରେ ନିଜ ପଡ଼ୋଶୀଙ୍କ ସହ ଭଲ ସମ୍ପର୍କ ରଖିବା ଇଚ୍ଛା ସବୁଠାରୁ ଉପରେ ଦେଖାଯାଏ । କୁହାଯାଏ ଯେ ଯାହାକୁ ଭଲ ପଡ଼ୋଶୀ ମିଳିଯାଏ, ତା'ର ଭାଗ୍ୟ ଭଲ ହୋଇଥାଏ । ଦୁନିଆରେ ଯେ କୌଣସି ଦେଶ ଖୁବ୍‌ବେଶୀ ଉନ୍ନତି କରିଛି, ସେ ନିଜ ପଡ଼ୋଶୀଙ୍କ ସହ ଭଲ ସମ୍ପର୍କ ତିଆରି କରିଛନ୍ତି । ସମ୍ଭବତଃ ନରେନ୍ଦ୍ର ମୋଦିଙ୍କ ମସ୍ତିଷ୍କରେ ମଧ୍ୟ ଏହି କଥା ଥିବ ତେଣୁ ସେ ପଡ଼ୋଶୀ ଦେଶଙ୍କ ସହ ସମ୍ପର୍କକୁ ମଜବୁତ୍ କରିବା ଦିଗରେ ଏତେ ପ୍ରୟାସରତ ଦେଖାଯାନ୍ତି । ପଡ଼ୋଶୀଙ୍କ ସହ ଉତ୍ତମ ସମ୍ପର୍କକୁ ନେଇ ତାଙ୍କ ଇଚ୍ଛାର ଏଥିରୁ ବଡ଼ ପ୍ରମାଣ କ'ଣ ହେବ ଯେ ସେ ପ୍ରଧାନମନ୍ତ୍ରୀ ହେବା ପରେ ନିଜର ପ୍ରଥମ ବିଦେଶ ଯାତ୍ରା ପାଇଁ ପଡ଼ୋଶୀ ଦେଶ ଭୁଟାନକୁ ବାଛିଲେ ।

ନରେନ୍ଦ୍ର ମୋଦିଙ୍କ ଭୁଟାନ ଯାତ୍ରାରେ ନା କେବଳ ସେଠାକାର ସରକାର ଉତ୍ତମ ଢଙ୍ଗରେ ସ୍ୱାଗତ କଲେ ବରଂ ଭୁଟାନର ଜନସାଧାରଣ ମଧ୍ୟ ସେଠାରେ ନରେନ୍ଦ୍ର ମୋଦିଙ୍କୁ ଖୁବ ଆଦର ସତ୍କାର କଲେ ।

ଯେତେବେଳେ ନରେନ୍ଦ୍ର ମୋଦି ପାରୋ ଅନ୍ତଃରାଷ୍ଟ୍ରୀୟ ବିମାନ ବନ୍ଦରରୁ ଥିମ୍ପୁ ଯାଉଥିଲେ ତଥାପି ବାଟରେ ସଡ଼କର ଦୁଇ ପାର୍ଶ୍ୱରେ ଠିଆ ହୋଇଥିବା ହଜାର ହଜାର ପୁରୁଷ, ମହିଳା ଓ ଛୋଟ ପିଲାମାନେ ତାଙ୍କ ସ୍ୱାଗତରେ ଲାଇନ୍ ହୋଇ ପତାକା ହଲାଇଲେ । ନରେନ୍ଦ୍ର ମୋଦିଙ୍କ ଏହି ଭୁଟାନ ଯାତ୍ରାରେ ଉଭୟ ଦେଶ ମଧ୍ୟରେ ଏହି ବିଷୟ ଉପରେ ସହମତି ହେଲା ଯେ ଦୁଇ ଦେଶ ମଧ୍ୟରେ ସଘନ ବିକାଶ ସହଯୋଗ ଓ ଆର୍ଥିକ ମେଣ୍ଟରେ ବୃଦ୍ଧି ପାଇଁ ଉପାୟ କରିବାକୁ ହେବ । ମୋଦି ଦ୍ୱିପକ୍ଷୀୟ ସମ୍ବନ୍ଧର ବି-ଟୁ-ବି ଅର୍ଥାତ୍ ଭାରତକୁ ଭୁଟାନ ରୂପରେ ବ୍ୟାଖ୍ୟା କଲେ । ପ୍ରଧାନମନ୍ତ୍ରୀ ଭାରତକୁ ଭୁଟାନ୍‌ର ସୁବିଧା ପ୍ରାପ୍ତ ଭାଗିବାରୀ ମାନିବାରୁ ସନ୍ତୋଷ ବ୍ୟକ୍ତି କଲେ ଓ ଏହା ରେଖାଙ୍କିତ କଲେ ଯେ ତାଙ୍କ ସରକାର ଏହି ମଜବୁତ୍ ସମ୍ବନ୍ଧର ଖାଲି ପାଳନ କରିବ ନାହିଁ ବରଂ ଏହାକୁ ଆହୁରି ମଜବୁତ୍ ମଧ୍ୟ କରିବ । ପ୍ରଧାନମନ୍ତ୍ରୀ ବ୍ୟାପକ ଶିକ୍ଷ ଗତ ସମ୍ପର୍କର ସମ୍ଭାବନା ଉପରେ ଜୋର୍ ଦେଲେ ଓ ଭାରତରେ ଭୁଟାନୀ ଛାତ୍ରଙ୍କୁ ଦିଆଯାଉଥିବ ଛାତ୍ରବୃତ୍ତିକୁ ଦୁଇଗୁଣା କରିବାକୁ ପରାମର୍ଶ ଦେଲେ । ଭାରତ ୨ କୋଟି ଟଙ୍କାର ଛାତ୍ରବୃତ୍ତି ଉପଲବ୍ଧ କରାଇବ । ପ୍ରଧାନମନ୍ତ୍ରୀ ଏହା ମଧ୍ୟ ସୂଚିତ କଲେ ଯେ ଭାରତ ଏକ ପୁସ୍ତକାଳୟ ସ୍ଥାପନାରେ ମଧ୍ୟ ସହାୟତା କରିବ ଯାହା ଭୁଟାନୀ ଛାତ୍ରଙ୍କୁ ୨୦ ଲକ୍ଷ ପୁସ୍ତକ ଓ ପତ୍ରିକା ପ୍ରଦାନ କରିବ ।

ନରେନ୍ଦ୍ର ମୋଦି ଭୁଟାନ ସଂସଦର ସଂଯୁକ୍ତ ଅଧିବେଶନକୁ ମଧ୍ୟ ସମ୍ବୋଧିତ କଲେ । ଏହି ସମୟରେ ଭୁଟାନର ନ୍ୟାସନାଲ ଆସେମ୍ବଲିର ବିଚାରପତି ଜିଗ୍‌ମେ ଜାଙ୍ଗପୋଙ୍କ ଭାଷଣରେ ଚର୍ଚ୍ଚା କରିବାକୁ ଯାଇ ପ୍ରଧାନମନ୍ତ୍ରୀ କହିଲେ ଯେ ବାରତ ଯେତିକି ସଶକ୍ତି ହେବ, ସେତିକି ହିଁ ଭୁଟାନକୁ ଲାଭ ମିଳିବ । ପ୍ରଧାନମନ୍ତ୍ରୀ କହିଲେ ଯେ ସେମାନେ ତାଙ୍କର ଏହି କଥାରେ ସମ୍ପୂର୍ଣ୍ଣ ଭାବେ ଏକମତ । ସେ କହିଲେ ଯେ ସମ୍ପୂର୍ଣ୍ଣ କ୍ଷେତ୍ର ଖାସ୍ ରୂପେ ସାର୍କ ଦେଶମାନଙ୍କ ମଙ୍ଗଳ ପାଇଁ ଭାରତର ସୁଖୀ ସମ୍ପନ୍ନ ହେବା ଆବଶ୍ୟକ ଅଟେ । କେବଳ ଗୋଟିଏ ମଜବୁତ୍ ଓ ସମୃଦ୍ଧ ଭାରତ ହିଁ ପଡ଼ୋଶୀଙ୍କ ସମ୍ମୁଖକୁ ଆସୁଥିବା ସମସ୍ୟାରୁ ମୁକ୍ତି ଦେଇ ପାରିବ । ଭାରତ-ଭୁଟାନ ସମ୍ବନ୍ଧ ବାବଦରେ ନରେନ୍ଦ୍ର ମୋଦି କହିଲେ ଯେ ଏହା କେବଳ ପ୍ରଶାସନିକ ସମ୍ବନ୍ଧ ଉପରେ ଆଧାରିତ ନୁହେଁ । ସେ କହିଲେ ଯେ ଭାରତ ଓ ଭୁଟାନ ଉଭୟ ହିଁ ଶାସକୀୟ ପରିବର୍ତ୍ତନ ଦେଖିଛନ୍ତି । ଭୁଟାନରେ ଲୋକତାନ୍ତ୍ରିକ ବ୍ୟବସ୍ଥା ବିକଶିତ ହେଲା, କିନ୍ତୁ ସମ୍ବନ୍ଧକୁ କୌଣସି ଆଞ୍ଚ୍ ଆସିନାହିଁ । ଭାରତରେ ମଧ୍ୟ ଅନେକ ଥର ଶାସନ ବ୍ୟବସ୍ଥା ବଦଳିଛି, କିନ୍ତୁ ଭାରତ ଓ ଭୁଟାନର ସମ୍ବନ୍ଧକୁ କୌଣସି ଆଞ୍ଚ ଆସିନାହିଁ । ଭାରତ ଓ ଭୁଟାନର ସମ୍ବନ୍ଧ କେବଳ ଶାସକୀୟ ବ୍ୟବସ୍ଥା କାରଣରୁ ନୁହେଁ । ଭାରତ ଓ ଭୁଟାନର ସମ୍ବନ୍ଧ ସାଂସ୍କୃତିକ ଉତ୍ତରାଧିକାର କାରଣରୁ ଅଟେ । ସାଂସ୍କୃତିକ ପରମ୍ପରା ଓ ଆମର ବନ୍ଧନ କାରଣରୁ । ଆମେ ଏକତାର ଅନୁଭୂତି ଏଥିପାଇଁ କରୁଛୁ ଯେ ଆମେ ଆମ ହୃଦୟର ଦ୍ୱାର ଖୋଲା ରଖିଛୁ । ଭୁଟାନ ହେଉ ଅଥବା ଭାରତ, ଆମେ ଆମ ହୃଦୟର ଦ୍ୱାର ଖୋଲି ରଖିଛୁ । ଭୁଟାନ ଓ ଭାରତର ସମ୍ପର୍କ ସେହି ଅର୍ଥରେ ଏକ ଐତିହାସିକ ଭାଗର୍ପିତ ବସ୍ତୁ ଅଟେ ଓ ଭାରତ ଓ ଭୁଟାନର ଆଗାମୀ ପିଢ଼ିକୁ ମଧ୍ୟ ଏହି ଐତିହାସିକ ଭାଗର୍ପିତ ବସ୍ତୁକୁ ସମ୍ଭାଳିବାକୁ ହେବ, ସଞ୍ଚିତ କରି ରଖିବାକୁ ହେବ ଓ ତାକୁ ଆହୁରି ଅଧିକ ଶକ୍ତିଶାଳୀ କରିବାକୁ ହେବ । ମୋଦି କହିଲେ ଯେ ଭୁଟାନର ଜଳ-ବିଦ୍ୟୁତ୍ ସମ୍ଭାବନାକୁ କାମରେ ଲଗାଇବା ଯୋଜନା କେବଳ ଭୁଟାନର ଅର୍ଥବ୍ୟବସ୍ଥା ସହ ହିଁ ଏକାଭୂତ ଅଥବା ଭାରତର ଶକ୍ତିର ଆବଶ୍ୟକତାକୁ ପୂରଣ କରିବା ପାଇଁ ହିଁ ନୁହେଁ, ବରଂ ଭାରତ ଓ ଭୁଟାନର ସଂଯୁକ୍ତ ପ୍ରୟାସ ଗ୍ଲୋବାଲ ୱାର୍ମିଂ ସହ ଲଢୁଥିବା ମାନବତା ପାଇଁ ଯୋଗଦାନ କରିବାର ପ୍ରୟାସ ଅଟେ ।

ଭାରତ ଓ ଭୁଟାନର ସମ୍ପର୍କକୁ କେମିତି ମଜବୁତ୍ କରାଯାଇ ପାରିବ, ଏ ବାବଦରେ ନରେନ୍ଦ୍ର ମୋଦି ପ୍ରସ୍ତାବ ଦେଲେ ଯେ ଭାରତର ଭୁଟାନକୁ ଲାଗିଥିବା ହିମାଳୟୀ କ୍ଷେତ୍ର ଓ ଅଦ୍ୟାପି ଚାହିଁଲେ ତଥାପି ନେପାଳ ମଧ୍ୟ ପ୍ରତି ବର୍ଷ ଏକ ଖେଳ ପ୍ରତିଯୋଗିତା ଆୟୋଜିତ କରି ପାରିବେ ସେ କହିଲେ ଯେ ଖେଳ ଜରିଆରେ ଲୋକଙ୍କୁ ପରସ୍ପର ସହ ଏକଜୁଟ କଲେ ସମୃଦ୍ଧି ଆସିଥାଏ । ପ୍ରଧାନମନ୍ତ୍ରୀ କହିଲେ ଯେ ଭାରତର

ଅନ୍ତରୀକ୍ଷ ପ୍ରୋଦ୍ୟୋଗିକିକୁ ମଧ୍ୟ ଭୁଟାନ ଭୁଟାନ କାମରେ ଲଗାଇ ପାରିବ । ନରେନ୍ଦ୍ର ମୋଦି କହିଲେ ଯେ ଅନେକ ଥର ଲୋକେ କହନ୍ତି ଯେ ହିମାଳୟ ଆମମାନଙ୍କୁ ଅଲଗା କରିଛି, କିନ୍ତୁ ତାଙ୍କର ମାନିବା ହେଲା ଯେ ହିମାଳୟ ଆମକୁ ଏକଜୁଟ କରିଛି, ଯେହେତୁ ତାହା ଆମର ଭାଗ ଉତ୍ତରାଧିକାରର ଏକ ଅଙ୍ଗ ଅଟେ । ସେ କହିଲେ ଯେ ହିମାଳୟର ଉଭୟ ପାର୍ଶ୍ୱର ଲୋକେ ଏହାକୁ ସାହସର ସ୍ରୋତ ମାନୁଛନ୍ତି, କିନ୍ତୁ ସମୟର ଦାବି ଯେ ହିମାଳୟର ବିଭିନ୍ନ ଦିଗଗୁଡ଼ିକର ଅଧ୍ୟୟନ କରାଯାଉ । ସେ କହିଲେ ଯେ ଭାରତ ଜଳବାୟୁ ପରିବର୍ତ୍ତନ ପାଇଁ ପୂର୍ବରୁ ହିଁ ଏକ ରାଷ୍ଟ୍ରୀୟ କାର୍ଯ୍ୟ ଯୋଜନା ପ୍ରସ୍ତୁତ କରି ସାରିଛି । ସେ କହିଲେ ଯେ ହିମାଳୟୀ ପ୍ରଣାଳୀକୁ ସ୍ଥିର ରଖିବା ପାଇଁ ଏକ ରାଷ୍ଟ୍ରୀୟ ମିଶନ ଉପରେ ମଧ୍ୟ ବିଚାର କରାଯାଇ ପାରିବ । ସେ କହିଲେ ଯେ ଭାରତ ହିମାଳୟର ଅଧ୍ୟୟନ ପାଇଁ ଏକ କେନ୍ଦ୍ରୀୟ ବିଶ୍ୱବିଦ୍ୟାଳୟର ସ୍ଥାପନା କରିବାକୁ ଚାହୁଁଛି ଓ ଭୁଟାନକୁ ସେଥିରୁ ଯଥେଷ୍ଟ ଲାଭ ହେବ ।

ନରେନ୍ଦ୍ର ମୋଦି କହିଲେ ଯେ ଭାରତ ଓ ଭୁଟାନ ପର୍ଯ୍ୟଟନ ଦିଗରେ ଏକ ସମଗ୍ର ଦୃଷ୍ଟିକୋଣ ପ୍ରସ୍ତୁତ କରିପାରିବେ ଓ ଏକ ସର୍କିଟ୍ ବିକଶିତ କରି ପାରିବେ, ଯେଉଁଥିରେ ଭାରତର ପୂର୍ବୋତ୍ତର ରାଜ୍ୟ ଓ ଭୁଟାନ ସାମିଲ ହେବେ । ସେ କହିଲେ ଯେ ଆତଙ୍କବାଦ ଭାଙ୍ଗେ, ପର୍ଯ୍ୟଟନ ଯୋଡ଼େ । ମୋଦି କହିଲେ ଯେ ଅଦ୍ୟାପି ଭୁଟାନର ପ୍ରାକୃତିକ ସଂସାଧନ ଓ ସମ୍ଭାବନାଗୁଡ଼ିକୁ ମିଶାଇ ଦିଆଯାଏ ତେବେ ଏହା ଦୁନିଆ ପାଇଁ ଏକ ବଡ଼ ନିମନ୍ତ୍ରଣ ହେବ । ପ୍ରଧାନମନ୍ତ୍ରୀ ଭୁଟାନର ତୃତୀୟ ନରେଶଙ୍କ ଟିପ୍ପଣୀକୁ ଉଦ୍ଧୃତ କଲେ: କ୍ଷୀର ଓ ପାଣି ଭଳି, ଭାରତ ଓ ଭୁଟାନକୁ ଅଲଗା କରାଯାଇ ପାରିବ ନାହିଁ । ସେ କହିଲେ ଯେ ମିତ୍ରତା ଅତୁଟ ଓ ସାଂସ୍କୃତିକ ଭାଗର୍ପିତ ବସ୍ତୁ ଉପରେ ଆଧାରିତ ଅଟେ ।

ଭୁଟାନର ଯାତ୍ରା ପରେ ନରେନ୍ଦ୍ର ମୋଦି ବ୍ରିକ୍ସ ସମ୍ମେଳନରେ ଅଂଶଗ୍ରହଣ କରିବାକୁ ବ୍ରାଜିଲର ଫୋର୍ଟଲେଜା ସହର ଗଲେ । ପ୍ରଧାନମନ୍ତ୍ରୀ ରୂପେ, ଏସିଆ ବାହାରକୁ ଏହା ତାଙ୍କ ପ୍ରଥମ ଯାତ୍ରା ଥିଲା । ବ୍ରିକ୍ସର ଏହି ବୈଠକରେ ବ୍ରିକ୍ସ ବ୍ୟାଙ୍କ ତିଆରି କରିବାକୁ ନେଇ ଅନ୍ତିମ ନିଷ୍ପତ୍ତି ହେଲା । ପରନ୍ତୁ, ଏହି ବ୍ୟାଙ୍କର ମୁଖ୍ୟାଳୟ ଚୀନରେ ହେବ କିନ୍ତୁ ଏହି ବ୍ୟାଙ୍କର ପ୍ରଥମ ଅଧ୍ୟକ୍ଷ ଭାରତରୁ ହେବେ । ଏହି ସମ୍ମେଳନ ଅବସରରେ ନରେନ୍ଦ୍ର ମୋଦିଙ୍କ ସାକ୍ଷାତ କିଛି ପ୍ରମୁଖ ବିଶ୍ୱସ୍ତରୀୟ ନେତାଙ୍କ ସହ ହେଲା । ସର୍ବ ପ୍ରଥମେ ଚୀନ ରାଷ୍ଟ୍ରପତି ଶି ଜିନପିଙ୍ଗଙ୍କ ସହ ମୋଦିଙ୍କ ସାକ୍ଷାତକୁ ଚର୍ଚ୍ଚା କରିବା । ଏହି ସାକ୍ଷାତରେ ଉଭୟ ନେତା ମାନିଲେ ଯେ ନା କେବଳ ଭାରତ-ଚୀନ ମଧ୍ୟରେ ସହଯୋଗରବ୍ୟାପକ ସମ୍ଭାବନା ଅଛି, ବରଂ ଉଭୟ ଦେଶ ଏସିଆ ଓ ବିଶ୍ୱର ସମ୍ପନ୍ନତାର ବୃଦ୍ଧିରେ ଏକ ଉତ୍ପେରକ ଭୂମିକା ସମ୍ପାଦନ କରିପାରିବେ । ଜିନପିଙ୍ଗ ଦ୍ୱିପାକ୍ଷୀକ ସମ୍ପର୍କର ମହତ୍ୱକୁ ରେଖାଙ୍କିତ କଲେ ଓ କହିଲେ ଯେ ଯେତେବେଳେ ଭାରତ ଓ ଚୀନ ସାକ୍ଷାତ କରନ୍ତି ତେବେ ସାରା ବିଶ୍ୱର ନଜର ସେମାନଙ୍କ ଉପରେ ରହିଥାଏ । ଉଭୟ ପକ୍ଷ ସୀମା ବିବାଦକୁ ସମାଧାନ କରିବାର ଆବଶ୍ୟକତା ଉପରେ ଜୋର୍ ଦେଲେ । ପ୍ରଧାନମନ୍ତ୍ରୀ ସୀମାରେ ପରସ୍ପର ବିଶ୍ୱାସ ଏବଂ ଭରସାକୁ ବଢ଼ାଇବା ଓ ଶାନ୍ତି କାଏମ୍ ରଖିବା ଉପରେ ଜୋର୍ ଦେଲେ । ସେ କହିଲେ ଯେ ଅଦ୍ୟାପି ଭାରତ ଓ ଚୀନ ସୀମା ବିବାଦକୁ ପରସ୍ପର କଥାବାର୍ତ୍ତାରେ ସମାଧାନ କରିଦିଅନ୍ତି ତେବେ ଏଥିରୁ ସମ୍ପୂର୍ଣ୍ଣ ବିଶ୍ୱ ପାଇଁ ଏକ ଉଦାହରଣ ପ୍ରସ୍ତୁତ ହେବ ଯେ କେଉଁ ପ୍ରକାରରେ ଶାନ୍ତିପୂର୍ବକ ଶୈଳୀରେ ସୀମା ବିବାଦକୁ ସମାଧାନ କରାଯାଇ ପାରେ । ନରେନ୍ଦ୍ର ମୋଦି ଜିନପିଙ୍ଗଙ୍କୁ କୈଳାଶ ମାନସରୋବର ଯାତ୍ରା ପାଇଁ ସମତଳ କ୍ଷେତ୍ରରୁ ଯାଉଥିବା ତୀର୍ଥ ଯାତ୍ରୀଙ୍କୁ ହେଉଥିବା ସମସ୍ୟାକୁ ଦୃଷ୍ଟିରେ ରଖି ଆଉ ଏକ ମାର୍ଗ ଆରମ୍ଭ କରିବାକୁ ପ୍ରସ୍ତାବ ଦେଲେ । ପ୍ରଧାନମନ୍ତ୍ରୀ ଭାରତର ଢାଞ୍ଚାଗତ ସେକ୍ଟର୍‌ରେ ଚିନୀ ନିବେଶ ବଢ଼ାଇବା ସହ ଉଭୟ ଦେଶ ମଧ୍ୟରେ ବ୍ୟାପାରିକ ଅସନ୍ତୁଳନ ସମାପ୍ତ ହେବାର ଆଶା ବ୍ୟକ୍ତ କଲେ ।

ଏହା ପରେ ପ୍ରଧାନମନ୍ତ୍ରୀ ନରେନ୍ଦ୍ର ମୋଦିଙ୍କ ସାକ୍ଷାତ ହେଲା ବ୍ରାଜିଲର ରାଷ୍ଟ୍ରପତି ଡିଲମା ରାଉଜେଫଙ୍କ ସହ । ଏହି ସାକ୍ଷାତରେ ଉଭୟ ନେତା ଆପୋଷ ସହଯୋଗ ବଢ଼ାଇବା ଉପରେ ଜୋର୍ ଦେଲେ । ବ୍ରାଜିଲକୁ

ଭାରତର ପ୍ରମୁଖ ବୈଶ୍ୱିକ ଭାଗିଦାର ବୋଲି କହି ନରେନ୍ଦ୍ର ମୋଦି କହିଲେ ଯେ, ଉଭୟ ଲୋକତନ୍ତ୍ର ଓ ପ୍ରମୁଖ ବିକାଶୋନ୍ମୁଖୀ ଅର୍ଥବ୍ୟବସ୍ଥା ପାଖରେ ନା କେବଳ ଆପୋଷ ସହଯୋଗ ପାଇଁ ବରଂ ଅନ୍ତଃରାଷ୍ଟ୍ରୀୟ ମଞ୍ଚରେ ଜଣେ ଅନ୍ୟ ଜଣକୁ ମଜବୁତ୍ କରିବା ଏବଂ ବ୍ୟାପକ ରୂପେ ବିକାଶଶୀଳ ଜଗତର ହିତର ବ୍ୟାପକ କ୍ଷମତା ଅଛି । ରାଷ୍ଟ୍ରପତି ଡିଲମା ରାଉଜେଫ ଏହି ବିଷୟ ଉପରେ ବିଶେଷ ଜୋର ଦେଲେ ଯେ ବ୍ରାଜିଲର ବିଦେଶ ନୀତିରେ ଭାରତର ବିଶେଷ ସ୍ଥାନ ଅଛି ଯେହେତୁ ଉଭୟ ଦେଶ ମଧ୍ୟରେ ଆପୋଷ ସହଯୋଗର କ୍ଷମତା ଅଛି ଏବଂ ଉଭୟଙ୍କ ଭାଗିଦାରୀର ଅନ୍ତଃରାଷ୍ଟ୍ରୀୟ ମହତ୍ତ୍ୱ ଅଛି । ଉଭୟ ନେତା ଭାରତ ଏବଂ ବ୍ରାଜିଲ ମଧ୍ୟରେ ଐତିହାସିକ ଏବଂ ସାଂସ୍କୃତିକ ସମ୍ବନ୍ଧକୁ ମନେ ପକାଇଲେ । ଉଭୟ ଦେଶ ମଧ୍ୟରେ ୧୮ଶ ଓ ୧୯ଶ ଶତାବ୍ଦିରୁ କପଡ଼ା ଓ ଆମ୍ବ ବ୍ୟବସାୟ ହେଉଛି । ଉଭୟ ନେତା ଆପୋଷ ବ୍ୟବସାୟର ବିସ୍ତାର ଓ ବିବିଧିକରଣ ଏହିରୂପେ ନିବେଶ ବଢ଼ାଇବା ଏବଂ କୃଷି ଓ ଡାଏରୀ ବିଜ୍ଞାନ, ପାରମ୍ପରିକ ଏବଂ ନବୀକରଣୀୟ ଶକ୍ତି କ୍ଷେତ୍ରରେ ସହଯୋଗ ବଢ଼ାଇବା ଉପରେ ଏକମତ ହେଲେ । ସେମାନେ ଜି-୨୦ ସହିତ ଅନ୍ତଃରାଷ୍ଟ୍ରୀୟ ଏବଂ ବହୁପକ୍ଷୀୟ ମଞ୍ଚରେ ସହଯୋଗ ବଢ଼ାଇବା ଉପରେ ମଧ୍ୟ ସହମତି ପ୍ରକଟ କଲେ । ଉଭୟ ନେତା ୨୦୧୫ ରେ ସଂଯୁକ୍ତ ରାଷ୍ଟ୍ରର ୭୦ତମ ବାର୍ଷିକ ସମାରୋହ ସମୟ ପର୍ଯ୍ୟନ୍ତ ସୁରକ୍ଷା ପରିଷଦ ସହିତ ସଂଯୁକ୍ତ ରାଷ୍ଟ୍ର ସୁଧାର ଉପରେ ତତ୍କାଳ ପ୍ରଗତି ପାଇଁ ଜୋର ଦେଲେ । ଉଭୟ ନେତାଙ୍କ ବୈଠକ ପରେ ଉଭୟ ପକ୍ଷ ତିନି ରାଜିନାମା ଉପରେ ହସ୍ତାକ୍ଷର କଲେ । ଏଥିରେ ପାରିପାର୍ଶ୍ୱ କ୍ଷେତ୍ରରେ ସହଯୋଗ ପାଇଁ ସହମତି ଜ୍ଞାପନ ସାମିଲ ଅଛି । ମୋବିଲିଟି ଏବଂ କାଉନ୍‌ସିଲର ପ୍ରସଙ୍ଗ କ୍ଷେତ୍ରରେ ସହଯୋଗ ପାଇଁ ସହମତି ଜ୍ଞାପନ ଉପରେ ମଧ୍ୟ ହସ୍ତାକ୍ଷର କରାଗଲା । ଭାରତୀୟ ଉପଗ୍ରହରୁ ଡାଟା ପ୍ରାପ୍ତ କରିବା ଓ ପ୍ରୋସେସ୍ କରିବା ପାଇଁ ବ୍ରାଜିଲର ଭୂ-ଷ୍ଟେସନ୍‌ର କ୍ଷମତା ବଢ଼ାଇବା ଦିଗରେ ସହଯୋଗର କାର୍ଯ୍ୟାନ୍ୱୟନ ରାଜିନାମା ଉପରେ ମଧ୍ୟ ହସ୍ତକ୍ଷର କରାଗଲା ।

ଏହା ପରେ ନରେନ୍ଦ୍ର ମୋଦିଙ୍କ ସାକ୍ଷାତ ଋଷ ରାଷ୍ଟ୍ରପତି ବ୍ଲାଦିମିର ପୁଟିନଙ୍କ ସହିତ ହେଲା । ଋଷ ସହ ପାରମ୍ପରିକ ରୂପେ ଭାରତର ସମ୍ବନ୍ଧ ଭଲ ରହିଛି ଓ ନରେନ୍ଦ୍ର ମୋଦି ଏହାକୁ ଆହୁରି ଭଲ କରିବା ଦିଗରେ ପ୍ରୟାସରତ ଦେଖାଯାନ୍ତି । ଯେତେବେଳେ ମୋଦି ଓ ପୁଟିନଙ୍କ ସାକ୍ଷାତ ହେଲା ତଥାପି ପ୍ରଧାନମନ୍ତ୍ରୀ ଭାରତ-ଋଷ ବିଶେଷ ଏବଂ ବିଶେଷାଧିକାର ରଣନୀତିକ ଭାଗିଦାରୀକୁ ପ୍ରଗାଢ଼ କରିବା ଓ ବିସ୍ତାରରେ ରାଷ୍ଟ୍ରପତି ପୁଟିନଙ୍କ ନିର୍ଣ୍ଣାୟକ ନେତୃତ୍ୱର ବିନମ୍ର ପ୍ରଶଂସା କଲେ । ପ୍ରଧାନମନ୍ତ୍ରୀ ଭାରତର ସ୍ୱାଧୀନତାର ପ୍ରାରମ୍ଭିକ ଦିନରୁ ହିଁ ଭାରତର ଆର୍ଥିକ ବିକାଶ ଏବଂ ସୁରକ୍ଷା ପାଇଁ ଋଷର ଅବାଧିତ ମୈତ୍ରୀ ଏବଂ ଆପୋଷ ଓ ଅନ୍ତଃରାଷ୍ଟ୍ରୀୟ ସମର୍ଥନ ପାଇଁ ହାର୍ଦ୍ଦିକ କୃତଜ୍ଞତା ଜ୍ଞାପନ କଲେ । ପ୍ରଧାନମନ୍ତ୍ରୀ ପୁନଃ ଦୋହରାଇଲେ ଯେ ଋଷ ସହିତ ସମ୍ବନ୍ଧକୁ ଭାରତ ପ୍ରାଥମିକତା ଦେଉଥିବ ଯାହା ସବୁବେଳେ ଭାରତର ବିଦେଶ ନୀତିରେ ଦିଆଯାଉଅଛି । ସେ ରକ୍ଷା, ପରମାଣୁ ଶକ୍ତି, ଅନ୍ତରୀକ୍ଷ, ଶକ୍ତି, ବ୍ୟବସାୟ ଏବଂ ନିବେଶ, ଜନସାଧାରଣଙ୍କ ମଧ୍ୟରେ ସହଯୋଗ ଏବଂ ସମ୍ପର୍କ ଓ କ୍ଷେତ୍ରୀୟ ଏବଂ ବିଶ୍ୱବ୍ୟାପୀ ଆହ୍ୱାନଗୁଡ଼ିକ ସହ ମୁକାବିଲା କରିବା ସହିତ ପ୍ରଗାଢ଼ ଏବଂ ବ୍ୟାପକ ରଣନୀତିକ ଭାଗିଦାରୀ ପାଇଁ ରାଷ୍ଟ୍ରପତି ପୁଟିନଙ୍କ ସହ କାମ କରିବାକୁ ଆଶା ପ୍ରକଟ କଲେ ।

ଏହା ପରେ ନରେନ୍ଦ୍ର ମୋଦିଙ୍କ ସାକ୍ଷାତ ଦକ୍ଷିଣ ଆଫ୍ରିକାର ରାଷ୍ଟ୍ରପତି ଜେକବ ଜୁମାଙ୍କ ସହ ହେଲା । ଉଭୟ ନେତା ଭାରତ ଓ ଦକ୍ଷିଣ ଆଫ୍ରିକା ମଧ୍ୟରେ ସମ୍ବନ୍ଧକୁ ବିଶେଷ ଓ ଖାସ୍ କହିବାକୁ ଯାଇ କହିଲେ ଯେ ଏଥିରେ ଦକ୍ଷିଣ ଆଫ୍ରିକାରେ ଭାରତୀୟ ସମୁଦାୟର ଅଧିକ ଉପସ୍ଥିତି, ଉପନିବେଶବାଦ ଓ ରଙ୍ଗଭେଦ ବିରୋଧରେ ସେମାନଙ୍କ ଭାଗିଦାରୀ ସଂଘର୍ଷ ଏବଂ ଅନ୍ତଃରାଷ୍ଟ୍ରୀୟ ପ୍ରସଙ୍ଗ ଉପରେ ସେମାନଙ୍କ ସମାନ ଦୃଷ୍ଟି କାରଣରୁ ସୁଦୃଢ଼ ହୋଇଛି । ମୋଦି କହିଲେ ଯେ ମହାତ୍ମା ଗାନ୍ଧିଙ୍କ ଜୀବନ ଉଭୟ ଦେଶ ମଧ୍ୟରେ ବିଶେଷ ସମ୍ବନ୍ଧକୁ ଜନ୍ମ ଦେଇଛି । ଉଭୟ ନେତା ଦ୍ୱିପାକ୍ଷିକ ସମ୍ବନ୍ଧକୁ ମଜବୁତ୍ କରିବା, ଉଭୟ ଦେଶର

ହିତକୁ ଆଗକୁ ବଢ଼ାଇବା, ଏବଂ ବିଶ୍ୱର ବିକାଶ ପାଇଁ ଅନ୍ତଃରାଷ୍ଟ୍ରୀୟ ମଞ୍ଚରେ ଏକାସାଙ୍ଗେ କାର୍ଯ୍ୟ କରିବାକୁ ଆହ୍ୱାନ ଦେଲେ । ରାଷ୍ଟ୍ରପତି ଜୁମା ଦକ୍ଷିଣ ଆଫ୍ରିକାରେ ଲଘୁ ଓ ମଧ୍ୟମ ଉଦ୍ୟୋଗକୁ ଦୃଢ଼ କରିବା ପାଇଁ ପ୍ରଧାନମନ୍ତ୍ରୀଙ୍କୁ ସାହାଯ୍ୟ ମାଗିଲେ ।

ଏହି ସାକ୍ଷାତ ପରେ ପ୍ରଧାନମନ୍ତ୍ରୀ ନରେନ୍ଦ୍ର ମୋଦିଙ୍କୁ ବ୍ରାଜିଲର ରାଷ୍ଟ୍ରପତି ରୋସେଫଙ୍କ ଦ୍ୱାରା ଆୟୋଜିତ ବୈଠକ ସମୟରେ ୧୧ ଦକ୍ଷିଣ ଆମେରିକୀୟ ନେତାମାନଙ୍କ ସହ କଥାବାର୍ତ୍ତା ହେବାର ସୁଯୋଗ ମଧ୍ୟ ମିଳିଲା । ଏହା ପ୍ରଥମ ସୁଯୋଗ ଥିଲା ଯେତେବେଳେ କୌଣସି ଭାରତୀୟ ପ୍ରଧାନମନ୍ତ୍ରୀଙ୍କୁ ଗୋଟିଏ ଜାଗାରେ ଏତେ ଦକ୍ଷିଣ ଆମେରିକୀୟ ନେତାଙ୍କ ସହ ସାକ୍ଷାତ କରିବାର ସୁଯୋଗ ମିଳିଥିବ । ଦକ୍ଷିଣ ଆମେରିକୀୟ ନେତାମାନେ ଦକ୍ଷିଣ ଆମେରିକା ସହ ଭାରତର ସମ୍ବନ୍ଧକୁ ଦୃଢ଼ କରିବା ପାଇଁ ପ୍ରଧାନମନ୍ତ୍ରୀଙ୍କ ଦୃଢ଼ ବଚନବଦ୍ଧତାର ପ୍ରଶଂସା କଲେ । ସେମାନେ ଦକ୍ଷିଣ ଆମେରିକାକୁ ଭାରତ ପାଇଁ ବିଶାଳ ସମ୍ଭାବନା ଏବଂ ବିଶ୍ୱବ୍ୟାପୀ ଆର୍ଥିକ ବିକାଶର ଏକ ସ୍ତମ୍ଭ ବୋଲି କହିଲେ । ସେମାନେ ଭାରତ ସହ ନିକଟତର ସମ୍ବନ୍ଧ ବିକଶିତ କରିବାର ଇଚ୍ଛା ପ୍ରକଟ କଲେ ଏବଂ ସେମାନଙ୍କୁ ଦକ୍ଷିଣ ଆମେରିକାରେ ଦ୍ୱିପକ୍ଷୀୟ ଯାତ୍ରା କରିବା ପାଇଁ ଆମନ୍ତ୍ରିତ କଲେ । ପ୍ରଧାନମନ୍ତ୍ରୀ ଗୁଆନା, ପେରୁ ଓ ସୁରିନାମର ରାଷ୍ଟ୍ରପତିଙ୍କ ସହ ବିସ୍ତୃତ କଥାବାର୍ତ୍ତା ହେଲେ । ଏହି ଅବସରରେ ନରେନ୍ଦ୍ର ମୋଦି କହିଲେ, 'ଦକ୍ଷିଣ ଆମେରିକାରେ ବିଶାଳ ସମ୍ଭାବନା ଅଛି । ସେଠାରେ ବ୍ୟାପକ ସଂସାଧନ ଓ ପ୍ରତିଭା ଉପଲବ୍ଧ ଅଛି । ଆର୍ଥିକ ଅନିଶ୍ଚିତତାକୁ ଦେଖି ଦକ୍ଷିଣ ଆମେରିକାର ବିକାଶ ବିଶ୍ୱବ୍ୟାପୀ ସମୃଦ୍ଧି ପାଇଁ ଅତ୍ୟନ୍ତ ମହତ୍ୱପୂର୍ଣ୍ଣ ହୋଇପାରେ । ଆମେ ସମସ୍ତେ ଭାଗିଦାରୀ ଆକାଂକ୍ଷା ଓ ଭାଗିଦାରୀ ଆହ୍ୱାନ ପ୍ରତି ଆବଦ୍ଧ । ପ୍ରତ୍ୟେକଙ୍କ ସଫଳତାରେ ଆମ ସମସ୍ତଙ୍କ ଭାଗିଦାରୀ ଅଛି । ଦୂରତା ସୁଯୋଗ ମାର୍ଗରେ କୌଣସି ପ୍ରତିବନ୍ଧକ ନୁହେଁ । ଦୂରତା ଯୋଗୁଁ ବିଶ୍ୱର ଅନ୍ୟ ଭାଗର ଆହ୍ୱାନଗୁଡ଼ିକ ଠାରୁ ଆମେ ଅଛୁଆଁ ମଧ୍ୟ ରହି ପାରିବା ନାହିଁ । ଆମ ସମସ୍ତଙ୍କୁ ବିକାଶକୁ ଅଧିକ ଗତିଶୀଳ କରେଇବା ପାଇଁ ଓ ସମୃଦ୍ଧିର ନୂଆ ବିସ୍ତାର ଉତ୍ପନ୍ନ କରିବା ପାଇଁ, ଗରିବୀ ଆହ୍ୱାନର ସମାଧାନ ପାଇଁ ଓ ପାରିପାର୍ଶ୍ୱିକ ସଂରକ୍ଷଣ ଓ ସଂସାଧନଗୁଡ଼ିକର ସଠିକ୍ ଉପଯୋଗ ପାଇଁ ଏକଜୁଟ୍ ହୋଇ ଚେଷ୍ଟା କରିବା ଉଚିତ ।'

ଏହା ପରେ ନରେନ୍ଦ୍ର ମୋଦିଙ୍କୁ ବ୍ରିକ୍ସ ମଞ୍ଚରେ ନିଜର ବକ୍ତବ୍ୟ ଦେବାର ଥିଲା । ପ୍ରଧାନମନ୍ତ୍ରୀ ରୂପେ ଏହା କୌଣସି ବିଶ୍ୱବ୍ୟାପୀ ମଞ୍ଚରେ ତାଙ୍କର ପ୍ରଥମ ସମ୍ବୋଧନ ଥିଲା । ଏଠାରେ ନରେନ୍ଦ୍ର ମୋଦି 'ରାଜନୈତିକ ସମନ୍ୱୟନ, ଅନ୍ତଃରାଷ୍ଟ୍ରୀୟ ପ୍ରଶାସନ ଏବଂ ଆଞ୍ଚଳିକ ସଙ୍କଟ' ବିଷୟରେ କହିଲେ । ସେ କହିଲେ, 'ଆମର ସାକ୍ଷାତ ଏମିତି ସମୟରେ ହେଉଛି, ଯେତେବେଳେ ଦୁନିଆ ଖୁବ୍‌ବେଶୀ ଅବ୍ୟବସ୍ଥା ଓ ଅନିଶ୍ଚିତତା ସମୟ ଦେଇ ଗତି କରୁଛି । ବିଶ୍ୱବ୍ୟାପୀ ଆର୍ଥିକ ଦୁର୍ବଳତାଗୁଡ଼ିକ ମଧ୍ୟ ଉପସ୍ଥିତ ଅଛନ୍ତି । ଏମିତିରେ ବିଶ୍ୱବ୍ୟାପୀ ପ୍ରଗତି ଓ ସମୃଦ୍ଧି ପାଇଁ ଶାନ୍ତି ଓ ସ୍ଥିରତାର ବାତାବରଣ ବରଂ ପୁନର୍ବାର ନିଯୁକ୍ତ କରିବା ଆବଶ୍ୟକ ଅଛି । ମୁଁ ଏକ ଏମିତି ମାଟିରୁ ଆସିଛି, ଯେଉଁଠି ସମ୍ପୂର୍ଣ୍ଣ ବିଶ୍ୱକୁ ନିଜ ପରିବାର ମାନିବା ଅର୍ଥାତ୍ 'ବସୁଧୈବ କୁଟୁମ୍ବକଂ'ର ବିଚାର ଆମ ସଂସ୍କୃତିର ଚାରିତ୍ରିକ ଗୁଣର ମୂଳରେ ଧାରଣ କରିଛି । ସମ୍ପୂର୍ଣ୍ଣ ବିଶ୍ୱକୁ ଏକଜୁଟ ହୋଇ ବିଶ୍ୱବ୍ୟାପୀ ଆହ୍ୱାନର ନିର୍ଣ୍ଣାୟକ ରୂପେ ସାମ୍ନା କରିବା ଉଚିତ । ସୁଧାରାତ୍ମକ କାର୍ଯ୍ୟ ବିଶ୍ୱବ୍ୟାପୀ ପ୍ରଶାସନର ସଂସ୍ଥାମାନଙ୍କରେ ସୁଧାର ସହ ଆରମ୍ଭ ହେବା ଉଚିତ । ସଂଯୁକ୍ତ ରାଷ୍ଟ୍ର ସୁରକ୍ଷା ପରିଷଦ ଓ ଅନ୍ତଃରାଷ୍ଟ୍ରୀୟ ମୁଦ୍ରା କୋଷ ଭଳି ସଂସ୍ଥାମାନଙ୍କରେ ବରଂ ସୁଧାରର ଆବଶ୍ୟକତା ରହିଛି । ସେମାନଙ୍କ ମଧ୍ୟରେ ପ୍ରତିନିଧିତ୍ୱ ବଢ଼ିବା ଉଚିତ ଓ ବାସ୍ତବିକତା ପ୍ରତିବିମ୍ବିତ ହେବା ଉଚିତ ।'

ସେ ଆଗକୁ କହିଲେ, 'ଆଫଗାନିସ୍ତାନରୁ ନେଇ ଆଫ୍ରିକା ପର୍ଯ୍ୟନ୍ତ କ୍ଷେତ୍ର ଅବ୍ୟବସ୍ଥା ଓ ସଂଘର୍ଷର ସମୟ ଦେଇ ଗତି କରୁଛି । ଏଥିରୁ ଖୁବ୍‌ବେଶୀ ଅସ୍ଥିରତା ବ୍ୟାପ୍ତ ହେଉଛି ଯାହାର ସୀମା ପାର୍ ଦ୍ରୁତ ଗତିରେ ପ୍ରସାର ହେଉଛି । ଏହାର ପ୍ରଭାବ ଆମ ସମସ୍ତଙ୍କ ଉପରେ ପଡୁଛି । ଦେଶଗୁଡ଼ିକରେ ଜାରୀ ଏଭଳି ଅସ୍ଥିରତାର ମୂକ ଦର୍ଶକ ହୋଇ ରହିବା ଗମ୍ଭୀର ପରିଣାମ ହୋଇପାରେ । ଆଫଗାନିସ୍ତାନ ଅନିଶ୍ଚିତ

ଭବିଷ୍ୟତର ସାମ୍ନା କରୁଛି । ଆଫଗାନ ଜନସାଧାରଣ ବହୁ ଦଶନ୍ଧି ଧରି ଅସୁବିଧାର ସମ୍ମୁଖୀନ ହେଉଛନ୍ତି । ବିଶ୍ୱକୁ ଏକଜୁଟ ହୋଇ ଶାନ୍ତିପୂର୍ଣ୍ଣ, ସ୍ଥିର, ଲୋକତାନ୍ତ୍ରିକ ଓ ସମୃଦ୍ଧ ଦେଶର ନିର୍ମାଣରେ ସେମାନଙ୍କୁ ସହାୟତା କରିବା ଉଚିତ । ଆମକୁ ଯେ କୌଣସି ପରିସ୍ଥିତିରେ ଆତଙ୍କବାଦ ବିରୋଧରେ ଆଫଗାନିସ୍ତାନର ଯୁଦ୍ଧରେ ତାକୁ ସହାୟତା କରିବା ଉଚିତ । ପୂର୍ବ ଦଶନ୍ଧିରେ ତାକୁ ହାସଲ ହୋଇଥିବା ପ୍ରଗତି ଉପସ୍ଥିତ ରଖିବା ପାଇଁ ଏମିତି କରିବା ଆବଶ୍ୟକ ଅଟେ । ଭାରତ ଆଫଗାନିସ୍ତାନକୁ କ୍ଷମତା ନିର୍ମାଣ, ପ୍ରଶାସନ, ସୁରକ୍ଷା ଓ ଆର୍ଥିକ ବିକାଶରେ ସହାୟତା ଦେବା ଜାରୀ ରଖିବ । ଆମେ ଏ ବାବଦରେ ଆମ ବ୍ରିକ୍ସ ଭାଗିଦାରୀଙ୍କ ସହ ମିଶି କାମ କରିବାକୁ ଇଚ୍ଛୁକ । ପଶ୍ଚିମ ଏସୀଆର ଅବସ୍ଥା, କ୍ଷେତ୍ରୀୟ ଓ ବିଶ୍ୱବ୍ୟାପି ଶାନ୍ତି ଏବଂ ସୁରକ୍ଷା ସାମ୍ନାରେ ବଡ଼ ଆହ୍ୱାନ ଭେଟି ଦିଅନ୍ତି । ଭାରତ ଏଥିରୁ ବିଶେଷ ରୂପେ ଚିନ୍ତିତ ଯେହେତୁ ଏହାର ପ୍ରଭାବ ଉପସାଗରୀୟ କ୍ଷେତ୍ରରେ ରହୁଥିବା ୭୦ ଲକ୍ଷ ଭାରତୀୟ ନାଗରିକଙ୍କ ଉପରେ ପଡ଼େ । ଆମକୁ ଜଣାଯିବା ଦରକାର ଯେ ବ୍ରିକ୍ସ ସଦସ୍ୟ ଦେଶ କେମିତି ମିଳିତ ହୋଇ ଇରାକରେ ସଂଘର୍ଷ ସମାପ୍ତ କରାଇବାରେ ସହାୟକ ହୋଇ ପାରିବେ । ସିରିଆର ପରିସ୍ଥିତି ଗମ୍ଭୀର ଚିନ୍ତାର ବିଷୟ ହୋଇଛି । ଭାରତ ଲଗାତର୍ ସମସ୍ତ ପ୍ରାନ୍ତକୁ ହିଂସା ତ୍ୟାଗ କରିବାକୁ ଆମନ୍ତ୍ରଣ କରି ଆସୁଛି । ବ୍ୟାପକ ସମାଧାନ ପାଇଁ ବ୍ୟାପକ ରାଜନୈତିକ ଖବର ବ୍ୟତୀତ ଅନ୍ୟ କୌଣସି ବିକଳ୍ପ ନାହିଁ । ସୈନ୍ୟ ଅଥବା ବାହାରୁ ଥାପି ଦିଆଯାଉଥିବା ସମାଧାନ ଗୁଣକାରୀ ହେବନାହିଁ । ଭାରତ ଯେ କୌଣସି ଶାନ୍ତି ପ୍ରକ୍ରିୟାରେ ଭାଗ ନେବା ପାଇଁ ସମ୍ପୂର୍ଣ୍ଣ ଭାବେ ପ୍ରସ୍ତୁତ ଅଛି । ଭାରତ, ଇସ୍ରାଏଲ ଓ ଫିଲିସ୍ତିନରେ ତେଜିଥିବା ହିଂସାରେ ମଧ୍ୟ ଚିନ୍ତିତ ଅଛି । ଆମେ କଥାବାର୍ତ୍ତା ଜରିଆରେ ସମାଧାନ ବାହାର କରିବା ଦିଗରେ ଅଛୁ । ଏଥିରୁ ସାରା ଦୁନିଆରେ ଆଶା ଓ ବିଶ୍ୱାସ ଉତ୍ପନ୍ନ ହେବ । ଭାରତ, ସୁରକ୍ଷା ଓ ବିକାଶର ଆହ୍ୱାନ ସହ ମୁକାବିଲା କରୁଥିବା ଅନେକ ଆଫ୍ରିକୀ ଦେଶରେ ସ୍ଥାୟିତ୍ୱ କାଏମ କରିବା ପାଇଁ କରାଯାଉଥିବା ପ୍ରୟାସଗୁଡ଼ିକୁ ମଧ୍ୟ ସମର୍ଥନ କରେ । ଆତଙ୍କବାଦ ଏକ ଏମିତି ବିପଦ, ଯାହା ଯୁଦ୍ଧ ଭଳି ରୂପ ଧାରଣ କରି ସାରିଛି । ପ୍ରକୃତ ପକ୍ଷେ ନିରୀହ ନାଗରିକଙ୍କ ବିରୋଧରେ ଛଦ୍ମଯୁଦ୍ଧ ଲଢ଼ା ଯାଉଛି । ଅଲଗା ଅଲଗା ମାପଦଣ୍ଡ କାରଣରୁ ଅନ୍ତଃରାଷ୍ଟ୍ରୀୟ ସମୁଦାୟ ପ୍ରଭାବଶାଳୀ ଢଙ୍ଗରେ ଆତଙ୍କବାଦର ସାମ୍ନା କରି ପାରିନାହିଁ । ମୋର ଦୃଢ଼ ବିଶ୍ୱାସ ଯେ ଆତଙ୍କବାଦ, ଚାହିଁଲେ ସେ ଯେ କୌଣସି ରୂପ ଅଥବା ଆକାରରେ ଥାଉ, ମାନବତାର ବିରୁଦ୍ଧ ଅଟେ । ଆତଙ୍କବାଦକୁ କୌଣସି ପ୍ରକାରେ ବରଦାସ୍ତ କରାଯିବା ଉଚିତ ନୁହେଁ । ମାନବତାକୁ ଏକଜୁଟ ହେବା ଉଚିତ ଓ ଆତଙ୍କବାଦୀ ଶକ୍ତି, ବିଶେଷ କରି ସେହି ଦେଶଗୁଡ଼ିକୁ ଅଲଗା କରିଦେବା ଉଚିତ, ଯେଉଁମାନେ ମୌଳିକ ନିୟମକୁ ଅବଜ୍ଞା କରନ୍ତି । କେବଳ ଆତଙ୍କବାଦ ଉପରେ ଲକ୍ଷ୍ୟ ସାଧନ କଲେ କାମ ହେବନାହିଁ ।'

ବ୍ରିକ୍ସର କାର୍ଯ୍ୟଯୋଜନା ବାବଦରେ ନରେନ୍ଦ୍ର ମୋଦି କହିଲେ, 'ବ୍ରିକ୍ସକୁ ଆମ ରାଜନୈତିକ ସଂକଳ୍ପକୁ ଦୃଢ଼ ଓ ସମନ୍ୱିତ କାର୍ଯ୍ୟଯୋଜନାରେ ପରିବର୍ତ୍ତନ କରିବା ଉଚିତ । ମୁଁ ସଂଯୁକ୍ତ ରାଷ୍ଟ୍ର ଦ୍ୱାରା ଅନ୍ତଃରାଷ୍ଟ୍ରୀୟ ଆତଙ୍କବାଦ ଉପରେ ସମଗ୍ର ସାଲିସ୍‌ର ପାଣ୍ଡୁଲେଖାକୁ ଶୀଘ୍ର ମଞ୍ଜୁର କରାଯିବାର ଆହ୍ୱାନ ଦେଉଛି । ଆମକୁ ଯେ କୌଣସି ପରିସ୍ଥିତିରେ ଦେଶମାନଙ୍କ ଉପରେ ସାମୂହିକ ଚାପ ଦେବା ଉଚିତ ଯେ ସେମାନେ ଆତଙ୍କବାଦୀଙ୍କୁ ଆଶ୍ରୟ ଓ ସମର୍ଥନ ଦିଅନ୍ତୁ ନାହିଁ । ଏହି ପ୍ରକାରେ, ସାଇବର ସ୍ପେସ୍ ଯେଉଁଠି ଗୋଟିଏ ପଟେ ବଡ଼ ସୁଯୋଗ ଅଟେ, ସେଇଠି ଅନ୍ୟ ପଟେ ସାଇବର ସୁରକ୍ଷା, ଚିନ୍ତାର ବହୁତ ବଡ଼ ବିଷୟ ଅଟେ । ବ୍ରିକ୍ସ ଦେଶମାନଙ୍କୁ ସାଇବର ସ୍ପେସ୍‌ର ସଂରକ୍ଷଣରେ ଅଗ୍ରିମ ଭୂମିକା ଅନୁଗମନ କରିବା ଉଚିତ । ମୁଁ ଏଥିରେ ଖୁସି ଯେ ଆମେ ଆମ ରାଷ୍ଟ୍ରୀୟ ସୁରକ୍ଷା ପରାମର୍ଶକାରୀଙ୍କ ମାଧ୍ୟମରେ ଏହି ସମ୍ବନ୍ଧରେ ସହଯୋଗ କରୁଛୁ । ଶେଷରେ, ମୁଁ କହିବାକୁ ଚାହୁଁଛି ଯେ ଏହା ଏକ ଅଦ୍ଭୁତ ସମବାୟ ଅଟେ, ଯେଉଁଥିରେ ବିଶ୍ୱରେ ଶାନ୍ତି ଓ ସ୍ଥିରତା କାଏମ୍ କରିବାରେ ମହତ୍ୱପୂର୍ଣ୍ଣ ଭୂମିକା ଅନୁଗମନ କରିବାର କ୍ଷମତା ଅଛି । ଆମ ସମସ୍ତଙ୍କୁ ଏହି ଦିଗରେ ଧ୍ୟାନ କେନ୍ଦ୍ରିତ କରି ଆଗକୁ ବଢ଼ିବା ଉଚିତ ।'

ବ୍ରିକ୍ସ ସମ୍ମେଳନରୁ ଫେରିବା ପରେ ବିଦେଶ ନୀତି କିମ୍ବା ଏମିତି କୁହାଯାଇ ପାରେ ଯେ ଅନ୍ୟ ଦେଶମାନଙ୍କ ସହ ବନ୍ଧୁତା ବଢ଼ାଇବା ଓ ମଜବୁତ୍ କରିବା ଅଭିପ୍ରାୟରେ ନରେନ୍ଦ୍ର ମୋଦିଙ୍କ ଚେଷ୍ଟାଗୁଡ଼ିକ ମଧ୍ୟରେ ନେପାଳ ଯାତ୍ରା ସାମିଲ ହେଲା । ନେପାଳର ରାଜଧାନୀ କାଠମାଣ୍ଡୁରେ ନରେନ୍ଦ୍ର ମୋଦି ସେଠାକାର ସମ୍ବିଧାନ ସଭାକୁ ମଧ୍ୟ ସମ୍ବୋଧିତ କଲେ । ଏହି ସମୟରେ ସେ ନେପାଳକୁ ସାହାଯ୍ୟ କରିବା ପାଇଁ ହିଟ୍ ଫର୍ମୁଲାର ପ୍ରସ୍ତାବ ଦେଲେ । ସେ କହିଲେ ଯେ ହାଇୱେଜ୍ ମାନେ ରାଜମାର୍ଗ, ଇନ୍‌ଫରମେସନ ହାଇୱେଜ୍ ମାନେ ସୂଚନା ରାଜମାର୍ଗ ଓ ଟ୍ରାନ୍ସୱେଜ୍ ମାନେ ଟ୍ରାନ୍ସମିଶନ ଲାଇନ୍‌ରେ ସାହାଯ୍ୟ କରି ଭାରତ ନେପାଳର ବିକାଶରେ ଯୋଗଦାନ କରି ପାରିବ । ପ୍ରଧାନମନ୍ତ୍ରୀ ମୋଦି ଘୋଷଣା କଲେ ଯେ ଭାରତ ନେପାଳର ବିକାଶରେ ସାହାଯ୍ୟ କରିବା ପାଇଁ ଦଶ ହଜାର କୋଟି ନେପାଳୀ ଟଙ୍କାର ଋଣ ସହାୟତା ପ୍ରଦାନ କରିବ । ସେ ଘୋଷଣା କଲେ ଯେ ସେ ନେପାଳକୁ ବିଜୁଳିର ଯୋଗାଣ ବଢ଼ାଇ ଦୁଇଗୁଣା କରିବାକୁ ଚାହୁଁଛନ୍ତି । ପ୍ରଧାନମନ୍ତ୍ରୀ କହିଲେ ଯେ ନେପାଳରେ ତେଲର ଯୋଗାଣ ପାଇଁ ପାଇପ୍ ଲାଇନ୍ ବିଛାଯିବ । ସେ କହିଲେ ଯେ ନେପାଳର ବିଦ୍ୟାର୍ଥୀଙ୍କ ପାଇଁ ଛାତ୍ରବୃତ୍ତିରେ ବୃଦ୍ଧି କରାଯିବ । ଭାରତ ଚେର ମୂଳିକାର ପ୍ରମୁଖ ବିତରକ ହେବାରେ ନେପାଳକୁ ସାହାଯ୍ୟ କରିବ । ସେ କହିଲେ ଯେ ଭାରତ ଆଧ୍ୟାତ୍ମିକ ଓ ସାହସିକ ଦୁଇ ପ୍ରକାରର ପର୍ଯ୍ୟଟନକୁ ପ୍ରୋତ୍ସାହନ ଦେବାରେ ନେପାଳର କ୍ଷମତା ବିକାଶରେ ମଧ୍ୟ ସହାୟତା କରିବ । ସେ କହିଲେ ଯେ ଯେତେ ଶୀଘ୍ର ନେପାଳ ଭାରତର ନିକଟତର ହେବ ସେତିକି ହିଁ ତା' ପାଇଁ ଭଲ ହେବ । ପ୍ରଧାନମନ୍ତ୍ରୀ ମହାକାଳୀ ନଦୀରେ ପୋଲି ନିର୍ମାଣ ଓ ପଞ୍ଚେଶ୍ୱର ବହୁ ପ୍ରଯୋଜନୀୟ ପରିଯୋଜନାକୁ ଶୀଘ୍ର ଆରମ୍ଭ କରିବାର ଆବଶ୍ୟକତା ଉପରେ ଜୋର୍ ଦେଲେ ।

ନରେନ୍ଦ୍ର ମୋଦି କହିଲେ ଯେ ଭାରତ ଓ ନେପାଳ ମଧ୍ୟରେ ଟେଲିଫୋନ କଲ୍ କରିବା ଭାରତରୁ ଆମେରିକା କଲ୍ କରିବା ତୁଳନାରେ ମହଙ୍ଗା ପଡ଼େ । ସେ ଚାହୁଁଛନ୍ତି ଯେ ଏହି ସ୍ଥିତିରେ ପରିବର୍ତ୍ତନ ଅଣାଯାଉ । ସେ କହିଲେ ଯେ ଭାରତ ନେପାଳ ସୀମା ଏକ ବାଡ଼ ନୁହେଁ, ବରଂ ସମ୍ପର୍କ ସେତୁ ହେବା ଉଚିତ ଯାହା ଉଭୟ ଦେଶରେ ସମୃଦ୍ଧି ଆଣିବାରେ ସାହାଯ୍ୟକାରୀ ହେବ । ନରେନ୍ଦ୍ର ମୋଦି କାର୍ବନିକ କୃଷି ଓ ମୃଦା ସ୍ୱାସ୍ଥ୍ୟ କ୍ଷେତ୍ରରେ ନେପାଳର ସହାୟତା କରିବାକୁ ମଧ୍ୟ ଭେଟି ପ୍ରଦାନ କଲେ । ନିଜର ବିସ୍ତୃତ ରାଜନୈତିକ କାର୍ଯ୍ୟକ୍ରମରେ, ନେପାଳୀ ନେତାଙ୍କ ସହ ତାଙ୍କ ବୈଠକ ସମୟରେ ମୋଦି ସେମାନଙ୍କୁ ଅନୁରୋଧ କଲେ ଯେ ଦଳର ହିତରେ ଚିନ୍ତାକରନ୍ତୁ ନାହିଁ, ବରଂ ଦେଶର ହିତରେ ଚିନ୍ତାକରନ୍ତୁ । ନରେନ୍ଦ୍ର ମୋଦିଙ୍କ ନେପାଳ ଯାତ୍ରାର ପ୍ରମୁଖ ବିଶେଷତାଗୁଡ଼ିକ ହେଲା:

ଚାରି 'ସ' ଉପରେ ବିଶେଷ ଧ୍ୟାନ : ସହଯୋଗ, ସମ୍ପର୍କ, ସଂସ୍କୃତି, ସମ୍ବିଧାନ

ଭାରତ ନେପାଳକୁ ଏକ ଅର୍ବୁଦ ଡଲାରର ଋଣ ପ୍ରଦାନ କରିବ । ଏହା ବର୍ତ୍ତମାନରେ ଜାରୀ ଯେ କୌଣସି ଋଣର ଅତିରିକ୍ତ ହେବ ।

ପଞ୍ଚେଶ୍ୱର ବିକାଶ ପ୍ରାଧିକରଣର ସ୍ଥାପନା କରାଯିବ ଓ ଡିପିଆରକୁ ଏକ ବର୍ଷରେ ଅନ୍ତିମ ରୂପ ଦିଆଯିବ ।

ଭାରତ ଓ ନେପାଳ ୪୫ ଦିନରେ ଶକ୍ତି ବ୍ୟବସାୟ ରାଜିନାମାକୁ କରିବା ଉପରେ ଏକମତ ହୋଇଛନ୍ତି ।

ଭାରତ ମହାକାଳୀ ନଦୀ ଉପରେ ଯାନବାହନ ଚଳାଚଳ ପାଇଁ ଏକ ସେତୁ ନିର୍ମାଣରେ ସହାୟତା ପ୍ରଦାନ କରିବ ।

ଭାରତ ଜଳାଭୂମୀ ପାଇଁ ପ୍ରମୁଖ ଓ ସହାୟକ ସଡ଼କର ନିର୍ମାଣରେ ଚଞ୍ଚଳ ଗତି ଆଣିବ ।

ପ୍ରଧାନମନ୍ତ୍ରୀ ପଶୁପତିନାଥ ମନ୍ଦିରକୁ ୨୫୦୦ କିଲୋଗ୍ରାମ ଚନ୍ଦନ କାଠ ଭେଟି ଦେବାପାଇଁ ଘୋଷଣା କରିଛନ୍ତି । ପଶୁପତିନାଥ ବିକାଶ ପ୍ରାଧିକରଣ ଦ୍ୱାରା ଶୀଘ୍ର ଏକ ଧର୍ମଶାଳା ନିର୍ମାଣ କାର୍ଯ୍ୟକୁ ପ୍ରାରମ୍ଭ କରିବାରେ ଭାରତ ସାହାଯ୍ୟ ପ୍ରଦାନ କରିବ ।

ପରିସର ନବୀକରଣ ଓ ପୁନରୁଦ୍ଧାରରେ ଭାରତୀୟ ପ୍ରତ୍ନତତ୍ତ୍ୱ ସର୍ବେକ୍ଷଣର ବିଶେଷଜ୍ଞତାର ଉପଯୋଗ କରାଯିବ । ଏଥିପାଇଁ ୨୫ କୋଟି ଟଙ୍କାର ସହାୟତା ପ୍ରଦାନ କରିବ ।

ଭାରତ, ବୌଦ୍ଧ ମାନଚିତ୍ରର ଏକ ଅଙ୍ଗ ରୂପେ ଜନକପୁର-ଲୁମ୍ବିନୀର ବିକାଶରେ ସହାୟତା ପ୍ରଦାନ କରିବ ।

ନେପାଳୀ ଛାତ୍ରଙ୍କ ଛାତ୍ରବୃତ୍ତିକୁ ୧୮୦ ରୁ ବୃଦ୍ଧି କରି ୨୫୦ କରାଯାଇଛି ।

କୃଷି ଉପରେ ସଂଯୁକ୍ତ କାର୍ଯ୍ୟକାରୀ ସମୂହର ଶୀଘ୍ର ବୈଠକ ହେବ । ଭାରତ ମାଟି ପରୀକ୍ଷଣରେ ସହାୟତା ପ୍ରଦାନ କରିବ ।

ନେପାଳ ଭାରତକୁ ଆଶ୍ୱାସନା ଦେଇଛି ଯେ ନେପାଳୀ ଭୂମିର କୌଣସି ପ୍ରକାରେ ଭାରତୀୟ ହିତ ବିରୋଧରେ ଉପଯୋଗ ହେବାକୁ ଦିଆଯିବ ନାହିଁ ।

ନେପାଳର ଯାତ୍ରା ପରେ ପ୍ରଧାନମନ୍ତ୍ରୀ ନରେନ୍ଦ୍ର ମୋଦି ଜାପାନ ଗସ୍ତରେ ଗଲେ । ସେଠାରେ ମଧ୍ୟ ତାଙ୍କର ଆଡ଼ମ୍ବର ସହ ସ୍ୱାଗତ କରାଗଲା । ଜାପାନୀ ପ୍ରଧାନମନ୍ତ୍ରୀ ଦ୍ୱାରା ଘରୋଇ ଭୋଜିର ଆୟୋଜନ ସହ ନରେନ୍ଦ୍ର ମୋଦିଙ୍କ ଜାପାନ ଯାତ୍ରା ଆରମ୍ଭ ହେଲା । ଏହି ସମୟରେ ମୋଦି ପ୍ରାୟୋଜକ ଜାପାନର ପ୍ରଧାନମନ୍ତ୍ରୀ ଶିଂଜୋ ଆବେଙ୍କ ସହ ଦେଢ଼ ଘଣ୍ଟାରୁ ଅଧିକ ସମୟ ପର୍ଯ୍ୟନ୍ତ ଭୋଜି ଟେବୁଲ୍‌ରେ ପରମ୍ପରାଗତ ଜାପାନୀ ଭୋଜନ ସହ ମୈତ୍ରୀପୂର୍ଣ୍ଣ କଥା ହେଲେ । ଦୁଇ ପ୍ରଧାନମନ୍ତ୍ରୀ ଉଭୟ ଦେଶ ମଧ୍ୟରେ ପ୍ରାଚୀନ, ସାଂସ୍କୃତିକ ଏବଂ ଧାର୍ମିକ ସମ୍ପର୍କ ଉପରେ ମଧ୍ୟ କଥାବାର୍ତ୍ତା ହେଲେ । ଏହି ଭୋଜି ପୂର୍ବରୁ ଦୁଇ ନେତାଙ୍କ ଉପସ୍ଥିତିରେ ବାରାଣସୀ-କ୍ୟୋଟୋ ରାଜିନାମାରେ ହସ୍ତାକ୍ଷର କରାଗଲା । ଏହି ରାଜିନାମା ସମାନ ଉତ୍ତରାଧିକାର ବଳରେ ସମକାଳୀନ ଆହ୍ୱାନକୁ ସମାଧାନ କରିବାରେ ଦୁଇ ଦେଶ ମିଶି କାମ କରିବାର ଏକ ଉଦାହରଣ ଅଟେ । ରାଜିନାମାରେ ଜାପାନରେ ଭାରତର ରାଜଦୂତ ଦୀପା ଗୋପାଳନ ବାଧବା ଏବଂ କ୍ୟୋଟୋର ମେୟର ଦାଇସାକୋ କାଦୋକାବା ହସ୍ତାକ୍ଷର କଲେ । ଏହି ରାଜିନାମା ଉତ୍ତରାଧିକାର ସଂରକ୍ଷଣ ଏବଂ କଳା-ସଂସ୍କୃତି ଓ ଶିକ୍ଷା କ୍ଷେତ୍ରରେ ସହଯୋଗ ଉପରେ ଜୋର୍ ଦେବ । ଏହି ରାଜିନାମା ସ୍ମାର୍ଟ ଉତ୍ତରାଧିକାର ସହର କାର୍ଯ୍ୟକ୍ରମ ପାଇଁ ଢାଞ୍ଚା ରୂପରେ ମଧ୍ୟ କାମ କରିବ । ଏହା ପରେ ମୋଦି ଓ ଆବେଙ୍କ ମଧ୍ୟରେ ଶୀଖର ବାର୍ତ୍ତା ହେଲା । ଏହା ପରେ ଜାରି କରାଯାଇଥିବା ବକ୍ତବ୍ୟ ଅଂଶ ଆମେ ଏଠାରେ ଦେଉଛୁ:

ଢାଞ୍ଚାଗତ କ୍ଷେତ୍ର

୧. ଜାପାନୀ ଦଳ ଆଗାମୀ ପିଢ଼ିର ଢାଞ୍ଚାଗତ ସୁବିଧାଗୁଡ଼ିକର ମଣ୍ଡଳ ରୂପେ ଗୁଜରାଟରେ ୧୦ ମେଗାୱାଟର କେନାଲ-ଟପ୍ ଗ୍ରେଡ୍ କନେକ୍ଟେଡ୍ ସୋଲାର ଫୋଟୋବୋଲ୍ଟିକ (ପିବି) ବିଦ୍ୟୁତ୍ କାରଖାନାର ସ୍ଥାପନା ପାଇଁ ଜାପାନ ଅନ୍ତଃରାଷ୍ଟ୍ରୀୟ ସହଯୋଗ ଏଜେନ୍ସି (ଜେ.ଆଇ.ସି.ଏ) ଦ୍ୱାରା ସମ୍ଭାବ୍ୟତା ଅଧ୍ୟୟନ ଆରମ୍ଭ କରିବାର ଘୋଷଣା କଲା ।

୨. ଭାରତୀୟ ଦଳ ଜାପାନ ଠାରୁ ସାର୍ବଜନିକ-ଘରୋଇ ଢାଞ୍ଚାଗତ ବିତ୍ତ ପୋଷଣ ପରିଯୋଜନା ପାଇଁ ଇଣ୍ଡିଆ ଇନ୍‌ଫ୍ରାଷ୍ଟ୍ରକ୍‌ଚର ଫାଇନାନ୍ସ କମ୍ପାନୀ ଲିମିଟେଡ୍ (ଆଇ.ଆଇ.ଏଫ୍.ସି.ଏଲ୍) କୁ ୫୦ ଅର୍ବୁଦ ୟେନ୍ (ପାଖାପାଖି ୫୦୦ ମିଲିୟନ ଆମେରିକୀୟ ଡଲାର) ର ଋଣ ଓ ଆସାମରେ ଗୌହାଟୀ ସ୍ୱେରେଜ୍ ପରିଯୋଜନା ପାଇଁ ପାଖାପାଖି ୧୫.୬ ଅର୍ବୁଦ ୟେନ୍ (ପାଖାପାଖି ୧୫୬ ମିଲିୟନ ଆମେରିକୀୟ ଡଲାର) ର ଋଣ ମିଳିବାର ପ୍ରଶଂସା କଲା ।

୩. ଉଭୟ ପ୍ରାନ୍ତ ଏହା ମାନିଲେ ଯେ ଦିଲ୍ଲୀ-ମୁମ୍ବାଇ ଇଣ୍ଡଷ୍ଟ୍ରିଆଲ କରିଡୋର (ଡି.ଏମ୍.ଆଇ.ସି) ପରିଯୋଜନାରୁ ଭାରତର ଛଅ ରାଜ୍ୟରେ ନୂଆ ପିଢ଼ିର ସ୍ମାର୍ଟ କମ୍ୟୁନିଟି ପରିଯୋଜନାର ସର୍ଜନା ସହ ଔଦ୍ୟୋଗିକ ଢାଞ୍ଚାଗତ ବିକାଶରେ ଏକ ନୂଆ ଯୁଗ ଆରମ୍ଭ ହୋଇପାରିବ ।

୪. ଉଭୟ ପ୍ରାନ୍ତ ମାନିଲେ ଯେ ଡି.ଏମ୍.ଆଇ.ସି ପରିଯୋଜନା ନୂଆ ବିନିର୍ମାଣ କେନ୍ଦ୍ରଗୁଡ଼ିକ ବ୍ୟତୀତ ଢାଞ୍ଚାଗତ ସମ୍ପର୍କ ଯେମିତି ବିଦ୍ୟୁତ୍ କାରଖାନା, ନିଶ୍ଚିତ ଜଳାପୂର୍ତ୍ତି, ଉଚ୍ଚ କ୍ଷମତା ସମ୍ପନ୍ନ ସହରୀ ପରିବହନ

ଏବଂ ପରିବହନ ସୁବିଧା ସହ ଯୁବକଙ୍କୁ ରୋଜଗାର ସୁଯୋଗ ଉପଲବ୍ଧ କରାଇବା ପାଇଁ ଦକ୍ଷତା ବିକାଶ କାର୍ଯ୍ୟକ୍ରମ ଇତ୍ୟାଦିର ମଧ୍ୟ ରାସ୍ତା ପରିଷ୍କାର କରିବ ।

୫. ଉଭୟ ପ୍ରାନ୍ତ ଗୁଜରାଟର ଧୋଲେରା ଏବଂ ମହାରାଷ୍ଟ୍ରର ଶେନ୍ଦ୍ର-ବିଦକରେ ଔଦ୍ୟୋଗିକ ସହର ଓ ଉତ୍ତର ପ୍ରଦେଶର ଗ୍ରେଟର ନୋଇଡା ଏବଂ ମଧ୍ୟ ପ୍ରଦେଶରେ ଉଜ୍ଜୟିନୀ ନିକଟ ବିକ୍ରମ ଉଦ୍ୟୋଗପୁରୀରେ ଏକୀକୃତ ଔଦ୍ୟୋଗିକ ଟାଉନସିପ୍ ବିକଶିତ କରିବା ଦିଗରେ ହେଉଥିବା ପ୍ରଗତିର ସ୍ୱାଗତ କଲେ ।

୬. ଉଭୟ ପ୍ରାନ୍ତ ସର୍ବାଧିକ ଉପଯୁକ୍ତ ବିତ୍ତ ପୋଷଣ ଯୋଜନାକୁ ଗ୍ରହଣ କରିବାର ସମ୍ଭାବନା ସହ ମାସ୍ ର୍‍ୟାପିଡ୍ ଟ୍ରାଞ୍ଜିଟ୍ ସିଷ୍ଟମ୍ସ (ଏମ୍.ଆର୍.ଟି.ଏସ୍) ରେ ଜାପାନୀ ଶିଳ୍ପ କୌଶଳର ବ୍ୟବହାର କରାଯିବା ଓ ଜାପାନୀ ନିବେଶ ବୃଦ୍ଧି କରାଯିବାର ଆଶା ପୋଷଣ କଲେ । ଉଭୟ ପକ୍ଷ ତାଙ୍କ ସମ୍ବନ୍ଧିତ ଅଧିକାରୀଙ୍କୁ ହରିୟାଣାର ଗୁଡ଼ଗାଓଁ ଓ ବାବଲ ମଧ୍ୟରେ ଏମ୍.ଆର୍.ଟି.ଏସ୍ ପାଇଁ ୟେନ୍‌ରେ ସମ୍ଭାବିତ ଋଣ ପାଇଁ ଜେ.ଆଇ.ସି.ଏ ଦ୍ୱାରା ସମ୍ଭାବ୍ୟତା ଅଧ୍ୟୟନ କରାଇବାର ନିର୍ଦ୍ଦେଶ ଦେଲେ ।

୭. ସ୍ମାର୍ଟ କମ୍ୟୁନିଟି ପରିଯୋଜନା ଭଳି ଲଜିଷ୍ଟିକ୍ସ ଡାଟା ବ୍ୟାଙ୍କ ପ୍ରୋଜେକ୍ଟ, ନିମରାନାରେ ମେଗା ସୋଲାର ପାୱାର ପ୍ରୋଜେକ୍ଟ ଓ ଦାହେଜ୍‌ରେ ସି-ୱାଟର୍ ଡିସେଲିନେଶନ (ସମୁଦ୍ର ଜଳ ଲବଣ ଅପସାରଣ) ପ୍ରୋଜେକ୍ଟରେ ହୋଇଥିବା ପ୍ରଗତିର ସ୍ୱାଗତ କରିବାକୁ ଯାଇ ଉଭୟ ପକ୍ଷ ତାଙ୍କ ଅଧିକାରୀଙ୍କୁ ଏହି ସ୍ମାର୍ଟ କମ୍ୟୁନିଟି ପରିଯୋଜନା ଉପରେ ଉନ୍ନତତାରେ ଚଞ୍ଚଳ ଗତି ଆଣିବାକୁ ନିର୍ଦ୍ଦେଶ ଦେଲେ । ଭାରତୀୟ ଦଳ ଦାହେଜ ସ୍ଥିତ ସି-ୱାଟର ଡିସେଲିନେଶନ ପ୍ରୋଜେକ୍ଟରେ ଯୋଡ଼ି ହୋଇଥିବା ଲମ୍ବା ପ୍ରସଙ୍ଗକୁ ସମାଧାନ କରିବାର ଆଶ୍ୱାସନା ଦେଲା ଯେଉଁଥିରେ ସ୍କୁଲ, ଜଳର ଗୁଣବତ୍ତାର ମାତ୍ରା, ଜଳ ବିକ୍ରି ଇତ୍ୟାଦି ସାମିଲ ଅଛି । ଉଭୟ ପକ୍ଷ ଆଶା ବ୍ୟକ୍ତ କଲେ ଯେ ଏହି ପରିଯୋଜନାରୁ ଭାରତରେ ଉନ୍ନତ ଜାପାନୀ କୌଶଳର ବିଚିତ୍ରତା ସାମ୍ନାକୁ ଆସିବ ।

୮. ଚେନ୍ନାଇ-ବାଙ୍ଗାଲୁରୁ ଇଣ୍ଡଷ୍ଟ୍ରିଆଲ କରିଡୋର (ସି.ବି.ଆଇ.ସି), ଯେଉଁଥିରେ ଅପ୍‌ଟିକ୍ ଯୋଜନାକୁ ଅନ୍ତିମ ରୂପ ଦେବା ଓ ତିନି ସହର ଯେମିତି ତାମିଲନାଡୁର ପୋନ୍ନେରୀ, ଆନ୍ଧ୍ର ପ୍ରଦେଶର କୃଷ୍ଣପଟନମ୍ ଓ କର୍ଣ୍ଣାଟକର ଟୁମକୁରକୁ ସମ୍ଭାବିତ ଔଦ୍ୟୋଗିକ କେନ୍ଦ୍ର ରୂପେ ଡିଜାଇନ କରିବା ମଧ୍ୟ ସାମିଲ ଅଛି, ଏଥିରେ ଦ୍ରୁତ ପ୍ରଗତିର ସ୍ୱାଗତ କରିବାକୁ ଯାଇ ଉଭୟ ପକ୍ଷ ସେମାନଙ୍କ ଅଧିକାରୀଙ୍କୁ ମାର୍ଚ୍ଚ ୨୦୧୫ର ଶେଷ ପର୍ଯ୍ୟନ୍ତ ତିନି ସହରର ମାଷ୍ଟର ପ୍ଲାନ୍ ଓ ବିକାଶ ଯୋଜନା ତିଆରି କରିବା କାମକୁ ଅନ୍ତିମ ରୂପ ଦେବାରେ ଦ୍ରୁତଗତି ଆଣିବାକୁ ନିର୍ଦ୍ଦେଶ ଦେଲେ । ପ୍ରଧାନମନ୍ତ୍ରୀ ମୋଦି ବିଭାଗୀୟ ଅଧିକାରୀଙ୍କୁ ତାମିଲନାଡୁ ନିବେଶ ସମ୍ବର୍ଦ୍ଧନ କାର୍ଯ୍ୟକ୍ରମ (ଟି.ଏନ୍.ଆଇ.ପି.ପି) ରେ ଉଲ୍ଲେଖିତ ଢାଞ୍ଚାଗତ ସୁବିଧାଗୁଡ଼ିକର ବିକାଶକୁ ଠିକ୍ ସମୟରେ ସମ୍ପୂର୍ଣ୍ଣ କରିବାକୁ ନିର୍ଦ୍ଦେଶ ଦେଲେ ଯେଉଁଥିରେ ସଡ଼କ ବିକାଶ, ବିଦ୍ୟୁତ୍ ଓ ଜଳାପୂର୍ତ୍ତି ସାମିଲ ଅଛି । ଜାପାନୀ ଦଳ ଏହାକୁ ସ୍ୱାଗତ କଲେ ।

୯. ଭାରତର ବ୍ୟବସାୟୀ ବାତାବରଣରେ ସୁଧାର ଓ ଢାଞ୍ଚାଗତ ବିକାଶ ଉପରେ ଟି.ଏନ.ଆଇ.ପି.ପି ର ସକାରାତ୍ମକ ପ୍ରଭାବକୁ ଧ୍ୟାନରେ ରଖି ଉଭୟ ପ୍ରାନ୍ତ ଏହି ବିଚାର ରଖିଲେ ଯେ ଏହି ପ୍ରକାରର କାର୍ଯ୍ୟକ୍ରମ କର୍ଣ୍ଣାଟକ ରାଜ୍ୟରେ ମଧ୍ୟ ଚଳା ଯାଇପାରିବ ।

୧୦. ଉଭୟ ପ୍ରାନ୍ତ ସଡ଼କ ଓ ସଡ଼କ ପରିବହନ କ୍ଷେତ୍ରରେ ଭାରତ ସରକାରଙ୍କ ସଡ଼କ ପରିବହନ ଓ ରାଜମାର୍ଗ ମନ୍ତ୍ରାଳୟ ଓ ଜାପାନର ଭୂମି, ଢାଞ୍ଚାଗତ, ପରିବହନ ଓ ପର୍ଯ୍ୟଟନ ମନ୍ତ୍ରାଳୟ ମଧ୍ୟରେ ଏକ ସହଯୋଗ ଚୁକ୍ତି ଉପରେ ହୋଇଥିବା ହସ୍ତାକ୍ଷରକୁ ସ୍ୱାଗତ କଲେ ।

୧୧. ଭାରତୀୟ ଦଳ ଗୁଜରାଟର ଅଲଗା ସୋସିଆ ସ୍ଥିତ ସିପ୍-ବ୍ରେକିଙ୍ଗ୍ ୟାର୍ଡକୁ ଉନ୍ନତ କରିବାରେ ଜାପାନ ଠାରୁ ସାହାଯ୍ୟ ମାଗିଲେ ।

୧୨. ଜାପାନୀ ଦଳ ସମାବେଶନ ଉପରେ ଜୋର୍ ଦେଇ ଲୋକୋନ୍ମୁଖୀ ନିବେଶକୁ ପ୍ରୋତ୍ସାହନ ଦେବାର ଜାପାନର ନୀତିକୁ ରେଖାଙ୍କିତ କଲେ ଯେଉଁଥିରୁ ତାହା ଅଧିକରୁ ଅଧିକ ଲୋକଙ୍କୁ ନିବେଶର ଆର୍ଥିକ ଲାଭ, ଜଳବାୟୁ ପରିବର୍ତ୍ତନ, ପ୍ରାକୃତିକ ବିପଦ ଓ କ୍ଷମତା ନିର୍ମାଣ ପ୍ରତି ବଢ଼ିଥିବା ସାମାଜିକ ଗତିଶୀଳତାର ଲାଭ ମିଳିପାରିବ। ଜାପାନୀ ଦଳ ଜୋର୍ ଦେଇ କହିଲେ ଯେ ଏଭଳି ନିବେଶକୁ ପ୍ରୋତ୍ସାହନ ଦେଲେ ସ୍ଥାୟୀ ବିକାଶ ହାସଲ ହେବ। ଭାରତୀୟ ଦଳ ଏହି ନୀତିର ସ୍ୱାଗତ କଲେ

୧୩. ଉଭୟ ପ୍ରାନ୍ତ ଏସୀୟ ବିକାଶ ବ୍ୟାଙ୍କରୁ କ୍ଷେତ୍ରଗୁଡ଼ିକର ଢାଞ୍ଚାଗତ ଓ କନେକ୍‌ଟିଭିଟି ଆବଶ୍ୟକତାକୁ ପୂରଣ କରିବା ପାଇଁ ସେମାନଙ୍କ କ୍ଷମତାକୁ ବଢ଼ାଇବାକୁ ଅପିଲ କଲେ।

ନିବେଶ

୧୪. ଉଭୟ ପ୍ରାନ୍ତ ବିଜନେସ୍ ଲିଡର ଫୋରମ୍ ଦ୍ୱାରା ପ୍ରସ୍ତୁତ ରିପୋର୍ଟର ପ୍ରଶଂସା କଲେ ଓ ନିପ୍ପୁନ କେଡନରେନ୍ ଦ୍ୱାରା ଆୟୋଜିତ ଏକ ଉଚ୍ଚସ୍ତରୀୟ ଆର୍ଥିକ ମିଶନର ଭାରତ ଯାତ୍ରାର ପ୍ରସ୍ତାବକୁ ସମର୍ଥନ କଲେ।

୧୫. ଉଭୟ ପ୍ରାନ୍ତ ନୂଆଦିଲ୍ଲୀରେ ଆୟୋଜିତ ହେବାକୁ ଥିବା ୨୧ତମ ଅନ୍ତଃରାଷ୍ଟ୍ରୀୟ ଇଞ୍ଜିନିୟରିଂ ଏବଂ ପ୍ରୋଦ୍ୟୋଗିକି ମେଳା (ଆଇ.ଇ.ଟି.ଏଫ୍ ୨୦୧୫) ରେ ଜାପାନର ଭାଗିଦାରୀ ଦେଶ ହେବା ନେଇ ସ୍ୱାଗତ କଲେ ଓ ଆଶା ବ୍ୟକ୍ତ କଲେ ଯେ ଏଥିରୁ ଦୁଇ ଦେଶ ମଧ୍ୟରେ ବ୍ୟବସାୟ ଓ ନିବେଶର ବିସ୍ତାର ହେବ।

ଶକ୍ତି ଏବଂ ପ୍ରାକୃତିକ ସଂସାଧନ

୧୬. ଉଭୟ ପ୍ରାନ୍ତ ତାଙ୍କ ଉଦ୍ଦେଶ୍ୟ ପୋଷଣ କଲେ ଯେ ସେମାନେ ଭାରତ-ଜାପାନ ଶକ୍ତି କଥାବାର୍ତ୍ତା ଜରିଆରେ ଶକ୍ତି କୁଶଳତା, ନବୀକରଣୀୟ ଶକ୍ତି ଓ କୋଇଲା ଆଧାରିତ ବିଦ୍ୟୁତ୍ ଉତ୍ପାଦନ କୌଶଳ କ୍ଷେତ୍ର ସହିତ ଶକ୍ତି ସହଯୋଗକୁ ମଜବୁତ୍ କରିବା ପାଇଁ ଏକସଙ୍ଗେ ମିଶି କାମ କରୁଛନ୍ତି।

୧୭. ନବୀନ ଏବଂ ନବୀକରଣୀୟ ଶକ୍ତି କ୍ଷେତ୍ରରେ ନୂତନ ଏବଂ ନବୀକରଣୀୟ ଶକ୍ତି ମନ୍ତ୍ରାଳୟ ଓ ଜାପାନ ବ୍ୟାଙ୍କ ଫର୍ ଇଣ୍ଟରନ୍ୟାସନାଲ କୋ-ଅପରେସନ (ଜେ.ବି.ଆଇ.ସି) ମଧ୍ୟରେ ରାଜିନାମା ସମାଚାରରେ ହୋଇଥିବା ସ୍ୱାକ୍ଷରର ଉଭୟ ପ୍ରାନ୍ତ ସ୍ୱାଗତ କଲେ।

୧୮. ଉଭୟ ପ୍ରାନ୍ତ କାରଖାନାର ଆଧୁନିକୀକରଣ ଓ ମରାମତି ଏବଂ ଅନ୍ତଃରାଷ୍ଟ୍ରୀୟ ମଞ୍ଚରେ ପାରିପାର୍ଶ୍ୱ ଅନୁକୂଳ କୌଶଳକୁ ପ୍ରୋତ୍ସାହନ ଦେବାରେ ସହଯୋଗ, ଯେମିତି ସ୍ୱଚ୍ଛ କୋଇଲା ଶିଳ୍ପ କୌଶଳର ପ୍ରଗତି ଓ ଉଚ୍ଚ କାର୍ଯ୍ୟକୁଶଳତା ସମ୍ପନ୍ନ ଏବଂ ପାରିପାର୍ଶ୍ୱ ଅନୁକୂଳ କୋଇଲା ଆଧାରିତ ଶକ୍ତି କାରଖାନାର ନିର୍ମାଣ ଆଦି କ୍ଷେତ୍ରରେ ସହଯୋଗ ବଢ଼ାଇବାକୁ ସ୍ୱାଗତ କଲେ।

୧୯. ଉଭୟ ପ୍ରାନ୍ତ ଉତ୍ତର ପ୍ରଦେଶର ମେଜାରେ ଅତ୍ୟନ୍ତ ଆବଶ୍ୟକ କୋଇଲା ଆଧାରିତ ଶକ୍ତି କାରଖାନା ନିର୍ମାଣ ପାଇଁ ଭାରତୀୟ ଷ୍ଟେଟ୍ ବ୍ୟାଙ୍କ ଓ ଜାପାନ ବ୍ୟାଙ୍କ ଫର୍ ଇଣ୍ଟରନ୍ୟାସନାଲ କୋ-ଅପରେସନ (ଜେ.ବି.ଆଇ.ସି) ମଧ୍ୟରେ ହୋଇଥିବା ଋଣ ରାଜିନାମା ଓ ବିହାରରେ ବରୋନୀ ସୁପର କ୍ରିଟିକାଲ ଥର୍ମାଲ ଶକ୍ତି କାରଖାନା ପାଇଁ ସମ୍ଭାବିତ ଋଣ ପରିଯୋଜନା ପାଇଁ ଜେ.ଆଇ.ସି.ଏ ଦ୍ୱାରା ସମ୍ଭାବ୍ୟତା ଅଧ୍ୟୟନର ଆରମ୍ଭକୁ ସ୍ୱାଗତ କଲେ।

୨୦. ଭାରତ-ଜାପାନ ରଣନୀତିକ ଏବଂ ବିଶ୍ୱବ୍ୟାପୀ ଭାଗିଦାରୀ ଦିଗରେ ସାର୍ଥକ ପଦକ୍ଷେପ ରୂପେ ଦୁର୍ଲଭ ଭୂମିର ଉତ୍ପାଦନ ପାଇଁ ଇଣ୍ଡିଆନ ରେୟର ଆର୍ଥ ଲିମିଟେଡ୍ (ଆଇ.ଆର.ଇ.ଏଲ) ଓ ଟୋୟୋଟା ସୁଶୋ କର୍ପୋରେଶନ (ଟି.ଟି.ସି) ମଧ୍ୟରେ ବାଣିଜ୍ୟିକ ଅନୁବନ୍ଧ ଆଧାରରେ ହୋଇଥିବା ଆବଶ୍ୟକ ରାଜିନାମାର ଉଭୟ ପ୍ରାନ୍ତ ସ୍ୱାଗତ କଲେ ଓ ବାଣିଜ୍ୟିକ ଉତ୍ପାଦନ ସଙ୍ଗେ-ସଙ୍ଗେ ବାଣିଜ୍ୟିକ ଅନୁବନ୍ଧର ଆରମ୍ଭକୁ ଶୀଘ୍ରାତି ଶୀଘ୍ର ଅନ୍ତିମ ରୂପ ଦେବାର ସେମାନଙ୍କ ମଜବୁତ୍ ଇଚ୍ଛା ଶକ୍ତିକୁ ଉଭୟ ପ୍ରାନ୍ତ ଦୋହରାଇଲେ।

୨୧. ଉଭୟ ପ୍ରାନ୍ତ ଭାରତରେ ଇସ୍ପାତ, ସିମେଣ୍ଟ ଓ ଯାନ୍ତ୍ରୀକ ଉପକରଣ ସହିତ ଶକ୍ତି ଦକ୍ଷତାରେ ସୁଧାର ପାଇଁ ସହଯୋଗୀ ଉଦ୍ୟମର ପ୍ରଗତିକୁ ସ୍ୱାଗତ କଲେ । ଦୂରସଂଚାର ଟାୱାରଗୁଡ଼ିକରେ ଶକ୍ତି ପରିଚାଳନ ବ୍ୟବସ୍ଥା ପାଇଁ ଆଦର୍ଶ ପରିଯୋଜନା ଅନୁସାରେ ନବୀକରଣୀୟ ଶକ୍ତି ଏବଂ ଔଦ୍ୟୋଗିକ ପ୍ରୋଦ୍ୟୋଗିକି ବିକାଶ ସଂଗଠନ (ଏନ୍.ଇ.ଡି.ଓ) ଦ୍ୱାରା ଅଗଷ୍ଟ ୨୦୧୪ ରେ ହସ୍ତାକ୍ଷର କରାଯାଇଥିବା ରାଜିନାମା ସମାଚାର (ଏମ୍ଓୟୁ) ର ପ୍ରଶଂସା କଲେ । ଭାରତରେ ଜାନୁଆରୀ ୨୦୧୪ ରେ ନବୀକରଣୀୟ ଶକ୍ତି ଉପରେ ହୋଇଥିବା ପ୍ରଥମ ଭାରତ-ଜାପାନ ପବ୍ଲିକ-ପ୍ରାଇଭେଟ୍ ଗୋଲଟେବୁଲ୍ ବୈଠକ ପରେ ନବୀକରଣୀୟ ଶକ୍ତି କ୍ଷେତ୍ରରେ ବ୍ୟାବସାୟିକ ସହଯୋଗ ଉପରେ ଚର୍ଚ୍ଚାର ପ୍ରଗତିକୁ ମଧ୍ୟ ଉଭୟ ପ୍ରାନ୍ତ ପ୍ରଶଂସା କଲେ ।

୨୨. ୨୦୧୪ ରେ ଭାରତରେ ନିଡୋ (ଏନ୍.ଇ.ଡି.ଓ) ଦ୍ୱାର ଆୟୋଜିତ ହେବାକୁ ଥିବା ପ୍ରୋଦ୍ୟୋଗିକି ପ୍ରଦର୍ଶନୀ ଓ ବ୍ୟବସାୟ ତୁଳନା ଗତିବିଧିଗୁଡ଼ିକର ଉଭୟ ପ୍ରାନ୍ତ ସ୍ୱାଗତ କଲେ ।

୨୩. ଉଭୟ ପ୍ରାନ୍ତ ୨୦୧୫ ରେ ଲୌହ ଖଣିଜ ବ୍ୟବସାୟ ପରିଚାଳନାର ନବୀକରଣରେ ପ୍ରଗତିକୁ ସ୍ୱାଗତ କଲେ । ଉଭୟ ପ୍ରାନ୍ତ ଭବିଷ୍ୟତରେ ଭାରତରେ ଲୌହ ଏବଂ ଇସ୍ପାତ ଉଦ୍ୟୋଗରେ ନିବେଶ ଏବଂ ଶିଳ୍ପ କୌଶଳ ସମ୍ବନ୍ଧରେ ସହଯୋଗ ବଢ଼ାଇବା ମହତ୍ୱର କଥାକୁ ସ୍ୱିକାର କଲେ ।

କୃଷି ଏବଂ ଖାଦ୍ୟାନ୍ନ

୨୪. ଭାରତରେ ଖାଦ୍ୟାନ୍ନ ସମ୍ବନ୍ଧୀୟ ଅବସଂରଚନା ସ୍ଥାପିତ କରିବା ଓ କୃଷି ବିକାଶର ମହତ୍ୱକୁ ସ୍ୱୀକାର କରି, ଉଭୟ ପ୍ରାନ୍ତ ଜାପାନ ଦ୍ୱାରା ଅଗ୍ରଣୀ ସିଞ୍ଚନ ବ୍ୟବସ୍ଥା ଓ କୃଷି ମେସିନ୍‌ର ଆରମ୍ଭ ଦ୍ୱାରା ଘରୋଇ-ସାର୍ବଜନିକ ଭାଗିଦାରୀ ଜରିଆରେ ଖାଦ୍ୟ ମୂଲ୍ୟ ଚେନ୍ ସ୍ଥାପିତ କରିବାର ଜାପାନର ପଦକ୍ଷେପକୁ ସ୍ୱାଗତ କଲେ । ଜାପାନର ଏହି ପଦକ୍ଷେପ ଜରିଆରେ ଭାରତ ସରକାର ଦ୍ୱାରା ଲାଗୁ ଖାଦ୍ୟ ଔଦ୍ୟୋଗିକ ପାର୍କ ଓ ଶୀତ ଚେନ୍ ବିକାଶ ପରିଯୋଜନାଗୁଡ଼ିକୁ ମଧ୍ୟ ସମର୍ଥନ ମିଳିବ ।

ରେଲୱେ

୨୫. ଉଭୟ ପ୍ରାନ୍ତ ମୁମ୍ବାଇ-ଅହମଦାବାଦ ହାଇ-ସ୍ପିଡ୍ ରେଳର ମଧ୍ୟକାଳୀନ ରିପୋର୍ଟ ଜାରୀ କରାଯିବାକୁ ସ୍ୱାଗତ କଲେ ଓ ଆଶା ବ୍ୟକ୍ତ କଲେ ଯେ ମିଳିତ ସମ୍ଭାବ୍ୟତା ଅଧ୍ୟୟନ ଜୁଲାଇ ୨୦୧୫ ପର୍ଯ୍ୟନ୍ତ ସମ୍ପୂର୍ଣ୍ଣ କରି ଦିଆଯିବ ।

୨୬. ଉଭୟ ପ୍ରାନ୍ତ ବର୍ତ୍ତମାନ ରୁଟ୍‌ଗୁଡ଼ିକରେ ସେମୀ-ହାଇ ସ୍ପିଡ୍ ରେଲୱେ ବ୍ୟବସ୍ଥା ଅନୁସାରେ ପାସେଞ୍ଜର ରେଳ ଗାଡ଼ିଗୁଡ଼ିକର ଗତିକୁ ବଢ଼ାଇବା ପାଇଁ ସହଯୋଗ ଜାରୀ ରଖିବାକୁ ସ୍ୱୀକୃତି ଦେଲେ ।

୨୭. ଭାରତରେ ବିଭିନ୍ନ ମେଟ୍ରୋ ଓ ଅନ୍ୟ ସହରୀ ପରିବହନ ପରିଯୋଜନା ପାଇଁ ଜାପାନୀ ଓ.ଡି.ଏ. ର ମହତ୍ୱପୂର୍ଣ୍ଣ ଭୂମିକାକୁ ଭାରତ ଭଲଭାବେ ସ୍ୱାଗତ କଲା । ଉଭୟ ପ୍ରାନ୍ତ ଅହମଦାବାଦ ମେଟ୍ରୋ ରେଳ ପରିଯୋଜନାରେ ସହଯୋଗର ନିର୍ଣ୍ଣୟ ନେଲେ । ଉଭୟ ପ୍ରାନ୍ତ ଭାରତରେ ମେଟ୍ରୋ ଏବଂ ଅନ୍ୟ ସହରୀ ଅବସଂରଚନା ପରିଯୋଜନା ସହିତ ବିଭିନ୍ନ ଉପଯୁକ୍ତ ଅବସଂରଚନାତ୍ମକ ପରିଯୋଜନାରେ ଭାରତ-ଜାପାନ ସହଯୋଗ ବଢ଼ାଇବା ପାଇଁ ସମ୍ଭାବନା ଖୋଜିବାର ନିର୍ଣ୍ଣୟ ନେଲେ । ଉଭୟ ପ୍ରାନ୍ତ ଭାବି ମେଟ୍ରୋ ପରିଯୋଜନାରେ ପରସ୍ପର ଲାଭକାରୀ ଉପାୟରେ ଓ.ଡି.ଏ ସହାୟତା ଜାରୀ ରଖିବାର ମହତ୍ୱକୁ ସ୍ୱିକାର କଲେ ।

ନାଗରିକ ଉଡ୍ଡୟନ

୨୮. ନାଗରିକ ଉଡ୍ଡୟନ କ୍ଷେତ୍ରରେ ଦ୍ୱିପକ୍ଷୀୟ ସମ୍ବନ୍ଧକୁ ବଢ଼ାଇବା ମହତ୍ୱକୁ ଉଭୟ ପ୍ରାନ୍ତ ସ୍ୱିକାର କଲେ, ଯାହାକି ପରସ୍ପର ଆଦାନ-ପ୍ରଦାନକୁ ବଢ଼ାଇବାରେ ଯୋଗଦାନ ଦେବ । ଉଭୟ ପ୍ରାନ୍ତ ନବ ଧୋଲେରା ଅନ୍ତଃରାଷ୍ଟ୍ରୀୟ ବିମାନ ବନ୍ଦର ବିକାଶ ପରିଯୋଜନା ପାଇଁ ପ୍ରାରମ୍ଭିକ ସର୍ବେକ୍ଷଣକୁ ଗତି ଦେବା ସହିତ ବିଭିନ୍ନ ପ୍ରସଙ୍ଗରେ ସହଯୋଗ ମଜବୁତ୍ କରିବାର ନିର୍ଣ୍ଣୟ ନେଲେ ।

ଦକ୍ଷତା ବିକାଶ

୨୯. ଖୁବ୍‌ଭଲ ଦକ୍ଷତା ବିକାଶ କେନ୍ଦ୍ର ସ୍ଥାପିତ କରିବାକୁ ଜାରୀ ଯୋଜନାର ଚେଷ୍ଟାଗୁଡ଼ିକୁ ସ୍ୱିକାର କରି ଦୁଇ ପ୍ରାନ୍ତ ଭାରତରେ ବିକଶିତ କରାଯାଉଥିବା ଔଦ୍ୟୋଗିକ ଅଞ୍ଚଳରେ ସ୍ଥାନୀୟ ଯୁବକଙ୍କ କ୍ଷମତା ବିକାଶ ଓ ଦକ୍ଷତାକୁ ବଢ଼ାଇବା ପାଇଁ ଦକ୍ଷତା ବିକାଶକୁ ଏକ ମହତ୍ୱପୂର୍ଣ୍ଣ ଅଙ୍ଗ ରୂପେ ସ୍ୱିକାର କଲେ ଓ ଡି.ଏମ୍.ଆଇ.ସି ପରିଯୋଜନାରେ ଦକ୍ଷତା ବିକାଶକୁ ପ୍ରୋତ୍ସାହନ ଦେବା ପାଇଁ ଦ ଓଭରସିଜ୍ ହ୍ୟୁମାନ ରିସୋର୍ସେଜ୍ ଆଣ୍ଡ ଇଣ୍ଡଷ୍ଟ୍ରୀ ଡେଭଲପ୍‌ମେଣ୍ଟ ଆସୋସିଏସନ୍ (ଏଚ୍.ଆଇ.ଡି.ଏ) ର ସହଯୋଗକୁ ପ୍ରଶଂସା କଲେ ।

୩୦. ଉଭୟ ପ୍ରାନ୍ତ ଭାରତରେ ମାନୁଫାକ୍‌ଚରିଂ କ୍ଷେତ୍ରର ବିକାଶରେ ଯୋଗଦାନ ଦେବା ପାଇଁ ଜାପାନର ବହୁମୂଲ୍ୟ ଯୋଗଦାନ ରୂପେ ଚାମ୍ପିୟନ୍ ସୋସାୟଟଲ୍ ମାନୁଫାକ୍‌ଚରିଂ (ସି.ଏସ୍.ଏମ୍)ର ଉପଲବ୍ଧିଗୁଡ଼ିକର ପ୍ରଶଂସା କଲେ । ଭାରତ ଭିଲେଜ ବୁଦ୍ଧା ନାମକ ଜାପାନର ନୂଆ ଉପ-ପରିଯୋଜନାର ଆରମ୍ଭକୁ ସ୍ୱାଗତ କଲା । ଏହି ଯୋଜନାର ଉଦ୍ଦେଶ୍ୟ ଗ୍ରାମୀଣ କ୍ଷେତ୍ରରେ ସ୍ୱୟଂ ସହାୟତା ସମବାୟରେ ନେତୃତ୍ୱ ବିକାଶ କରିବା ଏଥିସହ ଏହି ସମବାୟଗୁଡ଼ିକରେ ମହିଳାଙ୍କ ଦ୍ୱାରା ସମ୍ପାଦନ କରାଯାଉଥିବା ମହତ୍ୱପୂର୍ଣ୍ଣ ଭୂମିକାକୁ ମଧ୍ୟ ଜଣାଇବା ।

ସୂଚନା ଏବଂ ସଂଚାର ପ୍ରୋଦ୍ୟୋଗିକି (ଆଇସିଟି)

୩୧. ଭାରତର ସଂଚାର ଏବଂ ସୂଚନା ପ୍ରୋଦ୍ୟୋଗିକି ମନ୍ତ୍ରାଳୟ ଓ ଜାପାନର ଅଭ୍ୟନ୍ତର ପ୍ରସଙ୍ଗ ଏବଂ ସଂଚାର ମନ୍ତ୍ରାଳୟ ମଧ୍ୟରେ ଭାରତ-ଜାପାନ ଆଇ.ସି.ଟି ସମଗ୍ର ସହଯୋଗ ସଂରଚନା ଅନୁସାରେ ସଂଯୁକ୍ତ ମୂଳିଆ ସମବାୟର ଗତିବିଧି ଜରିଆରେ ଆଇ.ସି.ଟି ସହଯୋଗର ପ୍ରଗତିକୁ ଦୁଇ ପ୍ରାନ୍ତ ସ୍ୱାଗତ କଲେ ।

୩୨. ଫେବୃଆରୀ ୨୦୧୪ ରେ ପ୍ରଥମ ସଂଯୁକ୍ତ ମୂଳିଆ ସମବାୟର ରାଜିନାମା ଉପରେ ଆଧାରିତ ହରିତ ଆଇ.ସି.ଟି ଓ ସାଇବର ସୁରକ୍ଷା ସହଯୋଗ ଭଳି ଠୋସ୍ ସଂଯୁକ୍ତ ପରିଯୋଜନାର ଆରମ୍ଭରେ ଦୁଇ ପ୍ରାନ୍ତ ସନ୍ତୋଷ ବ୍ୟକ୍ତ କଲେ ଓ ଆଇ.ସି.ଟି କ୍ଷେତ୍ରରେ ସହଯୋଗ ବଢାଇବାକୁ ଆଉଥରେ ମତ ପୋଷଣ କଲେ ।

ବିପଦ ସଂକଟ ନ୍ୟୁନୀକରଣ

୩୩. ଭାରତ ମାର୍ଚ୍ଚ ୨୦୧୫ ରେ ସେନ୍ଦଇରେ ବିପଦ ସଂକଟ ନ୍ୟୁନୀକରଣ ଉପରେ ସଂଯୁକ୍ତ ରାଷ୍ଟ୍ର ବିଶ୍ୱ କନ୍‌ଫରେନ୍ସକୁ ଜାପାନ ଦ୍ୱାରା ପ୍ରାୟୋଜିତ କରାଯିବାକୁ ସ୍ୱାଗତ କଲେ । ଦୁଇ ପ୍ରାନ୍ତ ଆକ୍ସନ ୨୦୦୫-୨୦୧୫ ପାଇଁ ହ୍ୟୋଗୋ ରୂପରେଖାର ସଫଳତା ଢାଞ୍ଚାକୁ ଗ୍ରହଣ କରିବା କ୍ରମରେ କନ୍‌ଫରେନ୍ସ ଆରମ୍ଭରୁ ନେଇ ଶେଷ ପର୍ଯ୍ୟନ୍ତ ସକ୍ରିୟ ଭାଗିଦାରୀର ସଂକଳ୍ପ ନେଲେ ।

ପ୍ରାନ୍ତୀୟ ସମ୍ପର୍କ ଓ ସହଯୋଗ

୩୪. ଉଭୟ ପ୍ରାନ୍ତ ପୂର୍ବୋତ୍ତର ଭାରତ ଓ ପଡ଼ୋଶୀ ଦେଶମାନଙ୍କ ମଧ୍ୟରେ ପ୍ରାନ୍ତୀୟ ସମ୍ପର୍କ ଉପରେ ଜେ.ଆଇ.ସି.ଏ. ର ଅଧ୍ୟୟନକୁ ସ୍ୱାଗତ କଲେ ଓ ପ୍ରାନ୍ତରେ ପରିବହନ ଆଧାରଭୂତ ପରିଯୋଜନାରେ ଜାପାନୀ ଓ.ଡି.ଏ.କୁ ଆରମ୍ଭ କରିବା ପାଇଁ ବିଭାଗୀୟ ଅଧିକାରୀଙ୍କୁ ନିର୍ଦ୍ଦେଶ ଦେଲେ । ସୀମା ପାର୍ ବ୍ୟବସାୟୀକ ଗତିବିଧିକୁ ପ୍ରୋତ୍ସାହନ ଦେବା ଓ ଭାରତ ଓ ପଡ଼ୋଶୀ ଦେଶ ମଧ୍ୟରେ ଆଧାରଭୂତ ବିକାଶ ସହଯୋଗକୁ ବଢ଼ାଇବା ପାଇଁ ଭାରତୀୟ ଆମଦାନୀ-ରପ୍ତାନୀ ବ୍ୟାଙ୍କ ଓ ଜେ.ବି.ଆଇ.ସି. ମଧ୍ୟରେ ସମ୍ମତି ପତ୍ର ଉପରେ ହସ୍ତାକ୍ଷର କରାଯିବାକୁ ସ୍ୱାଗତ କଲେ ।

୩୫. ଉଭୟ ପ୍ରାନ୍ତ ପୂର୍ବୋତ୍ତର ଭାରତରେ ସମ୍ପର୍କ ଓ ସାମାଜିକ-ଆର୍ଥିକ ବିକାଶ କ୍ଷେତ୍ରରେ ସହଯୋଗକୁ ମଜବୁତ୍ କରିବାର ନିଷ୍ପତ୍ତି କଲେ । ଜାପାନୀ ଦଳ ଭାରତର ପୂର୍ବୋତ୍ତର ରାଜ୍ୟମାନଙ୍କରେ ସଡ଼କ ସମ୍ପର୍କ ପରିଯୋଜନା ସହିତ ସମ୍ଭାବିତ ସହଯୋଗର ଚିହ୍ନଟ ପାଇଁ ଜେ.ଆଇ.ସି.ଏ ଦ୍ୱାରା ଏକ ସର୍ଭେ କରାଇବାକୁ

ଘୋଷଣା କଲା । ଭାରତୀୟ ଦଳ ବନ୍ୟ ସଂସାଧନ ପରିଚାଳନା କ୍ଷେତ୍ରରେ ଅନେକ ପରିଯୋଜନା ସମେତ ପୂର୍ବୋତ୍ତର ଭାରତରେ ଜାପାନର ସାହାଯ୍ୟକୁ ପ୍ରଶଂସା କଲା । ଏଥିସହ ଭାରତୀୟ ଦଳ ମଣିପୁରର ଇମ୍ଫାଲ୍‌ରେ ଜଳାପୂର୍ତ୍ତି ସୁଧାର ପାଇଁ ୟେନ୍ ମୁଦ୍ରାରେ ସମ୍ଭାବିତ ଋଣ ଓ ଜେ.ଆଇ.ସି.ଏ ର ସମ୍ଭାବ୍ୟତା ଅଧ୍ୟୟନର ମଧ୍ୟ ପ୍ରଶଂସା କଲା ।

ଆଫ୍ରିକାରେ ସହଯୋଗ

୩୬. ଉଭୟ ପ୍ରାନ୍ତ ଆଫ୍ରିକାରେ ସେମାନଙ୍କ ସହଯୋଗକୁ ମଜବୁତ୍ କରିବା ଉପରେ ନିଜ ପ୍ରତିବଦ୍ଧତା ଜାହିର କଲେ । ଦୁଇ ପ୍ରାନ୍ତ ଆଫ୍ରିକାରେ ଭାରତୀୟ ଓ ଜାପାନୀ ନିବେଶକଙ୍କ ଦ୍ୱାରା ବ୍ୟବସାୟିକ ଗତିବିଧିଗୁଡ଼ିକୁ ପ୍ରୋତ୍ସାହନ ଦେବା ପାଇଁ ପ୍ରତିବଦ୍ଧତା ବ୍ୟକ୍ତ କଲେ । ଉଭୟ ପ୍ରାନ୍ତ ଆଫ୍ରିକାରେ ଭାରତ-ଜାପାନ କଥାବାର୍ତ୍ତାର ଆଗାମୀ ଗସ୍ତର ମହତ୍ୱକୁ ହୃଦୟଙ୍ଗମ କଲେ ।

ସାମୁଦ୍ରିକ ପ୍ରସଙ୍ଗ

୩୭. ଉଭୟ ପ୍ରାନ୍ତ ଜଏଣ୍ଟ ୱାର୍କିଂ ଗ୍ରୁପ୍‌କୁ ୟୁଏସ୍-୨ ଏମ୍ଫିଏବିଏନ୍ ବିମାନ ସହଯୋଗ ଦ୍ୱାରା ଭାରତୀୟ ବିମାନ ଉଦ୍ୟୋଗର ବିକାଶ ପାଇଁ ରୋଡ୍‌ମ୍ୟାପର ପ୍ରସ୍ତୁତି ଓ ବିଚାର-ବିମର୍ଶରେ ପ୍ରଗତିକୁ ବଢ଼ାଇବା ପାଇଁ ନିର୍ଦ୍ଦେଶ ଦେଲେ ।

୩୮. ଭାରତୀୟ ଦଳ ରକ୍ଷା ଉପକରଣ ପ୍ରୋଦ୍ୟୋଗିକି ସହଯୋଗକୁ ମଜବୁତ୍ କରିବାର ନିଜ ଇଚ୍ଛା ଜାହିର କଲା ଓ ଏ ବାବଦରେ ହେବାକୁ ଥିବା ଲାଭଗୁଡ଼ିକ ଜାପାନୀ ଦଳକୁ ଅବଗତ କରାଇଲା । ଦୁଇ ପ୍ରାନ୍ତ ଭବିଷ୍ୟତରେ ସହଯୋଗର ଅନ୍ୟ କ୍ଷେତ୍ରଗୁଡ଼ିକୁ ଚିହ୍ନଟ କରିବା ଉପରେ ଚର୍ଚ୍ଚା କରିବାର ନିଷ୍ପତ୍ତି ନେଲେ ।

୩୯. ଉଭୟ ପ୍ରାନ୍ତ ଭାରତୀୟ ତଟରକ୍ଷକ ସେନାର ମହାନିର୍ଦ୍ଦେଶକ ଓ ଜାପାନ ତଟରକ୍ଷକ ସେନାର କମାଣ୍ଡେଣ୍ଟ ମଧ୍ୟରେ କଥାବାର୍ତ୍ତା ଓ ଜାନୁଆରୀ ୨୦୧୪ ରେ କୋଚି ତଟରେ ଭାରତୀୟ ଓ ଜାପାନୀ ତଟରକ୍ଷକ ସେନାଙ୍କ ମଧ୍ୟରେ ମିଳିତ ଅଭ୍ୟାସକୁ ସ୍ୱାଗତ କଲେ । ଦୁଇ ପ୍ରାନ୍ତ ସାମୁଦ୍ରିକ ପ୍ରସଙ୍ଗ ଉପରେ ଦ୍ୱିପକ୍ଷୀୟ ଓ ବହୁପକ୍ଷୀୟ ସହଯୋଗକୁ ବଢ଼ାଇବାର ଇଚ୍ଛା ବ୍ୟକ୍ତ କଲେ ଓ ଟୋକିଓରେ ଆଗାମୀ ଦ୍ୱିପକ୍ଷୀୟ କଥାବାର୍ତ୍ତା ଓ ଅକ୍ଟୋବର ୨୦୧୪ ରେ ଭାରତୀୟ ଓ ଜାପାନୀ ତଟରକ୍ଷକ ସେନାଙ୍କ ମଧ୍ୟରେ ହାନିଦା ତଟରେ ମିଳିତ ଅଭ୍ୟାସ କରିବାର ନିଷ୍ପତ୍ତି ନେଲେ ।

ବିଜ୍ଞାନ ଏବଂ ପ୍ରୋଦ୍ୟୋଗିକି

୪୦. ଉଭୟ ପ୍ରାନ୍ତ ଜାପାନ ସୋସାଇଟି ଫର୍ ଦ ପ୍ରମୋଶନ ଅଫ୍ ସାଇନ୍ସ (ଜେ.ଏସ୍.ପିଏସ୍.) ର ଫେଲୋସିପ୍ ପ୍ରୋଗ୍ରାମ ଅନୁସାରେ ଜାପାନରେ ଅନୁସନ୍ଧାନର ଉପଲବ୍ଧି ନେବାକୁ ଥିବା ଅନୁସନ୍ଧାନକର୍ତ୍ତାଙ୍କ ଦ୍ୱାରା ଆୟୋଜିତ ବିକାଶଶୀଳ ଅନୁସନ୍ଧାନକର୍ତ୍ତାଙ୍କ ନେଟ୍‌ୱର୍କର ସ୍ୱାଗତ କଲେ ।

୪୧. ଭାରତୀୟ ଦଳ ଯୁବ ଭାରତୀୟ ସଂସ୍କାରକ ଓ ଛାତ୍ରଙ୍କୁ ଜେ.ଏସ୍.ପି.ଏସ୍. ଛାତ୍ରବୃତ୍ତି କାର୍ଯ୍ୟକ୍ରମ ଓ ବିଜ୍ଞାନ ସମ୍ବନ୍ଧିତ ଜାପାନ-ଏସିଆ ଯୁବ ଆଦାନ-ପ୍ରଦାନ କାର୍ଯ୍ୟକ୍ରମ ମାଧ୍ୟମରେ ନିଜ ଦେଶରେ ଆମନ୍ତ୍ରିତ କରିବାର ଜାପାନୀ ଦଳର ଇଚ୍ଛାକୁ ସ୍ୱାଗତ କଲେ ।

୪୨. ଉଭୟ ପ୍ରାନ୍ତ ଭାରତର ପୃଥିବୀ ବିଜ୍ଞାନ ମନ୍ତ୍ରାଳୟ ଓ ଜାପାନର ସମୁଦ୍ର-ପୃଥିବୀ ବିଜ୍ଞାନ ଏବଂ ପ୍ରୋଦ୍ୟୋଗିକି ଏଜେନ୍ସି (ଜେ.ଏ.ଏମ୍.ଏସ୍.ଟି.ଇ.ସି.) ମଧ୍ୟରେ ମହାସାଗର ଓ ପୃଥିବୀ ବିଜ୍ଞାନ ଏବଂ ପ୍ରୋଦ୍ୟୋଗିକି କ୍ଷେତ୍ରରେ ନୂଆ ସହଯୋଗର ଆରମ୍ଭ କରିବା ସମ୍ବନ୍ଧରେ ଉଦ୍ଦେଶ୍ୟ ପତ୍ର ଉପରେ ହସ୍ତାକ୍ଷର କରାଯିବାକୁ ସ୍ୱାଗତ କଲେ । ଏହି ସହଯୋଗରେ ସମୁଦ୍ରର ପର୍ଯ୍ୟବେକ୍ଷଣ, ଜଳବାୟୁର ଅସମାନତା ଏବଂ ହିନ୍ଦ ମହାସାଗର ଓ ଗଭୀର ସମୁଦ୍ରର ପ୍ରୋଦ୍ୟୋଗିକିର ଭୂଭୌତିକୀୟ ଅଧ୍ୟୟନ ସାମିଲ ଅଛି ।

୪୩. ସୁହକୁବାରେ ହାଇ-ଏନର୍ଜି ଏକ୍ସେଲରେଟର ରିସର୍ଚ୍ଚ ଅର୍ଗାନାଇଜେସନ୍ (କେ.ଇ.କେ.) ରେ ସଫଳ ଇଣ୍ଡିଆନ ବୀମ୍ ଲାଇନର ସଂଚାଳନର ପ୍ରଶଂସା, ସହଯୋଗର ପ୍ରମୁଖ ଗତିବିଧି ରୂପେ କରିବାକୁ

ଯାଇ ଉଭୟ ପ୍ରାନ୍ତ ନିର୍ମାଣାତ୍ମକ ସାମଗ୍ରୀ ବିଜ୍ଞାନ (ଷ୍ଟ୍ରକଚରାଲ ମେଟେରିଆଲ ସାଇନ୍ସ) ରେ ଏହି ସହଯୋଗକୁ ଆଡଭାନ୍ସଡ୍ ମେଟେରିଆଲ୍ସର ଅଧ୍ୟୟନର ଦ୍ୱିତୀୟ ଚରଣ ପର୍ଯ୍ୟନ୍ତ ନେଇଯିବାର ଶେଷ ନିଷ୍ପତ୍ତିକୁ ଘୋଷଣା କଲେ ।

୪୪. ଉଭୟ ପ୍ରାନ୍ତ ଅନ୍ତରୀକ୍ଷ କ୍ଷେତ୍ରରେ ଏସିଆ-ପ୍ରଶାନ୍ତ ଅନ୍ତରୀକ୍ଷ ଏଜେନ୍ସି ଫୋରମ୍ (ଏ.ପି.ଆର୍.ଏସ୍.ଏ.ଏଫ୍) ଭଳି ଦୃଷ୍ଟିକୋଣ ମାଧ୍ୟମରେ ସହଯୋଗ ବଢ଼ାଇବାର ନିଷ୍ପତ୍ତି ନେଲେ ଓ ଆଶା ବ୍ୟକ୍ତ କଲେ ଯେ ଜାପାନ ଏରୋସ୍ପେସ୍ ଏକ୍ସପ୍ଲୋରେସନ୍ ଏଜେନ୍ସି (ଜେ.ଏ.ଏକ୍ସ.ଏ) ଓ ଭାରତୀୟ ଅନ୍ତରୀକ୍ଷ ଅନୁସନ୍ଧାନ ସଂଗଠନ (ଇସ୍‌ରୋ) ଏହି ସହଯୋଗକୁ ଆହୁରି ପ୍ରଗାଢ଼ କରିବା ପାଇଁ ମିଳିତ ଭାବେ କାର୍ଯ୍ୟ କରିବେ ।

୪୫. ଦୁଇ ପ୍ରାନ୍ତ ଭାରତର ସ୍ୱାସ୍ଥ୍ୟ ଏବଂ ପରିବାର କଲ୍ୟାଣ ମନ୍ତ୍ରାଳୟ ଓ ଜାପାନର ସ୍ୱାସ୍ଥ୍ୟ, ଶ୍ରମ ଓ କଲ୍ୟାଣ ମନ୍ତ୍ରାଳୟ ମଧ୍ୟରେ ସ୍ୱାସ୍ଥ୍ୟ ସମ୍ବନ୍ଧୀୟ ତଦାରଖ କ୍ଷେତ୍ରରେ ସମ୍ମତି ପତ୍ର ଉପରେ ହସ୍ତାକ୍ଷର କରାଯାଇଥିବାରୁ ସ୍ୱାଗତ କରିଛନ୍ତି ।

୪୬. ଉଭୟ ପ୍ରାନ୍ତ ଚିକିତ୍ସା ଉପକରଣର ବିକାଶକୁ ପ୍ରୋତ୍ସାହନ ଦିଆଯିବାର ଆଶା ବ୍ୟକ୍ତ କରିଛନ୍ତି । ଯାହା ମିଳିତ ଅନୁସନ୍ଧାନ ଏବଂ ବିକାଶ ଦିଗରେ ଅଖିଳ ଭାରତୀୟ ଆୟୁର୍ବିଜ୍ଞାନ ସଂସ୍ଥାନ (ଏମ୍ସ) ଓ ଓସାକା ବିଶ୍ୱବିଦ୍ୟାଳୟର ନୂତନ ପ୍ରାରମ୍ଭ ଜରିଆରେ ଭାରତୀୟ ଆବଶ୍ୟକତାକୁ ସମ୍ପୂର୍ଣ୍ଣ କରିବେ ।

୪୭. ଉଭୟ ପ୍ରାନ୍ତ ଜାପାନୀ କମ୍ପାନୀ ଓ ଭାରତୀୟ ଡାକ୍ତରଖାନା ମଧ୍ୟରେ ସହକାରୀ ନମୁନାରେ ଆଡଭାନ୍ସ କର୍କଟ ନିଦାନ ଓ ଉପଚାର କେନ୍ଦ୍ରର ସ୍ଥାପନା ସନ୍ଦର୍ଭରେ ବ୍ୟବସାୟର ପ୍ରୋତ୍ସାହନ ଉପରେ ନିକଟରେ ହୋଇଥିବା ପ୍ରଗତି ଉପରେ ସନ୍ତୋଷ ବ୍ୟକ୍ତି କରିଛନ୍ତି ।

ମାନବିକ ଏବଂ ସାମାଜିକ ବିଜ୍ଞାନ ସହଯୋଗ

୪୮. ଉଭୟ ପ୍ରାନ୍ତ ଜାପାନ ସୋସାଇଟି ଫର୍ ଦ ପ୍ରମୋଶନ ଅଫ୍ ସାଇନ୍ସ (ଜେ.ଏସ୍.ପି.ଏସ.) ଓ ଭାରତୀୟ ଐତିହାସିକ ଅନୁସନ୍ଧାନ ପରିଷଦ (ଆଇ.ସି.ଏଚ୍.ଆର୍.) ଏବଂ ଜେଏସ୍‌ପିଏସ୍ ଓ ଭାରତୀୟ ସାମାଜିକ ବିଜ୍ଞାନ ଅନୁସନ୍ଧାନ ପରିଷଦ (ଆଇ.ସି.ଏସ୍.ଏସ୍.ଆର୍.) ମଧ୍ୟରେ ଦୁଇଟି ସମ୍ମତି ପତ୍ରରେ ହସ୍ତାକ୍ଷରର ସ୍ୱାଗତ କରିଛନ୍ତି ।

ଜନସାଧାରଣଙ୍କ ମଧ୍ୟରେ ଆଦାନ-ପ୍ରଦାନ

୪୯. ଉଭୟ ପ୍ରାନ୍ତ ଜେ.ଇ.ଏନ୍.ଇ.ଏସ୍.ୱାଇ.ଏସ୍. ୨.୦ କାର୍ଯ୍ୟକ୍ରମ ଅନୁସାରେ ଦୁଇ ଦେଶର ପାଖାପାଖି ୧,୩୦୦ ଯୁବକଙ୍କ ଆଦାନ-ପ୍ରଦାନ ସମ୍ବନ୍ଧରେ ଜାରୀ ଯୋଜନା ଉପରେ ସନ୍ତୋଷ ବ୍ୟକ୍ତ କରିଛନ୍ତି ।

୫୦. ଭାରତୀୟ ଦଳ, ଭାରତୀୟ ବିଶ୍ୱବିଦ୍ୟାଳୟ ସହିତ ଜାପାନୀ ବିଶ୍ୱବିଦ୍ୟାଳୟର ବିଦ୍ୟା ବିଷୟକ ସହଯୋଗକୁ ସହାୟତା ଦେବା ସମ୍ବନ୍ଧୀୟ ଜାପାନର ପ୍ରାରମ୍ଭ ଓ ସମନ୍ୱୟକଙ୍କୁ ଭାରତ ପଠାଇବା ସହିତ କାର୍ଯ୍ୟଗୁଡ଼ିକର ସ୍ୱାଗତ କରିଛି ।

୫୧. ଉଭୟ ପ୍ରାନ୍ତ ପର୍ଯ୍ୟଟନରେ ସହଯୋଗର ମହତ୍ୱ ଉପରେ ଶକ୍ତି ସାମର୍ଥ୍ୟ ଦେଇଛନ୍ତି ଓ ପର୍ଯ୍ୟଟନ ପ୍ରଦର୍ଶନୀ ଜରିଆରେ ସେମାନଙ୍କ ନାଗରିକମାନଙ୍କୁ ପରସ୍ପର ଯାତ୍ରା ପାଇଁ ପ୍ରୋତ୍ସାହିତ କରିବାର ବର୍ତ୍ତମାନ ପ୍ରୟାସର ସ୍ୱାଗତ କରିଛନ୍ତି ।

ନରେନ୍ଦ୍ର ମୋଦି ଜାପାନ ଯାତ୍ରାରୁ ଫେରିବାର କିଛି ଦିନ ପରେ ଜମ୍ମୁ କାଶ୍ମୀରରେ ଭୟଙ୍କର ବନ୍ୟା ଆସିଲା । ଏହି ପ୍ରାକୃତିକ ବିପଦ ସମୟରେ ମଧ୍ୟ ସେ ପାକିସ୍ତାନକୁ ବନ୍ଧୁତା ଓ ସହଯୋଗର ହାତ ବଢ଼ାଇଲେ । ପ୍ରଧାନମନ୍ତ୍ରୀ ନରେନ୍ଦ୍ର ମୋଦି ପାକିସ୍ତାନର ପ୍ରଧାନମନ୍ତ୍ରୀ ନବାଜ ଶରିଫଙ୍କୁ ଚିଠି ଲେଖି ପାକିସ୍ତାନ ଅଧିକୃତ କାଶ୍ମୀରରେ ବନ୍ୟା ଉଦ୍ଧାର କାର୍ଯ୍ୟରେ ସହାୟତା ଦେବାକୁ ଜଣାଇଲେ । ପ୍ରଧାନମନ୍ତ୍ରୀ ତାଙ୍କ ଚିଠିରେ

ଲେଖିଛନ୍ତି, 'ଏହା ବଡ଼ ଚିନ୍ତାର ବିଷୟ ଯେ ଫେରନ୍ତା ମୌସୁମୀର ବର୍ଷା ଆମ ଦୁଇ ଦେଶର ଅନେକ ଅଞ୍ଚଳରେ ବିଧ୍ୱଂସ ଖେଳାଇ ଦେଇଛି । ରେକର୍ଡ ବର୍ଷା ଓ ଏହାର ପରିଣାମସ୍ୱରୂପ ଆସିଥିବା ବନ୍ୟାରେ ହୋଇଥିବା କ୍ଷତି ଅଭୂତପୂର୍ବ ଅଟେ ।' ପ୍ରଧାନମନ୍ତ୍ରୀ ଲେଖିଛନ୍ତି, 'ଜାମ୍ମୁ ଓ କାଶ୍ମୀରରେ ପରିସ୍ଥିତିର ସମୀକ୍ଷା କରିବା ସମୟରେ ମତେ ଅବଗତ କରାଗଲା ଯେ ନିୟନ୍ତ୍ରଣ ରେଖାର ସେପଟ ଅଞ୍ଚଳରେ ମଧ୍ୟ ଜୀବନ ଓ ଧନର ସେତିକି କ୍ଷତି ହୋଇଛି । ପ୍ରଭାବିତ ଲୋକଙ୍କ କଷ୍ଟରେ ମୁଁ ମର୍ମାହତ ଓ ସେମାନଙ୍କ ପ୍ରତି ଏବଂ ସେମାନଙ୍କ ପରିବାର ପ୍ରତି ମୋର ଗଭୀର ସହାନୁଭୂତି ରହିଛି । ଆବଶ୍ୟକତାର ଏହି ସମୟରେ ମୁଁ ଆପଣଙ୍କୁ ସେହି ସବୁ ସହାୟତାର ଭେଟି ଦେଉଛି ଯାହାର ଆବଶ୍ୟକତା ଆପଣଙ୍କୁ ପାକିସ୍ତାନ ସରକାର ଦ୍ୱାରା କରାଯିବାକୁ ଥିବା ଉଦ୍ଧାର କାର୍ଯ୍ୟରେ ପଡ଼ିବ । ଯେତେବେଳେ ମଧ୍ୟ ଆପଣଙ୍କୁ ଆବଶ୍ୟକତା ପଡ଼ିବ, ଆମ ସଂସାଧନ ଆପଣଙ୍କ ସେବା ପାଇଁ ଉପସ୍ଥିତ ରହିବ ।'

ନରେନ୍ଦ୍ର ମୋଦିଙ୍କ ଏହି ପଦକ୍ଷେପକୁ ବିଦେଶ ନୀତି ଓ ରଣନୀତିକ ପ୍ରସଙ୍ଗର ଅକଲ ରଖୁଥିବା ଲୋକେ ଖୁବ୍‌ବେଶୀ ଗୁରୁତ୍ୱପୂର୍ଣ୍ଣ କୁହନ୍ତି । ଯେହେତୁ ଏଥିରୁ ଗୋଟିଏ ପଟେ ନରେନ୍ଦ୍ର ମୋଦି ଏହା ଦେଖାଉଛନ୍ତି ଯେ ସେ ପାକିସ୍ତାନ ସହ ବନ୍ଧୁତା କରି ସମ୍ବନ୍ଧକୁ ଏକ ନୂଆ ଦିଗ ଦେବାକୁ ଚାହୁଁଛନ୍ତି ତଥାପି ଅନ୍ୟ ପଟେ ସମଗ୍ର ଦୁନିଆରେ ଏହି ସନ୍ଦେଶ ଦେଉଛନ୍ତି ଯେ ଭାରତ ତ' ସବୁବେଳ ପାଇଁ ବନ୍ଧୁତାର ପ୍ରାରମ୍ଭ କରି ଆସୁଛି । ଅନ୍ୟ ପାର୍ଶ୍ୱରେ ରଣନୀତିକ ପ୍ରସଙ୍ଗରେ ଅଭିଜ୍ଞଙ୍କ କହିବା ହେଲା ଯେ ନରେନ୍ଦ୍ର ମୋଦି ପାକିସ୍ତାନ ଅଧିକୃତ କାଶ୍ମୀରରେ ଉଦ୍ଧାର କାର୍ଯ୍ୟରେ ସାହାଯ୍ୟର ପ୍ରସ୍ତାବ ଦେଇ ସେଠାକାର ଜନସାଧାରଣଙ୍କ ହୃଦୟ ଜିତିବାକୁ ଚେଷ୍ଟା ମଧ୍ୟ କରିଛନ୍ତି । ଜଣାଯାଏ ଯେ ଭାରତ ତାକୁ ମଧ୍ୟ ନିଜ ଅଂଶ ମାନୁଛି । ଜାମ୍ମୁ କାଶ୍ମୀର ବିଧାନସଭାରେ ସେହି କ୍ଷେତ୍ର ପାଇଁ ସିଟ୍ ନିର୍ଦ୍ଧାରିତ ଅଛି ଓ ବର୍ତ୍ତମାନ ଏହା ମନେ କରାଯାଉଛି ଯେ ସେଠାରେ ପାକିସ୍ତାନର କବ୍‌ଜା ରହିଛି, ଏଥିପାଇଁ ସେଠାରେ ନିର୍ବାଚନ ହୋଇ ପାରିବ ନାହିଁ । କିନ୍ତୁ ଏହି ସିଟ୍‌ଗୁଡ଼ିକ କାଇଦା ଅନୁସାରେ ଜାମ୍ମୁ କାଶ୍ମୀର ବିଧାନସଭାରେ ନିର୍ଦ୍ଧାରିତ ରହିଛି । ତାଙ୍କର ଏହି ପ୍ରସ୍ତାବର ଚର୍ଚ୍ଚା ନରେନ୍ଦ୍ର ମୋଦି ସଂଯୁକ୍ତ ରାଷ୍ଟ୍ର ମହାସଭାରେ ମଧ୍ୟ କଲେ । ଏଥିରୁ ମଧ୍ୟ ଏହା ଜଣାଯାଏ ଯେ ଉଦ୍ଧାର କାର୍ଯ୍ୟରେ ସାହାଯ୍ୟ ପ୍ରସ୍ତାବର ଯଥେଷ୍ଟ ରଣନୀତିକ ମହତ୍ୱ ରହିଛି ।

ଏହା ପରେ ଚୀନର ରାଷ୍ଟ୍ରପତି ଶି ଜିନ୍‌ପିଙ୍ଗ ଭାରତ ଗସ୍ତରେ ଆସିଲେ । ଏହି ସମୟରେ ନରେନ୍ଦ୍ର ମୋଦି ଚୀନ୍‌ର ସାମ୍ବାଦିକଙ୍କ ସହ କଥାବାର୍ତ୍ତାରେ ଚୀନ୍ ସହ ଭାରତର ସମ୍ବନ୍ଧକୁ ନୂଆ ଦିଗ ଦେବା ଅଭିପ୍ରାୟରେ ଏକ ନୂଆ ପଦକ୍ଷେପର ଉଲ୍ଲେଖ କଲେ । ସେ କହିଲେ, 'ମୁଁ ଚୀନ୍‌ର ରାଷ୍ଟ୍ରପତିଙ୍କ ସହ ମୋ ବୈଠକକୁ ଏକ ନୂଆ ଶବ୍ଦାବଳୀ ଦେବାକୁ ଚାହିଁବି । ମୁଁ ଏହାକୁ 'ଇଂଚରୁ ମାଇଲ ଆଡ଼କୁ ଆଗେଇବା' କହୁଛି । ଇଂଚର ଅର୍ଥ 'ଇଂଡିଆ-ଚାଇନା' ଓ ମାଇଲ୍ ଆଡ଼କୁ ଆଗେଇବା ଅର୍ଥ 'ଅସାଧାରଣ ତାଳମେଳ ସହ ସହସ୍ରାବ୍ଦୀ ଆଡ଼କୁ ଯିବା ।' ମୋର ବିଶ୍ୱାସ ଯେ ମୋ ବୈଠକ ଏହି ଲକ୍ଷ୍ୟ ଦିଗରେ ଏକ ମନୋରମ ଆରମ୍ଭର ପ୍ରତୀକ ହେବ ।'

ଚୀନ୍ ରାଷ୍ଟ୍ରପତି ଅହମଦାବାଦରୁ ତାଙ୍କ ଯାତ୍ରାର ଆରମ୍ଭ କଲେ । ଅହମଦାବାଦରେ ଚୀନ୍ ରାଷ୍ଟ୍ରପତି ଓ ଭାରତର ପ୍ରଧାନମନ୍ତ୍ରୀଙ୍କ ଉପସ୍ଥିତିରେ ଦୁଇ ଦେଶ ତିନି ସମ୍ମତି ପତ୍ର (ଏମ୍‌ଓୟୁ) ଉପରେ ହସ୍ତାକ୍ଷର କଲେ:

୧. ଚୀନ୍‌ର ଗୁଆଙ୍ଗଦୋଙ୍ଗ ଓ ଭାରତର ଗୁଜରାଟ ମଧ୍ୟରେ 'ସିଷ୍ଟର ପ୍ରୋଭିନ୍ସ' ବାଲା ସମ୍ପର୍କ ସ୍ଥିର ରଖିବା ପାଇଁ ଏମ୍‌ଓୟୁରେ ହସ୍ତାକ୍ଷର କରାଗଲା, ଯାହା ଆର୍ଥିକ ଏବଂ ବ୍ୟବସାୟ, ପାରିପାର୍ଶ୍ୱିକ ସଂରକ୍ଷଣ, ଜନ ନୀତି, ଶିକ୍ଷା, ସ୍ୱାସ୍ଥ୍ୟ, ବିଜ୍ଞାନ ଓ କୌଶଳ ଓ ପର୍ଯ୍ୟଟନ ଏବଂ ସଂସ୍କୃତିରେ ସହଯୋଗକୁ ବିସ୍ତାରିତ କରିବ ।

୨. ଚୀନ୍‌ର ଗୁଆଙ୍ଗଝୋଉ ଓ ଭାରତର ଗୁଜରାଟ ସ୍ଥିତ ଅହମଦାବାଦ ସହର ମଧ୍ୟରେ ଏମ୍‌ଓୟୁରେ ହସ୍ତାକ୍ଷର ହେଲା, ଅତଏବ ଏହି ଦୁଇ ସହରର ସ୍ଥାନୀୟ ପ୍ରାଧିକରଣଙ୍କ ମଧ୍ୟରେ ଘନିଷ୍ଠ ସହଯୋଗ ସୁନିଶ୍ଚିତ ହୋଇ ପାରିବ । ଏହି ଅନୁସାରେ ଆର୍ଥିକ ଏବଂ ବ୍ୟବସାୟ, ପାରିପାର୍ଶ୍ୱିକ ସଂରକ୍ଷଣ, ଜନ ନୀତି, ଶିକ୍ଷା, ସ୍ୱାସ୍ଥ୍ୟ, ବିଜ୍ଞାନ ଓ କୌଶଳ ଓ ପର୍ଯ୍ୟଟନ ଏବଂ ସଂସ୍କୃତି କ୍ଷେତ୍ରରେ ଆପୋଷ ସହଯୋଗ ବଢ଼ିବ । ପ୍ରତିନିଧିମଣ୍ଡଳର ଗସ୍ତ ଓ ସଂସ୍ଥାଗତ ବୈଠକ ଜରିଆରେ ଜ୍ଞାନକୁ ଭାଗ କଟାଯିବ । ଏହା ବ୍ୟତୀତ ଆପୋଷ ଲାଭ ଥିବା କ୍ଷେତ୍ରଗୁଡ଼ିକରେ ଉପଲବ୍ଧି ଭାଗ କରାଯିବ ।

୩. ଗୁଜରାଟ ସରକାରଙ୍କ ନିବେଶ ବୃଦ୍ଧିରେ ନ୍ୟସ୍ତ ପ୍ରମୁଖ ଏଜେନ୍ସି ଔଦ୍ୟୋଗିକ ବ୍ୟୁରୋ (ଇଣ୍ଡେକ୍ସଟିବି) ଓ ଚୀନ୍‌ର ବିକାଶ ବ୍ୟାଙ୍କ ମଧ୍ୟରେ ଏମ୍‌ଓୟୁ ହସ୍ତାକ୍ଷର ହୋଇଛି । ଏହି ଅନୁସାରେ 'ଇଣ୍ଡେକ୍ସଟିବି' ଆବଶ୍ୟକ ମଞ୍ଜୁରୀ ପାଇବା ଓ ଔଦ୍ୟୋଗିକ ପାର୍କଗୁଡ଼ିକରେ ଢାଞ୍ଚାଗତ ସୁବିଧା ସୃଷ୍ଟି କରିବା ପାଇଁ ଚୀନ୍‌ର ନିବେଶକଙ୍କୁ ସହାୟତା ପ୍ରଦାନ କରିବ ।

ଏହା ପରେ ନରେନ୍ଦ୍ର ମୋଦି ଓ ଶି ଜିନ୍‌ପିଙ୍ଗ ନୂଆଦିଲ୍ଲୀରେ ଶିଖର ସମ୍ବାଦ ହେଲା । ଏହି ସମୟରେ ଦୁଇ ଦେଶ ଅନେକ ସମ୍ମତି ପତ୍ରରେ ହସ୍ତାକ୍ଷର କରିଛନ୍ତି । ଏଥି ମଧ୍ୟରୁ ପ୍ରମୁଖ ହେଲା:

୧. ଭାରତୀୟ ତୀର୍ଥସ୍ଥାନ (କୈଳାଶ ମାନସରୋବର ଯାତ୍ରା) ପାଇଁ ତିବ୍ବତର ସ୍ୱାୟତ୍ତ କ୍ଷେତ୍ର ସହ ସଂଲଗ୍ନ ନୂଆ ରାସ୍ତା ଖୋଲିବା ପାଇଁ ଭାରତର ବିଦେଶ ମନ୍ତ୍ରାଳୟ ଓ ଚୀନ୍‌ର ବିଦେଶ ମନ୍ତ୍ରାଳୟ ମଧ୍ୟରେ ସମ୍ମତି ଚୁକ୍ତି କରାଗଲା । ଏହି ଏମ୍‌ଓୟୁ ଦ୍ୱାରା ଉତ୍ତରାଖଣ୍ଡର ବର୍ତ୍ତମାନ ଲିପୁଲେଖ ଦର୍ରା ବ୍ୟତୀତ ସିକ୍କିମ୍‌ର ନାଥୁଲାରୁ ମଧ୍ୟ ପ୍ରତି ବର୍ଷ କୈଳାଶ ମାନସରୋବର ଯାତ୍ରା କରାଯାଇ ପାରିବ । ନାଥୁଲାରୁ ନୂଆ ରାସ୍ତା ଖୋଲିଲେ ଅଧିକ ସଂଖ୍ୟାରେ ତୀର୍ଥଯାତ୍ରୀ ଏହି ଯାତ୍ରା କରି ପାରିବେ । ଯାତ୍ରାର ସମୟ ସହିତ କଠିନତା ମଧ୍ୟ କମ୍ ହୋଇଯିବ ଯଦ୍ୱାରା ବୟସ୍କ ତୀର୍ଥଯାତ୍ରୀମାନଙ୍କୁ ସୁବିଧା ହେବ ।

୨. ରେଲ୍‌ୱେରେ ସହଯୋଗ ବଢ଼ାଇବା ପାଇଁ ଭାରତ ସରକାରଙ୍କ ରେଳ ମନ୍ତ୍ରାଳୟ ଓ ଚୀନ୍ ସରକାରଙ୍କ ମଧ୍ୟରେ ସମ୍ମତି ଚୁକ୍ତି ହେଲା । ଉଭୟ ପ୍ରାନ୍ତ ରେଲ୍‌ୱେର ନିମ୍ନଲିଖିତ ଦିଗରେ ସହଯୋଗ ବଢ଼ାଇବା ଉପରେ ସହମତି ଜଣାଇଲେ: ଗତି ବଢ଼ାଇବା, ହାଇ-ସ୍ପିଡ୍ ରେଲ୍‌ୱେରେ ସହଯୋଗର ସମ୍ଭାବନାର ଅଧ୍ୟୟନ କରିବା, ଭାରତୀୟ ରେଳ କର୍ମଚାରୀଙ୍କୁ ପରିବହନ ପ୍ରଶିକ୍ଷଣ ଦେବା, ରେଲ୍‌ୱେ ଷ୍ଟେସନ୍‌ଗୁଡ଼ିକର ପୁନଃବିକାଶ, ଭାରତରେ ଏକ ରେଲ୍‌ୱେ ବିଶ୍ୱବିଦ୍ୟାଳୟର ସ୍ଥାପନା ଇତ୍ୟାଦି ।

୩. ଭାରତ ସରକାରଙ୍କ ବାଣିଜ୍ୟ ଓ ଉଦ୍ୟୋଗ ମନ୍ତ୍ରାଳୟ ଓ ଚୀନ୍ ସରକାରଙ୍କ ବାଣିଜ୍ୟ ମନ୍ତ୍ରାଳୟ ମଧ୍ୟରେ ପଞ୍ଚବର୍ଷିୟ ବ୍ୟବସାୟ ଏବଂ ଆର୍ଥିକ ବିକାଶ ଯୋଜନା । ଏଥିରେ ସମାନତା ଓ ଆପୋଷ ଲାଭର ସିଦ୍ଧାନ୍ତ ଉପରେ ଚୀନ୍ ଓ ଭାରତ ମଧ୍ୟରେ ଆର୍ଥିକ ଏବଂ ବ୍ୟବସାୟ ସମ୍ବନ୍ଧର ସନ୍ତୁଳିତ ଏବଂ ସର୍ବଦା ବିକାଶକୁ ପ୍ରୋତ୍ସାହନ ଦେବା ପାଇଁ ଏକ ମଧ୍ୟମକାଳୀନ ନକ୍‌ସାର ଉଲ୍ଲେଖ କରାଯାଇଛି । ଏହି ଯୋଜନାର ମୁଖ୍ୟ ଉଦ୍ଦେଶ୍ୟ ହେଲା: ଦ୍ୱିପକ୍ଷୀୟ ବ୍ୟବସାୟ ଅସନ୍ତୁଳନରେ ଅଭାବ, ପାଞ୍ଚ ବର୍ଷରେ ଚୀନ୍ ଠାରୁ ୨୦ ଅର୍ବୁଦ ଡଲାରର ନିବେଶ ଯୋଗାଡ଼ କରିବା ପାଇଁ ନିବେଶ ସହଯୋଗ ବଢ଼ାଇବା, ଏକ ପାରଦର୍ଶୀ, ସ୍ଥିର ଏବଂ ନିବେଶକ ଅନୁକୂଳ ବ୍ୟାବସାୟିକ ବାତାବରଣ ତିଆରି କରିବା, ବାଣିଜ୍ୟ ମଣ୍ଡଳ ଓ ବିତ୍ତିୟ କ୍ଷେତ୍ର ମଧ୍ୟରେ ସହଯୋଗ ବଢ଼ାଇବା ।

୪. ଭାରତର ସୂଚନା ଓ ପ୍ରସାରଣ ମନ୍ତ୍ରାଳୟ ଓ ଚୀନ୍‌ର ପ୍ରେସ୍, ପ୍ରକାଶନ, ରେଡିଓ, ଫିଲ୍ମ ଓ ଟେଲିଭିଜନର ରାଜକୀୟ ପ୍ରଶାସକ ମଧ୍ୟରେ ଶ୍ରବ୍ୟ-ଦୃଶ୍ୟ ସହ-ଉତ୍ପାଦନ ପାଇଁ ଚୁକ୍ତି । ଏହି ଚୁକ୍ତି ଅନୁସାରେ ଦୁଇ ଦେଶର ନିର୍ମାତାଙ୍କୁ ଆପୋଷ ସହଯୋଗ ଦ୍ୱାରା ଫିଲ୍ମ ତିଆରି କରିବା ପାଇଁ ନିଜ ରଚନାତ୍ମକ, କଳାତ୍ମକ, କୌଶଳ, ବିତ୍ତିୟ ଓ ବିପଣନ ସଂସାଧନଗୁଡ଼ିକୁ ଏକଜୁଟ୍ କରିବାର ସୁଯୋଗ ମିଳିବ । ଏଥିରୁ ଭାରତର ଶ୍ରବ୍ୟ-ଦୃଶ୍ୟ ଉତ୍ପାଦଗୁଡ଼ିକର ବଜାର ପ୍ରବେଶ ବଢ଼ାଇବାରେ ସାହାଯ୍ୟ ମିଳିବ ।

୫. କଷ୍ଟମ୍ ସଂଲଗ୍ନ ପ୍ରସଙ୍ଗ ଉପରେ ସହଯୋଗ ଓ ଆପୋଷ ପ୍ରଶାସକୀୟ ସହାୟତା ପାଇଁ ଭାରତ ସରକାର ଓ ଚୀନ୍ ସରକାରଙ୍କ ମଧ୍ୟରେ ରାଜିନାମା । ଏହି ରାଜିନାମା ଦ୍ୱାରା ସୂଚନାର ଆଦାନ-ପ୍ରଦାନ ଜରିଆରେ ସୀମା ପାର୍ ଆର୍ଥିକ ଅପରାଧ ଓ କଷ୍ଟମ୍ ସଂଲଗ୍ନ ଅପରାଧଗୁଡ଼ିକ ବିରୋଧରେ ଯୁଦ୍ଧରେ ଆପୋଷ ସହଯୋଗ ବଢ଼ାଇବାରେ ସାହାଯ୍ୟ ମିଳିବ । କଷ୍ଟମ୍ ସଂଲଗ୍ନ ସହଯୋଗକୁ ବଢ଼ାଇ ବ୍ୟବସାୟକୁ ସୁବିଧାଜନକ କରିବାରେ ମଧ୍ୟ ଏଥିରୁ ସାହାଯ୍ୟ ମିଳିବ ।

୬. ଅନ୍ତରୀକ୍ଷର ଶାନ୍ତିପୂର୍ଣ୍ଣ ବ୍ୟବହାରରେ ସହଯୋଗ ପାଇଁ ଭାରତୀୟ ଅନ୍ତରୀକ୍ଷ ଅନୁସନ୍ଧାନ ସଂଗଠନ ଓ ଚୀନ୍ ରାଷ୍ଟ୍ରୀୟ ଅନ୍ତରୀକ୍ଷ ପ୍ରଶାସନ ମଧ୍ୟରେ ସମ୍ମତି ଚୁକ୍ତି । ଏମ୍‌ଓୟୁ ଅନୁସାରେ ଦୁଇ ପ୍ରାନ୍ତ ଶାନ୍ତିପୂର୍ଣ୍ଣ ଉଦ୍ଦେଶ୍ୟ ପାଇଁ ଅନ୍ତରୀକ୍ଷର ବ୍ୟବହାର ଓ ଅନ୍ୱେଷଣରେ ସହଯୋଗ ଏବଂ ଆଦାନ-ପ୍ରଦାନକୁ ପ୍ରୋତ୍ସାହନ ଦେବେ । ବୈଜ୍ଞାନିକ ପ୍ରୟୋଗ ବାଲା ଉପଗ୍ରହ, ସୁଦୂର ସମ୍ବେଦୀ ଉପଗ୍ରହ ଓ ସଂଚାର ଉପଗ୍ରହରେ ନିର୍ମଳୀକରଣ ଏବଂ ବିକାଶ ମଧ୍ୟ ଏଥିରେ ସାମିଲ ଅଛି ।

୭. ସାଂସ୍କୃତିକ ସଂସ୍ଥାଙ୍କ ମଧ୍ୟରେ ଆଦାନ-ପ୍ରଦାନ ଓ ସହଯୋଗ ବଢ଼ାଇବା ପାଇଁ ଭାରତର ସଂସ୍କୃତି ମନ୍ତ୍ରାଳୟ ଓ ଚୀନ୍‌ର ସଂସ୍କୃତି ମନ୍ତ୍ରାଳୟ ମଧ୍ୟରେ ସମ୍ମତି ଚୁକ୍ତି । ଏହି ଏମ୍‌ଓୟୁର ଉଦ୍ଦେଶ୍ୟ ଉଭୟ ଦେଶର ବିଭିନ୍ନ ସାଂସ୍କୃତିକ ସଂସ୍ଥାଙ୍କ ମଧ୍ୟରେ ଦୀର୍ଘକାଳୀନ ସହଯୋଗକୁ ପ୍ରୋତ୍ସାହନ ଦେବା । ଏହି ସାଂସ୍କୃତିକ ସଂସ୍ଥାଗୁଡ଼ିକ ମଧ୍ୟରେ ସଂଗ୍ରହାଳୟ, ପ୍ରତ୍ନତତ୍ତ୍ୱ ସଂଗଠନ ଓ କଳା କେନ୍ଦ୍ର ସାମିଲ ଅଛନ୍ତି ।

୮. ଭାରତର ରାଷ୍ଟ୍ରୀୟ ପୁସ୍ତକ ନ୍ୟାସ ଓ ଚୀନ୍‌ର ପ୍ରେସ, ପ୍ରକାଶନ, ରେଡିଓ, ଫିଲ୍ମ ଓ ଟେଲିଭିଜନର ରାଜକୀୟ ପ୍ରଶାସନ ମଧ୍ୟରେ ସହଯୋଗ ପାଇଁ ସମ୍ମତି ଚୁକ୍ତି । ଉଭୟ ପ୍ରାନ୍ତ ଏହା ଉପରେ ଏକମତ ହୋଇଯାଇଛନ୍ତି ଯେ ଚୀନ୍ 'ଗେଷ୍ଟ ଅଫ୍ ଅନର୍ କଣ୍ଟ୍ରି' ରୂପେ ନୂଆଦିଲ୍ଲୀ ବିଶ୍ୱ ପୁସ୍ତକ ମେଳା ୨୦୧୬ ରେ ଭାଗ ନେବ । ଏହି ଚୁକ୍ତିରୁ ସେମାନଙ୍କ ରାଷ୍ଟ୍ରୀୟ ପ୍ରକାଶନମାନେ ଜଣେ ଜଣକ ସ୍ଥାନକୁ ବିସ୍ତାର ବଢ଼ାଇବାରେ ସାହାଯ୍ୟ ମିଳିବ ।

୯. ଭାରତର ସ୍ୱାସ୍ଥ୍ୟ ଏବଂ ପରିବାର କଲ୍ୟାଣ ମନ୍ତ୍ରାଳୟ ଓ ଚୀନ୍‌ର ଖାଦ୍ୟ ଏବଂ ଔଷଧ ପ୍ରଶାସନ ମଧ୍ୟରେ ସହଯୋଗ ଏବଂ ଔଷଧ ପ୍ରଶାସନ ପାଇଁ କାର୍ଯ୍ୟ ଯୋଜନା । ଏହି କାର୍ଯ୍ୟ ଯୋଜନା ଅନୁସାରେ ଦୁଇ ପ୍ରାନ୍ତ ଔଷଧ ମାନକ, ପରମ୍ପରାଗତ ଔଷଧ, ଔଷଧ ପରୀକ୍ଷଣ ଆଦି କ୍ଷେତ୍ରରେ ସହଯୋଗ କରିବେ । ଉଭୟ ପ୍ରାନ୍ତ ଏହି କ୍ଷେତ୍ରରେ ସହଯୋଗ ବଢ଼ାଇବା ପାଇଁ ପ୍ରତିନିଧିମଣ୍ଡଳଙ୍କ ଆଦାନ-ପ୍ରଦାନ କରିବେ ।

୧୦. ମୁମ୍ବାଇ ଓ ଶାଂଘାଇ ମଧ୍ୟରେ 'ସିସ୍ଟର ସିଟି' ସମ୍ବନ୍ଧ ସ୍ଥାପିତ କରିବା ପାଇଁ ଚୁକ୍ତି । ଏଥିରୁ ଲୋକଙ୍କ ମଧ୍ୟରେ ଆଦାନ-ପ୍ରଦାନ ବଢ଼ିବ ଯାହା ଆପୋଷ ବୁଝାମଣାକୁ ବଢ଼ାଇବାରେ ସାହାଯ୍ୟକାରୀ ହେବ ।

୧୧. ମହାରାଷ୍ଟ୍ରରେ ଔଦ୍ୟୋଗିକ ପାର୍କ ସ୍ଥାପନାରେ ସହଯୋଗ ପାଇଁ ମହାରାଷ୍ଟ୍ର ଔଦ୍ୟୋଗିକ ବିକାଶ ନିଗମ ଓ ବିକି ଫୋଟୋନ ମୋଟର କମ୍ପାନୀ ଲିମିଟେଡ୍ ମଧ୍ୟରେ ସମ୍ମତି ଚୁକ୍ତି । ଏହି ଏମ୍‌ଓୟୁ ଅନୁସାରେ ମହାରାଷ୍ଟ୍ରରେ ପୁନେ ନିକଟବର୍ତ୍ତୀ ୧୨୫୦ ଏକର ଜମିରେ ଏକ ଔଦ୍ୟୋଗିକ ପାର୍କ ସ୍ଥାପିତ କରାଯିବ । ଏଥିରୁ କ୍ଲଷ୍ଟର୍ ଭଳି ବିକାଶ ହେବ ଓ ଅଧିକ ସଂଖ୍ୟାରେ ଲୋକଙ୍କୁ ରୋଜଗାର ମିଳିବ ।

ଏହି ରାଜିନାମା ଉପରେ ଦସ୍ତଖତ କରିବା ପରେ ଚୀନ୍ ରାଷ୍ଟ୍ରପତି ଶି ଜିନ୍‌ପିଙ୍ଗଙ୍କ ସହ ମିଡିଆକୁ ସମ୍ବୋଧନ କରିବା ସମୟରେ ପ୍ରଧାନମନ୍ତ୍ରୀ ନରେନ୍ଦ୍ର ମୋଦି ଭାରତ-ଚୀନ୍ ସମ୍ପର୍କର ମହତ୍ତ୍ୱକୁ ରେଖାଙ୍କିତ କରିବାକୁ ଯାଇ କହିଲେ, 'ମୁଁ ଚୀନ୍ ସହ ସମ୍ବନ୍ଧକୁ ବହୁତ ମହତ୍ତ୍ୱ ଓ ପ୍ରାଥମିକତା ଦିଏ । ଦୁଇ ଦେଶର ପ୍ରାଚୀନ ସଭ୍ୟତା ରହିଛି ଓ ଆମର ସମ୍ପର୍କ ମଧ୍ୟ ସେତିକି ପ୍ରାଚୀନ ଅଟେ । ଚୀନ୍ ଆମର ସବୁଠାରୁ ବଡ଼ ପଡ଼ୋଶୀ । ଭାରତର ରାଷ୍ଟ୍ର ନିର୍ମାଣ ଓ ବିଦେଶ ନୀତିରେ ପଡ଼ୋଶୀର ବହୁତ ମହତ୍ତ୍ୱପୂର୍ଣ୍ଣ ସ୍ଥାନ ରହିଛି ।

ଆଜି ଆମେ ଦୁନିଆର ସବୁଠାରୁ ବେଶୀ ଜନସଂଖ୍ୟା ଥିବା ଦୁଇ ବିକାଶଶୀଳ ଦେଶ । ଦୁଇ ଦେଶ ଅଧିକ ସଂଖ୍ୟାରେ ଆର୍ଥିକ ଓ ସାମାଜିକ ପରିବର୍ତ୍ତନରେ ଲାଗିଛୁ । ଏଥିପାଇଁ ଏହା ଆବଶ୍ୟକ ଯେ ଏହି ସମ୍ପର୍କରେ ଆପୋଷ ବିଶ୍ୱାସ ଓ ଭରସା ରହୁ । ଉଭୟ-ଉଭୟଙ୍କର ଚିନ୍ତା ଓ ସମ୍ବେଦନଶୀଳତାକୁ ଆଦର କରନ୍ତୁ । ସମ୍ପର୍କରେ ଓ ସୀମାରେ ଶାନ୍ତି ଏବଂ ସ୍ଥିରତା ରହୁ । ମିତ୍ରତା ଓ ସହଯୋଗ ରହୁ । ଯଦି ଏହା ରହେ ତେବେ ଆମେ ଏହି ସମ୍ବନ୍ଧର ଅପାର କ୍ଷମତାକୁ ସମ୍ପୂର୍ଣ୍ଣ କରି ପାରିବୁ । ଉଭୟ-ଉଭୟଙ୍କ ବିକାଶରେ ଯୋଗଦାନ କରି ପାରିବୁ । ଏଥି ସହ ଅଞ୍ଚଳରେ ଶାନ୍ତି, ସ୍ଥିରତା ଓ ସମୃଦ୍ଧିକୁ ବଢ଼େଇ ପାରିବୁ ଓ ବିଶ୍ୱ ଅର୍ଥବ୍ୟବସ୍ଥାକୁ ନୂଆ ଦିଗ ଓ ଶକ୍ତି ଦେଇ ପାରିବୁ ।'

ସେ ଚୀନ୍ ସହ ଭାରତର ସୀମା ବିବାଦ ବିଷୟରେ କହିଲେ, 'ମୁଁ ସୀମାରେ ଯେଉଁ ଘଟଣା ଘଟିଛି ତା' ଉପରେ ଚିନ୍ତା ପ୍ରକଟ କରିଛି ଓ କହିଛି ଯେ ଏଗୁଡ଼ିକୁ ସମାଧାନ କରିବା ଆବଶ୍ୟକ । ମୁଁ ଏ ବିଷୟରେ ଏକମତ ଯେ ସୀମା କ୍ଷେତ୍ରରେ ଶାନ୍ତି ଓ ସ୍ଥିରତା ଆମର ଆପୋଷ ବିଶ୍ୱାସ ଓ ସମ୍ବନ୍ଧର ମୂଳଦୁଆ । ଏହା ଦୁଇ ଦେଶର ଏକ ମହତ୍ତ୍ୱପୂର୍ଣ୍ଣ ସହମତି ଓ ଏହାକୁ ଦୃଢ଼ତାର ସହ ପାଳନ କରାଯିବା ଉଚିତ । ମତେ ସୀମା ସମ୍ପର୍କିତ ପ୍ରଶ୍ନକୁ ଶୀଘ୍ର ସମାଧାନ କରିବା ଉଚିତ । ଆମର ସୀମା ସମ୍ବନ୍ଧୀୟ ରାଜିନାମା ଓ ବିଶ୍ୱାସ ବଢ଼ାଇବା ଉପାୟରୁ ଫାଇଦା ହୋଇଛି । କିନ୍ତୁ ମୁଁ ଏହି ପ୍ରସ୍ତାବ ମଧ୍ୟ ଦେଇଛି ଯେ ସୀମାରେ ଶାନ୍ତି ଓ ସ୍ଥିରତା ପାଇଁ ଏଲ୍ଏସିକୁ ନେଇ ସ୍ପଷ୍ଟିକରଣ ବହୁତ ବଡ଼ ଯୋଗଦାନ ଦେଇପାରିବ । ଏହା ଅନେକ ବର୍ଷରୁ ଅଟକି ରହିଛି ଓ ଏହି କାର୍ଯ୍ୟକୁ ପୁନର୍ବାର ଆରମ୍ଭ କରିବା ଉଚିତ । ମୁଁ ଚୀନ୍‌ର ଭିଜା ନୀତି ଓ ସୀମାପାର୍ ନଦୀ (ଟ୍ରାନ୍ସ ୱାଣ୍ଟର ରିଭର୍ସ) ଉପରେ ଆମର ଚିନ୍ତା ପ୍ରକଟ କଲି ଯେହେତୁ ମୋର ମନେ ହେଉଛି ଯେ ଏହି ପ୍ରକାରର ବିଷୟର ସମାଧାନ ହେଲେ ଆପୋଷ ବିଶ୍ୱାସ ଓ ସମ୍ବନ୍ଧ ଏକ ନୂଆ ସ୍ତରରେ ପହଞ୍ଚିଯିବ । ଶେଷରେ ମୁଁ କହିବାକୁ ଚାହୁଁଛି ଯେ ଭାରତ ଓ ଚୀନ୍ ପାଇଁ ଏହା ଏକ ଐତିହାସିକ ସୁଯୋଗ ଅଟେ, ଯାହା ଅପାର ସମ୍ଭାବନାରେ ଭରି ହୋଇଛି । ଆମେ ଆମ ସମ୍ପର୍କର ନୂଆ ଯୁଗ ଆରମ୍ଭ କରି ପାରିବୁ । ଅଦ୍ୟାପି ଆମେ ଆମ ସୁଯୋଗକୁ ଓ ଆହ୍ୱାନକୁ ସମ୍ପୂର୍ଣ୍ଣ ଭାବେ ଧ୍ୟାନରେ ରଖିବା ତଥାପି ମତେ ପୂର୍ଣ୍ଣ ବିଶ୍ୱାସ ଯେ ଆମେ ଏହାକୁ ସଫଳ କରିବାରେ ଆମ ଦାୟିତ୍ୱ ସମ୍ପୂର୍ଣ୍ଣ ରୂପେ ସମ୍ପାଦନ କରିପାରିବା ।'

ଚୀନ୍ ରାଷ୍ଟ୍ରପତିଙ୍କ ଭାରତ ଯାତ୍ରା ପରେ ବିଦେଶ ନୀତି ଅଭିଯାନରେ ନରେନ୍ଦ୍ର ମୋଦି ଆମେରିକା ଯାତ୍ରା କଲେ । ଏହି ସମୟରେ ସେ ସଂଯୁକ୍ତ ରାଷ୍ଟ୍ର ମହାସଭାର ୬୯ତମ ଅଧିବେଶନରେ ଭାଷଣ ଦେଲେ । ତାଙ୍କର ଏହି ଭାଷଣରେ ନରେନ୍ଦ୍ର ମୋଦି ସଂଯୁକ୍ତ ରାଷ୍ଟ୍ରରେ ତତ୍କାଳ ସୁଧାର ଓ ପୁନରୁଦ୍ଧାରର ଆବଶ୍ୟକତା ଉପରେ ଜୋର୍ ଦେଲେ ଓ ବିଶ୍ୱବ୍ୟାପୀ ଆତଙ୍କବାଦ ଉପରେ ବ୍ୟାପକ ସନ୍ଧିକୁ ଶୀଘ୍ର ସ୍ୱୀକାର କରିବାର ଆହ୍ୱାନ ମଧ୍ୟ କଲେ । ସେ କହିଲେ ଯେ ପାକିସ୍ତାନକୁ ଦ୍ୱିପକ୍ଷୀୟ କଥୋପକଥନ ପାଇଁ ସର୍ବଦା ବାତାବରଣ ତିଆରି କରିବା ଉଚିତ । ନରେନ୍ଦ୍ର ମୋଦି ଏହି ମଞ୍ଚରୁ ଦୁନିଆକୁ ଅନ୍ତଃରାଷ୍ଟ୍ରୀୟ ଯୋଗ ଦିବସ ମନାଇବାକୁ ପରାମର୍ଶ ମଧ୍ୟ ଦେଲେ । ପ୍ରଧାନମନ୍ତ୍ରୀ କହିଲେ ଯେ ସଂଯୁକ୍ତ ରାଷ୍ଟ୍ରର ୭୦ତମ ବର୍ଷ ଏହି ବିଷୟର ସୁଯୋଗ ହେବା ଉଚିତ ଯେ ସବୁ କିଛି ହାସଲ କରାଯାଇଛି ଓ ଭବିଷ୍ୟତ ପାଇଁ ନକ୍ସା ପ୍ରସ୍ତୁତ ହେବା ଉଚିତ । ସେ ସାମିଲ ହୋଇଥିବା ବିଶ୍ୱବିଦ୍ୟାଳୟ ଓ ଯୁବକଙ୍କୁ ପରିବର୍ତ୍ତନର ଏହି ପ୍ରକ୍ରିୟାରେ ସାମିଲ ହେବାକୁ କହିଲେ । ସେ କହିଲେ ଯେ ଏକବିଂଶ ଶତାବ୍ଦୀର ନିଜର ଆହ୍ୱାନ ଅଛି ଏବଂ ସଂଯୁକ୍ତ ରାଷ୍ଟ୍ର ଠାରୁ ସମକାଳୀନ ବାସ୍ତବିକତାର ଆଭାସ ମିଳିବା ଉଚିତ । ପ୍ରଧାନମନ୍ତ୍ରୀ ଜି ସମୂହ ଦେଶମାନଙ୍କର ଅନେକ ସମୂହରେ ବାହାରିବାର ଉଲ୍ଲେଖ କରିବାକୁ ଯାଇ କହିଲେ ଯେ ଆମକୁ ଜି-ଅଲ୍ ଦିଗରେ ପାଦ ବଢ଼ାଇବା ଉଚିତ ଏବଂ ଦେଖିବା ଉଚିତ ଯେ ସଂଯୁକ୍ତ ରାଷ୍ଟ୍ରକୁ କେମିତି ବେଶୀ ପ୍ରଭାବଶାଳୀ କରାଯାଇ ପାରିବ । ପ୍ରଧାନମନ୍ତ୍ରୀ କହିଲେ ଯେ ଅର୍ବୁଦ ଲୋକେ ମୌଳିକ ସୁବିଧା, ପାନୀୟ ଜଳ ଓ ବିଦ୍ୟୁତ୍‌ରୁ ବଞ୍ଚିତ ଅଛନ୍ତି ।

ଏଥିପାଇଁ ଏହା ବିଚାର କରିବା ଉଚିତ ଯେ ବିଶ୍ୱବ୍ୟାପୀ ସ୍ତରରେ ସଂଗଠିତ ରୂପେ କେତେ କାମ କରିବାର ଆବଶ୍ୟକତା ଅଛି ।

ପ୍ରଧାନମନ୍ତ୍ରୀ ଆତଙ୍କବାଦ ପ୍ରସଙ୍ଗକୁ ଉଠାଇଲେ । ସେ କହିଲେ ଯେ ଦୁନିଆର କୌଣସି ଦେଶ ଆଜି ଏଥିରୁ ସୁରକ୍ଷିତ ନୁହନ୍ତି । ସେ ଭଲ ଆତଙ୍କବାଦ ଓ ଖରାପ ଆତଙ୍କବାଦ ଭଳି ଶବ୍ଦର ବ୍ୟବହାରକୁ ନିନ୍ଦା କଲେ । ପ୍ରଧାନମନ୍ତ୍ରୀ କହିଲେ ଯେ କିଛି ଦେଶ ବର୍ତ୍ତମାନ ମଧ୍ୟ ଆତଙ୍କବାଦକୁ ପାଳନ ପୋଷଣ କରୁଛନ୍ତି ଏବଂ ଆତଙ୍କବାଦକୁ ଷ୍ଟେଟ୍ ପଲିସିର ଅସ୍ତ୍ର ରୂପେ ବ୍ୟବହାର କରୁଛନ୍ତି । ସେ ବିଶ୍ୱବ୍ୟାପୀ ଆତଙ୍କବାଦ ଉପରେ ବ୍ୟାପକ ସନ୍ଧି ତୁରନ୍ତ ଆପଣାଇବା ଆବଶ୍ୟକତା ଉପରେ ଜୋର୍ ଦେବାକୁ ଯାଇ କହିଲେ ଯେ ଏହି ପ୍ରସଙ୍ଗ ବହୁ ସମୟରୁ ଚାଲିଆସୁଛି ।

ନରେନ୍ଦ୍ର ମୋଦି କହିଲେ ଯେ ତାଙ୍କ ସରକାର ପଡ଼ୋଶୀଙ୍କ ସହ ବନ୍ଧୁତା ଓ ସହଯୋଗକୁ ପ୍ରାଥମିକତା ଦେଇଛି ଏବଂ ପାକିସ୍ତାନ ପାଇଁ ମଧ୍ୟ ସେମିତି ନୀତି ରହିଛି । ସେ କହିଲେ ଯେ ସେ ଆତଙ୍କବାଦର ଛାଇ ବିନା ଶାନ୍ତିର ବାତାବରଣରେ ସମ୍ପୂର୍ଣ୍ଣ ଗମ୍ଭୀରତା ସହ ଆପୋଷ ସମ୍ବନ୍ଧ ଉପରେ କଥାବାର୍ତ୍ତା ଚାହୁଁଛନ୍ତି । ପ୍ରଧାନମନ୍ତ୍ରୀ କହିଲେ ଯେ କଥାବାର୍ତ୍ତା ପାଇଁ ଅନୁକୂଳ ବାତାବରଣ ପ୍ରସ୍ତୁତ କରିବା ପାକିସ୍ତାନ ଉପରେ ନିର୍ଭର କରେ । ସେ କହିଲେ ଯେ ବର୍ତ୍ତମାନ କଶ୍ମୀରର ବନ୍ୟା ପ୍ରଭାବିତ ଲୋକଙ୍କ ସହାୟତାକୁ ପ୍ରାଥମିକତା ଦିଆଯିବା ଉଚିତ ଏବଂ ଏଥିପାଇଁ ସେ ପାକିସ୍ତାନକୁ ମଧ୍ୟ ସହାୟତାର ପ୍ରସ୍ତାବ ଦେଇଛନ୍ତି ।

ପ୍ରଧାନମନ୍ତ୍ରୀ ଭାରତକୁ ଏମିତି ଦେଶ ରୂପେ ରେଖାଙ୍କିତ କଲେ ଯିଏ ସମସ୍ତଙ୍କୁ ନ୍ୟାୟ, ପ୍ରତିଷ୍ଠା, ସୁଯୋଗ ଓ ସମୃଦ୍ଧି ଦେବାପାଇଁ ଠିଆ ହୋଇଛି । ସେ କହିଲେ ଯେ ପ୍ରକୃତି ସହ କଥାବାର୍ତ୍ତା ଭାରତର ଦର୍ଶନରେ ନୀହିତ ଅଛି । ସେ ପ୍ରସ୍ତାବ ଦେଲେ ଯେ ସଂଯୁକ୍ତ ରାଷ୍ଟ୍ରକୁ ଅନ୍ତଃରାଷ୍ଟ୍ରୀୟ ଯୋଗ ଦିବସ ପାଳନ କରିବା ଉପରେ କାର୍ଯ୍ୟ କରିବା ଉଚିତ । ନରେନ୍ଦ୍ର ମୋଦି କହିଲେ ଯେ ଅନ୍ତଃରାଷ୍ଟ୍ରୀୟ ବାଣିଜ୍ୟ ରାଜିନାମା ପାଇଁ ପ୍ରତ୍ୟେକ ପ୍ରାନ୍ତର ଚିନ୍ତା ଓ ହିତକୁ ଧ୍ୟାନ ଦେବା ଉଚିତ ।

ନରେନ୍ଦ୍ର ମୋଦିଙ୍କ ଆମେରିକା ଯାତ୍ରାରେ ଏକ ମୁଖ୍ୟ କଥା ହେଲା ସେ ଆମେରିକାର ମେଡିସନ ସ୍କାୟର୍‌ରେ ପ୍ରବାସୀ ଭାରତୀୟଙ୍କୁ ସମ୍ବୋଧିତ କଲେ । ନରେନ୍ଦ୍ର ମୋଦି ଏକ ଜନଆନ୍ଦୋଳନ ରୂପେ ବିକାଶର ଚେଷ୍ଟାରେ ସାମିଲ ହେବା ପାଇଁ ଭାରତୀୟଙ୍କୁ ଆହ୍ୱାନ କଲେ । ଭାରତୀୟ ଆମେରିକୀ ସମବାୟ ଭାରତର ବିକାଶ ଚେଷ୍ଟାରେ ସାମିଲ ହେବାକୁ ଅନୁରୋଧ କରିବାକୁ ଯାଇ ପ୍ରଧାନମନ୍ତ୍ରୀ କହିଲେ ଯେ ମୁଁ ଭାରତକୁ ଆପଣଙ୍କ ସ୍ୱପ୍ନର ଦେଶ କରିବାକୁ ଯାଉଛି । ଏହି କାର୍ଯ୍ୟକ୍ରମରେ ୧୮,୦୦୦ ରୁ ଅଧିକ ଲୋକ ଭାଗ ନେଇଛନ୍ତି । ପ୍ରଧାନମନ୍ତ୍ରୀ କହିଲେ ଯେ ନିର୍ବାଚନ ପରିଣାମ ପରେ ଭାରତ ବାବଦରେ ଆଶାର ନୂଆ ଭାବନା ଜାଗ୍ରତ ହୋଇଛି । ସେ କହିଲେ ଯେ ଆଜି ସମସ୍ତ ଆମେରିକୀ ଭାରତୀୟ ଭାରତ ସହ ତାଙ୍କ ସମ୍ପର୍କକୁ ନବୀକୃତ କରିବାକୁ ଚାହୁଁଛନ୍ତି । ପ୍ରଧାନମନ୍ତ୍ରୀ କହିଲେ ଯେ ୨୦୧୫ ମସିହା ମହାତ୍ମା ଗାନ୍ଧିଙ୍କ ଭାରତ ଫେରିବାର ଶତାବ୍ଦି ବର୍ଷ ଅଟେ । ସେ ସମସ୍ତ ପ୍ରବାସୀ ଭାରତୀୟଙ୍କୁ ଏହି ସମାରୋହରେ ଭାଗନେବା ଓ ଭାରତକୁ ବିକଶିତ କରିବାରେ ନିଜର ସହଯୋଗ ଦେବା ପାଇଁ ଆମନ୍ତ୍ରିତ କଲେ ।

ଏହା ପରେ ନରେନ୍ଦ୍ର ମୋଦିଙ୍କ ସାକ୍ଷାତ ଆମେରିକାର ରାଷ୍ଟ୍ରପତି ବାରାକ ଓବାମାଙ୍କ ସହ ହେଲା । ଏହି ସାକ୍ଷାତକୁ ନେଇ ଭିନ୍ନ-ଭିନ୍ନ ଅନୁମାନ କରାଯାଉଥିଲା । ଅନେକ ଲୋକ କହୁଥିଲେ ଯେ ଆମେରିକା ମୋଦିଙ୍କୁ ଗୁଜରାଟର ମୁଖ୍ୟମନ୍ତ୍ରୀ ଥିବାବେଳେ ଆମେରିକା ଆସିବାକୁ ଭିଜା ଦେଇ ନଥିଲା ଏଥିପାଇଁ ଏହି ସାକ୍ଷାତକାର ଉପରେ ଏହାର ପ୍ରଭାବ ଦେଖାଯିବ । କିନ୍ତୁ ଯେତେବେଳେ ଉଭୟ ନେତା ଦେଖା ହେଲେ ତଥାପି ଖୋଲା ହୃଦୟରେ ମିଶିଲେ । ଓବାମା ମୋଦିଙ୍କ ସ୍ୱାଗତ ଗୁଜରାଟୀରେ 'କେମ୍ ଛୋ' କହି ପଚାରିଲେ । ଏହି ସାକ୍ଷାତ ପରେ ନରେନ୍ଦ୍ର ମୋଦି କହିଲେ, 'ପଦବୀ ଭାର ଗ୍ରହଣ କରିବାର କିଛି ମାସ ମଧ୍ୟରେ, ଆମେରିକା ଆସି ରାଷ୍ଟ୍ରପତି ଓବାମାଙ୍କ ସହ ସାକ୍ଷାତ କରି ମତେ ଅତ୍ୟନ୍ତ ପ୍ରସନ୍ନତା ହେଉଛି । ଏହା ଖୁସିର

କଥା ଯେ ଦୁଇ ଦେଶର ମିଶନ ମାର୍ସ ପହଞ୍ଚିବାର କିଛି ଦିନ ଭିତରେ ଆମେ ଆଜି ଏଇଠି ଦେଖା ହେଉଛୁ । ଭାରତ ଓ ଆମେରିକା ମଧ୍ୟରେ ମାର୍ସରେ ମିଳନ ପରେ, ବର୍ତ୍ତମାନ ଏହା ପୃଥିବୀରେ ହେଉଛି । ଏହି ଶୁଭ ସଂଯୋଗ ଆମର ସମ୍ବନ୍ଧର କ୍ଷମତାର ପ୍ରତିବିମ୍ବ ଅଟେ । ଏହି ଯାତ୍ରା ସମୟରେ, ଖାସ୍ କରି ରାଷ୍ଟ୍ରପତି ଓବାମାଙ୍କ ସହ କଥାବାର୍ତ୍ତାରେ, ମୋର ବିଶ୍ୱାସ ଆହୁରି ଦୃଢ଼ ହୋଇଯାଇଛି ଯେ ଭାରତ ଓ ଆମେରିକା ମଧ୍ୟରେ ବିଶ୍ୱବ୍ୟାପୀ ଭାଗିଦାରୀ ହେବା ସ୍ୱାଭାବିକ ଅଟେ । ଯାହା ଆମ ସଂଯୁକ୍ତ ମୂଲ୍ୟ, ହିତ ଓ ଡିଜିଟାଲ ସମୟରେ ଆମ କ୍ଷମତା ଉପରେ ଆଧାରିତ ଅଛି ।'

ମୋଦି ଓ ଓବାମାଙ୍କ ମଧ୍ୟରେ ଶିଖର ସମ୍ବାଦରେ ଦୁଇ ଦେଶର ବାଣିଜ୍ୟ ୨୦୦୧ ତୁଳନାରେ ପାଞ୍ଚ ଗୁଣା ବଢ଼ି ପାଖାପାଖି ଶହେ ଅର୍ବୁଦ ଡଲାର ପର୍ଯ୍ୟନ୍ତ ପହଞ୍ଚିବାର ସଂକେତ ଦେଇ ରାଷ୍ଟ୍ରପତି ଓବାମା ଓ ପ୍ରଧାନମନ୍ତ୍ରୀ ମୋଦି ଏହାକୁ ଆହୁରି ପାଞ୍ଚ ଗୁଣା ବଢ଼ାଇବା ଦିଗରେ ଉଠାଯାଉଥିବା ଆବଶ୍ୟକ ପଦକ୍ଷେପରେ ସହାୟତା କରିବାକୁ ପ୍ରତିବଦ୍ଧତା ବ୍ୟକ୍ତ କଲେ । ରାଷ୍ଟ୍ରପତି ଓବାମା ଓ ପ୍ରଧାନମନ୍ତ୍ରୀ ମୋଦି ସ୍ୱୀକାର କଲେ ଯେ ନିରନ୍ତର, ସମାବେଶୀ ଓ ରୋଜଗାରୋନ୍ମୁଖ ବୃଦ୍ଧି ଏବଂ ବିକାଶ ଦିଗରେ ଆମେରିକା ଓ ଭାରତର ବ୍ୟବସାୟକୁ ମହତ୍ୱପୂର୍ଣ୍ଣ ଭୂମିକା ସମ୍ପାଦନ କରିବାକୁ ହେବ । ସଂସ୍ଥାଗତ ନିବେଶକ ଓ କର୍ପୋରେଟ୍ ସଂକନନଙ୍କ ନିବେଶକୁ ପ୍ରୋତ୍ସାହନ ଦେବା ପାଇଁ ଉଭୟ ନେତା ପୁଞ୍ଜିଗତ ବଜାର ବିକାଶ ଓ ଅବସଂରଚନାକୁ ବିତ୍ତିୟ ସହାୟତା ଦେବା ଉପରେ ବିଶେଷ ଧ୍ୟାନ ଦେଇ ବିତ୍ତ ମନ୍ତ୍ରାଳୟ ଓ ବିତ୍ତ ବିଭାଗର ନେତୃତ୍ୱରେ ଭାରତ-ଆମେରିକା ନିବେଶ ପ୍ରାରମ୍ଭର ସ୍ଥାପନା ପାଇଁ ପ୍ରତିବଦ୍ଧତା ବ୍ୟକ୍ତ କଲେ । ସେ ଭାରତରେ ଢାଞ୍ଚାଗତ ପରିଯୋଜନାରେ ଆମେରିକୀୟ କମ୍ପାନୀଙ୍କ ଭାଗିଦାରୀ ବଢ଼ାଇବା ପାଇଁ ବିତ୍ତ ମନ୍ତ୍ରାଳୟ ଓ ବାଣିଜ୍ୟ ବିଭାଗ ଦ୍ୱାରା ଅବସଂରଚନା ସହଯୋଗ ମଞ୍ଚର ସ୍ଥାପନା କରିବାକୁ ମଧ୍ୟ ସଂକଳ୍ପ ବ୍ୟକ୍ତ କଲେ ।

ଉଭୟ ନେତା ଭାରତ-ଆମେରିକା ବେସାମରିକ ପରମାଣୁ ରାଜିନାମାକୁ ସମ୍ପୂର୍ଣ୍ଣ ଭାବେ ଲାଗୁ କରିବାର ପ୍ରତିବଦ୍ଧତା ଦୋହରାଇଲେ । ସେମାନେ ଆମେରିକା ନିର୍ମିତ ପରମାଣୁ ବିଦ୍ୟୁତ୍ ଘରଗୁଡ଼ିକରୁ ଭାରତରେ ବିଦ୍ୟୁତ୍ ଉପଲବ୍ଧ କରାଇବାର ଅଂଶ ଲକ୍ଷ୍ୟକୁ ଶୀଘ୍ର ସମ୍ପୂର୍ଣ୍ଣ କରିବା ପାଇଁ ବେସାମରିକ ପରମାଣୁ ଶକ୍ତି ସହଯୋଗର କାର୍ଯ୍ୟାନ୍ୱୟନକୁ ଆଗେଇନେବା ପାଇଁ ସମ୍ପର୍କ ସମବାୟ ସ୍ଥାପିତ କଲେ । ସେ କେବଳ ପ୍ରଶାସନିକ ବିଷୟ ପର୍ଯ୍ୟନ୍ତ ସୀମିତ ନ ରହି ଉତ୍ତରଦାୟିତ୍ୱ, ବିଶ୍ୱବ୍ୟାପୀ କୌଶଳ ଓ ୱେସଟିଂହାଉସ୍ ଓ ଜିଇ ହିଟାଚି ଟେକ୍ନୋଲଜି ଥିବା ପାୱାର ପ୍ଲାଣ୍ଟସ୍ ସହିତ ପରମାଣୁ ପାର୍କର ସ୍ଥାପନାରେ ସହାୟତା ଦେବା ପାଇଁ ଲାଇସେନ୍ସିଙ୍ଗ ସହିତ କାର୍ଯ୍ୟାନ୍ୱୟନ ସହ ଜଡ଼ିତ ସମସ୍ତ ବିଷୟ ଉପରେ କଥାବାର୍ତ୍ତା ଆଗକୁ ବଢ଼ାଇବାର ଇଚ୍ଛା ଜାହିର କଲେ ।

ଓବାମା ଓ ମୋଦି ଦୁଇ ଦେଶରେ ଯାତ୍ରାକୁ ସହଜ କରିବା ପାଇଁ ସହମତି ବ୍ୟକ୍ତ କଲେ । ଭାରତ ୨୦୧୫ ରେ ଆମେରିକୀୟ ନାଗରିକଙ୍କୁ ଭାରତ ଆଗମନରେ ଭିଜା ଦେବାକୁ ଯୋଜନା ଆରମ୍ଭ କରିଛି ଓ ଭାରତୀୟ ନାଗରିକଙ୍କ ପାଇଁ ସଂଯୁକ୍ତ ରାଷ୍ଟ୍ର ବିଶ୍ୱବ୍ୟାପୀ ପ୍ରବେଶ କାର୍ଯ୍ୟକ୍ରମ ଉପଲବ୍ଧ କରାଇବାର ଆବଶ୍ୟକତାକୁ ପୂରଣ କରିବାର କାର୍ଯ୍ୟ ଆରମ୍ଭ କରାଯାଇଛି ।

ଦୁଇ ନେତା ଡିଜିଟାଲ ମୂଳ ଢାଞ୍ଚା ବଢ଼ାଇବା, ଇ-ଗଭର୍ନାନ୍ସ ଓ ଇ-ସର୍ଭିସ୍ ସ୍ଥାପିତ କରିବା, ପ୍ରୌଦ୍ୟୋଗିକି ସହଯୋଗକୁ ପ୍ରୋତ୍ସାହିତ କରିବା ଓ ଭାରତର ନାଗରିକଙ୍କୁ ଡିଜିଟାଲ ରୂପେ ସଶକ୍ତ କରିବ ଉଦ୍ଦେଶ୍ୟରେ ଡିଜିଟାଲ ଇଣ୍ଡିଆ ପ୍ରାରମ୍ଭରେ ଭାଗିଦାର ହେବା ପାଇଁ ପ୍ରତିବଦ୍ଧତା ବ୍ୟକ୍ତ କଲେ । ରାଷ୍ଟ୍ରପତି ଗ୍ଲୋବାଲ ଇନିସିଏଟିଭ୍ ଅଫ୍ ଏକାଡେମିକ ନେଟ୍‌ୱର୍କ (ଜ୍ଞାନ)ର ସ୍ଥାପନା କରିବା ପାଇଁ ଭାରତର ପ୍ରସ୍ତାବକୁ ସ୍ୱାଗତ କଲେ । ଯାହା ଅନୁସାରେ ଭାରତ ପ୍ରତିବର୍ଷ ୧୦୦୦ ପର୍ଯ୍ୟନ୍ତ ଆମେରିକୀୟ ଶିକ୍ଷାବିତ୍‌ଙ୍କୁ ସେମାନଙ୍କ ସୁବିଧା ଅନୁସାରେ କେନ୍ଦ୍ର ଦ୍ୱାରା ମାନ୍ୟତା ପ୍ରାପ୍ତ ବିଶ୍ୱବିଦ୍ୟାଳୟରେ ଛାତ୍ରଙ୍କୁ ପଢ଼ାଇବା ପାଇଁ ଆମନ୍ତ୍ରିତ କରିବ ।

ଉଭୟ ନେତା ଡେଙ୍ଗୁ, ମ୍ୟାଲେରିଆ ଓ ଟିବି ପାଇଁ ଶସ୍ତା ଟିକା ବିକଶିତ କରିବା ପାଇଁ ଭାରତ-ଆମେରିକା ଟିକାକରଣ କାର୍ଯ୍ୟକ୍ରମର ନୂଆ ଚରଣ ଆରମ୍ଭ କରିବା ଓ ଏକ ସହାୟକ ବିକାଶ କେନ୍ଦ୍ର ସ୍ଥାପିତ କରିବା ପାଇଁ ରାଜି ଅଛନ୍ତି । ସେମାନେ ସହଯୋଗୀ କାର୍ଯ୍ୟକ୍ରମ ବିକଶିତ କରିବା ସହିତ କର୍କଟ ଅନୁସନ୍ଧାନ ଓ ରୋଗୀ ଚିକିତ୍ସା କ୍ଷମତାରେ ବୃଦ୍ଧି କରିବା ପାଇଁ ସହଯୋଗୀ ଗତିବିଧି ଆରମ୍ଭ କରିବା ଉପରେ ସିଦ୍ଧାନ୍ତ ରୂପେ ସହମତି ବ୍ୟକ୍ତ କଲେ । ରାଷ୍ଟ୍ରପତି ବିଶ୍ୱବ୍ୟାପୀ ସ୍ୱାସ୍ଥ୍ୟ ସୁରକ୍ଷା ଏଜେଣ୍ଡାରେ ଶୀର୍ଷ ଭୂମିକା ନିର୍ବାହ କରିବା ପାଇଁ ଭାରତର ପ୍ରସ୍ତାବକୁ ସ୍ୱାଗତ କଲେ । ଲୋକତାନ୍ତ୍ରିକ ମୂଲ୍ୟ ପ୍ରତି ଧ୍ୟାନ ଦେଇ ଓବାମା ଓ ମୋଦି ଭାରତ ଓ ଆମେରିକାରେ ମହିଳାଙ୍କ ଦ୍ୱାରା ସମ୍ପାଦନ କରାଯାଉଥିବା ମହତ୍ତ୍ୱପୂର୍ଣ୍ଣ ଭୂମିକା ଯାହାକୁ ଭାରତ ଦ୍ୱାରା ବେଟି ବଞ୍ଚାଅ, ବେଟି ପଢ଼ାଅ ଅଭିଯାନ ଦ୍ୱାରା ମଧ୍ୟ ପ୍ରଦର୍ଶିତ କରାଯାଇଛି, ତାକୁ ଧ୍ୟାନ ଆକର୍ଷଣ କଲେ । ଉଭୟ ଦେଶ ମହିଳାଙ୍କ ଭୂମିକାକୁ ବଢ଼ାଇବା ପାଇଁ ମହିଳା ଆଧିକାରିତା ବାର୍ତ୍ତାଳାପ ଆୟୋଜିତ କରିବେ ଓ ମହିଳାଙ୍କ ବିରୁଦ୍ଧରେ ହିଂସା ପ୍ରତି କୌଣସି ସହନଶୀଳତା ନ ରଖିବାକୁ ପ୍ରତିବଦ୍ଧତା ଦୋହରାଇଲେ ।

ବରାକ ଓବାମା ବିଗତ ୬୦ ବର୍ଷରେ ବିଶ୍ୱ ଶାନ୍ତି ଓ ସ୍ଥିରତା ପାଇଁ ଭାରତୀୟ ଶାନ୍ତିସେନାଙ୍କ ଯୋଗଦାନର ପ୍ରଶଂସା କରିବାକୁ ଯାଇ ଭାରତ ଦ୍ୱାରା ଅନ୍ୟ ଦେଶର ଶାନ୍ତିସେନାଙ୍କୁ ପ୍ରଶିକ୍ଷଣ ଦେବା ପାଇଁ ଦିଲ୍ଲୀରେ କେନ୍ଦ୍ର ତିଆରି କରିବାକୁ ସ୍ୱାଗତ କଲେ । ରାଷ୍ଟ୍ରପତି ସଂଯୁକ୍ତ ରାଷ୍ଟ୍ର ସୁରକ୍ଷା ପରିଷଦରେ ଭାରତର ସ୍ଥାୟୀ ସଦସ୍ୟତା ପ୍ରତି ସହଯୋଗ ପାଇଁ ପ୍ରତିବଦ୍ଧତା ଦୋହରାଇ ଦୁଇ ନେତା ସଂଯୁକ୍ତ ରାଷ୍ଟ୍ର ସଂଘର ଘୋଷଣାପତ୍ର ଅନୁସାରେ ଅନ୍ତଃରାଷ୍ଟ୍ରୀୟ ଶାନ୍ତି ଓ ସ୍ଥିରତାକୁ ବଜାୟ ରଖିବାରେ ସୁରକ୍ଷା ପରିଷଦର ପ୍ରଭାବୀ ଭୂମିକାକୁ ସୁନିଶ୍ଚିତ କରିବାକୁ କହିଲେ । ଓବାମା ଅନ୍ତଃରାଷ୍ଟ୍ରୀୟ ବିତ୍ତିୟ ସଂଗଠନମାନଙ୍କ ମଧ୍ୟରେ ଭାରତର ଭୂମିକା ବଢ଼ାଇବାର ପ୍ରତିବଦ୍ଧତାକୁ ଦୋହରାଇ ସଂସାଧନର ଉପଲବ୍ଧତା ସୁନିଶ୍ଚିତ କରିବା ଓ ବହୁସ୍ତରୀୟ ବିକାଶ ବ୍ୟାଙ୍କ ଦ୍ୱାରା ଆଧାରଭୂତ ଢାଞ୍ଚା ପାଇଁ ବିତ୍ତ ପ୍ରୟୋଗ କରିବାକୁ ରଚନାତ୍ମକତା ଦ୍ୱାରା ପ୍ରୟୋଗ କରିବାକୁ କହିଲେ ।

କଠିନ ପରିଶ୍ରମ

ନରେନ୍ଦ୍ର ମୋଦିଙ୍କ ସମାଲୋଚକ ମଧ୍ୟ ଅତି କମ୍‌ରେ ଯେଉଁ ଗୋଟିଏ ବିଷୟ ପାଇଁ ତାଙ୍କୁ ତାରିଫ୍ କରିବାରେ ଦ୍ୱିଧା କରନ୍ତି ନାହିଁ, ତାହା ହେଲା ନରେନ୍ଦ୍ର ମୋଦିଙ୍କ ପରିଶ୍ରମୀ ହେବା । ତାଙ୍କ ସମାଲୋଚକ ମଧ୍ୟ ମାନନ୍ତି ଯେ ନରେନ୍ଦ୍ର ମୋଦି ଖୁବ୍‌ବେଶୀ ଶକ୍ତିବାନ୍ ଓ ସେ କଠୋର ପରିଶ୍ରମ କରନ୍ତି । ନରେନ୍ଦ୍ର ମୋଦିଙ୍କ ପରିଶ୍ରମୀ ହେବା, ପରିଚାଳନା ଦୃଷ୍ଟିରୁ ଏକ ପ୍ରମୁଖ ଗୁଣ । ଯେ କୌଣସି କ୍ଷେତ୍ରରେ ସଫଳ ହେବା ପାଇଁ ପରିଶ୍ରମୀ ହେବା ଏକ ଅନିବାର୍ଯ୍ୟ ଯୋଗ୍ୟତା । ଏହା ବ୍ୟତୀତ ସଫଳତାର ପଥ ଖୁବ୍‌ବେଶୀ ଜଟିଳ ହୋଇଯାଏ । ଅନେକ ଲୋକ ଖୁବ୍‌ବେଶୀ ପ୍ରତିଭାବାନ ହୋଇଥାନ୍ତି କିନ୍ତୁ ପରିଶ୍ରମୀ ନଥାନ୍ତି । ଏହି କାରଣରୁ ସେମାନଙ୍କ ଯୋଗ୍ୟତା ବେକାର ହୋଇଯାଏ ଓ ସେମାନଙ୍କ ପାଇଁ ଜୀବନରେ ସଫଳତା ହାସଲ କରିବା ଅସୀମ ଜଟିଳ ହୋଇଯାଏ । ସେହିଠାରେ ଅନ୍ୟ ପଟେ ସେମିତି ଲୋକ ମଧ୍ୟ ଅଛନ୍ତି ଯେଉଁମାନେ ଅଳ୍ପ ପ୍ରତିଭାବାନ ହୋଇଥାନ୍ତି କିନ୍ତୁ କଠୋର ପରିଶ୍ରମରେ ତାଙ୍କର ବିଶ୍ୱାସ ରହିଥାଏ । ଏମିତି ଲୋକ ନିଜ ପରିଶ୍ରମ ବଳରେ ଜୀବନରେ ସଫଳତା ପଥରେ ଆଗକୁ ଆଗେଇ ଚାଲି ଯାଆନ୍ତି ।

ସେଇଠି କିଛି ଲୋକ ଏମିତି ମଧ୍ୟ ଥାନ୍ତି ଯେଉଁମାନେ ପ୍ରତିଭାବାନ ମଧ୍ୟ ଓ ପରିଶ୍ରମୀ ମଧ୍ୟ । ଏମିତି ଲୋକ ଅଲଗା-ଅଲଗା କ୍ଷେତ୍ରରେ ଶୀର୍ଷରେ ପହଞ୍ଚନ୍ତି ଓ ସଫଳ ନେତୃତ୍ୱ ଦିଅନ୍ତି । ଏମିତି ଲାଗେ ଯେ ନରେନ୍ଦ୍ର ମୋଦି ମଧ୍ୟ ଏହି ଶ୍ରେଣୀର ଅଟନ୍ତି । ନରେନ୍ଦ୍ର ମୋଦିଙ୍କୁ ନେଇ ଯେତେ ପୁସ୍ତକ ବାହାରିଛି ଅଥବା ଯେଉଁ ସୂଚନା ସାର୍ବଜନିକ ରୂପେ ଉପଲବ୍ଧ ଅଛି, ସେହି ସବୁଥିରେ ଏହି କଥା କୁହାଯାଇଛି ଯେ ନରେନ୍ଦ୍ର ମୋଦି ଆରମ୍ଭରୁ ହିଁ ଖୁବ୍‌ବେଶୀ ପରିଶ୍ରମୀ ରହିଛନ୍ତି । ଯେତେବେଳେ ସେ ସାର୍ବଜନିକରେ ଆସିଲେ, ସେତେବେଳେ ମଧ୍ୟ ସେ ପରିଶ୍ରମ କରିବା ଛାଡ଼ିନାହାନ୍ତି । ଯେତେବେଳେ ସେ ମୁଖ୍ୟମନ୍ତ୍ରୀ ହେଲେ ସେତେବେଳେ ମଧ୍ୟ ସେ କଠିନ ପରିଶ୍ରମ କରୁଥିଲେ ଓ ବର୍ତ୍ତମାନ ଯେତେବେଳେ ସେ ପ୍ରଧାନମନ୍ତ୍ରୀ ଅଛନ୍ତି, ସେତେବେଳେ ମଧ୍ୟ ସେ ପର୍ଯ୍ୟାପ୍ତ ପରିଶ୍ରମ କରୁଥିବା ଦେଖାଯାନ୍ତି ।

କୌଣସି ନେତାଙ୍କ ପରିଶ୍ରମୀ ହେବାର ଅସଲ ପରୀକ୍ଷା ସେତେବେଳେ ହୋଇଥାଏ, ଯେତେବେଳେ ତାକୁ ନିର୍ବାଚନ ଅଭିଯାନରେ ଲାଗିବାକୁ ହୁଏ । ଯେହେତୁ ଏହି ସମୟରେ ନା କେବଳ ପର୍ଯ୍ୟାପ୍ତ ଯାତ୍ରା ହୁଏ ବରଂ ଯଥେଷ୍ଟ କହିବାକୁ ମଧ୍ୟ ପଡ଼ିଥାଏ । କହିବାରେ ମଧ୍ୟ ଖୁବ୍‌ବେଶୀ ସାବଧାନତା ଅବଲମ୍ବନ କରିବାକୁ ପଡ଼ିଥାଏ । ଯେହେତୁ ନିର୍ବାଚନୀ ସଭାମାନଙ୍କରେ ହେବାକୁ ଥିବା କୌଣସି ଛୋଟ ଭୁଲ ମଧ୍ୟ ନିର୍ବାଚନ ଖେଳ ବିଗାଡ଼ି ପାରେ । ଏମିତିରେ ନେତାଙ୍କ ପାଇଁ ଓ ଖାସ୍ ରୂପେ ନିର୍ବାଚନ ଅଭିଯାନର ନେତୃତ୍ୱ କରୁଥିବା ନେତାଙ୍କ ପାଇଁ ପରିଶ୍ରମର ପରୀକ୍ଷା ନିର୍ବାଚନ ହିଁ ହୋଇଥାଏ । ଯେତେବେଳେ ନରେନ୍ଦ୍ର ମୋଦି ୨୦୧୨ ରେ ଗୁଜରାଟର ଜନସାଧାରଣଙ୍କ ଠାରୁ ଲଗାତର୍ ଚତୁର୍ଥ ଥର ମୁଖ୍ୟମନ୍ତ୍ରୀ ହେବା ପାଇଁ ଜନାଦେଶ ମାଗୁଥିଲେ ସେହି ସମୟରେ ସେ ଯେଉଁ ପ୍ରକାରରେ ପରିଶ୍ରମ କଲେ, ସେଥିରୁ ଅନୁମାନ କରାଯାଇ ପାରିବ ଯେ ସେ କେତେ ପରିଶ୍ରମୀ ଅଟନ୍ତି ।

୨୦୧୨ ର ଗୁଜରାଟ ବିଧାନସଭା ନିର୍ବାଚନ ସମୟରେ ଯେଉଁ ଖବର ସାମ୍ନାକୁ ଆସିଲା, ସେହି ମୁତାବକ ନିର୍ବାଚନ ପ୍ରଚାର ସମୟରେ ଗୋଟିଏ ସମୟ ଏମିତି ମଧ୍ୟ ଆସିଲା ଯେତେବେଳେ ନରେନ୍ଦ୍ର ମୋଦିଙ୍କୁ ଲଗାତର୍ ଦଶ ଦିନ ପର୍ଯ୍ୟନ୍ତ ୨୨ ଘଣ୍ଟା କାମ କରିବାକୁ ପଡ଼ିଲା । ସକାଳ ୪ଟାରୁ ରାତି ଦେଢ଼-ଦୁଇଟା ପର୍ଯ୍ୟନ୍ତ କାମରେ ବ୍ୟସ୍ତ ମୋଦି କଷ୍ଟରେ ଦେଢ଼ ଅଥବା ଦୁଇ ଘଣ୍ଟା ଶୋଇ ପାରୁଥିଲେ । ସେହି ସମୟରେ ନରେନ୍ଦ୍ର ମୋଦି ୨୦ ବ୍ୟକ୍ତିଙ୍କ କାମ ଏକୁଟିଆ କରୁଥିଲେ । ଦିନରେ ପାଞ୍ଚରୁ ସାତ ଜନସଭା କରିବା ଓ ତାହା ମଧ୍ୟ ଅଲଗା-ଅଲଗା ନିର୍ବାଚନ ମଣ୍ଡଳୀକୁ ଯାଇ । ଏହା ବ୍ୟତୀତ ଷ୍ଟାର୍ ପ୍ରଚାରକ ଓ କେନ୍ଦ୍ରୀୟ କୋର୍ କମିଟି ସହ ବୈଠକ, ଦୁର୍ବଳ ପ୍ରାର୍ଥୀ ସନ୍ଦର୍ଭରେ ବିଶେଷ ରଣନୀତି ତିଆରି କରିବା ବ୍ୟତୀତ ନାରାଜ ନେତାଙ୍କୁ ଆୟତ୍ତ କରିବା ଦାୟିତ୍ୱ ମୋଦି ସମ୍ପାଦନ କରୁଥିଲେ । ଗୁଜରାଟ ବିଧାନସଭାର ସମ୍ପୂର୍ଣ୍ଣ ନିର୍ବାଚନ ରଣନୀତି ନରେନ୍ଦ୍ର ମୋଦି ହିଁ ତିଆରି କରୁଥିଲେ ଓ ତାହା ଉପରେ କାର୍ଯ୍ୟ ମଧ୍ୟ କରାଯାଉଥିଲା ।

ନରେନ୍ଦ୍ର ମୋଦିଙ୍କ ଦିନଚର୍ଯ୍ୟା ସକାଳ ୪ଟାରେ ଆରମ୍ଭ ହୋଇ ରାତି ଦେଢ଼ଟା-ଦୁଇଟାରେ ସମ୍ପୂର୍ଣ୍ଣ ହେଉଥିଲା । ସକାଳ ୪ଟାରେ ଉଠିବା ପରେ ପାଞ୍ଚଟା ପର୍ଯ୍ୟନ୍ତ ସ୍ନାନ ଇତ୍ୟାଦିରୁ ନିବୃତ ହେବା ପରେ ମୋଦିଙ୍କ ଅଧିକାରୀ ଓ କାର୍ଯ୍ୟକର୍ତ୍ତାଙ୍କ ସହ ବୈଠକ ଆରମ୍ଭ ହୋଇ ଯାଉଥିଲା । ଯାହା ସକାଳ ଆଠଟା ପର୍ଯ୍ୟନ୍ତ ଜାରୀ ରହୁଥିଲା । ଏହା ପରେ ମୋଦି ରାଜ୍ୟର ବିଭିନ୍ନ ନିର୍ବାଚନ କ୍ଷେତ୍ରର ନିର୍ବାଚନୀ ଗସ୍ତରେ ବାହାରି ଯାଉଥିଲେ । ଯେଉଁଥିରେ ତାଙ୍କ ସହ ଆଠଜଣ ବ୍ୟକ୍ତି ରହୁଥିଲେ, ଯେଉଁମାନେ ଦିନର ସୂଚନା ତାଙ୍କୁ ଦେଉଥିଲେ । ଦୁର୍ବଳ ସିଟ୍‌ର ପ୍ରାର୍ଥୀଙ୍କୁ ମୋଦି ତାଙ୍କ ସହ ନେଇ ଯାଉଥିଲେ ଓ ବାଟରେ ମନ୍ତ୍ରଣା ସମ୍ପୂର୍ଣ୍ଣ ହେବା ପରେ ତାଙ୍କୁ ଛାଡ଼ି ଆଗାମୀ ନିର୍ବାଚନ ସଭା ସ୍ଥଳ ଆଡ଼କୁ ବାହାରି ଯାଉଥିଲେ । ମୋଦି ତାଙ୍କ ଅନ୍ତିମ ନିର୍ବାଚନ ସଭା ରାତି ଦଶଟାରେ ସମ୍ପୂର୍ଣ୍ଣ କରିବା ପରେ ଗାନ୍ଧିନଗର ପହଞ୍ଚୁଥିଲେ । ଯେଉଁଠି ରାତି ୧୧ଟାରୁ ଆଉ ଥରେ ବୈଠକ ଆରମ୍ଭ ହେଉଥିଲା । ଯାହା ରାତି ଦେଢ଼ଟା ପର୍ଯ୍ୟନ୍ତ ଚାଲୁଥିଲା । ଯାହା ପରେ ମୋଦି ଆଗାମୀ ଦିନର କାର୍ଯ୍ୟକ୍ରମର ପ୍ରସ୍ତୁତି କରୁଥିଲେ ଓ ପରେ ଶୋଉଥିଲେ । ସକାଳ ଚାରିଟାରୁ ପୁଣି ତାଙ୍କ ଦିନଚର୍ଯ୍ୟା ଆରମ୍ଭ ହୋଇ ଯାଉଥିଲା ।

ଯେତେବେଳେ ନରେନ୍ଦ୍ର ମୋଦି ଭାରତୀୟ ଜନତା ପାର୍ଟି ତରଫରୁ ପ୍ରଧାନମନ୍ତ୍ରୀ ପଦର ପ୍ରାର୍ଥୀ ହେଲେ ତଥାପି ତାଙ୍କ ପାଖରେ ନା କେବଳ ଏହି ଦାୟିତ୍ୱ ଥିଲା ବରଂ ସେ ଗୁଜରାଟର ମୁଖ୍ୟମନ୍ତ୍ରୀ ମଧ୍ୟ ଥିଲେ । ଏହି ଦୃଷ୍ଟିରୁ କୁହାଯାଏ ତଥାପି ତାଙ୍କ ଉପରେ କାମର ଦୁଇଗୁଣା ଚାପ ଥିଲା । ତାଙ୍କୁ ଗୋଟିଏ ପାର୍ଶ୍ୱରେ ଏକ ପ୍ରଦେଶର ପ୍ରଶାସନିକ କାର୍ଯ୍ୟକୁ ମଧ୍ୟ ଦେଖିବାର ଥିଲା ତଥାପି ଅନ୍ୟ ପାର୍ଶ୍ୱରେ ଏକ ରାଷ୍ଟ୍ରୀୟ ପାର୍ଟିର ନିର୍ବାଚନୀ ଅଭିଯାନକୁ ନେତୃତ୍ୱ ଦେବାର କାମ ମଧ୍ୟ କରିବାର ଥିଲା । କିନ୍ତୁ ଏହି ଦିନମାନଙ୍କରେ ଭୂମିକା ନିର୍ବାହ ନରେନ୍ଦ୍ର ମୋଦି ନିଜ ପରିଶ୍ରମ ବଳରେ ଭଲଭାବେ କଲେ । ସେ ନିର୍ବାଚନ ଅଭିଯାନ ସମୟରେ ୪୦୦ରୁ ଅଧିକ ରାଲି କଲେ । ତିନି ଲକ୍ଷ କିଲୋମିଟରରୁ ଅଧିକ ଯାତ୍ରା କଲେ । ଅନେକ ୩ଡି ସଭାକୁ ସମ୍ବୋଧିତ କଲେ । ଦଳର ଅନେକ ବୈଠକରେ ସାମିଲ ହେଲେ । ଚାୟ ପର୍ ଚର୍ଚ୍ଚା ଭଳି କାର୍ଯ୍ୟକ୍ରମରେ ସାମିଲ ହେଲେ । ମିଡିଆକୁ ଅନେକ ସାକ୍ଷାତକାର ଦେଲେ । ନରେନ୍ଦ୍ର ମୋଦି ଯେଉଁଭଳି ଭାବେ ନିର୍ବାଚନ ଅଭିଯାନ ସମୟରେ କାମ କରୁଥିଲେ ସେଥିରୁ ଅନେକ ଲୋକଙ୍କୁ ଆଶ୍ଚର୍ଯ୍ୟ ଲାଗୁଥିଲା ଯେ ନରେନ୍ଦ୍ର ମୋଦି ମଣିଷ ଅଥବା ମେଶିନ୍ ! ଗୋଟିଏ ଦିନରେ ଚାରିରୁ ଛଅ ସଭା କରିବା, ତାହା ମଧ୍ୟ ଦେଶର ଅଲଗା-ଅଲଗା କୋଣରେ, ଯଥାର୍ଥ ରୂପେ ଯଥେଷ୍ଟ କ୍ଳାନ୍ତ କରୁଥିବା କାର୍ଯ୍ୟ । ଏହି ସଭାଗୁଡ଼ିକ ମୋଦି ଦିନେ କିମ୍ବା ଦୁଇଦିନ ନୁହେଁ ବରଂ ମାସସାରା ସେ ନିୟମିତ ଭାବେ ଏମିତି କଲେ ।

୨୦୧୪ ର ଲୋକସଭା ନିର୍ବାଚନ ଅଭିଯାନ ସମୟରେ ନରେନ୍ଦ୍ର ମୋଦିଙ୍କ ଦିନଚର୍ଯ୍ୟାକୁ ନେଇ ଯେଉଁ ଖବର ମିଡିଆରେ ବାହାରିଲା ସେହି ମୁତାବକ ନରେନ୍ଦ୍ର ମୋଦିଙ୍କ ଦିନ ସକାଳ ୫ଟାରେ ଆରମ୍ଭ ହେଉଥିଲା । ସକାଳର ଆରମ୍ଭ ମୋଦି ଯୋଗ ଅଭ୍ୟାସ ଓ ୱାକିଂ ସହ କରୁଥିଲେ । ମୋଦିଙ୍କ ବାବଦରେ କୁହାଯାଏ ଯେ ସେ ତିନି ଘଣ୍ଟା ପାଇଁ ଶୁଅନ୍ତୁ ନା କାହିଁକି, କିନ୍ତୁ ସକାଳୁ ଅଧାଘଣ୍ଟା ପର୍ଯ୍ୟନ୍ତ ଯୋଗ, ପ୍ରାଣାୟାମ ଓ ଧ୍ୟାନ କରୁଥିଲେ । ସେ ଚେଷ୍ଟା କରନ୍ତି ଯେ ବର୍ଷରେ ଅତି କମ୍‌ରେ ୩୦୦ ଦିନ ତାଙ୍କର ଏହି ରୁଟିନ୍ ରହୁ । ନିର୍ବାଚନ ଅଭିଯାନ ସମୟରେ ମଧ୍ୟ ସେ ଏହି ରୁଟିନ୍ ଉପରେ ଚାଲୁଥିଲେ । ନିର୍ବାଚନୀ ସଭା ସମ୍ବୋଧିତ କରିବା ପାଇଁ ସାଧାରଣ ରୂପେ ମୋଦି ଗାନ୍ଧିନଗରର ନିଜ ସରକାରୀ ବାସଭବନରୁ ନଅ-ସାଢ଼େ ନଅଟାରେ ବାହାରୁଥିଲେ କିନ୍ତୁ ଯେତେବେଳେ ତାଙ୍କୁ ପୂର୍ବୋତ୍ତର ଅଥବା ଦକ୍ଷିଣ ଭାରତରେ ସଭା କରିବାକୁ ହେଉଥିଲା ତେବେ ତାଙ୍କୁ ସକାଳ ସାତଟାରେ ତାଙ୍କର ଆଧିକାରୀକ ବାସଭବନ ଛାଡ଼ିବାକୁ ପଡୁଥିଲା ।

ନିର୍ବାଚନ ଅଭିଯାନ ସମୟରେ ନରେନ୍ଦ୍ର ମୋଦି ଅହମଦାବାଦର ସରଦାର ପଟେଲ ବିମାନ ବନ୍ଦରରୁ ପ୍ରାୟ ପ୍ରତ୍ୟେକ ଦିନ ଉଡ଼ାଣ କରୁଥିଲେ । ଅଦାଣୀ ସମବାୟର କମ୍ପାନୀ କର୍ଣ୍ଣାବତୀ ଏଭିଏସନ୍‌ର ଚାର୍ଟାର୍ଡ ଜେଟ୍ ବିମାନରେ ସେ ନିର୍ବାଚନ ଅଭିଯାନ ସମୟରେ ବିମାନ ଯାତ୍ରା କରିଥିଲେ । ଜେଟ୍ ବିମାନରେ ମୋଦିଙ୍କ ସହ ତାଙ୍କ ପିଏ ରହୁଥିଲେ । ଏଥିରେ ନିର୍ବାଚନ ଓ ସରକାରୀ କାମଧନ୍ଦା ଉଭୟର ସମ୍ପୃକ୍ତ ଫାଇଲ୍‌ଗୁଡ଼ିକ ରହୁଥିଲା । ଯେଉଁ ସରକାରୀ ଫାଇଲ୍‌ଗୁଡ଼ିକୁ ମୋଦି ଘରେ ଶେଷ କରି ପାରୁ ନଥିଲେ, ସେଗୁଡ଼ିକୁ ବିମାନ ମଧ୍ୟରେ ଶେଷ କରୁଥିଲେ । ପୁନଃ ଯେଉଁଠି ତାଙ୍କୁ ନିର୍ବାଚନ ରାଲିରେ ସମ୍ବୋଧିତ କରିବାକୁ ହେଉଥିଲା, ସେହି ସମ୍ବନ୍ଧୀୟ ପ୍ରସଙ୍ଗ ଓ ରାଜନୈତିକ-ଜାତିଗତ ସମୀକରଣ ଉପରେ ନଜର ପକାଉଥିଲେ । ଏହି ସୂଚନା ଦଳର ସ୍ଥାନୀୟ ନେତାଙ୍କ ଠାରୁ ନେଇ କୋର୍ ରିସର୍ଚ୍ଚ ଟିମ୍ ତରଫରୁ ତାଙ୍କୁ ପୂର୍ବରୁ ହିଁ ଯୋଗାଇ ଦିଆଯାଉଥିଲା । ରାଲି ସ୍ଥଳର ନିକଟବର୍ତ୍ତି ଯେଉଁ ବିମାନ ବନ୍ଦର ଥିଲା, ସେଠାରେ ମୋଦିଙ୍କ ବିମାନ ଅବତରଣ କରୁଥିଲା । ଏହା ପରେ ସେ ହେଲିକପ୍ଟରରେ ରାଲି ସ୍ଥଳ ପାଖରେ ତିଆରି ହୋଇଥିବା ହେଲିପ୍ୟାଡ୍ ଉପରେ ଓହ୍ଲାଉଥିଲେ । ହେଲିପ୍ୟାଡ୍ ଉପରେ ଓହ୍ଲାଇବା ପରେ ମୋଦି ସମୟ ନଷ୍ଟ ନକରି ଗାଡ଼ିରେ ବସି ଯାଉଥିଲେ ଓ ଆଖି ପିଛୁଳାକେ ମଞ୍ଚ ଉପରକୁ ପହଞ୍ଚି ଯାଉଥିଲେ । ମୋଦି ସମ୍ପୂର୍ଣ୍ଣ ନିର୍ବାଚନ ଅଭିଯାନ ସମୟରେ ଗରମ ପାଣି ହିଁ ପିଉଥିଲେ । ଅତଏବ ତାଙ୍କ ଗଳା ଖରାପ ନ ହେଉ ।

ନିର୍ବାଚନ ଅଭିଯାନ ସମୟରେ ନରେନ୍ଦ୍ର ମୋଦିଙ୍କ କଠୋର ପରିଶ୍ରମର ପୁରସ୍କାର ରୂପେ ଜନସାଧାରଣ ତାଙ୍କୁ ପ୍ରଧାନମନ୍ତ୍ରୀ କରିଦେଲେ । ପ୍ରଧାନମନ୍ତ୍ରୀ ହେବା ପରେ ମଧ୍ୟ ତାଙ୍କ ପରିଶ୍ରମ ଏମିତି ହିଁ ଜାରି ରହିଛି । ନରେନ୍ଦ୍ର ମୋଦିଙ୍କ ଜଣାଶୁଣା ଲୋକଙ୍କ ମତରେ ନରେନ୍ଦ୍ର ମୋଦିଙ୍କ ଶକ୍ତିବାନ ଓ ଖୁବ୍‌ବେଶୀ ପରିଶ୍ରମୀ ହେବାର ରହସ୍ୟ ଯୋଗ ଓ ଧ୍ୟାନ ଅଟେ । ସେ ଯେ କୌଣସି ପରିସ୍ଥିତିରେ ମଧ୍ୟ ଏହାକୁ ଛାଡ଼ନ୍ତି ନାହିଁ । ପ୍ରଧାନମନ୍ତ୍ରୀ ହେବା ପରେ ଯେତେବେଳେ ସେ ସଂଯୁକ୍ତ ରାଷ୍ଟ୍ର ମହାସଭାକୁ ସମ୍ବୋଧିତ କଲେ ସେତେବେଳେ ମଧ୍ୟ ସେ ଯୋଗର ମହତ୍ତ୍ୱକୁ ରେଖାଙ୍କିତ କଲେ ଓ ସମଗ୍ର ବିଶ୍ୱବାସୀଙ୍କୁ ଯୋଗ କରିବାକୁ ଅନୁରୋଧ ମଧ୍ୟ କଲେ । ନରେନ୍ଦ୍ର ମୋଦି ସଂଯୁକ୍ତ ରାଷ୍ଟ୍ରରେ ଯୋଗର ପ୍ରଚାର ପ୍ରସାର ଉପରେ ଜୋର୍ ଦେଲେ । ସେ ବିଶ୍ୱର ପ୍ରମୁଖ ରାଜନେତାଙ୍କ ସମ୍ମୁଖରେ 'ଅନ୍ତଃରାଷ୍ଟ୍ରୀୟ ଯୋଗ ଦିବସ' ପାଳନ କରିବାକୁ ପ୍ରସ୍ତାବ ମଧ୍ୟ ରଖିଲେ ।

ମୋଦିଙ୍କ ଶକ୍ତିରୁ ଆମେରିକା ରାଷ୍ଟ୍ରପତି ବରାକ ଓବାମା ମଧ୍ୟ ପ୍ରଭାବିତ ନ ହୋଇ ରହି ପାରିଲେ ନାହିଁ । ଏଠାରେ ଏହା ଜଣାଇବା ଆବଶ୍ୟକ ଯେ ଯେତେବେଳେ ନରେନ୍ଦ୍ର ମୋଦି ଆମେରିକା ଗସ୍ତରେ

ଯାଇଥିଲେ ତଥାପି ସେହି ସମୟରେ ନବରାତ୍ର ଚାଲିଥିଲା ଓ ସେ ଉପବାସ କରିଥିଲେ । ଏକ ଖବରକାଗଜ ମୁତାବକ ଆମେରିକା ଯାତ୍ରାରେ ନରେନ୍ଦ୍ର ମୋଦିଙ୍କ ଶକ୍ତି ଓ ଜିନ୍ଦାଦିଲ୍‌ରେ ପ୍ରଭାବିତ ହୋଇ ବରାକ ଓବାମା ମଧ୍ୟ ଯୋଗ ଆରମ୍ଭ କରିବାକୁ ଇଚ୍ଛା ବ୍ୟକ୍ତ କଲେ । ହ୍ୱାଇଟ୍ ହାଉସ୍‌ର ବ୍ଲ୍ୟୁ ରୁମ୍‌ରେ ମୋଦିଙ୍କ ସହ ରାତ୍ରୀ ଭୋଜନ କରୁଥିବା ଓବାମା ତାଙ୍କ ଶକ୍ତି ଓ ତେଜରେ ମୁଗ୍ଧ ହୋଇଗଲେ । ବର୍ତ୍ତମାନ ସେ ଯୋଗକୁ କାର୍ଯ୍ୟରେ ଆଣିବାକୁ ଚିନ୍ତା କରୁଛନ୍ତି । ବିଚାରଣୀୟ ଯେ ତାଙ୍କ ପତ୍ନୀ ମିଶେଲ ଓବାମା ହ୍ୱାଇଟ୍ ହାଉସ୍‌ରେ ହିଁ ସର୍ବ ପ୍ରଥମେ ଲୟବଦ୍ଧ ଯୋଗର ଆରମ୍ଭ କରିଥିଲେ । ହ୍ୱାଇଟ୍ ହାଉସ୍ ତରଫରୁ ଜାରି ବୟାନରେ କୁହାଯାଇଛି ଯେ ଆମେରିକା ରାଷ୍ଟ୍ରପତିଙ୍କ ପାଇଁ ଆଶ୍ଚର୍ଯ୍ୟର କଥା ଥିଲା ଯେ ମୋଦି ସମ୍ପୂର୍ଣ୍ଣ ଗସ୍ତରେ ଉପବାସ ଥିଲେ । ଦକ୍ଷିଣ ଓ ମଧ୍ୟ ଏସିଆର ସହାୟକ ବିଦେଶ ସଚିବ ନିଶା ଦେସାଇ ସାମ୍ବାଦିକଙ୍କୁ କହିଲେ, 'ମୋଦିଙ୍କ ଉପବାସରେ ରହିବା ଓ ଏହା ଉପରେ ମିଡିଆରେ ଯଥେଷ୍ଟ ପରିହାସ କରାଯିବା ସତ୍ତ୍ୱେ ଓବାମା ମୋଦିଙ୍କ ଇଚ୍ଛା ଶକ୍ତିର ପ୍ରଶଂସା କରି କହିଲେ ଯେ ସେ ତାଙ୍କ ବ୍ୟସ୍ତ କାର୍ଯ୍ୟକ୍ରମରେ କେବଳ ଗରମ ପାଣିରେ ହିଁ କେମିତି ପ୍ରକାରେ ରହୁଛନ୍ତି, ଏହା ଯଥାର୍ଥ ରୂପେ ବିଚାରଯୋଗ୍ୟ ଅଟେ ।'

ଉପବାସରେ ହିଁ ନରେନ୍ଦ୍ର ମୋଦି ସଂଯୁକ୍ତ ରାଷ୍ଟ୍ର ମହାସଭାରେ ୩୩ ମିନିଟ୍ ଲମ୍ବା ଭାଷଣ ଦେଲେ ଓ ମଝିରେ ଗୋଟିଏ ଢୋକ ପାଣି ମଧ୍ୟ ପିଇ ନଥିଲେ । ମିଡିଆରେ ବାହାରିଥିବା ଖବର ମୁତାବକ ନରେନ୍ଦ୍ର ମୋଦି ନବରାତ୍ରରେ ନଅ ଦିନର ଉପବାସ ସମୟରେ କେବଳ ଗୋଟିଏ ଫଳ ଓ ଲେମ୍ବୁ ପାଣି ପିଅନ୍ତି ଏହା ପରେ ମଧ୍ୟ ତାଙ୍କ ମୁହଁରେ କେଉଁଠି ଶିଥିଳତା ଦେଖାଯାଏ ନାହିଁ । ନବରାତ୍ରର ଶେଷ ଦିନରେ ସେ ଦିଲ୍ଲୀରେ ସ୍ୱଚ୍ଛ ଭାରତ ଅଭିଯାନର ଆରମ୍ଭ କଲେ । ଏହି ଅବସରରେ ଯେଉଁ ଲୋକମାନେ ଉପସ୍ଥିତ ଥିଲେ, ସେମାନେ ନରେନ୍ଦ୍ର ମୋଦିଙ୍କ ଶକ୍ତିର ପ୍ରଶଂସା କରିବାକୁ ପଛାଇଲେ ନାହିଁ । ଜଣେ ସରକାରୀ ଅଧିକାରୀ କହନ୍ତି ଯେ ଉପବାସରେ ଥିବା ସତ୍ତ୍ୱେ ନରେନ୍ଦ୍ର ମୋଦି ନା କେବଳ ଜୋର୍‌ଦାର ଭାଷଣ ଦେଲେ ବରଂ ମୁଣ୍ଡଫଟା ଖରାରେ ପାଖାପାଖି ଦୁଇ କିଲୋମିଟର ଚାଲିଚାଲି ଓ ତାହା ମଧ୍ୟ ଅଧିକ ଗତିରେ । ଏହି ଅଧିକାରୀଙ୍କ କହିବା କଥା ଯେ ତାଙ୍କ ପଛରେ ଚାଲୁଥିବା ନବଯୁବକ କ୍ଳାନ୍ତ ଦେଖାଯାଉଥିଲେ କିନ୍ତୁ ନରେନ୍ଦ୍ର ମୋଦିଙ୍କ ମୁହଁରେ କେଉଁଠି କୌଣସି ଶିଥିଳତା ଦେଖା ଯାଉନଥିଲା ।

ଏଠାରେ ଏକ ମହତ୍ୱପୂର୍ଣ୍ଣ କଥା ହେଲା ଯେ ନରେନ୍ଦ୍ର ମୋଦି ଅକ୍ଟୋବର ୧ ତାରିଖ ରାତିରେ ଆମେରିକା ଯାତ୍ରାରୁ ଫେରିଥିଲେ ଓ ଏହା ପରେ ଅକ୍ଟୋବର ୨ ତାରିଖ, ୨୦୧୪ ର ତାଙ୍କ ରୁଟିନ୍ ମଧ୍ୟ ସକାଳୁ-ସକାଳୁ ଆରମ୍ଭ ହୋଇ ଯାଇଥିଲା । ତାଙ୍କୁ ସକାଳ ୭ଟାରେ ରାଜଘାଟରେ ପହଞ୍ଚିବାର ଥିଲା । ବର୍ତ୍ତମାନ ସୁସ୍ପଷ୍ଟ ଯେ କେହି ଆମେରିକାର ପାଞ୍ଚ ଦିନର ଯାତ୍ରାରୁ ଫେରିବା ପରେ ତା' ପର ଦିନ ପୁଣି ସକାଳୁ ଦୌଡ଼ା-ଧପଡ଼ା କରିବାର ଶକ୍ତି ନଥାଏ । ତାହା ପୁଣି ସେତେବେଳେ, ଯେତେବେଳେ ସେ ଉପବାସରେ ଥିବେ । କିନ୍ତୁ ଏଠାରେ ନରେନ୍ଦ୍ର ମୋଦି ଅନ୍ୟ ଲୋକଙ୍କ ଠାରୁ ଅଲଗା ବାରି ହୁଅନ୍ତି । ଏତେ ସବୁ ହେବା ପରେ ମଧ୍ୟ ସେ ପୂର୍ବନିର୍ଦ୍ଧାରିତ ସମୟ ହିସାବରେ ପ୍ରତ୍ୟେକ କାର୍ଯ୍ୟକ୍ରମରେ ଭାଗ ନେଲେ । ଅକ୍ଟୋବର ୩ ତାରିଖ, ୨୦୧୪ ରେ ଦଶହରା ଥିଲା । ସେହି ଦିନ ନରେନ୍ଦ୍ର ମୋଦି ରେଡିଓରେ ଦେଶବାସୀଙ୍କୁ ସମ୍ବୋଧିତ କଲେ । ସମ୍ଭବତଃ ଏହି ଦିନ ସେ ଟିକେ ଆରାମ କରିଥିବେ, ଯେହେତୁ ସେହି ଦିନ ସରକାରୀ କାର୍ଯ୍ୟାଳୟ ବନ୍ଦ ଥିଲା । କିନ୍ତୁ ୪ ଓ ୫ ଅକ୍ଟୋବର, ୨୦୧୪ ରେ ମଧ୍ୟ ଶନିବାର ଓ ରବିବାର ହୋଇଥିବାରୁ ସରକାରୀ ଛୁଟି ଥିଲା । କିନ୍ତୁ ଏହି ଦୁଇ ଦିନର ବ୍ୟବହାର ନରେନ୍ଦ୍ର ମୋଦି ଆରାମ କରିବ ପାଇଁ ନୁହେଁ ବରଂ ସେ ସମ୍ପୂର୍ଣ୍ଣ ସାମର୍ଥ୍ୟର ସହ ମହାରାଷ୍ଟ୍ର ଓ ହରିୟାଣାରେ ହେବାକୁ ଥିବା ବିଧାନସଭା ନିର୍ବାଚନ ପାଇଁ ନିର୍ବାଚନ ଅଭିଯାନରେ ଲାଗିଗଲେ ଓ ଗୋଟିଏ ପରେ

ଗୋଟିଏ ଅତି ଶୀଘ୍ର ଅନେକ ରାଲିରେ ସମ୍ବୋଧିତ କଲେ । ଏମିତି ଅନେକ ଉଦାହରଣ ଭରି ରହିଛି । ଏମିତି ସମସ୍ତ ଉଦାହରଣର ଉଲ୍ଲେଖ କରିବା ଏଠାରେ ସମ୍ଭବ ନୁହେଁ ।

ପ୍ରଧାନମନ୍ତ୍ରୀ ହେବା ପରେ ନରେନ୍ଦ୍ର ମୋଦିଙ୍କ ଦିନଚର୍ଯ୍ୟା କ'ଣ ? ଏ ବାବଦରେ ନିଶ୍ଚୟ ରୂପେ ତଥାପି କେବଳ ନରେନ୍ଦ୍ର ମୋଦି ହିଁ କହିପାରିବେ । କିନ୍ତୁ ଆଖ-ପାଖ ଲୋକଙ୍କ ଠାରୁ ମିଳିଥିବା ସୂଚନା ଆଧାରରେ ଦୈନିକ ଭାସ୍କର ନରେନ୍ଦ୍ର ମୋଦିଙ୍କ ଦିନଚର୍ଯ୍ୟା ପ୍ରକାଶିତ କରିଛି । ଆମେ ଏଠାରେ ତାକୁ ଉଲ୍ଲେଖ କରୁଛୁ:

ସକାଳ ୫.୦୦ ରେ ଉଠନ୍ତି ।

୫.୧୫ ରେ ଇଣ୍ଟରନେଟ୍ ଓ ଚା' । ସେ ପୂର୍ବ ଦିନର ଟ୍ୱିଟ୍ ଓ ପିଏମ୍‌ଓ ୱେବ୍‌ସାଇଟ୍‌ରେ ଆସିଥିବା ପ୍ରତିକ୍ରିୟା ଉପରେ ନଜର ପକାନ୍ତି ।

୬ ଟାରେ- ଯୋଗାଭ୍ୟାସ । ନିୟମିତ ରୂପେ ପ୍ରତିଦିନ ସକାଳୁ ଅଧା ଘଣ୍ଟା ଯୋଗ ଓ ଧ୍ୟାନ କରନ୍ତି, ସେ ଦେଶ ଭିତରେ ଥାଆନ୍ତୁ କି ବିଦେଶରେ ।

୮ ଟାରେ- ବନ୍ଧୁଙ୍କ ଫୋନ୍ ।

୯ ଟାରେ- ଜଳଖିଆ । ତାଙ୍କୁ ଜଳଖିଆରେ ଗୁଜରାଟୀ ବ୍ୟଞ୍ଜନ ପସନ୍ଦ

ଅଫିସ୍ ବାହାରିବା ପୂର୍ବରୁ ସେ କିଛି ଜରୁରୀ ଫୋନ୍ କରନ୍ତି ଓ ଯଦି କୌଣସି ଫାଇଲ୍ ଆଏ ତେବେ ତାକୁ ଦେଖନ୍ତି । କିଛି ଲୋକଙ୍କ ସହ ସାକ୍ଷାତ ମଧ୍ୟ କରନ୍ତି ।

୯.୩୦ ରେ- ଅଫିସ୍ ପହଞ୍ଚି ଯାଆନ୍ତି ।

ସର୍ବ ପ୍ରଥମେ ଘରୋଇ ସଚିବଙ୍କଠାରୁ ସାରା ଦିନର ସିଡ୍ୟୁଲକୁ ଧ୍ୟାନ ଦିଅନ୍ତି । ଏଥିରେ ମନ୍ତ୍ରୀ, ଅଫିସର ଓ ଅତିଥିଙ୍କ ସହ ସାକ୍ଷାତର ସମୟ ଲେଖା ହୋଇଥାଏ । ଏହା ବ୍ୟତୀତ ଇନ୍‌ସ୍ପେକ୍‌ସନ, ପ୍ରେଜେଣ୍ଟେସନ୍ ଆଦିର ସୂଚନା ରହିଥାଏ ।

ଦ୍ୱିପ୍ରହର ୧୨.୦୦ ରେ- ଅଳ୍ପାହାର ।

ଅଫିସରଙ୍କ ସହ ମୋଦିଙ୍କ କାମ ଦୁଇ ଭାଗରେ ବିଭକ୍ତ । ପିଏମ୍‌ଓ ୱେବ୍‌ସାଇଟରେ ଅଫିସରଙ୍କ ତରଫରୁ ଆସିଥିବା କାମରେ ସୁଧାର ଓ ଶାସନ ସମ୍ବନ୍ଧିତ ପ୍ରସ୍ତାବ ଦେଖନ୍ତି । ଏହି ପ୍ରସ୍ତାବ ଦେବ ପାଇଁ ସେ ନିଜେ କହିଛନ୍ତି । କର୍ମଚାରୀଙ୍କ ପ୍ରୋତ୍ସାହନ କରିବା ପାଇଁ 'ଏମ୍ପ୍ଲଇ ଅଫ୍ ଦ ମନ୍ଥ' ଓ 'ଏମ୍ପ୍ଲଇ ଅଫ୍ ଦ ଇୟର୍' ସ୍କିମ୍ । ଅଫିସରଙ୍କ ପ୍ରେଜେଣ୍ଟେସନ୍ ଦେଖନ୍ତି ଓ ମଝିରେ-ମଝିରେ ପ୍ରଶ୍ନ କରନ୍ତି । ଏହି ସମୟର ଚାପଗ୍ରସ୍ତ ବାତାବରଣକୁ ସାମାନ୍ୟ କରିବା ପାଇଁ ସେ ଶେଷରେ କିଛି ଥଟ୍ଟା ମଧ୍ୟ କରନ୍ତି । ନରେନ୍ଦ୍ର ମୋଦି ମନ୍ତ୍ରୀଙ୍କୁ ୧୮ ଘଣ୍ଟା କାମ କରିବା ପାଇଁ କହନ୍ତି । ସେ ଏହି ନିର୍ଦ୍ଦେଶର ପ୍ରତିଦିନ ମନିଟରିଂ ମଧ୍ୟ କରନ୍ତି ।

ସନ୍ଧ୍ୟା ୬.୧୫ ରେ- ଚା' । ମୋଦି ଦିନକୁ ଦୁଇଥର ଚା' ପିଅନ୍ତି ।

ସନ୍ଧ୍ୟା ୭.୩୦ ରେ- ଘରକୁ ପହଞ୍ଚି ଯାଆନ୍ତି । ଘରେ ପହଞ୍ଚିବା ପରେ ମଧ୍ୟ ମନ୍ତ୍ରୀ ଓ ଅଫିସରଙ୍କ ସହ ଫୋନ୍ ଜରିଆରେ କଥାବାର୍ତ୍ତା ହେଉଥାନ୍ତି ।

ରାତି ୯.୧୦ ରେ- ଭୋଜନ ।

ଏହା ପରେ ଫାଇଲଗୁଡ଼ିକର କାମ ସମ୍ପୂର୍ଣ୍ଣ କରନ୍ତି । ପର ଦିନର ରୁଟିନ୍ ଉପରେ ନଜର ନ ଦେଇ ଶୋଇବାକୁ ଯାଆନ୍ତି ନାହିଁ । ସାଧାରଣ ଭାବେ ତାଙ୍କ ଶୋଇବା ସମୟ ୧୧ଟା, କିନ୍ତୁ ବ୍ୟସ୍ତତା ଯୋଗୁଁ ରାତିରେ ୧.୦୦ ମଧ୍ୟ ବାଜିଯାଏ ।

ନରେନ୍ଦ୍ର ମୋଦି ନା କେବଳ ନିଜେ ଖୁବ୍‌ବେଶୀ ପରିଶ୍ରମୀ ଅଟନ୍ତି ବରଂ ସେ ତାଙ୍କ ଟିମ୍‌ର ଲୋକଙ୍କ ଠାରୁ ମଧ୍ୟ ଏହି ଆଶା କରନ୍ତି ଯେ ସେମାନେ ପରିଶ୍ରମ ସହ କାମ କରନ୍ତୁ । ସେ ଶ୍ରମର ମହତ୍ତ୍ୱକୁ ମଧ୍ୟ

ଭଲଭାବେ ବୁଝନ୍ତି । ଏହା ହିଁ କାରଣ ଯେ ସେ ପ୍ରଧାନମନ୍ତ୍ରୀ ଭାବେ 'ଶ୍ରମେବ ଜୟତେ' ନାମରେ ଏକ ଯୋଜନା ଆରମ୍ଭ କରିଛନ୍ତି । ଯେଉଁ କାର୍ଯ୍ୟକ୍ରମରେ ନରେନ୍ଦ୍ର ମୋଦି ପଣ୍ଡିତ ଦିନଦୟାଲ ଉପାଧ୍ୟାୟ ଶ୍ରମେବ ଜୟତେ ଯୋଜନାର ଆରମ୍ଭ କରି ସେଥିରେ ମଧ୍ୟପ୍ରଦେଶ, ରାଜସ୍ଥାନ, ବିହାର, ଓଡ଼ିଶା, ଛତିଶଗଡ଼, ଆସାମ, କର୍ଣ୍ଣାଟକ, ମେଘାଳୟ, ପୁଡୁଚେରୀ ସହିତ ୨୦ରୁ ଅଧିକ ରାଜ୍ୟର ଶ୍ରମ, ସ୍ୱାସ୍ଥ୍ୟ ଓ ବିଶ୍ୱବ୍ୟାପୀ କୌଶଳ ଶିକ୍ଷା ମନ୍ତ୍ରୀମାନେ ମଧ ଭାଗ ନେଇଥିଲେ । ଶ୍ରମେବ ଜୟତେ ଆଧାରରେ ଏହି ପାଞ୍ଚ ପ୍ରମୁଖ ଯୋଜନାକୁ ସାମିଲ କରାଯାଇଛି:

ସମର୍ପିତ ଶ୍ରମ ସୁବିଧା ପୋର୍ଟାଲ: ଏହା ପାଖାପାଖି ୬ ଲକ୍ଷ ୟୁନିଟ୍‌କୁ ଶ୍ରମ ପରିଚୟ ସଂଖ୍ୟା ଆବଣ୍ଟିତ କରିବ ଓ ସେମାନଙ୍କୁ ୪୪ ଶ୍ରମ ଆଇନ ମଧ୍ୟରୁ ୧୬ଟି ପାଇଁ ଅନ୍‌ଲାଇନ ସ୍ୱୀକୃତି ପଇଠ କରିବାକୁ ଅନୁମତି ଦେବ ।

ଆକସ୍ମିକ ନିରୀକ୍ଷଣର ନୂଆ ଯୋଜନା: ନିରୀକ୍ଷଣ ପାଇଁ ସଂକଳନଙ୍କୁ ବାଛିବାରେ ଟେକ୍ନୋଲଜିର ବ୍ୟବହାର, ଓ ଇନ୍‌ସ୍ପେକ୍‌ସନ୍‌ର ୭୨ ଘଣ୍ଟା ଭିତରେ ରିପୋର୍ଟର ନିରୀକ୍ଷଣ କରିବାକୁ ପଡ଼ିବ ।

ୟୁନିଭର୍ସାଲ ଖାତା ସଂଖ୍ୟା: ଏଥିରୁ ୪.୧୭ କୋଟି କର୍ମଚାରୀଙ୍କ ନିଜ ପୋର୍ଟେବଲ, ଚିନ୍ତାମୁକ୍ତ ଓ ଏମିତି ଭବିଷ୍ୟ ନିଧି ଖାତା ହେବ ଯାହା ପର୍ଯ୍ୟନ୍ତ କେଉଁଠାରୁ ମଧ ପହଞ୍ଚି ଯାଇ ପାରିବ ।

ପ୍ରଶିକ୍ଷକ ପ୍ରୋତ୍ସାହନ ଯୋଜନା: ଏଥିରୁ ପ୍ରଶିକ୍ଷକଙ୍କୁ ପ୍ରଥମ ଦୁଇ ବର୍ଷ ସମୟରେ ଦିଆଯିବାକୁ ଥିବା ଅର୍ଥର ୫୦ ପ୍ରତିଶତ ଫେରାଇ ମୁଖ୍ୟ ରୂପେ ନିର୍ମାଣ ସଂକଳନ ଓ ଅନ୍ୟ ପ୍ରତିଷ୍ଠାନଙ୍କୁ ସାହାଯ୍ୟ ମିଳିବ ।

ପୁନର୍ଗଠିତ ରାଷ୍ଟ୍ରୀୟ ସ୍ୱାସ୍ଥ୍ୟ ବୀମା ଯୋଜନା: ଅସଂଗଠିତ କ୍ଷେତ୍ରରେ ଶ୍ରମିକଙ୍କୁ ସ୍ମାର୍ଟ କାର୍ଡ ଦେବା ଯେଉଁଥିରେ ଆଉ ଦୁଇଟି ସାମାଜିକ ସୁରକ୍ଷା ଯୋଜନାର ବିବରଣ ଥିବ ।

କାର୍ଯ୍ୟଦକ୍ଷତା

ଯେ କୌଣସି କ୍ଷେତ୍ରରେ କାମ କରୁଥିବା ଲୋକଙ୍କ ସଫଳତା ପାଇଁ ସେମାନଙ୍କ କାର୍ଯ୍ୟକୁଶଳ ହେବା ଆବଶ୍ୟକ ଅଟେ । ଅଦ୍ୟପି କାର୍ଯ୍ୟଦକ୍ଷତା ନ ଥିବ ତଥାପି ପୁନଃ ଅନେକ ଲୋକ ଯଥେଷ୍ଟ ପରିଶ୍ରମ କରିବା ପରେ ଅପେକ୍ଷିତ ପରିଣାମ ଦେଇ ପାରନ୍ତି ନାହିଁ । ସେହିଠାରେ କିଛି ଲୋକ ଏମିତି ମଧ୍ୟ ଥାଆନ୍ତି ଯେଉଁମାନେ କମ୍ ପରିଶ୍ରମ କରି ହିଁ ଅପେକ୍ଷିତ ପରିଣାମ ହାସଲ କରି ନିଅନ୍ତି । ଯେଉଁ ଲୋକ ଏମିତି ହୋଇଥାନ୍ତି ସେମାନଙ୍କୁ କାର୍ଯ୍ୟକୁଶଳ କୁହାଯାଏ । ଜୀବନ ପରିଚାଳନାରେ କାର୍ଯ୍ୟକୁଶଳତାର ଭୂମିକା ଗୁରୁତ୍ୱ ହୋଇଥାଏ । ଅଦ୍ୟପି କୌଣସି ବ୍ୟକ୍ତି କାର୍ଯ୍ୟକୁଶଳ ଥାଏ ତଥାପି ତା' ପାଇଁ ଏକସାଙ୍ଗେ ଅନେକ କାର୍ଯ୍ୟକୁ ପ୍ରଭାବୀ ଢଙ୍ଗରେ ସମ୍ପୂର୍ଣ୍ଣ କରିବା ସହଜ ହୋଇଥାଏ ।

ଅଦ୍ୟପି ନରେନ୍ଦ୍ର ମୋଦିଙ୍କ କାମ କରିବାର ଶୈଳୀକୁ ଧ୍ୟାନର ସହକରେ ଦେଖାଯାଏ ତଥାପି ଜଣାପଡ଼େ ଯେ ସେ ନିଜ କାମ କାର୍ଯ୍ୟକୁଶଳତାର ସହ ସମ୍ପୂର୍ଣ୍ଣ କରନ୍ତି । ଅଦ୍ୟପି ତାଙ୍କୁ ଆରମ୍ଭରେ ରାଷ୍ଟ୍ରୀୟ ସ୍ୱୟଂସେବକ ସଂଘର କାର୍ଯ୍ୟାଳୟରେ ଛୋଟ-ମୋଟ କାମ କରିବାର ଦାୟିତ୍ୱ ମିଳିଥାଉ ଅଥବା ପୁନଃ ସଂଘ ଭିତରେ ଅନ୍ୟ ଦାୟିତ୍ୱ । ସମସ୍ତ କାର୍ଯ୍ୟକୁ ସେ କୁଶଳତା ସହ ସମ୍ପୂର୍ଣ୍ଣ କଲେ । ଯେତେବେଳେ ତାଙ୍କୁ ଦଳରେ ରାଷ୍ଟ୍ରୀୟ ସ୍ତରରେ ଦାୟିତ୍ୱ ଦିଆଗଲା ତେବେ ସେଥିରେ ମଧ୍ୟ ସେ କାର୍ଯ୍ୟଦକ୍ଷତାର ପରିଚୟ ଦେଲେ ଓ ନିଜ ଦାୟିତ୍ୱର ନିର୍ବାହ ଦାୟିତ୍ୱର ସହ କଲେ । ଏହା ତାଙ୍କର କାର୍ଯ୍ୟଦକ୍ଷତାର ହିଁ ପରିଣାମ ଥିଲା ଯେ ତାଙ୍କୁ ଦଳରେ ଗୋଟିଏ ପରେ ଗୋଟିଏ ବଡ଼ ଦାୟିତ୍ୱ ମିଳି ଚାଲିଲା । ଏହି ପ୍ରକ୍ରିୟାରେ ତାଙ୍କୁ ଗୁଜରାଟର ମୁଖ୍ୟମନ୍ତ୍ରୀ ମଧ୍ୟ କରାଗଲା ।

ଗୁଜରାଟର ମୁଖ୍ୟମନ୍ତ୍ରୀ ରୂପେ ପାଖାପାଖି ୧୩ ବର୍ଷର କାର୍ଯ୍ୟକାଳରେ ମଧ୍ୟ ସେ କାର୍ଯ୍ୟଦକ୍ଷତାର ପରିଚୟ ଦେଲେ । ସେ ଗୁଜରାଟକୁ ଅନେକ କ୍ଷେତ୍ରରେ ଦେଶର ଅଗ୍ରଣୀ ରାଜ୍ୟ କଲେ । ବିକାଶ ପ୍ରସଙ୍ଗରେ ଗୁଜରାଟ ତାଙ୍କ ନେତୃତ୍ୱରେ ଅନେକ ପ୍ରତିବିମ୍ବ ଗଢ଼ିଲା । କିନ୍ତୁ ଯେ କୌଣସି ସଫଳତାରେ ସେ ଅଟକି ନାହାନ୍ତି । ନରେନ୍ଦ୍ର ମୋଦି ଲଗାତର୍ ଭଲରୁ ଭଲ କାମ କରିବା ଦିଗରେ ଯଥେଷ୍ଟ ଦକ୍ଷତାର ସହ କାମ କଲେ । ଯେତେବେଳେ ତାଙ୍କୁ ଭାଜପା ତରଫରୁ ପ୍ରଧାନମନ୍ତ୍ରୀ ପଦବୀର ପ୍ରାର୍ଥୀ କରାଗଲା ସେତେବେଳେ ମଧ୍ୟ ସେ ଏହି ଦାୟିତ୍ୱର ନିର୍ବାହନ ଯଥେଷ୍ଟ ଦକ୍ଷତାର ସହ କଲେ ଓ ଭାଜପାକୁ ଦଶ ବର୍ଷ ପରେ କେନ୍ଦ୍ରର ଶାସନକୁ ଫେରାଇଲେ । ତାହା ମଧ୍ୟ ପୂର୍ଣ୍ଣ ବହୁମତରେ । ନରେନ୍ଦ୍ର ମୋଦି ଯେଉଁ କାର୍ଯ୍ୟଦକ୍ଷତାର ସହ କାମ କରନ୍ତି, ଅଦ୍ୟପି ତାହାର କିଛି ଅଂଶ ମଧ୍ୟ ଲୋକେ ତାଙ୍କ ଜୀବନରେ ଆଣିବେ ତେବେ ତାଙ୍କ ପାଇଁ ସଫଳତାର ରାସ୍ତା ଖୋଲି ପାରିବ ।

ଭାରତର ପ୍ରଧାନମନ୍ତ୍ରୀ ପଦବୀ ସମ୍ଭାଳିବା ପରେ ମଧ୍ୟ ସେ ଯେଉଁ କାର୍ଯ୍ୟ କରିଛନ୍ତି, ସେଥିରେ ତାଙ୍କର କାର୍ଯ୍ୟଦକ୍ଷତାର ଝଲକ ସ୍ପଷ୍ଟ ରୂପେ ଦେଖାଯାଏ । ସେ ଲଗାତର୍ ଏହି ବିଷୟ ପାଇଁ ଚେଷ୍ଟା କରୁଛନ୍ତି ଯେ ସମ୍ପୂର୍ଣ୍ଣ ସରକାରୀ କଳ ଦକ୍ଷତାର ସହ କାମ କରୁ ଓ ଶାସନ ତନ୍ତ୍ରରେ ଯେଉଁ ଅନାବଶ୍ୟକ ଶୈଳୀ ଅଛି, ସେଥିରୁ ମୁକ୍ତି ମିଳୁ । ଏହି ଅଧ୍ୟାୟରେ ସେ ପ୍ରଧାନମନ୍ତ୍ରୀ ହେବା ପରେ ମନ୍ତ୍ରାଳୟ ଓ ବିଭାଗଗୁଡ଼ିକର ସଶକ୍ତିକରଣ ପାଇଁ ସମସ୍ତ ୯ ଅଧିକାର ପ୍ରାପ୍ତ ମନ୍ତ୍ରୀ ସମୂହ ଓ ୨୧ ମନ୍ତ୍ରୀ ସମୂହଙ୍କୁ

ସମାପ୍ତ କରିବାର ନିଷ୍ପତ୍ତି ନେଲେ । ଏଥିରୁ ନିର୍ଣ୍ଣୟ ନେବା ପ୍ରକ୍ରିୟା ଶୀଘ୍ର ହେବ ଓ ବ୍ୟବସ୍ଥାରେ ଅଧିକ ଉତ୍ତରଦାୟୀ ଆସିବ । ମନ୍ତ୍ରୀ ସମୂହଙ୍କ ସାମ୍ନାରେ ବାକି ଥିବା ପ୍ରସଙ୍ଗଗୁଡ଼ିକୁ ବର୍ତ୍ତମାନ ମନ୍ତ୍ରାଳୟ ଓ ବିଭାଗ ଦ୍ୱାରା ପ୍ରୋସେସ୍ କରାଯିବ ଓ ସେ ନିଜେ ସେମାନଙ୍କ ବ ବଦରେ ନିର୍ଣ୍ଣୟ ନେବେ । ଯେଉଁଠି ମନ୍ତ୍ରାଳୟକୁ କୌଣସି କଷ୍ଟ ହେବ ତେବେ କ୍ୟାବିନେଟ୍ ସଚିବାଳୟ ଓ ପ୍ରଧାନମନ୍ତ୍ରୀ କାର୍ଯ୍ୟାଳୟ ନିର୍ଣ୍ଣୟ ନେବାର ପ୍ରକ୍ରିୟାରେ ସହାୟତା ପହଞ୍ଚାଇବେ ।

ଏହା ବ୍ୟତୀତ ପ୍ରଧାନମନ୍ତ୍ରୀ ନରେନ୍ଦ୍ର ମୋଦି ମନ୍ତ୍ରୀମଣ୍ଡଳର ଚାରୋଟି ସ୍ଥାୟୀ ସମିତିକୁ ସମାପ୍ତ କରିବାକୁ ମଧ୍ୟ ନିଷ୍ପତ୍ତି ନେଲେ । ଏଥି ମଧ୍ୟରୁ ପ୍ରଥମ ହେଲା ପ୍ରାକୃତିକ ବିପଦ ପରିଚାଳନା ଉପରେ ମନ୍ତ୍ରୀମଣ୍ଡଳୀୟ ସମିତି । ବର୍ତ୍ତମାନ ପ୍ରାକୃତିକ ବିପଦର ସ୍ଥିତିରେ ଏହି ସମିତିର କାର୍ଯ୍ୟ କ୍ୟାବିନେଟ୍ ସଚିବଙ୍କ ଅନ୍ତର୍ଗତ ସମିତି ଦ୍ୱାରା କରାଯିବ । ଦ୍ୱିତୀୟଟି ହେଲା ମୂଲ୍ୟ ଉପରେ ମନ୍ତ୍ରୀମଣ୍ଡଳୀୟ ସମିତି । ଏହି ସମିତିର କାର୍ଯ୍ୟ ଆର୍ଥିକ ପ୍ରସଙ୍ଗର ମନ୍ତ୍ରୀମଣ୍ଡଳୀୟ ସମିତି ଦେଖିବ । ଯେଉଁ ତୃତୀୟ ସମିତିକୁ ଶେଷ କରିବାର ନିଷ୍ପତ୍ତି ନରେନ୍ଦ୍ର ମୋଦି ନେଲେ, ତାହା ବିଶ୍ୱ ବାଣିଜ୍ୟ ସଂଗଠନ ପ୍ରସଙ୍ଗରେ ମନ୍ତ୍ରୀମଣ୍ଡଳୀୟ ସମିତି । ଏହି ସମିତିର ଅନ୍ତ ହେବା ପରେ ଆର୍ଥିକ ପ୍ରସଙ୍ଗ ଉପରେ ମନ୍ତ୍ରୀମଣ୍ଡଳୀୟ ସମିତି ଏହି ସମିତିର କାର୍ଯ୍ୟ କରିବ ଓ ଆବଶ୍ୟକ ପଡ଼ିଲେ ପୂର୍ଣ୍ଣ ମନ୍ତ୍ରୀମଣ୍ଡଳୀୟ ସମିତି ଏହାର କାର୍ଯ୍ୟ କରିବ । ଏହି ଅଧ୍ୟାୟର ଅନ୍ତିମ ସମିତି ହେଲା ଭାରତ ସମ୍ବନ୍ଧୀୟ ପ୍ରସଙ୍ଗର ବିଶିଷ୍ଟ ପରିଚୟ ପ୍ରାଧିକରଣ ଉପରେ ମନ୍ତ୍ରୀମଣ୍ଡଳୀୟ ସମିତି । ଏହି କ୍ଷେତ୍ରରେ ପ୍ରମୁଖ ନିଷ୍ପତ୍ତି ପୂର୍ବରୁ ହିଁ ନିଆଯାଇଛି ଓ ଶେଷ ପ୍ରସଙ୍ଗ ଆର୍ଥିକ ପ୍ରସଙ୍ଗ ଉପରେ ମନ୍ତ୍ରୀମଣ୍ଡଳୀୟ ସମିତି ସମ୍ମୁଖସ୍ଥ ପଠାଯିବ । ଏହି ପ୍ରକାରେ ଦେଖାଯାଏ ତେବେ ନରେନ୍ଦ୍ର ମୋଦି ଦେଶରେ ଏକ ଏମିତି ଶାସନ ତନ୍ତ୍ର କାଏମ୍ କରିବାକୁ ଚାହୁଁଛନ୍ତି ଯେଉଁଥିରେ ସେତିକି ହିଁ ସଂସ୍ଥା ରହିବ ଯେତିକି ଆବଶ୍ୟକ ଅଟେ । ଏମିତି ସଂସ୍ଥାଙ୍କ କୌଣସି ଅର୍ଥ ନାହିଁ ଯାହାଙ୍କ ପାଖରେ କୌଣସି କାମ ନାହିଁ କିନ୍ତୁ ସେଗୁଡ଼ିକୁ ବହୁ ପୂର୍ବରୁ ତିଆରି କରାଯାଇଛି, ଏଥିପାଇଁ ସେଗୁଡ଼ିକୁ ବହନ ଯାଉଛି । ନରେନ୍ଦ୍ର ମୋଦି ସବୁବେଳେ କହନ୍ତି - ମିନିମମ୍ ଗବର୍ନମେଣ୍ଟ, ମାକ୍ସିମମ୍ ଗବର୍ନାନ୍ସ ।

ଏହି ଲକ୍ଷ୍ୟ ସିଧା କାର୍ଯ୍ୟଦକ୍ଷତା ସହ ଯୋଡ଼ି ହୋଇଛି । ଏହି ଦିଗରେ ନରେନ୍ଦ୍ର ମୋଦି ଅନେକ ସ୍ତରରେ ଚେଷ୍ଟା କରୁଛନ୍ତି । ପ୍ରଧାନମନ୍ତ୍ରୀ ପଦବୀ ସମ୍ଭାଳିବାର ଦଶ ଦିନ ଭିତରେ ମାନେ ଜୁନ୍ ୪ ତାରିଖ, ୨୦୧୪ ରେ ସେ କେନ୍ଦ୍ର ସରକାରଙ୍କ ସମସ୍ତ ମନ୍ତ୍ରାଳୟର ସଚିବ ସରକାରଙ୍କ ବିଭିନ୍ନ ବିଭାଗର ବରିଷ୍ଠ ଅଧିକାରୀଙ୍କ ସହ ବୈଠକ କଲେ । ଏମିତି ବୈଠକ ଆଠ ବର୍ଷରୁ ଅଧିକ ଲମ୍ବା ବ୍ୟବଧାନ ପରେ ଆୟୋଜିତ କରାଗଲା । ପ୍ରଧାନମନ୍ତ୍ରୀ ପାଖାପାଖି ଅଢ଼େଇ ଘଣ୍ଟା ଚାଲିଥିବା ବୈଠକରେ ସଚିବଙ୍କ ପରାମର୍ଶ ଓ ଟିପ୍ପଣୀଗୁଡ଼ିକୁ ଧ୍ୟାନର ସହ ଶୁଣିଲେ । ନରେନ୍ଦ୍ର ମୋଦି ସଚିବଙ୍କ ସେହି କଥାକୁ ଧ୍ୟାନର ସହ ଶୁଣିଲେ ଯେଉଁଥିରେ ସେ ଏହି ବିଷୟ ଉପରେ ଚିନ୍ତା ପ୍ରକଟ କରିଥିଲେ ଯେ ଅବସ୍ଥା ଯୋଗୁଁ ସେମାନଙ୍କ ସମ୍ପୂର୍ଣ୍ଣ କ୍ଷମତାର ଉପଯୋଗ ହୋଇ ପାରୁନାହିଁ । ପରନ୍ତୁ, ମୋଦି ଦେଶର ଉଜ୍ଜ୍ୱଳ ଭବିଷ୍ୟତ ନିର୍ମାଣ ପାଇଁ ସଚିବଙ୍କ ପ୍ରତିବଦ୍ଧତା ଓ ଦକ୍ଷତାରେ ସମ୍ପୂର୍ଣ୍ଣ ବିଶ୍ୱାସ ପ୍ରକଟ କଲେ ।

ନରେନ୍ଦ୍ର ମୋଦି ବରିଷ୍ଠ ଅଫିସରଙ୍କୁ କହିଲେ ଯେ ପ୍ରଶାସନିକ ନିୟମ ଓ ପ୍ରକ୍ରିୟାଗୁଡ଼ିକୁ ସରଳ କରାଯାଉ ଅତଏବ ସେମାନେ ଜନସାଧାରଣଙ୍କ ଅନୁକୂଳ ହୋଇ ପାରିବେ । ସେ ସମବାୟ ଭାବନାର ଆବଶ୍ୟକତା ଉପରେ ଜୋର୍ ଦେଲେ ଓ ସଚିବଙ୍କୁ ଅନୁରୋଧ କଲେ ଯେ ସେମାନେ ସେମାନଙ୍କ ସମବାୟର ନେତା ହୁଅନ୍ତୁ । ଏହି ଢଙ୍ଗରେ ନିଜ ଅଧିକାରିଙ୍କୁ ପ୍ରୋତ୍ସାହିତ କରିବାର ଉଦାହରଣ କମ୍ ଅଛି । ଏଠାରେ ନରେନ୍ଦ୍ର ମୋଦି ଆମକୁ ଏହା ଶିଖାଉଛନ୍ତି ଯେ ଅଥବା ଆମେ କେଉଁଠି ମଧ୍ୟ କାମ କରୁ, ଅଦ୍ୟପି ଆମେ ଟିମ୍ ଲିଡ୍ କରୁଛନ୍ତି ତଥାପି ଆମର ଭରସା ଆମ ଟିମ୍‌ର ସାଥୀଙ୍କ ଉପରେ ରହିବା ଉଚିତ । ଯେଉଁ ଟିମ୍ ଲିଡର୍ ଏମିତି କରେ, ସେ ସଫଳ ହୁଏ ଓ ଯିଏ ନିଜ ସାଥୀଙ୍କ ଉପରେ ସନ୍ଦେହ କରେ, ସେ ବିପଦରେ ପଡ଼େ ।

ଏହି ବୈଠକରେ ନରେନ୍ଦ୍ର ମୋଦି ଅଧିକାରୀଙ୍କୁ ନିର୍ଣ୍ଣୟ ନେବା ପାଇଁ ପ୍ରୋତ୍ସାହିତ କଲେ ଓ ଆଶ୍ୱାସନା ଦେଲେ ଯେ ସେ ସେମାନଙ୍କ ସାଙ୍ଗରେ ଅଛନ୍ତି । ପ୍ରଧାନମନ୍ତ୍ରୀ କହିଲେ ଯେ ଶାସନ ପ୍ରକ୍ରିୟାରେ ବିଚାରକୁ ସଂସ୍ଥାରେ ପରିବର୍ତ୍ତନ କରାଯିବା ଉଚିତ ଯେହେତୁ ବ୍ୟକ୍ତିଙ୍କ ତୁଳନାରେ ସଂସ୍ଥାଗୁଡ଼ିକ ଅଧିକ ସମୟ ପର୍ଯ୍ୟନ୍ତ ରୁହନ୍ତି । ପରନ୍ତୁ ସେ ସ୍ପଷ୍ଟ କଲେ ଯେ ସମ୍ଭବତଃ କିଛି ନିୟମ ଓ ପ୍ରକ୍ରିୟା ପୁରୁଣା ହୋଇଯାଇଥିବ ଓ ଶାସନ ପ୍ରକ୍ରିୟା ସୁଗମ କରିବା ବଦଳରେ ସେମାନଙ୍କ ଠାରେ ଭ୍ରମ ସୃଷ୍ଟି ହେଉଥିବ । ପ୍ରଧାନମନ୍ତ୍ରୀ ଏମିତି ପୁରାତନ ନିୟମ ଓ ପ୍ରକ୍ରିୟାଗୁଡ଼ିକୁ ଚିହ୍ନଟ କରିବା ଏବଂ ସେଗୁଡ଼ିକୁ ବ୍ୟବହାରରୁ ବାହାର କରିବା ଆବଶ୍ୟକତା ଉପରେ ଜୋର୍ ଦେଲେ । ଏହା ମଧ୍ୟ ସରକାରଙ୍କ କାର୍ଯ୍ୟଦକ୍ଷତା ବଢ଼ାଇବା ଦିଗରେ ଏକ ମହତ୍ ପଦକ୍ଷେପ । ଏହି ଦିଗରେ ଆଉ କିଛି ପ୍ରଗତି ହୋଇଛି, ଯାହାର ଚର୍ଚ୍ଚା ଆଗକୁ ଏହି ଅଧ୍ୟାୟରେ କରାଯିବ । ଯେଉଁ ବୈଠକର ଚର୍ଚ୍ଚା ଏଠାରେ ହେଉଛି, ସେଥିରେ ନରେନ୍ଦ୍ର ମୋଦି ତାଙ୍କ ଅଧିକାରୀଙ୍କୁ କହିଲେ ଯେ ସରକାରର ଶାସନ ପ୍ରକ୍ରିୟା କାର୍ଯ୍ୟାଳୟଗୁଡ଼ିକର ସଫେଇ ଓ କାର୍ଯ୍ୟସ୍ଥଳଗୁଡ଼ିକର ସୁଧାରରୁ ଆରମ୍ଭ ହେବା ଉଚିତ । ଯାହାର ଫଳସ୍ୱରୂପ ଆପେ-ଆପେ ଖୁବ୍‌ଭଲ କାର୍ଯ୍ୟ ସଂସ୍କୃତି ଉତ୍ପନ୍ନ ହେବ ଓ ନାଗରିକଙ୍କୁ ପ୍ରଭାବୀ ସେବା ମିଳିବ ।

ପ୍ରଧାନମନ୍ତ୍ରୀ ପ୍ରଶାସନରେ ଅଧିକ ଦକ୍ଷତା ଆଣିବା ଓ ତାକୁ କାର୍ଯ୍ୟକାରୀ କରିବା ପାଇଁ ପ୍ରୋଦ୍ୟୋଗିକି ବ୍ୟବହାରର ଆବଶ୍ୟକତା ଉପରେ ଜୋର୍ ଦେଲେ । ସେ କହିଲେ ଯେ ଲୋକତନ୍ତ୍ରରେ ନାଗରିକଙ୍କ ଅଭିଯୋଗର ସମାଧାନ ବହୁତ ମହତ୍ୱପୂର୍ଣ୍ଣ ଅଟେ ଓ ଏହି ସମ୍ବନ୍ଧରେ ସୂଚନା ପ୍ରୋଦ୍ୟୋଗିକି ବହୁତ ସାହାଯ୍ୟ କରି ପାରିବ । ସେ କହିଲେ ଯେ ପ୍ରୋଦ୍ୟୋଗିକିର ବ୍ୟବହାର ଏବଂ ବିଭାଗଗୁଡ଼ିକ ମଧ୍ୟରେ ଖୁବ୍‌ଭଲ ବୁଝାମଣା ଜରିଆରେ ପ୍ରଶାସନିକ ଓ ଯୋଜନାବଦ୍ଧ ରୂପାନ୍ତରଣ ସମ୍ଭବ ଅଟେ । ଶ୍ରୀ ମୋଦି କହିଲେ ଯେ କେବଳ ସାମୂହିକ କାର୍ଯ୍ୟାନୁଷ୍ଠାନ ଜରିଆରେ ହିଁ ଶୀଘ୍ର ପରିଣାମ ହାସଲ କରାଯାଇ ପାରିବ । ପ୍ରଧାନମନ୍ତ୍ରୀ କହିଲେ ଯେ ସେ ଅନେକ କାର୍ଯ୍ୟ ଉପରେ ଧ୍ୟାନ ଦେବା ପାଇଁ ସବୁବେଳେ ପ୍ରସ୍ତୁତ ରହିବେ । ପ୍ରଧାନମନ୍ତ୍ରୀ କହିଲେ ଯେ ସମସ୍ତ ଅଧିକାରୀ ତାଙ୍କ ସହ ଯୋଗାଯୋଗ କରି ପାରିବେ । ସେ ସମସ୍ତଙ୍କୁ ବିଚାର ଓ ପ୍ରସ୍ତାବ ସହ ଆସିବା ପାଇଁ ପ୍ରୋତ୍ସାହିତ କଲେ ।

ନରେନ୍ଦ୍ର ମୋଦିଙ୍କ କାମ କରିବାର ଏହି ଶୈଳୀ ତାଙ୍କୁ ଅନ୍ୟ ନେତାଙ୍କ ଠାରୁ ବିଲ୍‌କୁଲ ଅଲଗା କରିଦିଏ । ଦେଶରେ ବହୁତ ଏମିତି ନେତା ଅଛନ୍ତି, ଯେଉଁମାନେ ଅଧିକାରୀଙ୍କୁ ଅପଦସ୍ଥ କରି ହିଁ ସୁଖ ହାସଲ କରନ୍ତି । ଏଥିପାଇଁ ଅନେକ ପ୍ରସଙ୍ଗରେ ଅଧିକାରୀ ନିଜେ ହିଁ ଦାୟୀ ରୁହନ୍ତି । ଅନେକ ଥର ଅଧିକାରୀମାନଙ୍କୁ ଏହା ଲାଗେ ଯେ ମନ୍ତ୍ରୀ ତ' କିଛି ଦିନର ଅତିଥି ଓ ଦେଶ ଚଳାଇବା ତା' ଦାୟିତ୍ୱ । ଏଥିପାଇଁ ସେମାନେ ମନ୍ତ୍ରୀଙ୍କ ସମ୍ମୁଖରେ ଠିକ୍ ଢଙ୍ଗରେ ସ୍ଥିତିକୁ ରଖନ୍ତି ନାହିଁ । କିନ୍ତୁ ଅଦ୍ୟାପି ବିଭାଗୀୟ ମନ୍ତ୍ରୀ ନିଜେ ପରିଶ୍ରମ ଓ ଅଧ୍ୟୟନ କରିବା ପାଇଁ ପ୍ରସ୍ତୁତ ଥିବେ ତେବେ ଅଧିକାରୀ ତାଙ୍କୁ ବୋକା ବନେଇ ପାରିବେ ନାହିଁ । ନରେନ୍ଦ୍ର ମୋଦି ଏହା ବାରମ୍ବାର ପ୍ରମାଣିତ କରିଛନ୍ତି । ସେ ଠିକ୍ ଅଧିକାରୀଙ୍କ ଚିହ୍ନଟ କରନ୍ତି, ତାଙ୍କୁ ଉପଯୁକ୍ତ ଦାୟିତ୍ୱ ଦିଅନ୍ତି ଓ ତାଠାରୁ ନିର୍ଦ୍ଧାରିତ ସମୟରେ ପରିଣାମ ଚାହାଁନ୍ତି । ଏହି ଫର୍ମୁଲାରେ ଚାଲି ସେ ଗୁଜରାଟରେ ମଧ୍ୟ ଅଧିକ କାର୍ଯ୍ୟଦକ୍ଷ ସରକାର ଦେଲେ ଓ ଏହି ଦିଗରେ ସେ କେନ୍ଦ୍ରରେ ମଧ୍ୟ ଚେଷ୍ଟା କରୁଛନ୍ତି ।

ଯେତେବେଳେ ସେ ଏହି ସବୁ କରୁଥିଲେ, ସେହି ମଧ୍ୟରେ ତାଙ୍କ ସରକାରର ଗୋଟିଏ ମାସ ପୂର୍ଣ୍ଣ ହେଲା । ଏହି ଅବସରରେ ସେ ଏକ ବ୍ଲଗ୍ ଲେଖିଲେ । ଏହାର ଉଲ୍ଲେଖ କରିବା ଏଠାରେ ଜରୁରୀ ଅଟେ । ସେ ଲେଖିଲେ, 'ଆଜି ଆମ ସରକାରଙ୍କ କାର୍ଯ୍ୟକାଳ ଏକମାସ ପୂରଣ ହୋଇଛି । ମତେ ଜନସାଧାରଣଙ୍କ ଯେଉଁ ସହଯୋଗ ଓ ସ୍ନେହ ମିଳିଛି, ସେଥିରେ ମୁଁ ଅଭିଭୂତ । ଏହା ଆମକୁ ଆହୁରି ଅଧିକ ପରିଶ୍ରମ କରିବା ପାଇଁ ପ୍ରେରିତ କରେ । ପୂର୍ବର ସରକାରଙ୍କ ୬୭ ବର୍ଷର କାର୍ଯ୍ୟକାଳ ତୁଳନାରେ ଏକ ମାସ କିଛି ମଧ୍ୟ ନୁହେଁ । କିନ୍ତୁ ମୁଁ ଏହା

କହିବାକୁ ଚାହୁଛି ଯେ ପୂର୍ବ ମାସରେ ଆମର ସମ୍ପୂର୍ଣ୍ଣ ଟିମ୍ ଲୋକଙ୍କ ମଙ୍ଗଳ ପାଇଁ ପ୍ରତି କ୍ଷଣ କାର୍ଯ୍ୟ କରିଛି । ମୁଁ ଯେଉଁ ନିର୍ଣ୍ଣୟ ନେଇଛି ସେଗୁଡ଼ିକ ସମ୍ପୂର୍ଣ୍ଣ ଭାବେ ରାଷ୍ଟ୍ରହିତରେ ଅନୁପ୍ରେରିତ । ମାସେ ପୂର୍ବରୁ ମୁଁ ଯେତେବେଳେ କାର୍ଯ୍ୟଭାର ଗ୍ରହଣ କଲି ତଥାପି ମୋର ଏହିଁ ଚିନ୍ତାଧାରା ଥିଲା ଯେ ଏହି ସ୍ଥାନରେ ମୁଁ ନୂଆ ଓ କିଛି ଲୋକଙ୍କ ଏହା ଧାରଣା ଥିଲା ଯେ କେନ୍ଦ୍ର ସରକାରଙ୍କ କାର୍ଯ୍ୟପ୍ରଣାଳୀର ଜଟିଳତାଗୁଡ଼ିକୁ ଶିଖିବାରେ ମତେ ବର୍ଷେ ଅଥବା ଦୁଇ ବର୍ଷ ଲାଗିବ । ସୌଭାଗବଶତଃ, ଗୋଟିଏ ମାସ ପରେ ମତେ ଏମିତି ଲାଗୁନାହିଁ । ମୋର ବିଶ୍ୱାସ ଓ ଦୃଢ଼ସଂକଳ୍ପ ଲଗାତର୍ ବଢ଼ି ଚାଲିଲା ଓ ଏହାର ଶ୍ରେୟ କିଛି ମୁଁ ଆମ ମନ୍ତ୍ରାଳୟର ସହଯୋଗୀଙ୍କ ସାମୂହିକ ଅନୁଭବ ଓ ବୁଦ୍ଧିମତାକୁ ଦେଉଛି । ମୋର ଚାରି ଥର ମୁଖ୍ୟମନ୍ତ୍ରୀ ରୂପରେ କାର୍ଯ୍ୟ କରିବାର ଅନୁଭବର ମଧ ମତେ ବହୁତ ଲାଭ ମିଳିଛି । ଲୋକଙ୍କ ସ୍ନେହ ଓ ଅଧିକାରୀଙ୍କ ସହଯୋଗ କାରଣରୁ ମୋର ଆତ୍ମବିଶ୍ୱାସକୁ ଯଥେଷ୍ଟ ବଳ ମିଳିଛି ।'

ଏହା ପରେ ସେ ସରକାରରେ କାର୍ଯ୍ୟଦକ୍ଷତା ବଢ଼ାଇବାକୁ ନେଇ ହୋଇଥିବା ଚେଷ୍ଟାଗୁଡ଼ିକର କଥା କହି ଲେଖନ୍ତି, 'ବିଗତ କିଛି ଦିନରୁ ମୁଁ ବିଭିନ୍ନ ବିଭାଗର ମନ୍ତ୍ରୀ ଏବଂ ଅଧିକାରୀଙ୍କୁ ସାକ୍ଷାତ କରୁଛି । ସେମାନେ ଅନେକ ବିସ୍ତୃତ ପ୍ରେଜେଣ୍ଟେସନ୍ ଦେଇଛନ୍ତି । ମୁଁ ମାନୁଛି ଯେ ଏମାନଙ୍କ ଦ୍ୱାରା ବିଷୟକୁ ବୁଝିବାରେ ସାହାଯ୍ୟ ମିଳିଲା ଓ ମୁଁ ବିଭିନ୍ନ ମନ୍ତ୍ରାଳୟ ତଥା ବିଭାଗ ପାଇଁ ଉତ୍କୃଷ୍ଟ ରୋଡ୍‌ମ୍ୟାପ୍ ତିଆରି କରିବାରେ ସଫଳ ହୋଇଛି । ପୂର୍ବ ମାସରେ ଅନେକ ରାଜ୍ୟର ମୁଖ୍ୟମନ୍ତ୍ରୀଙ୍କ ସହ ମୋର ସାକ୍ଷାତ ହୋଇଛି । ସେମାନେ ଶୁଭକାମନା ଜଣାଇଲେ ଏବଂ ତାଙ୍କ ରାଜ୍ୟ ସହ ସମ୍ବନ୍ଧିତ ବିଭିନ୍ନ ବିଷୟ ଉପରେ ଚର୍ଚ୍ଚା କଲେ । ମୁଁ ଆଗାମୀ ଦିନରେ ସେମାନଙ୍କ ସହ ମିଶି କାମ କରିବାକୁ ଚାହୁଛି ।' ପାରମ୍ପରିକ ରୂପେ ଏହା ହୋଇଆସୁଛି ଯେ ପ୍ରଧାନମନ୍ତ୍ରୀ ମୁଖ୍ୟମନ୍ତ୍ରୀମାନଙ୍କୁ ତାଙ୍କର ଅଧୀନ ବୁଝିବା ଆରମ୍ଭ କରି ଦିଅନ୍ତି ଓ ସେମାନଙ୍କୁ ଭୟ ଦେଖାଇ ନିଜ କାମ କରାଇବାକୁ ଚାହାନ୍ତି । କିନ୍ତୁ ଭାରତରେ ଯେଉଁ ପ୍ରକାରର ସଂଘୀୟ ଢାଞ୍ଚା ରହିଛି, ସେଥିରେ ପ୍ରଧାନମନ୍ତ୍ରୀ ଜବରଦସ୍ତି କରି ମୁଖ୍ୟମନ୍ତ୍ରୀଙ୍କ ଦ୍ୱାରା କୌଣସି କାମ କରାଇ ପାରିବେ ନାହିଁ । ଏହି କାରଣରୁ ଶାସନ ତନ୍ତ୍ରରେ କାର୍ଯ୍ୟଦକ୍ଷତା ବଢ଼ିବା ବଦଳରେ କମି ହିଁ ଚାଲିଛି ।

ନିଜର ଏହି ବ୍ଲଗ୍ ପୋଷ୍ଟରେ ନରେନ୍ଦ୍ର ମୋଦି ଲେଖିଛନ୍ତି, 'ମୁଁ ଅନୁଭବ କରୁଛି ଯେ ଅନେକ ଏମିତି କ୍ଷେତ୍ର ଅଛି ଯେଉଁଠି ପ୍ରକୃତରେ ସୁଧାର ଆଣିବା ଆବଶ୍ୟକତା ଅଛି । ଦିଲ୍ଲୀରେ ମୋ ସାମ୍ନାରେ ଏକ ବଡ଼ ଆହ୍ୱାନ ଏହା ଥିଲା ଯେ କିଛି ବଛା ବଛା ଲୋକଙ୍କୁ ମତେ ଏହା ଜଣାଇବାର ଅଛି ଯେ ମୁଁ ଏହି ଦେଶରେ ଅନୁକୂଳ ପରିବର୍ତ୍ତନ ଆଣିବା ପାଇଁ ସାଧୁତା ଓ ନିଷ୍ଠାରେ କାମ କରିବି । ଏମାନେ ସେହି ବ୍ୟକ୍ତି ଯେଉଁମାନେ ସରକାରୀ କାର୍ଯ୍ୟପ୍ରଣାଳୀର ଭିତରେ ମଧ ଅଛନ୍ତି ଓ ବାହାରେ ମଧ । ପୂର୍ବ ମାସ ଏମିତି କିଛି ଉଦାହରଣ ସାମ୍ନାକୁ ଆସିଲା ଯେଉଁଥିରେ ଆମ ସରକାରଙ୍କ କିଛି ନେଣ-ଦେଣ ନଥିଲା, କିନ୍ତୁ ଏହା ସତ୍ତ୍ୱେ ବିବାଦଗୁଡ଼ିକୁ ଆହୁରି ଉତ୍ତେଜିତ କରାଗଲା । ମୁଁ କାହାକୁ ଦୋଷ ଦେଉନାହିଁ କିନ୍ତୁ ମୁଁ ବାସ୍ତବରେ ଏହା ଅନୁଭବ କରୁଛି ଯେ ଆମକୁ ଆମ ବ୍ୟବସ୍ଥାକୁ ମଜବୁତ୍ କରିବାର ଆବଶ୍ୟକତା ରହିଛି ଯେଉଁଥିରୁ ଠିକ୍ ଲୋକଙ୍କ ପାଖରେ ଉଚିତ ସମୟରେ ବିଷୟ ଉଚିତ୍ ଢଙ୍ଗରେ ପହଞ୍ଚି ପାରିବ । ଏମିତି ହେଲେ ସ୍ଥିତି ବଦଳିବ । ପ୍ରତ୍ୟେକ ନୂଆ ସରକାରରେ ଏମିତି କିଛି ହୁଏ ଯାହାକୁ ଆମ ମିଡିଆ ମିତ୍ର ହନିମୁନ୍ ପିରିୟଡ୍ କହନ୍ତି । ପୂର୍ବ ସରକାରଙ୍କ ଏହି ହନିମୁନ୍ ପିରିୟଡ୍ ୧୦୦ ଦିନ ଅଥବା ଏଥିରୁ ମଧ ବେଶୀ ରହିଛି । ସଂଯୋଗବଶତଃ ମୋ ସରକାର ସହ ଏମିତି ନାହିଁ । ୧୦୦ ଦିନର କଥା ଛାଡ଼ନ୍ତୁ, ୧୦୦ ଘଣ୍ଟାରୁ ମଧ କମ୍ ସମୟରେ ଆରୋପର ପ୍ରକ୍ରିୟା ଆରମ୍ଭ ହୋଇ ଯାଇଥିଲା । କିନ୍ତୁ, ଯେତେବେଳେ କୌଣସି ରାଷ୍ଟ୍ର ସେବାର ଏକମାତ୍ର ଲକ୍ଷ୍ୟକୁ ନେଇ ସଂକଳ୍ପ ସହ କାର୍ଯ୍ୟ କରେ, ତେବେ ଏହି କଥାଗୁଡ଼ିକର କୌଣସି ଅର୍ଥ ରହି ନଥାଏ । ଏହା ହିଁ କାରଣ ଯେ ମୁଁ ବିନା ବିଚଳିତରେ ନିରନ୍ତର କାର୍ଯ୍ୟରେ ଲାଗି ରହି ପାରୁଛି ଓ ସନ୍ତୋଷ ମଧ ମିଳୁଛି ।'

ଏକ ଦକ୍ଷ ପ୍ରଶାସକର ଏହା ପରିଚୟ ଅଟେ । ନିଜର ଏହି ବ୍ଲଗ୍ ପୋଷ୍ଟରେ ନରେନ୍ଦ୍ର ମୋଦି ତାଙ୍କ ସରକାରର ମାସ ସାରାର କାମଧନ୍ଦାକୁ ମଧ୍ୟ ଉଚିତ୍ ଢଙ୍ଗରେ ରଖିଲେ ଓ ଯେଉଁ କଥାଗୁଡ଼ିକୁ ନେଇ ତାଙ୍କ ସରକାରଙ୍କ ସମାଲୋଚନା ହେଲା, ତା' ଉପରେ ମଧ୍ୟ ନିଜ ପକ୍ଷ ସିଧା ଶୈଳୀରେ ରଖିଲେ । ଏହା ବ୍ୟତୀତ ସେ ତାଙ୍କ ସରକାରର ଆଗାମୀ କାର୍ଯ୍ୟକ୍ରମକୁ ନେଇ ମଧ୍ୟ ଏକ ନକ୍‌ସା ଲୋକଙ୍କ ସମ୍ମୁଖରେ ରଖିଲେ । ଏହି ବ୍ଲଗ୍ ପୋଷ୍ଟରେ ସେହି ସାରା କଥା ଅଛି ଯେଉଁଗୁଡ଼ିକର ଆରମ୍ଭ ନରେନ୍ଦ୍ର ମୋଦି ସରକାର ଆରମ୍ଭର ଏକ ମାସରେ ସରକାରଙ୍କ କାର୍ଯ୍ୟଦକ୍ଷତା ବଢ଼ାଇବା ପାଇଁ । କେବଳ ଗୋଟିଏ ବିଷୟର ଚର୍ଚ୍ଚା ଏଥିରେ ନାହିଁ । ତାହା ଥିଲା ସରକାରୀ କର୍ମଚାରୀଙ୍କୁ କାର୍ଯ୍ୟଦକ୍ଷତାର ପାଠ ପଢ଼ାଇବା ପାଇଁ ସ୍ଥାପିତ ମେନେଜମେଣ୍ଟ ଗୁରୁ ଡାକିବା ଓ ତାଙ୍କ ସରକାରୀ କର୍ମଚାରୀଙ୍କ ଖବର ସ୍ଥାପିତ କରାଇବା ।

ନରେନ୍ଦ୍ର ମୋଦିଙ୍କ ନେତୃତ୍ୱାଧିନ ନୂଆ ସରକାର ଅନେକ ପ୍ରକାରରେ ନିଜ କାର୍ଯ୍ୟକ୍ରମକୁ ଅଲଗା ଦେଖାଇବାକୁ ଚେଷ୍ଟା କରୁଛି । ଏହି ଚେଷ୍ଟାଗୁଡ଼ିକ ମଧ୍ୟରେ ଗୋଟିଏ ଚେଷ୍ଟା ଏହା ମଧ୍ୟ ଅଟେ ଯେ ସରକାରୀ ଅଧିକାରୀଙ୍କୁ ପ୍ରୋତ୍ସାହିତ କରିବା ପାଇଁ ସେହିଭଳି ଲୋକଙ୍କୁ ଡକା ଯାଉଛି ଯେଉଁମାନେ ଏ ପର୍ଯ୍ୟନ୍ତ ଘରୋଇ କ୍ଷେତ୍ର କମ୍ପାନୀରେ ମେନେଜମେଣ୍ଟ ଓ ପ୍ରୋତ୍ସାହନ ଭଳି ବିଷୟରେ ବ୍ୟାଖ୍ୟାନ ଦେଇ ଆସିଛନ୍ତି । ବର୍ତ୍ତମାନ ପର୍ଯ୍ୟନ୍ତ କେନ୍ଦ୍ର ସରକାରଙ୍କ ଦୁଇଟି ଅଲଗା-ଅଲଗା ମନ୍ତ୍ରାଳୟ ଚେତନ ଭଗତ ଓ ଶିବ ଖେଡ଼ାଙ୍କୁ ଡକାଇ ଅଧିକାରୀଙ୍କ ପ୍ରୋତ୍ସାହନ ପାଇଁ କର୍ମଶାଳାର ଆୟୋଜନ କରିଛନ୍ତି । ଚେତନ ଭଗତ ଇଂରାଜୀର ଜଣାଶୁଣା ଲେଖକ ଅଟନ୍ତି । ବିଗତ କିଛି ବର୍ଷରେ ସେ ଖାସ୍ ରୂପେ ଯୁବ ବର୍ଗରେ ବହୁତ ଲୋକପ୍ରିୟ ହୋଇଛନ୍ତି ।

ଜଣେ ଲେଖକ ରୂପେ ସଫଳ ହେବା ପରେ ଚେତନ ଭଗତ ନିଜ ପରିଚୟ ଏକ ଏମିତି ବକ୍ତା ରୂପେ ମଧ୍ୟ ତିଆରି କରିଛନ୍ତି ଯାହାଙ୍କୁ ଘରୋଇ କମ୍ପାନୀ ଓ ଶିକ୍ଷା ପ୍ରଦାନକାରୀ ସଂସ୍ଥାମାନେ ସେମାନଙ୍କ ଲୋକଙ୍କୁ ପ୍ରୋତ୍ସାହିତ କରିବା ଅଭିପ୍ରାୟରେ ଭାଷଣ ଦେବା ପାଇଁ ଡାକନ୍ତି । ଶିବ ଖେଡ଼ା ମଧ୍ୟ ଲୋକଙ୍କୁ ପ୍ରେରିତ କରୁଥିବା କିଛି ଅସୀମ ଲୋକପ୍ରିୟ ପୁସ୍ତକ ଲେଖିଛନ୍ତି ଓ ସେ ମଧ୍ୟ ପ୍ରେରକ ଭାଷଣ ଦେବାକୁ ଦେଶ ବିଦେଶର ଅନେକ ସଂସ୍ଥାକୁ ଯାଆନ୍ତି ।

ଏଠାରେ ଏହା ବୁଝିବା ମଧ୍ୟ ଆବଶ୍ୟକ ଅଛି ଯେ ନରେନ୍ଦ୍ର ମୋଦି ନିଜେ ପରିଚାଳନାକୁ ନେଇ ଖୁବ୍‌ବେଶୀ ସଜାଗ ଦେଖାଯାନ୍ତି । ଯେବେଠାରୁ ସେ ଗୁଜରାଟର ମୁଖ୍ୟମନ୍ତ୍ରୀ ହେଲେ ସେବେଠାରୁ ହିଁ ସେ ଗୁଜରାଟରେ ଶାସନ କରିବା ବ୍ୟତୀତ ସେଠାରେ ପରିଚାଳନାର କୌଶଳକୁ ଲାଗୁ କରିବାରେ ମଧ୍ୟ ଯଥେଷ୍ଟ ଆଗ୍ରହ ଦେଖାଇଛନ୍ତି ଅତଏବ ସରକାରଙ୍କ କାର୍ଯ୍ୟଦକ୍ଷତା ବଢୁ ଓ ଜନସାଧାରଣଙ୍କୁ ଏହାର ସିଧା ଲାଭ ମିଳିପାରୁ । ଏହି ଦିଗରେ ତାଙ୍କୁ ପର୍ଯ୍ୟାପ୍ତ ସଫଳତା ମଧ୍ୟ ମିଳିଲା । ସେ ନା କେବଳ ନିଜ କାମର ମାର୍କେଟିଙ୍ଗ କଲେ ବରଂ ସେ ଗୁଜରାଟକୁ 'ବ୍ରାଣ୍ଡ ଗୁଜରାଟ' ଓ ନିଜକୁ 'ବ୍ରାଣ୍ଡ ମୋଦି' ରୂପେ ମଧ୍ୟ ସ୍ଥାପିତ କଲେ । ଏହା ବ୍ୟତୀତ ସେ ଅଲଗା-ଅଲଗା କ୍ଷେତ୍ରରେ କାମ କରୁଥିବା ବିଶେଷଜ୍ଞଙ୍କ ସହ ତାଙ୍କ ଅଧିକାରୀ ଓ କର୍ମଚାରୀଙ୍କ କଥୋପକଥନ ମଧ୍ୟ କରାଇଲେ ।

ନରେନ୍ଦ୍ର ମୋଦିଙ୍କ ନେତୃତ୍ୱାଧିନ କେନ୍ଦ୍ର ସରକାରରେ ଚେତନ ଭଗତ ଓ ଶିବ ଖେଡ଼ା ଭଳି ବିଶେଷଜ୍ଞଙ୍କୁ ଡକାଇ ଏମାନଙ୍କ କଥୋପକଥନ ସରକାରୀ ଅଧିକାରୀଙ୍କ ସହ କରାଇବାର ପ୍ରାରମ୍ଭ କେନ୍ଦ୍ରୀୟ ଶକ୍ତି, କୋଇଲା ତଥା ନବୀନ ଓ ନବୀକରଣୀୟ ଶକ୍ତି ମନ୍ତ୍ରୀ ପିୟୁଷ ଗୋୟଲ କରିଥିଲେ । ସେମାନେ ନିଜ ମନ୍ତ୍ରାଳୟର ଅଧିକାରୀଙ୍କୁ ପ୍ରେରିତ କରିବା ପାଇଁ ଚେତନ ଭଗତଙ୍କୁ ଡାକିଲେ । ସେହି କାର୍ଯ୍ୟକ୍ରମର ମୁଖ୍ୟ ଅତିଥି କେନ୍ଦ୍ରୀୟ ସୂଚନା ପ୍ରସାରଣ ଓ ପରିବେଶ ମନ୍ତ୍ରୀ ପ୍ରକାଶ ଜାବଡ଼େକର ଥିଲେ । ଏହା ପରେ ଜାବଡ଼େକର ନିଜ ମନ୍ତ୍ରାଳୟର ଅଧିକାରୀଙ୍କୁ ପ୍ରୋତ୍ସାହିତ କରିବା ପାଇଁ ଶିବ ଖେଡ଼ାଙ୍କ ଭାଷଣ କରାଇଲେ । ଏହି ଆୟୋଜନରେ କ'ଣ-କ'ଣ ହେଲା, ଏହା ଜାଣିବା

ଫଳରେ ଏହା ବୁଝିବାରେ ସହଜ ହେବ ଯେ ଏମିତି ଆୟୋଜନର ଅଭିପ୍ରାୟ କ'ଣ ଓ ଏହି ଆୟୋଜନ ପଛରେ କେଉଁ ଚିନ୍ତାଧାରା କାମ କରୁଛି ।

ପିୟୁଷ ଗୋୟଲଙ୍କ ମନ୍ତ୍ରାଳୟରେ ଆୟୋଜିତ କାର୍ଯ୍ୟକ୍ରମକୁ ନାଁ ଦିଆଗଲା- ସମ୍ପର୍କ, ସମନ୍ୱୟ ଏବଂ ସମ୍ବାଦ । ମନ୍ତ୍ରାଳୟ ମୁତାବକ ଏହି ଆୟୋଜନର ଉଦ୍ଦେଶ୍ୟ ସମସ୍ତ ତିନି ଶକ୍ତି କ୍ଷେତ୍ର ମଧ୍ୟରେ ଖୁବ୍‌ଭଲ ତାଳମେଳ ବିକଶିତ କରିବା ତଥା ରାଷ୍ଟ୍ରୀୟ ଶକ୍ତି ସୁରକ୍ଷାର ଲକ୍ଷ୍ୟକୁ ହାସଲ କରିବା ପାଇଁ ମନ୍ତ୍ରାଳୟର କାର୍ଯ୍ୟକ୍ରମରେ ସମନ୍ୱୟ ଆଣିବା ଅଟେ । ଏହି ସମ୍ମେଳନରେ ତିନି ମନ୍ତ୍ରାଳୟର ପାଖାପାଖି ୩୫୦ ଅଧିକାରୀ ଅଂଶଗ୍ରହଣ କରିଥିଲେ । ଏହି ଆୟୋଜନର ପ୍ରାରମ୍ଭ କରିଥିବା ମନ୍ତ୍ରୀ ପିୟୁଷ ଗୋୟଲ ଏହି ଆୟୋଜନର ଅଭିପ୍ରାୟ ସ୍ପଷ୍ଟ କରିବାକୁ ଯାଇ କହନ୍ତି, 'ବର୍ତ୍ତମାନ ସମୟ ଆସିଛି ରାଜନୀତିରୁ ଉପରକୁ ଉଠି କାମ କରିବାର ଓ ପ୍ରଣାଳୀ ଭିତରେ ଯେଉଁ ବାଧା ଅଛି ତାକୁ ଦୂର କରିବା ଆବଶ୍ୟକ । ତିନି ମନ୍ତ୍ରାଳୟଙ୍କୁ ଜନସାଧାରଣରେ ସ୍ୱଚ୍ଛତା, ପାରଦର୍ଶିତା ଏବଂ ଏକତାର ସନ୍ଦେଶ ଦେବାକୁ ହେବ । ତିନି ମନ୍ତ୍ରାଳୟ ସକଳ ଘରୋଇ ଉତ୍ପାଦ ବିକାଶରେ ୧.୫ ପ୍ରତିଶତରୁ ୨.୦ ପ୍ରତିଶତର ଯୋଗଦାନ କରି ପାରିବେ । ଏଥିପାଇଁ ଏହା ଆବଶ୍ୟକ ଯେ ଏହି ମନ୍ତ୍ରାଳୟର ଅଧିକାରୀ ଆପୋଷ ତାଳମେଳ ସହ କାମ କରନ୍ତୁ ଓ ଏଥିପାଇଁ ପ୍ରୋତ୍ସାହିତ କରିବା ଅଭିପ୍ରାୟରେ ଏହି କାର୍ଯ୍ୟକ୍ରମର ଆୟୋଜନ କରାଯାଇଛି ।' ଗୋୟଲ ଏହି ଅବସରରେ କହିଲେ, 'ଅଧିକାରୀଙ୍କୁ ଏହି ପ୍ରକାରେ କାମ କରିବା ଉଚିତ ଯେ ଲୋକେ ତାଙ୍କ ଉପରେ ଭରସା କରି ପାରିବେ । ଆମକୁ ନିଜକୁ ଜନସାଧାରଣଙ୍କ ସେବକ ରୂପେ ଦେଖିବାକୁ ହେବ ତେବେ ଯାଇ ସରକାରଙ୍କ ଛବି ବଦଳିବ । ଜନସାଧାରଣ ଆମକୁ ବାବୁ ଲୋକ କହି ଡାକନ୍ତି, ଆମକୁ ଏହା ବଦଳାଇବାକୁ ହେବ । ଏଥିପାଇଁ ମୋର ଆପଣ ସମସ୍ତଙ୍କୁ ଅନୁରୋଧ ଯେ ଆଜି ଯେଉଁ କାର୍ଯ୍ୟକ୍ରମରେ ଆମେ ବସିଛେ, ସେଥିରେ ହେଉଥିବା କଥାବାର୍ତ୍ତାକୁ ଆପଣ ଗମ୍ଭୀରତା ସହ ଶୁଣିବେ ଓ ଏହାକୁ କାର୍ଯ୍ୟରେ ଲଗାଇବେ ।' ଏହା ପରେ ଚେତନ ଭଗତ ପ୍ରାୟତଃ ଏକ ଘଣ୍ଟା ପର୍ଯ୍ୟନ୍ତ ତିନି ମନ୍ତ୍ରାଳୟର ଅଧିକାରୀଙ୍କୁ ସମ୍ବୋଧିତ କଲେ । ସେ ଦେଶ-ଦୁନିଆର ଅନେକ ଉଦାହରଣ ଓ ଘଟଣା ଜରିଆରେ ଅଧିକାରୀଙ୍କୁ ପ୍ରୋତ୍ସାହିତ କରିବାକୁ ଚେଷ୍ଟା କଲେ । ଏହି କାର୍ଯ୍ୟକ୍ରମରେ ଆସିଥିବା ଅଧିକାରୀଙ୍କୁ ଏଲେକ୍ସ ଫର୍ଗ୍ୟୁସନ୍‌ଙ୍କ ଆତ୍ମକଥା ଦିଆଗଲା । ଫର୍ଗ୍ୟୁସନ୍‌ଙ୍କ ପରିଚୟ ମଞ୍ଚେଷ୍ଟର ୟୁନାଇଟେଡ୍‌ର ସଫଳ ପରିଚାଳକ ରୂପେ ରହିଛି । ସେ ୧୯୮୬ ରୁ ୨୦୧୩ ପର୍ଯ୍ୟନ୍ତ ଦୁନିଆର ଅଧିକ ଲୋକପ୍ରିୟ ଫୁଟ୍‌ବଲ କ୍ଲବ୍ ମଞ୍ଚେଷ୍ଟର ୟୁନାଇଟେଡ୍‌ର ପରିଚାଳକ ଥିଲେ ।

ଗୋୟଲଙ୍କ ଏହି କଥାଗୁଡ଼ିକୁ ଯଦି ଧ୍ୟାନର ସହ ବୁଝିବାକୁ ଚେଷ୍ଟା କରାଯାଏ ତେବେ ଏହା ଜଣାପଡ଼େ ଯେ ନରେନ୍ଦ୍ର ମୋଦି ସରକାର ସରକାରୀ ସଂସ୍ଥାଙ୍କ କାର୍ଯ୍ୟପ୍ରଣାଳୀରେ ପରିବର୍ତ୍ତନ ଆଣିବାର ଇଚ୍ଛା ସହ କାମ କରିବାକୁ ଚାହୁଁଛନ୍ତି । ଗୋୟଲଙ୍କ କଥାରେ ଏହା ମଧ୍ୟ ଲାଗୁଛି ଯେ ସରକାର ଘରୋଇ କ୍ଷେତ୍ରର ଭଲ ଜିନିଷକୁ ସରକାରୀ କର୍ମଚାରୀଙ୍କ କାମଧନ୍ଦାରେ ସାମିଲ କରିବାକୁ ଚାହୁଁଛନ୍ତି ଅତଏବ ସରକାରୀ କ୍ଷେତ୍ରରେ ଅକ୍ଷମତାର ଯେଉଁ ଅଭିଯୋଗ ଲାଗେ, ତାହା ଦୂର ହେଉ ଓ ସରକାରୀ ସଂସ୍ଥାଗୁଡ଼ିକ କାର୍ଯ୍ୟଦକ୍ଷ ହୁଅନ୍ତୁ । ଏଥିପାଇଁ ସରକାର ସେହିଭଳି ଲୋକଙ୍କୁ ଅଧିକାରୀଙ୍କ ମଧ୍ୟରେ ପ୍ରେରକ ଭାଷଣ ଦେବା ପାଇଁ ଆଣୁଛନ୍ତି ଯାହାଙ୍କ ବ୍ୟବହାର ଘରୋଇ କ୍ଷେତ୍ର ଦୀର୍ଘ ସମୟରୁ କରି ଆସୁଛି । ଘରୋଇ କ୍ଷେତ୍ର ଭଳି କାର୍ଯ୍ୟସଂସ୍କୃତି ସରକାରୀ ସଂସ୍ଥାରେ ଆଣିବାକୁ ଚେଷ୍ଟାର ଏକ ବଡ଼ କାରଣ ନିଜେ ପ୍ରଧାନମନ୍ତ୍ରୀ ନରେନ୍ଦ୍ର ମୋଦି କୁହାଯାଇ ପାରନ୍ତି । ମୋଦିଙ୍କ କାମଧନ୍ଦା ବାବଦରେ ବର୍ତ୍ତମାନ ପର୍ଯ୍ୟନ୍ତ ଯେତିକି କୁହାଯାଇଛି, ସେହି ସବୁରେ ଏହି କଥା ସମାନ ଅଟେ ଯେ ତାଙ୍କ କାମ କରିବା ଶୈଳୀ ପାରମ୍ପରିକ ନୁହେଁ ଓ ସେ ଅନ୍ୟମାନଙ୍କ ତୁଳନାରେ କିଛି ଅଲଗା କରି ଆସୁଛନ୍ତି । ଗୁଜରାଟରେ ମଧ୍ୟ ସେ ଏହି ପ୍ରକାରେ କାମ କରିଛନ୍ତି । ସେ ଘରୋଇ କ୍ଷେତ୍ର ସହ ତାଳମେଳ ବସାଇ ଚାଲିବା ରାୟ ରଖୁଥିବା ଲୋକଙ୍କ ମଧ୍ୟରେ

ଅଛନ୍ତି । ଗୁଜରାଟରେ ତାଙ୍କ ସହ କାମ କରିବାର ଅନୁଭବ ରଖିଥିବା ସରକାରୀ ଅଧିକାରୀ ନିଜେ ମାନନ୍ତି ଯେ ନରେନ୍ଦ୍ର ମୋଦି ଘରୋଇ କ୍ଷେତ୍ରର ବସ୍‌ଙ୍କ ଭଳି କାମର ହିସାବ ନିଅନ୍ତି । ଏମିତିରେ ଏହା ଖୁବ୍‌ବେଶୀ ସ୍ୱାଭାବିକ ଲାଗୁଛି ଯେ ନରେନ୍ଦ୍ର ମୋଦିଙ୍କ ସରକାରରେ କାମ କରୁଥିବା ମନ୍ତ୍ରୀ ମଧ୍ୟ କାମଧନ୍ଦା ବିଷୟରେ ତାଙ୍କର ରଙ୍ଗ-ଢଙ୍ଗ ଆପଣାନ୍ତୁ । ଗୋୟଲ ଓ ଜାବଡ଼େକରଙ୍କ ଚେଷ୍ଟାକୁ ମଧ୍ୟ ଏଥିରେ ଯୋଡ଼ି ଦେଖା ଯାଇପାରେ ।

ପ୍ରକାଶ ଜାବଡ଼େକରଙ୍କ ନେତୃତ୍ୱାଧିନ ସୂଚନା ପ୍ରସାରଣ ଓ ପରିବେଶ ମନ୍ତ୍ରାଳୟର ଅଧିକାରୀଙ୍କୁ ପ୍ରେରିତ କରିବା ପାଇଁ ଶିବ ଖେଡ଼ାଙ୍କୁ ଡକାଗଲା । ପ୍ରକାଶ ଜାବଡ଼େକର ଏହି ଚେଷ୍ଟାକୁ ପ୍ରଶାସନିକ ସୁଧାର ସହ ଯୋଡ଼ି ଦେଖନ୍ତି ଓ ଏହାକୁ ସରକାରୀ ବିଭାଗର କାର୍ଯ୍ୟଦକ୍ଷତା ବଢ଼ାଇବା ଦିଗରେ ଖୁବ୍‌ବେଶୀ ମହତ୍ ମାନନ୍ତି । ସେ ମାନନ୍ତି ଯେ ଏମିତି କାର୍ଯ୍ୟକ୍ରମ ଜରିଆରେ ସରକାରୀ ଅଧିକାରିଙ୍କୁ ସମ୍ବେଦନଶୀଳ କରାଯାଇ ପାରିବ ଓ ଏଥିରୁ ଜନସାଧାରଣଙ୍କ ସହ ଦୁଇ ତରଫା କଥୋପକଥନ କାଏମ ହୋଇପାରିବ । ଏହି ଅବସରରେ ଜାବଦେକର କହିଲେ, 'ଅମଲାତନ୍ତ୍ରକୁ ନେଇ ଲୋକଙ୍କ ଚିନ୍ତାଧାରା ବଦଳିବାର ଆବଶ୍ୟକତା ଅଛି । ଅଧିକାରୀଙ୍କୁ ସକାରାତ୍ମକ ଚିନ୍ତାଧାର ସହ କାମ କରିବାକୁ ହେବ ଅତଏବ ଲୋକଙ୍କ ଆବଶ୍ୟକତା ପୂରଣ କରାଯାଇ ପାରିବ । ଅଧିକାରୀଙ୍କୁ ଏହି ଦିଗରେ କାମ କରିବା ଉଚିତ ଯେ ସେମାନେ ସାଧାରଣ ଜନସାଧାରଣରେ ଏହି ବିଶ୍ୱାସ ଜଗାଇ ପାରିବେ ଯେ ସରକାରୀ ଅଧିକାରୀ ସେମାନଙ୍କ କଷ୍ଟଗୁଡ଼ିକୁ ଠିକ୍ ଭାବେ ବୁଝୁଛନ୍ତି ଓ ଏହାର ସମାଧାନ ପାଇଁ ପ୍ରତିବଦ୍ଧ ଅଛନ୍ତି ।' ଏହା ପରେ ଶିବ ଖେଡ଼ା ଅନେକ ପ୍ରକାରର ଉଦାହରଣ ସହ ଅଧିକାରୀଙ୍କୁ ପ୍ରେରିତ କରିବା ଅଭିପ୍ରାୟରେ ତାଙ୍କ ବକ୍ତବ୍ୟ ରଖିଲେ ।

ପିୟୁଷ ଗୋୟଲ ଓ ପ୍ରକାଶ ଜାବଡ଼େକରଙ୍କ ଏହି ପ୍ରାରମ୍ଭ ଉପରେ ବହୁତ ପ୍ରଶ୍ନ କରିବା ଆଶଙ୍କା ନାହିଁ କିନ୍ତୁ ଯେଉଁ ଦୁଇ ବକ୍ତାଙ୍କ ଚୟନ ଏହି ଦୁଇ ମନ୍ତ୍ରୀ କଲେ, ତାକୁ ନେଇ ଅନେକ ପ୍ରକାରର ପ୍ରଶ୍ନ ଉଠିଲା । ଚେତନ ଭଗତଙ୍କୁ ବହୁତ ଲୋକ ତ' ଲେଖକ ହିଁ ମାନନ୍ତି ନାହିଁ । ପରନ୍ତୁ, ଏହି ବିଷୟ ଅଲଗା ଯେ ତାଙ୍କ ପୁସ୍ତକ ଭାରତରେ ଇଂରାଜୀ ଭାଷାରେ ଲେଖା ଯାଉଥିବା ବହି ମାନଙ୍କ ମଧ୍ୟରେ ସବୁଠାରୁ ଅଧିକ ବିକ୍ରି ହୁଏ । କିନ୍ତୁ ସରକାର ଓ ନୀତିଗତ ପ୍ରସଙ୍ଗ ଉପରେ ଭଗତଙ୍କ ବୋଧଶକ୍ତିକୁ ନେଇ ପ୍ରଶ୍ନ ଉଠି ଚାଲିଛି । ଥରେ ସେ ତାଙ୍କ ଗୋଟିଏ ଲେଖାରେ ରକ୍ଷା କ୍ଷେତ୍ରରେ ଭାରତର ଅଜସ୍ର ଖର୍ଚ୍ଚର ଉଦାହରଣ ଦେଇ ଏହାର ଘରୋଇକରଣ କରିବା ପ୍ରସ୍ତାବ ଦେଇଥିଲେ । ଏହା ପରେ ଯଥେଷ୍ଟ ବୋବାଲ ହେଲା । ଚେତନ ଭଗତ ଖବରକାଗଜରେ ଯେଉଁ ଲେଖା ଲେଖନ୍ତି, ସେଥିରୁ ତାଙ୍କ ଚିନ୍ତାଧାରାକୁ ନେଇ ଅନେକ ଥର ବିବାଦ ହୋଇଛି । କିଛି ଲୋକଙ୍କ ଏହା ମଧ୍ୟ ମାନିବା ହେଲା ଯେ ଅନେକ ଗମ୍ଭୀର ବିଷୟରେ ଚେତନ ଭଗତ ଖୁବ୍‌ବେଶୀ ପିଲାଳିଆମୀ ବିଚାର ନିଜ ଲେଖାରେ ଲେଖିଛନ୍ତି । ସେଇଠି ଶିବ ଖେଡ଼ାଙ୍କ ପୁସ୍ତକ ମଧ୍ୟ ପର୍ଯ୍ୟାପ୍ତ ବିକ୍ରି ହୋଇଛି, କିନ୍ତୁ ଅମଲାତନ୍ତ୍ର ଅଥବା ସରକାରୀ କ୍ଷେତ୍ରରେ କାମଧନ୍ଦାରେ ସୁଧାରର ତାଙ୍କ ବୋଧଶକ୍ତିକୁ ନେଇ ଅନେକ ଲୋକ ପ୍ରଶ୍ନ ଉଠାଉଛନ୍ତି । କୌଣସି ଖାସ୍ ପୁସ୍ତକର ବେଷ୍ଟସେଲର୍ ହୋଇଯିବା ଅଲଗା କଥା ଓ ପ୍ରଶାସନ ଚଳାଇବା ଅଥବା ଏମିତି ଦିଗ୍‌ଦର୍ଶନ ଦେବା ବିଲ୍‌କୁଲ ଅଲଗା ବିଷୟ ଅଟେ । କିନ୍ତୁ ଏତେ ସତ୍ତ୍ୱେ ଯଦି ଏହି ଦୁଇ ଲୋକଙ୍କୁ ଡକାଯାଇଛି ତେବେ ଏହାର ମଧ୍ୟ ନିଜ ତର୍କ ବିଭାଗୀୟ ମନ୍ତ୍ରୀଙ୍କ ପାଖରେ ଥିବ । ଏମାନଙ୍କ ତର୍କର ଅନୁମାନ ଏହି କଥାରୁ ମଧ୍ୟ ଲଗାଯାଇ ପାରେ ଯେ ସେମାନେ ଏହି ଅବସରରେ କ'ଣ କହିଲେ । ଯଦି ଏହି ତର୍କର ମାନଦଣ୍ଡରେ ଦେଖାଯାଏ ତେବେ ଏତିକି ତ' କୁହାଯାଇ ପାରେ ଯେ ଏହି ପ୍ରକାରର ଚେଷ୍ଟା ଶେଷରେ ଅସଫଳ ପ୍ରମାଣିତ ହେଉ ନା କାହିଁକି କିନ୍ତୁ ଅତି କମ୍‌ରେ ନରେନ୍ଦ୍ର ମୋଦିଙ୍କ ସରକାର ସରକାରୀ କ୍ଷେତ୍ରର କାର୍ଯ୍ୟଦକ୍ଷତା ବଢ଼ାଇବାକୁ ନେଇ ଲଗାତର୍ ଚେଷ୍ଟା ତ' ନିଶ୍ଚୟ କରୁଛି ।

ମ୍ୟାନେଜମେଣ୍ଟ ମନ୍ତ୍ର

- ମୌଳିକ ସୁବିଧା ଥିବା କ୍ଷେତ୍ରରେ ହାଇବେଜ୍‌ରୁ ଧ୍ୟାନ ହଟାଇ ବର୍ତ୍ତମାନ ଆଇ-ବେଜ ଓ ଅପ୍ଟିକାଲ ଫାଇବର ନେଟ୍‌ୱର୍କ ଉପରେ କେନ୍ଦ୍ରିତ କରିବା ଉଚିତ । ପୁରାତନ ସମୟରେ ସହର ନଦୀମାନଙ୍କ କୂଳରେ ବସତି ସ୍ଥାପନ କରୁଥିଲା ଓ ଆଜି ରାଜମାର୍ଗ କଡ଼ରେ ତିଆରି କରା ଯାଉଛି, କିନ୍ତୁ ଭବିଷ୍ୟତରେ ସହର ଅପ୍ଟିକାଲ ଫାଇବର ନେଟ୍‌ୱର୍କ ଓ ଆଗାମୀ ପିଢ଼ିକୁ ମିଳି ପାରୁଥିବା ମୌଳିକ ସୁବିଧାର ଉପଲବ୍ଧତା ଆଧାରରେ ବସାଯିବ ।

- ଆମକୁ ନିଜକୁ ସାମ୍ପ୍ରଦାୟିକ ଓ ଆଞ୍ଚଳିକ ମତଭେଦରୁ ଉପରକୁ ଉଠିବା ଉଚିତ ଏବଂ ରାଷ୍ଟ୍ରୀୟ ଲକ୍ଷ୍ୟ 'ଏକ ଭାରତ, ଶ୍ରେଷ୍ଠ ଭାରତ' ବାବଦରେ ଚିନ୍ତା କରିବା ଉଚିତ ।

- ଆମକୁ ବିଜୟ ଓ ପରାଜୟର କଟୁତାକୁ ଭୁଲି 'ରାଷ୍ଟ୍ର-ହିତ, ରାଷ୍ଟ୍ର-ନୀତି' ବାବଦରେ ଚିନ୍ତା କରିବା ଉଚିତ ।

- ବିକାଶ ସର୍ବ-ପ୍ରିୟ, ସର୍ବ-ସମନ୍ୱୟ, ସର୍ବ-ହିତକାରୀ ଓ ସମାବେଶୀ ହେବା ଉଚିତ ।

- ମଜବୁତ୍ ରାଜ୍ୟ ହିଁ ମଜବୁତ୍ ରାଷ୍ଟ୍ର ତିଆରି କରିପାରେ ।

- ସ୍ୱରାଜ୍ୟ ମିଳିଲା, କିନ୍ତୁ ସୁରାଜ୍ୟ ଦେଇ ପାରିନାହୁଁ । ଦେଶରେ କୁଶାସନ ମାନବ ଶରୀରରେ ମଧୁମେହ ଠାରୁ ମଧ ଖରାପ ଅଟେ ଯାହା କାର୍ଯ୍ୟକାରୀ ବ୍ୟବସ୍ଥାକୁ ନଷ୍ଟ କରିଦିଏ । ସେ କହିଲେ ଯେ ସବୁଠୁ ବଡ଼ ସମସ୍ୟା ବିକାଶର ଲାଭ ଶେଷରେ ମଣିଷ ପର୍ଯ୍ୟନ୍ତ ପହଞ୍ଚି ନ ପାରିବା ।

- ରାଷ୍ଟ୍ର ଯେ କୌଣସି ରାଜନୈତିକ ଦଳ ଠାରୁ ବଡ଼ ଅଟେ ।

- ଯଦି ସରକାର ଗରିବଙ୍କ ଆବଶ୍ୟକତା ଉପରେ ଧ୍ୟାନ ଦେବେନାହିଁ ତେବେ ଲୋକେ ତାକୁ କେବେ କ୍ଷମା କରିବେ ନାହିଁ । ଏଥିପାଇଁ ସରକାର ଗରିବଙ୍କୁ ସଶକ୍ତ କରିବା ଓ ଗରିବଙ୍କୁ ଦାରିଦ୍ର୍ୟତା ସହ ସଂଘର୍ଷ କରିବାର ଶକ୍ତି ଦେବା ପାଇଁ ସମ୍ପୂର୍ଣ୍ଣ ପ୍ରୟାସ କରିବ ।

- ଦେଶର ଅର୍ଥବ୍ୟବସ୍ଥାକୁ ବହୁତ ଫାଇଦା ହେବ ଯଦି ଗ୍ରାମୀଣ ଅଞ୍ଚଳରେ ଗ୍ରାମୀଣ ସୁବିଧାଗୁଡ଼ିକ ଉପଲବ୍ଧ କରାଇ ଦିଆଯିବ । ସୁବିଧା ସହରର, ଆତ୍ମା ଗାଁର ।

- କୌଶଳ ବିକାଶ ସହ ଶ୍ରମେବ-ଜୟତେ ଭାବନା ମଧ୍ୟ ରହିବା ଉଚିତ ଅତଏବ ଶ୍ରମକୁ ସମ୍ମାନ ଦିଆଯାଇ ପାରିବ । ବିଶ୍ୱରେ ଆମର ପରିଚୟ ଘୋଟାଲା-ଭାରତ ସ୍ଥାନରେ କୌଶଳ ଭାରତ ହେବା ଉଚିତ । ଜଣେ ବ୍ୟକ୍ତି ସୁସ୍ଥ ହେବା ପାଇଁ ମଣିଷ ଶରୀରର ସମସ୍ତ ଅଙ୍ଗ ସୁସ୍ଥ ହେବା ଆବଶ୍ୟକ ସେହିପରି ଭାରତକୁ ସମୃଦ୍ଧ କରିବା ପାଇଁ ସମାଜର ସମସ୍ତ ବର୍ଗ ଓ ଦେଶର ସମସ୍ତ ଅଞ୍ଚଳ ସମୃଦ୍ଧ ହେବା ଆବଶ୍ୟକ । ଭାରତ ଏକ ବିବିଧତାପୂର୍ଣ୍ଣ ଦେଶ ଓ ଏହି କାରଣରୁ ଦେଶର ଯେ କୌଣସି ଅଂଶରେ ଗ୍ରହଣ କରାଯାଉଥିବା ଯେ କୌଣସି ଖୁବ୍‌ଭଲ ପ୍ରକ୍ରିୟା ଆମର ମଣ୍ଡଳ ହେବା ଉଚିତ । ଭାରତ ଓ ନେପାଳର ସମ୍ବନ୍ଧ ସେତିକି ପୁରୁଣା, ଯେତିକି ହିମାଳୟ ଓ ଗଙ୍ଗା ।

- ସମ୍ବିଧାନ କାଲି, ଆଜି ଓ କାଲିକୁ ଯୋଡ଼େ । ଭାରତର ସମ୍ବିଧାନ ହିମାଳୟକୁ ସମୁଦ୍ର ସହ ଯୋଡ଼େ । ଭାରତର ସମ୍ବିଧାନ କଚ୍ଛର ମରୁଭୂମୀକୁ ନାଗାଲାଣ୍ଡର ସବୁଜିମା ଭରା ପର୍ବତମାଳା ସହ ଯୋଡ଼େ । ୧ ୨ ୫ କୋଟି ନାଗରିକଙ୍କ ମନକୁ ଆଶାକୁ ଆକାଂକ୍ଷାକୁ ପଲ୍ଲବିତ କରେ ।

- ପାଣି ଓ ଯୌବନ କେବେ ପାହାଡ଼ର କାମରେ ଲାଗନ୍ତି ନାହିଁ, ପାଣି ପାହାଡ଼ରେ ରୁହେ ନାହିଁ ବୋହିଯାଏ ଓ ଯୌବନ ମଧ୍ୟ । ପାହାଡ଼ରେ ଯୌବନ, ଟିକେ ବୟସ ବଢ଼ିଲେ ମଉକା ଦେଖି ଖସିଯାଏ, ବିଚରାକୁ ସେଠାରେ ରୋଜଗାର ନାହିଁ ତ', ସେଥିପାଇଁ ଯୌବନ ମଧ୍ୟ ପାହାଡ଼ର କାମରେ ଲାଗେ ନାହିଁ । କିନ୍ତୁ କୌଣସି ଯୁଗରେ କୁହାଯାଇଥାଇପାରେ । ଆମକୁ ଏହି କଥାକୁ ବଦଳାଇବାକୁ ହେବ ସେହି ପାଣି ପାହାଡ଼ର କାମରେ କେମିତି ଲାଗି ପାରିବ ଓ ଯୌବନ ପାହାଡ଼କୁ କେମିତି ନୂଆ ତେଜ ଦେବ ସେହି ନୂଆ-ନୂଆ ଦିଗରେ ଆମକୁ ବଦଳିବାକୁ ହେବ ଓ ଏଥିପାଇଁ ବିକାଶ ଏହା ହିଁ ତା' ପାଇଁ ମାର୍ଗ ଅଟେ ।

- ଅତି କମ୍ ପୁଞ୍ଜିରେ ଅତ୍ୟଧିକ ରୋଜଗାର ଦେଉଥିବା କୌଣସି କ୍ଷେତ୍ର ଯଦି ଅଛି ତେବେ ତାହା ଟୁରିଜିମ୍ ଅଟେ । ଟୁରିଷ୍ଟ ଆସିଲେ ଚଣା ବେପାରୀ ରୋଜଗାର କରେ ଓ ଚିନାବାଦାମ ବେପାରୀ ମଧ୍ୟ ରୋଜଗାର କରେ, ଅଟୋରିକ୍ସା ବାଲା ମଧ୍ୟ ରୋଜଗାର କରେ, ଟ୍ୟାକ୍ସି ବାଲା ମଧ୍ୟ ରୋଜଗାର କରେ ଓ ଚା' ବିକିବା ବାଲା ମଧ୍ୟ ରୋଜଗାର କରେ ଓ ଯେତେବେଳେ ଚା' ବିକିବା ବାଲାର କଥା ଉଠେ ତେବେ ମତେ ବେଶୀ ଆନନ୍ଦ ମିଳେ ।

- କଟୁ ମନ୍ତବ୍ୟଗୁଡ଼ିକ ଆମକୁ କିଛି ସମୟ ପାଇଁ ମହତ୍ତ୍ୱ ଦେଇପାରନ୍ତି କିନ୍ତୁ ସେଗୁଡ଼ିକ ପ୍ରଭାବିତ ଅଥବା ପ୍ରେରିତ କରିପାରନ୍ତି ନାହିଁ । ଏହି କଥାକୁ ବୁଝିବାର ଆବଶ୍ୟକତା ଅଛି ଯେ ସଂସଦରେ କୁହାଯାଇଥିବା ପ୍ରତ୍ୟେକ ବାକ୍ୟ ଦେଶକୁ ପ୍ରେରିତ କରୁ ।

- ମୁଁ ଆପଣଙ୍କ ମଧ୍ୟରେ ପ୍ରଧାନମନ୍ତ୍ରୀ ରୂପରେ ନୁହେଁ, ପ୍ରଧାନ ସେବକ ରୂପେ ଉପସ୍ଥିତ ଅଛି । ସ୍ୱାଧୀନତା ଦିବସ ଆମ ଦେଶର ଗରିବ, ପୀଡ଼ିତ, ଦଳିତ, ଶୋଷିତ, ସମାଜର ପଛୁଆ ଲୋକଙ୍କ କଲ୍ୟାଣର, ସେମାନଙ୍କ ପାଇଁ କିଛି ନା କିଛି କରିଯିବାର ସଂକଳ୍ପ ନେବାର ପର୍ବ ଅଟେ ।

➢ ପ୍ରତ୍ୟେକ କାର୍ଯ୍ୟକଳାପ ରାଷ୍ଟ୍ରହିତର କଷଟି ପଥରରେ କଷାଯାଉ । ଯଦି ଏହି ପ୍ରକାରର ଜୀବନ ଜିଇଁବାର ଆମେ ସଂକଳ୍ପ କରନ୍ତି, ତେବେ ସ୍ୱାଧୀନତାର ପର୍ବ ଭାରତକୁ ନୂଆ ଉଚ୍ଚତାରେ ନେଇଯିବାର ଏକ ପ୍ରେରଣା ପର୍ବ ହୋଇ ପାରିବ ।

➢ ଏହି ଦେଶ ଶାସକମାନେ ନୁହେଁ, କୃଷକମାନେ, ମୂଲିଆମାନେ, ମା'-ଭଉଣୀମାନେ, ନବଯୁବକମାନେ, ଋଷି-ମୁନିମାନେ, ଆଚାର୍ଯ୍ୟମାନେ, ଶିକ୍ଷକମାନେ, ବୈଜ୍ଞାନିକମାନେ ଓ ସମାଜ ସେବକମାନେ ତିଆରି କରିଛନ୍ତି ।

➢ ଆମେ ସାଥିହୋଇ ଚାଲିବା, ମିଶି ଚାଲିବା, ମିଶି ଚିନ୍ତା କରିବା, ମିଶି ସଂକଳ୍ପ କରିବା ଓ ମିଶି ଆମେ ଦେଶକୁ ଆଗକୁ ନେଇଯିବା ଏହି ମୂଳମନ୍ତ୍ରକୁ ନେଇ ୧୨୫ କୋଟି ଦେଶବାସୀ ଦେଶକୁ ଆଗକୁ ନେଇଛନ୍ତି ।

➢ ଆମେ ବହୁମତ ବଳରେ ଚାଲୁଥିବା ଲୋକ ନୁହେଁ । ଆମେ ସମ୍ମତିର ଦୃଢ଼ ପୃଥିବୀରେ ଆଗକୁ ଆଗେଇବାକୁ ଚାହୁଁଛୁ ।

➢ ଚପରାସିରୁ ନେଇ କ୍ୟାବିନେଟ ସେକ୍ରେଟାରୀ ପର୍ଯ୍ୟନ୍ତ ପ୍ରତ୍ୟେକେ ସାମର୍ଥ୍ୟବାନ ଅଟନ୍ତି । ପ୍ରତ୍ୟେକଙ୍କର ଶକ୍ତି ଓ ଅନୁଭବ ଅଛି । ମୁଁ ସେହି ଶକ୍ତିକୁ ଜଗାଇବାକୁ ଚାହୁଛି । ମୁଁ ସେହି ଶକ୍ତିକୁ ଯୋଡ଼ିବାକୁ ଚାହୁଛି ଓ ସେହି ଶକ୍ତି ମାଧ୍ୟମରେ ରାଷ୍ଟ୍ର କଲ୍ୟାଣ ଗତିକୁ ଚଞ୍ଚଳ କରିବାକୁ ଚାହୁଛି ଓ ମୁଁ କରିକି ରହିବି ।

➢ ଆମ ମହାପୁରୁଷମାନେ ସ୍ୱାଧୀନତା ଦେଇଛନ୍ତି, କ'ଣ ସେମାନଙ୍କ ସ୍ୱପ୍ନର ଭାରତ ପାଇଁ ଆମର ମଧ୍ୟ କୌଣସି କର୍ତ୍ତବ୍ୟ ଅଛି ନା ନାହିଁ, ଆମର ମଧ୍ୟ କୌଣସି ରାଷ୍ଟ୍ରୀୟ ଚରିତ୍ର ଅଛି ନା ନାହିଁ, ତାହା ଉପରେ ବର୍ତ୍ତମାନ ଗମ୍ଭୀରତାର ସହ ଚିନ୍ତା କରିବା ସମୟ ଆସି ଯାଇଛି ।

➢ କାହିଁକି ୧୨୫ କୋଟି ଦେଶବାସୀଙ୍କ ମନ୍ତ୍ର ହେବା ଉଚିତ ନୁହେଁ ଯେ ଜୀବନର ପ୍ରତି ପାଦ ଦେଶ ହିତରେ ହେଉ । ପ୍ରତ୍ୟେକ ଜିନିଷ ନିଜ ପାଇଁ ହୋଇ ନଥାଏ । କିଛି ଜିନିଷ ଦେଶ ପାଇଁ ମଧ୍ୟ ହୋଇଥାଏ ।

➢ ଝିଅଙ୍କୁ ତ' ଶହେ ପ୍ରଶ୍ନ ମା'-ବାପା ପଚାରନ୍ତି, କ'ଣ କେବେ ମା'-ବାପା ତାଙ୍କ ପୁଅକୁ ପଚାରିବାକୁ ସାହସ କରିଛନ୍ତି । ତଥାପି କଳାକାରୀ କାହାରି ନା କାହାରି ତ' ପୁଅ ଅଟେ ।

➢ ସ୍ୱାଧୀନତା ପରେ ମଧ୍ୟ କେବେ ଜାତିବାଦର ଜହର କେବେ ସାମ୍ପ୍ରଦାୟିକତାର ଜହର, ଏହି ପାପାଚାର କେତେ ଦିନ ଚାଲିବ ? କାହାର ମଙ୍ଗଳ ହେବ ?

➢ ମୁଁ ଦେଶର ଯୁବପିଢ଼ିଙ୍କୁ ଆହ୍ୱାନ କରୁଛି ଯେ ଜାତିବାଦର ଜହର ହେଉ, ସାମ୍ପ୍ରଦାୟିକତାର ଜହର ହେଉ, ପ୍ରାନ୍ତବାଦର ଜହର ହେଉ ଉଚ୍ଚ-ନିଚର ଭାବନା ଏ ଦେଶକୁ ଆଗେଇ ନେବାରେ

ବାଧା ଅଟେ । ଥରେ ମନରେ ସ୍ଥିର କରନ୍ତୁ ୧୦ ବର୍ଷ ପାଇଁ ମୋରାଟୋରିୟମ ଟ୍ରାଇ କରନ୍ତୁ ୧୦ ବର୍ଷ ପର୍ଯ୍ୟନ୍ତ ଆମେ ଏହି ସମସ୍ତ ଉତ୍ତେଜନା ମୁକ୍ତ ସମାଜ ଆଡ଼କୁ ଯିବାକୁ ଚାହୁଁଛନ୍ତି ।

- ଦେଶ ଆଗେଇବା ପାଇଁ ଦୁଇଟି ଧାରଣା ଅଛି, ଉତ୍ତମ ଶାସନ ଏବଂ ବିକାଶ । ତାହାକୁ ନେଇ ଆଗକୁ ଚାଲି ପାରିବା । ତାହା ଉପରେ ଚାଲିବାର ଉଦ୍ଦେଶ୍ୟ ନେଇ ଆମେ ଆଗକୁ ଯିବାକୁ ଚାହୁଁଛୁ ।

- ସରକାରୀ ସେବାରେ ଯୋଡ଼ି ହୋଇଥିବା ଲୋକେ ଜବ୍ କରୁନାହାନ୍ତି ସେବା କରୁଛନ୍ତି, ସର୍ଭିସ୍ କରୁଛନ୍ତି ଏହି କଥାକୁ ପୁନର୍ଜିବିତ କରିବାର ଅଛି ।

- ଆମ ଦେଶ ବିଶ୍ୱର ସବୁଠୁ ଯୁବକ ଦେଶ ଅଟେ । ଦେଶକୁ ବିକାଶ ଆଡ଼କୁ ଆଗେଇବାର ଅଛି ତେବେ ସ୍କିଲ୍ ଡେଭ୍‌ଲପମେଣ୍ଟ ଆମର ଲକ୍ଷ୍ୟ ଅଟେ ।

- ୧୨୫ କୋଟି ଦେଶବାସୀ ଗୋଟିଏ ପାଦ ଆଗକୁ ଯିବେ ତ' ଏହି ଦେଶ ୧୨୫ କୋଟି ପାଦ ଆଗକୁ ଚାଲିଯିବ ।

- ଅନ୍ନ ଭଣ୍ଡାର ଭରି ମୋର କୃଷକ ଭାରତ ମା'ର ସେତିକି ହିଁ ସେବ କରେ, ଯେମିତି ଯବାନ ଭାରତ ମା'ର ରକ୍ଷା କରିଥାଏ । ଏହା ମଧ୍ୟ ଦେଶ ସେବା ଅଟେ

- ଯୁବକମାନେ ଗୋଟିଏ ନିଷ୍ପତ୍ତି କରନ୍ତୁ ଯେ ମୁଁ ମୋର ଛୋଟ-ଛୋଟ କାମ ଦ୍ୱାରା ମୋ ଦେଶକୁ ଆମଦାନୀ ହେଉଥିବା ଅତି କମ୍‌ରେ ଗୋଟିଏ ଜିନିଷ ଏମିତି ତିଆରି କରିବି ଯାହା ଦେଶକୁ କେବେ ଆମଦାନୀ କରିବାକୁ ପଡ଼ିବ ନାହିଁ ।

- ଗୋଟିଏ ଯୁଗ ଥିଲା ଯେତେବେଳେ କୁହାଯାଉଥିଲା ଯେ ରେଲ୍‌ୱେ ଦେଶକୁ ଯୋଡୁଛି । ମୁଁ କହୁଛି ଆଜି ଆଇଟି ଦେଶକୁ ଜନ-ଜନକୁ ଯୋଡ଼ିବାର ଶକ୍ତି ରଖୁଛି ।

- ଯଦି ୧୨୫ କୋଟି ଦେଶବାସୀ ଏହା ସ୍ଥିର କରିବେ ଯେ ମୁଁ କେବେ ମଇଳା କରିବି ନାହିଁ, ତେବେ ଦୁନିଆର କେଉଁ ଶକ୍ତି ଅଛି ଯିଏ ଆମ ସହର-ଗାଁକୁ ଆସି ମଇଳା କରି ପାରିବେ ।

- ମୁଁ ଆପଣଙ୍କୁ ବିଶ୍ୱାସ ଦେଉଛି ଯଦି ଆପଣ ୧୨ ଘଣ୍ଟା କାମ କରିବେ ତେବେ ମୁଁ ୧୩ ଘଣ୍ଟା କାମ କରିବି । ଯେହେତୁ ମୁଁ ପ୍ରଧାନମନ୍ତ୍ରୀ ନୁହେଁ, ପ୍ରଧାନ ସେବକ ରୂପେ ଆପଣଙ୍କ ମଧ୍ୟକୁ ଆସିଛି । ମୁଁ ଶାସକ ରୂପେ ନୁହେଁ ସେବକ ରୂପେ ସରକାର ନେଇ ଆସିଛି ।

- ଆମ ଦେଶରେ ସହସ୍ରାଧିକ ବର୍ଷ ପୂର୍ବେ ବେଦର ରଚନା ହେଲା ଓ ଏହା ଆଜି ମଧ୍ୟ ମାନବ ଜାତିକୁ ପ୍ରେରଣା ଦେଉଛନ୍ତି । କିନ୍ତୁ କାହାକୁ ଜଣା ଅଛି ଯେ ବେଦମାନଙ୍କ ରଚନା କିଏ କରିଥିଲା ? ସେହି ଋଷି ମଧ୍ୟ ବୈଜ୍ଞାନିକ ଥିଲେ, ବୈଜ୍ଞାନିକ ଶୈଳୀରେ ସମାଜ ଜୀବନର ଦର୍ଶନ କରୁଥିଲେ, ଦିଗ ଦେଉଥିଲେ । ବୈଜ୍ଞାନିକଙ୍କ ମଧ୍ୟ ସେହିଭଳି ଯୋଗଦାନ ରହିଛି ।

ସେମାନେ ଏକ ଲାବ୍ରୋଟାରୀରେ ତପସ୍ୟା କରନ୍ତି । ନିଜ ପରିବାରକୁ ମଧ୍ୟ ଦେଖାଶୁଣା ଭୁଲ୍‌ରେ, ନିଜକୁ ନିଜେ ସମର୍ପିତ କରି ଦିଅନ୍ତି । ଓ ତେବେ ଯାଇ ମାନବ କଲ୍ୟାଣ ପାଇଁ କିଛି ଜିନିଷ ଦୁନିଆ ସାମ୍ନାରେ ପ୍ରସ୍ତୁତ ହୋଇଥାଏ ।

- ଯେ କୌଣସି ଦେଶରେ ଯଦି ବିକାଶ କରିବାର ଅଛି ତେବେ ସର୍ବ ପ୍ରଥମେ ପ୍ରାଥମିକତା ଦେବାକୁ ହୁଏ, ଇନ୍‌ଫ୍ରାଷ୍ଟ୍ରକ୍‌ଚରକୁ ଓ ଅଦ୍ୟାପି, ସମୟର କଷଟି ପଥରରେ ମାର୍ଜିତ ହୋଇଥିବା ଇନ୍‌ଫ୍ରାଷ୍ଟକ୍‌ଚର ତିଆରି କରିବାରେ ଆମେ ସଫଳ ହେଉ, ତେବେ ବିକାଶର ସମ୍ଭାବନା ଆପେ ଆପେ ବଢ଼ିଯାଏ ।

- ବିଦ୍ୟୁତ୍ ଆସେ ତ' ତା' ସହିତ ଉଦ୍ୟୋଗ ମଧ୍ୟ ଆସିଥାଏ । ରୋଜଗାରର ସମ୍ଭାବନା ଉତ୍ପନ୍ନ ହୁଏ ।

- ଆମର ଏଠି ଶାସ୍ତ୍ରରେ ସୂର୍ଯ୍ୟ ଭଗବାନଙ୍କ କଳ୍ପନା ସାତଟି ଘୋଡ଼ାର ରଥରେ ବସିଥିବା କରାଯାଇଛି । ତାହାର ଚିତ୍ର ମଧ୍ୟ ତିଆରି ହେଉଛି ଯେ ସୂର୍ଯ୍ୟ ଭଗବାନ ସାତଟି ଘୋଡ଼ାର ରଥରେ ବସିଥାନ୍ତି । ସୂର୍ଯ୍ୟ ଭଗବାନ ଶକ୍ତିର ପ୍ରତୀକ ଅଟନ୍ତି । ଓ ଏହା ଯେଉଁ ସାତଟି ଘୋଡ଼ା, ଆଜିକା ଯୁଗରେ ନୂଆ ରୂପରେ ମୁଁ ସେମାନଙ୍କୁ ଦେଖୁଛି । ଏହା ଶକ୍ତିର ସାତ ସ୍ରୋତ ଅଟନ୍ତି- କୋଇଲା, ଗ୍ୟାସ୍, ପାଣି, ଲିଗ୍‌ନାଇଟ, ସୋଲାର, ୱିଣ୍ଡ, ଅଳିଆ-ଆବର୍ଜନା । ଏମାନଙ୍କ ଦ୍ୱାରା ବିଦ୍ୟୁତ୍ ଉତ୍ପନ୍ନ ହୋଇ ପାରିବ । ଏହି ସାତ ଘୋଡ଼ାଙ୍କ ଦ୍ୱାରା ଏହି ସୂର୍ଯ୍ୟଙ୍କ ରଥ ଚାଲି ପାରିବ, ଶକ୍ତିର ରଥ ଚାଲି ପାରିବ ଓ ଏହି କାମକୁ କରିବା ଦିଗରେ ମୁଁ ପ୍ରୟାସରତ ।

- ଆମ ଦେଶର କୃଷକ ଏତେ ଶକ୍ତିଶାଳୀ ଅଟନ୍ତି ଥରେ ଯଦି ତାକୁ ପାଣି ମିଳିଯିବ ତେବେ ମାଟିରେ ସେ ସୁନା ଫଳାଇବା ଶକ୍ତି ଆମ କୃଷକଙ୍କ ପାଖରେ ଅଛି ।

- ଆଜି ଯଦି ଆମର ଶହେ ଟଙ୍କାର ବିଦ୍ୟୁତ୍ ବିଲ୍ ଆସେ ତେବେ ଆମକୁ ସ୍ଥିର କରିବା ଉଚିତ ଯେ ଆସନ୍ତା ମାସର ବିଲ୍ ୯୦ ଟଙ୍କାର କେମିତି ଆସିବ । ଦଶ ଟଙ୍କା କେମିତି ସଞ୍ଚୟ କରିବା । ଯଦି ଦଶ ଟଙ୍କା ସଞ୍ଚୟ କରିବା ତେବେ ଛୁଆମାନଙ୍କ ପାଇଁ କ୍ଷୀର ଆଣି ପାରିବା । ଏସବୁ ସମ୍ଭବ ଅଟେ । ଟିକିଏ ସତର୍କତା ସହ ଚେଷ୍ଟା କରିବାକୁ ପଡ଼ିଥାଏ ।

- ଦେଶଭକ୍ତିର କାମ ବିଦ୍ୟୁତ୍ ସଞ୍ଚୟ କରି ମଧ୍ୟ ହୋଇ ପାରିବ । ବିଦ୍ୟୁତ୍ ସଞ୍ଚୟ କରିବା କୌଣସି ଉପକାର ନୁହେଁ । ଆମେ ବିଦ୍ୟୁତ୍ ସଞ୍ଚୟ କରୁଛନ୍ତି ତେବେ ଆମର ଖର୍ଚ୍ଚ ମଧ୍ୟ ସଞ୍ଚୟ ହୁଏ, ଆମର ବିଲ୍ ମଧ୍ୟ କମ୍ ଆସେ । ପରିବାରକୁ ଲାଭ ହୁଏ । ଦେଶକୁ ମଧ୍ୟ ଲାଭ ହୁଏ । ଥରେ ବିଦ୍ୟୁତ୍ ସଞ୍ଚୟ କରିବା ବାତାବରଣ ତିଆରି ହୋଇଗଲା ତେବେ ଜୀବନ ବଦଳି ଯାଏ ।

- ଆମକୁ ବିଦ୍ୟୁତ୍‌ର ଅଭ୍ୟାସ ଏତିକି ହୋଇ ଯାଇଛି ଯେ ପୂର୍ଣ୍ଣିମାର ଯେଉଁ ପୂର୍ଣ୍ଣଚନ୍ଦ୍ରର ଶୀତଳତା କ'ଣ ହୋଇଥାଏ, ତାହାକୁ ଆମେ ଭୁଲି ଗଲୁଣି । କେବେ ତ' ପୂର୍ଣ୍ଣିମା ରାତିରେ ବିଦ୍ୟୁତ୍

ବନ୍ଦ କରି ଆକାଶକୁ ଦେଖନ୍ତୁ, ବିଦ୍ୟୁତ୍ ମଧ ସଞ୍ଚୟ ହେବ ଓ ଚନ୍ଦ୍ରମା ଶୀତଳତାର ଅନୁଭବ ମଧ ହେବ ।

- ଭ୍ରଷ୍ଟାଚାର ଆମ ଦେଶକୁ ନଷ୍ଟ କରି ରଖିଛି । ଓ ପରିସ୍ଥିତି ଏମିତି ହୋଇଯାଇଛି ଯେ କିଛି ଲୋକଙ୍କ ଜୀବନରେ ଭ୍ରଷ୍ଟାଚାର ଶିଷ୍ଟାଚାର ହୋଇଯାଇଛି । ଦେଶବାସୀ, ମୁଁ ଏହି କାମକୁ କରିବାକୁ ଚାହୁଛି । ମୋତେ ସାହାଯ୍ୟ କରନ୍ତୁ । ଏହି ରୋଗକୁ ଦେଶରୁ ବାହାର କରିବାର ଅଛି ଓ ବାହାର କରାଯାଇ ପାରିବ । ଥରେ ଯଦି ସମାଜ ମୋ ସହ ମିଶିଗଲା ମୁଁ ମାନୁନାହିଁ ଯେ କାହାର ଶକ୍ତି ଅଛି ଯେ ବର୍ତ୍ତମାନ ଏହି ପାପ କରିବାକୁ ସାହସ କରିବ ।

- ଦୁନିଆର ଯେତେ ଦେଶ ଆଗେଇଛନ୍ତି, ସେହି ଦେଶର ପ୍ରତ୍ୟେକ ନାଗରିକ ସ୍ଥିର କରି ନେଇଛନ୍ତି ଯେ ଆମେ ଦେଶକୁ ବଦଳାଇବୁ, ଆମେ ଦେଶକୁ ଆଗେଇବୁ । ମିଳିମିଶି ଚେଷ୍ଟା କରିବୁ ଓ ଏହା ରାଷ୍ଟ୍ରୀୟ ଚରିତ୍ର ହୋଇଥାଏ ଯାହା ଦେଶକୁ ନୂଆ ଉଚ୍ଚତାକୁ ନେଇଯାଏ ।

- ଯଦି ଦେଶବାସୀ ହିନ୍ଦୁସ୍ଥାନରୁ ଇଂରେଜଙ୍କୁ ଘଉଡ଼ାଇ ପାରୁଛନ୍ତି, ତେବେ ୧୨୫ କୋଟି ଦେଶବାସୀ ହିନ୍ଦୁସ୍ତାନରୁ ଦାରିଦ୍ର୍ୟତାକୁ ମଧ ଘଉଡ଼ାଇ ପାରିବେ ।

- ବର୍ତ୍ତମାନ ପର୍ଯ୍ୟନ୍ତ ସହରୀକରଣକୁ ଆମେ ସଙ୍କଟ ମାନୁଛୁ, ବୋଝ ମାନୁଛୁ, ଆହ୍ୱାନ ମାନୁଛୁ । ମୋ ଚିନ୍ତାଧାରା ଅଲଗା । ମୁଁ ସହରୀକରଣକୁ ଏକ ସୁଯୋଗ ମାନୁଛି । ଆର୍ଥିକ ବିକାଶର ସମ୍ଭାବନାର କେନ୍ଦ୍ରବିନ୍ଦୁ ମାନୁଛି ।

- କୌଣସି କାମକୁ ଯେତେବେଳେ ସମୟ ସୀମାରେ ବାନ୍ଧି ନିର୍ଦ୍ଧାରିତ ଲକ୍ଷ୍ୟକୁ ପାଇବାର ଚେଷ୍ଟା କରାଯାଇ ନାହିଁ ଓ ସମ୍ପୂର୍ଣ୍ଣ ଶକ୍ତି ସେଥିରେ ଲଗା ନଯାଏ ତେବେ ପରିଣାମ ମିଳେନାହିଁ ଓ ଥରେ ବ୍ରେକ୍ ଥ୍ରୁ ହୋଇଗଲେ ଗାଡ଼ି ଆପେ ଆପେ ଚାଲିବାକୁ ଲାଗିଥାଏ ।

- ବିଶ୍ୱର ସେହି ସମାଜ ଆଗକୁ ଆଗେଇଥାଏ ଯିଏ ନିଜ ଭଲ ଗୁଣକୁ ନେଇ ବଞ୍ଚେ । କାନ୍ଦିକି ବସେନାହିଁ । ଛାଡ଼ ସାଙ୍ଗ, ଜଣାନାହିଁ ପୂର୍ବ ଜନ୍ମରେ କି ପାପ କରିଛି ଯେ ହିନ୍ଦୁସ୍ତାନରେ ଜନ୍ମ ହେଲି । ଭଲ ହୋଇଥାନ୍ତା ମୁଁ ଅନ୍ୟ କୌଣସି ଦେଶରେ ଜନ୍ମ ନେଇଥାନ୍ତି । ଏମିତି ସମାଜ ଦୁନିଆରେ କେବେ କିଛି କରି ପାରେନାହିଁ ।

- ଆମେ ଦୁନିଆର କେଉଁଠି ବି ରହନ୍ତି, ଦୁନିଆର ସମସ୍ତ ଭଲ ଜିନିଷ ଉପରେ ଗର୍ବ କରିବା କିନ୍ତୁ ନିଜ ସ୍ୱାଭିମାନ ପ୍ରତି କେବେ ମଧ ସାଲିସ୍ କରିବା ଉଚିତ ନୁହେଁ । ଏହା ଆପେ ଆପେ ବହୁତ ବଡ଼ ଶକ୍ତି ଅଟେ ।

- ଭଗବାନ ରାମ ଶ୍ରୀଲଙ୍କା ଯାଇଥିଲେ । ଲଙ୍କା ଗଲେ, ସୁନାର ଲଙ୍କା ଗଲେ । ସେ ମଧ ମଣିଷ ଥିଲେ । କିଏ ମୋହିତ ହେବନାହିଁ । କିନ୍ତୁ ସୁନାର ନଗରୀରେ ବିଜୟୀ ହୋଇ ଠିଆ ହେବା ପରେ ମଧ ସେ କ'ଣ କହୁଛନ୍ତି- ସ୍ୱର୍ଗାଦପି ଗରିୟସୀ । ଅଯୋଧ୍ୟା ପାଇଁ ଏହି ଭାବନା ଥିଲା

ତାଙ୍କ ମନରେ । ମୋ ଅଯୋଧ୍ୟା ଯେମିତି ହେଉ, ଦାରିଦ୍ର୍ୟତା ଥାଉ, କଷ୍ଟ ଥାଉ, ଅଦ୍ୟପି ତୁମ ଲଙ୍କା ସୁନାର ହୋଇଥାଉ, ତୁମକୁ ଅଭିନନ୍ଦନ । ମୋ ପାଇଁ ତ ତାହା ସ୍ୱର୍ଗାଦପି ଗରିୟସୀ । ଏହି ସନ୍ଦେଶ ଆମର ସବୁଠୁ ବଡ଼ ଶକ୍ତି ଅଟେ ।

- ଆମେ ଯେ କୌଣସି ଦେଶରେ ଥାଉ ନା କାହିଁକି । କିନ୍ତୁ ଏହା ତ ସ୍ଥିର କରି ପାରିବା ଯେ ଅତି କମ୍‌ରେ ଖାଇବା ସମୟରେ ସନ୍ଧ୍ୟାରେ ସମସ୍ତ ଏକାଠି ବସିବୁ । ତିନି ପିଢ଼ି ଥିବ ତ' ତିନି ପିଢ଼ି, ଦୁଇ ପିଢ଼ି ଥିବ ତ' ଦୁଇ ପିଢ଼ି, ଚାରି ପିଢ଼ି ଥିବ ତ' ଚାରି ପିଢ଼ି । ଅତି କମ୍‌ରେ ସମସ୍ତେ ଖାଇବା ଟେବୁଲ୍‌ରେ ଆମେ ନିଜ ମାତୃଭାଷାରେ କଥା ହେବୁ ।

- ଭରସା ବହୁତ ବଡ଼ ଶକ୍ତି ହୋଇଥାଏ । ଦୁନିଆର ସମ୍ବନ୍ଧରେ ଭରସା ଏକ ଏମିତି କେମିକାଲ୍ ଅଟେ, ଯାହା ଫେବିକଲ୍ ଠାରୁ ମଧ ବେଶୀ ଘନିଷ୍ଠ ବନ୍ଧୁତା ତିଆରି କରେ । ନିବିଡ଼ ବନ୍ଧୁତା ତିଆରି କରେ ।

- ଯଦି ଦେଶକୁ ଆଗକୁ ନେଇ ଯିବାର ଅଛି ତେବେ ରାଜ୍ୟମାନଙ୍କୁ ଆଗକୁ ନେଇ ଯିବାକୁ ପଡ଼ିବ । ରାଜ୍ୟ ମଜବୁତ୍ ହେବ ତ' ଦେଶ ମଜବୁତ୍ ହେବ । ରାଜ୍ୟ ବିକାଶ କରିବ ତ' ଦେଶ ବିକାଶ କରିବ । ରାଜ୍ୟ ପ୍ରଗତି କରିବ ତ' ଦେଶ ପ୍ରଗତି କରିବ ।

- ଯଦି ଦେଶ ଚଲାଇବାର ଅଛି ତେବେ କେନ୍ଦ୍ର ଓ ରାଜ୍ୟମାନଙ୍କୁ ଏକ ସଂଘ କରି କାମ କରିବାକୁ ହେବ । ପ୍ରଧାନମନ୍ତ୍ରୀ ଓ ମୁଖ୍ୟମନ୍ତ୍ରୀଙ୍କ - ସେମାନେ ଯେ କୌଣସି ଦଳର ହୋଇଥାନ୍ତୁ ନା କାହିଁକି, ଯେ କୌଣସି ଦଳ ହେଉ ନା କାହିଁକି, ଦେଶ ତ' ଗୋଟିଏ - କାନ୍ଧରେ କାନ୍ଧ ମିଶାଇ ଆଗକୁ ବଢ଼ିବାକୁ ହେବ ।

- ଅଦ୍ୟପି ହିନ୍ଦୁସ୍ତାନର ଅର୍ଥବ୍ୟବସ୍ଥାକୁ ଆଗେଇବାର ଅଛି ତେବେ ଗାଁର ଲୋକଙ୍କ କିଣିବା ଶକ୍ତିକୁ ବଢ଼ାଇବାକୁ ହେବ, ତା'ର କ୍ରୟ ଶକ୍ତିକୁ ବଢ଼ାଇବାକୁ ପଡ଼ିବ । ଯଦି ଗାଁ ଲୋକଙ୍କ କ୍ରୟ ଶକ୍ତି ବଢୁଛି ତେବେ ସହରର ଅର୍ଥବ୍ୟବସ୍ଥା ମଧ ଦ୍ରୁତ ଗତିରେ ଆଗକୁ ଆଗେଇଚାଲେ ।

- ଆପଣ କଳ୍ପନା କରି ପାରିବେ, ଆଜି ଯେଉଁ ଅରବ-ଖରବ ଟଙ୍କାର ପେପ୍‌ସି ଇତ୍ୟାଦି ପେୟର ଯେଉଁ ବ୍ୟବସାୟ ଅଛି, ପାଞ୍ଚ ପ୍ରତିଶତ ସେଥିରେ, ମୁଁ ବେଶୀ କହୁନାହିଁ, ପାଞ୍ଚ ପ୍ରତିଶତ କୃଷକ ଯିଏ ଫଳ ଉତ୍ପନ୍ନ କରୁଛି, ସେହି ଫଳର ରସ ଯଦି ସେଥିରେ ମିଶାଇ ଦିଆଯାଏ ତେବେ ହିନ୍ଦୁସ୍ତାନର କୃଷକକୁ ଫଳ ବିକିବା ପାଇଁ କେବେ ବଜାର ଖୋଜିବା ପାଇଁ ଯିବାକୁ ପଡ଼ିବ ନାହିଁ । ଅରବ-ଖରବ ଟଙ୍କାର ଫଳ ବ୍ୟବସାୟ ଏକ ନିର୍ଣ୍ଣୟରେ ହୋଇପାରେ ।

- ସ୍ୱାମୀ ବିବେକାନନ୍ଦ କହିଥିଲେ ଯେ ମୁଁ ଦେଖୁଛି, ମୋ ଭାରତ ମାତା ପୁଣି ଆଉ ଥରେ ବିଶ୍ୱଗୁରୁର ସ୍ଥାନ ପ୍ରାପ୍ତ କରିବ । ଏହା କେମିତି କରିବ, ଆପଣମାନଙ୍କ ପୁରୁଷାର୍ଥରୁ ତ' ଏହା ହେବାର ଅଛି । ଆମ ଦେଶର ଯୁବ ପିଢ଼ିଙ୍କ ପୁରୁଷାର୍ଥରେ ହେବାର ଅଛି । ସେ କ୍ଷେତରେ

କାମ କରୁଥିବା କୃଷକ ହୁଅନ୍ତୁ, ସେ ମୂଲ ଲାଗୁଥିବା ଗରିବ ଲୋକ ହୁଅନ୍ତୁ ଅଥବା ବୈଜ୍ଞାନିକ ଭଳି ଲ୍ୟାବ୍‌ରେ ବସି ତପସ୍ୟା କରୁଥିବା ଋଷିତୁଲ୍ୟ ଜୀବନ ହେଉ, ଏହା ତ' ଅଟେ ଯିଏ ଭାରତ ମାତାକୁ ଜଗତଗୁରୁ ସ୍ଥାନରେ ବିରାଜମାନ କରିବ ।

- ସବୁଠୁ ବଡ଼ ଆବଶ୍ୟକତା ହୋଇଥାଏ- ଭରସା, ବିଶ୍ୱାସ । ଜଣା ନାହିଁ ଆମେ ଦେଶକୁ ଏମିତି ଚଳାଉଛୁ ଯେ ଆମେ ଆମ ଦେଶବାସୀଙ୍କ ପ୍ରତ୍ୟେକ କଥାକୁ ସନ୍ଦେହ କଲୁ । ଅବିଶ୍ୱାସ କରିଛୁ । ମତେ ଏହି ଚକ୍ରକୁ ବଦଳାଇବାକୁ ହେବ । ଆମେ ଅବିଶ୍ୱାସରୁ ଆରମ୍ଭ କରିବା ନାହିଁ । ଆମେ ବିଶ୍ୱାସରୁ ଆରମ୍ଭ କରିବା ଓ କେଉଁଠି ଅଭାବ ନଜର ଆସିଲା ତେବେ ସରକାର ହସ୍ତକ୍ଷେପ କରନ୍ତୁ ।

- ଆମ ସରକାରଙ୍କ ଏକ ମନ୍ତ୍ର ଅଛି । ତାହା ସର୍ବ ପ୍ରଥମେ ଆମ ପ୍ରତିବଦ୍ଧତା ଅଟେ । ମୁଁ ପ୍ରତ୍ୟେକ ଦେଶବାସୀଙ୍କ ଉପରେ ଭରସା କରି ଚାଲିବାକୁ ଚାହୁଁଛି । ଏହି ବିଶ୍ୱାସର ଯେଉଁ ବାତାବରଣ ଅଛି ତାହା ବ୍ୟବସ୍ଥାଗୁଡ଼ିକୁ ପରିବର୍ତ୍ତିତ କରିବାର ମଧ୍ୟ ଶକ୍ତି ରଖେ । ସଂସଦର ଚାରିକାନ୍ଥରେ ହିଁ ତିଆରି କରି ଆଇନ ବଦଳା ଯାଇ ପାରିବ, ଏମିତି ନୁହେଁ । ସଂସଦର ଚାରିକାନ୍ଥ ବାହାରେ ମଧ୍ୟ ଜନ-ଜନଙ୍କ ମନକୁ ଜଗାଇ ପରିବର୍ତ୍ତନର ପ୍ରବାହ ଅଣାଯାଇ ପାରିବ ।

- ଗରିବୀରୁ ମଧ୍ୟବର୍ଗ ଆଡ଼କୁ ଏହା ବଢ଼ାଇବାର ଅଛି ତେବେ କ'ଣ କରିବାକୁ ପଡ଼ିବ । ସାଧା-ସିଧା କଥା- ରୋଜଗାରର ସୁଯୋଗ ଉପଲବ୍ଧ କରାଇବାକୁ ପଡ଼ିବ । ଅଦ୍ୟାପି ଗରିବକୁ ରୋଜଗାରର ସୁଯୋଗ ମିଳିବ ତେବେ ସେହି ପରିବାରର କ୍ରୟ ଶକ୍ତି ବଢ଼ିବ । ଆଜି ତାକୁ ଗୋଟିଏ ଜିନିଷ ନେବାର ଅଛି, ୩ ଟଙ୍କା, ୫ ଟଙ୍କା ଅଥବା ୭ ଟଙ୍କାରେ ମିଳୁଛି, ତେବେ ସେ ୩ ଟଙ୍କିଆ ପସନ୍ଦ କରୁଛି । ପୁଣି ସେ ଗୁଣବତ୍ତା ଆଡ଼କୁ ଯିବ । ବର୍ତ୍ତମାନ କାମ ଚଳାଇବା ପାଇଁ ରହିଯାଉଛି । ରୋଜଗାରର ସୁଯୋଗ ଯେତିକି ବେଶୀ ବଢ଼ିବ, ସେତିକି ହିଁ କ୍ରୟ ଶକ୍ତି ବଢ଼ିବ ଓ ଆମର ଅର୍ଥବ୍ୟବସ୍ଥାକୁ ଗତି ମିଳିବ ।

- ଆମକୁ ଭାରତର ଅର୍ଥବ୍ୟବସ୍ଥାରେ ଯେଉଁ ପ୍ରକାରର ପରିବର୍ତ୍ତନ ଆଣିବାର ଅଛି, ସେହି ପରିବର୍ତ୍ତନରେ ଗୋଟିଏ ପଟେ ମାନୁଫାକ୍‌ଚରିଂକୁ ବଢ଼ାଇବାକୁ ହେଲେ ତାହାର ସିଧା ଫାଇଦା ହିନ୍ଦୁସ୍ତାନର ଯୁବକଙ୍କୁ ମିଳୁ । ସେଥିରୁ ରୋଜଗାର ମିଳୁ ଅତଏବ ଅତି ଗରିବ ପରିବାରର ଆର୍ଥିକ ସ୍ଥିତିରେ ପରିବର୍ତ୍ତନ ଆସିବ ।

- ନିରାଶାବାଦୀ ଅଥବା ଆଲୋଚନାବାଦୀ ହେଲେ କିଛି ମଧ୍ୟ ବଦଳିବ ନାହିଁ । ଗୋଟିଏ ବହୁତ ବଡ଼ ଗର୍ବ ଅଛି, ଯାହାର ମନରେ ଅଛି ଯେ ଛାଡ଼ ସାଙ୍ଗ, କିଛି ବଦଳିବ ନାହିଁ, ବର୍ତ୍ତମାନ କିଛି ହେବନାହିଁ । ଏହା ଯେଉଁ ନିରାଶାବାଦୀ ଓ ଆଲୋଚନାବାଦୀ ବାତାବରଣ, ଏହା କହିବା ସହଜ ଅଟେ । କିନ୍ତୁ ଯଦି ଆମେ ଏମିତି କରନ୍ତି ତେବେ ଆମେ ଆମ ଦାୟିତ୍ୱରୁ ପଳାୟନ

କରିବାର ସଙ୍କଟ ଉଠାଉଛୁ । ଆମେ ଆମ ସାମୂହିକ ଭବିଷ୍ୟତକୁ ବିପଦରେ ପକାଉଛନ୍ତି । ଆସନ୍ତୁ, ଆମେ ଆମ ସମୟର ଚାହିଦା ଅନୁରୂପ ନିଜକୁ ନିଜେ ଢାଳିବା । ଆମେ ସମୟର ଶାନ୍ତି ପାଇଁ କାର୍ଯ୍ୟ କରିବା ।

- କୌଣସି ଗୋଟିଏ ଦେଶ ଅଥବା କିଛି ଦେଶର ସମୂହ ବିଶ୍ୱର ଧାରାକୁ ସ୍ଥିର କରି ପାରିବ ନାହିଁ । ଆମକୁ ଦେଶମାନଙ୍କ ମଧ୍ୟରେ ସାର୍ଥକ କଥୋପକଥନ ଏବଂ ସହଯୋଗ ସୁନିଶ୍ଚିତ କରିବାର ଅଛି ।

- ଯୋଗ ଆମର ପୁରାତନ ପାରମ୍ପରିକ ଅମୂଲ୍ୟ ଦାନ ଅଟେ । ଯୋଗ ମନ ଓ ଶରୀର, ବିଚାର ଓ କର୍ମ, ସଂଯମ ଓ ଉପଲବ୍ଧିର ଏକାତ୍ମକତାର ଏବଂ ମାନବ ଓ ପ୍ରକୃତି ମଧ୍ୟରେ ସାମଞ୍ଜସ୍ୟର ସାକାର ରୂପ ଅଟେ । ଏହା ସ୍ୱାସ୍ଥ୍ୟ କଲ୍ୟାଣର ସମଗ୍ର ଦୃଷ୍ଟିକୋଣ ଅଟେ । ଯୋଗ କେବଳ ବ୍ୟାୟାମ ନହୋଇ ନିଜକୁ ନିଜେ ତଥା ବିଶ୍ୱ ପ୍ରକୃତି ସହ ଅଭିନ୍ନତାକୁ ପ୍ରାପ୍ତ କରିବାର ମାଧ୍ୟମ ଅଟେ । ଏହା ଆମର ଜୀବନ ଶୈଳୀରେ ପରିବର୍ତ୍ତନ ଆଣି ଏବଂ ଆମ ମଧ୍ୟରେ ସତର୍କତା ଉତ୍ପନ୍ନ କରି ଜଳବାୟୁ ପରିବର୍ତ୍ତନ ସହ ଲଢ଼ିବାରେ ସହାୟକ ହୋଇ ପାରିବ । ଆସନ୍ତୁ ଆମେ ଗୋଟିଏ 'ଅନ୍ତଃରାଷ୍ଟ୍ରୀୟ ଯୋଗ ଦିବସ' କୁ ଆରମ୍ଭ କରିବା ଦିଗରେ କାର୍ଯ୍ୟ କରିବା ।

- ନବରାତ୍ରିର ପର୍ବ, ଏହା ଶକ୍ତି ଉପାସନାର ପର୍ବ ଅଟେ । ନବରାତ୍ରି ପର୍ବ ଶୁଦ୍ଧିକରଣର ପର୍ବ ଅଟେ । ନବରାତ୍ରିର ପର୍ବ ସମର୍ପଣ ଭାବକୁ ଅଧିକ ତୀବ୍ର କରିବାର ପର୍ବ ଅଟେ ।

- ଯେତେବେଳେ ୧୨୫ କୋଟି ଦେଶବାସୀ ଆଶୀର୍ବାଦ ଦେଇଦେବେ ତଥାପି ତାହା ଈଶ୍ୱରଙ୍କ ହିଁ ଆଶୀର୍ବାଦ ହୋଇଥାଏ । ଜନତା ଜନାର୍ଦ୍ଦନ ଈଶ୍ୱରଙ୍କ ରୂପ ହୋଇଥାନ୍ତି । ଯେତେବେଳେ ଜନତା ଜନାର୍ଦ୍ଦନଙ୍କ ଆଶୀର୍ବାଦ ହୋଇଥାଏ ତେବେ ସେ ନିଜେ ପରମାତ୍ମାଙ୍କ ଆଶୀର୍ବାଦ ହୋଇଥାଏ ।

- ମୋର ଚେଷ୍ଟା ଏହା ଯେ ବିକାଶ ଏକ ଜନ ଆନ୍ଦୋଳନ ହେଉ । ୧୨୫ କୋଟି ଦେଶବାସୀ, ଏହି ବିକାଶର ଜନ ଆନ୍ଦୋଳନର ଅଂଶ ହୁଅନ୍ତୁ ଓ ପ୍ରତ୍ୟେକେ, ଯିଏ କରେ, ମୁଁ ଦେଶ ପାଇଁ କରୁଥାଏ । ମୁଁ ଏମିତି କୌଣସି କାମ କରିବି ନାହିଁ, ଯେଉଁ କାରଣରୁ ମୋ ଦେଶକୁ କ୍ଷତି ହେବ, ଏହି ଭାବନା ମତେ ଜାଗ୍ରତ କରିବାର ଅଛି ।

- ମୋର ବିଶ୍ୱାସ ଅଛି ଯେ ସେହି ଦିନ ଆସିବ । ପୁଣି ଆଉ ଥରେ ବାତାବରଣ ହୋଇଛି, ପ୍ରତ୍ୟେକ କୋଣରେ ହିନ୍ଦୁସ୍ତାନୀଙ୍କୁ ଲାଗୁଛି ଯେ ବର୍ତ୍ତମାନ ଦେଶକୁ ଆଗକୁ ନେଇଯିବାର ଅଛି । ଏହି ୧୨୫ କୋଟି ଦେଶବାସୀଙ୍କ ଇଚ୍ଛା ଶକ୍ତି, ଏହା ମୋର ସମ୍ବଳ ଅଟେ, ଏହା ମୋର ଶକ୍ତି ଅଟେ । ଏହା ଉପରେ ମୋର ଭରସା ଅଛି, ଯେଉଁ କାରଣରୁ ଏକବିଂଶ ଶତାବ୍ଦୀର ନେତୃତ୍ୱ ହିନ୍ଦୁସ୍ତାନ କରିବାର ସମ୍ପୂର୍ଣ୍ଣ ସମ୍ଭାବନା ଅଛି ।

➤ ଆମ ଗଙ୍ଗା ଶୁଦ୍ଧ ହେବା ଉଚିତ ନା ହେବା ଉଚିତ ନୁହେଁ? ଏହି କାମରେ ସହସ୍ର କୋଟି ଟଙ୍କା ବର୍ତ୍ତମାନ ପର୍ଯ୍ୟନ୍ତ ଖର୍ଚ୍ଚ ହୋଇ ସାରିଛି । ମୁଁ ଯେତେବେଳେ ଏହି ପ୍ରସଙ୍ଗ ଉଠାଇଲି ତେବେ ଲୋକେ କହନ୍ତି ମୋଦି ଜୀ ଆପଣ ନିଜକୁ ମାରୁଛନ୍ତି । ଏମିତି ଜିନିଷକୁ କାହିଁକି ହାତ ଲଗାଉଛନ୍ତି ? ଯଦି ସରଳ ଜିନିଷକୁ ହାତ ଲଗାଇବାର ଥାନ୍ତା ତେବେ ଲୋକେ ମତେ ପ୍ରଧାନମନ୍ତ୍ରୀ କରି ନଥାନ୍ତେ । କଷ୍ଟକର କାର୍ଯ୍ୟକୁ ତ' ହାତ ମାରିବା ପାଇଁ ମତେ ତିଆରି କରିଛନ୍ତି । ମୋର ୧୨୫ କୋଟି ଦେଶବାସୀଙ୍କ ଗଙ୍ଗା ପ୍ରତି ଯେଉଁ ଆସ୍ଥା ରହିଛି, ସେହି ଆସ୍ଥାରେ ମୋର ମଧ୍ୟ ଆସ୍ଥା ଅଛି ଓ ଗଙ୍ଗାର ସଫେଇ, ଏହି ଆସ୍ଥା ସହ ଯୋଡ଼ି ହୋଇଥିବା ବିଷୟ ପର୍ଯ୍ୟନ୍ତ ସିମୀତ ନାହିଁ ।

➤ କିଛି ଲୋକଙ୍କ ମାନିବା ହେଲା ପ୍ରାଚୀନ ଜ୍ଞାନରୁ ବିଶ୍ୱରେ ପରିବର୍ତ୍ତନ ଆସେ । ମତେ ଲାଗେ ଯେ ଆଦର୍ଶବାଦ, ନବନିର୍ମାଣ, ଶକ୍ତି ଓ ଯୁବକଙ୍କ କିଛି କରିଯିବାର ମନୋଭାବ ଅଧିକ ବଳଶାଳୀ ଅଟେ । ମୋର ଆଶା ଅଛି ଯେ ଭାରତରେ ମଧ୍ୟ ୮୦ କୋଟି ଯୁବକ ଆମ ରାଷ୍ଟ୍ରକୁ ବଦଳାଇବା ପାଇଁ ଏକଜୁଟ୍ ହେଉଛନ୍ତି ।

➤ ପ୍ରତ୍ୟେକ ଆଖିରେ ଆଶାର କିରଣ ଭରିବା ଓ ପ୍ରତ୍ୟେକ ହୃଦୟରେ ବିଶ୍ୱାସ ଜାଗ୍ରତ କରିବା ପାଇଁ ଲୋକଙ୍କୁ ଦାରିଦ୍ର୍ୟତାର ପଙ୍କରୁ ବାହାରିବାକୁ ହେବ । ସମସ୍ତଙ୍କୁ ସଫା ପାଣି ଓ ସ୍ୱଚ୍ଛତା ଉପଲବ୍ଧ କରାଇବାକୁ ହେବ । ପ୍ରତ୍ୟେକ ମୁଣ୍ଡରେ ଛାତ ଉପଲବ୍ଧ କରାଇବାକୁ ହେବ । ମୁଁ ଜାଣିଛି, ଏହା ସମ୍ଭବ ଅଟେ । ଯେହେତୁ ମୁଁ ଭାରତରେ ଉଦ୍ଦେଶ୍ୟ, ଶକ୍ତି ଓ ଇଚ୍ଛାର ନୂଆ ଭାବନା ଅନୁଭବ କରୁଛି ।

➤ ପ୍ରତ୍ୟେକେ ନିଶ୍ଚୟ ଚିନ୍ତା କରୁଥିବ ନିଜ ଭିତରର ଯେତିକି ବେଶୀ ଖରାପ ଗୁଣକୁ ପରାଜୟ କରି ବିଜୟ ପ୍ରାପ୍ତ କରିବେ, କିନ୍ତୁ ରାଷ୍ଟ୍ର ରୂପେ ମତେ ଲାଗୁଛି ଯେ ଆସନ୍ତୁ ବିଜୟଦଶମୀର ପାବନ ପର୍ବରେ ଆମେ ସବୁ ମଇଳାରୁ ମୁକ୍ତି ପାଇଁ ସଂକଳ୍ପ କରିବା ଓ ମଇଳାକୁ ଶେଷ କରି ବିଜୟ ପ୍ରାପ୍ତ କରିବା । ବିଜୟଦଶମୀରେ ଆମେ ଏହା ସଂକଳ୍ପ କରି ପାରିବା ।

➤ ମୁଁ ଗୋଟିଏ କଥା କହିଥିଲି ଯେ 'ସ୍ୱଚ୍ଛ ଭାରତ ଅଭିଯାନ' ରେ ମୁଁ ନଅ ଲୋକଙ୍କୁ ନିମନ୍ତ୍ରିତ କରିବି ଓ ସେମାନେ ନିଜେ ସଫେଇ କରି ନିଜ ଭିଡିଓକୁ ସୋସିଆଲ ମିଡିଆରେ ଅପ୍‌ଲୋଡ୍ କରିବେ ଓ ସେମାନେ ଅନ୍ୟ ନଅ ଲୋକଙ୍କୁ ନିମନ୍ତ୍ରିତ କରିବେ । ଆପଣ ମଧ୍ୟ ଏଥିରେ ମିଶନ୍ତୁ, ଆପଣ ସଫେଇ କରନ୍ତୁ, ଆପଣ ଯେଉଁ ନଅ ଲୋକଙ୍କୁ ଆହ୍ୱାନ କରିବାକୁ ଚାହୁଁଛନ୍ତି, ସେମାନଙ୍କୁ କରନ୍ତୁ, ସେମାନେ ମଧ୍ୟ ସଫେଇ କରିବେ, ଆପଣଙ୍କ ବନ୍ଧୁମାନଙ୍କୁ କୁହନ୍ତୁ, ବହୁତ ଉପରକୁ ଯିବା ଆବଶ୍ୟକ ନାହିଁ, ଆହୁରି ନଅ ଲୋକଙ୍କୁ କୁହନ୍ତୁ, ପୁଣି ସେମାନେ ଆଉ ନଅ ଲୋକଙ୍କୁ କହିବେ, ଧିରେ-ଧିରେ ସମ୍ପୂର୍ଣ୍ଣ ଦେଶରେ ଏହି ବାତାବରଣ ହୋଇଯିବ । ମୁଁ ବିଶ୍ୱାସ କରୁଛି ଯେ ଏହି କାମକୁ ଆପଣ ଆଗେଇନେବେ ।

- ଆମେ ଯେତେବେଳେ ମହାତ୍ମା ଗାନ୍ଧିଙ୍କ କଥା କୁହନ୍ତି, ତେବେ ଖଦୀର କଥା ବହୁତ ସ୍ୱାଭାବିକ ଭାବେ ମନକୁ ଆସେ । ଆପଣଙ୍କ ପରିବାରରେ ଅନେକ ପ୍ରକାରର ବସ୍ତ୍ର ଥିବ, ଅନେକ କମ୍ପାନୀଙ୍କ ଉତ୍ପାଦ ଥିବ, କ'ଣ ସେଥିରେ ଗୋଟିଏ ଖଦୀର ରହି ପାରିବନି । ମୁଁ ଆପଣଙ୍କୁ ଖଦୀଧାରୀ ହେବା ପାଇଁ କହୁନାହିଁ, ଆପଣ ସମ୍ପୂର୍ଣ୍ଣ ଖଦୀଧାରୀ ହେବାର ବ୍ରତ କରନ୍ତୁ, ଏହା ମଧ୍ୟ କହୁନାହିଁ । ମୁଁ କେବଳ ଏତିକି କହୁଛି ଯେ ଅତି କମ୍‌ରେ ଗୋଟିଏ ଜିନିଷ, ତାହା ରୁମାଲ, ଘରେ ଗାଧୋଇବା ଗାମୁଛା ହେଉ, ବେଡ୍‌ସିଟ୍ ହେଉ, ତକିଆ ଖୋଳ ହେଉ, ପର୍ଦା ହେଉ, କିଛି ମଧ୍ୟ ହେଉ ନା କାହିଁକି, ଯଦି ପରିବାରରେ ସବୁ ପ୍ରକାରର ଫେବ୍ରିକ୍ସର ସଉକ୍ ଅଛି, ସବୁ ପ୍ରକାରର କପଡ଼ାର ସଉକ୍ ଅଛି, ତେବେ ଏହା ନିୟମିତ ହେବା ଉଚିତ । ଏହା ମୁଁ ଏଥିପାଇଁ କହୁଛି ଯେ ଯଦି ଆପଣ ଖଦୀର ବସ୍ତ୍ର କିଣନ୍ତି ତେବେ ଗୋଟିଏ ଗରିବର ଘରେ ଦୀପାବଳୀର ଦୀପ ଜଳେ ।

- ୧ ୨ ୫ କୋଟି ଦେଶବାସୀଙ୍କ ଭିତରେ ଅପାର ଶକ୍ତି ଅଛି, ଅପାର ସାମର୍ଥ୍ୟ ଅଛି । ଆମକୁ ନିଜକୁ ନିଜେ ଚିହ୍ନିବା ଆବଶ୍ୟକ ରହିଛି । ଆମ ଭିତରର ଶକ୍ତିକୁ ଚିହ୍ନିବା ଆବଶ୍ୟକ ଓ ପୁନଃ ଯେମିତି ସ୍ୱାମୀ ବିବେକାନନ୍ଦ ଜୀ କହିଥିଲେ ସେହି ଆତ୍ମସମ୍ମାନକୁ ନେଇ ନିଜର ଉଚିତ୍ ପରିଚୟକୁ ନେଇ ଆମେ ଚାଲିବା, ତେବେ ବିଜୟୀ ହେବା ଓ ଆମ ରାଷ୍ଟ୍ର ମଧ୍ୟ ବିଜୟୀ ହେବ, ସଫଳ ହେବ ।

- ମୋର ଦେଶବାସୀ, ଯେ ପର୍ଯ୍ୟନ୍ତ ଆମେ ଚାଲିବାର ସଂକଳ୍ପ କରିବା ନାହିଁ, ଆମେ ନିଜେ ଠିଆ ହେବାନାହିଁ, ସେତେବେଳେ ରାସ୍ତା ଦେଖାଇବା ଲୋକ ମଧ୍ୟ ମିଳିବେ ନାହିଁ । ଆମକୁ ଆଙ୍ଗୁଠି ଧରି ଚଲାଇବା ଲୋକ ମିଳିବେ ନାହିଁ । ଆମକୁ ଚାଲିବା ଆରମ୍ଭ କରିବାକୁ ପଡ଼ିବ ଓ ମୋର ବିଶ୍ୱାସ ଅଛି ଯେ ୧ ୨ ୫ କୋଟି ଲୋକ ନିଶ୍ଚୟ ଚାଲିବା ପାଇଁ ସାମର୍ଥ୍ୟବାନ ଅଟନ୍ତି, ଚାଲୁଥିବେ ।

- ଆମେ ସବୁ ମିଶି ଆମ ଭାରତ ମାତାର ସେବା କରିବା । ଆମେ ଦେଶକୁ ନୂଆ ଉନ୍ନତ ସ୍ତରକୁ ନେଇଯିବା । ପ୍ରତ୍ୟେକେ ଗୋଟିଏ ପାଦ ଚାଲନ୍ତୁ, ଯଦି ଆପଣ ଗୋଟିଏ ପାଦ ଚାଲୁଛନ୍ତି, ଦେଶ ୧ ୨ ୫ କୋଟି ପାଦ ଆଗକୁ ଚାଲିଯାଉଛି । କଠିନ ପରିଶ୍ରମ କେବେ କ୍ଲାନ୍ତି ଆଣିବ ନାହିଁ, ବରଂ ତାହା ସନ୍ତୋଷ ଆଣିଥାଏ ।

- ଇଚ୍ଛାରେ ସ୍ଥିରତା ଯୋଡ଼ିବା ତେବେ ସଂକଳ୍ପ ତିଆରି ହୁଏ । ସଂକଳ୍ପରେ କଠିନ ପରିଶ୍ରମ ଯୋଡ଼ାଯାଏ ତେବେ ସଫଳତା ମିଳିଥାଏ ।

- ଧର୍ମନିରପେକ୍ଷତାର ମୋର ପରିଭାଷା ହେଲା ପ୍ରଥମେ ଭାରତ । ଆପଣ ଯାହା ମଧ୍ୟ କରନ୍ତୁ, ଯେଉଁଠି ମଧ୍ୟ କାମ କରନ୍ତୁ, ସମସ୍ତ ନାଗରିକଙ୍କ ପାଇଁ ଭାରତ ସର୍ବୋପରି ହେବା ଉଚିତ ।

- ଭାରତର ହିତରୁ କମ୍ କିଛି ମଧ୍ୟ ଆମ ଲକ୍ଷ୍ୟ ହେବା ଉଚିତ ନୁହେଁ ଓ ଯଦି ଏମିତି ହୁଏ ତେବେ ଧର୍ମନିରପେକ୍ଷତା ଆପେ ଆପେ ଆମ ରଙ୍ଗରେ ଦୌଡ଼ିବ ।

- ସମୟକୁ ଦେଖି ମୁଁ ପାଞ୍ଚଟି ଟି- ଟ୍ୟାଲେଣ୍ଟ, ଟ୍ରାଡିସନ୍, ଟୁରିଜିମ୍, ଟ୍ରେଡ୍ ଓ ଟେକ୍ନୋଲଜିର କଥା କହୁଛି । ଏଗୁଡ଼ିକ ମାଧ୍ୟମରେ ଆମେ ବ୍ରାଣ୍ଡ ଇଣ୍ଡିଆକୁ ବିଶ୍ୱ ବଜାରରେ ଦୃଢ଼ତାର ସହ ସ୍ଥାୟୀ କରି ପାରିବା ।

- ଶାସନ ଆମ ପାଇଁ ଭୋଗର ସାଧନ ନୁହେଁ ।

- ଦେଶକୁ ଆକ୍ଟ ନୁହେଁ ଆକ୍ସନ୍ ଆବଶ୍ୟକ ।

- ମୋର ଧର୍ମ କାମ ପ୍ରତି ନିଷ୍ଠା ଅଛି ଓ ନିଷ୍ଠାପୂର୍ବକ କାମ କରିବା ଧାର୍ମିକ ହେବା ଅଟେ ।

- ଲୋକତନ୍ତ୍ରରେ ଅନ୍ତିମ ନିର୍ଣ୍ଣୟ କିଏ ନିଏ ? ଅନ୍ତିମ ନିର୍ଣ୍ଣୟ ମତଦାତାଙ୍କର ହୋଇଥାଏ ।

- ମୋର ସ୍ୱପ୍ନ ଯେ କାଶ୍ମୀରରୁ କନ୍ୟାକୁମାରୀ ପର୍ଯ୍ୟନ୍ତ ଭାରତ ଏକ ରହୁ, ଉତ୍ତମ ରହୁ । ସମସ୍ତେ ସୁଖୀ ରୁହନ୍ତୁ, ସମସ୍ତଙ୍କର କଲ୍ୟାଣ ହେଉ ।

- ମୋର ସଂଘର୍ଷ 'ଫାଇଲ୍' ରେ 'ଲାଇଫ୍' ଆଣିବା ।

- ଗୁଜରାଟ ସର୍ବଦା ଦେଶକୁ ଏକ ନୂଆ ରାସ୍ତା ଦେଖାଇଛି । ମହାତ୍ମା ଗାନ୍ଧି ଓ ସରଦାର ପଟେଲ ସ୍ୱାଧୀନତା ପାଇଁ ଦେଶର ନେତୃତ୍ୱ କଲେ ଓ ବର୍ତ୍ତମାନ ଗୁଜରାଟ କୃଷି, ଶିକ୍ଷା ଏବଂ ପେଟ୍ରୋ ରସାୟନ ଭଳି ଅନେକ କ୍ଷେତ୍ରରେ ଦେଶରେ ଅଗ୍ରଣୀ ଅଟେ ।

- କେବଳ ନିଜ ସଂସ୍କୃତିର ରକ୍ଷାରେ ହିଁ ଧର୍ମର ଧ୍ୱଜା ଉଡ଼ିପାରେ ଓ ଏକତା ରହିପାରେ । ରାଷ୍ଟ୍ରବାଦ, ଦେଶଭକ୍ତି ଓ ରାଷ୍ଟ୍ର ପ୍ରତି ସମର୍ପଣ ସହ ପ୍ରେରିତ ସଂଗଠନ ହିଁ ଲୋକଙ୍କ ଅସଲ ଶକ୍ତିକୁ ପ୍ରତିଧ୍ୱନିତ କରନ୍ତି ।

- ଆମେ ଏକ ସୁଖୀ ଭାରତ ଦେଖିବାକୁ ଚାହୁଁଛୁ । ଏକ ମଜବୁତ୍ ଭାରତ ଦେଖିବାକୁ ଚାହୁଁଛୁ । ଏକବିଂଶ ଶତାବ୍ଦୀ ଭାରତର ଶତାବ୍ଦୀ ହେଉ, ଏହା ଆମର ସ୍ୱପ୍ନ ଅଟେ, ଯାହାକୁ ସାକାର କରିବାକୁ ହେବ ।

- ଭାରତ 'ସ୍ନେକ୍ ଚାର୍ମର୍ସ' ଦେଶରୁ ବର୍ତ୍ତମାନ 'ମାଉସ୍ ଚାର୍ମର୍ସ' ଦେଶରେ ବଦଳି ଯାଇଛି ।

- ମୋ ଜୀବନରେ ଲକ୍ଷ୍ୟ ସବୁକିଛି ଅଟେ, ଉଚ୍ଚାଭିଳାଷ କିଛି ମଧ୍ୟ ନାହିଁ । ଯଦି ମୁଁ ନଗର ନିଗମର ଅଧ୍ୟକ୍ଷ ହୋଇଥାନ୍ତି ତେବେ ମଧ୍ୟ ସେତିକି ହିଁ ପରିଶ୍ରମରେ କାମ କରନ୍ତି, ଯେତିକି ଏବେ କରୁଛି ।

- ମୁଁ ଆଧୁନିକତାର ପକ୍ଷରେ ଅଛି କିନ୍ତୁ ମର୍ଡନାଇଜେସନ୍ ୱିଦାଉଟ୍ ୱେଷ୍ଟନାଇଜେସନ୍ । ଆଧୁନିକତା ଆବଶ୍ୟକ କିନ୍ତୁ ପଶ୍ଚିମୀକରଣ ଦରକାର ନାହିଁ ।

- ମୋ ପାଇଁ ରାଜନୀତି ମହତ୍ୱାକାଂକ୍ଷା ନୁହେଁ ବରଂ ଏକ ଲକ୍ଷ୍ୟ ଅଟେ ।

- ମୁଁ ୭.୧୦.୨୦୦୧ ରେ ସିଏମ୍ ହୋଇ ନଥିଲି । ସର୍ବଦା ସିଏମ୍ ଥିଲି, ମୁଁ ଆଜି ମଧ୍ୟ ସିଏମ୍ ଅଟେ ଓ ସର୍ବଦା ସିଏମ୍ ରହିବି । ମୋ ପାଇଁ ସିଏମ୍‌ର ଅର୍ଥ ଚିଫ୍ ମିନିଷ୍ଟର ନୁହେଁ, ବରଂ କମନ୍ ମ୍ୟାନ୍ ଅଟେ ।

- ସ୍ୱାଧୀନତା ପରେ ସ୍ୱରାଜ ତ' ମିଳିଲା କିନ୍ତୁ ସୁରାଜ ମିଳି ପାରିଲା ନାହିଁ ।

- ତ୍ୟାଗ ଓ ତପଶ୍ଚର୍ଯ୍ୟାର ମୂର୍ତ୍ତି, ଆମର ମାତୃଶକ୍ତିକୁ ଆମେ କେଉଁଠି ଆଣି ଛାଡ଼ିଛନ୍ତି ? ଯଦି ଆମକୁ ଇନ୍ଦ୍ରଧନୁ ଭଳି ରଙ୍ଗ ଭରିବାର ଅଛି ତେବେ ଆମ ମାତାଙ୍କ ସଶକ୍ତିକରଣ ହେବା ଉଚିତ । ସେମାନଙ୍କ ଶିକ୍ଷା-ଦିକ୍ଷା ଉପରେ ଆମର ବିଶେଷ ଧ୍ୟାନ ରହିବା ଉଚିତ ।

- ସରକାରଙ୍କ ଗୋଟିଏ ଜାତି ହୋଇଥାଏ ଓ ସେହି ଜାତି ହେଲା ଇଣ୍ଡିଆ ଫାଷ୍ଟ । ସରକାରଙ୍କ ଗୋଟିଏ ହିଁ ଧର୍ମଗ୍ରନ୍ଥ ହୋଇଥାଏ ଓ ସେହି ଧର୍ମଗ୍ରନ୍ଥ ଭାରତର ସମ୍ବିଧାନ ଅଟେ । ସରକାରଙ୍କ ଗୋଟିଏ ହିଁ ଭକ୍ତି ହୋଇଥାଏ ଓ ସେହି ଭକ୍ତି ହେଲା ଭାରତ ଭକ୍ତି । ସରକାରଙ୍କ ଗୋଟିଏ ହିଁ ଶକ୍ତି ହୋଇଥାଏ ଓ ସେହି ଶକ୍ତି ହେଲା କୋଟି-କୋଟି ଜନଶକ୍ତି । ସରକାରଙ୍କ ପୂଜା ହୋଇଥାଏ ୧୨୫ କୋଟି ବନ୍ଧୁ ଭଗିନୀଙ୍କ ମଙ୍ଗଳ, ୧୨୫ କୋଟି ଦେଶବାସୀଙ୍କ ମଙ୍ଗଳ ଓ ସରକାରଙ୍କ କାର୍ଯ୍ୟଶୈଳୀ ହୋଇଥାଏ 'ସବକା ସାଥ, ସବକା ବିକାଶ ।'

- ସୁଶାସନ କୌଣସି ଅଗ୍ନିଶାମକ ଅଥବା ସଙ୍କଟ ପରିଚାଳନା ନୁହେଁ । ସମୟର ଦାବି ଏହା ଯେ କାମଚଲା ସମାଧାନ ବଦଳରେ ସମସ୍ୟାଗୁଡ଼ିକର ମୂଳ କାରଣ ସହ ମୁକାବିଲା କରାଯାଉ ।

- ମୋ ପାଇଁ ଇ-ଶାସନ ସହଜ, ପ୍ରଭାବୀ ଓ ଦକ୍ଷ ପ୍ରଶାସନ ଅଟେ ।

- ପାରଦର୍ଶିତା ଭଲ ଶାସନର ଚାବିକାଠି ଅଟେ ଓ ଇ-ଗବର୍ନାନ୍ସ ପାରଦର୍ଶୀ ଶାସନର ଏକମାତ୍ର ପ୍ରଭାବୀ ଶୈଳୀ ଅଟେ ।

- ଦେଶର ଜନସାଧାରଣଙ୍କ ବିକାଶ ଦରକାର, ବିଭାଜନ ଦରକାର ନାହିଁ । ଦେଶର ଜନସାଧାରଣଙ୍କୁ ସୁଯୋଗ ଦରକାର, ରାଜନୈତିକ ଅବସରବାଦିତା ଦରକାର ନାହିଁ । ଦେଶର ଯୁବକଙ୍କୁ ଶିଳ୍ପବିଦ୍ୟା ଦରକାର, ତାକୁ ରାଜନୈତିକ ପ୍ରଣାଳୀର ଆବଶ୍ୟକତା ନାହିଁ । ଦେଶର ଯୁବକଙ୍କୁ ଦକ୍ଷତା ଦରକାର, ଦେଶର ଯୁବକଙ୍କୁ ଜାତିବାଦ ଦରକାର ନାହିଁ । ଲୋକଙ୍କୁ ରୋଜଗାର ଦରକାର, ରାଜନୈତିକ ଉତ୍ଥାନ-ପତନ ଦରକାର ନାହିଁ । ଲୋକଙ୍କୁ ସୁରକ୍ଷା

ଦରକାର, ସାମ୍ପ୍ରଦାୟିକତାର ଜହର ଦରକାର ନାହିଁ । କୃଷକଙ୍କୁ ବିଦ୍ୟୁତ୍ ଦରକାର, ଜାତିବାଦୀ ଆଶ୍ୱାସନା ଦରକାର ନାହିଁ । ବୃଦ୍ଧ/ବୃଦ୍ଧାଙ୍କୁ ସାହାରା ଦରକାର, ସଂଘର୍ଷ ଦରକାର ନାହିଁ ।

- ଯଦି ଶିକ୍ଷା ଅଛି ତେବେ ଜୀବନରେ ସବୁ କିଛି ହେବ । ସରକାର ସଡ଼କ, ଡାକ୍ତରଖାନା ଓ ସ୍କୁଲର ପ୍ରାଚୀର ନିର୍ମାଣ କରି ପାରନ୍ତି କିନ୍ତୁ ଆପଣଙ୍କ ଘର ସେତେବେଳେ ଉଜ୍ଜ୍ୱଳ ହୋଇ ପାରିବ, ଯେତେବେଳେ ଆପଣଙ୍କ ପିଲାମାନେ ଶିକ୍ଷିତ ହେବେ । ମୋର ବିଶ୍ୱାସ ଅଛି ଯେ ଯଦି ଆମେ ଧ୍ୟାନ ଦେବା ତେବେ ଆମ ସମାଜର ନିଶ୍ଚିତ ରୂପେ ବିକାଶ ହେବ ।

- ଟଙ୍କା କ୍ଷେତରେ ମଧ୍ୟ ଫଳେ । ଟଙ୍କା କାରଖାନାରେ ମଧ୍ୟ ଉତ୍ପନ୍ନ ହୁଏ । ଟଙ୍କା ମୂଳଆର ଝାଳରେ ମଧ୍ୟ ଉତ୍ପନ୍ନ ହୋଇ ପାରିବ । ଆବଶ୍ୟକତା ରହିଛି ଉଚିତ୍ ନେତୃତ୍ୱ ଦେଇ ନୀତି ତିଆରି କରିବାର ।

- ସୁଶାସନ ପାଇଁ ଆତ୍ମ ଅନୁଶାସନର ଆବଶ୍ୟକତା ହୋଇଥାଏ । କେବଳ ଭିତର ଅନୁଶାସନ ହିଁ ବାହାର ଅନୁଶାସନକୁ ସୁନିଶ୍ଚିତ କରି ପାରିବ ।

- କାମ କରିବାର ସୁଯୋଗ ମୋ ପାଇଁ ସୌଭାଗ୍ୟ ଅଟେ । ମୁଁ ସେଥିରେ ମୋ ଜୀବନ ଲଗାଇ ଦିଏ । ପ୍ରତ୍ୟେକ ଏମିତି ସୁଯୋଗ ଆଉ ଗୋଟିଏ ଦ୍ୱାର ଖୋଲିଦିଏ ।

- ଆମ ସମସ୍ତଙ୍କ ମଧ୍ୟରେ ଭଲ ଏବଂ ଖରାପ, ଦୁଇ ଗୁଣ ଥାଏ । ଯେଉଁ ଲୋକ ଭଲ ଗୁଣ ଉପରେ ଧ୍ୟାନ କେନ୍ଦ୍ରିତ କରିବାର ନିର୍ଣ୍ଣୟ ନିଅନ୍ତି, ସେମାନେ ଜୀବନରେ ସଫଳ ହୋଇଯାନ୍ତି ।

- କାର୍ଯ୍ୟନିଷ୍ଠ ମୋ ପାଇଁ ଧର୍ମ ଅଟେ ଓ ଧାର୍ମିକ ହେବାର ଅର୍ଥ ହେଲା ନିଷ୍ଠାପୂର୍ବକ କାମ କରିବା ।

- ଭୋଟ୍ ବ୍ୟାଙ୍କର ରାଜନୀତି ଦେଶକୁ ବରବାଦ୍ କରିଛି । ଭୋଟ୍ ବ୍ୟାଙ୍କ ପଲିଟିକ୍ସ ସ୍ଥାନରେ ଡେଭଲପମେଣ୍ଟ ପଲିଟିକ୍ସ ର ଆବଶ୍ୟକତା ରହିଛି ।

- ୬୦ ବର୍ଷ ପରେ ମଧ୍ୟ ସୁରାଜ ମିଳିନାହିଁ । ସ୍ୱାଧୀନତା ମିଳିଲା, ସୁରାଜ ମିଳିନା ନାହିଁ ।

- ସ୍କିଲ୍, ସ୍କେଲ୍ ଓ ସ୍ପିଡ୍ ବଢ଼ାଇବା ଆବଶ୍ୟକ ।

- ସୁଯୋଗର ବ୍ୟବହାର ବଡ଼ ଆହ୍ୱାନ ହୋଇଥାଏ ।

- ହିନ୍ଦୁସ୍ତାନରେ ସବୁଠୁ ବେଶୀ ଯୁବପିଢ଼ି ଅଛନ୍ତି । ଯୁବପିଢ଼ିଙ୍କ ସଠିକ୍ ବ୍ୟବହାରର ଆବଶ୍ୟକତା ।

- ସାମଗ୍ରୀ ବିକିବା ପାଇଁ ଭଲ ପ୍ୟାକେଜିଂର ଆବଶ୍ୟକତା ଥାଏ ।

- ଗଣତନ୍ତ୍ର ଦିବସ ଆମ ସମସ୍ତଙ୍କୁ ଅନେକ ଭାବନା ଓ ଭାବ ସହିତ ପ୍ଲାବିତ କରେ । ସାରା ଦୁନିଆ ସମ୍ମୁଖରେ ନିଜର ସମ୍ପୂର୍ଣ୍ଣ ବୈଭବ ସହ ସଂଚାଳନ କରୁଥିବା ଭାରତୀୟ ସୈନ୍ୟ

ଶକ୍ତିର ପ୍ରଦର୍ଶନର ଛବିକୁ ଏହା ଆମ ମସ୍ତିଷ୍କରେ ଖୋଦେଇ କରେ । ଏହା ଆମକୁ ଆଉ ଥରେ ପୁଣି ଆମ ପୋଷାକଧାରୀ ମହିଳା ଓ ପୁରୁଷଙ୍କ ନିସ୍ୱାର୍ଥ ଦେଶଭକ୍ତିକୁ ସଲାମ କରିବାର ପ୍ରେରଣା ଦିଏ । ଏଥି ସହ ଏହା ଆମକୁ ବୀରତା ପୁରସ୍କାର ପ୍ରାପ୍ତ ସାହସୀ ସୈନୀକଙ୍କ ସାହସିକ କାର୍ଯ୍ୟ ଓ ପରାକ୍ରମର ଗାଥାରୁ ପ୍ରେରିତ କରେ ।

➢ 'ଭାରତର ଅବଧାରଣା' କୁ ନେଇ ମୋର ବୋଧଶକ୍ତିର ପ୍ରଥମ ଓ ସବୁଠୁ ମହତ୍ତ୍ୱପୂର୍ଣ୍ଣ କଥା ଏହା ଯେ ଏହି ମୌଳିକ ରୂପରୁ ଭାରତର ଅବଧାରଣାର ବୈଚାରିକ ପରିକଳ୍ପନା ଉପରେ ଆଧିପତ୍ୟକୁ ବାତିଲ କରେ । ଋକ୍‌ବେଦ ଆମକୁ ଶିକ୍ଷା ଦିଏ: 'ଆ ନୋ ଭଦ୍ରାଃ କୃତବୋ ଯନ୍ତୁ ବିଶ୍ୱତଃ' । ଏହାର ଅର୍ଥ ହେଲା 'ଆମ ଆଡ଼କୁ ସବୁ ଦିଗରୁ ଶୁଭ ବିଚାର ଆସୁ' ! ଏହା ବିଶୁଦ୍ଧ ଏକ ମନ୍ତ୍ର ନୁହେଁ ବରଂ ଆମ ସମ୍ବିଧାନର କେନ୍ଦ୍ରୀୟ ସିଦ୍ଧାନ୍ତ ମଧ୍ୟ । ଆମର ରାସ୍ତା ସହିଷ୍ଣୁତାର ଓ ବିବିଧତାର ଉତ୍ସବର ଅଟେ ଯେଉଁଠି ପ୍ରତ୍ୟେକ ଭାରତୀୟ ବିଶୁଦ୍ଧ କଳ୍ପନା ହିଁ କରନ୍ତି ନାହିଁ, ବରଂ ନିଜ ସ୍ୱପ୍ନର ଭାରତ ନିର୍ମାଣ ଦିଗରେ କାମ କରନ୍ତି ।

➢ ମୋର 'ଭାରତର ଅବଧାରଣା' ନା କେବଳ ସହିଷ୍ଣୁତା ଉପରେ ଆଧାରିତ ବରଂ ଏହା ବିଚାରଗୁଡ଼ିକର ବିବିଧତାର ପ୍ରସନ୍ନତା ପୂର୍ବକ ସମାବେଶ କରେ । ମୋର 'ଭାରତର ଅବଧାରଣା' ରେ ପ୍ରତ୍ୟେକ ବ୍ୟକ୍ତିର ସମ୍ବେଦନାର ସମ୍ମାନ କରାଯାଏ ।

➢ 'ଭାରତର ଅବଧାରଣା' ର କେନ୍ଦ୍ରୀୟ ସିଦ୍ଧାନ୍ତର ସର୍ଜନା ସତ୍ୟ, ଶାନ୍ତି ଓ ଅହିଂସା ଦ୍ୱାରା ହୋଇଥାଏ ! ଆମର ଶାସ୍ତ୍ର 'ସତ୍ୟମେବଜୟତେ' ର ଶିକ୍ଷା ଦିଅନ୍ତି, ଯାହାର ଅର୍ଥ ଏହା ଯେ ବିଜୟ ସତ୍ୟର ହିଁ ହେବ ।

➢ ମୁଁ ଏକ ଏମିତି ଭାରତ ପାଇଁ ପ୍ରତିବଦ୍ଧ ଅଛି ଯେଉଁଠି ନ୍ୟାୟର ଚକ୍ର ବର୍ଗ, ଜାତି ଅଥବା ପଥ ଦ୍ୱାରା ପ୍ରଭାବିତ ହେବା ବିନା ଭାରତର ପ୍ରତ୍ୟେକ ନାଗରିକ ପାଇଁ ଶୀଘ୍ର ଓ ସମାନ ରୂପେ ବୁଲୁଥିବ । ଏକ ଏମିତି ଭାରତ ଯେଉଁଠି ଅନ୍ୟାୟ ପାଇଁ କୌଣସି ପ୍ରକାରର ଆଇନ ଅଥବା ନୈତିକ ବୈଧତା ନଥିବ ।

➢ ଅହିଂସା ଏକ ଏମିତି ଅନନ୍ୟ ଗୁଣ, ଯାହା ଆମ ଦେଶରେ ଅତି ପ୍ରାଚୀନ କାଳରୁ ପ୍ରତିଷ୍ଠିତ ରହିଛି ଓ ଯିଏ ଆମକୁ ସର୍ବଦା ଦିଗ ଦେଖାଇଛି । ଏହା ଗୌତମ ବୁଦ୍ଧ, ମହାବୀର, ଗୁରୁ ନାନକ ଓ ମହାତ୍ମା ଗାନ୍ଧିଙ୍କ ମାଟି । ଆମ ଶାସ୍ତ୍ରରେ ଲେଖାଯାଇଛି "ଅହିଂସା ପରମୋ ଧର୍ମଃ"- ଅହିଂସା ସବୁଠୁ ବଡ଼ ଧର୍ମ ଅଟେ- ଏହି ବିଚାର ଆମ ଶାସ୍ତ୍ରରେ ଗଭୀର ଭାବେ ସମାହିତ ଅଛି । ଏଥିପାଇଁ 'ଭାରତର ଅବଧାରଣା' ରେ କୌଣସି ପ୍ରକାରର ହିଂସା ପାଇଁ କୌଣସି ଜାଗା ନାହିଁ ।

➢ ବାସ୍ତବରେ 'ଭାରତର ଅବଧାରଣା' 'ବସୁଧୈବ କୁଟୁମ୍ବକଂ' ଅଥବା ସମ୍ପୂର୍ଣ୍ଣ ସଂସାର ଏକ ପରିବାର ଅଟେ, ଏହି ସିଦ୍ଧାନ୍ତକୁ ଗ୍ରହଣ କରି ବନ୍ଧୁତ୍ୱ ଓ ମିତ୍ରତାର ଏହି ଲୋକନୀତିକୁ ଭାରତର ସୀମା ପର୍ଯ୍ୟନ୍ତ ସିମୀତ କରେନାହିଁ ।

- ଏକବିଂଶ ଶତାବ୍ଦୀ ଆଉ ଥରେ ପୁଣି ଦୁନିଆର ମାର୍ଗଦର୍ଶନରେ ଭାରତର ଭୂମିକା ପାଇଁ ତାକୁ ଆହ୍ୱାନ କରୁଛି ।

- 'ଭାରତର ଅବଧାରଣା' ସ୍ୱାମୀ ବିବେକାନନ୍ଦଙ୍କ 'ଜଗଦଗୁରୁ ଭାରତ' ର ସ୍ୱପ୍ନକୁ ସାକାର କରିବାର ଦାବି କରେ, ଏକ ଏମିତି ଆତ୍ମବିଶ୍ୱାସପୂର୍ଣ୍ଣ ଓ ଆଶ୍ୱସ୍ତ ଭାରତର ଯାହା ନିଜ ସର୍ତ୍ତ ଓ ସିଦ୍ଧାନ୍ତ ଆଧାରରେ ବିଶ୍ୱବ୍ୟାପୀ ଗୋଷ୍ଠୀ ସହ ସମ୍ବନ୍ଧ ଥିବ ।

- 'ଭାରତର ଅବଧାରଣା' ରେ ଯେଉଁ ଭାରତ ଅଛି ତାହା ସୁଯୋଗ ଓ ଆକାଂକ୍ଷାର ଭରତ ଅଟେ । ଏକ ଏମିତି ଭାରତ ଯେଉଁଠି: 'ସର୍ବେଭବନ୍ତୁ ସୁଖିନଃ ସର୍ବେସନ୍ତୁ ନିରାମୟାଃ'- ଅର୍ଥାତ୍ ଯେଉଁଠି ସମସ୍ତେ ସମୃଦ୍ଧ ଓ ସୁଖୀ ଥିବେ, ସମସ୍ତେ ରୋଗରୁ ମୁକ୍ତ ଥିବେ ।

- ଦୁର୍ଭାଗ୍ୟବଶତଃ, ଦଶନ୍ଧି ଧରି ନିର୍ବାଚିତ ଲୋକଙ୍କ ଭୋଟ୍ ବ୍ୟାଙ୍କକୁ ବଢ଼ାଇବା ପାଇଁ ଜାଣିଶୁଣି ଗରିବୀ ଓ ନିରାଶାକୁ ସ୍ଥିର ରଖାଯାଇଛି । ଆମ ଲୋକଙ୍କ ସ୍ୱପ୍ନ ଓ ଆକାଂକ୍ଷାକୁ ବିନୀତପଣ ଓ ବିବଶତାରେ ବଦଳାଇ ଦିଆଯାଇଛି । ଏହି ଅଭିପ୍ରାୟ ମାଧ୍ୟମରେ ଭାରତର ଏକ ଗରିବ ରାଷ୍ଟ୍ର ହେବାର ଅବିଶ୍ୱସନୀୟ କାହାଣୀ ଗଢ଼ା ଯାଇଛି ।

- ଭାରତ ଏକ ଗରିବ ଦେଶ ନୁହେଁ, ଏହାକୁ ଗରିବ କରାଯାଇଛି ! ଭାରତକୁ ଅସୀମ ପ୍ରାକୃତିକ ସମ୍ପଦ ଓ ଅକଳ୍ପନୀୟ ମାନବୀୟ ଶକ୍ତିର ଆଶୀର୍ବାଦ ପ୍ରାପ୍ତ ଅଛି । ଆଉ କିଛି ନୁହେଁ ବରଂ ଏହା ଭାରତର ଅଗାଧ, ଅକଳ୍ପନୀୟ ସମୃଦ୍ଧି ହିଁ ଥିଲା ଯାହା ପ୍ରତ୍ୟେକ ଔପନିବେଶିକ ଶକ୍ତିକୁ ଭାରତ ଆଡ଼କୁ ଟାଣି ଆଣିଲା । ଏହି ଅବଚେତନ ଶକ୍ତିକୁ ପୁନଃ ସଜୀବ କରାଯାଇ ପାରିବ, ଆବଶ୍ୟକତା ଅଛି ତ' କେବଳ ନିଜ ଦୃଷ୍ଟିକୋଣକୁ ବଦଳାଇବାର । ଏଥି ସହ ଆବଶ୍ୟକତା ଅଛି ଯେ ଆମେ ପର-ନିର୍ଭରତା ଛାଡ଼ି ନିଜ ସ୍ୱପ୍ନକୁ ପୂର୍ଣ୍ଣ କରିବାର ଚେଷ୍ଟା କରିବା ।

- ଆମ ଭାରତୀୟଙ୍କ ମଧ୍ୟରେ ଆତ୍ମଗୌରବ ଓ ଆତ୍ମସମ୍ମାନର ପ୍ରଗାଢ଼ ଭାବନା ଅଛି । ଆମେ ନିଜ ଦମ୍‌ରେ ତିଆରି ହୋଇଥିବା (ସେଲ୍ଫ-ମେଡ୍/ନିରପେକ୍ଷ) ଲୋକ । ଆମେ କେବଳ ନ୍ୟାୟୋଚିତ ଓ ସାଦୃଶ୍ୟ ସୁଯୋଗ ଚାହୁଁଛୁ ।

- 'ଭାରତର ଅବଧାରଣା' ପ୍ରତ୍ୟେକ ଭାରତୀୟଙ୍କୁ ଦାରିଦ୍ର୍ୟତାର ଶିକୁଳିରୁ ବାହାର କରିବ ଓ ସଫଳତା ଓ ସମୃଦ୍ଧିର କାହାଣୀ ଲେଖିବାକୁ ଉଚିତ ଓ ଉପଯୁକ୍ତ ସୁଯୋଗ ଦିଆଯାଉ ।

- ବର୍ତ୍ତମାନ ସମୟ ଆସି ଯାଇଛି ଯେ ଆମେ ଆମ ଦେଶବାସୀଙ୍କୁ ଉପରକୁ ଉଠିବାକୁ ସୁଯୋଗ ଦେବା । ସେମାନଙ୍କୁ ସ୍ୱପ୍ନ ଦେଖିବାର ଶକ୍ତି ଓ ପ୍ରେରଣା ଦେବା ଓ ଏଥି ସହ ସେହି ସ୍ୱପ୍ନଗୁଡ଼ିକୁ ସମ୍ପୂର୍ଣ୍ଣ କରିବାର ସାମର୍ଥ୍ୟ ଦେବା ।

- ଆମର ଯୁବଶକ୍ତି ଶକ୍ତିବାନ ଅଟେ ଓ ନା କେବଳ ଏହି ଦେଶକୁ ବରଂ ସମଗ୍ର ଦୁନିଆକୁ ବଦଳାଇବାକୁ ପ୍ରସ୍ତୁତ ଅଛନ୍ତି । ଏହା ଆମର ଉତ୍ତରଦାୟିତ୍ୱ ଯେ ଆମେ ତାଙ୍କ କାର୍ଯ୍ୟଦକ୍ଷତା

ବଢ଼ାଇବା ଓ ସେମାନଙ୍କୁ ରୋଜଗାରର ଉଚିତ ସୁଯୋଗ ପ୍ରଦାନ କରିବା । ଏହା ମଧ୍ୟ ଆବଶ୍ୟକ ଯେ ଆମେ ଭଲ ଶିକ୍ଷା, ଉଦ୍ୟମତା, ନବ-ପ୍ରବର୍ତ୍ତନ (ଇନୋଭେସନ୍), ସଂସ୍କାର ଏବଂ ଶିକ୍ଷ କୌଶଳ ସହାୟତାରେ ଅନବରତ ସେମାନଙ୍କ ପ୍ରତିଭାର ସମ୍ବର୍ଦ୍ଧନ କରିବା ।

➢ ଯେବେ ଯେବେ ଜ୍ଞାନର ପ୍ରଧାନତା ଦିଆଯାଇଛି, ଭାରତ ବିଶ୍ୱକୁ ରାସ୍ତା ଦେଖାଇଛି । ଆଜି ଯେତେବେଳେ ଏକବିଂଶ ଶତାବ୍ଦୀ ସୂଚନା ଓ ଜ୍ଞାନର ଶତାବ୍ଦୀରେ ପରିବର୍ତ୍ତନ ହେଉଛି, ସମ୍ପୂର୍ଣ୍ଣ ବିଶ୍ୱ ଆଉ ଥରେ ପୁଣି ଭାରତ ଆଡ଼କୁ ଦେଖୁଛି ।

➢ ଆଗାମୀ ଶତାବ୍ଦୀର ସଂରଚନା ମିସାଇଲ ଶକ୍ତିରେ ନୁହେଁ ବରଂ ମାନବର ତୀକ୍ଷ୍ଣ ବୁଦ୍ଧିରେ ସ୍ଥିର ହେବ । ଏଥିପାଇଁ ଶିକ୍ଷା ମୋର 'ଭାରତର ଅବଧାରଣା' ର ମୂଳରେ ଅଛି ।

➢ ଶିକ୍ଷା, ଯାହା ଆମକୁ ଅଜ୍ଞାନ ଅନ୍ଧକାରରୁ ବାହାର କରି ଜ୍ଞାନର ପ୍ରକାଶ ଆଡ଼କୁ ନେଇଯିବ । 'ତମସୋ ମା ଜ୍ୟୋତିର୍ଗମୟ' ର ଅବଧାରଣା ମଧ୍ୟ ଏହା ଅଟେ ।

➢ ମୁଁ ଏମିତି ଭାରତର କଳ୍ପନା କରୁଛି ଯେଉଁଠି ଜ୍ଞାନର ପ୍ରକାଶ ପ୍ରତ୍ୟେକ ଘରେ ପଡ଼ିଥିବ । ମୁଁ ଏମିତି ଭାରତର କଳ୍ପନା କରୁଛି ଯେଉଁଠି ପ୍ରତ୍ୟେକ ପିଲାକୁ ସର୍ବାଙ୍ଗୀନ ଶିକ୍ଷା ଉପଲବ୍ଧ ହେବ ଯାହା ତା'ର ବ୍ୟକ୍ତିତ୍ୱ ଓ ଚରିତ୍ରର ନିର୍ମାଣ କରି ପାରିବ ।

➢ ଯେ କୌଣସି ସମାଜର ବିକାଶ ମହିଳା-ସଶକ୍ତିକରଣ ବିନା ଅସମ୍ପୂର୍ଣ୍ଣ ଅଟେ । ହେଲେ ମହିଳା-ସଶକ୍ତିକରଣର ସ୍ୱପ୍ନ ସେତେବେଳ ପର୍ଯ୍ୟନ୍ତ ସମ୍ପୂର୍ଣ୍ଣ ହୋଇପାରିବ ନାହିଁ ଯେତେବେଳ ପର୍ଯ୍ୟନ୍ତ ଆମେ ଏକ ସମାଜ ରୂପେ ମହିଳାଙ୍କ ସୁରକ୍ଷା ଓ ସମ୍ମାନ ସୁନିଶ୍ଚିତ କରି ନାହାନ୍ତି । ମହିଳାଙ୍କ ଉପରେ ଅତ୍ୟାଚାର କରିବା ଠାରୁ ଅଧିକ ଲଜ୍ଜାଜନକ ବୋଧହୁଏ କିଛି ଥାଇପାରେ । ଯଦି ଆମେ ଆମ ଦେଶକୁ ଭାରତ ମାଁ ଅଥବା 'ମା' ଭାରତୀ' ର ଦର୍ଜା ଦେଉଛନ୍ତି, ଯଦି ଆମ ପୂର୍ବଜ ବହୁ ଶତ ାଦୀ ଧରି ନାରୀର 'ଦେବୀ' ରୂପର ପୂଜା କରି ଆସୁଛନ୍ତି ତେବେ ଆମେ ମହିଳାଙ୍କ ପ୍ରତି ହେଉଥିବା ଯେ କୌଣସି ଅପରାଧକୁ କାହିଁକି ସହୁଛନ୍ତି ? ଆସନ୍ତୁ ଆମେ ସବୁ ମିଶି ସେହି ସମସ୍ତଙ୍କ ବିରୋଧରେ ସ୍ୱର ଉତ୍ତଳନ କରିବା ଯେଉଁମାନେ ଆମ ମାତୃଶକ୍ତିର ଅପମାନ କରୁଛନ୍ତି ।

➢ ବର୍ତ୍ତମାନ ପର୍ଯ୍ୟନ୍ତ ମହିଳାଙ୍କୁ କେବଳ ଗୃହିଣୀ ବୁଝା ଯାଉଥିଲା କିନ୍ତୁ ଆଜି ଏହା ଆବଶ୍ୟକ ଯେ ଆମେ ମହିଳାଙ୍କୁ ରାଷ୍ଟ୍ର-ନିର୍ମାତ୍ରୀ ରୂପେ ଦେଖିବା ଯେଉଁମାନେ ଆମର ଭବିଷ୍ୟତକୁ ପ୍ରଧାନ ଆଧାର ରୂପେ ପରିଭାଷିତ କରି ପାରନ୍ତି ।

➢ ଭାରତର ବିକାଶ ଏକ ମଜବୁତ୍ ସଂଘରାଜ୍ୟ ବିନା ସମ୍ଭବ ନୁହେଁ । ଆମର ସମ୍ବିଧାନ ନିର୍ମାତାମାନେ ଏକ ଦୃଢ଼ ସଂଘୀୟ ଢାଞ୍ଚାର ସ୍ୱପ୍ନ ଦେଖିଥିଲେ ଯେଉଁଠି ସବୁ ରାଜ୍ୟ ଓ କେନ୍ଦ୍ର ବିକାଶର ଯାତ୍ରାରେ ସମାକକ୍ଷ ସହଭାଗୀ ହେବେ । ଯେଉଁଠି କେହି ବଡ଼ ନଥିବେ, କେହି ଛୋଟ ନଥିବେ । ଆମକୁ ସେହି ମନଃସ୍ଥିତିକୁ ବଦଳାଇବାକୁ ହେବ ଯେଉଁଠି ରାଜ୍ୟମାନଙ୍କ

ଅସ୍ତିତ୍ୱ ଦିଲ୍ଲୀର ଦୟା ଉପରେ ନିର୍ଭର କରେ । ଆମକୁ ଏହା ମାନିବାକୁ ହେବ ଯେ ଆମ ଦେଶର ଗନ୍ତାଘରେ ସଞ୍ଚିତ ଧନ ଉପରେ ଦେଶର ସମସ୍ତ ନାଗରିକଙ୍କ ଅଧିକାର ଅଛି ।

- ଆମେ ଏମିତି ଭାରତର ସ୍ୱପ୍ନ ଦେଖୁଛୁ ଯେଉଁଠି ଦେଶର ବିକାଶ ସମସ୍ତ ମୁଖ୍ୟମନ୍ତ୍ରୀ, ପ୍ରଧାନମନ୍ତ୍ରୀ, କେନ୍ଦ୍ରୀୟ ମନ୍ତ୍ରୀଙ୍କ ମିଳିତ ପ୍ରୟାସର ପରିଣତି ହେବ ଓ ଯେଉଁଥିରେ ସ୍ଥାନୀୟ ସଂକଳନର ଅଧିକାରୀଙ୍କ ପର୍ଯ୍ୟନ୍ତର ଯୋଗଦାନ ସମ୍ମିଳିତ ଥିବ ଓ ଏ ସମସ୍ତେ ଏକ ମଜବୁତ୍, ଏକୀକୃତ ଓ ସଂଯୁକ୍ତ 'ଟିମ୍ ଇଣ୍ଡିଆ' ରୂପେ କାମ କରନ୍ତୁ ।

- ଆମ ଉପରେ ପ୍ରଭୁଙ୍କ ଅସୀମ ଅନୁକମ୍ପା ରହିଛି । ଆମ ପାଖରେ ଅକଳ୍ପନୀୟ ପ୍ରାକୃତିକ ଓ ମାନବୀୟ ସମ୍ପଦ ଅଛି । ଆମ ପାଖରେ ବହୁ ଶତାବ୍ଦୀରୁ ପୂର୍ବଜଙ୍କ ଦ୍ୱାରା ବିକଶିତ କରାଯାଇଥିବା ଗୌରବଶାଳୀ ପରମ୍ପରା ଓ ସଂସ୍କୃତିର ମହାନ୍ ଉତ୍ତରାଧିକାର ରହିଛି । ଆମର ଏକମାତ୍ର ସଭ୍ୟତା ଅଛି ଯାହା ସର୍ବଦା ସମୟର କଷଟି ପଥରରେ ମାର୍ଜିତ ହୋଇଛି । ଅନ୍ୟ ସଭ୍ୟତା ଆସିଲା ଓ ଗଲା, ସମାଜ-ସମବାୟ ସଫଳ ହେଲେ ଓ ଖଣ୍ଡ ଖଣ୍ଡ ହେଲେ କିନ୍ତୁ ଆମେ ପ୍ରତ୍ୟେକ ଆହ୍ୱାନକୁ ପାର୍ କଲେ ଓ ଆମେ ସବୁ ଥର ପୂର୍ବ ଅପେକ୍ଷା ଆହୁରି ଦୃଢ଼ ହୋଇ ଉଠିଛନ୍ତି ।

- ଏହା ସତ ଯେ ବିଗତ ବର୍ଷମାନଙ୍କରେ ବହୁତ ବାଧା ଆସିଛି ଓ ଆମକୁ ଅନେକ ବଡ଼ ଓ ଗମ୍ଭୀର ଆହ୍ୱାନର ସାମ୍ନା କରିବାକୁ ପଡ଼ିଛି । ଏହା ମଧ୍ୟ ସତ ଯେ ଆମକୁ ବହୁତ କିଛି ହାସଲ କରିବା ବାକି ଅଛି । ଏହା ସତ୍ତ୍ୱେ 'ଭାରତର ଅବଧାରଣା' ଅକ୍ଷୁର୍ଣ୍ଣ ଅଛି ଓ ସନ୍ଦେହରୁ ପୃଥକ୍ ଅଛି । ମତେ ଭାରତର ଅନ୍ତର୍ନିହିତ ଶକ୍ତି ଓ ସାମର୍ଥ୍ୟ ଉପରେ ସମ୍ପୂର୍ଣ୍ଣ ବିଶ୍ୱାସ ଅଛି । ମୋର ଆପଣଙ୍କୁ ଅନୁରୋଧ ଯେ ଆପଣ ମଧ୍ୟ ଏହି ବିଶ୍ୱାସ ରଖନ୍ତୁ ।

- ଆମେ ଆମ ଦେଶ ଓ ଦେଶବାସୀଙ୍କ ଉପରେ ଆସ୍ଥା ରଖିବା ଓ ଆମ ମହାନ ନେତାଙ୍କ ନିଃସ୍ୱାର୍ଥ ତ୍ୟାଗ ଓ ବଳିଦାନର କାର୍ଯ୍ୟକର ସମ୍ମାନ କରି ସେମାନେ ଦେଖାଇଥିବା ପଥରେ ଆଗକୁ ବଢ଼ିବା ।

- ଆସନ୍ତୁ ଆମେ ନିଜକୁ ରାଷ୍ଟ୍ର ନିର୍ମାଣ କାର୍ଯ୍ୟରେ 'ଭାରତ ସର୍ବୋପରି' ର ମନ୍ତ୍ର ସହ ସମର୍ପିତ କରିବା ଓ ମିଳିତ ହୋଇ ଏମିତି ରାଷ୍ଟ୍ରର ନିର୍ମାଣ କରିବା ଯାହ ପୁଣି ଥରେ ମାନବତାର ପରିଭାଷାକୁ ସକାରାତ୍ମକ ସ୍ୱରୂପ ଦେବ ।

- ମୁଁ ଏହି କଥାକୁ ସମ୍ପୂର୍ଣ୍ଣ ଗମ୍ଭୀରତା ସହ ଅନୁଭବ କରୁଛି ଯେ କୌଣସି ସମାଜ, ରାଜ୍ୟ ଅଥବା ଦେଶର ପ୍ରଗତି ସଦ୍‌ଭାବନା ଓ ଭାଇଚାରାରେ ଅଛି । ଏହା ସେହି ଆଧାର ଅଟେ, ଯାହା ଉପରେ ବିକାଶ ଓ ସମୃଦ୍ଧି ହାସଲ କରାଯାଇ ପାରିବ । ଏଥିପାଇଁ ମୁଁ ସମସ୍ତଙ୍କୁ ଅନୁରୋଧ କରୁଛି ଯେ ଏକସଙ୍ଗେ ମିଶି ଆମେ ଏହି ଲକ୍ଷ୍ୟ ହାସଲ କରିବା, ପ୍ରତ୍ୟେକ ବ୍ୟକ୍ତିର ମୁହଁରେ ଖୁସି ସୁନିଶ୍ଚିତ କରିବାର କାମ କରିବା ।

- ଯଦି ଆଜି କୌଣସି ଗୋଟିଏ ପ୍ରସଙ୍ଗ ମହତ୍ୱପୂର୍ଣ୍ଣ ଅଟେ ତେବେ ତାହା ମତଦାତା ପଞ୍ଜିକରଣରେ ଆହୁରି ଅଧିକ ଗତି ଆଣିବା । ସମ୍ପୂର୍ଣ୍ଣ ଭାରତରେ ପୂର୍ବର ଅନେକ ନିର୍ବାଚନ ସମୟରେ ରେକର୍ଡ ମତଦାନ ଦେଖାଯାଇଛି । ଏହା ଏକ ସକାରାତ୍ମକ ସଙ୍କେତ ଅଟେ, କିନ୍ତୁ ଏହା ସତ୍ତ୍ୱେ ବହୁତ ଲୋକ, ଖାସ୍ ରୂପେ ଯୁବକଙ୍କ ମଧ୍ୟରେ ବହୁତ ଏମିତି ଅଛନ୍ତି ଯେଉଁମାନେ ବୟସ୍କ ହୋଇଥିଲେ ମଧ୍ୟ ମତଦାତା ରୂପେ ପଞ୍ଜିକୃତ ହୋଇ ନାହାନ୍ତି । ଏମିତି ତ' ନିର୍ବାଚନ ଆୟୋଗ ପଞ୍ଜିକରଣ ବଢ଼ାଇବା ପାଇଁ ନିଜେ ହିଁ ଯଥେଷ୍ଟ ସକ୍ରିୟ ଅଛନ୍ତି କିନ୍ତୁ ଦେଶର ସାଧାରଣ ଲୋକ ଓ ନାଗରିକଙ୍କ ଅଳ୍ପ କିଛି ସାହାଯ୍ୟରେ ଆମେ ଏଥିରେ ଅଧିକ ସଫଳତା ପାଇ ପାରିବା ।
- ସମୟର ଦାବି ହେଲା ଯେ ଆମେ 'ମୋବାଇଲ ପଞ୍ଜିକରଣ କିଓସ୍କ' ଭଳି ଅଭିନବ ଓ ଅନନ୍ତଶୀଳ ନୂଆ ମାଧ୍ୟମ ଦ୍ୱାରା ମତଦାତା ପଞ୍ଜିକରଣ ପ୍ରକ୍ରିୟାକୁ ମଜବୁତ୍ କରିବାର ବିଚାର କରିବା ।
- ଆଜି ମତଦାତା ପଞ୍ଜିକରଣ ଫର୍ମ ଦାଖଲ କରିବା ଓ ମତଦାତା କାର୍ଡ ମିଳିବା ମଧ୍ୟର ଅବଧି ଯଥେଷ୍ଟ ଅଧିକ । ଏହା ବହୁତ ଭଲ ହେବ ଯଦି ଏହି ଅବଧି କମ୍ ହୋଇଯାଏ ଓ ନାଗରିକଙ୍କୁ ସେମାନଙ୍କ ଆବେଦନର ଯଥାସ୍ଥିତି ବାବଦରେ ସମୟରେ ଅବଗତ କରାଇ ଦିଆଯାଏ ।
- ଏହି ସମୟ ଅନ୍‌ଲାଇନ୍ ମତଦାନର ସମ୍ଭାବନା ଉପରେ ଚର୍ଚ୍ଚାର ଆରମ୍ଭ ମଧ୍ୟ ଅଟେ, ପରନ୍ତୁ ସୁସ୍ପଷ୍ଟ ରୂପେ ଏଥିରେ ଅନେକ ଆହ୍ୱାନ ସନ୍ନିହିତ ରହିଛି ।
- ଲୋକତନ୍ତ୍ରରେ 'ମତ' ଲୋକଙ୍କ ପାଇଁ ନିଜ ଅଭିବ୍ୟକ୍ତି ଓ ନିଜ ଶବ୍ଦର ଶୁଣାଣି ପାଇଁ ସର୍ବାଧିକ ପ୍ରଭାବଶାଳୀ ସାଧନ ଅଟେ । ଏପରିକି 'ସର୍ବାଧିକ ଶକ୍ତିଶାଳୀ' ନେତା ମଧ୍ୟ ବାଲେଟ୍ ବକ୍ସ ସମ୍ମୁଖରେ ବାମନ ଦେଖାଯାନ୍ତି । ଏହାର ସବୁଠୁ ବଢ଼ିଆ ଉଦାହରଣ ୧୯୭୭ ର ଲୋକସଭା ନିର୍ବାଚନ ଅଟେ ଯେତେବେଳେ ଶାସନ ନିଶାରେ ଚୁର୍, ଅତି-ଆତ୍ମବିଶ୍ୱାସୀ ଓ ନିରଙ୍କୁଶ ଶାସନଧାରୀ ଦଳ ଓ ତାହାର ପ୍ରଧାନମନ୍ତ୍ରୀ ନିର୍ବାଚନ ଘୋଷଣା କଲେ । ସେନ୍‌ସରସିପ୍ ସମ୍ପୂର୍ଣ୍ଣ ଭାବେ ଲାଗୁ ହୋଇଥିଲା ଓ ବିରୋଧୀଙ୍କ କଥାକୁ ଦବାଇ ଦିଆଯାଉଥିଲା କିନ୍ତୁ ଯେତେବେଳେ ଲୋକେ ସେମାନଙ୍କ 'ମତ' ମାଧ୍ୟମରେ ଜବାବ ଦେଲେ ତେବେ ତାଙ୍କର ଏହି ସ୍ୱର ସବୁଠୁ ଉଚ୍ଚ ଓ ଦୃଢ଼ ଥିଲା । ଏହା ଆପଣଙ୍କ ମତର ଶକ୍ତି ଅଟେ ।
- ଆମେ ସବୁ, ପ୍ରଥମେ ନିଜ ଘରେ ସକ୍ରିୟ ହେବା ଓ ଏହା ପ୍ରତିଜ୍ଞା କରିବା ଯେ ଆମେ ଆମ ଅଧିକରୁ ଅଧିକ ବନ୍ଧୁ ଓ ସମ୍ପର୍କୀୟଙ୍କୁ ମତଦାତା ରୂପେ ପଞ୍ଜିକୃତ କରାଇବା ଓ ପୁନଃ ଏହା ସୁନିଶ୍ଚିତ କରିବା ଯେ ସେମାନେ ସ୍ଥାନୀୟ ସଂକଳନରୁ ନେଇ ଲୋକସଭା ପର୍ଯ୍ୟନ୍ତ, ପ୍ରତ୍ୟେକ ନିର୍ବାଚନରେ ଭାଗ ନିଅନ୍ତୁ ।
- ମୁଁ ଭଲ ଭାବେ ଜାଣିଛି ଯେ ଦେଶର ଶକ୍ତି ରାଜ୍ୟମାନଙ୍କରେ ନୀହିତ ରହିଛି ଓ ଯିଏ ରାଜ୍ୟମାନଙ୍କ ଶକ୍ତି ବୁଝିପାରେ ସେ ଦେଶକୁ ଶକ୍ତିଶାଳୀ କରିପାରେ । ଭାରତକୁ ଯଦି ଆଗକୁ

Critical Studies in World Literature

Critical Studies in World Literature

Edited by

Raju Bollavarapu
Namburi Thyaga Raju

Prestige Books International
New Delhi

Published by
Prestige Books International
New Delhi 110 060
prestigebooks@gmail.com
Phone: 9818755529

Associate Office
11B, Broomwood Road
London SW11 6HU

Associate Office
P.O. Box 2250
Sydney 2001

ISBN: 978-81-943009-6-0

Printed in India

Contents

Self and Identity (America)

Dalit Writing

Indian Fiction

Poetry and Drama

Social and Philosophical Issues

Translation and ELT

Creative Writing: Poems

Editorial

Behind every book is a man; behind the man is race; and behind the race are the natural and social environments whose influence is unconsciously reflected. This book is also no exception to this. The essays in this book, both on language and literature, reflect the need of artistic eminence to bring better quality of life in the society.

Today Indian English literature has registered a remarkable growth and many of our writers like Anita Desai, Bharati Mukherjee, Amitav Ghosh, Vikram Seth, Salman Rushdie and Jhumpa Lahiri have achieved international recognition. As Indian writing in English has come of age, it is time to examine where it stands in terms of other literatures in the world, and what are the reasons of its popularity.

Some of the books published during last three decades have made indelible impact on us. We now are the citizens of the world and can no longer afford to neglect the excellence of other literatures in the world. Just as national literature is the reflection of the national history, so is the world literature a by-product of comparative literature. We are glocal—both local and global. While comparing Indian writers/ movements with overseas writers/ movements, we are mainly concerned with relationships, resemblances and differences. Such an approach will give wider dimensions to the realm of contemporary literature. With that end in view, the present volume offers critical essays on literary works of Indian writers as also on some significant writers from other nations.

The volume covers a fairy comprehensive ground, dealing with the major components of postcolonial literature which has accompanied the projection and decline of British imperialism. The authors are stalwarts in their respective fields. It is hoped that the book will be of great help to students, researchers and teachers of English literature.

While presenting this project, I wish to share with readers some facts about Andhra Loyola College in general and the Department of English in particular. Andhra Loyola College was established in 1953 and has completed 65 years of excellence in higher education. ALC has unfailingly attained a premier position in imparting higher education with integral formation which involves academic excellence, spiritual growth, social commitment, and value-based leadership. Andhra Loyola College is accredited with 'A'+ grade with 3.66/4.00 in III Cycle by NAAC; the highest CGPA in AP & Telangana; 3rd highest in South India so far Selected under the Star College Scheme by DBT and FIRST Programme of DST Govt. of India; it has been awarded All India 24th Rank by National Institutional Ranking Framework.

The Department of English at Andhra Loyola College is noted for its dedicated team of teachers with erudite scholarship. It has the unique honour of being endowed with great commitment and conviction. It has been teaching language and literature to the students who come from almost all the states of India, thereby enhancing their communication skills and inculcating moral values, the need of the hour. The Department has rich experience of conducting various literary activities at regional, national and international levels.

I cannot close these prefatory remarks without acknowledging the cooperation and help received in the achievement of this project. To begin with, I offer my heartfelt gratitude to the loving kindness of Almighty God who showered his blessings to enable me to complete this project. I express my grateful thanks to honourable Vice-Chancellor Professor Rajasekhar Patteti, ANU; to the Jesuit Management, especially Rev. Fr. Balashowri, S.J, Rector of Andhra Loyola College, Rev. Fr. Victor Emmanuel, S.J., Principal; Rev. Fr. Dr. Sagaya Raj, S.J., Correspondent, and members of the English Department for helping me at every stage of this project. I would like to thank Dr. Suman Bala and Dr. R.K. Dhawan in helping me to see this project the light of the day. Last but not least, I must thank the publisher, Prestige Books International, New Delhi and Sydney, for bringing out this book so expeditiously and elegantly.

Andhra Loyola College, Vijayawada **Raju Bollavarapu**

The Explication of Individuality in the Novels of Anita Desai

P. KARTHIGA
Sudharsan College of Arts and Science, Pudukkottai
N. SOWMIA KUMAR
H.H. The Rajah's College, Pudukkottai

The theme of individuality is no doubt a special feature employed almost by all the novelists all over the world. The novelists in Britain and America are said to have given a unique place to the theme of individuality so that it will culminate in the perfection of the climax of one's work of art.

Taking into consideration the sad plight of the women in 19th century England, Charlotte Bronte published her first novel *Jane Eyre* in 1847. It realistically and touchingly portrayed the individual sufferings and the untold problems meted out to the character Jane Eyre by the society in which she happened to live as an orphan. *Jane Eyre* is said to be the very first novel written especially for portraying the inner struggle of an individual girl in the society. It was not only appreciated by the London society but also became the trend-setter in the field of writing psychological novels.

Similarly, the Indian novelist Anita Desai presents in her novels women with their hopes, desperation and frustration. She is one of those who have tried to understand the predicament of women. The fictional world of Anita Desai is located in the corridors of the human consciousness. She is concerned with the dark uncannily oppressive inner world of her intensively introvert characters. Desai deals with the enigmatic and chaotic fabric of Indian woman's life. She highlights the subtle texture of fleeting impulses, disappointments, frustrations, all resulting in the fragmentation of her personality. Her characters, especially the females, have been portrayed on the verge of psychological breakdown. She depicts the inner world of sensibility and the chaos inside the mind of the characters with a special stress on female psyche. The psychological turmoil creates the psychic imbalances, which in turn, handicap them in establishing harmonious and gratifying inter-personal relationships.

The novels of Anita Desai make an interesting study from the point of going deep into the complexities of human existence. She skillfully explores the emotional ecology of her protagonists who while combating the ubiquitous forces of absurd realities with the burden of living helplessly in a contemporary chaotic milieu. She explores the human problems not merely at the social or familial level but at a much deeper psychological level. Alienation and loneliness are the common traits in almost all the novels of Desai. In her fiction the predicament of the protagonist is caused by the tension between the husband and the wife and their temperamental incompatibility leading to marital discord.

In her first novel *Cry, the Peacock*, Maya the protagonist is constantly seized by fear of death, loneliness and alienation from her husband Gautama who always preached detachment. Like Maya, Monisha in Desai's *Voices in the City* is also a victim of a loveless marriage. Monisha is also deprived of her husband's understanding and emotional support. Like Gautama in *Cry, the Peacock*, Jiban in *Voices in the City* can see Monisha only as a traditional wife. Both of them cannot comprehend the fact that these women have a mind and feelings of their own.

Sita in *Where Shall We Go This Summer?* decides to go to Manori, a lonely island, when she realizes that her self-worth is trampled upon by the selfishness of her husband and children. When her husband calls her a dissenter, she emphatically gives the reply that she is not a coward to commit desertion. Desai's fictional world conveys powerfully the fact that a woman is evaluated in terms of her merging within institutionalized patterns of sexuality and norms of appropriate feminine behaviour. When she goes out from this set behaviour patterns, there is the danger of being branded as weird and perverse.

In *Cry the Peacock*, *Voices in the City*, *Where Shall We Go This Summer?* and *Clear Light of Day*, Anita Desai unravels the torturous involutions of sensibility with subtlety and finesse and her ability to evoke the changing aspects of nature match with human moods. In all these novels, Desai's female protagonists are alienated from society, family, parents, partners and even from their own selves because they are not average people but liberal individuals who stand against the cruelties and injustice done to women in general.

Desai's significance lies in her ability to transmute authentically the innermost feelings, thoughts and emotions of the self, especially the feminine psyche. In her novels one can find a quest for reality and the essential human experience. She depicts the unpredictable nature of life, the conflicting dilemmas and sufferings that are inevitable in a woman's life. Her novels portray the struggle of the female psyche for identity. Her uniqueness lies in the fact that these experiences are processed and combined with her intuitive knowledge. She explores the psyche of her characters, the intimate world of the self.

However in *In Custody*, Desai has changed her attention from women's world to men's world. Nur, a famous Urdu Poet of yesteryear is a setting sun liing in immeasurable loneliness. His sad plight as a secluded person is shown in the changing world. Devan, a college lecturer in Hindi, is inclined towards Urdu poetry, yet for his livelihood he selects Hindi. He is unhappy with his wife. He felt his marriage a trap from which he could not escape. The feeling of meaninglessness of existence in life detaches him from the people around him.

Anita Desai seeks to discover and convey through her characters the significance of things by delving deep into the mysteries of the human mind. She asserts that her writing is an effort to discover, underline and convey the significance of things. Her primary concern in all her novels is to show how one gets along with oneself. The basic problem is how to exist in society and maintain one's individuality. A majority of Desai's characters live either in the world of illusion by retreating into fantasy or show their reluctance to face reality. They are more or less living in a self-imposed state of solitary confinement, they are characters that compromise with life. Although they are having their problems they anyhow do manage to transcend their personal problems. Hence in Anita Desai's novels her characters are not the case studies of neurosis nor are they evolutionary histories of psychological phenomenon. They are living individuals interested in life with its hopes, dejections and frustrations.

Finally the characters experience the disparity between the higher needs of the individual's inner nature and the unalterable comic conditions of existence. Their personal and historical problems play a significant role in exaggerating these existential troubles and also in perpetuating their neurosis. Thus the struggle of individual for a possible apprehension of self-identity forms a recurrent theme in the novels of Desai.

Works Cited

Agarwal, K.A., ed., *Indian Writing in English: A Critical Study*, New Delhi: Atlantic, 2003.

Bande, Usha. *The Novels of Anita Desai: A Study in Character and Conflict*, New Delhi: Prestige Books, 1988.

Bhatnagar, Manmohan K., *Indian Writings in English*, Volume ll, New Delhi: Atlantic, 1996.

Desai, Anita. *In Custody*, New Delhi: Penguin,1984.

Gopal N.R., *A Critical Study of the Novels of Anita Desai*, New Delhi: Atlantic, 1995.

Reinventing the Self: Contextualizing the Female Immigration in Bharati Mukherjee's Fiction

PUTLA ANANDA RAO
Bapatla College of Arts and Sciences, Bapatla

Bharati Mukherjee's *The Tiger's Daughter* (1971) shows how the last few decades have witnessed a remarkable change in the perspective of women in Indian English fiction. One of the reasons for this altered point of view has been the mass exodus of Indians to the West and the East. Their writings have been able to transform the stereotypical sufferings of a woman to an aggressive person trying to seek an identity of her own through her various relationships within the family and society. As a natural consequence, their writings reflect what we consider an expatriate sensibility generated due to cultural disparity and emotional disintegration. In this process it is the woman who suffers the most because of her multiple dislocations. She gets involved in an act of sustained self-removal from her native culture, balanced by a conscious resistance to total inclusion in the new host society. She carries the burden of cultural values of her native land to her new country, thus making it more difficult and problematic for her to adjust. She is caught between cultures and this feeling of in-betweenness poses before her the problem of trying to maintain a balance between her dual affiliations. Nevertheless, along with the trauma of displacement she is fired by the will to bound herself to a new community, to a new narrative of identity. As Chowdhury asserts, "For a critical evaluation of Bharati Mukherjee's female characters, one must understand that all her women characters are people on the periphery of a society in which they have chosen to spend their lives; they are all immigrants and new ones at that" (93). In this context we may review the novels of Bharati Mukherjee, whose writings are largely honed by her personal experience as a woman caught between clutches of diverse attitudes.

Bharati Mukherjee's *Wife* (1975) deals with the portrayal of an Indian woman's migration to the United States, and how she suffered from a sense of homelessness. It narrates the story of a young Bengali Indian woman, Dimple Dasgupta, who moves from Calcutta to New York with her husband shortly after their marriage. After yearning for a chance to leave behind what she sees as a stolid, suffocating middle-class life in Calcutta, Dimple, in the end, experiences migration only as a series of paralyzing social and psychological displacements, a deepening loss of control over her identity that finally leads to mental instability and her killing of her husband. In examining this story of never arriving, never completing the transition from one cultural, class and familial location to another, the paper focuses on the novel's portrayal of the female protagonist's physical, social and psychological isolation both from the surrounding American society and the immigrant community. Mukherjee presents various forms of isolation as, on the one hand, traumatic alienation from the minority group which at times overrides the individual's experiences, and, on the other hand, as a survival mechanism that allows for familial and social identities that sustain the individual's self-image. Furthermore, in representing the different forms of isolation on the overlapping margins of the host society and the immigrant peer group, Mukherjee not only criticizes but also ironizes and thereby attempts to demystify culture and class-specific gender norms. The aim of *Wife* is to narrate, not only Indian migrant women's presence in the private and the public space, but also the social, cultural and economic subtext for this presence, or lack of it. It also re-examines the story of a young

Indian woman traumatized by the incongruities between her expectations of America and the actual process of Americanization. The first of Mukherjee's novel set in the United States, *Wife* offers the author's first sustained portrait of America as a whole, a culture defined by a crippling multiculturalism that emphasizes ethnic difference and permits segregation, thereby preventing hybridity. The enforced difference and isolation of the Indian community in *Wife* ultimately destroys Dimple. Despite the impediment that multiculturalism presents the immigrant, *Wife* still justifies leaving tradition-bound India for America, a place with the possibility of transformation and change.

In *Jasmine* (1989), Mukherjee explores how Jasmine traces the positive internal and external influence of a maximalist perspective. The character of Jasmine exemplifies the ideal, "New American" maximalist, and her wifely ranging across continental experience serve as a fable for the becoming process of a New American. My analysis of this novel traces Mukherjee's use of intertextual elements as well as tropes that centre on the concept of the continual recreation of self. Jasmine serves an introduction to several concepts in Mukherjee's concept of agency, mainly the hybridized self that extends beyond the lines of social categorization. This novel explores the process of becoming a maximalist instead of providing a focus on this perspective's wider implications. It also exposes the inconsistencies and problems of a multicultural America but suggests a remained and accommodating American mythology that recognizes the importance of its immigrants and their foundations. Mukherjee's third and most famous novel, *Jasmine* still reacts against multiculturalism as a localized practice in America, but Mukherjee goes to great lengths to show how globalization informs the practice. She focuses more closely on individual protagonist Jasmine, who smuggles herself into America from India and constantly reforms herself in order to escape the paralyzing association with ethnic difference created by multiculturalism. Jasmine explicitly inserts herself into American mythology, inverting it and infusing it with her Indian origins to legitimize her place in the nation's history. She retraces the path of European immigration and frontier immigration and redefines the terms of individualism and Hollywood's cowboy and Indian rhetoric. In so doing, she shows not difference but similarity with the American Dream and mythos, melding with it in an act of transformative hybridity that reinvigorates the natural American citizens and redefines the nation as movement and negotiation instead of fixity and stagnation. The rise of globalization studies in the 1990s prompted Mukherjee to re-evaluate the individual's influence on the national culture in the context of the shifting relationship between the nation and the rise of a global society.

The Desirable Daughters tries to explore how Mukherjee's characters are exiles caught between two cultures, Indian and American, as well as between tradition and the pull of modern life. There is no better example of this than Tara Chatterjee, the central character in Mukherjee's novel, *Desirable Daughters*. In this spell-binding and suspenseful tale, Tara is one of the three sisters who came of age in Kolkata, the daughters of a well-off tea merchant. The only sister to succumb to an arranged marriage, she moved her husband, Bish, to California, where he became the boy wonder of Silicon Valley and the head of a powerful technology company. Tara smoothly assimilated into American culture, but constantly cast glances over her shoulder at her deeply rooted family history in India. Tired of Bish's constant absence, she filed for divorce and eventually moved to San Francisco with her son Rabi, where she is just another single working mom albeit one with an exotic history.

Bharati Mukherjee also presents America and history in general as subject to different perceptions and therefore always needing re-evaluation and revision, both made possible by acknowledging and incorporating global discourses. Because of Mukherjee's concern with the nation in the changing global context despite (or, rather, because of) her narrow focus on one immigrant protagonist, her scope is broad but distinct. One critic, Rajini Srikanth, repeats the word 'bold' when discussing Mukherjee as she boldly inserts into the American literary canon to both positive and negative effect. Mukherjee's boldness, according to Cynthia Sauling Wong, showed innovation and new perspective: "Mukherjee is perhaps the first Asian American writer to exhibit a full awareness of the global context of contemporary Asian immigration. She deconstructs cultural clichés, looks beyond the push-pull between two nations to acknowledge the reality of the world economic system, and sets her tales against a background of intertwined transnational economic activities and mass uprooting" (54). Mukherjee brings the intertwined transnational setting into the foreground of her fiction, and provides a key force that reshapes the relationship between the individual and the nation and provides new outlets for globalization in the American literary canon.

Works Cited

Bharati Mukherjee. *Bharati Mukherjee: Critical Perspectives*, ed. Emmanuel S. Nelson. New York: Garland, 1993. 47-63.

Mukherjee, Bharati. *American Dreamer*. Mother Jones 1997.

Women's Theatre in India: A Feminist Perspective

V. SATYA SUDHA
Maris Stella College, Vijayawada

India has seen women contributing to art and literature in Sanskrit and other regional languages since times immemorial. Beginning with Toru Dutt to the recent times, women's contribution to English literature has been remarkable. Poets, novelists and short story writers have embellished Indian English literature and dramatists too have no less an impact. Theatre is the platform which can redefine the status of women by openly addressing their issues; hence more impetus and a profusion of plays by women must surface with continual scripts and productions with varied themes and innovative techniques so that they can voice their dissent.

Theatre going is a popular pastime in the metros; theatres run to packed houses when English plays are performed. Theatres and theatre groups are established in every city and are running successfully. The endeavours of theatre groups, the theatre festivals organized by them, the efforts of the fine arts departments in universities and colleges and write ups in journals dedicated to the cause of theatre are making theatre arts a popular culture. The theatre Ranga Sankara at Bangalore, run by Arundhati Nag is a shining example of theatre activity in India. It has plays in all languages with one or two shows every day and is buzzing with activity throughout the year. Poile Sengupta has a theatre group called 'Theatre Club.' Dattani trains students in Performing Arts in his theatre Play Pen. The Prithvi Theatre in

Mumbai and The Madras Players in Chennai with their scintillating productions are a strong source of support to budding playwrights. The annual theatre festivals conducted by these groups and by the National School of Drama, the Sangeet Natak Akademi and the awards given by them also encourage theatre activity.

Drama holds a mirror to life and it is a powerful medium that reaches out to a large section of the society. It acts as a corrective to social evils and conveys a definite message. Hence, more plays are necessary in a superstition-ridden country like India where many atrocities and unjust practices do not see light, and feminism in the Western sense of the term, is still a far cry. The focal point of women's drama is women—women as victims of oppression, violence, male domination and sexual abuse. The playwrights have vehemently attacked atrocities against women.

C.S. Lakshmi in her introduction to *Body Blows,* "And Kannagi Plucked out a Breast" intensely feeling the necessity to curb atrocities against women through the medium of theatre writes, "The violence in a woman's life often has no outward signs, like a gash on the body or a bullet in its crevices. It can seem bloodless, often. . . . The stage, must become the body transformed into a sign, signifying a thousand meanings, creating a thousand texts. A multiplicity of texts must happen, and the meanings must descend like a giant mirror before people. Reflecting their lives, their culture."

So, women playwrights have a dual role to play—to reform society and to progress the genre of drama. The plays which address only the urban audience must now reach out even to the audiences of smaller cities and towns. As Anjana Trivedi puts it in her concluding remark, "Women playwrights have proved through their plays that they fulfill the specific demands of theatre; as a play has music, dance and other art-forms too. They build their own world with conviction; they concentrate on theme and the material is ready for presentation." (177)

The scenario of Women Writing has changed. Paucity of plays by women is a phenomenon of the past. With the publication of *Women Centre Stage* by Poile Sengupta, with a good number of plays by Shivani Tibrewala available online, and with the productions taken up by women, the face of women's drama has taken a new look. There are more than seventy seven plays by women and the number is on the rise in this decade.

Theatre is the platform which can redefine the status of women by openly addressing their issues. Hence these women can be termed as theatre activists working for the cause of women and for the cause of theatre. The first playwright to have her plays produced and published is Bharati Sarabhai with two English plays to her credit. The next prominent playwrights appearing two decades later are Dina Mehta and Vera Sharma. Dina Mehta has four plays to her credit and Vera Sharma has penned seven radio plays, five full-length plays and five one-act plays. Manjula Padmanabhan has three published plays to her credit. Poile Sengupta who has a passion for theatre has written ten plays and recently brought out a book of six plays. Mahasweta Devi is one more rebellious voice from West Bengal who has demanded justice for women through her plays.

Anjana Trivedi takes an optimistic view of women playwrights, "No doubt Indian English drama is a plant of poor growth owing to certain limitations, still we can predict a rich and fertile soil for the blooming and blossoming of the tree of Indian English drama. In fact there have been serious and sincere efforts for the theatre-oriented plays. The women playwrights have something distinct to offer to the audience. They have given new dimensions by infusing new type into this genre." (177)

Shashi Deshpande in her introduction to *Women Centre Stage* sees a rosy future for women's drama, "While all other language theatres evolved out of the various dramatic forms in India, English theatre was an orphan. But there has been a change in the last decade or two. The English language seems to have established itself in the country and seems less and less an alien. Besides, with the increasing number of English-speaking and English-knowing people, at least in urban areas, there is a growing audience for English drama. English writers are also increasingly looking at our own stage traditions and using techniques which are part of these traditions, in the process finally letting down roots in their own soil. Writers like Mahesh Dattani and Poile Sengupta have been writing plays which are meant for performance and are being performed. Nevertheless, drama still has few takers among writers and as a literary genre it remains feeble." (xiii)

The plays by women tend to portray women's issues and the focus is on the violence inflicted on women. The plays pre-eminently deal with the agony that women undergo on the domestic front as well as in the outside world at various stages of their lives. From the infirm Rani of *The Well* to the dancer in *Pure*, the women portrayed are subject to mental and physical subversion. The playwrights are well aware that before talking of feminism in India they have to primarily oppose the prevalent evils like bride-burning, domestic violence, foeticide, child abuse, harassment, eve-teasing, dowry, rape, witch-hunting, prostitution and many such sadistic mayhems which have been haunting and disturbing women for ages. The primary intention of the playwrights is to bring into public gaze the affliction of women prior to the demand for an equal status. Every play invariably has as its protagonist a woman who shows a new facet of hers, ranging from a 'humane being' to a dissenter.

There is a shift in thematic content from the older plays to the modern ones. The earlier plays put emphasis on character while modern drama has its focus on issues and situational challenges. Characterization takes a back seat as the plays are an attempt to condemn violence and exploitation. One other visible trend is the shift from the traditional dialogue to the structure of single narrator and mute protagonist as seen in the most recent plays *Sita's Daughters* and *Pure.*

It is evident that the plays explore the hidden traumatic experiences of women, their ruffled psyche, their position in relation to the society to which they belong, the conflicts they face, the choices they have to make, the dilemmas, the hazards and threats to their modesty and to their very existence. The dramatists argue, question and make an outright condemnation of the injustice meted out to women and demonstrate how they are divested of basic human rights.

Keeping to the conventions of Indian drama, the playwrights have avoided portraying scenes of violence and atrocities like bride-burning, rape, child abuse or witch-hunting and these acts are reported by the characters. Issues dealt with by the playwrights range from the domestic to the national front, from private to public or social concerns. All plays centre on atrocities against women as these are issues to be tackled by the entire society and theatre is the medium through which these dark occurrences can be publicly condemned. The plays ask for freedom for women, freedom of movement as well as expression for the subverted gender.

Bharati Sarabhai whose dramatic output is limited yet significant is a playwright who straddles the pre- and post-independence times. Her first play *The Well of the People* (1943) is a verse drama about an old woman who, inspired by the Gandhian ideology of service to society, chooses to serve the people of her village over making a pilgrimage to Benares. It is a loner's fight against society and against fate. She takes up the Herculean task of building a common well in the premises of the temple with the intention of breaking the barriers of caste and allowing Harijans into the mainstream society.

Her second play *Two Women* explores the man and wife relationship and the dilemma faced by a couple caught between tradition and modernity. It also is an exposé of her spiritual leanings. It was staged at the Excelsior Theatre at Mumbai in 1948 and published in 1952. The inspiration for the feminist leanings in *Two Women* undoubtedly appears to be Ibsen's *A Doll's House*, for one finds parallels between the two plays. Both playwrights have been moved by a feeling of sympathy for women and a passionate belief in human freedom.

Brides are Not for Burning and *Getting Away with Murder* by Dina Mehta have been successfully staged and published. Atrocities, violence and crime against women become the focal point of Mehta's dramatic art. While *Brides are Not for Burning* exposes the terrible social malady of bride-burning, *Getting away with Murder* is a play with manifold issues concerning women. Dina Mehta is successful in bringing to the forefront the experiences which secretly haunt and traumatize them. With three female protagonists, Mehta foregrounds the issues of child abuse, witch-hunting, exploitation at the workplace and such other forms of violence that oppress women. These acts of violence do not see light and women bear their angst silently as they can neither fight it out nor share their troubles with others.

Manjula Padmanabhan is another prolific writer who has attempted her hand at fiction, comic strips, children's books and cartoons besides writing plays. Her first play *Lights Out* was staged in Prithvi Theatre, Mumbai in 1986 and published in 2000. Her second play *Harvest* won the International Greek award in 1997. The play is futuristic and Padmanabhan has made use of scientific technology to create a hard-hitting satire on organ transplant. It raises an alarm on the evil of consumerism which has gone to the extent of commodifying the human body. In *Lights Out* she condemns crimes against women such as gang rape, physical assault, sadism and voyeurism. The play is born out of an incident of gang rape that occurred in a high rise apartment in the heart of Mumbai. It is a play which unfolds the horrors of inhuman behaviour and the canker of sensationalism which the modern world is after.

Poile Sengupta is a contemporary playwright who has ten plays to her credit. She has also written fiction and plays for children including a full-length musical. Her first full-length play *Mangalam* was written and produced in 1993 and in the same year it won a special award for its social relevance at the prestigious Hindu Madras Players play-scripts competition. Mangalam the protagonist is a victim of rape and domestic violence. Sengupta foregrounds the fact that affliction of women has been a perennial syndrome since ancient times and shows how woman's body is an object of lust. Her second play *Inner Laws* written in 1994 and produced in 1996 is a wonderful comedy with all ten female characters. It focuses on the mother-in-law, daughter-in-law relation which is often on the verge of animosity and sends the message that a united force of women lays the foundation for feminist demands.

Vera Sharma's *Life is Like That* published in 1997 tells the tragic story of a middle-aged woman, a widowed mother. It is a tragedy based on the premise that life is bitter. Containing shades of J.M. Synge's *Riders to the Sea* the play depicts the sorrow of a mother who has lost her son. The theme and plot are simple yet portray the realities of life through the travails of a poor lonely woman. *Sita's Daughters,* by Mallika Sarabhai is an unpublished dance ballet, first performed in 1990 in Ahmedabad. It has had many productions in India and abroad since then. A stylized musical performance script, it presents a series of events taken from epics, history, myth, legend, fairy tale and real life incidents from a feminist standpoint. The play is a visual on the atrocities perpetrated on women. Nayantara Roy's play *Pure* is published in the online literary journal, *Muse India.* Written as a part of training, it is an experiment on a novel technique of mute protagonist, a dancer who makes slow rhythmic movements while her attendant tightens her corset from time to time thus choking her to death. The persona seated round her admonish, instruct, threaten, lure and tempt her till her final collapse. Her fall is symbolic of the death of the artist and the corset signifies the constraints and pressures on a woman hindering her progress.

Women's theatre in India is enriched and the audience ennobled, entertained and a paradigmatic change is perceived in the proscenium art. One effort remains and that is popularizing the English theatre in the smaller towns, for the language is fast becoming the spoken tongue even in the remote areas of India. Playwrights can also take up current issues like flesh trade, fashion shows, commoditization of the woman's body and female infanticide which are rampant in the society.

When social evils are depicted, a sense of collective guilt pervades the theatre and brings about a kind of transformation in them. As Aristotle said drama has a cathartic effect and hence this art form needs to be popularized and women ought to come to the forefront to usher in a new social order wherein they can break the shackles of bondage and subservience. The plays of modern women show that the time is rife for women to dominate the proscenium and draw crowds to the theatre as Shakespeare did.

C.S. Lakshmi writes aptly about the utility of theatre, "When theatre is used as a space to deal with violence, it must become the womb in which Abhimanyu lay learning the secrets of battle. From it must emerge words and forms, now tethered in an umbilical cord and now cutting free, smeared with flesh and blood. The performance area must become the re-claimed body-site seen from different perspectives, appearing dismembered and unified, destroyed and resurrected all at once."

Works Cited

Awasthi, S. (2009). *Performance Tradition in India.* New Delhi: National Book Trust, India.

Balme, C. (2011). "Indian Drama in English: Transcreation and the Indigenous Performance Tradition," N. Bhatia, *Modern Indian Theatre—A Reader*. New Delhi: Oxford India Paperbacks, p. 344.

Bhatta, S.K. *Indo-English Women Playwrights.* http://yabaluri.org

Dattani, M. (2000). *Collected Plays.* New Delhi: Penguin India.

Deshpande, S. (2010). "Introduction," Sengupta, *Women Centre Stage.* New Delhi: Routledge.

Hoban, P. (2006, January 25). *Theatre Reviews.* query.nytimes.com/gst/fullpage.html?res. . .

Iyengar, S.K. (1990). *Indian Writng in English.* New Delhi: Sterling.

Lakshmi, C.S. (2000). "Introduction: And Kannagi Plucked Out a Breast," D. Mehta, M. Padmanabhan, & P. Sengupta, *Body Blows: Women, Violence and Survival.* Calcutta: Seagull Books.

Mukherjee, T. (2007, July-August). *Women's Drama.* www.museindia.com

Naik, M.K., Syamala A. Narayan. (2007). *Indian English Literature 1980-2000, A Critical Survey.* New Delhi: Pencraft International.

Padmanabhan, M. (1998, July 29). *All Set for Harvest.* Rediffonthenet Manjula Padmanabhan on her latest play, *Harvest*: www.rediff.com/index.htm

Parameswaran, U. (1998). *Sons Must Die and Other Plays.* New Delhi: Prestige Books.

Roy, N. (2009, July-Aug). *Nayanatara Roy. Muse India*, the literary e journal, Issue 26: http://www.museindia.com/index.asp

Sarabhai, G., & I. (2010, June 18). Bio-data of Bharati Sarabhai. Ahmedabad.

Sarabhai, M. (n.d.). *Darpana*. http://www.darpana.com

Standing, E. M. (2009). *Indian Twilight.* Ahmedabad: Bharati Sarabhai Charity Trust.

Tibrewala, S. (2009, June). *Muse India*. Retrieved June 2009, from www.museindia.com

Tibrewala, S. (2009, July-Aug.). *Shivani Tibrewala.* Retrieved Sep 19, 2009, from Muse India: http://www.museindia.com

Trivedi, A. (2006). "Indian English Women Playwrights," N. Tandon, *Perspectives and Challenges in Indian English Drama*. New Delhi: Atlantic.

A Critique on Issues and Concerns in Chimamanda Ngozi Adichie's *Purple Hibiscus*

SYAMALA
Andhra Loyola College, Vijayawada

Chimamanda Ngozi Adichie's maiden novel, *Purple Hibiscus*, published in 2003, is narrated through the eyes of fifteen-year-old Kambili Achike, an Igbo girl from Nigeria. She stays with her family: her father, Eugene Achike, a Catholic, wealthy owner of a factory who torments and assaults the family; her mother, Mama, a generous woman who does not raise her voice against the ill-treatment of her husband, and her brother Jaja, who slowly protests against the despotic father.

Kambili's father appears to be a righteous person to the outside world. Several people in his community are given jobs by him and he hosts a meal for the whole village on Christmas—except for his father, Papa Nnukwu, who he disdains to speak to since he has not embraced Catholicism and believes in traditional religion. The novel discusses several themes like family, religion and faith. As the narrative progresses, Kambili's aunt Ifeoma, her father's sister, is introduced, and with her entry the tale gains momentum. She is a divorced woman of individuality who loves and appreciates her children more than anyone else. Contrary to Kambili's father, she attends to her aged father and follows conventional Igbo culture. Kambili and Jaja are raised in an affluent environment, when they are permitted to visit her they are astounded to find that though she is poor, her house is suffused with joy and happiness.

Religion and faith are of paramount importance in *Purple Hibiscus*, particularly in the polarities between Papa, Papa-Nnukwu and Aunt Ifoema/ Father Amadi. The narrative unfolds with comprehensive descriptions of Papa's extreme faith in religion, which were moulded by Catholic missionaries and are unrelentingly rigorous. He hates Igbo when it is either spoken or sung in church, and believes that priests should be very conventional. He supports and treats the white, conservative Father Benedict with reverence. Papa imposes his strict directives on his family, and when they go against his wishes he considers it an offence and punishes them mercilessly. Kambili and Mama are not permitted to wear pants, prayers before meals are prolonged and ceremonial and non-Christians are not allowed to set foot in Papa's land. These convictions result in disparities between Papa and his father, Papa-Nnukwu, who still conforms to traditional Igbo rituals. Papa-Nnukwu participates in the festival of mmuo (spirit), offers food to gods, and organizes a morning declaration of innocence. In Papa's view, he is a "Godless heather" but Adichie presents his rituals on par with Catholic ones. Aunt Ifeoma pursues a mid-path between the two extremes, as she is a Catholic who integrates her prayers and does not give importance to her father for his orthodox beliefs. Ifeoma's priest, Father Amadi is an unprejudiced, cheerful Nigerian.

Adichie, on the whole, portrays Ifeoma's and Papa-Nnukwu's religion in a finer version than Papa's, as Adichie too does not approve of western domination over Nigerian culture, and the suppression of happiness and consent that go after with too severe an opinion. This frame of mind is observed through the character of Father Amadi, a young Nigerian priest, endorsing both old ways and the new and also triggering pragmatic transformation in Jaja and Kambili as they are initiated to beliefs other than Papa's. Jaja and Kambili have grown up perceiving their father as semi-god, prodigious but at the same time terrifying and modifying their stringent Catholic faith also indicates their struggle to lose their faith in Papa. A free style of religion is noticed in *Purple Hibiscus*. Kambili harmonizes her devoutness with an adoration of her ancestors. Jaja and Amaka eventually reject their religion as it is unavoidably connected to Papa and colonialism.

Many characters are held in the clutches of silence throughout the narrative. Silence is invariably linked to a fear of Papa that Mama, Kambili and Jaja encounter persistently. Kambili, in particular, hardly speaks as she is scared she would stammer and that would annoy her father. She and Jaja communicate with their 'eyes,' conveying through glances, since they are seldom left alone together. When her classmates scoff her for being pretentious, she does not clarify that she fails to mingle with others out of fear. She is not permitted to dawdle after school as a delay in reaching home would definitely result in severe punishment. Kambili's silence becomes obvious when she is at Aunt Ifeoma's house. She notices that Aunt Ifeoma's family is always laughing, singing and expressing their thoughts and Father Amadi sings songs in the midst of prayers. Motivated by Aunt Ifeoma and Father Amadi, she eventually learns to assert herself.

On the political level, Papa and Ade Coker are advocates of free speech, since their newspaper is the only one to raise voice against the corrupt government. Aunt Ifeoma is cynical of corruption that is rampant in the country. Ade Coker is stifled by a package bomb, and Aunt Ifeoma is hushed with the loss of her job. Nevertheless, they are both potent symbols of the significance of free speech. Finally, Adichie consistently depicts the freedom of speech and music as a constructive substitute for terrified quietness and suppression.

The agencies of absolutism, repression and silence operate through violence in *Purple Hibiscus*. Similar to several themes of Adichie, the sequence of violence begins at the upper level and extends to the lower level. British colonialism is the first instance of violence, which in turn resulted in corruption and violence when the Nigerian government was established. Violence is used as an instrument by the Head of State's military regime to control and suppress, eliminating Ade Coker and the staunch supporter of democracy, Nwanketi Ogechi, and ransacking Aunt Ifeoma's apartment. There have been many instances when Papa physically abuses his wife and children. Papa thrashes Mama when she does not wish to meet Father Benedict since she is ill. As a result, there is a miscarriage. Boiling water is poured on Kambili and Jaja's feet when Papa learns that they share a home with a heathen. Kambili owns a painting of Papa-Nnukwu and for this she is kicked until she is admitted in a hospital. Papa justifies his acts of violence on the ground that it is for their own benefit. The battering has left his children voiceless. Kambili and Jaja are both wise and mature for their age and restricted from attaining their adulthood, since maturity usually begins by questioning authority. Papa does not respond when Ade Coker in a lighter vein comments that his children are too silent. They are God-fearing. In fact, Kambili and Jaja are frightened of their father. Physical abuse has a contrary result. They select the right way as they are scared of the consequences. They are not motivated to develop or flourish, only intimidated with failure when they do not. This has a severe effect on Jaja especially, who feels bad that he is lagging behind Obiora in terms of brilliance and defending his family. He eventually identifies religion with punishment and rejects his faith.

There is chauvinism intrinsic to abuse. Mama states that she miscarried many times after Kambili was born. In the course of the novel, Mama miscarries twice because of Papa. She loses other pregnancies due to the violence unleashed by her husband. He sees to it that special novenas are rendered by the children so that Mama is forgiven. The irony is that though he is responsible for these miscarriages, he projects it as Mama's fault. Mama holds that there is life only within the realms of marriage. She brushes off Aunt Ifeoma's thoughts that life commences after marriage as "university talk." Mama has not been freed and bears the violence since she thinks that it is fair. When the abuse reaches its peak and when she cannot tolerate, she believes that murder is the only recourse to escape. Finally, she poisons Papa as she feels that there is no other option left out for her.

Hibiscus is a flower which is symbolic of liberation and optimism. Jaja is attracted to the uncommon purple hibiscus, nurtured by Aunt Ifeoma's friend, a botany lecturer. Aunt Ifeoma projects something new by blending the natural world with judgement and reason. In Jaja's view, the flower stands for hope that something unique can be originated. He desires to get out of his father's tyrannical hold. He carries a shoot of the purple hibiscus to his home and sets it in their garden. He also drives home the perception that he learns in Nsukka. As both mature, so do Jaja and his revolt.

Kambili's changing opinions towards nature denote her phase of evolution. During her stay at Nsukka, when she showers for the first time, she notices an earthworm in the tub. Instead of leaving it to its own accord, she throws it out. Later, she observes the determination of a snail trying to crawl out of a basket. She likens herself to the snail and leaves it alone. She realizes that God is omnipresent and she admires its strong will.

In the beginning, Kambili fancies while gazing at the numerous fruit and flower trees in her yard. This yard, a symbol of riches, earns her the comment of "snob" at school. However, she is taken up with the charm of these trees. When she comes back from Nsukka after her mother has an abortion, Kambili is nauseated by the decaying tree fruit. The decay represents the disgust and repugnance prevalent in the Achike family. Kambili also starts viewing her home in a new perspective. Both the trees and Kambili are 'imprisoned' within the confines of the house.

Weather too plays a significant role in the novel. When Ade Coker dies, there is heavy rain. After Palm Sunday, a strong wind deracinates many trees and the satellite dish collapses. Nature in the form of rain and wind foreground the action that is to take place in Achikes' household. Mama tells Kambili that a fusion of rain and sun is God's uncertainty to show the way. Just as there can be both rain and sun simultaneously, in the same way, good and evil are entwined. Kambili understands that there is nothing absolutist and ultimate. Papa is neither all positive nor all negative, her belief does not have to be either Catholic or conventionalist, and she can confront and question her parents while still being a good child.

World of Colonial Violence and Reclaiming Identity in Kim Scott's *Benang*

D. RAJYA LAXMI
S.R.R and C.V. R. Govt. Degree College, Vijayawada

Kim Scott's *Benang* is a significant Aboriginal novel. Scott made meticulous research into history before attempting the novel. He collected all that was available about the past. With the help of his relatives he went back to times past, when his people lived on the edge of fear and insecurity. Finally Kim Scott makes an analysis of his own life wherein he feels the same loss that his ancestors felt and finally represented through the character of Harley. *Benang* acts as a counter-history challenging the official ill-natured discourse and exposes the racist oppression, reasserting, in the process, the Nyoongar culture and celebrating the knowledge of the tribe. Facts in colonial records are described in such a fashion as to expose the brutalities perpetrated on the pretext of civilizing the Aborigines. Kim Scott expresses his happiness at being able to explore his Aboriginal ancestry. He also sounds a clarion call for the people to cherish and continue the process of revitalizing Nyoongar culture in order to strengthen the community and enlighten the younger generation.

The title of the novel makes the author's position clear as *Benang* is the Nyoongar word for "better tomorrow." Kim Scott wants his people to become aware of their past which he finds hidden in the historical representations. He wants the younger generation to learn about who they are and where they belong.

As they were removed from their families to be reared like Whites, most of them were given false identities and many of them lost their dear ones. They had to live with the new identities given by the Whites. Kim Scott discusses several issues in the novel like loss and relevance of oral histories, cultural displacement, contestation, Aboriginal laws and reforms introduced by the government. The message of the novel is for the future and targets the younger generation.

Harley, the narrator, is of Nyoongar ancestry. His grandfather, Earnest Solomon Scat, attempts to isolate Harley from Aboriginal influence and rear him as a White boy. In fact, Em calls Harley the first White man born in his family. Harley is engaged in lending a helping hand to his grandfather, who is occupied in a project researching the assimilation, biologically and culturally, of Australian indigenous people into White Australia. For Em, Harley seems to be a good potential specimen of this assimilation. But once Harley gets into the details of the study, he finds and understands his real self and he gets interested in his past. And, in his own process of research, Harley attempts to reverse Em's effort by re-establishing relationships with his Nyoongar relatives and culture (12). The narrator Harley is, in fact, Kim Scott himself. Harley, with the help of the records collected by Ern, makes a genuine effort to learn about the genocide committed by the Whites against the Aborigines, particularly his own family. He attempts to present this knowledge in writing through oral stories, dreams, lost rhythms, songs and images. He probes deeply into the past which still remains hidden. Throughout the novel, Harley worries whether his attempt to write his-story might give way to a racist discourse. He is sure that his writing is going to make his people uncomfortable, since most of them wish to leave the past buried. But Harley finds it difficult to ignore the hovering silence around the happier days that his ancestors had spent singing around the campfire. Harley is aware that his findings will open a counter-discourse. Therefore he is apprehensive about the fall-out of his revelations (9).

He was startled to see the different labels such as full-blood, half-caste (first cross), quadroon, octoroon. The caption given to Harley's father's photograph was: "Octoroon grandson (mother quarter caste [No. 2], father Kim Scottish). Freckles on the face are the only trace of colour apparent." The change was so pronounced that he felt that he himself looked just a fraction of what he would have really been like (28). The process of acculturisation was so totally evident that Harley could not identify himself among the line of photographs. It was difficult to find signs of native origin. Harley was sure that, within a short time, Aboriginal families would be living like the Whites. He understood the need for collecting and learning things about his Nyoongar past. Social and biological absorption was happening on an intensive scale. He wanted to do something to bring about a change to a race that was vanishing. Harley hardly had any remembrance of Aboriginal Australia. All that was present now was in the form of rudiments of paper cards, files and photographs. Harley complains that everything has changed, but he says, "but I have grown from that fraction of life which fell" (30).

Harley investigates the native culture and the history of his people, particularly of the Stolen Generation. "*Separation from Antecedents*" was the official policy. It turned out to be a part of the White system to take away Aboriginal children at a very young age to the Missions (30). Harley realizes that retracing all the people was difficult. But whenever a document was processed, it was done without any further loss. He wanted to make history for those who lacked it and wished his grandfather to work on it seriously. Harley himself was a living proof. Harley disliked Em's idea of entrusting the task to future generations. He wanted to do something immediately. Harley knew the necessity to go back to his ancestry even beyond Fanny and Sandy.

But he got trapped with the work Em did, which started with the settlement of the Whites. However, Harley was thankful to Ern who really probed with interest to learn more about their history. But their thoughts varied, for their visions differed, though the mission was the same. For Ern it was "a rationalization of his desire. It was a challenge. It was as if he was a little too late to be a pioneer . . . whereas for me it was contrition, it was anger. It moved from one to the other" (34).

Harley interrogates his identity from his in-between status. His experience of being in this state points to the experience of his community. He becomes instrumental to the assimilationist policies carried out by his grandfather and, at the same time, becomes a victim of the Aboriginal predicament. The novel sounds a clarion call to the reconciliation policies carried out in the twentieth century for bridging the gaps between Aboriginal and non-Aboriginal peoples. Kim Scott cherishes his status of mixed descent and Nyoongar ancestry. Using Harley as his mouthpiece, Kim Scott traces his family history which in turn looks into the relations between indigenous and non-indigenous peoples. His grandfather Earnest Solomon Scat's relationship with the historical figure Auber Neville, who acted as the Chief Protector of Aborigines in Western Australia from 1915 to 1940, is a good example to illustrate Kim Scott's efforts at effecting a correlation between historical facts and fiction. Kim Scott's *Benang* represents the violated social, cultural and political worlds experienced by Aboriginal people. Historically, the novel shows the resistance in international politics that connects indignities. Violence is depicted as the condition of ruling them—physical violence directed at indigenous people, including racial policies, and violence internalized as the self-damaging effects of disaffection and deracination. Aboriginal writings throw light on the world of colonial violence and provide the ground for reclaiming identity. The re-writing of indigenous texts becomes more violent and furious when the dominant culture acts repressively.

Works Cited

Adams, David Wallace. *Education for Extinction*. Lawrence: UP of Adams, Kansas, 1995 .

Adnum, Mark. "Advertising Oz": *Spiked Culture*. 28May 2002.

Ashcroft, Bill, Gareth Griffiths, & Helen Tiffin, *The Empire Writes Back: Theory and Practice in Postcolonial Literatures*. London: Routledge, 1989

Ariss, R. "Writing Black: The Construction of an Aboriginal Discourse," *Past and Present: The Construction of Aboriginality*, ed. J.R. Beckett. Aboriginal Studies Press, 1998

Atwood, Bain. *The Making of the Aborigines*. London: Allen and Unwin, 1998.

Chanady, A. *Magical Realism and the Fantastic: Resolved Versus Unresolved Antinomy*. New York & London: Garland, 1985.

Scott, Kim. *True Country*. Fremantle: Fremantle Arts Centre Press, 1993.

_____. *Benang: From the Heart*. Fremantle: Fremantle Arts Centre Press, 1999.

Wright, Alexis. *Carpentaria*. Giramondo Press, 2006.

Gender Inequality in Margaret Atwood's *Lady Oracle*

A. THIRUTHURAI
Res. Sch., St. Joseph's College, Tiruchirappalli

Margaret Atwood's third novel, *Lady Oracle* (1977), is a magnificently resourceful, textured and comic exploration into the life of the novel's central character, Joan Foster. As fellow Canadian author Mordecai Richler once described, *Lady Oracle* is 'a wonderfully unpretentious comic romp . . . a fine novel—inventive, funny and a pleasure to read.' The novel appealed to all kinds of readers because of its insights into the amazingly complex and accessible character of Joan Foster. A young 30-something writer of chip-dip literature, Joan Foster struggles through many turmoils of a depressing and socially traumatic childhood, into the many twists and turns of adulthood.

The main theme of the book is reinvention. Joan Foster is constantly trying to start and recreate herself. There is no doubt that her terrible mother has left her scarred and unsure of whom she really is, or wants to be. Joan's persona changes with the context. Atwood exposes Joan's life story in a funny and at times touching first person point of view. As a result, the novel seamlessly moves between the past and the present and from Canada to Europe, giving us many comic tid-bits that add up to a wonderful whole at the end. And it is through this lifelong journey that Atwood paints a picture of a life that has been rejected in so many ways, but still continues to recreate itself to find a deeper meaning in life. The readers are moved at the aisle of a grocery store. "There's a magic in love and smiles. Use them every day, in all you do, and see what wonderful things happen," Brown Owl used to say chirpily, reading it from her little book. "I'd believed that slogan, I'd believed that the absence of wonderful things happening had been due to my own failure, my insufficient love. Now it seemed to me that the name of a furniture polish could be substituted for 'love' in this maxim without at all violating its meaning. Love was merely a tool, smiles were another tool, and they were both just pools for accomplishing certain ends. No magic, merely chemicals. I felt I'd never really loved anyone, not Paul, not Chuck the Royal Porcupine, not even Arthur. I'd polished them with my love and expected them to shine, brightly enough to return my own reflection, enhanced and sparkling" (90). It strongly hits home the point that we can't run away from our problems and that we can't fix things in others as a way of being able to try and fix us. It's comic and at the same time tragic, in that Joan's own writing may be what leads to her own ultimate downfall. In the end, the novel suggests that you have to look within your own self to find a more secure and heightened place in the world. And for that message alone, *Lady Oracle* is an incredible bit of literature.

The reader's only genuine complaint with the novel is that it ends so abruptly. It does tie everything together as it should, leaving the central character on fairly solid ground with hope for her own future being left in the hearts and minds of readers. But the readers felt that the novel could have continued into a fourth part. *Lady Oracle* is a five-part narrative in which Joan Foster tells the story of her life. Spanning the time period from the early 1940s through the mid-1970s, Joan's story describes her growing up in Toronto, becoming an author of gothic romances, marrying, and faking her suicide to escape the complicated turmoil of her life. The first narrative begins immediately following Joan's phony suicide. Planning her "death" very carefully, she aims for a neatness and simplicity in it that would counter the spreading tendency of her life. Yet having fled to Terremoto, Italy, the very place where she and her husband, Arthur, had vacationed the previous year, Joan begins to regret going there. Her attempts at disguise are ineffectual, and her romances (written under an assumed name) are not going well. Overcome with nostalgia, she is forced to admit that, rather than beginning a new life, she has brought the past with her.

In the second narrative, Joan describes her childhood in Toronto. She recounts the misery of being a fat child and the discomfiture her obesity caused her beauty-obsessed mother and her Brownie companions. One of their pranks, tying Joan up on a bridge over a Toronto ravine where she is eventually rescued by the same man who had earlier exposed himself to her, causes her anxieties about identity. Further confusion ensues about her mother, who holds Joan responsible for the incident. Other painful episodes erode her self-image, and, to accommodate perceived expectations of her, Joan begins to explore and sustain various identities. The third narrative reveals Joan living in a Toronto rooming house following an attack by her mother. Using the name of her aunt, Louisa K. Delacourt, who has left her two thousand dollars on condition that she loses one hundred pounds, she begins to write gothic romances. Joan achieves a new shape and determines that she needs to construct a past to accompany it. Travelling to London, England, she meets Paul, the Polish Count.

The fear of disapproval and a compulsion to win acceptance forces her to block certain aspects while simultaneously highlighting other aspects of her character. This game of shifting identities which she successfully carried on as a teenager at high school becomes impossible to sustain in an adult world where relationships are by necessity more complex. The fear of censure by a patriarchal society blights Joan's relationships and even her marriage. At the end of the novel and after her encounter with a reporter and hitting him with a bottle, she decides to tell her story, truthfully, to him. She feels that she has never been truly loved in the past. Her partners could only love a constructed version of Joan .She also admits that Arthur "loved me under false pretences" (345). Another relationship which affects Joan's life and identity is her relationship with the Royal Porcupine. When Joan meets this character at a press party, she is first attracted to him precisely because she thinks that he is a romantic character, a character from her novels. With his top hat, cape, and cane, he could have stepped right out of one of her novels. In this way, Joan wants to escape from her husband's gloomy behaviour and a sexless marriage by having an affair. At first, they were happy with this relationship. They had a fine time and they arranged to meet at literary gatherings and she even took him along on her book-promoting tours. But then, like the other men in her life, her lover begins to change the rules of the game. So while she is evading one marriage, he proposes another and evolves his own fantasy of settling into a regular existence replete with wife, children, job, house, mortgage.

The Royal Porcupine changed his appearance, shaved, in jeans and a T-shirt but Joan was disgusted with this change. "He'd thought that by transforming himself into something more like Arthur he could have Arthur's place; but by doing this he'd murdered the part of him that I loved. I scarcely knew how to console the part that remained. Without his beard, he had the chin of a junior accountant" (271). So the novel suggests that you have to look within your own self to find a more secure and heightened place in the world. So at the beginning the protagonist finds herself alone among exploitative and abusive people and in an unequal situation. The female protagonist realizes that these people and their way of life are a threat to her true self. She attempts flight, she forbids certain activities in order to save herself and in order to survive in a male dominated society. In this novel when the young woman becomes conscious about herself and its situation, the body can give up its usurped powers to a somewhat reintegrated being. So the protagonist becomes aware of her selfhood and accepts her status as woman. Joan has finally begun to see the uselessness of escaping into fantasy world. She decides not to continue to work on Costume Gothics because she recognizes that she need no longer be a victim and that she will no longer impose the myth of the victimized woman onto herself and her readers. She has begun to confront her present in her life, not in her art. Ultimately, Joan's attempts at creating multiple selves appear doomed to failure. At the end she admits "I've always been terrified of being found out." All through her life she tries to construct her life as if it were a fictional plot. Bu at last she recognizes that her problems are all because of the incompatibility of her separate lives: "If I brought the separate parts of my life together surely there would be an explosion. Instead I floated, marking time." Eventually Joan appears to find some resolution to her duplicitous problems. Indeed the novel focuses on the psychological and moral growth of the protagonist from youth to adulthood and can be called a Bildungsroman. At the end of the novel, Joan finds that she must return to Canada, admit that her "death" was all an act, and confess the reasons for the pretence in order to save the two friends who await trial for her murder. That failure, however, is also a fortunate fall. Inadvertently, her feigned death finally forces her to repudiate various false identities.

A woman's body is presented by Margaret Atwood as heavily inscribed by the culture in which she finds herself. Compelled to constantly measure and judge herself against the proscription that denies acceptance to a woman's dialogue with society and a tool with which she negotiates her relationship with the outside society. The pressure to present oneself as an object of desire for the male gaze puts enormous pressure on women. This pressure expresses itself as eating disorders '*anorexia* and *bulimia nervosa*.'

Works Cited

Atwood, Margaret. *Lady Oracle*. Toronto: McClelland and Stewart-Bantam, 1976.

Correa, Charles. "Quest for Identity," *Architecture and Identity*, ed. Robert Powell, 1983.

Hidalgo, Pilar. *The Female Body Politic. From Victimization to Empowerment*. University of East Anglia, 1991.

Joyce Hart, "Themes of the Search for Self and Gender Roles in Atwood's Novel, Critical Essay on *The Edible Woman*," *Novels for Students*, The Gale Group, 2001.

Parker, Emma. "You are what you eat: the politics of eating in the novels of Margaret Atwood," *Twentieth Century Literature*, Vol. 41.

Sullivan, Rosemary. *The Red Shoes: Margaret Atwood Starting Out*, Toronto: Harper Collins, 1998.

An Aesthetics of Sisterly Womanhood in Toni Morrison's Fiction

BHUPENDRA NANDLAL KESUR
M.J. College, Jalgaon

Toni Morrison has shown women belonging to different family backgrounds and generations of African American community. Here the focus is on woman-woman, mother-daughter, and grandmother-granddaughter relationship in the African American community. Toni Morrison has so aptly explored the relationship between women and particularly African American women in her works. She also depicts that how helpless women are before the strength of men and they always felt themselves to be the most vulnerable in that society. The problems and concerns of African American women were not considered by others. So Morrison gives a kind of message to the women of her community that they have to help and support each other. Morrison says, "We read about Ajax and Achilles willing to die for each other, but very little about the friendship of women." She observed. "People talk about the friendship of women, and them having respect for each other, like it's something new. But Black women have always had that; they always have been emotional life supports for each other" (Giddings 16).

The very first novel *The Bluest Eye* shows the mother-daughter and woman-woman relationship. Claudia MacTeer learns from her mother's conversation with other adult women in the society. While Pecola craved for blue eyes, as she thought that if she will have blue eyes then she will be loved by all. The prostitutes, who lived in an apartment above the Breedlove's storefront home, acknowledge Pecola's humanity and treat her decently. Pecola's conversation with them feeds her curiosity to discover what love is and how one becomes lovable. Pauline Breedlove loves the daughter of white Fisher family, showers her love on that white child and neglects her own daughter Pecola, who needed the company and love of her mother. However, Mrs. MacTeer loves her daughters and takes care of them. Claudia is shocked to know about what happened to Pecola. Claudia and Frieda invoke the only power they think they have, they try to assist Pecola and her unborn child. Gillespie has rightly observed: "Pecola's ultimate psychological break stems from the brutality she has experienced, but, more fundamentally, her psychological fragmentation has roots in the absence of relationships—with self, with family, with community" (53). On the other hand, Claudia is able to show affection for people in her life, as she was loved and cared by her mother when Claudia was ill. Morrison has also shown a small incident, which indicates that the women are always ready to help other women when they are having the problem of women. Mrs. MacTeer first shouted on Claudia, Frieda and Pecola but when she came to know about the truth she helped Pecola: "She was bleeding. We was just trying to stop the blood! . . . She's ministration. We was just helping" (22).

Toni Morrison's second novel, *Sula*, depicts woman-woman, mother-daughter, and grandmother-granddaughter relationships in the African American community. The relationship between granddaughter Eva and granddaughter Sula shows that Eva wants to see Sula in the role of wife and mother. Sula was not ready for that, so she leaves Bottom and after returning to Bottom she sends Eva to "Sunnydale, the home for the aged" (167). The relationship of mother Hannah and her daughter Sula shows how a mother tells her friends about her own daughter, "I love Sula. I just don't like her" (57). This affected the mind of Sula and that is why when Hannah was burning, "Sula had watched

Hannah burn not because she was paralyzed, but because she was interested" (78). Finally, the relationship between two childhood friends—Sula and Nel—shows a kind of love and intimacy for each other. They met for the first time, but "they felt the ease and comfort of old friends" (52). "Their friendship was as intense as it was sudden. They found relief in each other's personality" (53). Sula revolted against the conventions of the African American community, while Nel followed the conventions of the community. The conflict between individuality and community, and different approaches of two close childhood friends separated them from each other.

Song of Solomon throws light on the abandonment of women and their relationship with each other. Toni Morrison has revised the matriarchal triad of Eva, Hannah, and Sula, in *Song of Solomon*, in the form of Pilate, Reba and Hagar. There are some other women characters like Circe, Ruth Foster, Susan Byrd, Sing Byrd, Magdalene (Lena), First Corinthians, and Sweet. In this novel, no such strong relationship of women is shown as it was shown in her previous novels *The Bluest Eye* and *Sula*. Ruth does not have that much intimacy with her daughters. Lena and Corinthians do work together but there is no love and intimacy between them. Their natures are also different from each other. Sing Byrd dies giving birth to Pilate. Only Pilate created friendly relations with her daughter Reba and grand-daughter Hagar. Though outlawed from the society, she provided all comforts and freedom to her daughter and granddaughter. The power in Morrison's *Song of Solomon* rests with the multiple roles of the women who touches Milkman's life, making it the story of the African American woman's sacrifice to protect and ensure the community's ancestral memory, while Pilate's life is lived in defiance of traditional definitions of womanhood. At the end of the novel, Milkman speaks about Pilate: "There must be another one like you. . . . There's got to be at least one more woman like you" (336).

Like previous novels by Toni Morrison, there is no family having only female characters from different generations in *Tar Baby*. In this novel, for the first time, Toni Morrison has shown the white characters in the major part of the novel. The female protagonist of the novel, Jadine, was sponsored for her education in Europe, by Valerian, the European American man. Jadine never considers her aunt, Ondine as her motherly figure. Actually, Ondine showers her love on Jadine, as she always considers Jadine as her daughter. The problem in this relationship occurs only because of Jadine's education in Europe. Jadine starts considering herself as the part of European American culture and forgets her "ancient properties" (308). Ondine speaks to her sadly: "A girl has got to be a daughter first. She have to learn that. And if she never learns how to be a daughter, she can't never learn how to be a woman. . . . No, I don't want you to be what you call a parent. Not me, and not Sydney either" (283). This passage shows how Ondine gives more importance to the mutual relationship between daughter and mother. Even there are several instances in the novel which shows that Jadine was trying to run away from her past and she used to see women in her dreams, calling her and reminding her that she is part and parcel of African American community.

Toni Morrison's fifth novel *Beloved* shows a different kind of relationship of women. The novel focuses on Sethe's relationship with other females like Amy, Baby Suggs, Ma'am, Ella, Denver and Beloved. For instance when Sethe was pregnant and running from the Sweet Home, Amy, the white lady, assisted her to give birth to a baby who was named after Amy. Here, a white woman helps an African American slave woman, as the narrator says that their sufferings were the same. Then her relationship with Baby Suggs becomes very prominent as she was married to Baby Suggs' son, Halle. Baby Suggs accepted her daughter-in-law with her children happily and supported her in her struggle against the slavery. Though Sethe does not know much about her mother, she remembers her, and loves and respects her after listening about her mother's love for her from Nan. Ella, another slave woman of the community, holds grudge against Sethe for years but convinces the women of the community to help Sethe to be rescued from the spell of the spirit of Beloved. Denver loves her mother and appears in the novel as a witness to the past of Sethe. Sethe used to narrate all the incidents from her life in the past to her daughter, Denver. When Denver realizes that the spirit of Beloved wants to take the life of Sethe, she reaches the people of the community for help and saves the life of her mother with the help of those African American singing women of the community. Finally Sethe's relationship with her own dead daughter, Beloved, is very strange. The ghost of Beloved returns to her mother and stays with her for several years. Even Sethe used to say "I am Beloved and she is mine" (253), which shows Sethe's strange relationship with her dead daughter.

Jazz shows a very different kind of relationship of women. A love triangle of Violet, Joe and Dorcas is shown in the novel. Violet loves her husband but her husband at the age of fifty falls in love with a young girl of his daughter's age, Dorcas. Violet is middle-aged, a position that is sometimes difficult for women who have often been defined as useless and unappealing once they have passed their child-bearing years. She is haunted by the girl that she once was and uncertain of the woman she wants to become. To Violet, she appeared like her miscarried daughter whom she missed so much. Violet has a kind of attachment with her grandmother, True Belle. So here the relationship of grandmother and granddaughter is very powerful. The relationship of Violet with Dorcas's aunt, Alice, is totally different; they both appear in the novel as co-sufferers. African American women were neglected by their husbands because of their husbands's extra-marital relationships. Dorcas's friend Felice helps Violet and Joe to recover their relationship. Morrison tries to suggest that they have to learn a new way of attaining and understanding happiness. She also says, "how to treat a woman . . . never . . . mistreat one. Never . . . make a woman live like a dog in a cave" (182).

Toni Morrison has shown a very different kind of relationship of women in her seventh novel *Paradise*. In her previous novels, generally, she has shown the women from three generations of one or two families; here also she has shown the same. Besides she has shown so many female characters and given the names to the titles of the chapters after female protagonists. There are total nine sections, which show the relationships of women in the society. Out of these nine female characters, five are the inhabitants of Convent and others are the women from or outside Ruby. There are many questions of control that form the core of the text. The question in the novel seems to split between the use of control that leads to creation and the abuse of control that brings about destruction. The men of Ruby could not control the women's action, so they decided to destroy the women of Convent. The Convent women found a real Paradise at Convent, where they lived together peacefully, and each of them had been brutalized and traumatized by worst experiences in the world. The women of the Convent have some internal conflicts but they are very happy in that place, where they have enjoyed freedom, and helped each other to recover from the sufferings and traumas of the past. The opening line of the novel, "they shot the white girl first," shows that the colour was never a problem in Convent (3). It presents African American and white women living together. It indicates that the focus of the novel is not on the racial problem but the class and gender issue. No man can understand them and become their best friends; only women can understand women and become their best friends. Toni Morrison speaks in an interview in 1998: "women should be friends with one another. And in the community . . . choose the company of a female friend over a man, anytime" (Jaffrey 143). According to Toni Morrison, being a member of the African American community, women have so many responsibilities, which they can perform very well. So she tries to give the message to the women of her community that there are so many "good things to do: take care of your family; take care of your children; be responsible for your life; love one another" (Verdelle 168). The epigraph of the novel, taken from Nag Hammadi's *The Thunder, Perfect Mind*, promises that "they will live and they will not die again" (ix). It refers to the women of Convent, they cannot die, but they will come and live in this world for long time.

Alice Walker's philosophy foregrounds how racist, classist, and sexist power structures disempower African American women. Toni Morrison has suggested a trajectorial model of feminism that may help women to solve their problems with the help of each other. Morrison's female protagonists Pecola, Sula, Sethe and Denver inspire journeys of self-recreation, which is considered as a fundamental womanist tenet. Morrison has depicted several positive images of female community in which women work together to empower women. The restoration of a sisterhood devoted to inclusion and healing in *Beloved* suggests Morrison's support of the womanist tenet. By presenting the night women of Son's southern hometown of Eloe, Morrison again emphasizes the communal power of the feminine. The black women in *Jazz* attempt to reinvent and re-create themselves out of the slavery. The women of the Convent worked together and created such a situation that men used to purchase bread from them. Morrison tried to suggest that women should create their own communities to help hold the fragments together.

Through her works, Morrison ponders over the possibilities, potentialities and pitfalls of the Beloved Community. She has suggested that women have to come together, help each other and form a group, where they can share their problems and raise their voice against the male dominant society. "Women must heal themselves by going through a process of recognition (of the enemy), rejection (of that enemy), and acceptance (of their own identities)" (Mbalia 44). Doreatha Mbalia also suggests the way to all these women and asks them to think like "We are all oppressed and will at one time or another reflect that oppression. The thing to do is to start the healing process, first recognizing our dilemma and then struggling against it" (45).

Works Cited

Giddings, Paula. "The Triumphant Song of Toni Morrison." *Encore American and Worldwide News* (December 12, 1977). Rpt. *Toni Morrison: Conversations*, ed. Carolyn C. Denard. Jackson: University of Mississippi, 2008: 10-16.

Gillespie, Carmen. *Critical Companion to Toni Morrison (A Literary Reference to Her Life and Works).* New York: Facts on File, 2008.

Jaffrey, Zia. "Toni Morrison." *Salon.com* (February 2, 1998). Rpt. Carolyn C. Denard, 139-54.

Mbalia, Doreatha Drummond. "*Paradise*: A Warning Not to 'Africanize' Exploitation." *Contemporary Black American Fiction Writers*, ed. Harold Bloom. New York: Chelsea, 1995: 19-55.

Morrison, Toni. *The Bluest Eye* (1970). London: Vintage, 1999.

_____. *Sula* (1973). London: A Plume Book, 1982.

_____. *Song of Solomon* (1977). London: Vintage, 2005.

_____. *Tar Baby* (1981). London: Vintage, 2004.

_____. *Beloved* (1987). London: Vintage, 1997.

_____. *Jazz* (1992). U. K.: Vintage, 2005.

_____. *Paradise* (1998). London: Vintage, 1999.

Verdelle, A.J. "Loose Magic: A.J. Verdelle Interviews Toni Morrison," Jaffrey, *Doubletake* (Summer 1998). Rpt. Carolyn C. Denard, 159-70.

Introspection of Self with the Help of God in Sydney Tooman Betts's *A River too Deep: A Novel of Loss, Love and Faithfulness*

INNYASAMMA GADE
Maris Stella College (Autonomous), Vijayawada

Sydney Tooman Betts, a local author from Harrisonburg, has been thrust into the limelight with her trilogy that has historically accurate portrayals of Native American Tribes. Of her early life, she attended a private school where the teacher read to the students about God every day, the impact of which can be witnessed in her trilogy. She pursued Bachelor of Science in Bible from Valley Forge Christian College and completed her Masters from Regent University.

Later, Betts was involved in a variety of cross-culture adventures in North and Central America. After her Masters, she has had multi-disciplinary teaching experiences that span preschool to guest lecturing at the graduate level. She has also been privileged to serve as a Sunday School Superintendent, Children's Church Director and Women's Ministries facilitator in several evangelical denominations. She wrote several ghost-stories included in an adult literacy program before penning her first novel *A River Too Deep* in the trilogy which is about loss, love and faithfulness.

After marriage, she and her husband lived in Europe and the Middle East, where, her husband served in various mission-support capacities. They currently reside in the Shenandoah Valley near the extensive cavern system, at the foot of the Blue

Ridge Mountains that inspired the setting for several early chapters of her second book *Light Bird's Song.* The next novel, tentatively entitled *Straight Flies the Arrow,* continues the story introduced and developed in the first two books.

Her primary source of research is Edward S. Curtis' volumes on the North American Indians, which is available for free through North Western's library. He visited different tribes in the early 1900s documenting their customs and recording their stories, many of which dated back to elderly people's childhoods. The latter two of the trilogy take place among the Sioux (who call themselves The Allies) and the Crow Indians (who call themselves The Sparrow Hawks).

Between writing the trilogy and being one of the principal partners in the Tooman Enterprises, Betts is not just an extremely skilled author but a wonder woman too. When asked about her favourite project, she said in an interview, "By far my favourite job of all time has been being a mother to my two children. My goals altered from being a global trend to being the best mother in the world. I would never want to lose the experience of giving birth and raising a life that you had part in creating. Children are such a blessing."

The author has always held Native Americans close to her heart. As for her tenderness towards Native Americans, she says that the Lord has long laid it on her heart which was furthered as she studied them. She felt discontented with the techniques many missionaries have been using to bring the gospel which really was more colonialism than the freedom from sin and its penalties through Jesus' death on the cross. It started her wishing that there were more Christians that took simply the gospel to Native Tribes, without trying to turn Native Americans into 'good Englishmen' because Jesus wants to set up His kingdom in a man's heart, not some kingdom invented by man. Her primary reason for writing was to show God to more people than she normally met in her life as a wife and mother, and her books are intended to model for readers the habit of taking the Bible as the truth and actually doing what it says, even when it is difficult. (12)

In the novel *A River Too Deep*, as the story evolves, the unpredictable and unanticipated predicaments that befall the protagonist, Alcy Callen, help discover herself and her purpose. Alcy is a sweet, educated, well-bred young woman. The astounding invitation from her Uncle, who is long presumed dead, marks the beginning of her arduous life journey. The initial reunion of Horace (along with his daughter Alcy) and his brother Henry at Monroe seem very pleasant, for Alcy's Uncle disguises himself to be no longer a man of hardened character. Yet, Alcy is often as discomfit with his indulgent nature and his gradual enunciation of his feelings for her.

As days pass, quandaries start overtaking young Alcy. With her father on the death bed, she overhears the conversation between Henry and Stump, only to confirm the suspicions aroused in her with the gossip in the general store and perceives that she and her father have been deceived for their property and his fancy towards Alcy. As her mind is awhirl with emotions and deep fears and anguish, worrying what she is to do if her father breathes his last. Thus, she begins taking refuge in God saying, "Nor was I truly alone: I would run to the Lord. . . . I lift up my eyes to the hills. . . . My help comes from the Lord who made heaven and earth." (25)

Shortly after the demise of her father, she makes an attempt to escape during the appointment with the dressmaker fixed by Henry. Having been escorted by Farley, things seem difficult. She secretly meets Mr. Asbury only to know that her Uncle has restricted him from giving her a penny. She then says, "No one would help me—no one could but Jesus." (27) At this juncture, to her rescue, the Captain was God-sent. He fills her palm with the coins; gets her a ticket to the outpost and keeps Farley occupied till the coach leaves.

As she travels, memories of her dead father keep flooding her mind but she comforts herself saying, "*God* disguises mercy as suffering." (29) Adding to this adversity, Stump and his men capture the coach, find Alcy and attempt to kill her on the orders of Henry. All she does at this point of time is whispering. "Jesus, help me!" (30) trying to wrench free. A man hoists her off her feet onto the back of his mount and Alcy feels glad that the Captain has come early from Monroe. As they stop by the woods, she dreads on discovering that the man who rescued her isn't the Captain.

Torture floods her memory. She surmises the man a 'savage.' Finding him groaning with pain brings to her mind the half-dead man the Good Samaritan has aided. Caught between fear and conscience, she wonders if her faith is being tested, as to her wish of serving God. She nurses him as he lay unconscious. While in the woods, she reflects on the Proverbs: "The Lord had shown himself repeatedly faithful" (33). She feels His hand obvious through the wretched day. Nonetheless, God had provided an escape and she thinks that trusting his plan had been the point of the verses. Though fearful by nature, she keeps gathering strength from two of her favourite verses: "The Lord is my light and my salvation, whom shall I fear? / The Lord is the strength of my life; of whom shall I be afraid?" (37)

She plans to escape from the savage but in vain. After trying for many times, she reminds herself of the verse "Take no though for the morrow" (36). As she ponders over the reasons for her rescue by the savage, she fears that she might become a slave of his or that he might sell her to another savage. In this regard, she turns the Bible to Paul's letters: "Therefore, endure hardship as a good soldier of Jesus Christ. . . . Slaves obey in all things your masters . . . fearing God" (38), so that she could endure such a situation if one might arise. She makes a third attempt to return to the outpost road but fearing she would lose her way and finally land in Monroe, she prays, "Lord, I'm scared—

I'm scared to go and scared to stay" and entrusts herself to God: "Thou art my portion O, Lord; I have said that I would keep thy words. I entreated thy favour with my whole heart; be merciful unto me, according to thy word." (40)

As the savage resuscitates, he finds her tendering his wounds, but knocks her back, crushing her beneath his weight. As she bursts out in tears, he comforts her and later offers her a portion of his food. She then assumes him a warrior. She wonders if his waking be God's answer to her prayers last night. She feels that God's ways are amazingly upside down from her own and yet, He was gracious enough to explain them to her. Thus, she says, "I am willing to do anything, Jesus, even to become a slave if You intend it, but if that isn't something You've planned, please show me how to get away" (46), and recollects the stories of Joseph and Esther. In her pensive mood, she recalls his reaction which manifested that he was pleased by her, yet, she could not think of her future since many men sell a horse they like if it offered sufficient incentive and so worries if he might sell her. She pushes away the thoughts, refusing to give way to fear and flees to her Heavenly Father saying, "If slavery were my lot, I prayed that I would make the Gospel appealing through my willing obedience." She recollects a passage which her mother often asked her to memorize: "Wives, submit to your husbands, so that even if they do not obey the Word, your respectful and chaste behaviour will win them, just as Sarah obeyed Abraham. . . . You are her daughters if you do well and let nothing terrify you." (50)

She understands that though her circumstances changed, her God has not and therefore becomes determined that she should give no way to fear saying, "He still had me in the palm of His hand and promised to never leave me not forsake me" (51). Three unknown Indians who join them make her facing the uncertain future unavoidable. Time and again, entrusting herself to God, she says, "Were I to rely on my own righteousness to save me, I would be utterly destroyed" (57). She cries to the Lord saying, "Turn thee unto me, and have mercy on me, for I am desolate and afflicted. The troubles of my heart have enlarged; bring me out of my distress." (57)

The warrior then whisks her away to a strange new land through high mountains above the breath-taking valleys. Praising God for his splendid creation, she ponders over the contrast between her bleak prospects of God's magnificent handiwork. She says, "I expected torture but received companionship. Each day I encountered new, exhilarating experiences and discovered much about myself—both pleasant and painful—of which I was formerly ignorant. I had come to a vastly greater understanding of God's love and faithfulness." (59)

They halt before a large tent, where most of the occupants were men, middle-aged or older and they directed majority of the discourse with the warrior. As the red-haired girl (whom we later know as Hides-in-Shadows) translates the conversation, between the warrior's party and Alcy, from the native to English and vice versa (with her little knowledge), Alcy is in a dilemma if she is to bear them a daughter or be their daughter. Enormous relief floods her heart when the Hides-in-Shadows tells her that Running Deer is her father and Two Doves, her mother. Out of great joy, she smiles at her warrior and her parents, praising and thanking God: "How like God to outdo my greatest hopes" (63). She thus becomes Eyes-Like-Water, and it not just a change of name between the white and the native American but also an evidence being born again in Christ, to be a part of God's family.

When they ask her about the book in her pocket, she feels delighted that the Lord opened a way for her to speak of Him so soon, and tells them it is the Word of God. The party spells out its misconceptions regarding the Book and its desire to know more about it, she realizes that God has placed her there to fulfill His purpose through her, i.e., to help the people know the Creator and his Book. She, thus, dwells with them as the daughter of

Running Deer and Two Doves, holding Bible readings in the evening, spreading the Gospel with the help of her friend and translator Hides-in-Shadows. As her faith in God grows, so does that of the people around her.

Much to her surprise, Captain Anderson lands in the camp. When he puts forward his proposal of marriage, Alcy gently rejects it: "I could secure an admirable husband with whom I could grow old, raise children and enjoy safety within my own culture; yet I would rather die single in the centre of God's glorious will than to have all these apart from it." (86)

If there is anything that she has learnt in the past three months, then it is the utter dependability of the Lord. She trusts in Him, no matter what the circumstances, as they are all the same in one sense: As long as He held her she is fine and nothing could separate her from His love. When Captain Nathaniel considers her foolish to be one among the half-breeds who are a menace, she tells Nathaniel that she learned what is truly valuable cannot be purchased and that real security comes from God. And since for His reasons, God has chosen to place her in the village and people cannot read God's word without her she returns to her people, for she deeply desires to fulfill God's will: "Lord, I want to live out my years doing your bidding and being of use to others." (86)

She firmly tells Nathaniel that even if she is to marry one among her new people and if a conflict arises between her native and new in the years to come and if she is to go hungry or without a husband, she would not determine her course because of other men's covetousness: "My husband and children should I ever have any, I will trust to God, to whom the battle really belongs." (96)

Her return to the village fills her people with immense joy and finally after she embraces their customs, she is given to Preying Eagle in marriage by her parents. Her determination to fulfill God's purpose, strongly and courageously proclaiming His word, brings about a great deal of change in her people as well, for they give up certain practices that are against God's word only believing that He would protect them. Thus, she bears great fruit in God.

When she and her son, Little Potbelly were captured by the war party, that were eager to know the source of the strength of their enemies, they wish to turn their hearts to hear God's word from His book through Eyes-Like-Water, the cruellest among them Cuts-His-Face abuses the Book and tortures her, cutting her on her face only that he wins over his enemy, waiting to shame God before the whole village. She at first weeps but something inexplicable happens: she begins to feel hope and realizes that God isn't asleep and gathers strength from the book of Job: "I know that my Redeemer liveth and that He shall stand at the later day upon the earth; and though worms destroy my skin and body, yet in my flesh shall I see God." (161)

On being rescued by her family, she thanks God for he provided her the family of her desire to be of use to Him: "Only an awesome God could have known how to fulfill the secret longings He had placed in my heart when He formed me long ago. To Him be the glory forever and ever!" (152). She is finally named by her family as The-Woman-Who-Brought-Us-the-Book. She has not resisted her Lord's plan by insisting on her own. She waded into a river too deep for her to keep her footing, yet, however vehemently her fears argue otherwise, she is certain that the Creator bid her enter it. Thus she says, "I did nothing for God; He did what He wanted with me. By abiding in Him we bear fruit, for apart Him, we can do nothing" (185).

To conclude, "A man's heart deviseth his way: but the Lord directeth his steps." (93) The truth and depth in this verse is depicted remarkably through the character of Alcy/ Eyes-Like-Water. The novel is truly Christian fiction at its best. There are many twists and turns to this story but God is the winner over all. It leaves an explicit impact on the reader taking them to the actual places which are set as the background for the story. The story is character driven that provokes thought. One will have a sense of belonging to the family in the story and an emotional bond with the characters. It makes one wonder how he/ she would feel and react in the same situation. The scripture in this novel is strong and to the point. The Bible verse with which each chapter ends not only strengthens the protagonist during difficulties, but as well makes the reader relate it to his/ her life. The use of simple language keeps the reader with the story.

From abduction to poisoning, this story keeps the reader guessing. No cookie cutter romance or adventure here, which makes this a fantastic page turner. From a critical viewpoint, one might wonder how the protagonist's grief disappeared in record time for someone she loved deeply. But it is to be noticed that it isn't a human being that she loved who may change but her Creator who is unchangeable, who keeps proving His love and faithfulness towards her, letting her through the tough times that she might see God's righteous right hand that keeps her elevated, ultimately enabling her to explore herself and her purpose with His miraculous help.

Works Cited

Bell, Bernard W. *The Afro-American Novel and its Tradition*. Amherst: University of Massachusetts Press, 1987.

Bracks, Lean'tin L. *Writings on Black Women of the Diaspora—History, Language, and Identity*. New York: Garland, 1998.

Prasad, B. *A Background to the Study of English Literature.* Laxmi Publications, Chennai. 2016.

Tooman Betts, Sydney. *A River too Deep: A Novel of Loss, Love and Faithfulness*. Kindle Edition. 2013.

The Plight of the Marginalised in A. Roy's *The Ministry of Utmost Happiness*

A.M. JANSI
Franciscan Sisters of St. Aloysius Gonzaga Generalate, TN
N. SOWMIA KUMAR
H.H. The Rajah's College, Pudukkottai

Arundhati Roy is known for her debut novel *The God of Small Things* which achieved an unprecedented success and fame and won the Booker Prize in 1997. Her second much-awaited novel *The Ministry of Utmost Unhappiness* was published in 2017. Her life as a political activist more than explains what she has been doing in the intervening two decades: protesting against ecological depredations, on behalf of Kashmir independence and against Hindu nationalism, as well as fighting charges of sedition laid against her by the Indian government. In her novel *The Ministry of Utmost Happiness*, she exposes racial prejudices, rigid Brahmanism, gender/ transgender discrimination, extremism, terrorism, globalization and brutal exploitation of the millions of Dalits, women and other marginalized communities of India.

According to Julian Wolfreys, people who are marginalized, oppressed and exploited on the cultural, political, social and religious grounds are grouped as 'subaltern.' It was an Italian Marxist, Antonio Gramsci who for the first time used it outside the non-military sense. The different class stratification of the society into various racial and ethno-social categories has made the marginalized groups to live a life of dehumanized inferior. Thus subaltern literature reflects various themes such as oppression, marginalization, gender discrimination, subjugation of lower and working classes, disregarded women, neglected sections of society, deprived classes etc.

The central characters in *The Ministry of Utmost Unhappiness*—Anjum, Tilottama, Musa and Saddam—roam in the peripheries of the society. Anjum, an Old Delhi *hijra* and survivor of the Gujarat pogrom, takes shelter in the neighbourhood graveyard after losing the affection of her adopted daughter. Saddam Hussein, an untouchable, awaits the day when he can avenge his father's lynching. Tilottama and Musa, enigmatic outliers, follow each other through the horrors of violence-ravaged Kashmir as star-crossed lovers and comrades. In telling their individual and collective stories, Roy takes on the ambitious project of unmasking the social and political fault lines of the Indian subcontinent. Indeed, *The Ministry of Utmost Happiness* is a genuine paean for the patched integrity of the dispossessed and brutalized. It seeks to articulate a postcolonial nation's history from the perspective of the marginalized. Anjum, a hijra, and Saddam Hussain, a Dalit and Tilottama, a maverick young woman, are the main characters in this sprawling narrative and their tales intertwine to capture the failure of the secular democratic Indian state.

"I'll have to find a language to tell the story I want to tell," Roy said in an interview in 2011, as she discussed her return to fiction. "By language I don't mean English, Hindi, Urdu, Malayalam, of course. I mean something else. A way of binding together worlds that have been ripped apart" (Sehgal 2017). *The Ministry of Utmost Happiness* employs multifarious methods to narrate the story of fragmented lives in a land in conflict with its own people, and struggling to comprehend the polymorphous identities that define the nation.

The novel deals with those characters who are alienated. They struggle in their relations with the family as well as the dominant class they encounter. The book begins with the protagonist of the novel, a Hijra (Hermaphrodite), named first as Aftab and later Anjum. He/ she was first daringly called as Aftab, but with the passage of time, when Jahanara Begum, his/ her mother, knew the fact, all the happiness of the family changed into gloom. To cure her child suffering from the incurable malady, she took her/ him from Dargah to Dargah and hospital to hospital. Mulaqat Ali passed on to him his love of 'poetry' and discouraged the singing of 'thumri and chaiti.' He stayed up late into the night, telling Aftab stories about their warrior ancestors and their valour on the battlefield. (17)

Transgender, third gender (Hijras) are being subjected to social exclusion and alienation from time to time. These people are equally shunned by both family and society, and face severe identity crisis as they cannot define themselves in the conventional male and female boundaries. In every society, they are marginalized and forced to live the life of "other." Their education as well as public space is restricted or they themselves choose to live a life of seclusion due to certain limitations. The Hijra characters in the novel, try to locate their alienation within gender-specific literary discourse. As we read the novel, we find that these characters are mostly torn between two worlds—male-female, love-hate, life-death and so on. They sometimes seek to avoid desire altogether. As language and desire are complementary, their attempts to remake themselves through 'naming' and 're-naming' turns out as a heroic but unsuccessful exercise. Such characters either endure the pain of social stratification or try to locate their identity in the complex social, and gender taxonomy, cultured by dominant class from various prevalent and divisive socio-religious discourses. The other female characters in the novel also suffer the most. The residents of Khwabgah, a community of either female or transgender characters become prey to all those who wanted to feed on them.

When Anjum (born Aftab) meets Nimmo Gorakhpuri, another hijra, in the walled city of old Delhi, she tells him that the hijra home, the Khwabgah that Anjum wants to be a part of, is all "sham and fakery." Nimmo continues, "No one's happy here .

. . what are the things . . . normal people get unhappy about? . . . Price-rise, children's school-admissions, husbands' beatings, wives' cheatings, Hindu-Muslim riots, Indo-Pak war—outside things settle down eventually. But for us the price-rise and school-admissions and beating-husbands and cheating-wives are all inside us. The war is inside us. Indo-Pak is inside us. It will never settle down. It can't." (23).

The novel deals with various characters and explores their plight in the course of their collision with the outside world. The transgender characters in the book include Kulsoom Bi, Gudiya, Bulbul (both had been through the formal extremely painful religious castration) (27), Bismillah who moved to Khwabgah after her husband, had thrown her out of their home for not bearing him a child (21), Razia, Nimmo Gorakhpuri and Anjum. In fact, the entire world of Hijras is intensely crammed. In the course of the novel, they try to rise from the ashes of discrimination and live. Nimmo Gorakhpuri, contemplating on God's purpose of creating Hijras, refers, "it was an experiment. He decided to create something, a living creature that is incapable of happiness. So he made us" (23). Again, Nimmo calls Hijras "jackals who feed off other people's happiness, we are all happiness hunters." (24) These isolated residents of 'Khwabgah' to 'Jannat Guest House' are trapped between two opposite worlds. 'Khwabgah' is a place meant to fulfill the shattered dreams of 'Duniya.'

When Anjum first moved in, she endured months of casual cruelty like a tree would—without flinching. She didn't turn to see which small boy had thrown a stone at her, didn't crane her neck to read the insults scratched into her bark. When people called her names—clown without a circus, queen without a palace—she let the hurt blow through her branches like a breeze and used the music of her rustling leaves as balm to ease the pain.

It was only after Ziauddin, the blind imam who had once led the prayers in the Fatehpuri Masjid, befriended her and began to visit her that the neighbourhood decided it was time to leave her in peace.

Long ago the Man Who Knew English told her that her name written backwards (in English) spelled Majnu. In the English version of the story of Laila and Majnu, he said, Majnu was called Romeo and Laila was Juliet. She found that hilarious. "You mean I've made a khichdi of their story?" she asked. "What will they do when they find that Laila may actually be Majnu and Romi was really Juli?" The next time he saw her, the Man Who Knew English said he'd made a mistake. Her name spelled backwards would be Mujna, which wasn't a name and meant nothing at all. To this she said, "It doesn't matter. I'm all of them, I'm Romi and Juli, I'm Laila and Majnu. And Mujna, why not? Who says my name is Anjum? I'm not Anjum, I'm Anjuman. I'm a mehfil, I'm a gathering. Of everybody and nobody, of everything and nothing. Is there anyone else you would like to invite? Everyone's invited." (4)

Arundhati Roy has brought out the extreme turbulent times by the means of the transgender character Anjum, who easily slips as dead in a living world. There is a strong sense of loss and despair as she lives with the dead in a 'khwabgah' or muslim cemetry. She feels secured, happy and comfortable in the city of dead as there is no one to trouble or torture her for being a transgender. In *The Ministry of Utmost Happiness*, it's the living and the dead who sleep together, although only in the most literal sense of the word. There is no societal pressure or undue harassment for not being the usual sex.

Jannat Guest House in the graveyard is an alternative national space in which all are welcome, there are no hierarchies, no birth and blood ties between people, and no rigid identity categories, no single religion, no violence, and no boundaries between the living and the dead. The story of each of these people—Tilo, Saddam Hussein, Anjum—and that of the myriad other characters who put in cameo appearances such Gul Kak, Azaad

Bhartiya, Nimmo Gorakhpuri are those to which the novel bears witness. The novel, then, is an act of documenting these experiences. In drawing Tilo with broad brushstrokes of her own biography—one time architect, a Syrian Christian living in Delhi, and the daughter of a feminist who established a school for girls—Roy recognizes her social position as an upper-caste, upper class intellectual telling stories of the marginalized.

The second narrative line is the story of Saddam Hussein, born Dayachand, a Dalit man, who had witnessed his father's lynching by caste Hindus and police because he was transporting a dead cow and was accused of having killed it. Traumatized by that violence, he adopts the name Saddam Hussein because he saw a viral video of the Iraqi dictator's execution in which the man faced his end with defiance. The Iraqi Saddam's final stance inspires Dayachand who wants to avenge his father's death. Having befriended Anjum, he moves into the graveyard with his horse and becomes part of Anjum's tribe. So Saddam has this border of caste and religious conversion—incendiary in India—running through him.

Arundhati Roy comments that Anjum, who was Aftab, or the book in general, is not a signifier. This is not a sort of social history of the transgender community. She's a character, like many other characters in the book, very unique, very much herself. And when she's born in the walled city and grows up, and then when she actually moves out of her home to a place close by called Khwabgah, which means "the House of Dreams," where she lives with a community of other people, none of whom is like herself. You know, even inside the Khwabgah, though there are many trans women, people who are—Anjum, for example, she's a hermaphrodite, but there are others who are men, who are Muslim and don't believe in having surgery, some who do. There are Hindus. There are Sunnis. There are Shias. So, they themselves are a very diverse community. But they look at the world and call it *duniya*, which means "the world," which is something else. But they have a history of being sort of inside and outside the community. India is a society of such minute divisions, such institutionalized hierarchies, where caste is a mesh that presses people down and holds them down in a grid. And so, all these stories somehow are about people who just don't fit into that grid and who eventually create a little community, and a kind of solidarity emerges, which is a solidarity of the heart' which is based on unorthodox kind of love—not even sexual love or anything, it's just based on humanness.

Tilo is a non-conformist and does not embrace mainstream notions of relationships, marriage, and motherhood. Had the Kashmir narrative been the sole focus of this novel, it would emerge as a romantic narrative of an unconventional woman and her three lovers who symbolize different parties involved in shaping the Kashmir story—the Indian army, the journalist, and a freedom fighter. However, the Kashmir question is framed as one of the many failures of the Indian state. Kashmir is the unresolved issue from Partition and decolonization that continues to structure not just India-Pakistan relations but also the relationship of the Indian state and army with the people of Kashmir. Additionally, as Roy writes of the 1990s and beyond in Kashmir's politics, she also recognizes the global dimensions of jihad through the story of Amrik Singh. Singh who was the torturer-in-chief pursuing Musa, Tilo's lover, and humiliating her in his cinema theatre turned torture chamber, finds his way to the US and seeks asylum claiming to be a victim of torture and ethnic violence as a Sikh.

The true measure of a democracy is in how it treats its most marginalized and vulnerable people. For instance, it is the condition of the powerless and marginalized, not the powerful that best reflects the character of a country. It's people on the margins who are able to observe a country most clearly, and from all angles, rather than following the lead of how the people at the centre of the country, at the centre of its norms want to see themselves. In *The Ministry of Utmost Happiness*, Roy outdoes *The God of Small Things*, and this is largely because it is an even more unsettling, artistic cry against injustice. It is a polyphonic protest. Indeed it is a revolutionary novel for social change and depicts the social reality of the conflict between the powerful and powerless and for the readers Roy emerges as a prophetess of the new millennium—prophetess of gender and social equality and treats the downtrodden humanistically.

Works Cited

Roy, Arundhati. *The Ministry of Utmost Happiness*. New Delhi: Penguin Random House, 2017.

Amy Goodman And Nermeen Shaikh, Transcript, Full Extended Interview: Arundhati Roy on Democracy now! www.democracynow.org /2017/6/20/full_extended_interview_arundhati_roy_on

Gramsci, Antonio. 1971. "The Intellectuals," *Selections from the Prison Notebooks*. Trans. and ed. Q. Hoare and G.N. Smith. New York: International Publishers.

Lahiri, Oeendrila. *'The Ministry of Utmost Happiness' Is Timely, but Not Deserving of the Booker*, 2017. https://thewire.in/books/ ministry-utmost-happiness-arundhati-roy

Sehgal, Parul. "Arundhati Roy's Fascinating Mess." *The Atlantic*, Atlantic Media Company, 19 June 2017. www.theatlantic.com/ magazine/archive/2017/07/arundhati-roys-fascinating-mess/528684/.

Dalit Literary Discourse in Bama's *Karukku*

K. RAJAMANIKYAM
S.P.M.H. Degree Kalasala, Machilipatnam

Bama confronts, "Why did she choose to remain single? The existing family system would not give me the space I needed to do my kind of work. So I chose to stay single? . . . My ambition is to communicate the dreams and aspirations of my people, who have remained on the fringes for centuries in Indian history" (48). Writing from the margins, Bama's literary writing is a path-breaking intervention in Tamil Dalit fiction. Bama, a Dalit woman, a former *Kanyastree* (Christian nun) and a school teacher, writes not just about her experiences locating them within the contexts that circumscribe neither her personal and professional life nor does she try to reveal her identity as a Dalit. Her marginalized position in the society is further shown to be accentuated by her gender, class and religious location. From such a position, she explores the multiple structures of oppression that operate in the lives of Dalits, and more specifically in the lives of Paraya women of Tamil Nadu. While writing from the margins and writing about the marginalized, Bama seeks to explore modes of empowerment for her people. Being a Dalit feminist woman writer, she draws all her experiences and depictions to a source of strength to the growing Dalit consciousness.

Bama intended to create a new society made up of justice, equality and love. Dalits are the oppressed, are now themselves like the double-edged Karukku challenges their oppressors (Author's Preface to the First Edition, xxi). Through *Karukku*, she lays the foundation for a course on Dalit memoirs. Part autobiography, part analysis, part manifesto, Bama's is a bold account of what life is like outside the mainstream of Indian thought and function (Editor's Note to the First Edition, p.xxv). "Our village is very beautiful. Even though you don't see much by way of progress or anything like that here, I love this place for its beauty. Although it's only a small village, many different communities live here. But before I come to castes and communities" (1).

These are the opening lines of *Karukku*, the childhood life story written in Tamil by Dalit writer, Bama. The opening lines of her literary discourse explain her sense of longing and belongingness towards her native world. This kind of feeling is there not only in Bama but in every Dalit writer; they hold similar feeling as they carry a sense of identity and belongingness. *Karukku* (which in Tamil means the sharp-edged stem of the Palmyra tree) voiced the sorrows and joys of her people, oppressed by upper castes in India. "We were very poor. I was witness to many instances of violence against Dalits. She also saw the humiliation her mother and grandmother faced in the fields and homes of the landlords. Despite the misery, we had a carefree childhood" (58).

The statement creates the introspective atmosphere that the caste-based discrimination has been a matter of great discussion in societal and governmental level in India. Several scholars have discussed this matter focusing on how people have been discriminated on the ground of caste in society, and other social and Governmental Institutions. There are also some contributions focusing in particular on how Dalit people have been excluded from education. It has been noticed, however, that women perspectives and voices about their schooling experiences, attachment for homeland have so far not been explored at length. It is true because the other communities at times hold commercial look at the place in which they were born and brought up. The issue of caste divides surfaces itself in Bama's works.

In the first chapter, Bama traces geographical details of her village. What begins as an innocent exercise culminates in situating the Dalits's status in the village. She observes that to the east of the village lies the cemetery and the Dalits live next to that. Their living next to the cemetery signifies that they are treated like the dead. The invisible boundary line between the upper-caste and the Dalits is thus maintained. BBC's veteran broadcaster Mark Tully documents, the demarcation of caste-based geography in Thatchoor, a Catholic village near Chennai: "The upper caste Christians live on one side of the Church. Their religious processions do not pass the Dalit homes and they even worship and are buried separately" (B.B.C. Report, 3 Apr. 1996).

The Dalits are denied to have a history and an identity because of their marginalized position in the society. By writing about herself and her caste, Bama asserts her identity and presents "the voice of a deviant subalternity committed to writing its own history" (Guha 12). She uses the double-edged lacerating Palmyra leaves to highlight the atrocities caused by the class and caste division. When Bama returns from school, the Naicker women ask her for her street's name. This is one of the subtler methods employed to find out her caste. Dalits are members of India's most oppressed and marginalized castes. Her interest towards Dalit topic of study has something to do with some of her past memories and experiences. She was born and raised in one of the rural villages of Tamil Nadu. She has completed her schooling in a missionary aided school of the same village where she has many friends including Dalits and minority children. Bama's house was located near a Dalit community where she used to spend most of time in her tiny village. Society at that time was more conservative than now towards the caste system. People from Dalit community were not allowed to enter inside houses. She sometimes used to go to watch some television programs in a neighbouring house. She was allowed to go inside and watch the programs but people from that community used to watch from outside through the windows and door. Bama didn't really plan to be a writer. Perhaps it was this time, which trained

Bama to face many challenges in life and come out victorious. Bama's father, who was in the Indian army, was very particular about the children's education. If he had not joined the army, they would never have had the regular income for education. Education also gave them freedom to get away from the clutches of the landlords and lead their own lives. Her brother Raj Gautaman, also a writer, introduced her to the world of books. "I read Tamil writers like Jayakantan, Akhilan, Mani and Parthasarathy. During her college days she read her favourite writers—Kahlil Gibran and Rabindranath Tagore." She didn't have many books to read, so she read the same ones again and again. In college, she also wrote poetry. But after college, Bama became a school teacher and chose to educate poor girls. Her life took a big turn when at the age of 26, she took the vows to become a nun. This was an attempt to break away from caste bonds and further pursue her goals to help poor Dalit girls.

Bama highlights the discriminatory practices she braved at school because of her caste and class background: "The warden sister of our hostel could not abide low-caste or poor Children. She would get hold of us and scold us for no rhyme or reason. If a girl tended to be on the plump side, she would get it even more. 'These people get nothing to eat at home; they come here and they grow fat,' she'd say publicly. And when they returned to school after their holidays she would comment: 'Look at the Cheri children! When they stay here, they eat their fill and Look as round as potatoes. But look at the state in which they come back from home—just skin and bone!'" (20)

In spite of the Dalit children paying their fee for food and other things, it was embarrassing for Bama to listen to such remarks. The class teacher would sometimes ask all the *harijan* students to stand up during the assembly and Bama would feel humiliated to stand before thousands of students. However, she suffers humiliation each time the Dalit students are asked to identify themselves for statistical data. She shrinks into a cocoon of shame. Parallels can be drawn in Kumud Pawde and

Shantabai Kamble's autobiographies that record a similar struggle for education. Kumud Pawde discusses the difficulties she underwent to become a Sanskrit scholar, Shantabai Kamble writes about the dilemma she faced in her own family circle when she wanted to continue her education. The thrust of this argument is that education is not available to the girl of a marginalized community.

Growing up as a Paraichi girl, she faces so many hurdles, which make her think about the oppression of her people. It was a hard life of subjugation right from childhood. Everyone in her community had to work in the Naickers' fields in order to earn their living. Each Paraya family worked as bonded labourer to one Naicker family. They were also employed to dig wells, carry loads of earth and gravel and stone. The grandmother of Bama was a loyal servant. She hired the workers for the Naickers and brought them to work regularly. She also supervised them and made sure they got their wages. They had to get up before the cock's crow, prepare some millet gruel, pour into a carrying vessel and go to the fields to work. When her grandmother Paatti works in the fields, even small children would call her by name, order her and command her. Bama's grandmother, like all the other servants, called the little boys, "Ayya," which means master. When the Paraiya women asked for drinking water, the Naicker women poured out water from a height of four feet, and Paraiya women drank water with cupped hands. She recalls painfully, "One day I went with Paati to the Naicker house. After she had finished all her filthy chores, Paati placed her vessel that she had brought with her, by the side of the drain. The Naicker lady came out with her leftovers, leaned out from some distance and tipped them into Paati's vessel, and went away" (13). When Bama tries to protest, her grandmother tells her: "These people are the Maharajas who feed us our rice; without them, how will we survive? Haven't they been upper-caste from generation to generation, and haven't we been lower caste? Can we change this?" (14)

Bama feels terrible and concerned about her community's service to the upper caste as slaves and the way they are oppressed in the name of untouchability, casteism and whatever it may be. The Nadar men who had shops in the Paraiyar streets exploited them during their bartering sessions. Bama had bitter experiences at school as well. Dalit children were asked to do all the menial work. The teachers used them as servants to carry water to the teachers' houses and water their plants. One day, Bama was playing along with the other children; by mistake that a coconut dropped from the tree. The following day she was not allowed inside the school. The headmaster names the playful innocence of the child as theft. He tells her, "You have shown us your true nature as a Paraya" (16). When she tells the priest the truth and pleads with him to permit her to attend the classes, his reaction is not very different from that of the headmaster: "After all, you are from the Cheri. You might have done it. You must have done it" (19). It is only after a long waiting and receiving a heap of abuses from the headmaster, she is allowed to go to her classroom and the other children look at her with contempt. This incident shocks her when she is abused in the name of caste even before she can understand this discrimination. She painfully recalls the incident after many years. In the very act of remembering the scene she has encoded the mode of resistance that constructs her in opposition to the hegemonic structure of the caste system (104).

Due to centuries of ill-treatment and degradation imposed on them they started believing that they are really debased and worthless beings. Bama was admitted in the order only after it was confirmed that a convent had asked for her services. After Bama became a nun, she joined the Convent with the single purpose of serving the underprivileged. But the belief that the convent is the only exceptional place, devoid of caste consciousness, is shattered when she sees the caste hegemony even in the convent. She realizes that it is easier to tolerate discrimination from the society than to face politics and casteism inside the convent. The nuns felt that "low caste people are all degraded in some way. They think, we have no more moral discipline nor cleanliness nor culture" (22-23). The issue of caste divides surfaces itself in Bama's works.

Bama's revelations in *Karukku* examine the current socio-economic status of Dalit Christians as compared to other socio-religious groups from different literatures. The paucity of scientific data on the exact level of deprivation of Dalit Christians, however, remains a major challenge to understand the picture at a disaggregated level. Bama followed a friend's advice and started to write her childhood memoirs. She also created her pen name 'Bama' a blend of different sounds from her Christian name. She completed the book in six months. It consists of nine chapters. This slim volume, a semi-fictional account of the growing awareness of a Dalit, created a stir in literary circles for its uninhibited language and bold vocabulary. "Some critics cried out that a woman should not have used such coarse words. But I wrote the way people speak. I didn't force a literary language on myself," (68) says Bama.

Today, the Dalit voice has magnificently registered its presence at both international and national fronts. Its insurgence in modern times signifies the subversive spirit that questions the dominance of Brahminical ideology and this subversive spirit is focused in Bama's works. Bama is the most distinguished Tamil Dalit fiction writer who wrote the very first Tamil Dalit women autobiography. She has produced works of immense value on gender, caste and marginalized sections of the society. Bama displays the subversion of control of the power discourse from the hands of oppressive casteist masters to the Dalit masses. Being a Dalit, she centralizes the Dalit issues with a Dalit consciousness. The very presentation of literary consciousness by Bama is itself marked by the transformation of the untouchability consciousness into a dignified Dalit consciousness. It is this subverted Dalit consciousness that inspires other Dalits to create a 'room of their own.'

Bama studied in a school, attended by pupils from very wealthy households as well as people of her community. The people of her community were used to look after all the jobs like sweeping the premises, swabbing and washing the classrooms, and cleaning the lavatories. And in the convent, as well, they spoke very insultingly about low-caste people. They spoke as if they didn't consider low-caste people as human beings. Other nuns did not know that she was a low-caste nun. She was filled with anger towards them, yet she did not have the courage to retort. She could not express her grief and anguish. She never said anything out aloud but battled within herself. This kind of experience forms the theme of Dalit consciousness in *Karukku*, and Bama criticizes the practice of Untouchability in the Roman Catholic churches in particular and in the caste-ridden Indian society in general. Then she is determined to work for Dalit empowerment in all walks of life. The subversive linguistic technique, which she employs, is itself a manifestation of her Dalit consciousness. Use of colloquial, Tamil Dalit language instead of using 'Standard' 'Sanskritized' 'mainstream' Tamil language shows her faith in the originality and strength of Dalit language and culture. The title of the novel *Karukku* pinpoints the significant role of colloquial Tamil essence which can never sufficiently be conveyed in standard Tamil or any other elite language as it holds literal meaning 'serrated leaves or blades.'

According to the notions of upper caste, Dalits are degraded in every walk of life. They thought that Dalits had neither moral discipline nor cleanliness or culture and they can never be changed. Being a Tamil Dalit woman, Bama was held in some respect because she did all the jobs that were allocated to her. But she felt a burning anger; she was pained to see even older people trembling and shrinking like small children, frightened by the power and wealth that the Sisters had at the Convent, burying their pride and self-respect, running to do the menial tasks assigned to them. If ever she told them that there was no need for them to die of fear, they need only do their work well, collect their wages and go their way, they would reply that it was all very well for her to say that. The story of *Karukku* is the story of many women like Bama. The story is about the plight of her own community. Bama is not in favour of casteism that entered the religion. Bama is not just a writer but also a chronicler and recorder of Dalit life and struggle in Tamil Nadu. She has often been rejected by her own community for exposing the innards of the community, in the process of recording its life.

Bama started to look out for means to uplift herself and her community from this trampled existence. Her brother showed her the path of education as the way to attain equality: "Because we born in the *paraya jati*, we are never given any honour or dignity with respect. We are stripped of all that. But we study and make progress, we can throw away these indignities. So study with care, learn all you can. If you are always ahead in your lessons, people will come to you of their own accord and attach themselves to you. Work hard and learn" (15).

Caste discrimination is more evident in the practitioners of Roman Catholic faith and this raises the issue of identity crisis within the church. Dalit Christians face subjugation in many forms. In Tamil Nadu, their residences are situated away from the higher caste Christians. In Kerala, they are the landless labourers who work for the Syrian Christians. There is no intercaste marriage among these Christians. It is unfortunate that the upper caste converts refer Dalit Christians as "rice" Christians. The upper caste converts are of the opinion that the Dalits convert to Christianity in order to overcome economic deprivation and untouchability. It cannot be denied that Dalits converted to Christianity to gain better acceptance in society. The contemporary situation exposes that in many villages the Dalit Christians live separately, worship in different church buildings and have separate cemeteries. The Dalit Christians have lost the constitutional safeguards for the Scheduled Castes and Scheduled Tribes.

As S.M. Michael remarks, "In fact, a Dalit Christian today is thrice discriminated against—by the state, by the church and by the non-dalit Christians" (32). He argues that for a Dalit Christian the "Dalit Identity" overshadows the "Christian identity."

The village in *Karukku* goes unnamed, the upper caste Chaliyars who attacked the Dalits in her childhood days go unnamed; the dalit headman, who hid himself in their house to escape the raiding policemen, goes unnamed. The schools and college where she studied and suffered caste oppression; the nunnery and its residents once again steadfast believers in caste go unnamed (Pandian 135). However, the very life trajectory of Bama is one of drifting away from the world of Dalits. Access to modern education, salaried employment and the material comforts of the nunnery, which take her away from the world of physical labour and struggle for livelihood, are some of the moments of this deep alienation. In narrating these events, *Karukku* is suffused with a deep sense of guilt and a yearning to reunite with the community and share its pains and pleasures. This sense of remorse and gives way to meaningful freedom when she discards her job and returns to her community. Bama looks for a future that is shaped by the will of the Dalits themselves.

Works Cited

Bama. *Karukku*, trans. Lakshmi Holmstrom, ed. Mini Krishnan, Chennai: Macmillan, 2000.

______. *Sangati*, trans. Lakshmi Holmstrom, Madhrai: Ideas, 1994.

_____ . *Kisumbukkaran* (Mischief Monger), Madurai: Ideas, 1996.

_____ . *Vanmam* (Vendetta) trans. Malini Seshadri, OUP, 2008.

_____ . *Dalit Women: Problems and Prospects, Women and Society: A Reader in Women's Studies*, ed. Nirmala Jeyaraj. Madurai: Lady Doak College, 2001, 329-36.

_____ . "I am a Paraya from the Cheri Street," *Littcrit*, Vol. 33 (2007), 110-15.

_____ . Personal Interview with Leema Rose, 17 May 2007.

_____ . *Manushi*, Oxford University Press, 2012.

Outcasts in the Works of Mahasweta Devi: A Postcolonial Viewpoint

SAMUEL SRIDHAR
Andhra Christian College, Guntur

Inviting the spirit of postcolonial standpoint, Mahasweta Devi in the play *Bayen* speaks about the subjugation of the women in the patriarchal society. Chandidasi is the caretaker of the graves. She assumed this responsibility with great pride from her father Kaludome, after his death. She married Malinder and was blessed with a child Bhagirath. Her happy life was envied by her sister-in law and the villagers. And they waited for the time to destroy her peaceful life when she exhibited extreme affection for the daughter of her sister-in-law, who was buried in the graveyard. Out of affection she took the dead body of the child from the burial ground, and this is noticed by the Shashi and the villagers and labelled her as a Bayen. And this blame is strengthened by the society and her husband Malinder too. Despite her extreme affectionate attitude towards children, she feels her presence to be harmful even to her own child who is craving to see and talk to her. Therefore, she wants to go to Malinder to complain about advanced and daring steps of their son and even wants to prevent him from these. While going to Malinder she happened to overhear the conversation of the robbers' destructive plans of obstructing the train and causing harm to people. In order to save the people she goes to the direction of the approaching train and sacrificed her life. Her sacrifice is recognized after her death and she was honoured. The play discloses the oppression of a woman. The element of 'gender subalternity' is emphasized in the patriarchal society. People in the remote areas, especially where medical awareness is lacking, place firm belief on superstitions and do not hesitate going to the extent of taking anyone's life. Bayen, labelled as a witch and detached from her family and society, shows diverse shades of subalternity which is focal point of postcolonial literary discourse. The practice of witchcraft, based mainly on the ignorance of the people with vested interests, has been in vogue all over the world from ancient times. It has been noticed that many a time, the women of the oppressed sections, accused of being possessed by evil spirits, practise necromancy. Necromancy had justification in the medieval times as the act of Satan. The existence of Satan as anti-God was essential for religion and church. So necromancy and witchcraft came to be looked upon as necessary complements for faith. Even today many people believe in the reality of witchcraft. The 'witchcraft persecution,' which began in Europe about the close of the Middle Ages, is prevalent even now in some backward areas of the world. This is true especially of the Santhal areas of Bengal in India where witch-hauling or witch-branding, a social evil, is growing day-by-day. This practice is an excuse devised by the vested interests to kill the innocent people and grab their property.

Being a tender-hearted mother, Chandi's sincerity is noticeable when she takes utmost care of the dead children she buries. Her heart, however, undergoes change as a human being when she herself becomes a mother. Her heart unexpectedly begins to feel despondent burying the little children. As she shows sympathy and compassion to her own kid, she experiences a profound agony for every dead child. When she guards the grave through the night, her breasts ache with milk for her own son Bhagirath. She finds in the corpses of infants, an image of her own suckling child whom she has to leave for the graveyard at night. In a moment of anguish, she is determined to give up her work which is her ancestral profession. The privileged, however, belittled by the prominence of her household, wait for an opportunity to strike. They start thinking that she is responsible for the death of children. At times, they even throw stones at her. So she pleads with her husband to take her away from the village. But her grievances are unheard. Motivated by a sense of duty, she accepts to perform the last rites of a dead child of her relatives, who initially blame her for their misfortune. Thus Chandi, while discharging her duties, is caught unawares and branded as a witch by the agents of the feudal system. She is mercilessly separated from her son and family and is denied entry into the village. She has to live all by herself away from the feudal society, for her presence is considered ominous.

With *Urvashi O Johnny*, Mahasweta Devi intensely endeavours to defy a crowd of people with its cruelty towards a class of individuals whose tenuous association with standard life has grown dim. Johnny, a young fellow, is the legend of the play. He wishes to satisfy every person with his tricks. He is absorbed in a vitality to take the anguished humanity to a paradise of freedom. All things considered he flees, notwithstanding when he is in his teens to "catch the birds of happiness and bring them to you." (Devi 2011: xvii)

Though it has emergency in the background, it acquires universal significance with its treatment of the common universal phenomenon of the suffering of the underdogs. This play comes as Mahasweta Devi's protest against the complacency of the urban middle class who are insensitive and reluctant to the reality around them. This is also an attack on the writers who are equally indifferent to the sufferings of the poor and content themselves in weaving 'fantastic' stories on the dehumanized existence of the slum-dwellers to 'amuse' the easy-going urban middle class readers. The intellectuals, who should have become the beacon light of hope to the oppressed, have become stooges of the exploiting agencies and thereby indirectly contributing to the furtherance of the sufferings of the oppressed. Thus, it is critical of the pseudo-intelligentsia too. Mahasweta Devi has taken up the task of a dramatist with a mission to investigate something unconventional and challenging. As it is already mentioned, Mahasweta Devi is a writer with a 'mission' of releasing human beings from all kinds of oppression and exploitation. Here she makes us face the dehumanized existence of the slum-dwellers in the city of Calcutta. Inhumanity of the 'mainstream' people towards this lot is her main concern. Most of her works reveal that the more man is oppressed, the stronger becomes his spirit to survive. The subhuman existence and the miserable life of Johnny, the protagonist, does not dampen his faith in life and human dignity. He makes all out efforts to come out of the heart-rending situation himself and dreams of taking the suffering humanity to the 'heaven of freedom.' His aim is to attain happiness, but it eludes him. Yet he does not give up hope. It is not just the love affair of Johnny with Urvashi, a talking doll. It throws light on the life of individuals placed in a difficult situation touching the shades of subalternity. Unlike her other plays, this play moves back to the urban society exploring the hidden realities of the life lived on the streets.

It projects the dehumanized survival of the slum-dwellers in Calcutta and shows man's brutality and heartlessness to man. It presents both sorrows and joys of the lives on the streets. Class oppression deepens in the play and traces the woes of the poor orphan Johnny. He escapes from the orphanage to seek fortune as a ventriloquist. He develops a fascination for his talking doll Urvashi. His failure to find success is due to cancer and he has struggled to survive amidst all these obstacles. Hence, it becomes a symbolic play that deals with the emergency period in India. It deals with the love affair of Johnny with Urvashi, a marionette. He is brought up in the slums and longs for happiness and runs away from the slums, to seek happiness for himself and for others like him. Later he decides to entertain the people with his talking-doll tricks. Strangely, he becomes infatuated with his marionette and considers it to be the source of happiness for the audience and a means of livelihood for him. As time passes, he develops a cancer in the throat. His marionette Urvashi becomes mute as it is the voice of Johnny which she shares to amuse the audience. Johnny's cancer of throat is symbolic of the suppression of democratic rights during the Emergency.

Mahasweta Devi links gestures with dialogues so that they make a more subtle impression. Urvashi is presented in a vaguely visible manner under a veil. There is no light on Urvashi. It indicates that Urvashi will be in darkness hereafter. Urvashi will be left alone and she will be playing no role in giving amusement to the people of Calcutta. It is because Johnny is caught by a deadly disease. The way he is introduced on the stage as a representative of subaltern in a city like Calcutta is astounding. Johnny has the jerky, quick movements of a dancing doll. He wears a laughing mask. He speaks in a pidgin Hindi with a mix of Bengali. This is the typical example of street player costumes who loves his or her job very much by giving pleasure to others.

In the play *Water*, she invites deliberations through dramatic art form where she highlights the cruelties of upper class towards the deprived sections of the society. She strongly regrets that the harassment of the innocent folk continues unchecked in the rural areas with a hidden consent of the ruling class. The play conceptualizes a bird's eye-view picture of nerve-breaking poverty, back-bending exploitation as well as fierce class clashes, suggesting the impossibility of a decent life for the poor and illiterate living in remote villages. She clearly projects the manipulative plot of the spiritual and temporal authority against the subaltern. Through a structure of historically destined roles, the typical Brahminical cultural history regulates present-day subjugation. Maghai Dome, a traditional water-diviner, re-designs the story of the legendary Bhagirath who brought the celestial Ganga down from the locks of Shiva to the earth in the Puranic legend. Maghai, who holds a strong conviction that his forebears have been ordained by the goddess Ganga to fetch her concealed resource to the surface in exchange for worship, falls into the erroneous belief of his pre-determined or pre-ordained role. Despite the fact that Maghai and his clan are denied the very water he divines, he has to carry on performing the divine rites since he is the 'Bhagirath of Nether Ganga.' Maghai's knowledge, his supernatural gift of divining water, a gift which he acquired from his ancestral lineage drives the system. The idea of his role being historically authorized legitimizes the appropriation of the subaltern's expertise and its deployment to perpetuate his subordination through the authority of the establishment. In order to perpetuate the history of exploitation in the recent times, the ancient legend is pressed into service by the dominant, hegemonic powers.

The play further probes the hidden intricacies of the rudiments of rural poverty with the devious intrigues of the local landed gentry in collusion with local village officials and the police. The cruelty which appeared in rural Bengal is conceptualized through the play *Water* through the tribal narratives and presents the widespread dismay of Indian rural poor at large. Here in this play, the readers find oppressed subaltern men and women who in spite of dispossession are vibrant and not lethargic, sensitive and caring, suppressed and yet practical, capable of expressing an urge towards the claiming agency and authority for themselves.

Interestingly, the play is concerned with what Devi calls 'the history of the present' and in its impulse of social protest. It is complementary to the plays discussed earlier but more powerful for its scathing expose of the utter indifference of the people in power towards the suffering humanity in the rural world. In fact, the area of attack is much more defined and precise than in her other plays. The play, thus, represents Mahasweta Devi's more powerful condemnation of the prevailing social order and her unfaltering commitment and compassion for the underdog.

In *Water*, Mahasweta Devi selects her main story from a new viewpoint of the Hindu myth of Ganga and Bhagirath (the king who brought down to earth the Ganges from the heavens). The play is an aggressive attack on and a denunciation of the typical Hindu psyche. It explores how a sect of people through the milieu of Hindu mythology exploits the weaker section and pushes them into bonded labourers. They take it for granted and try to produce profits while not compensating them fairly. Writers like Prem Chand and Mulk Raj Anand have produced the same level of subjects. Yet Mahasweta Devi's treatment of the subject matter of this kind stands unique. Though these people are paid for their efforts and labour, they are disproportionately compensated. Such kind of deliberate subjugation emerges in the play *Water* where the untouchable Dalit Maghai is compelled to dig village wells by the upper caste Babus for negligible wages and sometimes no wages at all. Unfortunately, deprivation here is not only on the lines of caste but also class as these villagers are also denied work, food, clothing, and shelter. Although the village wells are dug by subordinate castes, they are prevented from using them.

Maghai knows that he is a water-diviner. He has the ability to identify the available source of groundwater. Even though he identifies the water, he is not allowed to take water from his own identified sources. For this, he becomes rebellious and defiant. He gives value to the teacher who advises him to build a dam across the river Charsa which runs by his hut, "every monsoon she overflows her banks, yet it never struck me that this river could give us water, in days of drought" (139). Nevertheless, Santosh and his caste brethren threatened as they are by the adventure of Maghai, have the authorities believe that all the outcasts have turned Naxals and Jiten is the main instigator. Thus, the play comes to an end with the authorities breaking the dam and killing Maghai who is later seen being swept away by the waters of Charsa, his beloved. Compared to other plays of

Mahasweta Devi, *Water* is a moderately extended play with a well-knit structure of fourteen scenes. All these scenes are connected logically with one another highlighting her social accountability. The stage is free from the conventions of all the external trappings of a conventional theatre.

The villagers adore and address Maghai as Bhagirath. They believe in the fact, that he has the visionary power of identifying the source of groundwater. In spite of being subjected to denial of the fruit of his own endeavour, he continues to do the job for keeping alive his ancestral tradition. Here, Maghai resembles Paatan of *Aajir* and Chandidasi of *Bayen* who have been exploited and are compelled to follow the traditions of their ancestors. Thus her plot construction takes us to the roots of the problem of complete ignorance on the part of the so-called ideas of progress.

Domestic Harmony and Family Relations in R.K. Narayan's *The Dark Room*

PUNUKOLLU RAJASEKHAR
Akkineni Nageswara Rao College, Gudivada

Shanta bai, an attractive, rebellious and intimidating woman is hired by Ramani as an insurance probationer in his company. Being the only woman employee of Ramani's company, her character would have been quite admirable if only she had proved herself at work and not made it her business to ensnare Ramani in her beauteous charms. Savitri confines herself to a dark room and tries various methods to win her husband back, but Ramani pays her no heed. Frustrated with her life of dependence, Savitri attempts suicide but is saved. Though 'a part of her is dead' for having accepted defeat, she ceases to be the subservient Savitri that she used to be. A story as relevant today as it was way back when it was first published in 1956, *The Dark Room* certainly makes for a thought-provoking read. It reflects the unfair conservatism of a patriarchal society. Delicately woven around flat characters, and interspersed with short bursts of humour *The Dark Room* accurately describes the typical reality of that time's orthodox Chennai household. Written in a simple, lucid language, a tale so moving and yet so real, could have only been authored by R.K. Narayan.

Savitri strives to be an ideal, submissive wife to her cruel husband Ramani and endures years of abuse before running away, but eventually realizes she can't change her circumstances and comes back to protect her children and accept her only real option in life. This is one of Narayan's definitely darker novels and one of the few where he seriously examines the gender inequalities of traditional Indian society in the mid-twentieth century. We always thought it was very progressive coming from a male upper-caste author who comes from a background of privilege. And while all of Narayan's characters are upper-caste, he also tries to explore social inequity in his own way. In *The Dark Room*, he does this through the lens of domestic violence. The story follows a middle-class but upper-caste family in Narayan's favourite fictional setting of Malgudi. The husband and wife pair is Ramani and his wife Savitri. Ramani works as a secretary at an insurance company and is always talked down to and disrespected (in his eyes) at work, so he comes home and takes it out on his wife. He beats his wife, criticizes her, ignores her, and sneers at her, and never lets her make a single decision on her own. Savitri is a woman of sensitive temperament but has been raised to be a good Indian wife, so she tries to shelter her two daughters and maintain their innocence, while never raising her voice or her hands against her husband. The girls and their mother are completely subjected to Ramani's whims and fancies, from what they will eat to whether they will eat to who they will invite as guests to their home. Throughout all this, Savitri is placed on a pedestal as she silently endures the abuse and tries to keep her family together. She is beautiful, self-sacrificing, devoted and obedient—the ideal Indian wife. However much she hungers for Ramani's love, she never even gets a smile from him, and neither do his love-starved daughters. Ramani, bored by tormenting his placid wife, eventually starts having an affair with a beautiful woman at his office named Shanta Bai, and even this insult Savitri convinces herself to bear quietly when her neighbour tells her about it, even though it eats away at her. She is too terrified of Ramani's rages to do anything, and the years of abuse have given her such low self-esteem that she blames herself for the affair. But when Ramani's treatment of her worsens, ignoring every desperate attempt by Savitri to save the marriage, she finally snaps. She throws her wedding necklace down (the wedding necklace is as significant in India as the wedding ring is in the west) and pours out years worth of rage and grief to Ramani, lamenting that she has no rights in society even if she wanted to assert them, and that she is chattel till the day she dies. So the solution is to die.

Savitri runs from the house in tears to throw herself into the Sarayu River. She drowns herself but floats to the surface, and is seen by a local crook named Mari who is moved by pity and pulls her out of the water, pumping the water from her lungs. He asks her why she tried to kill herself and tells her that there is always hope in life, and always another path. The crook's wife, Ponni, cleans Savitri up and advises her to find solace in a life devoted to spiritual contemplation. And so Savitri starts to work in a temple, hoping to find peace as a Hindu nun. Instead, she finds herself molested and eyed by other men, and constantly at odds with the sexist priest who hates seeing a woman working in a temple—a place dominated by the male Brahmins of the Hindu clergy. Disillusioned and depressed, Savitri begins to miss her daughters and wonders if she was selfish and irresponsible to leave them, and wonders how badly they are being treated by Ramani. She realizes that all her attempts to escape were useless, because as a woman in this society, she has no place at all except where her family is, whether she likes it or not. And running away will not protect her daughters or bring her peace. Resigned, and oddly at peace with her lot in life, a quiet and contemplative Savitri returns to Malgudi and to her home. Nothing changes. Ramani is spitefully triumphant that his rebellious wife has at last learned her place, and continues to behave as he always did. And Savitri continues to tolerate it.

In the world of R.K. Narayan, there is supremacy of man over women, they don't rise above man and ultimately they accept defeat under pressure despite the struggle to the end. They love living through struggle and suffering but in the end admit defeat. They endure all the sufferings coming in their way. They face life by accepting it and not by denying it. R.K. Narayan's philosophy is based on acceptance of life and not on denial of life. He signifies positive and affirmative strength. He is not pessimistic in his vision. He hopes for a brighter future though, he does not necessarily provide solution to the problems. No doubt, R.K. Narayan's world is a male-dominated world. He may not be as great as Shakespeare in his delineation of characters. In the world of male dominance women were assigned secondary role to play. The pity is that women have been lying in obscurity. The novelist deals with women characters with equal ease and comfort. They are full drawn and developed portraits and depict the patterns of life. He has portrayed a variety of women characters like grannies, middle-aged wives, unmarried girls, widows, deserted wives and working women. Viewed in a chronological manner, his novels depict the sociological march of Indian women from the Sita-Savitri tradition to a state of transition besides emphasizing that women's liberation is at last becoming a part of national progressive consciousness. S.P. Bhardwaj has rightly commented that R.K. Narayan has portrayed in his novels two sets of women characters, clearly distinct from each other in their respective general demeanour. On one side there are those for when adherence to valued traditions is a matter of daily course. Their submission to accepted values and principled domesticity is unquestioned. They are intrinsically governed and guided in their day-to-day observances by high ideals and the acquired lore of past ages. These women, whether treated as grandmothers or mothers or wives, evince extreme patience, endurance and self-effacement even in the face of excesses done to them by their erring male counterparts.

The Dark Room presents a study of an urban upper middle class woman Savitri. She is the wife of a well-to-do company executive Ramani, and a mother of three. In the context of Narayan's representation of a society, there is combined weight of tradition, custom and social opinion. These three components usually force individuals to play their expected role of life. The novel explores the fruitless effort of a traditional middle class Hindu housewife to get rid of the role she is expected to play. Its characters belong to middle class family with their ambition and expectation. Narayan's Savitri is certainly no tragic figure. The opening of the novel obviously indicates the kind of servile role she is destined to play in the house. In her first confrontation with her husband over the question whether their young son who says he is ill, should attend school or not, she is totally humiliated, having had to meekly put up with rejoinders like, "Mind your own business, do you hear go and do any work you like in the kitchen, but leave the training of a grown-up boy to me. It is none of a woman's business" (7). She appears to be only a weak, whispering, timid and spineless creature. She, no doubt, has her good points. She is a capable housewife, who knows how to deal with sudden guests. After a number of such incidents, Savitri poignantly realizes by way of self-evaluation: "We are responsible for our position. We accept food, shelter and comforts that you give, and are what we are. I don't possess anything in this world" (8). Savitri was asked to operate her household works within the matrimonial framework.

Narayan in this novel very clearly and effortlessly shows his vision of life. He voices the emancipation of women in the Indian orthodox Hindu society, where men hold a superior position and women are confined to the home and hearth with all sorts of taboos and traditions clamped on them. But it would be wrong to consider Narayan a feminist in terms of Western feminism, his attitude is shaped with a strong Indian sensibility of any of foreign cultural aggression in the movement that he launches to bring about a change in the status of Indian women. He does not forget to depict the perils of western waves of movement for women's freedom in India. A woman holds a very strange place in Indian society. She has been revered for being sati and at the same time she has been hated and loathed for being a widow or for not bringing dowry. However, with the progress of time, the Indian women have changed. Narayan portrays the character of Savitri as mere orthodox, god-believing and traditional. The two female characters Savitri and Shanta Bai are just opposite in their social behaviour pattern. Savitri works within the matrimonial framework and Shanta Bai begrudgingly co-existing inside a codified social structure.

Works Cited

Das, Bijay Kumar. *Postmodern Indian Literature English*. New Delhi: Atlantic, 2003:55

Desai, Anita. *Bye-Bye-Blackbird*, Rupa, 1971.

Desai, Kiran. *The Inheritance of Loss*, Glove Atlantic (US), 2006.

Narayan, R.K. *The Guide,* Viking: US, 1958.

_____, *The English Teacher,* Macmillan, 1945.

_____, *The Dark Room*, Macmillan, 1938.

Understanding Michaeal's Life and Passion in Vikram Seth's *An Equal Music*

CHUKKA NAVEEN KUMAR
Hindu College, Guntur

Vikram Seth's *An Equal Music* (Penguin, Delhi, 1999) concentrates on an elite circle of musicians, playing elite music for people like themselves. Michael, Seth's first person narrator and the quartet's second violinist, is to some extent an outsider. He is not a Londoner by birth, nor is he of a musical background. Son of a butcher, he grew up in Rochdale and had to work against his parents' prejudice as well as that of the more privileged people he encounters in musical circles. His confidence in himself and his abilities is always undercut by his sense that he doesn't quite belong, as well as his knowledge that he does not fit in Rochdale either.

Like other novels of Seth, in *An Equal Music*, the characters hail from different cultural and ethnic backgrounds. Julia McNicholl, a class mate of Michael in music classes, is basically from Oxford. Her father is from Scotland and mother is an Austrian. Michael's music teacher Carl Kall is a Swedish while Mrs. Formby is from Michael's own place. Virgieni is a French student of Michael and also his beloved in the absence of Julia. Yuko is a Japanese girl who is very active and represents Japanese students. James Hansen, the husband of Julia, is a Boston banker. Piers is the first violinist and co-musician in the Quartet but intensely homosexual. Billy and Helen are other prominent characters who belong to the quartet, Maggiore.

The fragility of Michael's situation is symbolised by two very important figures. One of them is his Tononi violin, which is owned, ironically enough, by a Rochdale connection, the wonderful Mrs Formby. The other is Julia McNicholl, his beloved whom Michael abandoned when they were music students in Vienna. Much of the narrative is concerned with Michael's perception of these two relationships and the parallels between them. It soon becomes apparent that Michael's feelings of tenderness and his sense of loss are closely connected with both Julia and the Tononi. In addition, Julia is not merely a cipher for Michael's frustrated passion, but a character in her own right, with a secret that threatens to throw her and everyone around her completely off their axis.

The novel is the story of the musician, Michael Holme and his emotional attachment to Julia and his violin. Vikram Seth has succeeded in creating a living, breathing world of music and the narrative enchants and grips the reader. Seth remarks in the author's note: "Music to me is deeper than speech. When I realized that I would be writing about it, I was gripped with anxiety. Only slowly did I reconcile myself to the thought of it" (78). Even in his earlier books, Seth refers to the theme of music. In this novel he deals with the European classical music of Bach, Beethoven, Haydn and Schubert. *The Spectator* reviews the novel thus: "Where *An Equal Music* pleases most is in the ravishing refinements of its technique, its sure placing of scenes and the unerring truth of its portrayal of a small enclosed social world. . . . A virtuoso performance." *An Equal Music* really establishes Seth as the master of rendering his poetic craft in the form and situation of his story. His mastery of technical and literary devices enabled him to be ranked among the notable writers of the time. He captures even smaller details related to the world, he is dealing with. He makes enough research before plunging himself into that world. In the author's note at the end of *An Equal Music* he acknowledges the contribution of all those musicians whom he met and interviewed. His research in the respective field helps him in portraying true-to-life picture and events.

The device of the narrative helps the author to view the world of music from the eye of a musician. As a tale of intense and passionate love, the voice of the person who has experienced the joy and agony of love suits the purpose. As the hero himself is narrating, the issue of authenticity of feeling does not enter the mind of the reader at any point. His narration gives voice to his agony and his passionately imaginative mind paves the way to his emotions. It is only by surrounding himself with the emotional extravagance of sensations, he could play at all. He is thirty-seven year old and also teaches violin to a few music students. The reader enters into the world of Michael's life from the daily routine of teaching, solo practices, rehearsals and his getting the fleeting glimpse of Julia, whom he had loved and lost in Vienna and has been unable to forget or find again. "I stumbled, my mind jammed, I felt the pressure of every breath, I told her I was going and I went. For two months I could do nothing, not even write to her, I came to London. The smog depressed but too late. Where are you Julia, and I am not forgiven" (5). Michael's quest for Julia, their meetings and partings, Michael's inner turmoil, all are skilfully woven into the story. At the same, the story of other musicians of the quartet Maggiore has also been given space. The plight of the musicians whose precarious income prevents them from buying the finest and most beautiful instrument of their choice and requirement is also portrayed in the novel. The reader is also thrown into the lives, whims and chemistry of classical musicians. The novel through the character of Michael also focuses on their inner feelings, personal and social problems in a lucid manner: "Negative negative, negative, everyone is negative today . . . this morning when I was making coffee I suddenly realised how boring musicians are. All our friends are musicians and we are not interested in anything except music. We are stunted. Totally stunted. Like athletes" (172). Drenched in love and longing, he narrates the story of his past and present in the voice of a broken-hearted lover. In the story of this passionate love, music plays an important role. The lines of the narrator and even other characters have music in them.

Michael's love for music, his love and loss of his lady-love Julia and his attachment to his violin are inseparable. However the separation from his favourite violin does not take place, as Mrs. Formby, a true lover of music, leaves this valuable instrument in the right hands. But it is ironic whether Michael gets such perfect state towards the end. As Julia tells Michael, "making music and making love—it's a bit too easy an equation" (136). It is a poignant love story of Michael and Julia and its events unfolding in the dramatic settings of London, Vienna and Venice. Seth has used the different locales for his novels.

Seth's attitude towards his characters is sympathetic and particularly in this novel, the satirical tone of the previous works is absent. His attitude towards the privileged children can be clearly noticed as a reaction of an underprivileged person, when he reacts angrily to Luke, who is entitled to an education in music, while "tearing music out of the lives of poorer children. Now children, say your LMN. Literate, Musicate and Numerate. Now once again all together: Illiterate, Immusicate, Innumerate. These sainted powers will starve you of music as surely as the damned. Leave music to those who can afford indulgences. In twenty years no butcher's son will be a violinist, no, nor daughter, neither" (346). He can never make himself free from the memories of his past as a butcher's son and dismissive attitude towards mass music is the result of this. Seth gives enough understanding of his behaviour and all his actions and reaction to the society, towards other musicians of the quartet, his fear of losing Julia and his violin Tononi all these can be understood from a psychological point of view. Seth prefers the traditional mode to postmodernist ways of writing. His characters lack the psychological depth of the fully developed characters. They all fall in the category of flat characters. But in the case of Michael, Seth has given some hints that focus on his present behaviour. Seth has also dealt with the world of musicians. Michael's co-musicians, Helen, Billy and Piers, are also discussed in the light of his behaviour and relation with them. Carl Kaell and Mrs. Formby occupy the place of surrogate parents in Michael's life—they are his parents in music, whose roles in the novel are of greater consequence than that of his one surviving real parent. Even as the novel painstakingly creates the world in which the characters live and perform, "the characters themselves" appear one-dimensional.

While Michael represents the intense, brooding artist, the other three members of the quartet are rendered in clichéd terms. Helen is a rather silly woman, oblivious to the world around her except when she is playing the violin. Piers is a bitter and offensive homosexual who has lost his lover and whose characterization borders on the homophobic. Billy is a gentle but boring and pedantic man. Michael's reclaimed lover Julia is depicted as beautiful, elegant, and refined; she is a gifted pianist, a devoted mother, and an unfaithful wife; yet these attributes remain unconvincing. Since the focus stays on the musicians, those who surround them are little more than undeveloped walk-ons, each one fashioned in predictable terms. To varying degrees, the significance of these secondary characters is restricted to their significance to Michael, who is very much at the centre of the book. It is his search for "an equal music"—peace, contentment, freedom from the emotional turmoil that haunts him for years together—that the novel details. Some characters—Julia and Mrs. Formby, for instance—are drawn more fully than Piers, Helen, and Billy. One key figure, Carl Kaell, enters the novel only through two brief letters and Michael's unhappy memories. Ultimately, though all these other figures simply form the psychological landscape through which Michael journeys, it is the narrator himself who demands our most careful attention. Michael suffers from a depression that appears to date from a crisis in his past—a breakdown of sorts that drove him to London from Vienna, suddenly ending both his troubled relationship with his teacher, Carl Kaell, and his apparently fine one with Julia McNicholl, the woman he continues to regard as the love of his life. At the novel's outset, Michael is frozen in that ten-year-old moment, still in London, his chosen city of exile situated metaphorically between Vienna and his home, the northern town of Rochdale and still desperately longing for a woman whom he has neither seen nor spoken to in a decade. This symbolically shows Michael's dilemma and his alienation both from his native place and the place he loved as a student with past sweet experiences. Seth depicts Michael's movement out of this emotional paralysis toward a partial but, for him, apparently sufficient resolution.

Julia leaves the impression of a strong-willed lady who in spite of her physical deficiency strives hard to use her talents to make audience happy. When Michael deserts her, she is heartbroken, but she does not allow her grief to control her passion for both life and music. She develops her career as a pianist, devotes herself to her child and learns to love James, her husband. And when she discovers that she is gradually losing her power to hear and becoming deaf, she faces the challenge with courage and determination. When Julia meets Michael again, her deafness has begun to disrupt her life. At this very sensitive juncture of her life, she has an affair with him, as she had been "so hungry to speak of music—and to play it with someone who understands me as I was before—before all these changes in my life" (137). They respond quite differently to this new situation. Julia's acceptance of this temporary happiness which the relationship gives appears odd but at the same time she sees the impossibility of continuing it. Due to their psychological attachment to their past love affair as students in Vienna and also due to their physical attraction and passion for romance, Michael and Julia have forgotten their social boundaries. She cannot come to terms with living in "dual world which chafe with each other" (168). Her feeling of betrayal and guilt brings her involvement with Michael to an end. Michael does not wish to end this relationship, but at the same time he does not have any practical suggestion as to how they can continue it. Michael's love for Julia is strong as he has been cherishing the sweet unforgettable experiences of first love. But by cutting off his relation with her in an emotional upsurge he makes a grave mistake. Craving for the same relationship after a decade is of no use as Julia is now a mother and a wife, leading a respectful life. Michael is aspiring for a relation which society prohibits.

Michael appears to be impractical in his outlook. He just wants to have romance with Julia whom he loves, but being emotionally volatile he forgets social norms. Society, here, stands as a villain as it stands in the case of Lata and Kabir in *A Suitable Boy* (Penguin, Delhi, 2005). On their last night together, Michael is frustrated and enraged by Julia's determination to go back to her husband. He viciously bites her on the neck. At the end of the novel, Julia is seen back with her husband and deep in The Art of Fugue and Michael is back where he was at the beginning, nursing the pain of recapitulated loss.

Another important issue that has been dealt with in the novel is Michael's 12 year old attachment to 270-year-old instrument, Tononi violin. This violin belongs to a rich widow Mrs. Formby, who has lent it to Michael. He feels very much dejected and it's unimaginable to lead his life without the violin. He is traumatized thinking about his life without this violin and cannot tolerate the thought of it lying "unplayed, unloved and unspeaking" (56). Seth's attitude towards his characters is always sympathetic and in presenting Michael's attachment to an inanimate object Seth has revealed his humanitarian attitude. However, from the first mention of his attachment to this violin, the reader knows that Michael will not be separated from his Tononi. Mrs. Formby is presented as a true lover of music and the lover within her will never allow her to leave this precious possession in the hands of her nephew. When Michael hears the news of Mrs. Formby's death, he realizes that he is left with only a few months with his intimate violin: "I've spent more time with it than with any living soul, but, well it's still not mine. And I'm not its" (127). Seth's power of describing emotion has rendered the violin a life of blood and flesh. He very poignantly describes the intimate relationship between a man and an instrument in the words of Michael: "with the back of my hand I touch its back, its belly. How long we have lived together." When Michael gets into the state of utter despair due to his dual loss, Mrs. Formby's solicitor informs him that she had bequeathed the Carlo Tononi, circa 1727 to him. It is really a matter incredible to Michael; so he asks Mrs. Formby's soul, "What possessed you to repossess me of it, you were close to death and lacked clear speech? Is it the violin alone you want to give me, or must learn some lessons from the world?" (361). It brings him back to life. His relationship with the violin is ultimately the most satisfying and intimate one left to him.

An Equal Music has received high praise from Indian reviewers. Seth has created a living, breathing world that enchants and grips the readers. It depicts the concepts of romance, love, and marriage thoroughly. Seth has presented them as music students, lost deep in love falling apart before their love could bear any fruit. They meet again after ten years' parting and they establish physical relationship despite Julia's being married to James. But sexuality between them is acceptable neither to Seth nor to society. So, Seth has made her recognize the value of family and return back to her loving, caring, helpful, and understanding husband. She renounces her passionate love for Michael who later goes to call girls to have solace. Seth has made the two lovers realize that they cannot resume their earlier intimacy because of the existing facts of life.

Retrieval of Subaltern Consciousness and Subaltern History in Amitav Ghosh's *The Calcutta Chromosome*

DASS SATULURI
S.V.R.M. College, Nagaram, Guntur

There is no doubt that the destiny of the postcolonial nations has paternal care. The care in the literary field has come from the outstanding talents like Mukul Kesavan, Rohinton Mistry and Amitav Ghosh, who penned their feelings composing their art concerned with civilization and history, capsizing the models and assumptions of western culture with their grand pretensions. Amitav Ghosh's *The Calcutta Chromosome: A Novel of Fevers, Delirium and Discovery* (1996) is a mystery which remains mysterious in many ways.

The novel explores how the European rationality and the Indian myths are depicted as two counter-elements in the setting of Calcutta's streets, markets and a forgotten monument built in the memory of one Sir Ronald Ross, a Nobel Prize winner for the discovery of Malaria parasite. Ghosh has realistically delineated the pathetic and difficult conditions of subalterns and exposed them through scientific discoveries. These scientific discoveries hardly reach out to the man with immediate need, but always made sure that the expansion of the territories was in progress as the nineteenth century was considered to be the period of Europe settling in Africa, Asia, Australia and the uncolonized parts of America, according to the biographer to Ronald Ross, L. Murugan, who added humour to his moral.

Agatha Christie, in her introductory note to *Passenger to Frankfurt*, says that her choice of the thriller was from the response to the realities of the time. The fears, the suspense and the dangers of the thriller come from every part and every day of an individual's life. Christie's comment about *Passenger to Frankfurt* might have been the reality of Ghosh's *The Calcutta Chromosome.* The novel begins with Antar, an Egyptian employee of a multinational agency called International Water Council, who comes across the remnant of a half-burnt Id card on the screen of his ultra-tech and panoptic computer, Ava. The setting is a post-1995 futuristic era in a dateless New York, which has the grim and cheerless contours of a dystopia. The card belongs to L Murugan whom Antar recalls, and who, he realizes, has been missing since August 21, 1995 while on leave in Calcutta. This sets Antar on a computer-mediated and memory-navigated search for his former colleague at Life Watch. At this point one strand of the narrative goes back in time to August 20, 1995, the day the garrulous and hectoring Murugan arrives in Calcutta to examine, what he himself calls, 'Certain Systematic Discrepancies in Ronald Ross's account of Plasmodium B.' In Calcutta, Murugan comes across people who offer him vital clues and, who at the same time, seem to be missing links themselves in a strange jigsaw puzzle. Most notably, he runs into Urmila Roy, a young journalist researching a series of stories by the octogenarian writer, Phulboni. As she joins Murugan in the quest, a third strand of the narrative is generated that goes farther back in time to the 1890s focussing on the European medical fraternity in pursuit of the malarial bug.

Ghosh's previous novels were with different concepts but in this novel he turned to a thriller. It is not that he is turning to a new concept, but he is making a social and philosophical statement through his choice of form itself. This thriller focuses on the chaos and violence of everyday life and travels into the inner realities of human existence through its omnipresence. In a detective story, it is the intelligence of the detective to solve an unsolved mystery and the thriller is not rational but instinctive and elemental. Ghosh's thriller is quite amusing when it is seen as an ironic take-off on the way in which stories of medical and scientific discoveries and inventions are popularized. The novel revolves around Ronald Ross, a British poet, novelist and scientist who was awarded the Nobel Prize in medicine in1906 for his discovery of the life-cycle of the malaria parasite. The outcome of the research which was carried out in India in late 1890s has failed to eradicate malaria from the face of the earth. Ghosh's narrative strategy in the novel is about the double appropriation of the subaltern. The danger of a 'slide towards essentialism,' is very real. Ghosh constructed the spirit of the subalternity by following the critical interventions made by O'Hanlon and Spivak. As a novelist with an academic background in social anthropology, Ghosh is conscious of the challenges of recovering and representing the subaltern. On the strength of the arguments this paper strongly holds, it can be said that Ghosh engages with an alternative politics of invisibility in order to articulate a subaltern consciousness. He resists the urge to make visible these otherwise invisible characters, communities, consciousness at the expense of those who have traditionally been visible in dominant discourse. This would have simply meant the substitution of one hierarchical structure, equally hierarchical and unequal. Mere substitution in a mechanical fashion does not signify true resistance since it only exchanges the characters and alters the power structure from the outside. It does not, in principle, change the rules of the game yet disturbs the spirit. As Gyan Prakash says in an almost identical context, even the most resistant of such criticism 'remains captive to the object of its criticism. Ghosh could not possibly have allowed this to happen as it would have led towards the trap of essentialism. He refuses to read the 'gaps,' 'silences,' and 'absences' that mark the subaltern in dominant discourses as an indicator of a 'lack.' Secondly, he reinscribes these 'silences' and 'absences' with agency in this novel and the invisible community does not need to furnish any proof for its experiments or its practices. It is also unburdening of the onerous task of advancing empirical evidence which western science demands. Is Ghosh finally able to recover a piece of subaltern history? Khair offers a persuasive answer to this: "What is 'narrate' is what cannot be narrated and it is narrated as what cannot be narrated" (161).

The Calcutta Chromosome is in fact arranged entirely on the above devices. Ghosh follows the technique of narration from his *Circle of Reason*, which is employed to convey a sense of construction of past and present and all time and all space. Meenakshi Mukherjee points out, 'time and space are so deliberately jumbled in the novel that the discontinuity itself becomes meaningful.' The invariable cuts and dislodgments contribute to the fear and suspense, to the feeling of inescapability, so connected to the thriller, the continuous shifts in points of view and time sequence wipe out the boundaries between the hunter and the hunted and make them uniformly part of the same mystery, the same scheme, the same quest, the coincidence of different times, places, characters and kinds of search extend the scope of each from specific and particular to the universal.

The novel begins sometime in the early twenty-first century, when an Egyptian computer programmer and systems analyst in New York, finds an ID card of an old colleague flashed on his computer screen. He tries to search for L. Murugan, the name of the holder. His curiosity makes him find certain things about the sudden disappearance of the cardholder on 21 August 1995. It was on World Mosquito Day, and the day he reached the city. Murugan was a man with passion on the previous history of malaria research and with a special interest on the career of Ronald Ross, who had won the Nobel Prize for his discovery on the life-cycle of malaria parasite in India. Murugan's apprehension was that there was someone, who had guided Ross towards his discoveries but was away from other avenues. He had this doubt because either he was recorded as a great academic or research oriented person. In fact Ross's discoveries were serendipitous. Murugan believed that Ross "thinks he's doing experiments on the malaria parasite. And all the time it's he who is the experiment" (67).

Murugan's hasty ways and single-minded quest of his seditious hypothesis had alienated him from the scientific community and had caused concern among his friends and colleagues. But he was intelligent enough to get permission from his employers to go to Calcutta, his birthplace and Ross's discovery place to know the truth. The expeditions that belong to different times and places are motivated from the beginning itself: Antar's for Murugan, Murugan's for the truth behind Ross's search, which was just as much a search as Antar's and Murugan's quests are research. All the characters in the novel are snared through their individual pursuits and connected in other devious and subterranean ways with one another and with the greater mission of all life.

Antar is an orphan and a widower, without children and working from home. Murugan is a South Indian Hindu from Calcutta. He is a divorcee and a lone researcher with Life Watch. Urmila Roy and Sonali Das are Bengali Hindus in Calcutta, one a reporter and the other an actress and writer. The former was busy searching the meaning of Phulboni's ' Laakhan' stories and is considered an outsider at home. Sonali comes from an orthodox family, the surprise of the identity of her father at the end of the novel. There is a foreigner, Mrs. Aratounian, an Armenian Christian, who is a former owner of a nursery shop and later of the guest house near Ross's house in Calcutta.

The links between these apparently disparate people are carefully made and at the end of the novel the vastness and conspiracy are established. In general in the typical thrillers, every clue and hint is embedded in the text in detail, however incidental and peripheral it might seem at first. When they search for the accused in silence, the story moves from past to present and present to past, until they find that they have been entangled in a web long before they could find it out.

Antar and Murugan are both expatriates in New York, working in the same organization in different fields of research. Both have come from the colonized countries ruled by imperialistic power and had to struggle in an alien land, maybe another imperialist power. Murugan had syphilis and Antar had malaria, both could be cured by the introduction of the malaria parasite into the system. This was the subject of Murugan's and the object of Ross's research. In one way Antar searches for Murugan, Murugan searches for Antar, the tables are rounded and the lost ID card of Murugan, found by Antar was not an accidental thing, but a deliberate action to drag Antar into the web of conspiracy. The connection between them is revealed in an exchange between them in a New York restaurant.

> 'Tell me Ant,' Murugan said, fixing his piercing gaze upon Antar's face. 'Tell me: do you think it's natural to want to turn the page, to be curious about what happened next?'
>
> 'Well said Antar, uncomfortably. 'I'm not sure if I know what you mean.'
>
> 'Let me put it like this then,' said Murugan. 'Do you think that everything that can be known, should be known?'
>
> 'Of course,' said Antar. 'I don't see why not.'
>
> 'All right,' said Murugan. . . . 'I'll turn a few pages for you: but remember, it was you who asked. It's your funeral.' (50)

The aptness of the facetious remark at the end challenges conventional Western notions about death, intellect, immortality and rebirth. Secrecy is the first principle of a functioning counter science, communication or putting ideas into language. Murugan clearly explains it as the first thing to know is that a counter-science would dispute. Knowledge in the conventional, Western, sense is impossible, for "to know something is to change it, therefore in knowing something, you've already changed what you think you know so you don't really know it at all: you only know it's [sic] history" (88). The great writer Phulboni rejects the common idea that either words can communicate experience or truth or help in discovering the meaning of life when he suggests that "the word is to this silence what the shadow is to the foreshadowed, what the veil is to the eyes, what the mind is to truth, what language is to life" (24).

The reason why he wondered may be, "Does a story come to be in the words that conjure out of my mind or does it live already, somewhere, enshrined in mud and clay—in an image that is, in the crafted mimicry of life?" (189) Once he had an astonishing experience; he imagined a fictional tale in which a drowning woman was saved by a small polished grey stone with a small white mark and looked like an eye. After many years he found that the stone and the story were not imaginary but real. Which is more true: fiction or fact? Phulboni's experience added a new insight into the past Western controversy, latter added by Plato, Aristotle and Plotinus arguments. Behind all the characters, there is an elusive unseen presence.

Mangala, who works in Cunningham's laboratory, is antagonized by Farley. She adopts different forms and personae as she crosses over from one body to another through the years. She is Mrs. Aratounian in Murugan's Calcutta, later becomes Urmila and Tara in New York. Assisting Mangala is Lutchman/ Lachman?Laxman?Laakhan? Laakhan is named after Rama's beloved brother in the epic *Ramayana*. The discrepancies in his name form an ironic comment on the inconsistent relationship between language and reality and eastern notions of scholarship as exemplified in Grigson's linguistic research.

The novel is filled with factual errors. The Calcutta reporter Urmila says: "Ma Shoroshoti would play a note or two on her sitar" (192). Here if one is even a little conscious, maybe a school going middle class student can also easily make out that

Saraswati's instrument is veena and not sitar. These minor things don't matter much and the novel is amusingly readable. Ghosh has cast the everyday incidents of life in a vortex of Gothic imagination that changes and transplants them into an unknown and unfamiliar world. In general Amitav Ghosh added another feather in his cap, in the literary field with this novel. Ghosh as usual approaches human affairs from untraditional points like psychology, history, sociology and anthropology. Ghosh can be said to have developed sufficiently nuanced narrative strategy in order to recover and represent subaltern agency. Subaltern consciousness is present in the text, but the presence is spectral rather than physical. It is actually recorded through absence. This play on absence-presence ensures that Ghosh's novel does not fall prey to the danger of double appropriation of the subaltern. In employing silence and secrecy for rescuing the subaltern and in articulating the contours of 'counter-science,' Ghosh's text, to a large extent, successfully invests the marginalized with autonomy and agency.

Works Cited

Ghosh, Amitav, *The Calcutta Chromosome*, 1995.

_____. *The Glass Place,* New York: Random House, 2000.

_____. *The Hungry Tide*. New York: Farrar, 2004.

_____. *Sea of poppies*, 2008.

_____. *The Shadow Lines*. New Delhi: Penguin, 2009.

_____. *River of Smoke*. New Delhi: Penguin, 2011.

Adam, Ian and Helen Tiffin, ed. Past the Last Post: *Theorizing Post-Colonialism and Post-Modernism.* New York: Harvester Wheatsheaf, 1993 (1991).

Adiga, Aravind. *The White Tiger*, New Delhi: Harper Collins India, 2009.

Agarwal, B. *The gender and environment debate: lessons from India. Feminist Studies,* Vol. 18, No.1, Spring. (1992).

A Mishmash of Reality and Unreality: Ravinder Singh's *This Love that Feels Right*

TUMMALA SAI MAMATA
Andhra Loyola College, Vijayawada

The movies of the yester years and novels of those days gave a privileged status to marriage and family. Women of those days were confined to the four walls of the house. A woman was taught to serve her family. The role of education has brought about a significant change in the life of a woman. No more is she a puppet in the hands of destiny. She challenges the male dominated world by her three-fold role as a wife, mother and a bread-winner.

Are all marriages bonded by love? The answer differs from individual to individual and generation to generation. Marriage was considered a sacred affair for the grannies of the yesteryears. They were not worried about the factor of love in the institution of marriage; they were brought up with a conservative outlook which made them bind to their traditional roots. Maybe that made them to survive happily in the male-dominated world without questioning much of their identity.

The present-day women are more particular about practical ways of living than conservative setups. They live and strive for their individual fulfilments. They know sacrifices bring only pain. Advancement in their education made modern woman rebel. Some eminent writers have dealt with the sufferings of women who fought for their independent status and tried to curb the domination of the superior sex. A significant writer of the modern generation is Ravinder Singh, an M.B.A graduate from an elite institution. In his novel *This Love that Feels Right* (Penguin, 2016), he shows the lives of two contemporary educated women belonging to upper-class society. According to Ravinder Singh, modern concept of love has a deep touch of emotional and physical bondage.

Earlier generations had love stories of Devadas and Parvati, Saleem and Anarkali and Shahjahan and Mumtaz are eternal. Now the equation of love has completely changed. Once love takes a u-turn, it automatically reflects marriage. What is the relation between love and marriage? Is it Perfection, bondage or something beyond them? In this context, we need to observe the two types of marriages, love marriages and arranged marriages. Even live-in relationship has come into existence. Is love a common phenomenon in all these?

Everyone feels love marriages are strongly built on love and arranged marriages are carried on the basis of mutual understanding. If this is true, why do we have so many divorce cases in both kinds of marriages? What happens to the love that was so fascinating before marriage? Is it just an infatuation before marriage? True love comes from understanding. Maybe that could be the main reason for the couples of the earlier times to continue their relation despite their mental agonies. It is obvious that there was love in arranged marriages which made them continue their married life till their last breath. Now-a-days, love has become a give-and-take policy.

The novel throws light on the inner feelings of two female protagonists Manvika and Naina, who are quite dissimilar in their attitudes but have reached the same path at the end, which is living truly to their conscience. Naina, born and brought up in an orthodox family has a clear vision that a woman should surrender herself to her family respecting the traditions. With this view she enters her married life with Siddharth. Both Naina and Siddharth hail from noble families. With the continued legacy of business professionalism, Siddharth has more concentration on his business than on his personal life. As a woman brought up in a blend of metro culture and age-old traditions, Naina doesn't complain about his attitude, but she craves for his love. The relation between Naina and Siddharth is truly worldly.

When the story begins, it is clear from Naina's words that she was not much interested in her tedious life: "While I grew up as my daddy's girl, Siddharth is a mama's boy. He would never talk back to his mother and had immense gratitude for her; so much so, he came home early from work if she merely made a call. If I made that call, I was refused with valid reasons" (17). To have a control over her growing abnormalities in her physical stature, she joins the Gym. She meets the personal trainer Aarav in the Gym and finds that the vacuum in her life needs to be filled.

Fascinated by the charm and humble attitude of Naina, Aarav falls in love with her. Being a man of self-discipline, he does not reveal it to her. But unable to hide his feelings, he lets the cat out of the bag to Manvika. As a part of the training sessions, naturally an intimate relation develops between them. Manvika, Naina and Aarav develop friendship. Naina gets the love and care from Aarav which she missed from Siddharth. Siddharth never thinks that she is a human being who needs love and care.

Though Naina too gets attracted to Aarav, she controls her feelings. She feels that a married woman should never fall in love. She respects her husband and thinks he need not be blamed except for his negligence towards her personal feelings. When she comes to know about Aarav's love from Manvika, she keeps him at arm's length. But love is a feeling that cannot be controlled. In a moment of weakness, she expresses her feelings to Aarav. Aarav, who knows very well that Naina cannot come out of her marriage, did not want to disturb her life and he plans to move to Canada to continue his studies.

Manvika is just opposite to Naina in her thoughts and expressions. Naina admires Manvika's straightforwardness. At the same time, she is shocked to know about the extra-marital affairs of Manvika. As a conservative woman, she stops talking to Manvika. She comes to know from Manvika the real definition of love and marriage: "husband and wife are two social beings who have come to live together . . . marriage is a commitment to share each other's lives, not to control each other" (213).

For the first time in her life, Naina is surprised when Manvika says that there should be a genuine relationship between wife and husband. Manvika shares with her how her husband told her that he was attracted to his colleague. Though Manvika was shocked to hear this, she was happy that her husband didn't hide it from her. The true relation starts with trust. Naina could not control her agony after Aarav moves away from her life. Manvika gave her strength to decide her future, to be real and to be genuine. With the encouragement and support from Manvika, Naina could express her love and unwillingness towards her life with her husband. Naina becomes strong like Manvika as she says, "I don't know yet. Perhaps, if that day comes, I will go back to Manvika's words—love means to let go! Even if I may not want to, I might have to. Yet I need more time to get a clear understanding of this. I don't want to rush into a new beginning with Aarav till I find my own answers" (229).

Ravinder Singh shows the sensitive relations of these two women in a mature way. Whether it is Manvika or Naina, they know what they want and how to achieve it without hurting anyone. They have shown that modern woman will no more be like a caged bird and would live according to her wishes. Though they were in extra-marital relation, they give importance to their personal feelings.

Hieroglyphics of Number 7 in Siddhartha Gigoo's "The Umbrella Man"

D.R. PRATIMA ROY
St. Joseph's Jr., Degree & PG College for Women, Kurnool

The Commonwealth Foundation in 2015 received a staggering four thousand entries out of which twenty two from eleven countries were shortlisted for awards, from which emerged five for regional awards, and the recipient of Asia Region Commonwealth Short Story Award was Siddhartha Gigoo of India for his prize-winning story "The Umbrella Man." This Srinagar-born, Kashmiri 'Delhiwallah' has authored books, both fiction and poetry, made films, besides being a flautist. His winning story, as the organizers at the Commonwealth Foundation said, is "a tale of surreal meditation on mental health and the environment." Literary movements through history have had a heyday when they matched the pulsation of the society. Modern literary movements in the post-Renaissance times reflect the values of the times. The uniqueness of the post-War literatures is its style of expression. The traditional art standards could not incorporate in them the notion of anti-war or anti-rational or antinational. Movements like Dadaism, Cubism, Futurism and Expressionism emerged to fill the dearth. It was in this vein that Surrealism grew from the Dada Movement of 1916-1963.

Surrealism is a twentieth-century literary and artistic movement that attempts to express the workings of the subconscious. It is characterized by a fantastic imagery and, an incongruous juxtaposition of the subject matter. This French movement in literature was first influenced by painting, which used surprising images and transitions to play off formal expectations and portray the unconscious mind, a deviation from the traditional, where the conscious mind was depicted.

It bridges the reality and imagination, overcomes the conscious and unconscious mind by creating unreal or bizarre accounts involving juxtapositions. After underscoring the significance of this technique in arts as a way to vent out the pent-up anguish at the horrors in the post-War scenario, this movement gradually grew into a literary genre, still applied today, to lay bare the inner, dormant mind juxtaposed with the conscious on literary canvas; it became a powerful method for freeing the unconscious.

The word 'surreal' has the odd, illogical, irrational, exciting and disturbing elements in it. The reaction to the chaos that surfaced after the World War I and through World War II and the influence of Freud on dreams and the subconscious have manifested themselves in the Surrealist writers illustrating to impossible scale, using reversal of natural laws, double images and juxtaposition. It has a complicated meaning, with a good exercise for the reader's mind to get at the core, and poses a challenge to crack it out!

Siddhartha Gigoo's "The Umbrella Man" features these characteristics. The opening sentence of the story, combined with the third, encapsulates the whole narrative, impregnated with the keywords: he, umbrella and asylum. 'He' is not given any traditional name, but the whole story is woven around him. Throughout, the protagonist is called "Number 7." In the world where identity by name matters, the name Number 7 is as weird as the man. He lives in an asylum, where the mentally ill are sheltered and supported. He carried with him an umbrella with the expectation of rain any time.

He sees the image of a child during nights and does good parenting to him. He converses with the barber and a puny man, their names are not mentioned. One day the doctor in the asylum gives him the news that he is going to be freed from the next day, to which Number 7 doesn't have any expression. He simply obeys. After getting discharged, he leaves the portals of the asylum and comes out. The right side is obstructed by the huge walls of the asylum. On the left is a bushy place and Number 7 starts going in this direction, to the 'other side' of the bushes, beyond the asylum, not aware of where he is going.

The narration looks obscure on the surface but as the Chairman of the Organizing Committee of 2015, Romesh Gunesekera, said, "we wanted stories that will engage us and made us rethink our notions of form, language and what mattered. The winning stories did all of that and more." This story allows for a deeper analysis of the form, and a penetration into the thought-process going on in the mind of the protagonist. The open-ended conclusion opens up scope for a variety of speculations.

The protagonist identified with "Number 7" is very similar to an Egyptian Hieroglyph. Hieroglyphs are the ancient sacred writings of Egyptians, with pictures representing words or sounds. Logographic scripts that are pictographic in form, in a way reminiscent of ancient Egyptians, are also sometimes called hieroglyphics. Hieroglyphs are made up of three different kinds of glyphs, i.e., symbols: phonetic glyphs act like alphabet letters, logographic glyphs represent individual units of meaning, and determinative glyphs help to narrow down the specific meaning of phonetic and logographic glyphs.

When the two parts of the name "Number 7" are analyzed, the naming is a hieroglyph with phonetic glyph "number" and logographic glyph "7." It is also a nominal composition. In *Compound Linguistics*, 'Nominal Composition' is the process of word formation that creates compound lexemes. The first component stem is a noun while the second is a numeral. In this case the first and the second constituent parts are noun ('number') and numeral ('7').

The idea of numbers and their meanings or spiritual significance is not new to Indians. "7" is a symbol for completeness, in almost all major religions. According to the Bible, God completed creating the universe in six days and rested on the seventh day, the Sabbath. The newly wedded couple walks around the fire seven times and takes seven steps together, in the Hindu marriage rituals. Kabbalists (in Middle East) wrap red-stringed amulet seven times around (their Hebrew matriarch) Rachel's tomb near Bethlehem, before tying to their wrist against protection from evil.

The Japanese have seven lucky gods (Hotei—Jurojin—Fukurokuju—Bishamonten—Benzaiten—Daikokuten—Ebisu) who come in a treasure ship called 'Takarabune' every new year with gifts to the people. The greatest dramatist of all times, William Shakespeare, also condenses the entire life of man into seven stages in his play *As You Like It* through melancholy Jacques in Act II, Scene vii, matching the stages of man's life to the number of the scene in which Jacques made this statement. '7' is a number of perfection, safety, security and rest. The famous former English soccer professional David Beckham loved number 7 so much that he christened his daughter as 'Harper Seven'.

With a highly suggestive use of symbolic 'Number 7', Siddhartha Gigoo designates the protagonist as a representative of all mankind, reflecting the emotional experience of every individual. He carries an umbrella whenever he goes out. He was hopeful of rain at anytime, but he had not witnessed the rain batter; his umbrella never felt the wetness of the rain shower. Umbrella shows his deepest need for a protection against any eventuality. He carries it in two weather conditions that are odd for the use of an umbrella: even when there is no indication of rain at all and in the evening times when there is no intensity of sun. This is the reversal of natural laws—a surreal technique.

There was no logical acceptance of his hope. So says the writer, "What good was an umbrella if it had not been used in rain? . . . It was the rain which defined the umbrella, gave it its purpose, its essence and meaning. [It] was utterly worthless without the rain" (4). This is how a rationalist would reason out. But beyond that, an umbrella is designed to protect oneself from any hard hits that could strike from unexpected quarters.

The subconscious self of Number 7 holds on to the belief that it would rain. Like the two tramps—Vladimir and Estragon (Gogo and Didi)—of Samuel Beckett's *Waiting for Godot*, the umbrella man also waits. The tramps have never seen Godot and they contemplate how the so-called 'Godot' looks like. By evening they get the news that Godot will not come and that he would come the next day; their waiting continues next day. The news is given to them by a different boy each evening, similar to the puny man whom Number 7 encounters.

He continues carrying the umbrella and the imagined clouds roll by. Clouds form the most powerful metaphor of all times, used in plays, poems and fiction, to mean for everything from bad philosophy to the many incarnations of a soul. Number 7 imagines clouds roll by, because they are shape-lifters, literally and could get traction for many varied cultural tropes. Many writers peppered their language with this "one-image-fits-all" metaphor: clouds.

Aristophanes' play *The Clouds* voices out the trendy philosophical fluff. Clouds are used as the chorus in the play and the voice of the playwright. In *The Cloud of Unknowing,* the writer mystically says that God is surrounded by a darkness, a "cloud of unknowing" that can only be accessed through feeling and love, not through knowledge. In his famous "Daffodils," Wordsworth invoked a lonely cloud to represent his solitude (I wandered lonely as a cloud/ That floats on high o'er vales and hills/ When all at once I saw a crowd,/ A host of golden daffodils).

When Number 7 imagines the clouds, the pack of moisture droplets have allowed him to have a peep into the cloud of physically unseen and unknowing rain, as he is sauntering in solitude. The deceiving clouds that swell, waft by and hover over the asylum and the evading rain are symbolic of the unfulfilled desires of man, leaving him famished and with an unsteady gait. They are a mirage. Pity is that man still hopes for what he yearns, even if he is clear that it is beyond his reach. This absurd outlook observed in this 'asylum-inmate' drives him 'mad' for rain.

The asylum he lived in had no visitors at all. He lived in a solitary ward. His only friend is an umbrella, "not an unusual umbrella . . . but an inseparable companion of the man" (1). Whenever he goes out, he unfurls it, hoping that it would rain. Number 7 is described as an obedient man with calm disposition, his emotions quite under control, due to which, he was privileged to saunter out of the gates of the asylum.

The striking dainty yellow-and-red striped umbrella symbolizing passion and aggression (red connotation) on one hand and the joy and energy (yellow) on the other, and both the colours stimulating mental activity, has much to express. It puts across the three Freudian states of mind into activity, namely the conscious, the subconscious and the unconscious.

In this "long and lacerating wait for the rain" (1), this man sits in front of the barber who comes to shave the inmates of the asylum. Knowing his fascination for rain the barber would ask if it is going to rain, Number 7 would say that it will. The razor and scissors of barber are symbolic tools meant to maintain order in the society. The writer has subtly presented the picture of the chaotic society we are in, and that like the barber's visit to the asylum once in a month, the human society also needs correction or regulation periodically akin to pruning for a garden.

Later at the close of the story, the writer mentions the unusual way in which Number 7 was granted freedom to leave the asylum. The doctor committee that "never signed any discharge papers" had set him free. When he comes out of asylum, he had to decide which way to take. He took the left side beyond the wild bush as the right side is hindered with a huge wall. Right side literally and spiritually symbolizes 'faith' in self and left side with materialistic considerations one goes through. Unfurling his umbrella and firmly gripping it, he chose the left side. In doing so, Number 7 reveals his humaneness as a man with little faith in himself.

When he walks beyond the bush, he holds the handle of the umbrella thus: "He held the J of the umbrella's handle in his hand and walked steadily. His gait was confident" (4). The capital letter 'J' of the alphabet resembled '7'; many Indians write '7' more or less in one stroke as a curve that looked like a vertically inverted capital 'J', resembling the 'J' handle of an umbrella. His walk is no more wobbly. Number 7 balances himself with a firm grip over the inverted seven (handle) of the umbrella and proceeds with a steady and confident gait. His helpless nature is counter-balanced by external aid, umbrella.

This indicates that he is either confident of the resource he possesses (the umbrella) to protect himself against the negative situation, or he has his emotions under control, or a pessimistic attitude to get overtly prepared for the unseen eventuality. The setting of the story—asylum—suggests a tremendous mental strain on the part of the inmates and indirectly acknowledges the need for help. When the inverted 7 offers help to Number 7, the latter no more wobbles, but walks stable.

The inseparable umbrella, the imagined clouds and the sheltering asylum form a kind of fort to Number 7. All have their implications. The inmates of the asylum are not worth doing anything constructive. It symbolizes the world we live in where the human beings have their own eccentricities, chaotic with regular thinking overlapping the inner thought process. It represents a decadent society sans rules and structure, like the asylum where the mindset of the inmates is deranged.

When Number 7 tries to open a conversation with the puny man passing by, with a load on his head, this man, without betraying displeasure, asks him not to distract him with talk. He is hard-working and has created his own shelter out of hard work and gets food to feed a lot of hungry workers and feels Number 7 a distraction with his leisurely chat and no work. At the end of the story, when Number 7 leaves the asylum gates, he looks for the puny man, but the rain has washed away the anthill and the puny man is gone. Puny man suggests a slave ant that works hard all through, or, an aberration of his self, constantly reminding him of his idle sitting and waiting: a double-image juxtaposition of his idle-self and a subconscious mind's exhortation.

The recurrent dream he gets is that of a small child. He would imagine that the child is disturbed with a bad dream and lull it tenderly to sleep. Years pass by and the man grew older but the child remained the same. Decay is only in the physical realm but the metaphysical sphere remains unaffected. The child is his subconscious image, while his graying of hair belongs to conscious world. The conscious mind is aware of the happenings at any particular moment; they are also the memories that one is not thinking about at the moment, but can be readily brought to mind.

Subconscious, on the other hand, includes all those that are not accessible to one's awareness; they are the drives or instincts that are put in the mind because one is not able to, or, cannot bear to look at them, like the baby in his dream. They can be the memories or emotions associated with the trauma of one's motives, like the simple food or sex desires, neurotic compulsions, etc. They are available only in disguised form.

Many artists and writers find inspiration for their artwork and writings through subconscious. It notices and remembers information when one is not actively trying to do so, and influences one's behavior even if he/she doesn't realize it. Number 7 goes into the mind of the child and he imagines a nightmare for the child in sleep and gently assures the babe to sleep as he guards her.

In Siddhartha Gigoo's interview after he got the Award, to a question as to how he got to writing it, he says, "I wrote the story last summer in the most bizarre circumstances. I used to go to my balcony at midnight to watch the planes land at an airstrip nearby. During the day I used to see an army of ants carry tiny food grains into their holes. . . . My . . . daughter . . . Amia would tell me ghost stories, in which a one-eyed-crow always made an appearance. Delhi was burning that summer. And rain was nowhere in sight. I dreamt of a solitary man who chances upon an umbrella. I wrote about this man and his conversation with his only friend. Frankly, I've trouble understanding this story. Strangely, the Umbrella Man has become a real person."

Reality never mattered to Number 7; the degenerative ailment or the physical pain didn't matter to him; the meat delicacy served at meal was left untouched; he was never disappointed with the rain that evaded. But when he imagined the nightmare of his dream-child, he reacted to it and gave a protective support. The emotional association matches with his current emotional needs and expectations. Some foods build the body while others tear it down. This man is attracted to the food that creates and maintains weakness, illness and even diseases that keep with his self-image.

This is a visual expression of his inner life, evoking the subjective states of mind. "Artists have claimed to find in the pictures of the psychotic a liberating disregard for cultural convention and orthodoxy, and have hailed these patient-artists as intrepid explorers of new artistic landscapes (Beveridge 595).

Freudian theory of conscious mind is what most people associate with who the person is, because that is where the 'sane' live day-to-day. But it is not the place where all action takes place. The conscious mind directs the person but it is the subconscious mind and the unconscious mind from within that actually guide the person to act in a particular way.

The subconscious in continuous contact with the resources of the unconscious provides a person with a meaning to all his interactions with the world, as filtered through his beliefs and habits. The unconscious is the storehouse of all memories and past experiences that have been repressed through trauma and those that have simply been consciously forgotten. The conscious mind communicates to the outside world and the inner self through speech, pictures, writing, physical movement, feelings, emotions, imagination, sensation, dreams and the thought.

A peep into Number 7's three levels of mind would give a picture of how the three together reveal "reality" or "completeness," to create a happier, peaceful and confident 'human being'. It also justifies the writer's idea of how a writer ought to be: "But for a writer, it's important to look in all directions, not just one. A good writer has a 360-degree view of the world he inhabits." If the protagonist were to be identified with a particular traditional name and in a normal world, the slick little deceptions of the hypocritical world come in the way, obscuring his complete self.

The maximum brain-capabilities lying dormant in subconscious and unconscious minds manifest without pretence; these in turn get messed up with the conscious thoughts in a person like Number 7, whose logogram or ideogram '7' represents the 'entire man' without expressing its pronunciation, but leaving for the sagacity of the readers, either for pronouncing or for arriving at a meaning, when the thoughts are drawn out and overlapped.

Works Cited

Breton, A. *Communicating Vessels*, trans. M.A. Caws & G.T. Harris, University of Nebraska Press, Lincoln, 1990.

Beveridge, Allan. "A Disquieting Feeling of Strangeness?: The Art of the Mentally Ill," *Journal of Royal Society of Medicine*, 94 (11): Nov. 2001, pp. 595-99.

Chisholm, R. *French Studies*, Vol. V, Issue 1, pp.36-39, Oxford University Press, 1 January 1951.

Gigoo, Siddhartha. "The Umbrella Man," *A Fistful of Earth and Other Stories*, Rupa, New Delhi, 2015.

Mundy, J. *Surrealism: Desire Unbound*, Princeton University Press, Princeton, 2002.

Rush, B. *Medical Enquiries and Observations upon the Diseases of the Mind*, Kimber & Richardson, Philadelphia, 1812.

Wilczek, Frank. *A Beautiful Question: Finding Nature's Deep Design*, Penguin, New York, 2015.

"When I write, I become a slave of my characters: Siddhartha Gigoo," Interview, *The Hindustan Times*, 26 May 2015.

Chronological Growth of Indian English Poetry: An Overview

RAJU BOLLAVARAPU
REX ANGELO
Andhra Loyola College, Vijayawada

The stem of poetry has formed a niche in unveiling human shade from times eternal. Indian tradition is deep rooted in its traditions, arts and culture. Indian poetry is overloaded with rich poetic elements deriving its roots from regional languages. The advent of Colonialism gave a new language i.e. English, especially to the Indian poets. Indian poets have been writing poetry in English for the last 150 years. The long span can be divided into three significant phases: 'Imitative,' 'Assimilative,' and 'Experimental.'

In the Imitative period (1850-1900), the writers branded themselves as Romantic poets. They chiefly followed the Romantic trend imitating the British poets like William Wordsworth, Scott, P.B. Shelley, Byron, John Keats and others. The poets of this period are also called the Renaissance poets. These early Indian English poets imitated the forms, rhythms and themes of History, Myths and Legends. Henry Derozio is the father of the Indian poetry in English. He is followed by Kasiprasad Ghose, Michael Madhusudan Dutt, Toru Dutt, Ram Sharma, Manmohan Ghose who were the pioneers and trendsetters in Indian English poetry. Madhusudan was a gifted poetic artist and his famous work *The Captive Lady* is a long metrical romance which brought him great fame. Stephen Phillips and Arthur Griff also contributed. "Love sons and Elegies" whose collection of Ghose's lyrics on love, nature and death is characterized by nostalgia, melancholy pathos. There were also saint poets like Swami Vivekananda and Swami Ramtirtha. Toru Dutt also exhibited great ability and originality to bring Indian English poetry to a high level of poetic excellence.

Derozio's poem, *Harp of India* is a masterpiece. He led the young Bengal movement and is known as the first modern English poet of India. He is a true representative of people's sentiments during the pre-Independence era. His father was an Indo-Portuguese and mother British. In spite of having little Indian blood, Derozio loved India. The poem celebrates the glorious past of India and mourns over its loss because of its British rule. The poem ends with the hope that India will regain its glory. The poem is written in the fashion of a sonnet with a problem and suggests solution in the second part with the traditional rhyme scheme ababbabcdcdcbb. Toru Dutt is often considered the first Indian poetess to write in French and English. At a time when Indian writers were facing a lot of criticism, Dutt's works were not only appreciated but also received huge public attention. Although she died at the tender age of 21, Dutt's achievements are significant. Kasiprasad Ghose was the first Hindu to write original English verse. "To a Dead Crow" is a semi-comic poem, a parody of an elegy.

In the Assimilative period (1900-1947), the poets were still romantic and slowly started expressing consciousness of the Indian Renaissance and Indian National Movement. The poets of this stage are still romantic in spirit. Poets like Sarojini Naidu, Tagore, Aurobindo, and Harindranath Chattopadhyaya made commendable influence in the poetry of second phase. All of them were laden with the elements of 'Nationalism,' 'Spiritualism' and 'Romanticism.' The writings of Aurobindo were overloaded with Divine elements. Tagore proved his quest for the beauty in Man and Nature. Sarojini Naidu, romantic in spirit, underscored the charm and splendour of traditional Indian life and Indian scene. She had a fine ear for verbal melody and excellent lyricism. She draws on the rich traditions of several Indian languages, regions and religions. Her use of images is highly stylish, sophisticated yet simple. Poetry written in the colonial period was a projection of ethos rather than representation of spontaneous views or emotions. Their appeal was to the heart of readers rather than touching the emotions of people. They tried to imitate the romantics but not their emotions. Aurobindo's poem *Savitri* written in the fashion of Milton's *Paradise Lost* underlines the theme of perfect womanhood. Tagore's poem, *Gitanjali* (1921), a classical literary piece, brought him Nobel Prize; it underlined idealistic sensibilities of romanticism, Nature and man relations. For example,

> Take this little Flower; Delay not
> Let it not Droop and Drop into the Dust

Tagore stands before God and appeals to Him to take his soul as he is ready to merge with God. He is like a flower. When the petals of the flower get detached from itself, it loses its natural beauty and charm. As a result the petals fall from the stalk of a flower and go into the dust. The imagery used in these lines is apt.

Poetry written after independence forms the Experimental stage. The culture of the post-independence phase of Indian English poetry is radically different from the first two phases. This phase gives importance to modernization, urbanization, industrialization, mobility, independence, social change and increased communication. The major post-independence Indian English poets are Nissim Ezekiel, Dom Moraes, P. Lal, Adil Jussawalla, A.K. Ramanujan, R. Parthasarthy, Gieve Patel, Arvind Mehrotra, Pritish Nandy, Kamala Das, K.N. Daruwalla, Shiv Kumar, Jayanta Mahapatra, Dilip Chitre, Eunice De Souza, Vikram Seth, Makarand Paranjape and Tara Patel. The models of the modern Indian poets are neither exclusively Indian nor British but cosmopolitan. Europe, Africa, America and Asia have all become a part of our cultural consciousness and offer impetus and stimulation. These poets have assimilated themselves into cosmopolitan culture, though the preference is shown for Eliot, Pound, Yeats, Auden, Wallace, Ginsberg and Sylvia Plath. The poets of this period confined themselves to the expression of certain attitudes and values believed in by certain sections of present-day society touching urban and middle class society. They are realistic and intellectually comprehensive in giving expression to individualized feelings, experiences and emotions. They are not didactic yet thought-provoking. They made several innovative experiments to add modernity to contemporary Indian poetry. In terms of projecting themes, following poetic structure, complete detachment from the previous poetic influence, using imagery, symbolism, following the basic rudiments in poetry and objectivity, these poets show excellent maturity and extend their connections geographically, historically, socially and psychologically.

Contemporary Indian poetry underwent a sea change as far as thematic issues are concerned. Many of these Indian poets have their roots in their community and have been educated abroad even though they hail from middle class. A few poets hail from different backgrounds. For example, Nissim Ezekiel is with Jewish background, Dom Moraes is an Anglo-Indian, Daruwalla and Jussawalla are Parsees. Eunice De Souza is a Goa Christian. The Indian poets writing in English find themselves alienated from their own immediate circle and even from the westernized ethos. Poets like Ramanujan, Parthasarathy and Arun Kolatkar are preoccupied with the need to recognize the roots.

Plight of Women in Girish Karnad's *Naga-Mandala*

G. YADAGIRI
Govt. Degree College for Women, Nalgonda

Girish Raghunath Karnad is an internationally acclaimed playwright, film-maker, a versatile actor and a person of wide accomplishments and interests. Based on his serious explorations of folklore, mythology and history, he was conferred the Padma Shri and the Padma Bhushan by the Government of India. He is a recipient of the 1998 Jnanpith Award, the highest literary honour conferred in India. The subject of his plays reflects the problems and challenges of contemporary life. *Naga-Mandala* is an important play that discusses the important issue of feminine desire for social independence and sexual fulfillment by defying the dictates of patriarchy and subverting the patriarchal constructs of gender and cultural discourses. The play leaves the impression that the racial class divisions are not so prominent. But the female is presented as an oppressed class and Rani, the central character of the play, becomes its representative. The subjugation of woman by patriarchy through the instruments of gender and culture has been presented in this play. Karnad uses elements from traditional theatre to weave together two oral stories handed down by women storytellers. The atmosphere of magic realism is created with Naga-Mandala as well, where Rani fulfils her sexual desires with the Naga in the absence of her husband Appanna. Here the female desire and the feminine discourse get overlapped with each other in the psychological discourse of a female self, thus creating a hybrid semi-real space.

The issues of extramarital affair and illegal sexual relationship have been put forth by Karnad in the modern context through myth and folklore.

Nagamandala is an elaborate and spectacular ritual of serpent worship found in Tulunadu, especially in Mangalore and Udupi districts. Nagamandala is also called Hudiseve, Mandlabhoga or Mandlaseve by the Baidyas. But Nagamandala is a term generally used by all to denote this form of worship. The term Nagamandala is a compound of two words: Naga and Mandala. Naga means serpent and Mandala implies decorative pictorial drawings on the floor. The decorative drawing in this context means the drawing of the figure of the serpent god in a prescribed form. Nagamandala depicts the divine union of male and female snakes. Karnad wrote his play titled *Naga-Mandala* in 1987-88. Like the ritual, this also revolves around the union of a snake. However, here the union is not with another snake; it is the union of a snake in the form of a human with a woman. The play is based on two folk-tales that Karnad heard from his mentor A.K Ramanujan. Rani is a young bride who is neglected by her indifferent and unfaithful husband, Appanna. She is locked inside the house by Appanna. He treats her as a servant and also keeps a concubine. Kappanna, an old blind woman who is always carried around by her son, tries to help Rani by giving her a potion which, she says, will cause Appanna to fall in love with her. Rani gives up that plan at the last moment, however, and pours the potion on the ant hill which happens to be the dwelling place of a King Cobra. The Cobra (a Naga) falls in love with Rani. Naga, who can take the form of a human being, is enchanted with her and begins to visit her every night. He enters the house through the drain in the bathroom at night and once inside takes on the appearance of her husband Appanna. This changes Rani's life completely as she starts to experience good things in life though she never comes to know that the person with her is not her husband but the Naga. One of these days, she gets pregnant and breaks the news to Appanna who immediately accuses her of adultery and says that he has not fathered the child. The issue is referred to the village Panchayat. She is then asked to prove her fidelity by putting her hand in the snake burrow and take a vow that she has not committed adultery. The popular belief is that if any person tells a lie holding the snake in his hand, he will be instantly killed by the snake God. Rani places her hand in the snake's burrow and vows that she has never touched any male other than her husband and the Naga in the burrow. She is declared chaste by the village Panchayat. Later, Appanna accepts Rani and starts a new life together. Appanna literally means "any man" and points to the metaphor of man in general, his chauvinistic stance and towering dominance to the extent of suppressing a woman's individuality.

Rani endeavours to discover her individuality by seeking refuge in dreams, fairy tales and fantasies to escape the sordid reality of her existence. She is of an age where the typical fantasy would be a Sultan or prince coming on horseback, Rani's flight of imagination transports her to a seventh heaven where her parents wait for her. Critics show her body as a site of "confinement, violence, regulation and communication of the victimized gender-self." And they also point out how she later uses the same body to rebel, subvert and negotiate her space in society. Appanna accuses her of an adulterous relationship whereas he himself has an illicit relationship. He and his hypocritical society question Rani's chastity. This is a miniscule cross-section of the patriarchal society that we live in. In Indian myth, a miracle is mandatory to establish the purity of a woman, while a man's mere word is taken for truth; whether it be Sita, Shakuntala or Rani in this instance. In the patriarchal social order, masculinity is associated with superiority; whereas feminity is linked with inferiority, and while "masculinity implies strength, action, self-assertion and domination, feminity implies weakness, passivity, docility, obedience and self-negation.

Leaving a life without any future and identity, Rani is in search of love and identity as a wife. Thrown in the storm of isolation, she gets into the squall of Naga's love who comes to her in the form of her husband. Breaking her silence with the questions to Naga, she starts feeling comfortable and her fears take the form of ecstasy: "I don't feel afraid any more, with you beside me" (273). Naga makes up for all that Rani has missed out in her married life. The situation through which Rani passes is against the law and order of the society.

As a mother, Rani is seen in the last part of the story to be in command of the household with some authority and decision-making power. Appanna even agrees to her rather strange demand that their son should perform an annual 'pinda-daan' in the memory of the dead snake. The woman in her might have experienced the difference between the love of Naga and authority of Appanna. A. Jaganmohana Chari writes in this context: "The dichotomy of lover and husband is in the tradition she has inherited. When she discovers in her experience in the end the difference between Naga's love and that of her husband the feeling of experience hardly crosses the threshold of her consciousness because her experience of her head or her conscience hardly matters in the world of patriarchal hegemony" (5). Folk tales in a patriarchal society represent primarily the male unconscious fears and wishes and is male-oriented. In these stories the women's experiences and inner feelings are not given importance. They do not throw much light on women's fears, anxieties and psychological problems. It is remarkable that Karnad adapts this male-oriented folk tale in such a manner that it becomes a representation of the experience of man and woman in the psychologically transitional phase. The cultural code works on the principle of shared worldview. By using appropriate cultural codes, a lot of decoding is made easy for the readers. It throws light on the beliefs and superstitions that exist in that particular culture. For example, in that culture, the snake is regarded as a sacred species. It is also feared by many and there is a saying that if one talks of the snake, the snake tends to appear immediately. The snake primarily represents rebirth, death and mortality, due to its casting off its skin and being symbolically "reborn." The best use of cultural code would be the snake ordeal that Rani performs in order to prove herself not guilty. Traditionally in that culture it is believed that to prove oneself not guilty one would either have to hold red hot bars of iron in hand and plead innocence or perform the snake ordeal. Here Rani takes ordeal where she has to put her hand into the termite hill and pull out the snake. After which she has to prove her statement by promising in the snake's name. It is a belief in that society that if that person has spoken truth then the snake would bless that person, if not, it would bite the person which will lead to death. In Rani's case, the snake blesses her. Immediately the society divinizes her for her supreme powers and capacity and feels guilty of putting her through the ordeal. Rani gets physically engaged with Naga who makes love with her every night in the absence of her cruel husband Appanna who leaves her everyday locked in the room. The identities of Naga and Appanna overlap, thus creating a state of confusion among the husband and wife. The semi-dark atmosphere and the confused identities give Rani the opportunity to break the barriers of patriarchy and exercise her own discretion in fulfilling her feminine desire and subverting the male constructs. Through Rani, Karnad challenges the patriarchal constructs of chastity and ideal womanhood that women are made to follow only to serve the purpose of men.

Naga-Mandala is a feminist play; it questions the patriarchal moral code which demands faithfulness of woman to her husband but not the faithfulness of man to his wife. Appanna openly and unashamedly commits adultery but nobody objects to it; the village elders who sit in judgment do not find fault with him. Nobody believes the innocence of Rani. She sleeps with Naga without knowing its true identity of Naga who assumes

Appanna's form by using his magical powers. At the end, Appanna worships his wife and accepts the child. Now he faces the dichotomy of her real and ideal self. She pats her hair, and tells Naga, 'This hair is the symbol of my wedded bliss, live happily forever.' She wants the love and the status of her wedded husband and she also yearns for the warm sensuous love of the Naga. The play has effectively made use of the snake to bring out a message.

Until and uthe snake was given a human form, the play would not have been able to get the message across. The snake here through its games and acts has given the rigid hero a new way of life. It has thrown light on the new relationship pattern and the importance of a wife and her love in a man's life. It is through the snake which is worshipped for fertility that Rani conceived and it is this point in her life that brought a complete change. To conclude, people especially the devotees, strongly believe that the ultimate result of Nagamandala is Nagamangala, i.e., prosperity of the village, prosperity of the town and bliss for all living beings. The issue of extramarital affairs is prohibited in Indian culture. But, in his play, Karnad indirectly justifies Rani's act of adultery by treating it as a metaphor.

Karnad offers an insight into the private lives of women. Right from the beginning, the flames that appear in the 'Prologue' of the play represent in metaphorical terms the lives of the women of the village. The flames gather at midnight to tell tales about the private lives of couples and rejoice in their findings. The play opens with a man, in a 'morose stance,' sitting in the inner sanctum of a ruined temple. He is gloomy because a mendicant has told him, "you must keep awake at least one whole night this month. If you can do that you'll live. If not, you will die on the last night of the month" (1). The man has failed every night and that night was the last night of the month. His guilt is that he has written plays and has thereby caused so many good people "to fall asleep twisted in miserable chairs." Hence, there is a curse of death on him. He swears that if he survives that night, he would "abjure all storytelling, all play acting" (3).

At night the man hears female voices outside the temple. They are all flames. Several of them enter the temple, giggling, talking to each other in female voices. Addressing the audience, the man says, "I had heard that when lamps are put out in the village, the flames gather at some remote place and spend the night together, gossiping. So this is where they gather!" (4). These flames stand for female society. Each flame is a female, a storyteller, sharing with others, her new experiences and observations. They are women without any ambition or desire for an honourable life, but are androgynous in nature. One can say that they represent the collective subconscious of the female mind.

Each of these flames shares its personal experience outside the temple. But the New Flame brings a strange story—story of an old woman who suspects that her husband has an illicit affair with another woman. She is so much distressed on this account that she sees a woman in hallucination coming out of her husband's room. She, therefore, weaves a story and song which take the form of a woman and a sari respectively. The woman wrapped in the sari becomes a story which must be told to someone to save it from being choked to death. The flames cannot hear the story because they are non-human beings and so they are incapable of passing it on to others. In the Author's Introduction, Karnad points out how these oral tales function in the family: "The older women in the family narrate these oral tales especially when children are being fed in the evenings in the kitchen or being put to bed. The adults present on these occasions are also women. Therefore these tales, though directed to children, often serve as a parallel system of communication among the women in the family" (5).

Through these stories women give expression to their experiences which are not recognized by the patriarchal structure of society. Karnad says that their stories represent distinctly woman's understanding of the reality around her and the lived counterpoint to the patriarchal structures of classical texts and institutions. About the predicament of Rani, Karnad points out in the Author's Introduction: "The position of Rani in the story of *Naga-Mandala*, for instance, can be seen as metaphor for the situation of a young girl in the bosom of a joint family where she sees her husband only in two unconnected roles--as a stranger during the day and as a lover at night. Inevitably, the pattern of relationships she is forced to weave from these disjointed encounters must be something of a fiction. The empty house Rani is locked in could be the family she is married into" (6).

The story of the flames also remarks on the paradoxical nature of oral tales as they have an existence of their own, independent of the teller and yet live only when they are passed from the possessor of the tale to the listener. The status of a tale becomes akin to that of a daughter, for traditionally a daughter too is not meant to be kept at home too long but has to be passed on. The story in the play represents the life of a woman, a commodity to be passed on. Although having an existence of its own, she acquires fulfillment when passed on to her husband. If kept as a secret, she is likely to become the mystery of life itself as in the case of Rani and then it is interpreted in various ways subject to supernatural forces.

Thus, Karnad by making use of the 'Story' and 'the Flames' as extended metaphors, prepares the minds of his audience about what is to follow next. To set the tone of the play and to intensify the effect, he has deftly made use of these devices of folk theatre. Karnad subtly acknowledges that gender is one of the reasons that prevent a woman from achieving identity and freedom in patriarchy. To eradicate these socio-cultural evils, he dexterously makes use of myth and folk tales. He endeavours to show through the story of Rani that the family in patriarchy is a hindrance in the way of woman's realization of her identity. Simone de Beauvoir, the twentieth-century feminist critic, agrees with the view that in patriarchy the young girl does not accept the destiny assigned to her by nature but by society and yet she does not repudiate it completely. Thus, she is divided against herself." In India a woman can endure almost any injustice while serving her husband or family. She obeys her husband like a dumb domestic animal. Karnad in the play expresses his concern and preoccupation with the distress of woman in a patriarchal society in which man enjoys privileges while woman has to be content with only a few. The women are the sufferers because, more often than not, it is the husband who torments and deserts his wife for another woman. Commenting on the central theme of the play, Sarat Babu observes that Karnad through this play: "not only exposes male chauvinism, the oppression of women, the great injustice done to them by men and patriarchal culture but also stealthily deflates the concept of chastity. He seems to suggest that matriarchy which according to Bachofen's theory of Mother Right is the lost paradise of mankind will come again" (10).

Patriarchy is a force that has enslaved women since times immemorial. These cultural fetters are potent yet invisible. Karnad's powerful depiction of the agony and anguish experienced by Rani stand as a paradox for the predicament of a young girl trapped in the net of patriarchy. She sees her husband in two unconnected roles--as a lover at night i.e. Naga in the guise of Appanna (her husband) and as a stranger (her Real husband) during the day. Act I of the play introduces us to the story of Rani: "A young girl. Her name . . . it doesn't matter. But she was an only daughter, so her parents called her Rani. Queen. Queen of the whole wide world. Queen of the long tresses. For when her hair was tied up in a knot, it was as though a black King Cobra lay curled on the nape of her neck, coil upon glistening coil. When it hung loose, the tresses flowed, a torrent of black, along her young limbs, and got entangled in her silver anklets" (11). Her fond father finds a match for her and gets her married to a young man who is rich and whose parents are dead. His name is Appanna. He takes her to his village. Rani thus enters her wedded life like most girls with lots of expectations but is shocked by Appanna's neglect. Both Rani and Appanna do not know how they can relate to each other. The very first dialogue between them reveals the future of Rani:

> Appanna. Have we brought in all the bundles?
> Rani. Yes.
> Appanna. Well, then, I'll be back tomorrow at noon. Keep my lunch ready. I shall eat and go. (12)

Rani looks at him non-plussed. Appanna pays no attention to her, goes out, shuts the door, and locks it from outside and goes away. She runs to the door, pushes it, finds it locked, peers out of the barred window. He is gone. It happens to her every day. Nights he enjoys in the arms of his concubine. Rani has to remain locked all alone in her house throughout the night. She does not know what is happening and is perplexed to observe her husband's attitude. She cannot even weep. She goes and sits in a corner of her room, talks to herself indistinctly. She indulges in reveries in order to calm herself. She asks Appanna in her reverie: where are you taking me? To which she gets the answer from the Eagle in her dream: "Beyond the seven seas and the seven isles. On the seventh island is a magic garden. And in that garden stands the tree of emeralds. Under that tree, your parents wait for you." So Rani says: "Do they? Then please, please take me to them—immediately. Here I come." So the Eagle carries her clear across the seven seas. (13)

Thus, the entire journey of Rani from her childhood to motherhood implicitly shows her struggle to achieve identity and honour in society. She is tormented, tortured and suppressed at every phase of her life. Patriarchy inextricably plays a suppressive role. She remains immature both physically and mentally because she is not allowed to express her views or feelings. She is imprisoned in her own cage like a bird. Rani is not allowed to share her feelings with other women, but as soon as she receives affection she grows, develops and gains confidence and courage. Miti Panday points out in this context that the new woman has punctured the stereotype fallacies attributed to female nature and demanded a position of equality for herself. Her success in the fields so far reserved exclusively for men has confirmed researchers in psychology that there is no inherent difference in the aptitude of man and woman.

Rani who has been brought up by her parents with great love and pampering, falls a victims to Appanna who is licentious, lewd and ludicrous. Karnad through the characters of Rani and Appanna shows how virgins fall in the net of males who exploit and suppress them to fulfil their needs. Rani becomes an emblem of dead dreams and also of rejuvenation. Rani's relationship with Naga, however unnatural, symbolizes the rejuvenation of those dreams.

Rani is a typical Indian woman who is ready to suffer at the hands of her husband without complaining, in the hope that her husband will return to her in the end. She expects nothing. Yet she is ready to make any sacrifice. If she commits a mistake, she holds herself guilty and ever remains repentant for the lapse. It will not be amiss to say that an Indian wife is masochistic, taking pleasure in being tormented by the husband. She never revolts even in thought. A husband, according to Indian mythology, is a replica of God howsoever depraved he may be. Marriage forces a woman to face a new atmosphere and adjust to a new life style. In the process, the bride becomes a totally new woman. In the case of the heroine of *Naga-Mandala*, she suffers a crisis initially and instead of being shattered, she changes from a meek bride to a strong woman.

The woman is portrayed as dependant in all three Phases of her life—as a daughter (Rani's dependence on her parents), as a wife (Rani's reliance on Appanna) and, as a mother (Kurudavva's handicap without Kappanna). In Indian society, woman is said to be complete only after marriage. However, paradoxically she neither belongs to this world or that: her parental home or her husband's abode. For the woman, the home is said be an expression of her freedom: it is her domain. However, Rani is imprisoned in her own house by her spouse in a routine manner that baffles others with door locked from outside. She does not shut the door behind her like Nora does in *A Doll's House*, but God opens a door for her in the form of a King Cobra. The King cobra gets seduced by the love potion provided by Kurudavva to Rani to lure her own husband who turns a blind eye to her. The snake assumes the form of a loving Appana in contrast to the atrocious husband at day. The climax is reached when Rani becomes pregnant and Appana questions her chastity. Her innocence is proved by virtue of the snake ordeal that the village elders put before her, and she is eventually proclaimed a goddess Incarnate.

Works Cited

Girish Karnad, *Three Plays: Naga-Mandala; Hayavadana; Tughlaq*, Oxford University Press: New Delhi, 1994.

_____. *Collected Plays*, Vol. I, Oxford Univesity Press, Delhi, 2005.

_____. *Tale-Danda*, Oxford Univesity Press, Delhi, 1993.

_____. *Yayati*, Oxford Univesity Press, Delhi, 1979.

_____. *Hayavadana*, Oxford Univesity Press, Delhi, 1993.

The Theme of Social Responsibility in Arthur Miller's *All My Sons*

ANDE BALA SOWRI
Hindu College, Guntur

The title of the play is significant. Keller's son Larry committed suicide because he could not endure the thought that his father had been responsible for the deaths of a large number of air pilots who had flown the aircraft which had been fitted with the defective cylinder heads supplied by his father. Evidently Larry had not expected that his father would go to this extent for the sake of making money through the production of his factory which had been given a contract by the Air Force to supply a certain type of equipment to them. Larry's letter to Annie makes it clear to her that he was going to commit suicide because he could not endure his feeling of shame at his father's crime. Subsequently, when Kate says to her husband that he should not surrender himself to the police because his son Larry would not have wanted him to do so, Keller replies that in Larry's eyes the pilots, who had been killed because of the defective cylinder heads, were also Keller's sons. And Keller goes on to say that he too now thinks that those air pilots, who had been killed, were surely his sons.

Miller is a prolific writer. He writes only when he has something fresh to say and refuses to repeat himself. From what he has said about his own method of working, it is clear that he is not easily satisfied with what he writes. It is not lack of invention or death of ideas that limits him, but an excess of self-criticism combined with a restlessness of intellect. Miller believes that the serious playwright must write social drama. For him, social drama is not simply an arraignment of the evils of society. The true social drams, which he calls the "Whole Drama," must recognize that man has both a subjective and an objective existence, that he belongs not only to himself and his family but to the world beyond. Joe Keller, the hero of *All My Sons*, is a good husband and a good father, but fails to be the good man that Chris demands. At the end of the play, Joe cries out: "I'm his father and he's my son, and if there's something bigger than that, I'll put a bullet in my head!" Joe not only accepts the American myth of the privacy of the family, but he had adopted the familiar attitude that there is a difference between morality and business ethics. Joe Keller is a self-made man, an image of American success. He is destroyed when he is forced to see that image in another context, namely through the eyes of his idealistic son.

Of all Miller plays, *All My Sons* probably comes closest to classical tradition. It is a tightly knit story, progressing logically from one event to another, every action and each character acting and inter-acting in a sequence which brings the play to what the audience feels is an unavoidable conclusion. Here, the social implications are so deeply entangled in the psychological make-up of the hero that it is not possible to reduce Willy's pathetic death to social criticism. When we meet Willy, he is, like Joe Keller, past the point of choice. From the conflicting images of success that wander through his troubled brain, comes Willy's double ambition--to be rich and to be loved. Miller's plays are concerned with larger social issues. The theme of *All My Sons* is the importance of a man's social responsibility. A man generally tends to think of his own interest and of his family's interest; and he does so without paying any attention to the effects of his actions on other people. Every man seeks his own material interests and every man strives to promote the material and monetary interests of his family. A man generally disregards the interests of the other people around him; and most often he achieves material and monetary gain and advantage at the cost of other people. A man often does a great damage to other people's interests in wanting to ensure his own economic stability. In the pursuit of his own material gain, and in advancing the material interests of his wife and children, he may even do irreparable damage to society as a whole. The manufacturer Joe Keller is such a man. Joe Keller regards his family as his chief interest in life. He has built up his business for the prosperity of his family. But a time comes when he has to choose between the interest of his family and the larger interest of his nation; and he chooses the former, with disastrous results.

Joe Keller and his partner, Steve Deever, had a contract for the manufacture and supply of aeroplane cylinder heads. They kept supplying the much-needed cylinder heads to the Air Force during the war. However, it so happened that one particular batch of cylinder heads, produced by their factory, developed cracks. These cylinder heads should not have been supplied to the Air Force, and should have been withheld. Joe Keller, finding that by withholding these defective cylinder heads, the factory would suffer a huge financial loss, decided not to withhold them. He instructed his partner, Steve, on the telephone to repair the cracks in the cylinder heads and dispatch them to the Air Force which had been sending urgent messages to the factory to expedite the dispatch of cylinder heads which were needed for their P-40 aeroplanes. In giving these instructions to his partner, Joe Keller had also assured him that he would take upon himself the full responsibility for the dispatch of these defective cylinder heads. Joe Keller knew that these cylinder heads could cause the aeroplanes to crash and kill the pilots. However, that is exactly what happened. As many as twenty-one air pilots were killed before the defect in the aircraft was discovered. At the trial of the two partners, Joe Keller passed the whole blame to Steve Deever. The result was that Joe Keller was acquitted, while Steve Deever was sentenced to long imprisonment. Joe Keller's wife knew that Joe Keller was guilty; the neighbours also knew it; and yet Joe Keller was able, by means of an alibi, to save his own skin and send his partner to prison. But the main point here is not that Steve was imprisoned. The main point is that Joe Keller had, because of his greed and selfishness, been responsible for the deaths of as many as twenty-one pilots of the American Air Force at a time when world war was going on, and when every single pilot's life was precious.

The main interest of the play lies in the fact that Joe Keller had evaded social responsibility to maintain his business. When his son Chris Keller discovers his father's guilt, he feels shocked and grieved. The play shows that a man's social responsibility is higher than his responsibility to his family; society is much larger than family, and man should not sacrifice the larger interests of society for his narrow self-interest. Aristotelian universality is evident in *All My Sons*.

Works Cited

Loughlin, Richard L. "Tradition and Tragedy in *All My Sons*," *The English Record*, Vol. XIV, 1964.

Weales, Gerald. "Arthur Miller," *The American Theatre*, ed. Alan S. Downer, Voice of America Forum Lectures, 1967.

Bigsby, Christopher. "A British View of American Playwright," *The Achievement of Arthur Miller*, ed. Steven R. Centola. New Essay: Dallas Contemporary Research Association, 1995.

Boggs, W. Arthur, "Oedipus and *All My Sons*," *The Personalist*, Vol. XLII, 1961.

Mitchelich, Alexander. "Society without the Father: A Contribution to Social Psychology," trans. Eric Mosbacher. New York: Harcourt, Brace & World, 1969.

Miller, Arthur. *Tragedy and the Common Man: The Theatre Essays of Arthur Miller*, ed. Steven R. Centola, Robert A Martin. New York: Dacapo Press. 1996.

Social Realism in Leo Tolstoy's Works

K.J.A. SAMUEL
Noble College, Machilipatnam

Tolstoy, Russian author, reformer and moral thinker, was an individualistic aristocrat who in his later years tried unsuccessfully to lead the life of a poor peasant. He ended up as an intransigent puritan. He is also a man of singular vitality who feared death at almost every step. This extraordinary duality of character made him abandon his career of a mere writer of fiction to become a radical Christian. He propagated belief in a life of love and faith and rejected property and such man-made institutions. In 1856, he left the army and went to St. Petersburg, where he became the idol of competing literary groups that sought his support for their social and aesthetic views. A pronounced individualist, he rebuffed the coteries and left for Yasnaya Polyana.

The contrast between the natural man and the spoiled product of sophisticated society deeply interested Tolstoy. The highly civilized protagonists suffer in comparison with the freedom-loving uninhibited of the village. Several of them are among Tolstoy's most memorable characters. His original teaching methods which anticipated modern progressive education drew him deeper into pedagogical studies.

He found little help in the writings of philosophers, theologians and scientists that he systematically examined, but the peasants for whom he felt a deep sympathy gave him a clue. One must serve God, they told him, and not live for oneself. Ultimately Tolstoy became convinced that the teachings of Christ as revealed in the New Testament contained the answer to his question about the meaning of life. He also believed that the history of the last 2000 years had been shaped essentially by the moral development of individuals and the demoralization of governments. He placed his faith in the moral development of the people as a final answer to what he regarded as the universal oppression of the many by few. In his major works Tolstoy touches themes like importance of family life, search for the meaning of life, irrationality of human motivation, social changes in Russia in the nineteenth century.

In Russia the genre "family novels," which showed the benefits and comforts of family togetherness and domestic bliss, often in a much idealized way, started to fade away as many social progressives attacked the notion of family, calling it old-fashioned restraint on individual freedom. In Anna Karenina Tolstoy represents family life as a source of comfort, happiness, and philosophical perfection. Anna destroyed her family and died in misery, while Levin created a family and lived happily. It is a story of moral crisis and spiritual awakening. The novel begins with one of the most oft-quoted lines: "Happy families are all alike; every unhappy family is unhappy in its own way." Anna arrives in the midst of a family broken up by her brother's unbridled womanizing, something that prefigures her own later situation, though she would experience less tolerance by others.

A bachelor, Vronsky, is eager to marry Anna if she agrees to leave her husband, Count Karenin, a senior government official. But she is vulnerable to the pressure of Russian social norms, the moral laws of the Russian orthodox Church, her own insecurity and Karenin's indecision. Although Vronsky and Anna go to Italy, where they can be together, they have trouble making friends. Back in Russia, she is shunned while Vronsky pursues his social life. Despite Vronsky's reassurance, she grows increasingly possessive and paranoid about his imagined infidelity, fearing loss of control.

A parallel story within the novel is that of Konstantin Levin, a wealthy County landowner. He wants to marry Princess Kitty, sister of Princess Dolly, wife of Scherbatsky. Levin proposes twice before Kitty accepts. The novel details Levin's difficulties managing his estates, his eventual marriage and his struggle to accept the Christian faith, until the birth of his first child. The novel explores a diverse range of topics, an evaluation of the feudal system that existed in Russia at the time. We see politics, not only in the Russian Govt. but also at the level of the individual characters, families, religion, morality, gender and class.

The novel is autobiographical; Levin for instance is often considered a semi-autobiographical, portrayal of Tolstoy's own beliefs, struggles and life events. Levin's request that his fiancée read his diary--a way of disclosing his faults and previous sexual encounters--parallels Tolstoy's own requests to his fiancée, Sophia. The events in the novel take place against the backdrop of rapid transformation as a result of the liberal reforms initiated by Emperor Alexander II.

The characters in *Anna Karenina* are men and women of actual experience. The question of happiness, however, is central to the novel. We may suppose that the portrayal of varying degrees of happiness informs Tolstoy's decision to structure the novel, so that Anna and Vronsk'y relationship and Levin and Kitty's marriage run parallel to one another. Anna's suicide casts shadow over the entire novel; death is her punishment.

The minor themes, as well as major ones, all stem from Tolstoy's single-minded morality. His controversial anti-war views, expressed in Part 8 became formalized among the doctrines of Tolstoyan Christianity. A Christian's first duty is to abstain from living by the work of others and participating in the organized violence of the state. While all forms of violence is evil, any government compulsion shares this taint, since the individual must be free to follow his own inner goodness, seeking for himself what is right and wrong. These as yet unformalised doctrines motivate Levin's disinterest in the question and make him challenge why Russian soldiers should murder Turks.

Despite Tolstoy's anarchic morality, he believes that God's judgement operates the sanction of moral law. The Pauline epigraph which appears at the novel's title page expresses this fatalism: "vengeance is mine and I shall repay, sayeth the Lord" (Romans 12:19). In other words, the good character gains reward, the bad one is punished; Levin achieved salvation, Anna got death. And only God judges, not man, says Tolstoy. Depicting the gossiping members of Anna's social set with pitiless irony, Tolstoy chastises these human judges.

Tolstoy became a literary artist of high calibre and his works are pieces of enduring value. The central themes of his writings are meaning of history, the power of forgiveness and love, the mystery of evil and the unceasing desire to understand life. *War and Peace* is an epic novel which ranges from stirring depictions of historical events to intimate portraits of family life, moving between public spectacle and private lives to offer a tale of panoramic scope and closely observed detail. Tolstoy's narrative is noted for its God-like ability to hover over and within events. The novel opens in the Russian city of St. Petersburg in 1805, as Napoleon's conquest of Western Europe is just beginning to stir fears in Russia. The war dimension relates to the 1812 French invasion of Russia, while the peace concerns the life of the Russian society against the backdrop of that invasion. The word peace in Russian has multiple meanings as the state of no war, as society, as the world. Indeed, the narrative shifts between the world of the Napoleonic wars, the world of the Russian society, and the inner spiritual worlds of the novel's main characters.

Two central male characters of the novel Andrey Bolkonsky and Pierre Bezukhov mirror Tolstoy's own spiritual biography. These characters question everything and hold themselves to the higher moral standards. When we first meet Prince Andrey, he is a handsome and ambitious young officer, ready to sacrifice everything for a minute of glory. A near-death experience at the battle of Austerlitz makes him recognize his vanity. Going through multiple transformations in his spiritual search, towards the end of the novel, dying from war wounds, Andrey achieves complete harmony with the world.

In search for meaning, Pierre concludes that most people live like soldiers under fire, distracting themselves from thoughts of death by gambling, horses and parties. At the end of the book, Pierre finds his life's purpose in working on his land and raising a large family. Nicholoy Rostov's army career continues, and he witnesses the great peace between Napoleon and Tsar Alexander. In the system of values Tolstoy creates Countess Natasha Rostov, the heroine of the only love drama in the book. Her love brings awakening to Andrey, but only for a short while. Tolstoy leads Natasha, his favourite female character, through trials of love, disillusionment, public shame, war deprivations and ultimately maturity. She falls in love with various men before becoming seriously attached to Andrey. Andrey's father objects to the marriage. Natasha is now attracted to Antole Kuragin. She eventually decides to elope with him. At the end of the novel, Natasha, married to Pierre, is a down-to-earth mother of a large family with soiled baby sheets in hand, revealing the transformative aspects of love.

Each family in *War and Peace* is a separate microcosm, reflecting Tolstoy's belief in love and marriage. The Rostovs are warm, hospitable and unpretentious. Tolstoy's women do not understand war; their role always centres on the events of domestic and family life. Tolstoy describes war with unprecedented realism, from direct experience and with his incomparable imaginative power and he tells us how terrible it is. It is the result of a mysterious and inevitable force that guides the destiny of men. War is considered divine because it represents a law of the world and a warrior may never be said to have died in vain.

The Kingdom of God is Within You emphasizes the principle of non-violent resistance when confronted by violence, as taught by Jesus Christ; when Christ says to turn the other cheek, Tolstoy asserts that Christ means to abolish violence, even the defensive kind and to give up revenge. Banned in Russia, this book was first published in Germany in 1894. The reason for its banning is that Tolstoy openly opposed organized religion, including Russia's official religion, the Greek Orthodox Church. Tolstoy's book was deemed a threat to church and state.

All govenments that waged war are an affront to Christ's principles. In a bold manner, Tolstoy shows his readers why they must reject violence of any sort, even that sanctioned by the state or the church, and urges them to look within themselves to find the answers to questions of morality. In imagining Christian society, Tolstoy looks not to Deuteronomy or Leviticus whose strict legalism lends itself to the loophole-seeking of the Pharisees, but to the Sermon on the Mount. He looks to Christ's commandment to 'love one another as I have loved you.'

Tolstoy's last significant work *Resurrection* idealizes the character of the Russian peasant and his opinion of the privileged aristocracy. He starts the novel with his celebrated device of 'defamiliarisation'; he refuses to 'call a thing by its name, instead describes it as if it were perceived for the first time.

The novel begins with Katusha walking to the courtroom; Dmitri recognizes her and remembers his behaviour towards Katusha in his student days, first love and the transformation from a peaceful, unselfish man to a selfish one. The novel follows up with the love story between Dmitri and Katerina.

Katerina's mother was an unmarried bondwoman who lived with her mother and later with her sisters. Katerina's mother gave birth every year and she baptized the children. Since they were all unwanted, she refused to feed them. Five children were baptized and then left to die of hunger. Her sixth child, Katerina, was saved by a woman who offered to be the child's grandmother. Her mother died when Katerina was only three. When she turned sixteen, Katerina was seduced by her guardian's nephew Prince Dmitri, a student at the University. He used to visit his aunt during summers. It was there that he first came to know and like Katusha. When he returned three years later, military life had made him depraved and he seduced her. Learning that she was to become a mother Katerina stayed with a village midwife until her child was born. Katusha, after a series of tribulations, became a prostitute. When she is twenty six, she is accused of complicity in the murder of a Siberian merchant.

While Katusha walked into the courtroom, she felt people staring at her. She enjoyed the attention but bowed her head down. Neklyudoff's social convictions were idealistic. The trial was disgusting because the officials were vain, stupid and more concerned with formalities and their own self-interest than with a fair trial for the accused.

He rejected the principle of ownership of land by the elite. He believed that social circumstances created criminals e; he rejected the concept of natural depravity in individuals He felt that the conditions that created powerlessness, poverty, hunger, sickness, and crime among the peasant classes were supported by the powerful to maintain the wealth of the privileged. Both Govt. and science professed a desire to ameliorate these conditions but did not consider the root of the problem. Tolstoy's views were formed by rigorous study of Christ's Sermon on the Mount.

Resurrection presents the injustice of manmade laws and the hypocrisy of the institutionalized church. The novel also explores the economic philosophy of Georgism which Tolstoy strongly advocated towards the end of his life. Tolstoy captures a thoroughly inverted social reality; a world turned upside down, where the unnatural is natural; where immorality is legitimized and automatised to the point of comfortably replacing morality; where human beings treat fellow human beings inhumanly, losing the basic human traits themselves.

Relevance of Tagore in Contemporary Society: A Study of *A Sesquicentennial Reflection on Rabindranath Tagore's Works & Life*

N. THYAGA RAJU
Sayyad Appalaswamy Degree College, Vijayawada

The personality of Tagore continues to remain an enigma. Tagore is perceived as a great philosopher and a great writer. Ever since his creative achievements received global appreciation, with the Nobel prize for *Gitanjali* in (1913), the audiences who flocked to hear him on his extensive foreign tours aspired and craved for his philosophical messages rather than poetic outbursts. Tagore has fulfilled the intellectual appetites and lived up to his role as sage by his long beard and unique, 'pan-Asian' style of dress code. But at one point of time, he often constricted by his external appearance. He wrote to his close friend William Rothenstein about the rich luxury of leisure experienced by him in Europe. Tagore found himself doomed to be unrelentingly good to humanity and remain harnessed to a cause. He firmly believed that the artist in him surges to be naughty and natural but a good deal of courage makes him the man of hundred good intentions.

For many academics across the globe, the unfazed fame of Rabindranath Tagore is a curious issue. Very anxiously they have examined the test of the time. Tagore himself doubted the test of the time which encourages human beings to hide anyone under the blanket of obscurity. Because as a prophet of the time, he saw all his achievements turning someday into dust 'under the wheel of time.' In his philosophical way, he confirmed that all his achievements will be gnawed away into nothingness by the remorseless 'ocean waves of time.' Many critics in putting together different pieces of writings of Tagore are not found to be conflating different points of time. From this perspective, an acute consciousness of his 'place in history' in the memory of his people seems to be a trait marking out Tagore from many other authors. As he became an icon in India, Tagore repeatedly asked himself the question, could 'this image that has been made' escape the 'hunger of the dust.'

The book entitled *A Sesquicentennial Reflection on Rabindranath Tagore's Works & Life* explores the social, literary, philosophical and cultural relevance of Tagore in all its scholarly density. Today, when we explore and evaluate Tagore's life and works, he is remembered as a national icon with only fading remnants of his fame in the public mind and steadily fading knowledge of his place in history. The Bengali speaking community in India and across the globe does not believe in the eclipse of his fame. It is only to defuse these perceptions; there is a revival in reinterpreting the account of Tagore's life and work. In pursuing this perception, my approach has been to draw from Tagore's own statements about the ideas and experiences which drove his creative and intellectual life. Tagore himself left the abundant sources to critically analyze his life and writings. His autobiography, reminiscences, occasional self-analysis, twenty five hundred letters which have been archived and his literary works throw light on the much required understanding of his 'inner life.'

Tagore's versatile creativity and the staggering range of thoughts and writings hold key to any attempt to comprehend his works as a totality. There is a surging creative self-renewal in his vast creative life. In a precious reflective contemplation, Tagore commented on his creative life: "My literary writings have undergone changes just as seasons of nature change. Often that has occurred without my being conscious of it. Such changes in the trend of writing follows changes in the environs, it is so natural that it is not a conscious act. The writer remains unaware of it. It is the critic at a distance from him who can observe those trends" (R.R. Vol. XII 101). This observation is so crucial that it remained a touchstone method in evaluating the creativity of any writer. It is apparent that there are few things that remained constant in the life of Tagore. Tagore had the perspicacity to concede that it is the privilege of the 'external observer' to perceive the trends, changes and continuities. This perception justifies the periodization of the Tagore's intellectual life. It also takes us to locate Tagore in the historical transition. It is often acknowledged that Tagore is much 'in advance of his times.' But considering and withstanding the autonomy of the authorial mind, evaluating the historical circumstances that shaped the personality of Tagore deserves consideration. For a better comprehension of reality, considerable space is required to assess the inheritance of the past. Tagore himself reflected on his restless present and historical past in all his philosophical density. In addition to the qualities of a lyricist and a poet, the social and political comprehensibility was more on the shoulders of Tagore. This has consolidated the role of Tagore as an ideologue. But this has invited possible interpretations raising new questions about Tagore's literary and social personality.

To explore the intellectual evolution of Tagore is a challenging task. University of Oxford conferred D.Litt. *honoris causa* on Tagore in 1940 with a memorable inscription: 'Here before you is the myriad minded poet and writer.' This is regarded as an appropriate recognition of the vast range of literary creations in the form of poetry, dramatic works, songs, essays, novels and short stories. Tagore not only produced a vast corpus of literature but recreated his language. Today, what is prevalent in Bengali is the language of Tagore. His writings have reshaped the aesthetic sensibilities of Bengali and initiated a complete cultural change across India. The response of the western scholars is so paramount that there is an unstoppable continuity in translation of his works. There are well received translations by William Radice, Ketaki Kushari Dyson and by his biographers Andrew Robinson and Krishna Chaudhuri. Almost every publication provoked controversy. There are other scholarly works by Sahitya Akademi. *The English Writings of Rabindranath Tagore* edited by Sisir Kumar Das was published in three volumes by Sahitya Akademi. Critics have realized the necessity to historicize and contextualize Tagore through English writings.

Tagore's literary output was prolific and variegated during the last decade of his life. Conscious of the end of his life, Tagore's creativity gushed out like a volcano in philosophical writings, experiments in new literary forms and into the world of graphic arts. He became an influential spokesman, sending messages and delivering addresses. He developed a kind of humanist universalism which formed the core of Tagore's philosophy of life. This has found its ultimate expression in the concept of 'Religion of Man.' He has elaborated the idea of 'Religion of Man' through his Professorial lectures at Oxford University and Calcutta University. This is also seen in various creative works such as *Chandalika* (The Untouchable Girl) and the novel *Char Adhyay* (Four Episodes). Finally, Tagore has delivered the last testament on the theme of humanist values *The Crisis in Civilization* (1941). This theme dominated his thoughts and became part of his personal outlook on life, finding expression in his poetry.

During this period Tagore introduced an innovation in form called the 'prose-poem.' He has produced Punascha (Postscript 1932), Shesh Saptak (The Last Chords 1935), Patraput (Letter of Leaves 1936), and *Shyamali* (Dark Maiden 1936). Tagore considered this experiment of 'Prose-Poem' as liberation of poetry from metrical discipline. This endeared him to the modern poets of Bengal. In his essay 'Modernism in Literature,' Tagore has appreciated the bold creativity and cautioned against the tendency to imitate the modern western style of the day. His encounter with Modernism is much illustrated in his analysis of the works of T.S. Eliot, Ezra Pound, Amy Lowell et al.

Tagore's innovation in literary forms and his venture into the world of painting has surprised many critics and contemporaries. Tagore has openly acknowledged that his sensibilities were shaped by three movements: Rammohun Roy's social transformation, Bankim Chandra Chatterjee's literary renaissance and the spirit of Nationalism. Tagore who lived at the confluence of three movements derived inspiration and guidance from these. He considered himself as a 'literary outlaw.' He said: "he never had complete acceptance from my own people, and that too has been a blessing, for nothing is as demoralizing as unqualified success" ('The Religion of an Artist,' *EWRT.* Vol. III. 684).

So, it is in the light of Tagore's encyclopedic life that the question of relevance is answered through the festivals of Tagore observed across the world. The recently organized Tagore festival at Dartington Hall in Devan explored the question of relevance of Tagore engaging various communities. The capaciousness of this issue lies in articulating Tagore's appeal as both a thinker and an artist. It is the intellectual and philosophical personality of Tagore that made possible the assembly of idealists and artists to examine the relevance of Tagore. The passionate interest of scholars in Tagore is primarily ideological and is accompanied by their commitment to peace, ecology and progressive education. These literary festivals have provided a larger scope to artists, musicians, dancers and translators to re-examine their performances emphasizing Tagore's adaptability to opera, theatre and film. There are many world-class adaptations of Tagore's works. Alexander Zemlinsky in his massive *Lyrische Symphonie* (1992) incorporated seven poems of Tagore from *The Gardener* in German Translation. Param Vir has based his opera *Snatched by the Gods* with libretto on the translation of *Debatar Gras*. In the same fashion Valerie Doulton's new production premiered *The Post Office* at Nehru centre London on 4 May 2011. Some of the prestigious global premier institutions like Akademi in London are producing songs by Tagore. These explorations and developments are beyond the imagination of even Tagore himself. These new perceptions, approaches and productions have initiated an interrogative and subversive intellectual atmosphere that make Tagore *Gurudev* even to future generations. So exploring the universe of Tagore is a brilliant enraptured unifying experience. This brings idealists, aesthetes and scholars together and illustrates the relevance of Tagore across Space and Time.

A Sesquicentennial Reflection on Rabindranath Tagore's Works & Life explores the social, literary, philosophical and cultural relevance of Tagore in all its scholarly density. The work divided into seven chapters establishes a scholarly probe into the literary works of Tagore and his life. Chapter one titled: "Tagore as a Humanist & Novelist" with the subtitle ('Discovering Divinity') locates Tagore in the pre-Independence situation and posits him as the central figure for the literary renaissance in Bengal. The chapter explores the history of Humanism from the ancient times and examines the religious and social influences responsible for the Humanism of Tagore. Further, the chapter examines the aspects of Humanism reflected in the novels of Tagore. It is argued that Tagore has perceived the right concerns and perspectives of Victorian women novelists that enabled him to articulate the social issues in espousing the amelioration of women. This aspect is illustrated from the thematic concerns of *Binodini*, *Home and the World* and *Four Chapters*. The chapter also examines the emergence of Modernism in Bengali literature and the attempts of Tagore in advocating modernism not as a blind imitation of Western tradition but on the lines of condemning orthodoxical practices of Indian culture. Tagore's attempt in exposing the dichotomy involved in India's glorious past is also examined in this chapter. This is further illustrated by presenting the critique of Tagore's nationalism. It substantiates that the critique of Tagore's nationalism is a prognosis of the postcolonial criticism that defuses the myth of modern nationalism and the existence of nations. This is argued in the light of the perception of postcolonial critics of Nation and nationalism such as Benedict Anderson, Ernest Gellner, Timothy Brenan, Simon Gikandhi etc. Tagore's conflict with Gandhi in accepting the notion of nation and the reasons for the formulation of Universalism are convincingly presented in this chapter.

'The Emergence of New Women' presents the critical elucidation of the novel *Binodini.* The chapter presents a synoptic view of the evolution of feminist literary criticism and places *Binodini* within the centrality of feminist consciousness generated by Tagore. It also examines the history of widow remarriages in the social context of India. The theme of the novel is narrated lucidly simplifying the narrative strategies executed by Tagore. The evolution of Binodini's personality is explored and perceived with the textual illustrations. Tagore unfurls the multi-dimensional character of Binodini adopting innovative narrative techniques. Tagore distances himself from the voice of the author and speaks through the voice of the characters. He lashes out at the pseudo moral standards of other characters through the character of Binodini. Tagore has thus paved the way for the emergence of new class of women in literature. The self-denial and the humble submission of Binodini at the moment of her life's triumph expresses the resentment of Tagore against the prejudices of contemporary society. Tagore projects the new perception in understanding the human beings in the light of sexual passions. Through this Tagore succeeds in exposing the strategies of the society in portraying women as silent sufferers from the duplicity of male-imposed moral code. The chapter also examines the short history of individualism and looks at the classification of feminism and the subaltern feminist consciousness analyzed in the light of Binodini's characterization.

'The Conflict of Tradition & Modernity' provides a critical evaluation of the novel *The Wreck.* The novel is a perfect representation of the ideas of Tagore in harmonizing the different cultures of the world. It examines the problems of the individual entangled within the traditional framework of arranged marriages. It has presented the conflict of values in Indian society. The theme has invited global attention and invited appreciable conflicting critical perception. The chapter presents the different critical perceptions of the critics on the theme of the novel. It also compares Tagore's literary genius with James Joyce, Virginia Woolf and Aldous Huxley, considered as high priests of modernism. It discusses the thematic concerns of the novel with the textual illustrations and offers a detailed critical and analytical evaluation of the novel. It examines the tragic disaster of the incident that reverses the destiny of the characters. The melodramatic events in the novel lead to a sequence of events inviting the study of changing attitudes of the characters. These perspectives are viewed in the light of the psychological probe effectively executed by Tagore into the density of the characters. Further, the chapter offers a detailed analysis of all the major characters in the novel.

The 'Appraisal of Nationalism' examines the contemporary relevance of the novel *Gora*. Tagore's vision of syncretistic India is presented on the broader canvass of Nationalism. The novel is understood to have interrogated social, political and cultural issues that hold relevance to the contemporary times. The novel has fulfilled Tagore's search for national identity and his aspiration for the synthesis of east and west. The chapter presents the synoptic view of the critical evaluation of the theme of the novel drawing sustenance from the critical perceptions of various critics. The thematic presentation of the novel with necessary textual illustrations is offered in the chapter. Examining the factors responsible for the popularity of the novel, Tagore's ideas on Nationalism from his seminal essay *Nationalism* (1936) are discussed in relation to his quest for universal harmony. The character of Gora is perceived as a matchless exemplified character. The chapter provides critical illustration in substantiating this aspect with textual illustrations. Apart from the character of Gora, Tagore has created memorable women characters: Sucharita, Lolita, Anandomoyi, Harimohini and Sundari. Through these, Tagore has succeeded in subtly presenting the balanced view of the different shades of life.

Works Cited

Tagore, Rabindranath. *Binodini*, trans. Krishna Kriplani from *Choker Bali* (1903), Sahitya Akademi, New Delhi, 1959.

_____. Trans. J.G. Drummond from *Nauka Dubi* (1906), Macmillan, Madras, 1975.

_____. Trans. W.W Pearson from *Gora* (1910), London, Macmillan, 1924; rpt. Macmillan, Madras, 1976

_____. *The Home and the World*, Surendranth Tagore from *Ghare Baire.* (1916). London; Macmillan, 1976

_____. *Chaturanga*, trans. Ashok Mitra from *Chaturanga* (1916). New Delhi; Sahitya Akademi, 1963

_____. *Farewell My Friend*, trans. Krishna Kriplani from *Seshar Kavita* (1929). Bombay, Jaico, 1956.

Theory of Communism and Its Relevance to Literature

BOLLAVARAPU RAJU
Andhra Loyola College, Vijayawada

One of the disagreements in the theory of communism is the gap between the theory it propagates and the practice. It is also an admitted fact that there is no single concept, theory or notion of communism. There are numerous theories and variations the promoters of theory of communism would come across. A large number of texts are being interpreted and analyzed in the light of Marxist theory of communism. There were theorists of various kinds of communism before Karl Marx (1818-1883), the father of communism. They were Henri De Saint-Simon (1760-1825), Charles Fourier (1772-1837), and Pierre-Joseph Proudhon (1809-1865). All of them have contributed ideas to the concept of communism, resulting in a feeling of gaps, ambiguities and even contradictions within the works of some of the best-known theorists.

Marx's main contribution was to provide a broad theoretical framework for interpreting the world, in particular, the march of history and a deep analysis of the nature of capitalism. The Russian revolutionary leader Vladimir Lenin (1870-1924), his successor, Josef Stalin (1878-1953), and Chinese revolutionary leader Mao Zedong (1893-1976) contributed their ideas to the theory of Marxism for better understanding of the world and better functioning system of the universe. However, the ideas of Karl Marx and his colleague Friedrich Engels (1820-95) are considered the classical ideas of Marxism.

Marx was born in Germany but spent much of his adult life in England at the time of the Industrial Revolution and development of Capitalism in Western Europe. The ramifications of the French Revolution were felt throughout Europe and there were several other revolutionary phases during his lifetime, notably in 1830, 1848-49 and 1871. Marx was fascinated by these revolutionary situations. Marx's approach to history was dialectical, he saw history progressing through conflict. The drawing line between actions and reactions labelled him a historicist who holds different nature of reality. The philosophers who tried to explain the reality in historical materialism were classified as either idealists or materialists. These philosophers believed that the world around us comprises manifestations of concepts and ideas. For them, it is the ideas that constitute reality, not their worldly manifestations. Marx was heavily influenced and impressed by the German philosopher G.W.F. Hegel (1770-1831). Marx believes that the physical or material world around us is reality. And our ideas and perceptions are determined by our relationship to the reality. How we interpret the material reality varies from the positions we hold, from the place which we represent and the place where we live. For example, one's conception of what a city would be very different from others. A person who lived in New York before twenty first century might not think of skyscrapers, freeways, subways, congestion, pollution, jazz clubs as the 21st century man is viewing. He also argued that a person's position in the society affects the way that a person perceives the world. For example, the owner of a factory would see the factory in a different light from how a worker in that factory would see it. For the former, it might represent personal achievement, prestige, and high income. For the latter, it might represent alienation, and hard work for a meagre income.

Marx's materialist view of the world is closely related to his historicism; in fact, his approach is often described as historical materialism. For Marx, the driving force of history is class relationships. He defines class in terms of a person's relationship with the means of production. In a crude sense, this means that most people's class position is determined primarily by whether or not they own property that can generate wealth. Thus, during the feudal system that preceded the Industrial Revolution and the emergence of capitalism, the most fundamental class division was between those who owned land and those who had to work for those who owned the land. The worker has no autonomy or personal satisfaction from his work. He is reduced to being an appendage of the machine and works under coercive supervision. The industrial worker is alienated from the objects he helps create. With the advent of the spinning jenny, the steam engine, and other inventions of the Industrial Revolution, the most important class division grew between those who owned factories and those who worked in them. Marx called the former 'capitalist' or 'the bourgeoisie,' and the latter the 'proletariat,' which literally means 'without property.' The capitalists exploit the worker through his ownership of the means of production.

Nothing in social life can be seen in isolation; all is related. For example, the cultural and familial life of a factory worker is affected by the employer-employee class relations. Morality, consciousness, ethics and literary tastes are embedded in the network of social relations. These relations are dynamic—in a constant process of transformation. The Marxist view is that conflict, antagonism and contradiction are necessary condition for attaining truth and social change. Likewise, his class analysis is rather complex and sophisticated. His successors felt that the Marxist model was based on urban proletariat, not the rural peasantry.

Marx's theory can be understood through three conceptual stages: *Historical materialism, Class* and *Meditation*. *Historical materialism* is the Marxist conception of history, a general theory of the structure and dynamics of any mode of production and a theory of the historical sequence of the mode of production (feudalism-capitalism-communism), the class struggle at every stage is between social groups defined by their relation to the organization of labour. The sequence of the modes of production is Asiatic mode → Slavery → Serfdom → Capitalism.

The definition of class is based on property, exploitation, market behaviour and domination. Mostly, class membership is defined by the ownership of the means of production or its lack. Class-consciousness is the awareness of the members of a class that they have a common situation and common interests. Class struggle may range from hidden manipulation to overt conflict, from direct confrontation to complex alliances between two or more classes. Mediation seeks to understand the method by which institutions and practices shape class formation. That is what connects the ideal with the real.

Literature and culture must be understood in relation to the economic conditions of the age. Literature and art can be fully understood only in relation to ideology, class and economic sub-structure. Artistic production can be seen as a branch of production in general. Literature influenced by Marxist theory does not accept "Art for Art's sake," rather it promotes the idea of "Art is for society's sake." Literature is the refracted site of class struggle. Thus literature may be the arm of political revolution. Art should express what is typical about a class or historical conditions. Art and Literature, in general, try to implement the ideology of the ruling class. Thus, tradition and values which literary texts recommend as standard are the traditions and values that the ruling class seeks to impose on society for its own benefit. That is why Marxist criticism seeks to locate the ideologies implicit in a text. Traditional criticism moves in the realm of consciousness and subjectivity, while ignoring the social conditions that shape this consciousness and being. The absences and silences in a text are places where the real history is embedded. In a sense, the absences link a text to the history from which it is produced, it effaces instances of class struggle, exploitation and the true dynamics of history. A Marxist approach of reading seeks to uncover the hidden or repressed subtext of texts. These subtexts are related to material historical conditions like class struggle or the transition of economy from feudal to capitalist.

The authors are not just geniuses; they write in social contexts. Their choice of both form (genre, style) and content is influenced by their class position. The Marxist critic relates the context of the work to the author's class position. It is presumed that the author's class-consciousness and prejudices seep into his work unconsciously but can be seen through a close reading. Moving from individual texts to genres and forms, a Marxist critic explains the development of genre in terms of the changing class relations and social conditions of the age. Thus the rise of courtly love poetry and the Renaissance drama is explained in the context of the citification of England, the development of the market economy, the system of patronage by kings. The novel's rise is linked to the rise of the middle class. The sonnet and the iambic pentameter developed as literary symbols of the desire for social stability, order and decorum. Later Marxist critics paid attention to the role of the reader in the development of genres, themes and art. Thus the New Historicists and cultural materialists discuss the role of readership in the development of the dime or penny novel, the institution of criticism that prevented women's texts from being made part of the canon and so on.

Works Cited

Eagleton, Terry. *Marxism and Literary Criticism*, London: Methuen, 1976.

Hawkes, David. *Ideology*. London: Routledge, 1996.

Leslie Holmes. *Communism: A Very Short Introduction,* Oxford University Press, 2009.

Williams, Raymond. *Marxism and Literature*, Oxford: Oxford University Press, 1977.

Spirituality beyond Body, Mind and Emotion: The Writings of Sadhguru Jaggi Vasudev

BAVANU VIJAYA RAJU
Res. Sch., Acharya Nagarjuna University, Guntur

Sadhguru Jaggi Vasudev is a spiritual master with certain striking characteristics that can be seldom seen in the spiritual masters of the past or the present. He is at home, both in a loincloth and in blue jeans, walking barefoot through the snowy Himalayas and riding a BMW motorcycle on the expressway; he can be found addressing the students of a reputed global institute like 'National University of Singapore' where students from nearly 100 countries pursue higher studies; and he is also seen at the seemingly opposite place Rishikesh to inaugurate a conference of the spiritual masters.

Spirituality means the person is beginning to experience that which is beyond physical. It has nothing to do with the way the person communicates and handles the world around him. The way he does that is just a question of his capability, his intelligence, his exposure, his inclination and what kind of objectives he has in his life. To live on this planet, one needs trust. To be here on this planet, man needs trust. Sadhguru says, "Spirituality is not about scriptures; nor is it about some God up there; nor is it about looking up or down or around, it is about looking inward." (*Enlightenment, An Inside Story* 121)

Spirituality does not mean any particular practice. It is a certain way of being. To get there, there are many things to do. This is like a garden in one's house. If the stem of a plant, soil and sunlight are in a certain way, it will not yield flowers, one has to do something. The person has to take care of those things. So if he cultivates his body, mind, emotions and energies to a certain level of maturity, something blossoms within him—that is what spirituality is all about.

Every human being must know and explore inner energies. Otherwise, life becomes very limited and accidental; once you start activating the inner energies, your capabilities happen in different sphere altogether. 'Yoga is a tool to find ultimate expression to life.' Yoga is the science of activating your inner energies in such a way that your body, mind and emotions function at their highest peak. (*Flowers on the Path* 104-5)

Every one of us should be like a church or a temple indicating the human body and mind as a superior vehicle to experience the bliss of the divinity. Only when man elevates himself to that level, he becomes a world citizen in the true sense and the kingdom of god can be established in the true spirit.

There have been discussions by philosophers, spiritualists as well as scientists about the concepts: what is 'body', what is 'mind' and what am 'I.' The complex concept has been expressed by Sadhguru in simple words. 'I' am, he says,

> your body, you accumulated over a period of time. What you call 'my body' is just a heap of food that you have eaten. What you call 'my mind' is just a heap of impressions that you gathered from outside. So these two things are still outside. Your mind is just society's garbage bin. Anybody who walks by you, stuffs something in your head and goes. The accumulative part of the mind is subject to all kinds of social, religious and cultural situations, you are being exposed to. (*Ancient Technology for the Modern Mind* 70)

Sadhguru defines what a body is and what a mind is in two simple sentences without leaving any scope for ambiguity. Sadhguru has made effective use of the determiners 'your' and 'my' to reiterate the enormous love of the people for their physical body and untold pride for their 'mind.' Hence these 'heaps,' which have been gathered from the outside sources cannot be claimed as 'I.' So what is that 'I'? How and why to realize that? Sadhguru says: 'if you go by the dimension beyond the physical, there is the longing to become boundless.'

Sadhguru asks the people to turn inward in order to experience the dimensions that are beyond physical. Since soul is all-pervading, it desires expansion and the desire for expansion is ignorantly substituted by man with the physical activity; but physical matter is highly limited. It cannot experience the boundless universe. Sadhguru says that all vigorous activity of the mankind results in a sort of unquenchable and insatiable activity. When one is incapable of experiencing what is happening within oneself, how can he experience what is happening outside and realize the nature's activity on a grand scale?

The human being is in constant turmoil, in constant struggle between the physical and that which is beyond the physical. The fundamental goal of the spiritual path is, when a person experientially realizes that everything is so transient, he becomes loose within himself. When he is not stuck to anything, if he wishes he can withdraw from everything. And if he wishes, he can enjoy everything but there is no suffering. If he wishes, he can suffer also. Sometimes, even that is good; that suffering is not a suffering any more. You can allow yourself to melt and fuse with somebody.

In the words of Sadhguru, "Compulsiveness of the physical; Consciousness of not being physical; Get deeply identified with the physical, Root yourself well on this planet; A physical perspective; Strong identification with the physical; Whole perception is limited to the physical" (*Sadhguru: More than a Life* 82).

Without that experience of the 'spiritual,' the body becomes a mere 'load of flesh and bones' Sadhguru focuses on the important aspect of the solution, i.e., how to break the shell of body consciousness and come out of the conflict by establishing a harmonious state between the body and soul consciousness.

Sadhguru says, it is 'your mind'; he wants 'you' to take immediate cognizance of the condition of 'your' mind. The implication is that people take keen interest in examining and assessing the nature of others and instantaneously pass judgments of any kind, devoid of least kindness or consideration. He explains to people how they are allowing their minds to become contaminated. All the impressions that enter one's mind enter only through one's five sense organs. And sense organs can perceive everything only in comparison. Hence they are not reality.

More so, the senses will have distorted perceptions—eyes see what the person likes or wishes to see, but not what is there. So, everything that is in one's mind is just what one has been exposed to. So, indeed one's mind is not inside, it is completely outside. As much as a person turns inward, so much he receives bountiful wisdom since mind is a treasure of wisdom. But, most unfortunately, people allow their minds to be completely trampled over ruthlessly.

The mind, bestowed only upon mankind, is supposed to be the abode of divine thoughts, is becoming a gigantic dustbin to contain most unwanted things in the name of society, religion and most surprisingly in the name of spirituality also. So, man is not his body and man's mind also is not his. It is just an accumulation of thoughts—what one gathered from the backgrounds in which one was brought up in life. But it's all of survival significance only.

So something else needs to be looked beyond these dimensions. Sadhguru jolts people out of their religiosity and spirituality. Mind, in its gross state starts gathering material things, when it is little evolved; it yearns for the accumulation of knowledge. Anxiety to accumulate is a sign of insufficiency. Spirituality is all about the unboundedness. To be pure and clean, and shine forth as a soul, Sadhguru gives out a weapon.

> Your survival on this planet is possible only because you are able to discriminate between one thing and the other. When your 'intellect becomes razor sharp,' nothing sticks to it, it doesn't get attached to anything, it is not identified with anything, once you create a space between you and your mind, it is a completely different dimension of existence. (*Flowers on the Path* 85)

Indeed, intellect is a wonderful instrument for survival and at the same time it is also a terrible barrier for one to experience the Oneness of life. Intellect alone differentiates human beings from animal kingdom. If only one knows to what extent one's logic should go and where it should not go, one's life will be beautiful. If the intellect also is stretched beyond a point, one will break down. The judgment one passes and the conclusions one arrives at, are based on one's sense perception which gives a distorted impression of reality; because sense organs experience everything only in comparison with something else; when there is a comparison, there is always duality.

So, one's perception is all in bits and pieces and these will never make the whole. Unless one is in an elevated state of mind, his mind and intellect don't shine forth. Because people do not use that highest gift 'intellect' to reach the peak of one's consciousness and all intelligence is used for futile purposes.

Sadhguru explains how there is a continuous conflict between the physical and beyond the physical, but the conflict disappears if one has the necessary awareness. Sadhguru concludes the exposition by offering a key. "Yoga is all about breaking the limitations of this dimension and moving into a totally different sphere of life—from the physical world to another existence by itself." (*Midnights with the Mystic* 117). Sadhguru says, "It is human aspiration to function at the peak of body, mind, and energy. Yoga is a technology that facilitates the fulfillment of that aspiration." (*Ibid.* 143)

When mind is rightly used, it reaches a point where it becomes no-mind. But, if it is used wrongly, mind comes to a point where it is just a chaos, confusion, commotion and turns man insane. A realized soul, a Buddha uses the mind, but the ordinary persons are used by the mind. Whenever a master wants to use it, he uses it; when he does not want to use it, he does not use it. Such a person, who has reached the Buddhic (pure intellect) plane, remains like a mirror. If a person comes before the mirror, the mirror reflects him.

Indeed, mastery of the mind is yoga. The whole process of yoga, the spiritual science, is to elevate a person to an experience that is beyond the five sense organs. Without using any kind of religious jargon, Sadhguru has unfolded the concepts of 'body,' 'mind' and 'intellect.' Sadhguru says that the mind, which has turned to a mere tape recorder, is recording each and everything without one's permission; so also, it is playing without the consent of the master. Most unfortunately, the mind plays wrong music and undesirable dialogues at a crucial time only to worsen the situation. It is all happening due to mishandling of the mind—handling in unawareness and unconsciousness.

Man has the seeds for both negative and positive things; but it is he who is the master of his feelings, emotions or traits and he has the choice of good or bad. If the same expression has to be made by anybody other than a spiritualist, probably it would be like this, "if your humanity dominates more than your prejudice, there would be no misery in this world."

Sadhguru says, 'mind, the noblest gift, has become a processing unit for producing all kinds of dirt even from the delightful and celestial things. Modern man is able to process the waste material (in the name of waste management) and is able to produce precious things; but strangely, he is not able to bring into being the basic human nature of being oneself.'

To be a joyous human being, one should purify one's mind and get rid of all evil thoughts and intentions. Since misery is self-created, it should be dismantled consciously, using the physical and mental faculties to fight the tendency to harp on the negative thoughts that can cause harm.

Unless one keeps emotions under the control of one's intellect, this priceless life becomes a disaster. One must be a master, but not a slave of one's passions. It is a 'terrible slavery,' in the words of Sadhguru, "if one's body, mind, emotions and energies are not functioning the way one wants them to. It is undoubtedly the worst kind of slavery since 'outsiders' are deciding what should happen within 'yourself.' When someone decides what should happen around 'you,' that is when someone is commanding your external situation either in the form of employment or through other situations, that itself is considered 'slavery,' whereas, if a person is ruled over by others in regard to his inner being, then it must be worse than worst slavery." Sadhguru feels that 'the whole world is in this slavery.' (*Inner Management 18*)

One can have sentiment but not turn sentimental. Emotions upset one's intellectual balance and poise. One's intellect, rather than one's impulses and emotions should guide one's life. The spiritual science transforms the character of emotion from personal to impersonal, selfish to unselfish and from partisan to universal. The practice of spiritual science converts the frail form of emotion into a pillar of strength.

If one's 'energy body' is in proper balance, one's physical body and mental body will be in perfect health. If one feels like a complete human being in one's body, mind and spirit that is called real health. To experience this sense of joyous health, Sadhguru gives out the secret, "One's energies must function in a certain level of intensity within oneself. When one's energies are properly activated and balanced in full flow, one's physical and mental body will be in perfect health." (*Flowers on the Path* 16) The basic difference between those who accomplish herculean tasks and those who lie at the very bottom of life lies in the organization of energies and directing them in a certain level of intensity. Then only one can experience the bliss of perfect health.

Unless one has control over one's self, everything in the outer world seems to be chaotic and confusing. If only a person is skilful in managing oneself, he will be very successful in discharging his duties as a responsible, disciplined and creative human being. According to Sadhguru, 'Spiritual training' is nothing but enabling a person to crystallise and direct one's energies and emotions in a proper direction.

When the person loses his will, when he has no will of his own, when he has become absolutely willing that there is nothing in him that he calls himself, then Grace of God descends upon him. When the person is willing even to drop all his capabilities and his incapability, all his likes and dislikes, above all, all the stuff, all the substance tht makes him think, 'this is me,' if he is willing to drop all the substance that is supporting his limited self, then he experiences perfect happiness. Sadhguru says, "One may have great intentions, one may have great ambitions, one may have many desires but fundamentally, everything that the person does in this world spells out who really is within himself." (*Encounter the Enlightened* 21-23)

If the person brings sufficient awareness, and above all a constant sadhana (practice), a practice into his life, slowly the vessel becomes totally empty. Awareness empties the vessel. Sadhana cleanses the vessel. When these two aspects are sustained, when awareness and sadhana are sustained for a sufficiently long period, then the person's vessel becomes empty. Only then this emptiness arises, Grace of God descends upon the person.

If the person transcends the identity of who he is, then there is no distinction between the person and what he is referring to as the power beyond. It is not different once the person transcends his limitations. It is not about the person's desire to reach somewhere that gets him somewhere. If the person transcends his limitations he is there naturally. For the person to transcend the limitations, it definitely has to be him. He must be willing. This is called surrendering oneself to God.

As a human being, whatever one has known as the highest, whatever is the beyond that one can seek simply creates that vision. Whether everything else happens or does not happen on the way is not the point, simply seeking that with undivided attention—this itself is a way of knowing life here and beyond one's body, mind and emotions. A spiritual process means to renounce. One has to renounce his likes and dislikes; he has to renounce the discriminatory process in his body, mind and emotions. It means that one is capable of involving himself with every aspect of life with the same intensity to attain bliss of life.

Works Cited

Sadhguru. *Mystic's Musings*. Isha Foundation, 2003.

_____. *Essential Wisdom from a Spiritual Master*. Jaico, 2008.

Subramaniam, Arundhathi. *Sadhguru: More than a Life*. Penguin India, 2010.

_____. *Enlightenment: An Inside Story*. Isha Foundation, 2012.

_____. *Of Mystics & Mistakes*. Jaico, 2012 .

_____. *Midnights with the Mystic: A Little Guide to Freedom and Bliss*. Jaico, Delhi, 2010.

_____. *Mind is Your Business*. Jaico, Mumbai, 2015.

Sensitive Concerns in Khaled Hosseini's *The Kite-Runner*

LANKE SUBHA
Andhra Loyola College, Vijayawada

Khaled Hosseini was born in Kabul in 1965, lived there for few years and moved to Paris when his father was transferred there. When they decided to move to their hometown they couldn't due to the communist invasion. So, they sought asylum in the United States and moved to California in 1980. His writings mostly reflect the heartbroken voices of the refugees, the discrimination and suppression of the lower caste people, the ill-treatment of the women folk. His novels raise the voice of the voiceless people. His debut novel *The Kite Runner* portrays an image of the people of Kabul, their life style, their belief, their customs and the traditions; how the attack of the Talibans disturbed the life style of the people that had scattered them to different places as refugees.

In the city of San Francisco, the story opens with a call from Rahim Khan from Pakistan that reminiscences the image of kite, Hassan and the untold guilt of Amir *There is a way to be good again.* The writer opens the novel with a call that takes the reader to the stream of consciousness of the protagonist Amir and his bondage with the hometown Kabul. Hassan, son of Ali, is a truthful, humble and an obedient servant to Baba. Baba treats Ali as his own brother though he belongs to Hazara community. "I grew up with Ali," he said through clenched teeth. "My father took him in, he loved Ali like his own son. Forty years Ali's been with my family" (84). Ali appears to be with grim face because of congenital paralysis on his lower facial muscles. He is never known to speak much to anyone, but tries to communicate through his eyes. He is a descendant of Hazaras, an ethnic group of the mountainous region from central Afghanistan, who are considered to be inferior to Pashtuns. They speak Hazaragi language. They lost their regime in the Hazara-Afghan war in 1981 and were suppressed. They follow their own culture and tradition. Hazaras prefer to marry the first cousins of their father's side as per the Muslim practice. Ali married Sanaubar, his first cousin who is 19 years younger to him. Sanaubar is a beautiful, brilliant green-eyed young girl with impish face that tempted countless men to sin. The married life was not successful, she left him after the birth of Hassan.

Baba lives in Wazir Akbar Khan district, north of Kabul. He is courageous, outspoken and stubborn person. He shares his private business with his close friend Rahim Khan. Baba's wife died after the birth of Amir. She was a German from a royal background, humble and a timid, always fond of reading books. Amir resembles his mother in his actions and behaviour. Many a time Baba reveals his agony over his son's cowardice. "Baba and I lived in the same house, but in different spheres of existence." (46) Baba belongs to Pashtuns (Sunni Muslims) who persecuted and oppressed Hazaras in the 19th century. Baba is a person who used to win at everything he set his mind to. So the people named him as Mr. Hurricane. Hassan and Amir were nursed by a Hazara woman. They enjoyed their life together for twelve years. They used to move around the bazaar, climb the trees for fruits. Amir used to read stories to Hassan who was illiterate. Sometimes Amir used to create a story of his own for Hassan and enjoy his appreciation. Hassan always encouraged Amir: "Someday, Inshallah, you will be a great writer, Hassan said." "And people all over the world will read your stories." (32)

Amir, timid and introvert, never ever shared his feelings with anyone. Baba being attracted by the courageous activity of Hassan always admired and praised him. But that developed agony in the painful heart of Amir. "I wished I too had some kind of scar that would beget Baba's sympathy" (43) He felt that he would open his veins and drain his cursed blood from his body and wished that Rahim Khan was his father. He thought that the only way to win the heart of his father is the kites. Kites were the one paper-thin slice of intersection between them.

Afghans, an independent people, cherished customs but abhorrwd rules. Their rules were simple: no rules, fly your kites, cut the opponents. Good luck. The real fun began when a kite was cut. The kite tournament—the tradition of Afghans--starts during the winter season. When a kite runner had his hands on a kite, no one could take it from him. It wasn't a rule but a custom they followed. For a kite runner, the coveted prize was the last fallen kite of a winter tournament. Amir won the tournament and Hassan the best kite runner won the kite for him.

Hassan, the true soul of love, always cared for his beloved ones. He always felt happy at servicing the others like his father. He never dared to question anyone for anything. He accepts the things whether good or bad. Courageous in nature, he was always on the forefront for his Amir: a true lover of his stories, an intelligent and good reviewer for his actions. Amir always envied his natural athleticism but Hassan always protected him from pains, hurts and never lied to Amir. When Hassan was sexually assaulted by Assef and his group, Amir dared not fight for him. The writer has used juxtaposition in bringing out the two contradictory ideas in the mind of the narrator. Amir's actions are contradictory to his thoughts in the story. His attempt to prove himself brave before Baba and at the same time not saving Hassan with the same courage show the conflict of his thoughts to the readers.

The writer has brought out the horrified conditions of the people in Afghan during the year 1981 when war broke out. When the Russian soldiers roll up and down the streets of the city asking people to vacate the places, Baba along with Amir and other neighbours started to move in truck with their belongings from Kabul to Peshawar. "Panic The basement had been dark. The fuel tank was pitch black. I looked right, left, up, down, waved my hands before my eyes, didn't see so much as a hint of movement. I blinked, I blinked again. Nothing at all. The air wasn't right, it was too thick, almost solid. Air wasn't supposed to be solid, I wanted to reach out with my hands, crush the air into little pieces, stuff them down my windpipe. And the stench of gasoline. My eyes stung from the fumes, like someone had peeled my lids back and rubbed a lemon on them. My nose caught fire with each breath. You could die in a place like this, I thought. A scream was coming, Coming, coming." (113) The city was full of, wailing for the dead loved ones. Only the echoes of blast, the flash of light and a spray of red haunted the minds of the Afghans.

Baba started his second life when he moved to California like a refugee, started to work as a low-level employee at a gas station in Fermont. Amir thought that America was the place to bury his sinful memories of Afghan, whereas for Baba who misses his hometown, it was the place to mourn. Amir liked America a lot as it is a place with no ghosts, no memories, and no sins. In the year 1995, the infighting between the factions that pierced the hearts of people with whistle of falling shells, the rumble of gunfire, sight of men digging bodies out of piles of rubble and no one knew whether they would live to see the end of the next day or not. In 1996 the entry of Talibans ended the daily fighting but it became a terror for the Hazaras. The writer has used epistolary technique to unfold the story of the past through the letters written by Hassan to Amir. The writer brings out the story within the story of Hassan, where Hassan becomes the narrator of the story about his happy life with his wife and son Sohrab. It talks of the places he used to take his son to and his childhood life in Wazir Akbar Khan, Rahim Khan, the Taliban attack and the dream of an old faithful friend.

The writer uses stream of consciousness technique; the flow of thoughts in the mind of Amir on getting a call from Rahim Khan unfold the past. The writer has linked it with the present story of Amir returning to Kabul to find Sohrab. He goes to Kabul to get rid of the sin of blood of his father and the sin he did to Hassan. He decides to die for his son which he always demanded Hassan to do it for him. "My body was broken—just how badly I wouldn't find out until later—but I felt healed. Healed at last. I laughed. That the end. That, I'll take to my grave. Assef straddling my chest, his face a mask of lunacy, framed by snarls of his hair swaying inches from my face. His free hand was locked around my throat. The other, the one with the brass knuckle, cocked above his shoulder. He raised his fist higher, raised it for another blow." (265-66)

Amir takes Sohrab to his home as his son. Sohrab suffered and struggled because he couldn't accept the betrayal of his father. He remained silent, without any reaction or response to anything. To make him happy, Amir flies a kite and makes his first running for the kite—for his beloved son, of a beloved faithful friend, an unknown brotherhood. The writer has expressed his sense of anxiety to the people of Kabul who were brutally assaulted by the Taliban. The untold love of a father and a son, the love of two friends is highlighted through the story within the story. Though the cruel thoughts divided the brother from the brother, the inner love can bind any two together who are in different horizons—this is beautifully brought out by the writer through the characters of Amir and Hassan.

Works Cited

Hosseini Khaled, *The Kite Runner*, Bloomsbury, London, 2011.

https://en.wikipedia.org/wiki/Khaled_Hosseini

Challenges in Translating Kalki's *Ponniyin Selvan* from Tamil to English

M. SUDHA
Res. Sch., St. Joseph's College (Auto.), Tiruchirapalli

In the study of the classical languages, translation forms an important part. As spoken varieties of Greek and Latin no longer existed, the sole focus was on the written mode of language. The classical language Tamil was still in use but the language is somewhat modified from 'Sen Tamil' (classic) to a modern one. So it's easier to translate, compared to the above-mentioned languages. Translation is vitally connected to human communication. Without translation, we would not have access to European literature or philosophy or its history.

Human beings communicate among themselves through languages basically. But different peoples speak different languages in different parts of the world. We need translation for the purpose of communication among people of different races, cultures and faith all over the world. And then translation becomes the linguistic bridge between the worlds of communication. The writer, his reader and work belong to one language and the translator, his reader and translation belong to another language. Of course the translator knows both the languages. What happens in the translation is that the Source Language (SL) text gets substituted and the result is that Target Language (TL) text is born. In other words, translation is a journey from one language to another.

The first point that comes to mind is that what should be the length of translation. Should it be longer or shorter than the original? In case of free translation, when translation becomes a paraphrase, it becomes much longer than the original. For example, Theodore Savory's nine words, 'The quick brown fox jumps over the lazy dog' make use of all the twenty six letters of English alphabet. But I don't think any Indian language especially Tamil can use its entire alphabet with the help of one sentence. The notion that for every word in any one language there is another word accurately equivalent in every other language is no longer acceptable. For example, the simple word 'love' has a host of equivalent words in Tamil and most of the Indian languages. Particularly erotic vocabulary is poor in English while it is rich in Indian languages, especially Tamil. Language is a code or system of signs; the translator decodes the SL text and records it in the TL text. Thus, in translation, decoding and recoding, destructuring and restructuring take place.

According to Roman Jakobson, translations are labelled into three different types: Intralingual translation, Interlingual translation and Inter-semiotic translation. Intralingual translation or rewording is an interpretation of verbal signs by means of other signs of the same language. Interlingual translation or translation proper is an interpretation of verbal signs by means of some other language. Intersemotic translation or transmutation is an interpretation of verbal signs by means of signs or non-verbal systems. Most frequently, however, translation from one language into another substitutes messages in one language not for separate code-units but for entire messages in some other language. Such a translation is a reported speech; the translator records and transmits a message received from another source. Thus translation involves two equivalent messages in two different codes. Take for instance the translation of certain culture-based words from one language into another language which is linguistically and culturally different.

Many Indian food items defy translation into English. Like here in the text word like 'Kanji' cannot be intelligible to a non-native speaker. Words like 'Veers Pandian's apathuduvigal' in Part IV of the translated text are linguistically high erotic and semantically very difficult to translate. The word 'apathuduvigal' means soldiers and at times they act as spies or messengers.

Since translation is based on linguistics, we have to take into consideration Saussure's concept of 'signs,' 'signer,' and 'signified.' Within the limits of possibility, translation practices the difference between signified and signifier. But if this difference is not pure, the notion of transformation must be substituted for the notion of translation. Since translation is a transformation from SL text into TL text, we have to take note of the surface meaning as well as the deep meaning. It is stated rightly that when surface meaning is brought to be transferred through equivalence, its surface cannot be changed. We know that no two languages have identical structures. There lies the difficulty or inadequacy of translation. Certain English words like 'student,' 'teacher,' 'doctor,' defy gender classification and create problems for translators. In Indian languages, particularly in Tamil, the gender difference is clearly shown, unlike that of the equivalent English words. The use of continuous tense by Tamil speakers creates un-grammaticalness because of the gravitational pull of the mother tongue.

The linguists say that for every word in a language, there is no accurately equivalent word in every other language. moreover, words in a language have dialectal variations. The same word may mean differently in different dialects within the same language. If any SL text contains passages in a dialect other than the unmarked dialect, the translator may have to choose an equivalent dialect in TL text. Regional dialect not only varies but creates new meanings. Tamil language, for instance, contains more than three standard dialects such as Coimbatore Tamil, Madurai Tamil and Chennai Tamil. In Trichy Tamil, the word 'Anjarai petti' means 'Achu muruku,' a kind of crispy snack, but in other Tamil dialects it means a type of box used to store spicy ingredients with separate compartments. Such words create problems for the translator, so he translates it literally at times. In the translation of the novel *Ponniyin Selavn* the translator faces such problems apart from its classical verse format.

Finally, translation is both an artistic process and a craft. It is an artistic process because only a good translator can capture the message embedded in language and produce it faithfully in another language without disturbing its lexico-syntactic and socio-semantic structures. It is a craft because it involves a process of making choices and organizing those choices artistically. In the words of S.K. Verma, a linguist: "Translation, therefore, for me is not a second rate activity but a first rate creative activity leading on to trans-creation" (17). It is generally said that a good translator does not need any training. It is also true that only a person with a flair and feel for languages can be a good translator but he will definitely be a better translator if he is familiar with the linguistic and socio-cultural aspects of the languages in contact. The first part of this novel describes the beauty of the eyes of heroine as 'the eyes are like fishes.' It can be translated in different ways: 'her eyes resembles fishes' and 'one can view beautiful fishes in her eyes' and so on.

The foregoing discussion under the broad divisions viz. lexical, morphological and syntactical has attempted to show problems that a translator comes across while translating the great classic *Ponniyin Selvan.*

Works Cited

Andrerman, Gunilla, Rogers, Margaret, ed. *Translation Today: Trends and Perspectives.* Viva Books, 2010.

Arrowsmith, W. Shattuck, R., ed. *The Craft and Context of Translation*, University of Texas Press, 1961.

Kalki, R. Krishnamurthy, *Parthiba Kanavu*. Vanathi Pathipagam, 1999.

_____. *Ponniyin Selvan*. Vanathi Pathipagam, 1999.

Social Media: A New Means of Learning for English Language Learning Classrooms

P. KOUSARU BASHA
Res. Sch., JNTUA, Ananthapuram
Y. SUNEETHA
RGM College of Engg. & Tech., Nandyal
V.B. CHITRA
JNTUA, Anantapuram

Social media has taken a very imperative role in the lives of the people in general and the learners in particular. It has been an inevitable tool for communication, business and exchange of information, etc., the use of Smartphone, computer, and other devices has increased such a level that in today's world every individual carries a Smartphone in his pocket. Facebook, WhatsApp, Instagram, Twitter, and other social media applications, blogs and varied websites have been playing a noteworthy and effective part in sharing, communicating and spreading opinions in a quick manner. The use of social media as an effective tool in teaching-learning language has been an area of research to most of the scholars and researchers who are from various fields and have seen its impact on the practitioners and educators. The recent studies tell that the initiation of social media in teaching-learning language has shown highly satisfactory outcomes among the learners in terms of motivation, learning, and engagement during the language acquisition compared to the learners who have face-to-face learning (Wamba & Carter).

Social media are the technologies that provide a platform to create, share and communicate the information, data, ideas or opinions through computer-based technical tools or networks (Kietzmann & Kristopher). It is primarily used to communicate the user-generated substance in the form of text, pictures, and videos through some online applications like Facebook, WhatsApp, Twitter, Youtube, Linkedin, blogs operated on media tools such as Smartphone, tablet, laptop, and computer. These are primary technical devices through which the users connect together and create an interactive platform online. Since the users are connected in groups on this platform, the individuals can freely communicate, share, discuss, alter and organize the content posted or uploaded by the other users (Ober & Wildman).

Social networks are effective and rapidly growing media tools not only for communication but also for marketing. There are a big number of active users readily available on this platform and this paved a way to the online business and gave online marketing a big push. The wide range of use of social networks brought a revolution in trade and commerce. Facebook, Youtube, WhatsApp, Facebook Messenger, WeChat,Instagram, and Douyin/TikTok have been ranked top among the social networks and currently have 2375, 2000, 1600, 1300, 1112, 1000, and 500 million users respectively (Most famous social networks 2019)

Social media has a wide range of influence on youth today, it has unlocked the scope of intercultural communication on one's fingertips; it has also brought people nearer though very far; the mass cultural exchange among the individuals has opened diverse ways in communication and initiated the individuals to be creative in the formation of vocabulary as well as usage of inventive language expressions. For instance, the commonly known social media expression "LOL" has received a global identification; this language expression is the abbreviation for "Laugh out Loud." Another creative trend that has a wide range of influence on youth is the use of hashtags. Using hashtags helps an individual reach, engages his audience or followers and boosts his brand. It is an effective way to advocate a movement, influence people, and receive a wide range of acknowledgment from the people worldwide (Saxton & Niyirira).

These fascinating and communication-related facets of social media motivate and influence individuals to choose it as the right platform for sharing and organizing the content through social media tools over the internet. Social media benefits the youth to increase contacts and make friends from all the corners of the world; on the other hand, it also provides a dynamic platform to participate in community activities and to expand ideas through countless interesting and attractive tasks (Keeffe & Clarke).

Blogs, Facebook, WhatsApp, Youtube are highly effectual tools in a language learning class. Blogs are created to present ideas; Facebook and WhatsApp are fine for sharing textual, audio and visual information besides having collaboration and discussion; Youtube is to generate interest and keep learners active. For instance, publishing a class blog.

Blog is considered an external web application that stands helpful to design, share and invite feedback from others on the experiences or the content created by the learners (George & Dellasega). There are many online services that help create blogs in easy steps. For instance, Blogger.com, Tumblr.com, Wordpress.com and Kidblog.orgis. When a teacher decides to have an intellectual as well as informative platform for all his learners, he can create a class blog in which all the students are given access to post, comment and share their views, opinions and answers. The blog is used as a management tool to post any class circulars, notifications, information, home work or project work details and feedbacks. The other social networking tools are also utilized in a similar fashion to keep learners active, enthusiastic in sharing through projecting their language skills.

Since social media is associated with connecting people for sharing their ideas and opinions through a language, there is a wide scope to enhance one's communication skills, especially written and spoken. Thus the initiation of social media in academics can bring potential outcomes in the knowledge and communication skills of the learners.

The initiation of SM in classrooms had been a debatable topic in the early stage of the instigation and growth of social media among young learners (Kist). But in today's context, SM changed the perceptions and representations about its use in the academics to a positive level. The researchers today are trying to make out a variety of ways to incorporate social media into the academic environment in general and ELL classrooms in particular. The integration of SM applications in the classroom will give profitable effects, the applications such as Facebook, Youtube, Twitter, WhatsApp, can open new gates to get in touch with the world which is advancing day-by-day rapidly. SM provides opportunities to collaborate with others; write up a blog; share, comment, like the contents through which learners can get motivation for English Language Learning. The learners represent language through books, watching movies, listening to music and applications over the Smartphone. The use of digital devices can facilitate the learners to balance and enhance classroom instructions. It also facilitates the learners to access at any time and at any place in an easy and voluntary mode. If the SM is initiated in the right manner, it works well and produces expected outcomes (Vipin).

The learners may get a number of opportunities to use cyberspace to share their feelings and opinions on varied language topics through social media networks. This online initiation had already proven credible especially for English Language Learning settings. Social media is effectively potential to improve grammar, vocabulary, fluency and language awareness (Wu & Wu). The EL learners can be given liberty to use social media applications in the classroom through which they can share their textual, pictorial and audio-visual ideas for discussions and feedback. For instance, a learner creates a blog that is filled with the essays, news, articles and other experiences of the learner and he shares the link or intimates about the blog to his associates or the other learners through social media applications. The other participants read the information on the blog and comment, like or give their feedback on the information that they read on the blog, sometimes they may have discussions on the topic too; in another case, a learner creates a video on a particular topic and uploads it in his Youtube channel and shares the link for views, opinions, comments, and feedback. All the social media tools are loaded with features such as connect, collaborate, create, share, comment, like, discuss, and rate or review.

This kind of exposure of thoughts will not only drive the learners to explore language and augment skills but also encourage them to be creative; this eventually increases the confidence among the learners to stand alone and cope with the constantly changing technically smart environment.

The SM Platform has various advantages that perk up education and plan teaching materials and also involves students with a variety of multimedia magnetizers to engage them in the activities held in the classroom (Smith). The initiation of social media in language learning classroom will offer lucrative benefits to the learners in terms of fluency and expression of ideas. The students become authors, critics, and representatives of their presentations. The writing skills can be improved; it also allows the learners to show their creativity in a flow of ideas. The integration of perspectives, opinions individually as well as in collaboration, leads to pat one's analytical and reflective observations. The collaboration benefits cultural transformation among the learners besides group thinking and verity of attitudes. Since there is an opportunity to have global exposure, SM creates platform to know how to update or upgrade knowledge in language. Thus, the learner connects to share ideas and information in ease.

Though the use of social media in ELL classroom has benefits, yet it has some limitations that are to be taken into consideration by the initiators for its complete and accurate effect. Since

SM offers the learners to communicate with no boundaries, it opens the gates to the people to offend or to be mischievous towards other learners. Social networking lacks humanitarian facets due to boundless independence.

Since the Social Media applications have been widely used among the young learners, they have become unavoidable stuff which is effective as well as influencing in the present technically advanced environment. If these SM applications are used in teaching learning language, they will give profitable outcomes.

Works Cited

George, D.R., C. Dellasega (2011), "Use of social media in graduate-level medical humanities education: two pilot studies from Penn State College of Medicine," *Medical Teacher*, 33(8), e429-34.

Kietzmann, Jan H., Kristopher Hermkens (2011), "Social Media? Get Serious! Understanding the Functional Building Blocks of Social Media," *Business Horizons*, 54 (3): 241-52.

Ober, Jonathan A., Steve Wildman (2015), "Social media definition and the governance challenge: An introduction to the special issue," *Telecommunications Policy*, 39 (9): 745-50.

O'Keeffe, Gwenn, Kathleen Clarke-Pearson (2011), "The Impact of Social Media on Children, Adolescents, and Families," *Official Journal of the American Academy of Pediatrics*, 800-1.

Saxton, Gregory D., Jerome N. Niyirira, Chao Guo, Richard D. Waters, "The Strategic Use of Hashtags in Social Media Advocacy. Advances in Social Work," *#AdvocatingForChange* (Spring 2015). 16: 154-69.

Smith, S.S. (2006) "Web-based instruction: A guide for libraries," *American Library Association*.

Vipin Sharma (2019), "Saudi Students' Perspective on Social Media Usage to Promote EFL Language," *International Journal of Linguistics, Literature and Translation*, 2 (1): 129-39.

The Basic Rudiments for Designing Second Language Textbooks: An Analysis

REX ANGELO
Andhra Loyola College, Vijayawada

Textbook is an important instrument of education. To the student it represents the subject content and to the teacher it provides an operational definition of his duties. The textbook in language teaching has an even wider responsibility; it has to provide along with information, the basic skills required to use the language for purposes other than mastery of the textbook. The importance of textbook in language teaching has been recognized. It is to the teacher what the spade is to the gardener, the chisel and saw and screwdriver to the woodworker, the typewriter to the typist. It opens new avenues of thought and study and widens experience.

However, the textbook is not the be-all and end-all of the teacher's work. The textbook is one of the many possible ways in which the prescribed portion of the language can be taught conveniently. The teacher is at liberty to modify or even scrap any particular item of vocabulary or structure. Moreover, the recourse to the textbook is made when some mastery has already been achieved in the language. Any reading which is not based upon prior oral work will prove wasteful and sometimes harmful. One should remember that the textbook is a means and not an end in the learning of a language. The teacher concerned must be able to evaluate books he has to use. For this purpose he must know the criteria of a good textbook and then evaluate the books on the basis of these points.

A textbook functions towards the promotion of national goals like democracy, socialism, secularism and national integrations. A textbook is a prescribed book for the students of a particular age group. It is called the teacher in print. Oxford English Dictionary says, "A book used as a standard work for the study of instruction in a subject of study." L.J. Lewis writes, "Textbook is tool both for the pupil and the teacher." Francis Bacon says: "A book designed for classroom use, carefully prepared by experts in the field and equipped with the usual teaching devices." A good textbook extends the habit of self-study and activity among the students. It further develops the thinking and reasoning of students. It enhances the skill to get different view of the subject matter. It develops the relationship between society and individuals (students). It also promotes and expands the knowledge of many areas. A good textbook promotes language skills like developing vocabulary and structures, maturity over subject matter, cognitive skills, and other language components.

Following are the bjectives of a textbook:

- A textbook should be suited to the syllabus, the objectives, the teacher and learner using it at a particular level.
- The entire language course should be presented in a series of textbooks sequentially integrated from the beginning class to the term in Second Language Learning.

- The materials should be presented in such a way that they provide systematic practice in listening, speaking, reading and writing.
- Presentation of situations and language should be meaningfully interwoven.
- The length and complexity of the lessons should vary progressively from lesson to lesson.
- Presentation in the subsequent textbooks should stress silent reading for comprehension and simple composition with listening and speech. The materials presented should be well proportioned, and well balanced.
- Presentation of topics should centre on student's interests, needs and environment.
- The materials presented should maintain continuity.
- Some of the materials presented should have the potential for dramatization.
- Stories, dialogues, descriptions, narrations, letters, etc. should be judiciously distributed over the entire book.
- Greater variety of sentence forms should be provided.
- The presentation must facilitate the gripping and sustaining of the interest of the learner.
- Some unadapted selections from standard literature may be made in the higher classes.
- The vocabulary and structure should be controlled from lesson to lesson and adequate provision should be made for repetition, which is indispensable for reinforcement. The number of new words should be spread over the entire book.

However, 'Structurally' graded books make use of carefully selected and graded structures on the basis of frequency, utility, simplicity and teachability. They follow the well-known maxims of teaching from easy to difficult from known to unknown. A language textbook is not merely a collection of texts drawn from different genres; it reflects a particular pedagogic point of view arrived at by the textbook designers after taking into account the broad educational objectives that inform the curriculum followed in a particular context. A language textbook is not merely a collection of texts drawn from different genres; it reflects a particular pedagogic point of view arrived at by the textbook designers after taking into account the broad educational objectives that inform the curriculum followed in a particular context. A textbook is a book used for the study of a subject. People use a textbook to learn facts and methods about a certain subject. Textbooks sometimes have questions to test the knowledge and understanding of the learner. A workbook is a type of textbook that has only practice questions and exercises. Jabberwocky writes: "A textbook is a collection of the knowledge, concepts, and principles of a selected topic or course. It's usually written by one or more teachers, college professors, or education experts who are authorities in a specific field." The function of a textbook is essentially to guide the teaching and learning of the curriculum in a particular subject.

Works Cited

Fitriani, M. "A Textbook Analysis of "When English Rings The Bell" A Textbook for the Seventh Grade of Junior High," Thesis. Yogyakarta: Yogyakarta State University. 2013.

Fredericksen, J.R. and Collins, A. "A systems approach to educational testing," *Educational Researcher*, 1989.

Jakovos, T. "Selecting an English Course Book: Theory and Practice." *Theory & Practice in Language Studies*, Vol. 1, no. 7, 2000.

G.M. Jacobs and J. Ball. "An Investigation of the Structure of Group Activities in ELT Coursebooks, " *ELT Journal*, Vol. 50, No. 2, 1996.

Understanding the Digital Inclusive Policies: A Literary Survey

T. SRI KUMAR
Dept. of Physics, Andhra Loyola College, Vijayawada

The society we live in today is dominated by technology and most of us accept the discourse of fast and ever-changing developments in technology which have transformed, or have the potential to transform, the way we live and relate to one another. This transformation may, however, not necessarily be a positive one; technology can be a double-edged sword.[1] Technology can either reduce divisions in society or amplify them. On one hand, if computers and the Internet are distributed equally and used well, they are viewed as powerful tools to increase learning among marginalized students and provide greater access to a broader information society, on the other hand, many fear that unequal access to new technologies, both at college level, at work place and home, will serve to heighten educational and social stratification, thereby creating a new digital divide.

Digital inclusion, like accessibility, is a ubiquitous term that is rarely explicitly defined. Where definitions of Digital Inclusion can be found, they tend to embed within them an expectation or imperative that digital inclusion happens when all members of society are able to access the affordances offered by technology use.[2] Digital Inclusion is therefore concerned with addressing inequalities, where those unable to access the affordance of technologies are, disadvantaged, marginalized in society and therefore digitally excluded. In addition to equality, explicit and implicit definitions of digital inclusion encompass a number of inter-related concepts.

Access in the context of digital inclusion is generally discussed in relation to access to technologies includes ICT[4] digital technologies and e-services such as mobile phones, Personal digital assistants, computers, the Internet, broadband connection and digital TV. Access to technologies and indirect access is understood as access to services. Using digital technologies as inclusive practices in education: Damarin's proposal essentially warns of the dangers of setting up inequities in access, where students have access to high tech resources in one location, but do not have similar access in other locations that play an important role in their lives. The maintenance and updating of technological resources can become a particular issue for digital inclusion activities that are set up using 'short term' one-off investments which tend to flounder in the long term due to lack of recurrent spending and commitment. This can result in users who were initially digitally included, becoming digitally excluded, due to failing or outdated technologies. The Association for Learning Technology warns in their response to the Governments consultation paper on 'Delivering Digital Inclusion,' that digital inclusion activities need to be permanent, and that 'short term' special digital inclusion projects and "fixes" only serve to reinforce differences and divides.[5] In other words, access needs to be sustained.

The 'digital divide' is as common a concept as 'digital inclusion' and is frequently associated with both educational and non-educational sectors with talk of the 'haves and have-nots those who have access to technologies and those who do not. The online examination adopted by many sectors including banking, staff selection commission, public service commissions and other government undertakings are not providing equity of taking examination because many rural students are deprived of internet and personal computing facilities either at home or college. Bill

Gates donated a vast amount of technological equipment to rural libraries in the US in the hope of changing a rural exodus but it has not served the purpose. The limited usefulness of conceptualizing digital inclusion solely in terms of access to technologies is further exemplified by Indian government policy documents, which in addition to talking about access to technologies, also talk of the importance of personal and skilled advisers who can help excluded people gain access to e-services. Access to people is therefore acknowledged as being as important as access to technology; direct access requires people to have the motivation, skills and opportunity to engage in technology.

Use in the context of Digital Inclusion is understood as relation to individuals using, or being able to use, the technologies that they have access to. That 'every student must develop basic technology literacy skills to be afforded the opportunity to become a full participant in our society.' There is however, a growing recognition that issues such as quality of use, best use, meaningful use and non-use[6] need to be addressed. Quality of use and therefore levels of digital inclusion might sometimes be related to the nature of technologies being used. The potential difference between searching the World Wide Web on a mobile telephone and searching it using a desktop PC, suggest that the quality of use can vary considerably depending on issues such as technology platform or level of connectivity (e.g. broadband) where smart use is defined as making use of technologies as and when appropriate. Digital inclusion is not therefore simply a matter of ensuring that all individuals make use of ICTs throughout their day-to-day lives. Understanding what influences use is likely to involve more than the acquisition of skills or competencies.

ICTs are based around a complex mixture of social, psychological, economic and above all, pragmatic reasons. By accepting that technology use is complex, some digital inclusion researchers are starting to find interesting results in relation to use or non use of technology. A study exploring why adults do not use computers in their daily lives identified a hierarchy of engagement with technology ranging from absolute non-users, to lapsed users and rare users. Pragmatism and perceived lack of relevance or "fit" with current life were recurring themes when exploring reasons behind level of technology use. Results like this suggest a need to further our understanding of how the choices that people make regarding the nature and extent of their usage. The digital agility of the students is significant in terms of encouraging practitioners not to view all disabled students as helpless victims of exclusion. Digital inclusion does not always have to be understood through the dual lenses of deficits and barriers. Digital inclusion in higher education, therefore, will not always be about practitioners opening the door or teaching disabled students how to step over the threshold. Sometimes, digital inclusion might be about disabled students using their considerable digital agility to "break and enter" on their own terms.

If digital inclusion is about reducing disadvantage in society and addressing, through technology, the needs of those who are marginalized in society then participation features strongly in its conceptualization, that equality of access, skills and aspirations are essential to ensure that the gap between information rich and poor does not extend to gaps in access to electronically based participatory mechanisms, the participation as fluid, but moving beyond e-voting to include e-learning. Participation in education is also emphasized by Damarin who talks of educators having the responsibility to ensure that students can become "full participants in the current information age." To consider whether a distinction should be made between active and passive participation; where passive participation could be viewed as being on the receiving end of e-services and active participation could be viewed as having an influence on the way technologies are used.

Digital Inclusion talked of technology being a 'vehicle for empowerment, rather than a force for further exclusion' people will develop the right level of skills to mean they will eventually become self-sufficient and not require any human support to use technologies. Where the most disadvantaged citizens and communities are assisted and motivated to "achieve increased independence and opportunity through direct access to digital technology and skills." The strengths, motivations and resourcefulness that many digitally excluded people bring with them when accessing and using technologies, offer a definition of digital inclusion that stresses both empowered choices and available resources, where resource is understood in broader terms than just technological equipment to enable all individuals to make informed and empowered choices about the uses of ICTs whilst ensuring these individuals have ready access to the resources. Digital Inclusion is therefore as much a social, cultural and cognitive concept as it is a technological one. Successful engagement with ICTs as being contingent on the following aspects of resourcing: temporal resources (time to spend on different activities in life), material resources above and beyond ICT equipment and services (e.g. income and all kinds of property), mental resources (knowledge, general social and technical skills above and beyond specific ICT skills), social resources (social network positions and relationships—e.g. in the workplace, home or community), cultural resources (cultural assets, such as status and forms of credentials), for "Ensuring Equality of Educational Opportunity in the Digital Age."

The question is, can technology enhanced learning initiatives, rise to such a challenge?

High profile commentators on the digital divide have long been arguing that there is a strong association between social exclusion and digital exclusion, where social exclusion's judged or measured using criteria such as socio-economic status, region, caste and deprivation. M. Castells argues that digital exclusion is one of the most damaging forms of exclusion in society, technology is central to everything we do, and therefore is central to our inclusion in society.

ICTs now play an integral role in people's purchasing of goods and services, their employment and education, their involvement in civic or political affairs as well as consumption of leisure and entertainment services. Indeed, ICT now lies at the heart of most of the activities which are seen to constitute 'social inclusion.' In India there is some statistical evidence to support the existence of a link or association between digital exclusion and social exclusion. Income deprivation, living in social housing, or in a workless household; Employment deprivation, never worked, economically inactive, unemployed, in routine or manual work, part-time work only, or in a workless household; Health deprivation--not working because of poor health; Education deprivation--no qualifications, Barriers to services, living alone without access to transport, or a lone parent; Living deprivation--living alone, or living in crowded housing. Further data however, reveals a more complex relationship between social exclusion and digital exclusion. Those socially excluded people who do not use the internet tend to be young, 82% are under 44, and economically inactive.

There has been a risk of social exclusion, they may use the internet, but do not have access at a convenient location such as home, work or college and therefore go out of their way to use public internet access points. Those living in social housing and those without access to transport are also more likely to be digitally determined. These four groups (unemployed, lone parents, living in social housing, without access to transport) represent people for whom cost barriers are a reality, but who make an effort to use the internet at public access points because they see personal benefits in doing so. People who are socially excluded or living in areas of high deprivation are likely, even if they are internet users, they have lower skills and use the internet for less-sophisticated purposes. Can anything be done about the link between social exclusion and digital exclusion?

Access, to contribute to the social exclusion agenda by enabling most people in disadvantaged communities to have access to ICT. To allow people in disadvantaged communities easy access to the full range of government and other services through the internet.

Learning to increase ICT and other skills in disadvantaged communities and support the learning of local adults and children. Employment to promote economic inclusion and improve the employment prospects of people in the communities through improving their access to jobs and training. Social Cohesion to help communities use new technologies to develop and sustain community co-operation, capacity and mutual support. The way these objectives are ordered or prioritized illustrates the pivotal role that education is perceived to have in using technology as tool to produce social and economic benefits for both individuals and society. Networks offer the potential to develop from connecting people to connecting the things around us, new skills and sensibilities are needed to understand the world and design for it.

Writing in relation to students with disabilities in college they should be able to access and use "mainstream educational tools, including those that are ICT based." Writing in relation to economically disadvantaged students, that access to computers at college is crucial because, even in countries with much higher access rates overall, people from less advantaged socio-economic backgrounds have less chance of accessing computers than their peers. However, question the assumption that colleges can reduce the digital divide, arguing that the digital divide does not exist in a vacuum. The question of whether the education system, in which the social inequality is hidden, helps to either bridge the digital gap or make the digital gap wider over time still remains unanswered. Colleges do not easily abandon their traditions and curricula or rebuild around new technologies even when they want to. They face competing demands from parents, teachers, students and state testing agencies and suffer severe limitations on spending and staff time. Colleges find it difficult to fulfill their educational and social mandates. One key issue that can hinder colleges using technology in a transformative way is the technological competence and confidence of teachers.[7] Teachers function as gatekeepers and when teachers have high expectations, skills and technology access, this can lead to the conditions required to enable students to learn how to use ICT. Comment further on the influence that teacher skills and knowledge can have on digital inclusion even if colleges have the mission to provide this bridge for their have-not students, their teachers may not possess proficient ICT skills and knowledge about how best to integrate technology into the curriculum.

Many teachers were educated before personal computers were integrated into teacher education. If these teachers have not re-educated themselves, they cannot promote the critical ICT skills for their students. In turn, students will not have the opportunities to develop sufficient ICT skills in the authentic contexts that are necessary for future personal and career endeavours. There is a need for a clear understanding of the pedagogy of ICT and inclusive education by all those supporting students welfare and education and those working in lifelong learning, at all levels. All initiatives seeking to extend the use of ICT in education now recognize that the teacher needs to be competent and confident in the use of technology.

Education could therefore be considered to have a role in providing access to technology for learners, enhancing learner's personal ability or capacity and desire to use technology. Can education reach all those digitally excluded learners that "need" to be reached? To what extent can educating the digitally excluded lead to both genuine digital and social inclusion? Can education truly enable learners to take matters into their own hands and exert control and choice over their technology use? How can education systems and educators influence desire to use technology in those identified as non-users? E-learning as an example of a digital inclusion initiative, what is the most effective way to teach about the potential and impact of these structures and systems? How do we avoid a new digital divide between people who have the power to manipulate their learning and those who do not understand the potential of e-learning? The awareness on Digital Inclusive policies through literature may bring quick change among the social agencies for betterment of the society. Research and practice that seeks to locate digital inclusion in, educational institutions, families, homes and communities, social structures, digital spaces. Digital inclusion[8] focusing on educational institutions raises questions about where exactly digital inclusion is located within an institution and whether it is helpful to consider both the macro and micro spaces of an institution, where micro spaces might include classrooms, curricula or communications between teachers and learners. Restructure the cultures, policies and practices in the institution so that they respond to the diversity of learners in the community. Recognizing that inclusion in education is one aspect of inclusion in society. Are we locating exclusion in the individual, perceiving barriers to inclusion to be the difficulties that some learners have and thus seeking to remediate or transform the learner (medical model)? Are we locating exclusion in the environment, perceiving barriers to inclusion to be the things that are created by people and thus seeking to change the environment (social model)? In rural areas of India, this initiative has failed because it has resulted in the greater marginalization of women.

Works Cited

1. M. Warschauer, M. Knobble and L. Stone. 2004. "Technology and equity in schooling: deconstructing the digital divide," *Educational Policy*, 18, 4, 562-88.

2. N. Selwyn and K. & Facer. 2007. *Beyond the Digital Divide: Rethinking digital inclusion for the 21st Century*. Bristol, Future Lab
3. Writings & Speeches of Dr. Babasaheb Ambedkar, www.mea.gov.in/ books-writings-of-ambedkar.htm[vol 1-17]
4. S. Bhatnagar and R. Schware, ed. (2000), "Information and Communication Technology in Rural Development." Case Studies from India, World Bank Institute Working Papers, 2000. l.
5. Association for Learning Technology. 2009. Delivering Digital Inclusion: A response to the consultation from the Association for Learning Technology.
6. F.F Tien, & Fu, T-T. 2008. "The correlates of the digital divide and their impact on college student learning," *Computers & Education*, 50, 421-36.
7. A. Salinas & J. Sanchez. (2009) "Digital inclusion in Chile: Internet in rural schools," *International Journal of Educational Development*, 29, 573-82.
8. Sreekumar, T.T (2007) Cyber kiosks and dilemmas of social inclusion in rural India. Media, Culture & Society, 29,869-89

Creative Poetry

The Ark

Many a task you assign to me,
The Carpenter's staple.
You've given me a plethora of forms.
Many duties and journeys I take up.
Now, I speak to you as your
Chest and catafalque—no little:
The signal form you did whittle.
Whatever I carry, whoever may shoulder me
Whatever I stock, however I am stored
Not only I, even that in me is transient.
To safely treasure your things
I endure every nail you hit,
Every wound and hefty thwack,
And every peel by your scraper.
Do you recall my sibling who carried
The Nazarene, and also had the blessing
Of being borne by Him?
Do you remember Noah's keel, and
How, as the Holy Ark, with seminal value,
I was conveyed across by the Israelites?
The staffs used by Moses and Aaron, and
A lot more precious gems of my ilk!
I bow and sag to labour for man.
I savour every moment of my service
Much more to the Son of Man.
Though I am dumb, no deaf to
Your dulcet music I resonate as the flute.
Now, I long for the song of my soul,

The maiden melody of the harp of my heart,
The trans-aural moan of a mute maiden.
O man, my mundane carpenter,
I am on the cusp of my journey
To contain you still and go back
To our birth place along with you
To snug down in our Mother's lap.
I am your carriage, though dead for now,
Solemn and sombre, stately on shoulders.
Turn not a blind eye to me,
The oar, after crossing the stream.
Though I would be feasted by termites,
Forget me not for I have borne
Your sins on His holy shoulders
On Calvary, the clutch of your sins
That held my foot for the Holy Footprints.
Could you hum a sacred shanty
Not as a woodnote but my swansong
Along with the carol of your birth
In the next world of golden streets?

Dasari Praveen, Andhra Loyola College, Vijayawada

The Infinite

The wheel of time is the ruler
Among the raft of wheels of progress.
Man knows it, but aims to conquer it.
Man wants to defeat
The infinite time with finite finesse.
Often nature jeers and heckles, and
Her storms and thunders of mockery
Droop his sap. Arrhythmic goes his heart.
Banter echoed between East and West;
Man's vengeance and speed grew.
Man challenged by the wheel's duress,
Distance and time got slashed.
The transient but ambitious Life
Found recourse to human flair and sway
To quash the surly whiny death
Through prolix query.
The cranium rang with chants vivace,
'May you live until the last sunset!'
The head and the heart, a wonder pair,
Often share their prudence; it's mutual.
A ray of light shone up from the heart,
The uppish globe nodded,
And the frozen folly thawed.
Does either speed or longevity have
The grit to win over the emperor wheel?
No. It's eternity. Eternity alone has it.
Poor in spirit and afflicted for the Truth,
Man goes immortal, time under foot.

Dasari Praveen, Andhra Loyola College, Vijayawada

The Cycle

Three fourths of the earth has had water
Since the Word made the land and the seas.
What affinity between the planet and me:
The Potter formed me of fertile clay.
Earth revolves and rotates:
Light and night alternate.
Seasons, like dolce refrain, in turn,
Perfume, adorn, and sweeten nature.
The fictile I had proved of similar trait
And started revolving around myself
In clayey motion and my own spiral
Not as per the motive of His Wheel.
Revolve around yourself, my soul, but
Also rotate round the Sun of suns
And soon come to fruition in glory.
True, the earth has gravity; naturally,
It easily decoys its earthy by-products.
Shall I fall prey to it and be lured?
Get deformed, go astray and potter?
I am vested by Him with vim to attract
The rest of the pottery for the Potter!
Let me sally forth to go back to Him,
Take shape anew in His true-blue hands.

Dasari Praveen, Andhra Loyola College, Vijayawada